刊印古籍今注新譯叢書緣起

劉振強

人類歷史發展，每至偏執一端，往而不返的關頭，總有一股新興的反本運動繼起，要求回顧過往的源頭，從中汲取新生的創造力量。孔子所謂的述而不作，溫故知新，以及西方文藝復興所強調的再生精神，都體現了創造源頭這股日新不竭的力量。古典之所以重要，古籍之所以不可不讀，正在這層尋本與啟示的意義上。處於現代世界而倡言讀古書，並不是迷信傳統，更不是故步自封；而是當我們愈懂得聆聽來自根源的聲音，我們就愈懂得如何向歷史追問，也就愈能夠清醒正對當世的苦厄。要擴大心量，冥契古今心靈，會通宇宙精神，不能不由學會讀古書這一層根本的工夫做起。

基於這樣的想法，本局自草創以來，即懷著注譯傳統重要典籍的理想，由第一部的四書做起，希望藉由文字障礙的掃除，幫助有心的讀者，打開禁錮於古老話語中的豐沛寶藏。我們工作的原則是「兼取諸家，直注明解」。一方面熔鑄眾說，擇善而從；一方面也力求明白可喻，達到學術普及化的要求。叢書自陸續出刊以來，頗受各界的喜愛，使我們得到很大的鼓勵，也有信心繼續推廣這項工作。隨著海峽兩岸的交流，我們注譯的成員，也由臺灣各大學的教授，擴及大陸各有專長的學者。陣容的充實，使我們有更多的資源，整理更多樣化的古籍。兼採經、史、子、集四部的要典，重拾對通才器識的重視，將是我們進一步工作的目標。

古籍的注譯，固然是一件繁難的工作，但其實也只是整個工作的開端而已，最後的完成與意義的賦予，全賴讀者的閱讀與自得自證。我們期望這項工作能有助於為世界文化的未來匯流，注入一股源頭活水；也希望各界博雅君子不吝指正，讓我們的步伐能夠更堅穩地走下去。

新譯儀禮讀本 目次

導讀

中國古代的禮書，究其源頭，主要有三部，即《周禮》、《儀禮》、《禮記》，東漢鄭玄為三書作《注》，其《注》被後人看重，他又作《三禮目錄》一書，故其後「三禮」之名便沿用開來。其實「三禮」不成於一時一人，性質、內容也有很大差別。其中《周禮》又稱《周官》，是講官制和政治制度的，狹義而言，並不屬於禮。《儀禮》和《禮記》確是名副其實的禮書，但二者各有所重，《儀禮》主要是講禮之形式、儀節的，而《禮記》則偏重於揭示和闡發禮之意義、禮之內涵的。因此，朱熹特別提倡把兩書合起來讀，這一看法很有見地。

一

《儀禮》十七篇，為儒家治國治民的重要經典之一。西漢武帝建元五年（西元前一三六年）置《五經》博士，《儀禮》即為《五經》之一，稱《禮經》。其後唐之《九經》，宋之《十三經》，《儀禮》皆為其中之一。《儀禮》在漢代稱《禮》、《士禮》、《禮經》，《漢書・藝文志》：

「漢興，魯高堂生傳《士禮》十七篇。訖孝宣世，后倉最明。」《漢書‧儒林傳》亦載：「《禮》有大戴、小戴、慶氏之學。」東漢王充《論衡‧謝短》：「今《禮經》十六。」上述《禮》、《士禮》、《禮經》所指皆一，即《儀禮》。漢代還常常把《儀禮》稱《禮記》，如《史記‧孔子世家》：「故《書傳》、《禮記》自孔氏出。」此《禮記》即指《儀禮》，這可能是因為《儀禮》經文之後多附有「記」，故把經文與記合稱《禮記》。鄭玄還把《儀禮》稱《今禮》，說明此書在漢代還沒有統一名稱。《儀禮》書名初見於東晉元帝時荀崧奏請置《儀禮》博士起，當時亦未通行，至唐文宗開成年間石刻「九經」，用《儀禮》之名，才普遍使用起來。

漢代《儀禮》傳本有大戴本、小戴本、慶普本和劉向《別錄》本。其中慶普本在東漢時已失傳，另三種本皆為十七篇，但各篇排列次序不同，今傳本是按劉向《別錄》順序。一九五九年七月在甘肅省武威縣西漢古墓出土《儀禮》木簡、竹簡四百六十九枚，二萬七千二百九十八字，根據內容和形制可分甲乙丙三種文本。甲本為木簡，字大，簡長而寬，共七篇，即〈士相見之禮〉第三、〈服傳〉第八、〈特牲〉第十、〈少牢〉第十一、〈有司〉第十二、〈燕禮〉第十三、〈大射〉第十四，排序與前三種本不同。乙本木簡，字小，簡短而狹，只〈服傳〉一篇。丙本竹簡，大小與甲本同，只〈喪服〉經文一篇。據專家考證，此即失傳之慶普本《儀禮》。此漢簡之丙本〈喪服〉只有經文，而甲乙本〈服傳〉之傳文與今本同，經、記不及今本二分之一，由此推斷，西漢時〈喪服〉之經傳是分開的，〈服傳〉所保留之部分經、記，不及今之二分之一，當是配合傳文之引用。《隋書‧經籍志》載：「《喪服經傳》一卷，馬融注。」據此，經、傳合一當始於馬融，或在其前。今本〈喪服〉題下有「子夏傳」三字，武威漢簡甲乙本皆無，當是後人所加，不足憑信。

漢代所傳《儀禮》有今文、古文兩種。《漢書・藝文志》載：「《禮古經》五十六卷。」出於淹中（春秋時魯國街巷名）和孔子舊宅壁中，為古文經，其中十七篇與漢初高堂生所傳《士禮》十七篇同，只是個別字有異，另多出三十九篇，因不在傳習之中，後來逐漸亡佚，稱《逸禮》，其原貌已不可知，只在古籍中保存部分篇名和片斷內容。為此便產生今之《儀禮》十七篇是否殘本和《逸禮》真偽問題。一種看法認為，既然《禮古經》有五十六篇，《儀禮》只保留十七篇，丟掉三十九篇，應視為殘缺不全之書。另一種看法認為，十七篇不是殘本，因為《禮記・昏義》言：「夫禮始於冠，本於昏，重於喪祭，尊於朝聘，和於鄉射，此禮之大體也。」考十七篇，這些內容基本具備，不能視為殘本。

清邵懿辰認為，「經禮三百，曲禮三千」（《禮記・禮器》），古禮不止十七篇，也不限五十六篇，至孔子刪繁就簡，手定十七篇，統括冠昏、喪祭、鄉射、朝聘八方面，以為禮之大體，用作教本，其餘各篇皆被刪除，這被刪諸篇即令非偽書，亦「大抵禿屑叢殘，無關理要」（《禮經通論》）。邵氏之說較合實際，十七篇當為五十六篇之簡本，該本以士禮為主，並及大夫、諸侯之禮，把五十六篇中有關天子、諸侯之禮略去。如此處理是和時代需要緊密相關的。孔子及其弟子刪定禮書的春秋末和戰國時期，周天子已名存實亡，諸侯之禮亦多不行，為「禮樂征伐自大夫出」的時代，故天子、諸侯之禮多略去，而編定以士禮為主體的十七篇，是適應當時社會需要的，所以應把《儀禮》十七篇看作內容完備的禮之簡本，而非殘本。

《儀禮》的作者和成書時代也是一個聚訟紛紜的問題。「禮起於俗」，在遠古先民時代的民俗中就保留有豐富的禮的原型，隨著社會的進步，禮也從民俗中分化出來，其形式也由簡單到複雜，並形成系統規範，在社會生活中發揮愈來愈重要的作用。邵懿辰《禮經通論》就指出：「禮本非一時一世而成，積久復習，漸次修整，而後臻於大備。」這看法是對的，《儀禮》不可能由一人一時製作出來，而只能是長期歷史積聚的結果。但將分散零亂之禮取捨歸納，形成系統和文本，還是可以找到其人其時的。大致說來有兩種看法，一為周公作，成書於周初；二為孔子及其弟子後學所作，成書於春秋末和戰國時代。據《禮記・明堂位》：「周公踐天子之位，以治天下。六年朝諸侯於明堂，制禮作樂，頒度量，而天下大服。」一些學者認定周公所制之禮即為《儀禮》、《周官》等，是周公損益三代之禮而成。從現在看到的金文和《詩》、《書》所述西周禮制，確與殷代禮制有明顯差別，這和周公「制禮作樂」有直接關係，但在周初即作出如此細緻、周密之禮書，則不可能。

主張《儀禮》為孔子及其弟子後學所編定，主要依據是《史記・孔子世家》所載，孔子在周室衰微、禮崩樂壞之時，追跡三代禮樂，加以損益，編撰成《詩》、《書》、《禮》等典籍，所謂「《書傳》、《禮記》自孔氏出」也。《史記・儒林列傳》亦載：「孔子閔王路廢而邪道興，於是論次《詩》、《書》，修起《禮》、《樂》。」修起，亦即整理、修訂、編輯之義，《禮》即指《儀禮》。又據《禮記・雜記下》：「恤由之喪，哀公使孺悲之孔子學士喪禮，士喪禮於是乎書。」既然到孔子那裏去學士喪禮，孔子處當有經過修訂的教本。而士喪禮當指《儀禮》中關於喪禮的四篇，即〈喪服〉、〈士喪禮〉、〈既夕禮〉、〈士虞禮〉。由此推論，《儀禮》其他篇當亦編定。此外，邵懿辰《禮經通論》、皮錫瑞《經學通論・三禮》、梁啟超《古書真偽及其年代》等還依據孔子重視冠、昏、喪、祭、朝、聘、鄉、射八禮，而此八禮正與《儀禮》內容一致，以及《儀禮》與《論語》文字風格相似，個別語句相近等，推定《儀禮》為孔子手定之禮經教本。這些分析比較符合實際。西周時期，禮典已很煩瑣，每種禮儀都有升降揖讓、跪拜周旋等禮儀，並涉及所用宮室、衣飾、飲食、器物等，以反映行禮者的身分地位、等級差別。如此複雜禮儀，必須有文字教本，經實際演練，才能掌握得好，孔子以六藝教弟子，為教學需要，編撰禮的教材是可能的。先秦古籍如《墨子》、《孟子》、《荀子》，以及匯集孔子後學作品的大小戴《禮記》，都有援引《儀禮》的文句（參見沈文倬〈略論禮典的實行和「儀禮」書本的撰作〉，載《文史》第十五、十六輯），可見當時已有《儀禮》一書存在。但孔子編定用作教學之禮，是否就與現今通行的《儀禮》完全一樣，還缺乏直接證明。較通行的看法是，《儀禮》的基本內容形成於西周，形成文本在春秋末年，西元前五世紀中期到四世紀中期，經孔子及其弟子後學不斷補充完善而成現在的樣子，其中「記」和「傳」要比經文更晚些。

二

《儀禮》十七篇，包括冠、昏、喪、祭、鄉、射、朝、聘八禮，邵懿辰在《禮經通論》中對八禮之功能作用加以簡要概括：「冠、昏、喪、祭、鄉、射、朝、聘八者，禮之經也。冠以明成人，昏以合男女，喪以仁父子，祭以嚴鬼神，鄉飲以合鄉里，燕射以成賓主，聘食以睦邦交，朝覲以辨上下。」宋王應麟依據《周禮・春官・大宗伯》對禮的劃分方法，將十七篇分為四類：吉禮，為祭祀鬼神，祈求福佑之禮，共三篇——〈特牲饋食禮〉、〈少牢饋食禮〉、〈有司徹〉。凶禮，為喪葬之禮，四篇——〈喪服〉、〈士喪禮〉、〈既夕禮〉、〈士虞禮〉。賓禮，為主賓相見之禮，三篇——〈士相見禮〉、〈聘禮〉、〈覲禮〉。嘉禮，為吉慶嘉美之禮，七篇——〈士冠禮〉、〈士昏禮〉、〈鄉飲酒禮〉、〈鄉射禮〉、〈大射〉、〈燕禮〉、〈公食大夫禮〉。就《儀禮》自身體系而言，仍以八禮歸類劃分更符合實際。

冠昏禮一組三篇，皆士禮。士之冠禮與大夫、諸侯、天子之冠禮大同小異，由士可推及其他。《大戴禮記・公冠》記諸侯冠禮，甚簡略，大夫、天子之冠禮無專述，綜合古籍之相關記載，在行冠禮之年齡、加冠次數、用樂等項與士有區別。至於昏禮，士行使之昏禮主要項目為六禮，其六禮亦實用於其他階層。當然也有一些差別，當時貴族階層實行一妻多妾制，在妾妃數目上，士、大夫、諸侯、天子都有不同。另外，還有諸侯不內娶（不娶本國之女），大夫不外娶（不娶他國之女），諸侯不再娶等限制，不適用於士。昏禮之規模、個別細節各階層也有不同，用以體現禮之別。〈士相見禮〉以士為主，推及士見大夫、大夫相見、士大夫見君之禮。古代講究「無辭不相接，無禮不相見」，各階層、等級間的人相互拜見，主要禮節程式差別不大，但所持禮物，所說文辭則不同，用以體現等級差別。

喪祭禮一組共七篇。喪禮四篇，其中三篇為士禮，一篇〈喪服〉適用於貴族與平民。祭禮三篇，其中士禮一篇，大夫禮二篇。〈喪服〉綜述天子至於庶民居喪時所穿服飾和喪期長短之制，通過喪服用料之精粗，用布之疏密，形制和喪期，表達生者與死者血緣的親疏，以及尊卑上下關係，體現了宗法制度的精神和原則。〈士喪禮〉、〈既夕禮〉和〈士虞禮〉為諸侯之士遭父母之喪，由始死至安葬，至葬後安魂之禮。在《禮記・雜記》、《禮記・喪大記》諸篇，論述喪禮常常把天子、諸侯、大夫、士並論，未作細緻區分，本書三篇則專言士。其實，士喪禮與天子、諸侯、大夫、庶民之喪禮的大致儀節相同，只是喪葬規格、繁簡程度等有較大差別，由士喪禮之增減損益可推知其他。祭禮包括對天地日月山川和祖宗等的祭祀，範圍極廣，也是古人最為看重之禮。「國之大事，在祀與戎」（《左傳》成公十三年），有的諸侯寧肯放棄政權，也不肯失掉祭祀之權，因為祭禮的主持者為家族或邦國唯一合法宗主，三篇祭禮亦從宗法制度上突出了宗主的中心地位。三篇中記諸侯之士按歲時祭祀祖禰之〈特牲饋食禮〉一篇，記諸侯之大夫按歲時祭祀祖禰之〈少牢饋食禮〉和〈有司徹〉二篇，天子、諸侯之大牢饋食之禮已亡，由士、大夫可以推知，不過儀節有所加隆而已。

鄉射之禮有四篇，記述鄉人、士大夫、諸侯聚會燕飲、校射，以倡導養老敬賢，並藉以推舉選拔人才的禮儀。〈鄉飲酒禮〉是鄉人在鄉學中舉行的酒會，〈鄉射禮〉是鄉大夫和士在鄉學中舉行的會民習射禮儀。凡行鄉射，必先行鄉飲酒禮。〈燕禮〉是諸侯與群臣燕飲，以聯絡感情的禮儀，〈大射〉則為諸侯會集群臣在大學中行習射的禮儀。大射前必行燕禮。此四種禮儀分為兩組，鄉飲酒禮和鄉射禮配為層次較低的一組，燕禮和大射配為層次較高的一組，其性質相同，程式儀節相近，規模層次則有很大差別，反映地位高下、等級尊卑的不同。

朝聘之禮有三篇，〈聘禮〉為諸侯間相聘問之禮儀，相當於現代的外交禮儀。〈公食大夫禮〉為諸侯以食招待來聘問大夫之禮，並及大夫間以食禮相互款待之禮儀。〈覲禮〉為諸侯進見天子之禮。

各篇結構多數由「經」和「記」兩部分組成，只有〈士相見禮〉、〈大射〉、〈少牢饋食禮〉、〈有司徹〉四篇無「記」，其餘十三篇皆有「記」，〈喪服〉除「記」外還有「傳」。

三

西漢武帝尊崇儒術，立《五經》博士，其《禮經》為《士禮》十七篇，即流傳至今的《儀禮》。當時傳授此經者為魯高堂生，其書用隸書寫成，故稱今文學。《史記・儒林列傳》載：「漢興，然後諸儒始得脩其經藝，講習大射、鄉飲之禮。……諸學者多言禮，而魯高堂生最本。禮固自孔子時，而其經不具。及至秦焚書，書散亡益多。於今獨有《士禮》，高堂生能言之。」高堂生傳《儀禮》之學於蕭奮，蕭傳孟卿，孟傳后倉。后倉為漢宣帝時治《禮經》之著名學者，他傳授的弟子最有名的有聞人通漢、戴德（大戴）、戴聖（小戴）、慶普，他們為高堂生下五傳弟子，其中二戴禮學被立於學官。

漢武帝時又開始徵求遺書，先後於淹中、孔子舊宅壁中得古籍多種，禮書則有《禮古經》、《周官》、《古文記》三種。《禮古經》五十六篇，皆古文，河間獻王得而獻之。其中有十七篇與高堂生所傳今文同，另多出三十九篇，稱《逸禮》，晉時已亡佚。西漢末劉向、劉歆父子校祕府圖籍，列於《七略》一書者，即有《禮古經》五十六卷、《禮》十七篇（即高堂生所傳今文《士禮》十七篇）。東漢時，倡導通今博古，今古文界限不像西漢時那般嚴格，有些經學大師逾越家法，兼治今古文，鄭玄便是其中最著名的一位。他初至太學受業，學《京氏易》、《公羊春秋》等今文學，又從張恭祖受《周官》、《禮記》、《左氏春秋》、《韓詩》、《古文尚書》，今古文皆有；又師馬融學「三禮」，也是今古文皆有。其講學和注經拋開門戶之見，兼采今古文之長，加以融會貫通，故而其成就超越前人，成為漢代最有名的經學大師。在鄭玄之前，《儀禮》有師授無傳注，馬融只為〈喪服〉一篇作注，鄭玄是第一位為《儀禮》全書作注的人。鄭《注》不為今古文所宥，博采眾長，要而不繁，文字精審，去取謹慎，發明義例，為後世注經者所宗，現在比較通行的一些注本，多數以鄭《注》為本。鄭玄後有王肅注本，亦今古文兼治，曾一度與鄭《注》爭勝，至唐代已佚。其後有北齊黃慶、隋李孟悊為

《儀禮》鄭《注》作《疏》，唐賈公彥《儀禮注疏》即在此二《疏》基礎上完成的，其〈序〉言：「《儀禮》所注，後鄭而已。其為章疏，則有二家，信都黃慶者，齊之盛德；李孟悊者，隋日碩儒。……時之所尚，李則為先；……時之所以，皆資黃氏。」賈《疏》以此二《疏》為藍本，材料比較單薄，水平不高，但因收入《十三經注疏》，對後世有一定影響。

北宋王安石改革科舉制度，廢除一些科目，《儀禮》亦在被廢之列，故《儀禮》之學受到冷落，但宋人在對「三禮」的總體認識上，在研究方法上，都有一定創新，對繪製禮圖和校勘文字、疏通經義方面，都作出一些貢獻。如朱熹等著《儀禮經傳通解》，在解釋方法上就是個創造。其體例是以《儀禮》十七篇為經，取《禮記》及諸經雜記所載有關禮之資料，分類附於經之相關條下，並詳列諸儒注疏。並把原文按節分列，在節後標明上述為某事，相當於概括本節中心內容的標題。使人看了眉目清楚，易於把握住要點。此種方法具有開創性，後世多有仿效者。聶崇義著《新定三禮圖》，收輯前代禮圖六種，參互考訂，編注而成，對研究古禮有參考價值。楊復著《儀禮圖》，收圖二百另五幅，雖較粗略，但為首創，對後世頗有影響。此外，李如圭的《儀禮集釋》三十卷，在校勘方面有獨到處，魏了翁的《儀禮要義》在解釋經義上有貢獻。

元、明兩代禮學研究成果不多，值得一提的是元初敖繼公著《儀禮集說》十七卷。其〈自序〉言：「鄭康成《注》，疵多醇少，刪其不合於經者；意義有未足，則取疏記先儒之說以補之，又未足，則附以一得之見。」其對鄭《注》的評說雖未見公允，但不依附鄭《注》，於原文逐字探究，務暢其旨，多有創見發揮，頗有價值。

清代禮學昌盛，人才輩出，碩果累累，僅列其中最具代表性者。清初張爾岐《儀禮鄭註句讀》，此書是在朱熹《儀禮經傳通解》基礎上，解決了《儀禮》的分節、句讀問題，其分節更合理，節後標題更清晰簡明，概括中心內容更準確。注釋全錄鄭《注》，略加己意，簡要明白。淩廷堪《禮經釋例》，是讀《儀禮》的凡例。其書序云：「《儀禮》十七篇，禮之本經也。其節文威儀，委曲繁重。驟閱之，如治絲而棼；細繹之，皆有經緯可分也；乍睹之，如入山而迷，徐歷之，皆有塗徑可蹟也。是故不得其經緯塗徑，雖上哲亦苦其難；苟其得之，中材固可以勉而赴焉。經緯塗徑之謂何？例而已矣。」這些凡例，有些在原文的記和鄭《注》中提到，但比較分散，需要綜觀原文，分類歸納，反覆比較，才能得出。該書釋例分八類，二百四十二例，用功十餘載，數易其稿而成。此書是研讀《儀禮》的專門工具書。胡培翬《儀禮正義》四十卷。胡秉承三代治禮的家學淵源，又師從淩廷堪學禮，積四十年之功而成是書，其中有五篇十二卷為門人楊大堉補作，是清代研究《儀禮》的集大成之作。胡氏自述其例有四：一曰「補注」，補充鄭《注》不完備者。二曰「申注」，引申發揮鄭《注》未盡之義。三曰「附注」，取與鄭《注》不同，義又可取之眾家說，並存之，以廣異聞，供參照。如元敖繼公說多與鄭異，胡氏《正義》多引之。四曰「訂注」，辨析鄭《注》之誤，以正之。此書綜合前人成果，解決不少難點，並有新義，水平較高。張惠言《儀禮圖》六卷，以宮室、衣服為總圖，又依十七篇各為圖說，使讀者對實物有直觀認識，對行不同禮儀時的器物擺放位置，人員站位和運動路線，一一標明，使人看後如身臨其境。此外，吳廷華《儀禮章句》十七卷、盛世佐《儀禮集編》四十卷、徐乾學《讀禮通考》一百二十卷、秦蕙田《五禮通考》二百六十二卷、江永《禮書綱目》八十五卷等，都對《儀禮》研究有所推進。

近現代在考古學、民俗學和古文字學方面取得重要進展，成果不小，從而為古禮研究提供更多直接材料，在研究方法上也比前人更科學、更進步，也取得一些成果。如楊寬著《古史新探》，其中有一組論述古禮的論文，對冠禮、鄉飲酒禮、射禮等進行探索，頗有新義。錢玄著《三禮通論》，綜合前人和當代人的研究成果，以及考古學和文字學成就，運用科學方法進行分類研究，集中反映當代禮學研究成果。另外還有一些高水平成果問世，不過多介紹。雖然如此，就禮學研究整個領域來看，還是很薄弱的，遠遠不能適應建構現代文化的需要。

四

《儀禮》成書於先秦，其材料來源則很久遠。禮制的形成須經由民俗、禮俗，再完善為禮制，並記錄於書策，要經過很長的歷史過程。《儀禮》所述禮制雖成於周代，其發展淵源可以上溯到夏商，乃至遠古先民時代，如冠禮與氏族社會成丁禮有密切聯繫，鄉飲酒禮由氏族時代鄉人共食議事儀式演化而來等等。本書用禮儀形式詳細記述古人衣食住行狀況，是古代生活的內容豐富的畫卷，為研究夏商周社會的諸多層面提供有價值的材料。

《儀禮》所載主要為禮之形式、儀節，這些內容往往敘述得愈具體、愈詳細，愈難實行。《儀禮》中的煩瑣儀節，在歷史發展中不斷變化更新，與後世差別很大，因而多數儀節對現代人來說，現實價值不大。《禮記・禮器》說：「禮，時為大。」後人不能把繁縟的古禮一成不變的施行，而要按當時之需，對古禮加以取捨修正。宋儒朱熹說：「禮有經有變，經者常也，變者常之變也。」（《朱子語類》卷八五）就是說，禮之形式可以不斷改變，但其義卻是相對恆久不變的。儘管如此，古禮形式也不是毫無價值的，因為「義」也需「儀」為載體，「若是如今古禮散失，百無一二存者，如何懸空於上面說義。」（同上卷八四）古禮形式雖然於今人已不適用，但卻是揭示禮之內在意義的依據，只有弄清古代禮儀形式，才能探索和闡發其內涵，把握其普遍意義。而這普遍意義不僅對認識古代社會有重要價值，對提高今人的道德意識，規範人的行為，扶植人的善性，都具有積極作用。如〈喪服〉記述斬衰、齊衰、大功、小功、緦麻五種服制及相關細節和適用對象，辨析得細緻入微，使人感到煩瑣、紛亂、不易把握。如果讀了《禮記・大傳》和〈喪服小記〉，再與〈喪服〉結合起來思考，就會發現五種服制的安排是貫穿一個一貫的指導思想原則，就是宗法等級制，喪服之精粗、形制、喪期長短都體現了宗法制度的精神。有了這樣的理解，對〈喪服〉的認識就能深入一步。再如〈士冠禮〉，源於氏族社會的成丁禮，其意義在於男子成年之後，經過強化訓練和特定儀式，使其意識自己已經成年，應該擔當起對家庭、對社會的責任。這種禮儀對培養青年人的自強自立精神，擺脫對父母和家庭的依賴心理，具有普遍而永恆價值，對當代社會也有積極意義，可以效仿。再如〈鄉飲酒禮〉倡導養老敬老精神，這一精神匯入了尊老愛幼的傳統美德，也是應該提倡和發揚的，對即將進入老齡社會的國家，如何善待老人，使老有所養，更有現實意義。

我們要走向世界，要自立於世界民族之林，既要學習外國的先進文化，也要繼承和發揚本民族的優秀文化，只有這樣才能振興民族精神，消除盲目崇洋的失衡心理，使我們在精神上和物質上都強大起來。對古代禮儀的整理研究，去粗取精，吸取有益營養，以建構具有民族特色本位文化是有積極意義的。這也就是注譯本書的宗旨。

五

《儀禮》成書於先秦，是古籍中較早的一種，讀此書除文字障礙，還涉及大量名物制度、禮節儀式等，這些內容由於時過境遷，變化很大，了解起來甚為困難，這些都為讀通《儀禮》增加難度。唐代古文大家韓愈以為「《儀禮》難讀」，此言不虛也。

前面已經講到，《儀禮》所述為禮之形式，而其形式中蘊涵之義，是需經探索揭示方能得知的。如何透過形式去把握內在之義呢？把它和《禮記》合起來研讀，是有效方法。《禮記》中有些篇就是直接解析《儀禮》對應篇之義的，如，〈冠義〉、〈昏義〉、〈鄉飲酒義〉、〈射義〉、〈聘義〉，另一些篇則是從不同角度和層面解析《儀禮》的相關內容，二書可以互相發明，關係極為密切。朱熹說：「《禮記》要兼《儀禮》讀，如冠禮、喪禮、鄉飲酒之類，《儀禮》皆載其事，《禮記》只發明其理。讀《禮記》而不讀《儀禮》，許多理皆無安著處。」（《朱子語類》卷八七）另一方面，讀《儀禮》更應兼讀《禮記》。離開禮之儀節，理就沒有著落，而僅存儀節而不知其理義，則如同作戲。《禮記・郊特牲》言：「禮之所尊，尊其義也；失其義，陳其數，祝史之事也。」孔子也說：「禮云禮云，玉帛云乎哉！樂云樂云，鐘鼓云乎哉！」（《論語・陽貨》）都教人不可停留在禮之形式層面，而要把握其內在之理。朱熹撰寫《儀禮經傳通解》，正是出於這種考慮。

至於更具體的方法，清儒皮錫瑞提出三點，很值得借鑑。他說：「讀《儀禮》有三法，一曰分節，二曰釋例，三曰繪圖。得此三法，則不復苦其難矣。」（《經學通論・三禮》）分節，本書已作完，不必他求。釋例很要緊，朱熹說：「《儀禮》雖難讀，然卻多是重複，倫類若通，則其先後彼此展轉參照，足以互相發明。」（轉引自前書）所謂倫類，就是指凡例。凌廷堪之《禮經釋例》作了開創性工作，有了釋例，重複處即可觸類而通，省卻大量重複索解之功。禮圖亦很重要，行禮時涉及器物繁多，這些器物究竟是什麼樣子，往往反覆申說不能明，有圖則一目了然。特別是器物擺放位置，行禮者站位和行動路線，用圖標明則勝過千言萬語，給人以身臨其境之感。清儒陳澧推測，鄭玄、賈公彥作《注》作《疏》時，也是有圖的，故能把人物動作方位路線敘述得十分精確。清代張惠言之《儀禮圖》，綜合前人成果，繪製詳細，並有說明，可用作讀書時之案頭參考。本書未將禮圖收入，因為宮室、服飾、器物等往往古今差別很大，其說不一，與考古發掘之實物相互認證亦難，對這些差別進行考證、分辨、鑑定，專業性極強，筆者為門外漢，不敢涉足。再有行禮時站位、運動路線等，也往往數說並存，取捨為難。且古代繪製之圖皆為平面示意圖，沒有立體感和透視效果，也很不科學，很不準確，如果選古圖不加更動的複製，則太嫌粗略，重新製作亦非筆者所能，為此，禮圖部分只好付之闕如，以待來者。

本書各篇一般都包括題解、原文、注釋、語譯、說明五部分。

題解，詮解標題，闡明全篇宗旨，指出其在禮學中的地位、作用和影響，綜述各章要點，以概括全篇結構層次和基本內容。

原文，以《十三經注疏》之《儀禮注疏》為底本，因此本流通較廣。底本中遇到明顯訛誤，則參照他本改正，不出校記。如〈大射〉末章「皆于阼阼上」，後「阼」字為「階」之誤，徑改。〈少牢饋食禮〉「主人佐執爵」，「佐」為「左」之誤，徑改，等等。對有數說並存、不能確定處，則仍依底本，不更動。

注釋，以章為單元，前有章旨，概述本章內容宗旨。注之體例，先通釋詞頭，再根據需要分釋個別字詞，有時加簡短提示、說明，以解讀者之疑。如〈少牢饋食禮〉之「髀不升」，釋曰：「尾骨去掉，不升入鼎中。因髀臨近肛門，嫌其不潔也。」第一句解詞頭，因髀為尾骨之意在解詞頭時已帶出，故不再單獨作解。末句則是提示髀不升的原因。如此等等。注釋力求準確、簡明、通俗，不旁徵博引，不過分展開，以適合中等文化程度的讀者。

語譯，清末學者嚴復提出好的譯文要做到信、達、雅，信即忠實原文，不隨意增損，不曲解原義；達即通達順暢，表意清楚；雅即文字優美，有文采。古文今譯亦應如此。根據本書特點，求雅比較困難，信、達則是努力爭取的目標。

說明，對注中不能充分展開，又特別需要說明的問題，如立尸之類；對理解本篇有重要作用的問題，如冠禮起源之類，則放入說明中。如沒有此類問題，亦可略去。說明中的問題有大有小，分量可長可短，但力求抓住要點，敘述簡明扼要，不作過多鋪陳。

《儀禮》文古義奧，為其作譯注是相當困難而枯燥的一項工作，眼下書店裏古籍譯注類圖書充斥，而《儀禮》尚難得見，原因亦在此吧。筆者古文功底有限，勉為其難，雖盡了最大努力，自知疏漏謬誤不少，熱誠期望讀者諸君指正。

長春吉林大學哲學社會學院　顧寶田
錦州師範學院政史系　鄭淑媛

辛巳年春三月

士冠禮第一

【題　解】本篇闡述古代貴族男子成年時舉行加冠命字的禮儀。士有多義，此為低層貴族之統稱。殷周時如《尚書》之〈多士〉、〈酒誥〉所說之士，即指此義。春秋時之士，多指卿大夫之家臣。士雖處貴族下層，卻是國家官吏和軍中甲士的後備群體，他們素質的高低，對邦國的興衰關係極大。冠即帽子，古時男子二十歲前不戴冠，任頭髮自然下垂，稱「垂髫」；或將頭髮紮起，垂於腦後，稱「總髮」；或在頭頂前部梳成左右兩股，如獸之角，稱「總角」。到二十歲舉行冠禮儀式，將頭髮盤成髻，笄起來，戴上冠，以後就可以戴冠了。所以，冠禮標誌一個人已經成年，可以按成年人來對待他和要求他了。行冠禮後即為正式貴族成員，可以娶妻生子、入仕為官，可以按宗法倫理規定繼承家族中相應的權利。因此，古人對冠禮十分看重，認為冠禮是諸禮的起點，婚、喪、祭、鄉、射、朝、聘諸禮，皆始於冠禮。《禮記・冠義》指出：「冠者，禮之始也，嘉事之重者也，是故古者重冠。」

全篇分兩部分，前部為經文，後部為記。經文可分六章，按行冠禮的順序和程式，記敘筮日筮賓、冠日陳設、加冠命字，以及敬酒拜見迎送諸禮儀、醮禮、主賓應對之詞和祝詞。最後為記，是對經文的補充和經義的闡發。

士冠禮：筮于廟門❶，主人玄冠❷、朝服❸、緇帶❹、素韠❺，即位于門東❻，西面❼。有司如主人服❽，即位于西方❾，東面，北上❿。筮與席⓫，所卦者⓬，具饌⓭于西塾⓮。布席于門中，闑西⓯，閾外⓰，西面。筮人執筴⓱，抽上韇⓲，兼執之⓳，進受命于主人⓴。宰自右少退贊命㉑。筮人許諾，右還㉒，即席坐㉓，西面。卦者在左㉔，卒筮，書卦㉕，執以示主人，主人受眂㉖，反之㉗。筮人還，東面，旅占卒㉘，進告吉㉙。若不吉，則筮遠日㉚，如初儀。徹筮席，宗人㉛告事畢。

主人戒賓㉜，賓禮辭㉝，許。主人再拜，賓荅拜。主人退，賓拜送。

前期三日㉞，筮賓㉟，如求日之儀。乃宿賓㊱，賓如主人服，出門左㊲，西面再拜，主人東面荅拜。乃宿賓，賓許。主人再拜，賓荅拜。主人退，賓拜送。宿贊冠者㊳一人，亦如之。

【章　旨】本章敘述占筮冠禮舉行日期之禮儀，以及通告眾賓並占筮一名主賓作冠禮主持人的禮儀。

【注釋】❶筮于廟門　在禰廟門外卜筮行冠禮之日。筮，《周易》用作卜筮的工具，指五十根蓍草。蓍為多年生草本植物，一株多莖，古人以其年久有靈性，通鬼神，故用以卜筮，後世多以竹策代之，故稱筮。廟，貴族之家廟，此指禰廟，即父廟。父死稱考，入廟稱禰，禰廟為祭祀供奉先父神主牌位的宗廟。卜筮冠日在廟門外，而不在廟堂內，表示卜筮自能通神，無需依傍祖宗的輔佑。❷主人玄冠　主人戴黑色禮冠。主人，指將行冠禮者之父兄，即父在以父為主人，父死由兄代替。以下所見「主人」多為此義。玄冠，周代一種黑色禮冠，又稱「委貌」。據《漢書・輿服志》載，此冠「長七寸，高四寸，制如覆杯，前高廣，後卑銳。」「以皂絹為之。」古制冠服同色，故玄冠必與同樣顏色朝服搭配穿戴。❸朝服　君臣朝會時所穿禮服，與玄冠同色，皆為黑色。穿朝服表示對占筮之道的敬重。❹緇帶　以黑色絲織物製成的腰帶。❺素韠　白色革製蔽膝。素，白色。韠，用熟皮革製成的蔽膝。也稱韍或韐。繫在大帶上，主要為裝飾作用。在西周時，是貴族服飾中很重要部分，其起源為野蠻時代人圍護下身的一塊獸皮。鄭玄《易緯乾鑿度・注》說：「古者田漁而食，因衣其皮，先知蔽前，後知蔽後，後王易之以布帛，而獨存其蔽前者，重古道而不忘本也。」（《左傳》桓公二年《正義》引）據《禮記・玉藻》：「韠，下廣二尺，上廣一尺，長三尺，其頸五寸，肩革帶博二寸。」❻門東　禰廟門外東側。❼西面　面朝向西方。❽有司如主人服　有司穿戴與主人相同服飾。有司，主人之屬吏在冠禮儀式中承擔職事者。❾西方　禰廟門外西側，主人站位的對面。❿北上　以北方為上位。⓫筮與席　蓍草與蒲席。筮，用作卜筮的五十根蓍草。席，用蒲草或蘆葦編織的席子。⓬所卦者　卜筮過程中用作記錄的工具。古時是用木杖把卜筮所得之數、爻、卦畫在地上。後世有所變化，如宋代通行的筮儀所列工具有硯一、筆一、墨一、黃漆板一。工具雖有變化，作用則同，就是把卜筮過程中每一步所得結果準確記錄下來，好據以推斷吉凶，體現人謀鬼謀的統一。⓭具饌　全部陳放。具，通「俱」。全；都。饌，陳列；陳放。⓮西塾　廟門外西側堂屋。⓯闑西　門橛西側。闑，門橛。在兩扇門中間地面上豎立的短木橛，用以固定合起的門扇。⓰閾外　門檻外面。閾，門檻。⓱筮人執筴　掌管卜筮之人手持蓍草棍。筮人，有司中掌管卜筮之人。《周禮・春官》：「筮人掌三《易》，一曰《連山》，二曰《歸藏》，三曰《周易》。」則是夏、商、周三代所用之《易》不同，夏用《連山》，殷用《歸藏》，周用《周易》，筮人對三《易》皆能通之。筴，用以卜筮的蓍草棍。⑱抽上韇　抽掉盛有蓍草棍皮筒的筒蓋。韇，用皮革製成的圓筒。有蓋，裏面裝著蓍草棍。⑲兼執之　筮人兼持筒身和筒蓋。⑳進受命于主人　進前接受主人的命令。筮人在廟門西側，主人在東側，筮人進至主人前，接受卜筮命令。㉑宰自右少退贊命　宰站在主人右側稍後，由他佐助主人告知卜筮命令。宰，屬吏中主管政教之吏。少退，站在主人稍後一點位置。贊命，佐助主人告知卜筮命令。㉒右還　向右轉彎，回到原來位置。㉓即席坐　入席就坐。古人坐式為兩膝著地，臀部落在腳跟上，與今日跪式相似。㉔卦者在左　屬吏中負責以杖畫地記數識爻之人，立於筮人左側。㉕書卦　卜筮完畢，將所得卦書於方版上。㉖眂　古「視」字。㉗反之　主人看後把卦退還給筮人。此所說卦，僅指六爻符號，無斷語。㉘旅占卒　眾人占筮完畢。旅，眾。指筮人、卦者等參加卜筮諸人。占，依據卦象、爻象、變爻及卦爻辭進行綜合分析推斷，以預測事之吉凶禍福。㉙吉　所占筮之日為吉。㉚遠日　下旬之日。每月三十日，分上中下旬，旬十日，本旬之日如不吉，則筮下旬，稱遠日。據《禮記・曲禮》載，吉事先筮近日，如不吉則由近及遠，即先筮上旬日，不吉更筮中旬，又不吉則筮下旬，再不吉則筮下月上旬，依此類推，至吉乃止。㉛宗人　主管禮事之官。諸侯、大夫皆有宗人，主持禮樂事，由家臣擔當。㉜主人戒賓　主人通告眾賓客。筮日後三天內，主人要將行冠禮事廣泛告知僚友，邀請他們光臨，稱戒賓。戒，告。賓，主人之眾僚友。㉝禮辭　謙遜地辭謝一次而答允。㉞前期三日　行冠禮日前三天。㉟筮賓　占筮冠禮的主持人。即在眾僚友中占筮出一位主賓，作冠禮主持人，由他為冠者加冠。㊱宿賓　主人前往邀請主賓。宿，進。進至其家相請。賓，主賓。前戒賓之賓指一般僚友，此為冠禮主持人，不可不來，故作特殊邀請。㊲門左　門東側。凡賓主相見，主人在門東，賓在門西。此為主人至賓家，賓為主人，故在門東立侍。㊳贊冠者　佐助主賓行冠禮之人。亦即主賓的副手。

【語　譯】士加冠的禮儀：先在禰廟門外占筮行冠禮的日子。主人戴黑色禮冠，穿朝服，束黑色腰帶，繫白色蔽膝，就位在廟門外東側，面向西站立。有司們的服飾與主人相同，就位在廟門外西側，面向東而立，以北方為上位。用作卜筮的五十根蓍草棍、蒲席和卜筮記錄用具都陳放在廟門外西側堂屋中。在廟門中間門橛以西的門檻外鋪上席，席頭朝向西。筮人手持蓍草棍，抽去盛蓍草皮筒上蓋，把上蓋和筒身一併拿著，進前接受主人的命令。站在主人右側稍後的主管政教者佐助主人告知卜筮命令。筮人應諾，然後向右轉彎，返回原來位置，入席坐下，面朝向西方。負責卜筮記錄者在筮人西側，卜筮完畢，把所得卦書於版上，呈給主人觀看。主人受卦看過後，交還給筮人。筮人回到原位，面向東，與眾人一起研究推斷，結束後進告主人所筮之日吉祥。如果筮日不吉，就占筮下一旬之日，儀式與初次相同。占筮結束，撤去筮席，由主管禮事之官宣告筮日進行完畢。

筮日後，主人將行冠禮事廣泛告知眾賓客，邀請他們光臨，眾賓客謙遜地辭謝一次便應諾了。主人再拜謝賓客，賓客答拜。主人離去，賓客拜送。在行冠禮日的前三天，要占筮主持冠禮的主賓，其儀式和以筮求日儀式相同。接著主人就去主賓家邀請，主賓服飾與主人相同，出門在門外東側侍立，面向西再拜致謝，主人面向東答拜。主人致辭邀請主賓，主賓許諾。主人再拜致謝，主賓答拜，主人離去，主賓拜送。次日，主人前往邀請佐助主賓行禮者一人，禮儀亦與邀請主賓相同。

厥明夕❶，為期❷于廟門之外。主人立于門東，兄弟❸在其南，少退，西面，北上。有司皆如宿服❹，立于西方，東面，北上。擯者請期❺，宰告曰：「質明行事❻。」告兄弟及有司。告事畢，擯者告期于賓之家。

夙興❼，設洗❽，直于東榮❾，南北以堂深❿，水在洗東。陳服于房中西墉下⓫，東領⓬，北上。爵弁服⓭：纁裳⓮、純衣⓯、緇帶、韎韐⓰。皮弁服⓱：素積⓲、緇帶、素韠⓳。玄端⓴：玄裳、黃裳、雜裳㉑可也，緇帶、爵韠㉒。緇布冠缺項㉓，青組纓屬于缺㉔，緇纚，廣終幅，長六尺㉕，皮弁笄㉖、爵弁笄、緇組紘纁邊㉗，同篋㉘。櫛實于簞㉙，蒲筵㉚二，在南㉛。側尊一甒醴㉜，在服北㉝。有篚實勺、觶、角柶㉞，脯醢㉟，南上。爵弁、皮弁、緇布冠，各一匴㊱，執以待于西坫㊲南，南面，東上。賓升則東面。

主人玄端、爵韠，立于阼階㊳下，直東序㊴，西面。兄弟畢袗玄㊵，立于洗東，西面，北上。擯者玄端，負東塾㊶。將冠者采衣㊷，紒㊸，在房中㊹，南面。

【章　旨】本章記述約定冠日之禮儀，冠日陳設之物品和位置，主人、冠者諸人之服飾和站位情況，也就是全面介紹了加冠前的各種準備事宜。

【注　釋】❶厥明夕　邀請主賓的第二天晚上。厥，其。代詞，代宿賓，即主人致詞邀賓。❷為期　約定行冠禮的準確時日。❸兄弟　主人的兄弟及同族、姻親中與主人同輩的成年男子。❹如宿服　如主人邀請賓客時穿戴的玄冠朝服。❺擯者請期　主人屬吏請示加冠時間。擯者，屬吏中佐助主人行禮的人。❻質明行事　明日天明時行加冠禮事。質，正。❼夙興　早晨起來。夙，早。興，起。❽洗　盥洗時用來接棄水的器具，金屬製造，形如盆，大小因使用者身分高低而有異。❾直于東榮　正對著屋子東端的飛檐。直，當；正對著。榮，屋翼。指屋兩端上翹的飛檐。❿南北以堂深　洗與堂之南北距離與堂之深度相同。堂深，正堂南北牆間距離。⓫陳服于房中西墉下　陳放各種禮服於房中西牆下面。房，住室。位於中堂和東西夾室北面，房在東，室在西。又說中間為室，東西各有房。墉，牆。⓬東領　使衣服領子朝向東面。穿衣先提衣領，衣領朝東便於提攜。⓭爵弁服　加爵弁時所穿服飾。爵弁，冠名。用極細的葛布或絲帛作成，色赤而微黑，形似雀頭，故名。冠寬八寸，長一尺二寸，前小後大，無旒，其尊貴程度僅次於冕。爵弁及與之配套服飾是士為君助祭時所服，行冠禮第三次加冠亦服爵弁服。此所說爵弁服，是以冠名服，指與爵弁配套的服飾，不包括爵弁，因冠類另有存放處。⓮纁裳　淺紅色下裙。古時男女皆有裳。⓯純衣　絲衣。一般衣皆用布，只有冕服、爵弁服用絲衣。⓰韎韐　古代祭服上的蔽膝，用熟皮所製，並以茅蒐（茜草）染成赤黃色。⓱皮弁服　戴皮弁所穿服飾。皮弁，冠名。用白鹿皮製成。此冠夏、商、周皆用，起源上古漁獵時代，保存以鳥獸之皮為衣的遺風。皮弁服為君臣視朔時同服的禮服，聘、覲、士喪、既夕諸禮亦有用此，冠禮二次加冠時用此。在尊卑層次上，比爵弁服稍低。⓲素積白色下裙。積，辟積。即衣服摺子。下裳用整幅白繒為之，在腰部要折成許多摺子，稱為積。此未言衣，古禮衣與冠同色，當是白布衣。⑲素韠　白色蔽膝。⑳玄端　黑色禮服。端，正。古代諸侯、大夫、士參加朝、祭、冠、婚諸禮，皆服玄端，平日燕居亦服此，亦為冠禮初加緇布冠之服。此不以冠名服，因初加緇布冠，緇布冠並非常用之物，冠禮過後便棄之不用，故沒有與其配套之服，不可稱緇布冠服。亦不可稱玄冠服，因初加非玄冠，乃緇布冠。為此不以冠名服，直接列出加緇布冠的服飾。㉑雜裳　雜色下裙。此裙前玄後黃，玄黃為天地之正色，取天地之色相雜之意。玄端與朝服上衣皆同，區分在下裳顏色，朝服上衣下裳皆為玄色，玄端上衣黑色，下裳則有玄、黃、雜色之分，即上士玄裳、中士黃裳、下士雜裳。㉒爵韠　赤黑色蔽膝。㉓緇布冠缺項　固定緇布冠的髮頍。緇布冠，用黑色麻布製成的冠。太古時沒有絲帛，只有麻布，一般用白麻布製成冠，齋戒時則染成黑色，稱緇布冠。冠禮初加緇布冠，意在保存古禮。加冠後可棄之，改戴玄冠。缺，通「頍」。髮頍，用以束髮固冠。緇布冠無笄，用頍圍繞髮際結項中，四角有綴連接冠武，下有纓結於頤下。此下所陳物皆屬冠飾，非指冠，冠另有陳放之所。㉔青組纓屬于缺　青色絲製冠帶繫於髮頍上。組纓，結冠之絲帶。㉕緇纚廣終幅長六尺　黑色包髮之帛用整幅寬，長度為六尺。纚，包髮之帛。廣終幅，盡整幅布寬度。古代布幅寬二尺二寸。㉖皮弁笄　加皮弁時所用之笄。笄，固定髮髻和冠冕的細長簪子。一頭銳利，一頭鈍，並有裝飾物。一般為竹製，也有用骨角、象牙、金銀、玉石製造。秦以前稱笄，漢代以後稱簪。㉗緇組紘纁邊　黑色絲製冠帶，鑲有淺紅色邊飾。紘，古時冠冕上的紐帶，由頷下挽上，繫於笄的兩端。㉘同篋　同放一箱中，指上述缺項、青組纓、緇纚、皮弁笄、爵弁笄、緇組紘諸物，同放一箱內。篋，一種狹長箱子。㉙櫛實于簞　梳理頭髮用具放在圓形竹器內。櫛，梳子、篦子的總名。簞，盛飯盛衣物的竹器。圓曰簞，方曰笥。㉚蒲筵　墊底的蒲葦席。筵，墊底之席。初鋪在地稱筵，於其上再鋪稱席。㉛在南　在放置服飾、篋、簞的南側。㉜側尊一甒醴　單獨置一甒甜酒。側，猶「特」。作「單獨」解。尊，置酒尊，作動詞用。甒，一種瓦製盛酒器，形如甖，可盛五斗。醴，低度甜酒。古人置酒多用兩，一盛玄酒，即水，一盛酒。此則單設醴，無玄酒。㉝在服北　在所陳服飾北面。㉞有篚實勺觶角柶　圓竹筐內盛裝酒勺、酒杯、角製匙。篚，竹器。形似竹籠，長三尺，寬一尺，深六寸，足高三寸。勺，舀酒器。青銅製。觶，一種酒杯。圓腹侈口，圈足，可盛三升，為尊者所用。㉟脯醢　乾肉和肉醬。乾肉盛在籩中，肉醬盛在豆中。㊱匴　竹器名。盛冠的箱子。㊲西坫　堂西南角的土臺。㊳阼階　堂前東階。阼，猶「酢」。主人由此升降，並在此酬答賓客。㊴直東序　正對著堂上東間牆。直，正對著。序，中堂東西間牆。東為東序，西為西序。㊵畢袗玄　都穿黑色衣裙。畢，皆；都。袗，或為「袀」字。袀，通「均」。同也。袗玄，即袀玄，指上衣下裳皆為黑色。㊶負東塾　背對著東堂站立。負，背立。東塾，東堂，亦稱東廂，在正堂東南，有東間牆與正堂隔開。㊷將冠者采衣　將被加冠之人身穿采衣。采衣，未冠童子的常服。穿緇布衣，帶朱錦鑲邊，繫朱錦大帶，以錦帶束髮，崇尚華麗。㊸紒　通「結」。指把頭髮束成髮髻。㊹房中　室東房內。

【語譯】邀請主賓的第二天晚上，在禰廟廟門外舉行約定行冠禮時日儀式。主人站在廟門東側，主人兄弟及同族、姻親中同輩男子站在他的南面，稍稍靠後，面朝西，以北方為上位。擔任職事的屬吏皆穿朝服，站在廟門西側，面向東，以北方為上位。擯者請示行冠禮時間，代主人傳命之宰宣告說：「明日天正明時舉行。」擯者將此事告知兄弟親戚和眾屬吏。宗人宣告儀式結束，擯者去眾賓家中通告舉行冠禮時間。

次日早晨起來，在正對著東屋飛檐處設置一洗，洗與堂之南北距離和堂深相等，盛水器在洗的東側。陳放各種禮服於房中西牆下，衣服領子朝向東面，以北方為上位。加爵弁冠時所穿服飾有淺紅色下裳、絲製黑色上衣、黑色大帶、赤黃色蔽膝。加皮弁冠時所穿服飾有白色下裳、黑色大帶、白色蔽膝。（加緇布冠所穿服飾）有黑色上衣、黑色下裳、黃色下裳、雜色下裳均可，黑色大帶，赤黑色韍韐。還有固定緇布冠的髮頍，繫在髮頍上的青色絲製冠帶，整幅寬六尺長的包髮帛，加皮弁冠所用笄，加爵弁冠所用笄，帶淺紅色鑲邊的黑色絲製冠帶，上述六物都裝在同一箱子裏。梳頭髮用具放在竹簞裏。蒲席兩張放在上述諸物南側。單獨設置一甒甜酒，放在所陳服飾北面。酒勺、酒觶、角製匙放在圓竹筐內，還陳放有乾肉和肉醬(分盛在籩豆中)，以南方為上位。爵弁冠、皮弁冠、緇布冠各裝一箱中，由屬吏拿著在西坫南側等候，面向南，以東方為上位，待主賓登階升堂時則面向東。

主人穿黑色禮服、赤黑色韍韐，立於東階下正對著堂上東間牆處，面向西。兄弟親戚都穿黑色衣裳，站立在洗的東側，面向西，以北方為上位。擯者身穿黑色禮服，背對東堂站立。將被加冠之人身著采衣，頭髮束成髻，站立在房中，面向南。

賓如主人服，贊者玄端從之，立于外門❶之外。擯者告❷。主人迎，出門左❸，西面，再拜，賓荅拜。主人揖贊者，與賓揖，先入。每曲揖❹，至于廟門，揖入。三揖，至于階❺。三讓❻，主人升，立于序端❼，西面。賓西序，東面。贊者盥于洗西，升，立于房中，西面，南上。

主人之贊者筵于東序❽，少北，西面。將冠者出房，南面。贊者奠❾

纚、笄、櫛于筵南端。賓揖將冠者。將冠者即筵坐。贊者坐，櫛❿，設纚⓫。賓降⓬，主人降。賓辭，主人對。賓盥卒⓭，壹揖，壹讓，升。主人升，復初位。賓筵前坐，正纚⓮，興，降西階一等⓯。執冠⓰者升一等，東面授賓。賓右手執項⓱，左手執前⓲，進容⓳，乃祝⓴，坐如初。乃冠，興，復位。贊者卒㉑，冠者興，賓揖之，適房，服玄端、爵韠，出房，南面。

賓揖之，即筵坐，櫛㉒，設笄㉓，賓盥，正纚如初。降二等，受皮弁，右執項，左執前，進祝，加之如初，復位。贊者卒紘㉔。興，賓揖之，適房，服素積、素韠，容，出房，南面。賓降三等，受爵弁，加之，服纁裳、韎韐。其他如加皮弁之儀。

【章　旨】本章記述主人迎賓及三次加冠的禮儀，為冠禮之核心內容。三次加冠各有其深意。

【注　釋】❶外門　大門。❷擯者告　擯者出門請賓並入告主人。❸門左　大門東側。外出以東為左，入內以東為右。❹每曲揖　每至轉彎處，主人即對賓拱手為禮。周制：廟在寢東，入大門折向東一揖，行至廟前折向北，又揖。❺三揖至于階　三次拱手為禮而達於堂前階下。三揖，指兩次轉彎處和廟門前之主人揖賓。❻三讓　主人三次讓主賓先登階，主賓三次辭讓。❼序端　堂上東間牆南端。❽筵于東序　布席於堂上東間牆下。筵，布席。❾贊者奠　輔佐主賓行冠禮者安放。奠，放置；安放。❿櫛　為冠者梳理頭髮。⓫設纚　用包髮帛將冠者頭髮包起來。⓬賓降　主賓降階下堂。下堂盥洗，將主持盛大禮儀，必先自潔。⓭盥卒　盥洗完畢。⓮正纚　主賓親自為冠者端正包髮頭巾。⓯一等　一級臺階。據《禮記・禮器》：「天子之堂九尺，諸侯七尺，大夫五尺，士三尺。」此為士之堂，高三尺，有三級臺階，賓降一級，執冠者升一級，二人在中間一級相交接。⓰冠　此冠為緇布冠，初加之冠。⓱項　冠之後部。⓲前　冠之表面。⓳進容　儀態端莊地前行。容，有威儀；從容。⓴祝　以言告神祈福。其祝告之詞見後。㉑贊者卒　主賓之贊冠者職事完畢。其職事有為冠者繫頍項、結冠帶等。㉒櫛　梳理頭髮。二次加皮弁冠，要先脫去緇布冠，脫冠時頭髮難免弄亂，故要再次梳理。㉓設笄　插上笄。笄有兩種，一為安髮之笄，一為固冠之笄，此為前種，固冠之笄加冠時由主賓自設。㉔贊者卒紘　主賓之贊冠者為加冠者繫好皮弁冠的紐帶。

【語　譯】主賓的服飾與主人相同，贊冠者穿黑色禮服，跟隨主賓，立於大門之外。擯者出門請賓並入告主人。主人由大門東側出迎，面向西對主賓再拜致謝，主賓答拜。主人對贊冠者拱手為禮，又與主賓相揖，先進入大門。每至轉彎處，主人都對賓拱手一揖。到達廟門前，主人揖賓進入。經三次相揖到達堂前階下，主人與賓相互三次推讓，主人登階，立在堂上東間牆南端，面向西。主賓登階，立在堂上西間牆南端，面向東。贊冠者在洗之西側盥洗後登階升堂，站立在房中，面向西，以南方為上位。

主人的贊冠者在堂上東間牆邊稍靠北側布席，面向西。將加冠者從房中出來，面向南。贊冠者把包髮帛、笄子、梳子、篦子放置在筵席南端。主賓向將冠者拱手施禮。將冠者入席就坐。贊冠者也坐下，為將冠者梳理頭髮，用包髮帛把他的頭髮包起來。主賓下堂，主人也陪同下堂。主賓辭謝，主人答謝。主賓盥洗完畢，對主人一揖一讓，登階升堂。主人也升堂，回到原來位置。主賓在席前坐下，為將冠者端正包髮帛，然後站起來，由西階降下一級臺階，持冠之屬吏上升一級臺階，面向東把冠交給主賓。主賓右手持冠之後部，左手持冠之外表，儀態端莊地走到席前，開始祝告，然後入坐如初，為將冠者戴上緇布冠，再站起來，回到原來位置。贊冠者職事完畢。冠者站起來，主賓對他拱手施禮，冠者進入房中，穿上黑色禮服、黑色蔽膝，走出房，面向南立。

主賓對冠者拱手施禮，冠者入席就坐，贊冠者為其梳理頭髮，插上固髮的笄子。主賓下堂盥洗後，為冠者端正包髮帛，如同初次加冠一樣。主賓由西階降下二級，接受皮弁冠，右手持冠後部，左手持冠外表，行至席前祝告，為冠者加冠如同初次，然後回到原來位置。贊冠者為冠者繫好皮弁的紐帶。冠者站起來，主賓對他拱手施禮。冠者入房，穿上白色下裳、白色蔽膝，儀態端莊從容，然後走出房來，面向南立。主賓由西階下降三級，接受爵弁冠為冠者加冠。冠者穿淺紅色下裳、赤黃色蔽膝。其他與加皮弁冠禮儀相同。

徹皮弁、冠、櫛、筵❶，入于房。筵于戶西❷，南面。贊者洗于房中❸，側酌醴❹，加柶❺，覆之，面葉❻。賓揖，冠者就筵，筵西，南面。賓受醴于戶東，加柶，面枋❼，筵前，北面。冠者筵西拜受觶，賓東面荅拜。薦脯醢❽。冠者即筵坐，左執觶，右祭脯醢，以柶祭醴三❾，興。筵末坐，啐醴❿，建柶⓫，興。降筵，坐奠觶，拜，執觶興。賓荅拜。

冠者奠觶于薦東⓬，降筵，北面坐，取脯，降自西階，適東壁⓭，北面見于母。母拜受⓮，子拜送，母又拜。

賓降，直西序，東面。主人降，復初位⓯。冠者立于西階東，南面。賓字之⓰，冠者對⓱。

賓出，主人送于廟門外。請醴賓⓲，賓禮辭，許。賓就次⓳。冠者見於兄弟，兄弟再拜，冠者荅拜。見贊者，西面拜，亦如之。入見姑姊⓴，如見母。

乃易服㉑，服玄冠㉒、玄端、爵韠。奠摯見於君㉓，遂以摯見於鄉大夫㉔、鄉先生㉕。乃醴賓以壹獻之禮㉖。主人酬賓㉗，束帛、儷皮㉘。贊者皆與㉙。贊冠者為介㉚。賓出，主人送于外門外，再拜，歸賓俎㉛。

【章　旨】本章記述賓醴冠者，為冠者取字，冠者見母，見兄弟、姑姊，見君，見鄉大夫、鄉先生及醴賓送賓的禮儀。

【注　釋】❶徹皮弁冠櫛筵　主人之贊冠者撤去皮弁冠、緇布冠、梳子、篦子、席子。此時冠者服爵弁受醴，故未言撤去爵弁。❷筵于戶西　在室門西側布設筵席。正堂北面有房、室，房在東，室在西，房有門，室有門窗與正堂相通。室之門在西，窗在東，戶指室門，戶西指堂上室門以西之地，此為尊位。❸贊者洗于房中　贊冠者在房中澆水洗手，清洗酒觶。房中亦設洗，位置在北堂東側。❹側酌醴　贊冠者獨自往觶中舀取甜酒。側，特；獨自。❺柶　小匙。❻面葉　小匙的匙頭朝前，柄在後。葉，匙頭。❼面枋　匙柄朝前。枋，匙柄。匙柄朝前，便於受者取用。❽薦脯醢　贊冠者把乾肉、肉醬進獻於席前。薦，進獻。❾以柶祭醴三　用小匙舀甜酒三次為祭。❿啐醴　品嘗甜酒。啐，品嘗。⓫建柶　把小匙立放在觶中。建，立。⓬薦東　食品左側。薦，指脯醢等尚未用過的食品。⓭東壁　堂下東牆。東牆有小門稱闈門，婦人入廟須經闈門，時母在闈門外，故冠者出闈門拜見其母。⓮母拜受　母拜而受脯。⓯復初位　回到原來位置。即東階下對著堂上東間牆之處，主人曾在此與主賓揖讓登階升堂。⓰賓字之　主賓為冠者取字。古代男子二十而冠，冠後取字，稱字不稱名是表示尊敬。⓱對　應答。⓲請醴賓　主人請求用醴禮宴請主賓。這是為了表示對主賓操勞加冠事的感謝。⓳次　廟門外更衣處。用帷幕或葦席搭成，賓可以在裏面更換衣服並稍作休息。⓴入見姑姊　入寢拜見姑母和姊妹。入，入寢門。因姑母、姊妹不在禰廟而在寢宮。寢在廟西，冠者出廟門，入寢門，方得拜見。姑姊，姑母和姊妹。姊，泛指姊妹。㉑易服　更換服飾。即脫去爵弁服，換上玄冠玄端。㉒玄冠　周代通行的黑色禮冠。可與同色朝服、玄端搭配穿戴，為貴族階層常用之冠。㉓奠摯見於君　進獻禮品，拜見國君。奠摯，把禮物放在地上，不親授，由人代為轉交，此為卑者拜見尊者之常禮。摯，通「贄」。初見尊長時所送的禮物。㉔鄉大夫　周代官名。掌管一鄉之政教禁令。㉕鄉先生　年老辭官居鄉的卿大夫。㉖壹獻之禮　主人酌酒敬賓曰獻，賓回敬曰酢，主賓相互對飲曰酬，獻酢酬合成一獻之禮。一獻後即開始燕飲，主賓間不再作禮貌性敬酒，即為壹獻之禮。一般士禮一獻，卿大夫三獻。㉗酬賓　酬謝主賓。主人用酒食燕飲賓客，又贈以財物。㉘束帛儷皮　五匹帛兩張鹿皮。束帛，古代聘問之禮物，也用作婚喪、朋友相餽贈的禮品。束，五匹為束。帛，絲織物之總稱。儷皮，兩張鹿皮。儷，兩也。酬賓所用禮物因賓之身分地位高低而有別，對大夫用束帛乘馬，對天子、諸侯用玉幣，對士用束帛儷皮。㉙贊者皆與　眾賓客皆參加燕飲。贊者，此指參加冠禮的眾賓客。㉚贊冠者為介　輔佐主賓行加冠禮之副手作主賓介。介，傳達賓主之命者。在酒會上，介之地位僅次於主賓，而高於眾賓。㉛歸賓俎　餽送主賓牲肉。歸，餽贈。賓，指主賓。俎，古代祭祀、宴會時陳放牲體、牲肉的禮器。此指俎中所盛之物，即牲肉。

【語　譯】撤去皮弁、緇布冠、梳子、篦子、席子，放入房中。在室內西側布設筵席，朝向南。贊冠者在房內盥水洗手、清洗酒觶，獨自往觶中舀取甜酒，把角製小匙翻過來放在觶上，匙頭朝前。主賓對冠者拱手行禮，冠者入席，坐在筵席西端，面朝南。主賓在室門之東接受盛有甜酒的觶，把角製小匙放在觶上，匙柄朝前，走到冠者席前，面向北。冠者在筵席西側拜受酒觶，主賓面向東答拜。贊冠者獻上乾肉、肉醬等佐酒食品。冠者入席就坐，左手持酒觶，右手以乾肉、肉醬為祭，又用小匙舀甜酒三次以祭，然後站起來。再到筵席末端就坐，品嘗甜酒，把小匙豎立在酒觶中，站起來。走下筵席，坐下，放下酒觶，向主賓行拜禮，起立。主賓答拜。

冠者把酒觶放在乾肉、肉醬等食品東側，走下筵席，面北坐下，取乾肉。然後從西階下堂，走到堂下東牆闈門外，面朝北拜見母親。母親拜受乾肉，兒子拜送，母親回拜。

主賓下堂，在對著堂上西間牆處面東站立。主人下堂，回到起初之位。冠者站在西階東側，面向南。主賓為冠者命字，冠者答謝。

主賓出來，主人送至廟門外，請求用醴禮宴請他，主賓辭讓一次就答應了。然後主賓前往廟門外的更衣處。冠者拜見兄弟，兄弟再拜，冠者答拜。冠者拜見贊冠者，面向西行拜禮，和拜見兄弟的禮儀相同。入寢宮拜見姑母、姊妹，和拜見母親的禮儀相同。

然後就更換服飾，戴黑色禮冠，穿緇布衣、赤黑色蔽膝。進獻禮品拜見國君，接著攜帶禮物拜見鄉大夫、鄉先生。隨後就用一獻之禮宴請主賓。主人用五匹帛、兩張鹿皮酬謝主賓。眾賓客都參加燕飲，輔助主賓行加冠禮的副手作主賓介。主賓出來，主人送到大門外面，對賓再拜致謝，並餽送主賓牲肉。

若不醴①，則醮用酒②。尊于房戶之間③，兩甒，有禁④，玄酒⑤在西，加勺南枋⑥。洗有篚在西，南順⑦。始加⑧，醮用脯醢⑨，賓降，取爵⑩于篚，辭降如初⑪。卒洗，升酌。冠者拜受，賓答拜，如初。冠者升筵坐，左執爵，右祭脯醢，祭酒。興，筵末坐，啐酒。降筵拜，賓答拜。冠者奠爵于薦東，立于筵西。徹薦、爵，筵、尊不徹⑫。加皮弁，如初儀。再醮，攝酒⑬，其他皆如初。加爵弁，如初儀。三醮，有乾肉折俎⑭，嚌之⑮，其他如初。北面取脯，見于母。若殺⑯，則特豚⑰，載合升⑱。離肺實于鼎⑲，設扃鼏⑳。始醮，如初㉑。再醮，兩豆㉒、葵菹㉓、蠃醢㉔、兩籩㉕、栗脯。三醮，攝酒如再醮，加俎，嚌之，皆如初，嚌肺。卒醮，取籩脯以降，如初。

若孤子㉖，則父兄戒宿㉗。冠之日，主人紒㉘而迎賓。拜、揖、讓，立于序端，皆如冠主㉙，禮於阼。凡拜，北面于阼階上，賓亦北面于西階上荅拜。若殺，則舉鼎陳於門外㉚，直東塾㉛，北面。若庶子㉜，則冠于房外，南面，遂醮焉。冠者母不在㉝，則使人受脯于西階下。

【章旨】本章記述加冠用醮禮的禮儀，以及孤子、庶子加冠的禮儀，可以視為通行冠禮的特例和補充。

【注釋】❶若不醴　如果不用醴禮。所謂醴禮，指行冠禮過程中，賓向冠者敬酒，主人宴請賓之酒，皆用低度甜酒，不用度數高的清酒。❷醮用酒　醮禮用清酒。醮，醮禮。指冠禮中所用酒為高度數的清酒，不是低度甜酒，在具體作法上也與醴禮有差異，張爾岐《儀禮鄭註句讀》作了細緻辨析。醮禮或因當時各國習俗不同，所保留的一種加冠禮儀，不一定為夏殷冠法。❸尊于房戶之閒　酒尊放在房之西，室門之東。房室皆在中堂北面，房東室西，單稱戶指室門，在室西側與中堂相通，酒尊位置在中堂室門和房之間。醴禮則尊在房中。❹兩甒有禁　兩個瓦製酒器，下有承放之具。禁，承放酒尊（甒）之器。取名為禁，寓有飲酒須有節制之戒。❺玄酒　新水。太古時無酒，以水當酒用於祭祀。水本無色，古人習慣以為黑色，稱為玄酒。設玄酒而不用，以示不忘古訓也。❻南枋　勺柄朝南。❼南順　以北方為上位，朝向南擺放。❽始加　指初加緇布冠。❾醮用脯醢　行醮禮用乾肉和肉醬。即初加緇布冠就敬酒進獻乾肉和肉醬，而醴禮是在三加後才進獻乾肉、肉醬。❿爵　古代酒器。青銅製，有流、柱、鋬和三足。用以溫酒和盛酒，盛行於殷代和西周。⓫辭降如初　主賓辭謝主人陪同下堂如前述禮儀。⓬筵尊不徹　席子和酒尊不撤掉。因脯醢、酒器用完即撤，下次加冠重新設置，而席子與酒尊可繼續使用，故不撤。⓭攝酒　對酒加以整治。攝，猶「整」。指往尊中添加新酒，並加以攪動，使酒更新。⓮乾肉折俎　把乾肉肢解開放入俎上。乾肉，指把較大牲體肢解開，加工炮製，使之乾燥而成。把乾肉折斷入俎以進獻，表明不殺牲。⓯嚌之　品嘗乾肉。⓰殺　指殺牲。⓱特豚　一頭小豬。特，牲一頭稱特。豚，小豬。⓲載合升　把牲體煮熟，合左右兩半放入鼎中，再陳於俎上。把牲體放入鑊中煮叫烹，把煮熟的肉放入鼎中叫升，陳於俎上稱載，左右牲體合放稱合。⓳離肺實于鼎　把肺切割開放入鼎中。離，分割。鼎，古代一種烹飪器，多用青銅製成。圓形，多為三足兩耳，也有長方形四足的，盛行於殷周時代，漢代仍流行。⓴扃鼏　抬鼎杠和鼎蓋。扃，貫通鼎之兩耳的橫杠，用以抬鼎。鼏，鼎蓋。㉑始醮如初　開始行醮禮，如初加冠之禮儀同。㉒豆　古代食器。形似高足盤，有木製、陶製、銅製不等，用於盛肉醬、醃菜類食品。後多用作祭祀的禮器。㉓葵菹　用葵作成的醃菜。葵，菜名。古為五菜之一，普遍種食。菹，醃菜。㉔蠃醢　用蝸牛作成的肉醬。蠃，蝸牛。一說指蚌蛤之類。㉕籩　古代祭祀、燕享時用以盛果脯類食品的竹編器。形狀與豆相似，可容四升。㉖孤子　年少喪父者。此或指父親去世的嫡子。㉗父兄戒宿　伯父、叔父及諸從兄負責告知和召請賓客。戒宿，告知和再次召請賓客。㉘主人紒　將加冠者把頭髮盤結起來。主人，將加冠者。因孤子無父兄，故自為主人。紒，通「結」。㉙冠主　冠者的生父。父在，將冠者結髮候於房中，孤子則需自行迎賓，行拜禮，揖讓升降，如冠者生父所為。㉚門外　廟門外面。㉛東塾　廟門外兩側的房屋，南面為堂，北面為室，堂又稱塾，東側為東塾。㉜庶子　嫡長子以外眾子。包括妾生子和妻生長子以外諸子。㉝母不在　冠者之母因故不能到場。

【語　譯】如果不行醴禮，就行醮禮用清酒。把酒尊放在中堂房西室門東處，共兩個瓦製酒器，下面有承放之具。玄酒放在西側，酒器上放有酒勺，勺柄朝南。在洗的西側放置圓竹筐，以北方為上位，朝南擺放。開始加緇布冠時，醮禮即用乾肉和肉醬。主賓下堂，從圓竹筐內取出酒爵，主人陪同下堂，主賓辭謝如前述禮儀。主賓清洗完酒爵，登堂將爵中舀滿酒。冠者行拜禮接受酒爵，主賓答拜如前禮。冠者入席就坐，左手持酒爵，右手以乾肉、肉醬為祭。然後站起來，到筵席末端就坐，品嘗酒。然後走下筵席向主賓行拜禮，主賓答拜。冠者把酒爵放在佐酒食品東側，站在筵席西面。屬吏撤去佐酒食品和酒爵，席子和酒尊不撤。二加皮弁冠，如初加的禮儀。再次行醮禮，要對酒進行整治，其他皆如初儀。三加爵弁，亦如初加禮儀。三次行醮禮，有肢解的乾肉放在俎上，供品嘗，其他皆如初儀。冠者面北取乾肉，前往拜見母親。如果殺牲，就用一頭小豬，把整個牲體煮熟，合左右兩半放入鼎中，再陳於俎上。把豬肺切割開放入鼎中，鼎上設有抬鼎的橫杠和鼎蓋。初次行醮禮，如初加冠的禮儀。二次行醮禮，有兩豆，盛有用葵作的醃菜和用蝸牛作的肉醬；有兩籩，盛有栗脯之類。三次行醮禮，整治酒如二次醮禮，另加乾肉折俎，供品嘗，如初儀，並品嘗豬肺。醮禮結束，冠者取籩脯下堂，如前述禮儀。

如果是為孤子加冠，就由他的伯父、叔父和眾堂兄代為通告和召請賓客。加冠那一天，將加冠者把頭髮盤結起來，親自去迎接賓客。對賓行拜禮，與賓揖讓升堂，站立在堂上東間牆南端，都和冠者之父一樣，在東階上行禮。凡行拜禮，都在東階上面向北拜，主賓也在西階上面向北答拜。如果殺牲，就要把鼎抬到廟門外陳放，其位置正對著東塾，朝向北。如果是庶子，就在房外加冠，面向南，加冠後接著行醮禮。冠者之母因故不能到場，就派人代她在西階下接受冠者所贈之脯。

戒賓❶曰：「某有子某，將加布❷於其首，願吾子❸之教之也。」賓對曰：「某不敏❹，恐不能共事❺，以病❻吾子，敢辭❼。」主人曰：「某猶願吾子之終教之也。」賓對曰：「吾子重有命❽，某敢不從！」宿❾曰：「某將加布於某之首，吾子將莅❿之，敢宿⓫。」賓對曰：「某敢不夙興！」

始加，祝曰：「令月吉日⓬，始加元服⓭。棄爾幼志⓮，順爾成德。壽考惟祺⓯，介爾景福⓰。」再加曰：「吉月令辰，乃申爾服⓱。敬爾威儀，淑慎爾德⓲。眉壽⓳萬年，永受胡福⓴。」三加曰：「以歲之正㉑，以月之令，咸加爾服㉒。兄弟具在，以成厥德㉓。黃耇㉔無疆，受天之慶。」

醴辭曰：「甘醴惟厚，嘉薦令芳㉕。拜受祭之，以定爾祥。承天之休㉖，壽考不忘㉗。」醮辭曰：「旨酒既清㉘，嘉薦亶時㉙。始加元服，兄弟具來。孝友時格㉚，永乃保之。」再醮曰：「旨酒既湑㉛，嘉薦伊脯㉜。乃申爾服，禮儀有序。祭此嘉爵㉝，承天之祜㉞。」三醮曰：「旨酒令芳，籩豆有楚㉟。咸加爾服，肴升折俎㊱。承天之慶，受福無疆。」

字辭曰：「禮儀既備，令月吉日，昭告爾字。爰字孔嘉㊲，髦士攸宜㊳。宜之于假㊴，永受保之。曰伯某甫㊵。」仲、叔、季，唯其所當。

屨㊶，夏用葛㊷。玄端黑屨，青絇繶純㊸，純博寸㊹。素積白屨，以魁柎之㊺，緇絇繶純，純博寸。爵弁纁屨，黑絇繶純，純博寸。冬，皮屨可也，不屨繐屨㊻。

【章旨】本章記述召請賓客時主人與賓相互應對之辭，三次加冠之祝辭，以及醴辭、醮辭和命字之辭。末段講述鞋服搭配的禮制。

【注釋】❶戒賓　主人通告賓客之辭。❷加布　加緇布冠。指行加冠禮。❸吾子　對人相親愛之稱。相當於

「您」。❹不敏　不才。自謙之辭。❺共事　勝任其事。❻病　猶「辱」。❼敢辭　冒昧推辭。敢，自言冒昧之辭，表謙遜。❽重有命　再次指命。❾宿　宿賓之辭。指主人再次邀請主賓光臨之辭。❿莅　同「蒞」。臨；光臨。⓫敢宿　冒昧再次相請。⓬令月吉日　吉祥的月日。令，善；吉祥美好。⓭元服　加於頭之服，即冠也。此指初加之緇布冠。元，頭。⓮棄爾幼志　除去你的童心。幼志，幼年志趣，即童心。⓯壽考惟祺　高壽又吉祥。惟，和；與。連詞。祺，吉祥。此句見《詩經・大雅・行葦》。⓰介爾景福　助你得大福。介，助。景，大。此句見《詩經・小雅・小明》。⓱乃申爾服　重又為你加皮弁。申，重；再次。服，頭服。此指皮弁冠。⓲淑慎爾德　婉善而恭謹地修養你的品德。⓳眉壽　長壽。祝頌之詞。舊說年高者眉長，是長壽之徵。⓴胡福　長遠幸福。胡，遠，長遠無窮無盡之意。㉑正　善。㉒咸加爾服　為你完成全部加冠禮儀。咸，皆；全。㉓厥德　你的品德。厥，其。㉔黃耇　老人之稱。黃，指白髮落更生之黃髮。耇，形容老人面色如凍梨、如塵垢。皆為長壽之徵。㉕嘉薦令芳　嘉美的乾肉、肉醬多麼芳香。㉖休　美。指美命。㉗壽考不忘　長久不會忘記你的善行。㉘旨酒既清　美酒已經很清洌。㉙亶時　誠然適時。亶，誠。㉚孝友時格　極盡孝順父母、友愛兄弟之道。時，是。格，至。㉛湑　清。指低度甜酒經過濾所得清酒。㉜伊脯　惟有脯醢。伊，惟。脯，脯醢，此用略稱，便於四字為句以叶韻。㉝嘉爵　美酒一杯。㉞祜　福。㉟籩豆有楚　籩豆陳列整齊有序。楚，排列整齊。此句見《詩經・小雅・賓之初筵》。㊱肴升折俎　陳列折俎為肴饌。折俎，將牲體肢解放於俎上，供祭祀和燕飲。㊲爰字孔嘉　這表字甚為嘉美。爰，於。孔，甚。㊳髦士攸宜　為俊傑之士所相宜。攸，所。㊴于假　為大。光大尊顯之意。于，為。假，大。㊵曰伯某甫　稱字曰伯某甫。這是周代命字的一般方法。伯仲叔季是兄弟的排行順序，相當於老大老二老三老四之意。某為由名衍生之字，此字與名有某種聯繫。甫，即「父」字，為成年男子的尊稱。如孔子弟子冉耕字伯牛，全稱應為伯牛甫，伯為排行，牛與其名耕有聯繫，甫為共用字。但一般「甫」字多被省略，還有省略伯仲叔季的。此外，西周時取字也有不用「伯某甫」而用「子某」的，如唐叔虞字子于。到春秋時，以「子某」命字更加普遍，孔子弟子多數以「子某」命字，如仲由字子路，顏回字子淵，端木賜字夏子貢等。㊶屨　古代一種單底鞋。亦為秦以前鞋之統稱，漢代以後鞋統稱履。古制屨與裳同色。㊷夏用葛　夏天穿葛製鞋。葛鞋為用葛藤纖維加工後編織成的鞋，比草鞋要結實些。㊸青絇繶純　青色鞋頭裝飾物，青色緣口帶和鞋口鑲邊。絇，鞋頭飾物，形如鼻，有孔可穿鞋帶。繶，鞋幫和鞋底接縫處用作裝飾的絲帶。純，裝飾鞋口的鑲邊。㊹博寸　寬度一寸。㊺以魁柎之　用蜃蛤灰塗飾之。魁，蜃蛤。其殼研成灰可作白色塗料。柎，塗抹。㊻繐屨　用細疏麻布做成的鞋。

【語　譯】主人通告賓客之辭說：「我有兒子某某，將要為他行加冠禮，有勞先生來教導他。」賓客答辭說：「本人不才，恐怕不能勝任其事，有辱先生，故而冒昧請辭。」主人答辭說：「我還是希望先生終能來教導他。」賓客答辭說：「先生再次指命，本人豈敢不聽從！」主人再次邀請主賓致辭說：「我將為某某舉行加冠禮，先生務必光臨，我冒昧地再次相請。」主賓答辭說：「本人豈敢不早起前往！」

初加緇布冠，祝辭說：「吉月吉日，首次為你加冠。除去你的童心，慎修你成人之德。願你高壽吉祥，助你得享大福。」再加皮弁，祝辭說：「吉月良辰，重又為你加皮弁。端正嚴肅你的威儀，婉善恭謹地修養你的品德。願你長壽萬年，永遠享受無窮幸福。」三加爵弁，祝辭說：「吉祥之年，吉祥之月，為你完成全部加冠禮儀。兄弟親戚都到場，以成就你的美德。願你長壽無疆，承受上天賜福。」

醴禮的祝辭說：「甘美的甜酒味道醇厚，嘉美的乾肉、肉醬氣味芳香。拜受二者用以祭祀，以此安定你的吉祥。承受上天休美之命，使你的善行永不被人遺忘。」醮禮之祝辭說：「甘美的醇酒已很清洌，嘉美食品亦進獻適時。初加緇布冠，兄弟親戚都到場祝賀。能極盡孝順父母、友愛兄弟之道，上天就會永遠保佑你。」再次行醮禮，祝辭說：「美酒已很清醇，嘉美食品惟屬乾肉、肉醬。再次為你加皮弁，禮儀進行得井然有序。用此杯美酒祭祀，以承受上天的福佑。」三次行醮禮，祝辭說：「美酒醇厚芳香，籩豆陳列整齊。為你完成全部加冠禮儀，陳列折俎以為肴饌。承受上天的賜福，受福無窮無盡。」

為冠者命字之辭說：「禮儀已經齊備，在此吉月吉日，昭告你的表字。這表字甚為嘉美，與俊傑之士所相宜。既相宜就能顯揚光大，要永遠稟受和保護它。取字稱伯某甫。」或稱仲某甫、叔某甫、季某甫，只按其所對應之排行順序為準。

關於鞋子，夏季宜穿葛鞋。穿黑色禮服要配黑色鞋，鞋頭用青色飾物，青色緣口和鞋口鑲邊，鑲邊寬一寸。穿白色下裳要配白色鞋，用蜃蛤灰把鞋塗成白色，用黑色鞋頭飾物，黑色緣口和鞋口鑲邊，鑲邊寬一寸。穿爵弁服配淺絳色鞋，黑色鞋頭飾物，黑色緣口和鞋口鑲邊，鑲邊寬一寸。冬天穿皮製鞋子就可以，不要穿用細而疏麻布製成的鞋。

〔記〕❶

冠義❷。始冠，緇布之冠也。大古冠布❸，齊則緇之❹。其緌❺也，孔子曰：「吾未之聞也。」冠而敝之❻可也。適子冠於阼，以著代❼也。醮於客位❽，加有成❾也。三加彌尊❿，諭其志⓫也。冠而字之，敬其名⓬

也。委貌⑬，周道也；章甫⑭，殷道也；毋追⑮，夏后氏之道也。周弁⑯、殷冔⑰、夏收⑱，三王共皮弁、素積⑲。無大夫冠禮，而有其昏禮。古者五十而后爵⑳，何大夫冠禮之有？公侯之有冠禮也，夏之末造㉑也。天子之元子㉒猶士也，天下無生而貴者也。繼世以立諸侯㉓，象賢㉔也。以官爵人㉕，德之殺㉖也。死而謚㉗，今也。古者生無爵，死無謚㉘。

【章　旨】本章為〔記〕，《儀禮》十七篇，十三篇有〔記〕。〔記〕之內容概言之是對經文的補充和對經義的闡發。本篇之〔記〕主要是揭示冠禮一些作法（如用緇布冠、重嫡子、三加、取字）的意義，以及三代冠名、冠禮之異同，大夫以上皆用士冠禮的理由，古今謚法之異等。

【注　釋】❶記　所記內容包括經文所未備者，禮之變異者，後人記其所聞者。篇幅長短不一，與《禮記》之〈冠義〉、〈昏義〉等六篇所載亦不同。〔記〕較晚出，有說為孔子後學所作。❷冠義　冠禮的意義。揭示冠禮一些具體作法的意義，兼及其他。以下各篇之〔記〕，開頭不冠以某義，或舉首篇以例其餘。❸大古冠布　太古時代戴白布冠。大古，太古，指堯舜以前時代。❹齊則緇之　齋戒祭祀時就把白布冠染成黑色。此釋初加緇布冠之由來。齊，通「齋」。齋戒。古人祭祀前沐浴更衣，不飲酒食葷，不與妻妾同寢，以整潔身心，表示虔敬。齋戒後參加祭祀戴緇布冠。❺緌　冠之纓飾。纓為繫冠之帶，緌為纓端之裝飾物。古人重質，無此飾物，故孔子說「未之聞也」。❻冠而敝之　行完加冠禮，就可以把緇布冠丟棄。敝，棄。初加用緇布冠只是表示不忘古訓，平時並不戴它，故用後可丟棄。❼以著代　用以昭明他將代替父親。即通過冠禮明確嫡子法定繼承人的身分地位。❽醮於客位　嫡子行醮禮在客位。客位，堂上室門西側，尊位也。在此行醮禮，以示尊貴。❾加有成　加禮於有成德之人。❿三加彌尊　三次加冠，所加冠一次比一次尊貴。三加，三次加冠。指初加緇布冠，二加皮弁，三加爵弁。彌，愈；更。⓫諭其志　曉諭其修德上進之志。⓬敬其名　敬重他的名。小孩生下三個月由父命名，成年行冠禮由主賓命字，此後在一般場合均稱字，在君主面前才稱名，表示敬重其名。⓭委貌　周代冠名。又稱玄冠，用黑色絲織物製成，為一般貴族平時常戴之冠。委貌取安正容貌之義。委，猶「安」。⓮章甫　殷代冠名。章，明。甫，父。戴上章甫，標明已為成年男子。春秋時亦有稱冠為「章甫」者，如《論語・先進》載，公西華「端章甫，願為小相焉」。《禮記・儒行》載，孔子「長居宋，冠章甫之冠」。⓯毋追　夏代冠名。毋，發聲詞，無義。追，作「堆」，象冠之形。⓰周弁　周代之爵弁。經文單稱弁，多指爵弁。冠禮三加爵弁，殷稱冔，夏稱收。⓱冔　殷代冠名。名出於幠，幠有「覆蓋」義，取其覆飾頭髮。⓲收　夏代冠名。取其收斂頭髮之義。⓳三王共皮弁素積　夏商周三代行冠禮二次加冠皆用皮弁穿白色下裳。三王，夏禹、商湯、周文王，亦指其所創建的夏、商、周三代。⓴五十而后爵　五十歲以後才授予爵位。此殷代和西周初的禮制，後世已有變化。㉑夏之末造　公侯冠禮是夏代末年造作出來。就是說夏代前無公侯冠禮，諸侯父死子繼，年未滿五十歲仍服士服、行士禮，五十歲方得命爵，夏末以後才造出公侯冠禮。㉒元子　天子的嫡長子。亦稱世子、太子，為王位的法定繼承人。㉓繼世以立諸侯　子襲父位而立為諸侯。繼世，子襲父位。㉔象賢　效法先祖的賢德。意思是說：世子得襲父位為國君，不是由於生而尊貴，而是因其能效法先祖賢德。㉕以官爵人　把官爵授予人。官爵，官職爵位。㉖德之殺　德行高下的等差。殺，等差。就是按德行高下等級授給相應官爵。㉗死而謚　士死後有謚號。謚，謚號。天子公侯大夫死後，對其生前事跡進行評議，據此加給他一個蘊涵褒貶的詞，用以「別尊卑，彰有德」，稱謚。㉘古者生無爵死無謚　古代之士生無爵位，死無謚號。古，指殷代以前。那時大夫以上才算爵位，士不算。有爵乃有謚，士非爵，故無謚。周制以士為爵，死仍無謚。直至作記時代，士死乃謚，故以為不合古禮。

【語　譯】〔記〕冠禮的意義。初次加冠要用緇布冠。太古時代戴白布冠，齋戒祭祀時就把它染成黑色。至於這種冠帶下的垂飾物，孔子說：「我沒有聽說過。」行過加冠禮後，此冠便可丟棄。嫡子在東階上方行加冠禮，用以昭示他將代替父親之位。醮禮在客位上舉行，表明加冠於有成德之人。三次所加冠一次比一次尊貴，用以曉諭冠者修德上進的心志。加冠後命字，是為了敬重冠者的本名。委貌為周代通行冠名，章甫為殷代通行冠名，毋追為夏代通行冠名。周代之爵弁，殷代稱冔，夏代稱收，三代冠禮二次加冠皆用皮弁和白色下裳。沒有大夫冠禮，而有大夫婚禮。古代五十歲以後才有爵位，怎麼能有大夫冠禮呢？公侯之有冠禮，是夏代末年造作出來的。古時天子的嫡長子亦如士，天下沒有生下就尊貴之人。子襲父位而立為國君，是因其能效法先祖的賢德。把官爵授給人，是按其德行高下為等差的。士死後有諡號，是當今之制。古代之士生無爵位，死無諡號。

【說　明】本篇有三個問題需要加以說明。

一、冠禮的起源：冠禮並非周代才有，本篇〔記〕言：「三王共皮弁、素積。」就是說夏商周三代皆有冠禮，且第二次加冠均用「皮弁、素積」，說明冠禮起碼可追溯到夏代。實際上，此種禮儀是由父系氏族社會的成丁禮演化而來。考察原始民族，多有成丁禮的習俗，就是青年男女發育成熟後，要接受一定程序的訓練和考驗，使他們具備必要的知識技能和堅強意志。只有訓練考驗合格，並履行一定儀式，才能被接納為正式成員。如南美洲火地島錫克蘭人的成丁禮，其大致過程是：在森林邊緣選擇一個隱蔽而適合狩獵的地點，建一座茅屋，男孩們被送到這裏，與外界隔絕，接受體力、技能、智力、文化和耐受力的嚴酷訓練。在集體居室中，每人有嚴格規定的位置，不許說話，不許笑，眼睛必須看著地。每人只有一點點食物，幾乎不准睡覺，經常在老人帶領下翻山越嶺，作長途行軍。他們還必須定期練習射箭。當他們精疲力盡回到居處，還必須靜聽關於歷史學和公民學的教導。幾個月後，本族最德高望重的老人來為他們講述最神聖的祕密——天地萬物和人類起源的神話。最後，當他們在部族長老率領下告別這裏時，他們就成為真正部族成員了（摘述自里普斯《事物的起源》第十章）。有關周族成丁禮的記載，雖沒有上述這般具體完整，但也可透過零散史料而窺其端倪。如《禮記・內則》載，男孩「十年出外就傅，宿於外，學書記。……十有三年學樂，誦詩舞勺。成童舞象，學射御。二十而冠，始學禮。」亦講到男孩十歲後要離開家，出外學習文化，學習音樂、誦詩、舞蹈、射御。另外，中國古代有學宮制度，學宮又稱辟雍，一律建在城外，周圍有水環繞，使與外界隔絕，內建大屋，附近有獵場池沼，可供漁獵。男孩八歲後離開父母，居此就學訓練。其作法當與火地島人大同小異。中國古代之冠禮，就是從這類古老成丁禮習俗逐步發展完善而成的。

二、三次加冠的意義：士冠禮規定，初加緇布冠，二加皮弁冠，三加爵弁冠。為什麼要這樣呢？本篇〈記〉言：「三加彌尊，諭其志也。」這只是淺層次理由，其中還有更深層的意義。初加緇布冠是為保存古禮。太古時代沒有絲帛，只有麻布，用白色麻布製成之冠為當時通用，齋戒祭祀時就染成黑色，稱緇布冠。但周代通行之冠是用黑色絲帛製成的玄冠，又稱委貌。此種冠比緇布冠在質地樣式上都有改進，所以能取代粗劣的緇布冠。冠禮初加用緇布冠，只是為了保存古禮，故用過即可丟棄。再加皮弁，用白鹿皮製成，為古人狩獵、戰爭時所戴冠。加皮弁意義在於賦與冠者習武狩獵戰爭之職責，所謂「與戎事」也。三次加爵弁。爵弁為祭服，《白虎通．紼冕》：「爵弁者，周人宗廟之冠也。」古人把祭事與戎事視為國家兩件大事，加爵弁表示賦與宗廟祭祀之權。三次加冠，標示冠者可以全面參與國事、家事。此外尚有諸侯四加、天子五加之說，亦是在此基礎上對其特殊身分權力的肯定與認可。

三、關於命字：周代人的名字極為複雜，和後世有很大差別。本篇言：「曰伯某甫。仲、叔、季，唯其所當。」這是當時命字的一般方法。按正規字之全稱應由三個字組成，第一字是伯仲叔季排行，第二字為與名相關聯之字，第三字為甫（父）字。如內史叔興父（《左傳》僖公二十八年）、仲慶父（《左傳》莊公八年）等，但一般不用全稱，有省略伯仲叔季的，有省去甫（父）字的，還有省略二者僅存中間一字的，如內史叔興父省稱內史興，仲慶父省稱慶父等等。更有把封邑、官名、住地與名字搭配稱呼的，情況甚為複雜。到春秋時，多數人取字採取「子」字加與名相聯繫字組成，如孔子之子孔鯉字子魚，孔子弟子端木賜字子貢等。當時「子」字為對成年男子之尊稱，故以「子」代「甫」。再後世則變成姓與名相聯繫字組成人之表字，如諸葛亮字孔明，此種取字方法一直流傳到現代。為什麼字的第一個字要用伯仲叔季呢？這是為了標明長幼行輩，以適應當時實行的宗法制度的需要。宗法制度的核心是嫡長子繼承制，嫡長子世代相傳之主系統為大宗，其他諸子系統為小宗，伯仲叔季就是標明大宗小宗區別及關係的。至於字尾的「甫」字，即「父」字，用以表明已經成人，可以娶妻生子為人之父了。命字習俗可以追溯到久遠的氏族時代，是成丁禮的重要內容。進入宗法社會，它也是冠禮中的重要項目。

士昏禮第二

【題解】本篇記述士娶妻之禮的整個過程，包括議婚、訂婚、婚禮儀式等項。士為貴族下層，其上有天子、諸侯、卿大夫，這些人的婚禮要比士隆重、豪華；士下之廣大庶民，則比士簡樸。由士婚禮之增減可觀得不同階層人婚禮的概況。昏為黃昏時分，因男子黃昏時去女家親迎新婦以成禮，故稱昏禮。本篇所述為周代婚禮，主要有納采、問名、納吉、納徵、請期、親迎六項禮儀，統稱六禮。士昏禮奠定中國古代婚禮原型，後代雖有損益，大致不離其本。婚禮對約束男女雙方遵守婚約，維護家庭和婚姻的穩定持久，維護社會倫理道德有重要意義。儒家學者把婚禮視為「禮之本」，是維護宗法倫理等級制度的重要環節。《禮記‧昏義》言：「禮之大體，而所以成男女之別，而立夫婦之義也。男女有別而後夫婦有義，夫婦有義而後父子有親，父子有親而後君臣有正。故曰昏禮者禮之本也。」又說：「昏禮者，將合二姓之好，上以事宗廟，而下以繼後世也。」這些觀點多為後世所廣泛認同，發揮深遠影響。

昏❶禮：下達❷，納采❸，用鴈❹。主人❺筵于戶西，西上，右几❻。

使者⑦玄端至。擯者⑧出請事，入告。主人如賓服，迎于門外⑨，再拜。賓不荅拜⑩。揖入。至于廟門，揖入。三揖至于階，三讓，主人以賓升⑪，西面。賓升西階，當阿⑫，東面致命⑬。主人阼階上，北面再拜。授于楹間⑭，南面。賓降，出。主人降，授老鴈⑮。

擯者出請。賓執鴈，請問名⑯，主人許。賓入授，如初禮⑰。

擯者出請，賓告事畢，入告。出請醴賓。賓禮辭，許。主人徹几，改筵⑱，東上。側尊甒醴⑲于房中。主人迎賓於廟門外，揖讓如初，升。主人北面再拜，賓西階上北面荅拜。主人拂几授校⑳，拜送。賓以几辟㉑。北面設于坐，左之，西階上荅拜。贊者酌醴，加角柶，面葉，出于房。主人受醴，面枋㉒，筵前西北面。賓拜受醴，復位。主人阼階上拜送。贊者薦脯醢。賓即筵坐，左執觶，祭脯醢，以柶祭醴三，西階上北面坐，啐醴，建柶，興，坐奠觶，遂拜，主人荅拜。賓即筵，奠于薦左，降筵，北面坐取脯，主人辭。賓降，授人脯，出。主人送于門外，再拜。

【章旨】本章記述納采、問名以及用醴禮招待使者的禮儀，為昏禮六項內容的前兩項。

【注釋】❶昬 同「昏」。❷下達 媒人把男方求婚之意通達女家。❸納采 古代婚禮中「六禮」之一。男家請媒人向女家提親，女家同意議婚後，男家派使者帶禮物至女家正式行求婚之儀，即行聘，是為納采。❹用鴈 納采的禮物用雁。婚禮六禮，除納徵外，其餘五禮皆以雁為贄。所以用雁，取其順陰陽往來之義。雁秋天落葉南飛，春天冰雪消融而北歸，能順陰陽寒暑之道，夫婦宜仿之。又，《白虎通》云：「用鴈者，取其隨時南北不失其節，明不奪女子之時也。又取飛成行，止成列，明嫁娶之禮，長幼有序，不相踰越也。」❺主人 將出嫁女之父。父在父為主人，祖在祖為主人，父祖皆死，則以宗子為主人。❻右几 設几於右側。几，小桌子。為祖先神尊位。❼使者 夫家的屬吏。代表男方至女家行聘者。❽擯者 女家主人的屬吏，代主人佐禮傳命。❾門外 大門外面。❿賓不荅拜 賓奉命行聘，不敢當主人之盛禮，故不答拜。⓫以賓升 與賓俱升堂。⓬當阿 堂上對著中脊之處。士之廟有五架，中脊為棟，棟下稱阿。阿為堂深近室處。賓入此，以示親親之意。⓭致命 表達前來納采行聘的使命。⓮授于楹閒 在堂上兩楹柱間，賓把雁授給主人。楹，堂前部東西各有立柱，稱東楹、西楹。⓯授老鴈 主人把雁授給群吏之尊者。老，主人群吏中之尊者。⓰問名 問女子之名。古婚禮中六禮之一。男方具書派使者至女家，問女之名。女家復書，告知女出生年月和生母姓氏及女名。問名後還要進行卜筮，占問此婚姻之吉凶。⓱如初禮 如納采之禮儀。包括升堂、致命，授雁後降階而出。⓲改筵 改變筵席之朝向。前次行納采禮，為神設几布筵，以西方為上位。此處為醴賓布筵，改為以東方為上位，統於主人。⓳側尊甒醴 一甒甜酒。側，特；獨。古代設尊多成雙，一盛醴，一盛玄酒。此言側尊則是僅設醴，無玄酒。⓴授校 持几把几足授與賓。校，几足。主人持几之中間，以几足授賓承接。㉑賓以几辟 賓以几避讓主人之禮拜。辟，通「避」。避讓之意。㉒面枋 匙柄朝前。

【語譯】婚禮的儀式：男方把求婚之意通過媒人通達女家，女家同意議婚後，男家派使者攜帶禮物至女家行納采禮，納采的禮物用雁。女家主人在禰廟堂上室門西側布設筵席，以西方為上位，設几於席之右側。男家使者身穿黑色禮服來到。女家傳命屬吏出大門請問何事，然後入告主人。主人身穿與使者同樣服飾，到大門外迎接，行再拜禮，賓避而不敢回拜。主人揖賓入門。到廟門外，揖賓進入。經三次揖讓來到堂前階下，三次相互謙讓，主人與賓一同登階升堂，主人面向西站立。賓由西階升堂，在堂上對著中脊處站立，面向東致辭表達前來納采行聘的使命。主人在東階上，面向北再次行拜禮。在堂上兩楹柱間，賓把雁授給主人，面向南。賓降階下堂，走出門。主人下堂，把雁交給屬役中之尊者。

女家傳命屬吏出門請問何事，賓持雁為禮物，請問女子之名，主人同意告知。賓入門登堂授雁，如納采之禮儀。

女家傳命屬吏出門請問何事，賓告知事已完畢，屬吏入告主人。出來後請求用醴禮宴請賓。賓辭謝一番便答應了。主人撤去小几，改變筵席朝向，以東方為上位。在房中設置一甒甜酒。女家主人迎賓至廟門外面，賓主相互揖讓如納采禮，然後升堂。主人面向北再拜，賓在西階上面向北答拜。主人拂拭小几，持几之中間以几足授賓，並拜送。賓以几避讓主人之禮拜，把小几面向北陳設於座位左側，然後在西階上答拜。贊禮者把甜酒舀入觶中，放上角製小匙，匙頭朝前，持之從房中走出來。主人在堂上接受酒觶，使匙柄朝前，來到筵席前，面向西北。賓行拜禮接受酒觶，回到原位。主人在東階上拜送。贊禮者進獻乾肉和肉醬。賓入席就坐，左手持酒觶，右手以乾肉、肉醬為祭，又用小匙舀甜酒三下祭祀。接著在西階上面朝北坐下，品嘗甜酒，把小匙立在酒觶中，起立。然後坐下，放下酒觶，就向主人行拜禮，主人答拜。賓入席就坐，把酒觶放在佐酒食品東側。然後走下筵席，面朝北坐下，親取乾肉。主人以祭物不豐厚致謙辭。賓降階下堂，把乾肉交給隨從之人，走出來。主人送賓至大門外，再拜致謝。

納吉❶，用鴈，如納采禮。

納徵❷，玄纁束帛❸、儷皮，如納吉禮。

請期❹，用鴈。主人辭❺，賓許，告期，如納徵禮。

期❻，初昏❼，陳三鼎于寢門外東方❽，北面，北上。其實：特豚，合升❾，去蹄。舉肺脊二❿，祭肺二⓫，魚十有四，腊一肫⓬，髀不升⓭。皆飪⓮。設扃鼏。設洗于阼階東南。饌于房中，醯醬⓯二豆，菹醢⓰四豆，兼巾之⓱，黍稷四敦⓲，皆蓋。大羹湆在爨⓳。尊于室中北墉下，有禁。玄酒在西，綌冪⓴，加勺，在南枋。尊于房戶之東，無玄酒。篚在南，實四爵，合巹㉑。

主人㉒爵弁、纁裳緇袘㉓，從者畢玄端。乘墨車㉔，從車二乘，執燭前馬㉕。婦車亦如之，有裧㉖。至于門外㉗，主人筵于戶西，西上，右几。

女次㉘，純衣纁袡㉙立于房中，南面。姆纚笄宵衣㉚，在其右。女從者畢袗玄㉛，纚笄，被纇黼㉜，在其後。主人㉝玄端迎于門外，西面，再拜。賓㉞東面荅拜。主人揖入，賓執鴈從。至于廟門，揖入，三揖至于階。三讓，主人升，西面。賓升，北面，奠鴈，再拜稽首㉟。降，出。婦從降自西階，主人不降送。壻御婦車，授綏㊱，姆辭不受㊲。婦乘以几㊳，姆加景㊴，乃驅，御者代㊵。壻乘其車，先，俟于門外。

【章旨】本章記述納吉、納徵、請期之禮，以及夫家親迎前預陳酒饌情況和親迎過程的禮儀程式。

【注釋】❶納吉　問名之後，男家卜於廟得吉兆，再派使者往女家告知，稱納吉。納吉標識兩家聯姻得到祖先神靈的同意和庇護。❷納徵　男家派使者把聘禮財物送達女家，以證定婚事。徵，成。納聘禮後表示婚事已成。❸玄纁束帛　黑色淺紅色帛共五匹（一說：玄三纁二）。玄，黑色。纁，淺紅色。束帛，五匹帛。又稱五兩，即把四十尺帛從兩端捲起，稱一兩或一匹，一束則為五兩或五匹。納徵所用物，士則玄纁束帛、儷皮。諸侯在此基礎上加「大璋」，天子加「穀圭」，而庶人「凡嫁子娶妻入幣純帛，無過五兩」（《周禮・地官・司徒・媒氏》）。可見由於社會地位高下尊卑不同，所納聘禮種類和數量亦隨之而異。❹請期　賓請女家確定娶親吉日。實際上是男家在納徵後，經過卜筮確定娶親吉日，然後派使者攜帶鴈等禮物來女家告知，以徵得女家同意。為表示尊重女家，故先請期而後告知。❺主人辭　主人推辭。意即不肯自定娶親日，請男方確定。❻期　娶妻之日。❼初昏　剛剛黃昏時分。❽陳三鼎于寢門外東方　在男家寢門外東側陳設三只鼎。寢，新壻之室。❾合升　把小豬的左右兩半體合放於鼎中。❿舉肺脊二　選用肺和脊肉二份。舉，選用。肺，周人以肺為「氣之主」，甚為崇尚，祭時以肺為先。肺用於行禮有二種，一為離肺，把肺切割開，使其可祭可嘗。一為祭肺，把肺切成三段，只用作祭祀。脊，脊肉。脊骨兩側之肉，俗稱裏脊肉，亦肉中上品，為周人所尚。二，兩份。夫婦各一份。⓫祭肺二　用於祭祀之肺兩份。⓬腊一肫　腊製全兔一對。肫，當作「純」。一純即一雙。⓭髀不升　尾骨部分去掉，不放入鼎中。髀，尾骨。一說：髀，通「脾」。為動物內臟之一。⓮飪　煮熟。⓯醯醬　醋與醬。醬，用發酵麥豆等穀物加鹽製成的調味品。⓰菹醢　醃菜和肉醬。菹，同「葅」。醃菜的總稱。⓱兼巾之　都用巾蓋起來。⓲敦　盛黍稷之器。上下合成圓球形，有三足。⓳大羹湆在爨　祭祀用的煮肉汁溫在灶上。大羹，大古之羹。此種羹無鹽菜，五味亦不調和，用於祭祀，非為食用所備。湆，肉汁。爨，灶；炊。⓴綌冪　粗葛布蓋巾。綌，粗葛布。冪，遮蓋食物的苫巾。㉑合巹　合起來的巹。巹，古時新婚夫婦飲交杯酒所用酒器。就是把瓠分成的兩個瓢。洞房內新郎新娘各拿一只飲交杯酒，象徵二人合為一體，永結百年之好，此種婚俗一直延續至今。㉒主人　此指迎親的新郎。㉓袘　衣裳的下緣。㉔墨車　不加彩繪的黑色車子。為大夫所乘車。士親迎乘大夫車，為代行隆重禮儀。㉕執燭前馬　派隨從之人持火炬在馬前照路。㉖裧　車子的帷幕。㉗門外　女家大門外。㉘女次　出嫁女戴好頭飾。次，頭飾。或指假髮。㉙纚袡　淺紅色衣裳緣飾。㉚姆纚笄宵衣　新娘的保姆以巾束髮，插上簪子，穿黑色綃衣。姆，年歲較大，品德好，曾為女師或為乳母之人。纚，束髮巾。宵衣，黑色綃衣。綃為生絲織物。㉛女從者畢袗玄　新娘隨從者都身穿黑色服飾。從者，送女出嫁的娘家婦女。非指隨嫁之姪娣。所謂「姪娣往媵」乃諸侯禮，士則無之。畢袗玄，上衣下裳皆為黑色。袗，上衣下裳的顏色相同。㉜被顈黼　披著領上繡有黑白相間花紋的單衣。顈，單衣。黼，黑白相間的花紋。卿大夫之妻刺黼為領，士妻新嫁著此服飾，亦攝行盛飾。㉝主人　指出嫁女之父。㉞賓　指壻。㉟稽首　古時一種跪拜禮。跪拜時頭至地，表敬重之極。

一說：跪拜時兩手拱至地，頭至手，不觸地。㊱綏　挽以登車之索。㊲姆辭不受　新娘的保姆代婦推辭不敢受。因授綏為僕人之禮，如果接受則是視壻為僕。婦不親辭由姆代辭，因夫婦尚未成禮，不可直接授受。姆辭後，壻當舍綏，由姆執綏授婦。㊳乘以几　憑藉小几登上車。㊴景　罩衣。穿之以禦路上風塵，保持衣服鮮明光潔。㊵御者代　御者代壻駕車。據說婦車車輪轉動三周，御者即可代替。

【語　譯】納吉，用鴈作禮物，其禮儀如納采禮。

納徵，用黑色、淺紅色帛五匹和兩張鹿皮作禮物，其他禮儀如納吉禮。

請期，用鴈作禮物。賓請女家主人確定娶親吉日，主人推辭，賓許諾，並告知男家卜得之娶親吉日，其禮儀如納徵禮。

迎親那一天，剛到黃昏時分，男家便在寢宮門外東側陳設三只鼎，面向北，以北方為上位。鼎中裝有一頭小豬，去掉豬蹄，合左右兩半體放入鼎中。還選用離肺和脊肉二份，祭肺二份，魚十四尾，去掉尾骨的腊製全兔一對。以上各物全須煮熟。設置抬鼎橫杠和鼎蓋。在東階東南設洗。在房中陳設的食品有：醋和醬二豆，醃菜和肉醬四豆，都用苫巾蓋上。黃米和小米四敦，都蓋上蓋子。祭祀用的煮肉汁溫在灶上。酒尊放在室內北牆下，尊下有禁。玄酒放在酒尊西面，用粗葛布苫巾遮蓋，加有酒勺，勺柄朝南。在堂上房門東側另置一酒尊，不設玄酒。圓形竹筐放在酒尊之南，裏面裝有四只酒爵與合起來的一對巹。

新郎身著爵弁服、淺紅色下裳鑲有黑色下緣，隨從者都身穿黑色禮服。新郎乘坐未加彩繪的黑色車子，並有隨從車子兩輛，有隨從之人持火炬在馬前照路。新娘之車也同樣，還掛有簾幕。到達女家大門外，女家主人在堂上房門西側布設筵席，以西方為上位，在席右設置小几。出嫁女戴好頭飾，穿上帶淺紅色緣飾的絲衣，站在房中，面向南。新娘的保姆以巾束髮，插上簪子，穿黑色綃衣，站在新娘右側。新娘隨從女婦都穿黑色服飾，以巾束髮插簪，披領上繡有黑白相間花紋的單衫，跟隨在新娘後面。新娘之父身著黑色禮服到大門外迎接，面向西再拜。新壻在東面答拜。主人揖新壻入門，新壻持鴈跟隨。來到廟門前，相揖而入，經三次相揖，來到堂前階下。相互再三推讓，主人登階升堂，面向西。新壻升堂，面向北，獻鴈，再拜，叩頭至地。然後降階下堂，走出門。新娘跟隨從西階下堂，主人不下堂相送。新壻為新娘駕車，把挽以登車之索交給新娘，新娘的保姆代新娘推辭不敢接受。新娘憑几登車，乳母為她披上罩衣，就驅車啟行，接著御者代替新壻駕車。新壻乘上自己的車子，走在前面，先期到家，等候在大門外面。

婦至，主人揖婦以入。及寢門，揖入，升自西階，媵布席于奧❶。夫入于室，即席，婦尊西❷，南面。媵、御沃盥交❸。贊者撤尊冪。舉者❹盥，出，除冪，舉鼎入，陳于阼階南，西面，北上。匕俎從設❺，北面載❻，執而俟❼。匕者逆退❽，復位于門東，北面，西上。贊者設醬于席前，菹醢在其北。俎入，設于豆東，魚次❾，腊特于俎北。贊設黍于醬東，稷在其東。設湆于醬南。設對醬于東❿，菹醢在其南，北上。

設黍于腊北，其西稷。設湆于醬北。御布對席。贊啟會⑪，卻于敦南⑫，對敦于北⑬。贊告具。揖婦即對筵，皆坐，皆祭，祭薦⑭黍稷肺。贊爾黍⑮，授肺脊，皆食。以湆醬⑯，皆祭舉食舉⑰也。三飯⑱，卒食。贊洗爵，酌酳主人⑲，主人拜受，贊戶內北面荅拜。酳婦亦如之，皆祭。贊以肝從⑳，皆振祭㉑。嚌肝，皆實于菹豆。卒爵㉒，皆拜，贊荅拜，受爵。再酳如初，無從㉓。三酳用巹，亦如之。贊洗爵，酌于戶外尊，入戶，西北面奠爵，拜，皆荅拜。坐祭，卒爵，拜，皆荅拜。興，主人出，婦復位。乃撤于房中㉔，如設于室，尊否㉕。主人說服㉖于房，媵受；婦說服于室，御受。姆授巾㉗。御衽于奧㉘，媵衽良㉙席在東，皆有枕，北止㉚。主人入，親說婦之纓㉛。燭出。媵餕主人之餘㉜，御餕婦餘，贊酌外尊酳之。媵侍于戶外，呼則聞。

【章　旨】本章記述婦至夫家的晚上，從入門、酒饌設置，到夫婦對筵共食、共飲、共祭，直至布臥席就寢整個過程的禮儀程式。

【注　釋】❶媵布席于奧　新婦隨從之人在室之西南角布席。奧，室之西南角。❷婦尊西　新婦在酒尊西側就坐。尊在室中北牆下，婦在尊西亦即在室之西側就坐。❸媵御沃盥交　媵與御交換為新郎、新娘澆水盥洗。媵為新娘從娘家帶來的僕從使女，御為夫家的僕婦，令媵為新郎沃盥，御為新娘沃盥，交相侍候她們的新主人，以示合二姓為一家。❹舉者　抬鼎之人。❺匕俎從設　執匕者、執俎者隨鼎進入，設俎於鼎西，加匕。匕，古代食器。曲柄淺斗，狀如今之湯匙，用以分開食物。有飯匕、牲匕、疏匕、挑匕四種，形制相同，因所用不同而大小長短有異。俎，陳放牲體的禮器。❻北面載　執俎者面向北把牲體陳於俎上。❼執而俟　執俎站立等候。❽匕者逆退　執匕者事畢，後入者先退回原位。因三只鼎由北至南陳於東階下，以北為上為先，三鼎執匕者事畢後，由南面鼎執匕者先退，由南而北，由後而先，故稱逆退。❾魚次　魚放在俎東。❿設對醬于東　設置婦醬於東側。對醬，為新婦設置的醬。⓫贊啟會　贊禮者把敦蓋打開。據下文，此敦為壻所設。啟，開；打開。會，敦的上蓋。⓬卻于敦南　把敦蓋仰置於敦的南側。卻，仰。⓭對敦于北　對席所設之敦敦蓋仰置其北側。對敦，為新婦所設之敦。在壻席對面。⓮薦　醃菜、肉醬之類佐酒食品。⓯贊爾黍　贊禮者把黍米飯移置席上。爾，通「邇」。近；移近。黍米飯放在敦中，贊禮者將其移至席上，便於就近取食。⓰皆食以湆醬　夫婦皆食黍米飯，用口喝肉羹，用指蘸醬吮食。⓱祭舉食舉　把切割開的肺祭神和食用。舉，舉肺。指切割開的肺，可用於祭祀和食用。⓲三飯　三口飯。古人以手取食，取食一次即是一飯。三飯成禮雖簡，不以食為主。⓳酳主人　為主人舀酒漱口安食。酳，食後用酒漱口，以潔口並安所食。⓴以肝從　用烤肝作佐酒食品。㉑振祭　把肝沾上鹽振動之以為祭。振祭亦古時九祭之一。㉒卒爵　把爵中酒喝盡。猶今之乾杯。㉓無從　不用烤肝作佐酒食品。㉔撤于房中　把室中之饌撤至房中，供媵御就食。㉕尊否　把室中酒尊撤去不設。因室外堂上還設酒尊，可取酒飲用。㉖說服　脫掉禮服。㉗姆授巾　乳母授給新娘佩巾。巾，佩巾。古稱帨，婦女用以擦拭不潔，在家時掛在門右，外出時繫在身左。㉘御衽于奧　御在室之西南角為新婦鋪設臥席。衽，臥席。此作動詞，鋪設臥席。㉙良　良人，即丈夫。婦人稱夫曰良人。㉚北止　足朝向北。止，又作「趾」，指足。㉛纓　女子許嫁後在髮髻上所繫之五彩纓線，表示有所繫屬。新婚之夜由新郎親自解下，象徵用紅繩把二人繫在一起，永不分離。㉜媵餕主人之餘　媵食新郎食餘之物。餕，食其餘。

【語　譯】新娘到夫家，新郎揖新娘入門。到寢門外，再次揖新娘進入，由西階升堂，新娘帶來的女僕在室內西南角鋪設筵席。新郎進入室內，入席就坐，新娘在酒尊西入坐，面向南。新娘的女僕為新郎澆水盥洗，新郎的女僕為新娘澆水盥洗。贊禮者撤掉酒尊上的苫巾。抬鼎的人澆水洗手，出去，取下鼎蓋，把鼎抬進來，陳放在東階南，朝向西，以北方為上位。執匕者和執俎者隨鼎進入，設俎於鼎旁，加匕，執俎者面向北把牲體陳於俎上，執俎站立等候。執匕者職事完畢，南面的先退出，回到寢門外東側原來位置，面向北站立，以西方為上位。贊禮者把醬擺在席前，醃菜和肉醬在它北側。俎被拿進來，放在盛有醃菜、肉醬之豆的東側，魚依次放在俎東，獨有腊製全兔放在俎的北面。贊禮者把黍米飯擺在醬的東側，稷米飯又在其東。肉汁擺在醬的南面。為新娘設置的醬擺在東邊，醃菜和肉醬擺在對醬南面，以北方為上位。黍米飯擺在腊兔北側，稷米飯在其西側。肉汁擺在醬的北面。夫家女僕在新郎席對面為新娘布席。贊禮者把敦蓋打開，將敦蓋仰放於敦南，又打開對席為新娘所設敦的敦蓋，仰放於敦北。贊禮者告知饌食已擺放完畢。新郎揖新娘入對面筵席就坐，然後一起坐下。夫婦二人都要進行祭祀，用醃菜肉醬、黍米飯、稷飯、肺為祭。贊禮者把黍米飯移至席上，把肺和脊肉交給新郎新娘。他們都吃黍米飯，用口喝肉汁，用手指蘸醬吮食，都把切割開的肺祭神和食用。取食三次便告結束。贊禮者清洗酒爵，舀酒為新郎漱口安食，新郎拜受酒爵，贊禮者在室門內面向北答拜。為新娘舀酒漱口安食亦如新郎之禮儀，二人都要以酒為祭。贊禮者把烤肝獻給他們作佐酒食品，他們把烤肝沾上鹽振動之以為祭。然後品嘗一下，便放入盛醃菜的豆中。把爵中酒喝乾，都向贊禮者行拜禮，贊禮者答拜，並接過酒爵。再次酳酒漱口安食如初，但不用烤肝佐酒。第三次酳酒用巹，禮儀亦如前次。贊禮者清洗酒爵，從室門外酒尊中酳酒，進入室門，面向西北，放下酒爵，行拜禮，新郎新娘皆答拜。贊禮者坐下以酒為祭，然後喝乾爵中酒，行拜禮，新郎新娘皆答拜。贊禮者與新郎、新娘都站起來，新郎走出室，新娘回到室西南角原位。接著就把室中饌食撤至房中，仍按室中同樣擺放，酒尊撤去不再陳放。新郎在房中脫下禮服，新娘女僕接過去；新娘在室中脫下禮服，新郎女僕接過去。乳母把佩巾交給新娘。新郎女僕在室之西南角為新娘鋪設臥席，新娘女僕在其東側為新郎鋪設臥席，都設有枕頭，足朝向北。新郎入室，親自為新娘解纓。移出燈燭。新娘女僕吃新郎食餘之物，新郎女僕吃新娘食餘之物，贊禮者酳外面尊中酒為她們漱口安食。新娘女僕在室門外侍候，有呼喚就能聽到。

夙興，婦沐浴，纚笄、宵衣❶，以俟見。質明❷，贊見婦于舅姑❸。席于阼，舅即席。席于房外，南面，姑即席。婦執笲❹棗栗，自門入，升自西階，進拜，奠于席。舅坐撫之❺，興，答拜。婦還❻，又拜。降階，受笲腶脩❼，升，進❽，北面拜，奠于席。姑坐舉❾以興，拜，授人。

贊醴婦，席于戶牖間，側尊甒醴于房中。婦疑立[10]于席西，贊者酌醴，加柶，面枋，出房，席前北面。婦東面拜受。贊西階上北面拜送，婦又拜。薦脯醢。婦升席，左執觶，右祭脯醢，以柶祭醴三，降席，東面坐，啐醴，建柶，興，拜。贊荅拜。婦又拜，奠于薦東，北面坐取脯。降，出，授人于門外。

舅姑入于室，婦盥饋[11]。特豚，合升，側載[12]，無魚腊，無稷。並南上。其他如取女禮。婦贊成祭[13]，卒食一酳，無從。席于北墉下。婦撤，設席前如初，西上。婦餕，舅辭，易醬。婦餕姑之饌，御贊祭豆、黍、肺，舉肺、脊，乃食。卒，姑酳之，婦拜受，姑拜送。坐祭，卒爵，姑受，奠之。婦撤于房中，媵御餕，姑酳之，雖無娣，媵先[14]。於是與始飯之錯[15]。

舅姑共饗婦以一獻之禮[16]。舅洗于南洗[17]，姑洗于北洗[18]，奠酬[19]。舅姑先降自西階，婦降自阼階。歸婦俎于婦氏人[20]。

舅饗送者以一獻之禮，酬以束錦㉑。姑饗婦人送者，酬以束錦。若異邦，則贈㉒丈夫送者以束錦。

若舅姑既沒，則婦入三月，乃奠菜㉓。席于廟奧㉔，東面，右几。席于北方㉕，南面。祝盥，婦盥于門外。婦執笲菜，祝帥婦以入。祝告，稱婦之姓曰：「某氏來婦㉖，敢奠嘉菜于皇舅某子㉗。」婦拜，扱地㉘，坐奠菜于几東席上，還，又拜如初。婦降堂，取笲菜，入。祝曰：「某氏來婦，敢告于皇姑某氏㉙。」奠菜于席，如初禮。婦出，祝闔牖戶。老㉚醴婦于房中，南面，如舅姑醴婦之禮。壻饗婦送者丈夫、婦人，如舅姑饗禮。

【章旨】本章記述成婚後，婦在夫家的相關禮儀。主要有婦見公婆、贊者禮婦於堂上、婦饋公婆於室、公婆饗婦及婦家送者之禮儀。還補充如公婆已死，婦入門三月廟見禮儀，以為禮之變例。

【注釋】❶纚笄宵衣　皆為士婦之常服。宵衣，黑色絲衣。❷質明　天剛亮的時候。質，正。❸贊見婦于舅

姑 贊禮者引領新婦見公婆。❹笲 竹器，形如圓筐，稍淺，外面罩以青繒，用以盛棗、栗、乾肉之類。❺撫之 撫摸盛棗栗的竹筐。表示收下之意。❻婦還 新婦回到行拜禮處。❼腶脩 加薑桂等佐料捶製而成的乾肉。❽進 走到婆婆坐席前。❾舉 擎起；托起。指托著盛腶脩的竹器站起來。❿疑立 端莊安靜的站立。疑，通「凝」。安定專注之態。⓫盥饋 用水沖洗手後進獻食物。⓬合升側載 把合著放在鼎中的左右兩半體豬肉，各自單獨放在俎上。即右半放在公公俎上，左半放在婆婆俎上，用以別尊卑。側，特；獨。⓭婦贊成祭 新婦佐助公婆完成祭食之禮。⓮無娣媵先 無妹從嫁，可讓從嫁姪女先食。周代諸侯娶妻有姪娣往媵之俗，士地位較低下，一般無此條件。⓯與始飯之錯 使媵御交錯食公婆剩餘食物。始飯，指公婆食餘之物。錯，交錯。即媵食公公之餘，御食婆婆之餘。⓰饗婦以一獻之禮 用一獻之禮宴請新婦。饗，用酒食慰勞人。一獻之禮，即壹獻之禮。指公公向婦敬酒，婦回敬，婦與婆婆對飲，共成獻酢酬之禮，然後就開始進食。詳參〈士冠禮〉「壹獻之禮」注。⓱南洗 設在庭中之洗。⓲北洗 設在北堂之洗。⓳奠酬 放下酒爵，不再互相勸酒。即在一獻之禮完成後，就把酒爵放在食品東側，不再相互酬酢，而開始燕飲。⓴歸婦俎于婦氏人 把俎上牲體饋送給新婦娘家送親的成年男人。令其帶回覆命，表示新婦在夫家受到禮遇。婦氏人，女家派來送親的成年男子。㉑束錦 五匹錦。㉒贈 贈送。指在燕飲時所酬束錦外，另派人去賓住處贈送之錦。㉓奠菜 設菜為祭。如公婆已死，則新婦婚後三月，去廟中設菜拜祭，即奠菜，亦稱廟見。㉔席于廟奧 布公公席於室內西南角。廟，禰廟。㉕席于北方 布婆婆席於北牆下。公婆別席，分別拜見，仿照生時見公婆禮儀。㉖某氏來婦 某氏來此作媳婦。某氏，新婦娘家姓氏。㉗皇舅某子 已故公公某先生。皇舅，對丈夫亡父的尊稱。某子，指已故公公的表字或謚號，一說某指姓氏。㉘扱地 拜手至地。為婦人之重拜，如男子之稽首。扱，通「及」。㉙皇姑某氏 已故婆婆某氏。皇姑，對已故婆婆的尊稱。㉚老 家臣之長，年高而有德者。代表公婆行醴婦之禮。

【語 譯】次日早晨起來，新婦洗髮洗身，用帛巾束髮，插上簪子，身穿黑色絲衣，等待拜見公婆。

天剛亮的時候，贊禮者引領新婦去拜見公婆。在東階上方布席，公公入席就坐。又在房外布席，朝向南，婆婆入席就坐。新婦持一盛有棗、栗的圓竹筐，自寢門進入，從西階升堂，進至公公面前行拜禮，把盛棗、栗的圓竹筐放在席上。公公坐著撫摸圓竹筐，然後站起來，對新婦回拜。新婦回到行拜禮位置，再次行拜禮。然後走下西階，從侍者手中接過盛腶脩的圓竹筐，再登階升堂，進至婆婆處，面向北行拜禮，把盛乾肉的圓竹筐放在席上。婆婆托著圓竹筐站起來，施禮回拜，把圓竹筐交給隨從之人。

贊禮者設醴禮宴請新婦，筵席布設在堂上室門與窗之間，在房中單獨設一尊甜酒。新婦端莊安定的立在筵席西側，贊禮者把觶中舀滿甜酒，放入小匙，匙柄朝前，走出房，來至席前，面向北站立。新婦面向東行拜禮，接受酒觶。贊禮者在西階上方面向北拜送，新婦再次回拜。贊禮者把乾肉和肉醬進獻於席上。新婦升席，左手持酒觶，右手以乾肉和肉醬為祭，用小匙舀祭甜酒三次，走下筵席，面向東坐下，品嘗甜酒，然後把小匙立於酒觶中，站起來行拜禮。贊禮者答拜。新婦再次回拜，把酒觶放在佐酒食品東側，面向北坐下，取乾肉。然後降階下堂，在寢門外面把乾肉交給隨從之人。

公婆進入室內，新婦用水沖洗手後為公婆進獻食品。有一頭仔豬，合左右兩半體放在鼎中，現分開單獨陳於兩俎上，不設魚和腊兔，不設稷米飯，都以南方為上位。其他方面與娶婦禮儀相同。新婦佐助公婆完成佐食之禮，用完飯，則獻酒漱口安食，但沒有烤肝佐酒。又在室中北牆下設席，新婦撤去公婆食餘的饌食，按照原來次序擺放在新設席上，以西方為上位。新婦吃公公食餘之物，公公推辭，把醬重新換上。新婦又吃婆婆食餘之饌。隨從之人佐助新婦用醃菜、肉醬、黍米飯、胏、舉胏、脊肉祭祀，然後進食。用完飯，婆婆為新婦獻酒漱口安食，新婦行拜禮接受，婆婆拜送。新婦坐下以酒為祭，把酒喝乾，婆婆接過酒爵，放下。新婦把饌食撤至房中，女僕們吃剩下的饌食，婆婆為她們舀酒漱口安食。新婦如無妹隨嫁，可請隨嫁姪女先食，然後使御媵交互食公婆食餘之饌。

公婆一道用一獻之禮來宴請新婦。公公在庭中之洗清洗酒爵，婆婆在北堂之洗清洗酒爵，在一獻之禮完成後，就放下酒爵，不再互相敬酒。宴飲完畢，公婆先從西階下堂，新婦由東階下堂。把俎上牲體饋送給新婦娘家送親的成年男子。

公公用一獻之禮宴請送親者，用五匹錦酬謝。婆婆宴請送親的婦女，也以五匹錦相酬謝。如果是與異國之女通婚，就要另外贈送送親的成年男子五匹錦。

如果公婆已死，則婦入夫家三月後，就要擇日入禰廟設菜祭奠。在廟室西南角布席，朝向東，設几於席之右側。在室內北牆下布席，朝向南。主持祭禮之祝澆水沖洗手，新婦在廟門外澆水沖洗手。新婦手持盛有祭菜的圓竹筐，祝率領新婦進入廟內。祝向祖宗報告，稱呼新婦的姓氏說：「某氏來此作您家媳婦，冒昧前來用嘉美之菜祭奠已故公公某先生。」新婦行跪拜禮，手至地，坐下，設菜於几東席上以祭，又回到原來位置，如剛才一樣禮拜。新婦下堂，另取一盛祭菜圓竹筐，進入室內。祝報告說：「某氏來此作您家媳婦，冒昧告知已故婆婆某氏。」設菜於席上以祭，如初次禮儀。新婦出來，祝關好門窗。家臣之長在房中設醴禮宴請新婦，面向南，與公婆用醴禮宴請新婦相似。新壻宴請為新婦送親的成年男子和婦女，與公婆宴請他們的禮儀相同。

〔記〕

士昏禮：凡行事必用昏昕❶，受諸禰廟❷，辭無不腆❸，無辱❹。摯不用死❺，皮帛必可制❻。腊必用鮮，魚用鮒❼，必殽全❽。

女子許嫁❾，笄而醴之❿，稱字⓫。祖廟未毀⓬，教于公宮⓭三月。若祖廟已毀⓮，則教于宗室⓯。

問名，主人受鴈，還⓰，西面對⓱，賓受命，乃降。

祭醴⓲，始扱壹祭⓳，又扱再祭。賓右取脯，左奉之，乃歸，執以反命。

納徵：執皮，攝之，內文⓴；兼執足㉑，左首；隨入，西上；參分庭一，在南㉒。賓致命，釋外足，見文㉓。主人受幣，士受皮者，自東出于後，自左受，遂坐攝皮，逆退，適東壁。

父醴女而俟迎者，母南面于房外。女出于母左，父西面戒之，必有正焉㉔，若衣，若笄㉕。母戒諸西階上，不降。

婦乘以几㉖，從者二人，坐持几，相對。

婦入寢門，贊者撤尊冪，酌玄酒，三屬于尊㉗，棄餘水㉘于堂下階間，加勺。

笲，緇被纁裏㉙，加于橋㉚。舅答拜，宰撤笲。

婦席薦饌于房。饗婦，姑薦㉛焉。婦洗在北堂，直室東隅；篚在東，北面盥。婦酢舅，更爵，自薦。不敢辭洗㉜。舅降則辟于房，不敢拜洗。凡婦人相饗，無降㉝。

婦入三月，然後祭行㉞。庶婦，則使人醮之㉟，婦不饋㊱。

【章旨】本章為〔記〕的第一部分，記述婚禮時間、地點、用物規定，女子許嫁後的命字、教育、問名、納徵、父母送女、女登車等有關細節的補充，以及新娘在夫家的一些瑣碎禮儀規定，多屬對經文的補充。

【注釋】❶必用昏昕　必定要在黃昏和清晨進行。昕，清晨；天剛亮。婚禮的納采、問名、納吉、納徵、請期皆在清晨進行，而親迎則在黃昏時分。❷受諸禰廟　女家在禰廟中接待男家使者，接受男家聘禮。❸辭無不腆　賓沒有客套自謙的言辭。不腆，不善；不豐厚。為常用自謙之辭。❹無辱　主人也不用辱臨敝舍一類客套話。❺摯不用死　作為男家使者及壻執以相見之禮物鴈不能用死的。❻皮帛必可制　男家所贈鹿皮束帛一定要可用以製作衣物。❼鮒　鯽魚。❽殺全　用作菜肴之魚必須是不腐敗、不毀傷、完好無損的。❾許嫁　已接受納徵禮物，即表示許嫁。❿笄而醴之　把頭髮盤成髻，插上笄，如成年婦女髮式，並舉行酒宴祝賀她。這就是女子的笄禮，它具有與男子冠禮同樣重要意義。至於未許嫁的女子，至遲到二十歲也要行笄禮，只是儀式要簡單些，髮式與許嫁女亦有不同。⓫稱字　用表字稱呼她。女子取字與男子命字方法相似。⓬祖廟未毀　高祖之廟尚未遷出。此指與諸侯同族女子許嫁的教育。周禮諸侯五廟，太祖廟外有禰廟、祖廟、曾祖廟、高祖廟，高祖以上則遷至太祖廟，稱毀廟。女子與君如為同一高祖以下，血緣關係較近，則可入公宮接受教育。⓭公宮　諸侯宮中。⓮祖廟已毀　高祖之廟已遷至太廟。則此女與君血緣關係超過五代，不可入公宮。⓯宗室　大宗之家。⓰還　回到東階上方。主人在堂上兩楹柱間受鴈後回到東階。⓱西面對　面向西告知女名。⓲祭醴　用甜酒為祭之禮。⓳始扱壹祭　開始用小匙舀取甜酒祭祀為壹祭。扱，取。舀取之意。⓴執皮攝之內文　持鹿皮的把鹿皮對折起來，使毛皮在裏面。攝，收攏；折起。文，毛皮的花紋。㉑兼執足　用兩手兼持鹿皮四足。㉒參分庭一在南　把庭南北長分為三，站在南起三分之一附近。㉓見文　顯露出皮毛花紋。㉔必有正焉　必須有物作憑證，使戒詞不被遺忘。㉕若笄　如授給簪子。㉖乘以几　憑藉小几登上車。㉗屬于尊　注入尊中。㉘棄餘水　倒掉剩餘的水。即舀新水（玄酒）三次注入尊中，以示婚禮貴新之意，然後把餘水倒掉，以免褻汙。㉙笲緇被纁裏　盛棗栗之圓竹筐外罩黑面淺紅裏飾巾。被，布帛類及其製品的外面、表面。裏，布帛類及其製品的內面。㉚橋　笲之橫梁或置放器物的架子。㉛姑薦　婆婆為新婦進獻乾肉、肉醬等佐酒食品。㉜不敢辭洗　新婦不敢辭謝公公為己洗酒爵。因為辭洗、拜洗為賓主相敵者之禮，新婦為晚輩，不敢與尊長相敵為禮。㉝無降　不須下堂洗酒爵。因婦人所用之洗設在堂上北堂內，不在堂下。㉞祭行　遇有祭事則前往參加。㉟使人醮之　派人以醮禮宴請庶婦，公婆不親自參加。醮，敬酒而無相酬酢的一種宴飲禮儀。㊱婦不饋　庶子新婦不向公婆行進食之禮。

【語　譯】〔記〕士昏禮：凡所行事必須在黃昏和清晨進行，女家要在禰廟中接見賓客接受聘禮，主賓都沒有禮品不豐厚、辱臨敝舍之類自謙客套之辭。男家主要禮物鴈不用死的，所贈兩張鹿皮和五匹帛必須是可製作衣物的。腊製品必須是用新鮮肉製成的，魚用鯽魚，必須是完好無毀傷不腐敗的。

女子既已許嫁，就要把頭髮盤成髻，插上笄，並為她舉行笄禮，稱呼她的表字。與諸侯同姓女子，如果其高祖廟尚未遷出，許嫁後就要到諸侯宮中接受教育三個月。如果高祖廟已經遷出，就要到大宗之家接受教育。

問名禮儀，主人接鴈後，回到東階上方，面向西告知女名，賓得主人之命就降階下堂。用甜酒為祭之禮，開始用小匙舀甜酒祭祀為壹祭，又用小匙舀甜酒祭祀為再祭。賓用右手取乾肉，左手捧著；帶回去，用它向主人覆命。

納徵禮儀：持鹿皮者把鹿皮從脊背處對折起來，使帶花紋的皮毛朝向裏面；用兩手兼持鹿皮四足，頭向左側；跟隨賓進入庭內，以西方為上位，站在庭南部三分之一處。賓轉達男家之辭，持鹿皮者放開外側兩足，使鹿皮花紋顯現出來。主人接受幣，主人屬吏奉命受皮者，從東側持皮者身後走出來，由左側接受鹿皮，接著坐下把鹿皮折起來，倒著退出，來至東牆邊。

父親設宴用甜酒款待女兒，等候迎親者，母親面向南站在房外。女兒從母親左側走出來，父親面向西告戒她，一定要有賜物作憑證，如授給衣服、授給簪子等，才能使告戒之辭不被遺忘。母親在西階上方告戒女兒，父母都不下堂送行。

新娘憑藉小几登車，兩個隨從者面對面跪坐在地上扶持小几。

新婦進入夫家寢門，贊禮者撤去酒尊上的苫巾，舀取玄酒，三次注入尊中，把剩餘之水倒在堂下兩階之間，把酒勺放在尊上。

盛棗栗的圓竹筐外罩黑面淺紅色襯裏飾巾，被放在物架上，公公答拜後，家臣便撤去圓竹筐。宴請新婦所用的筵席和乾肉肉醬等食品陳放在房中。公婆用酒食款待新婦，婆婆親自為新婦進獻乾肉和肉醬於婦席。為婦人所設之洗在北堂，對著室的東牆角；圓竹筐在洗之東側，新婦面向北清洗酒爵。新婦舀酒向公公回敬，須更換酒爵，並親自進獻乾肉和肉醬。公公為新婦洗酒爵，新婦不敢以對等身分辭謝。公公下堂，新婦要在房中迴避，不敢出來拜謝公公為己洗酒爵。凡是婦人相互以酒食宴請，都不須降階下堂洗酒爵。

新婦入夫家三個月後，遇有祭事則前往參加。庶子的新婦，則派人以醮禮宴請，庶子新婦不向公婆行進食之禮。

昏辭曰：「吾子有惠，貺室某❶也。某有先人之禮，使某也請納采。」

對曰❷：「某之子惷愚❸，又弗能教。吾子命之，某不敢辭。」致命❹曰：「敢納采。」

問名曰：「某既受命❺，將加諸卜，敢請女為誰氏？」對曰：「吾子有命，且以備數而擇之❻，某不敢辭。」

醴曰：「子為事故，至於某之室。某有先人之禮，請醴從者❼。」

對曰：「某既得將事❽矣，敢辭。」「先人之禮，敢固以請。」「某辭不得命，敢不從也。」

納吉曰：「吾子有貺命，某加諸卜，占曰『吉』。使某也敢告。」

對曰：「某之子不教，唯恐弗堪❾。子有吉，我與在❿，某不敢辭。」

納徵曰：「吾子有嘉命，貺室某也。某有先人之禮，儷皮束帛，使某也請納徵。」致命曰：「某敢納徵。」對曰：「吾子順先典⓫，貺某重禮，某不敢辭，敢不承命！」

請期曰：「吾子有賜命，某既申受命⓬矣。惟是三族之不虞⓭，使某也請吉日。」對曰：「某既前受命矣，唯命是聽。」曰：「某命某聽命于吾子。」對曰：「某固唯命是聽。」使者曰：「某使某受命，吾子不許，某敢不告期⓮，曰某日。」對曰：「某敢不敬須⓯。」

凡使者歸，反命曰：「某既得將事矣，敢以禮告⓰。」主人曰：「聞命矣。」

父醮子⑰，命之曰：「往迎爾相⑱，承我宗事⑲。勖帥以敬⑳，先妣之嗣㉑。若則有常㉒。」子曰：「諾。唯恐弗堪，不敢忘命。」

賓至㉓，擯者請，對曰：「吾子命某㉔，以茲初昏㉕，使某將㉖，請承命。」對曰：「某固敬具以須㉗。」

父送女，命之曰：「戒之敬之，夙夜毋違命㉘。」母施衿結帨㉙曰：「勉之敬之，夙夜無違宮事㉚。」庶母及門內施鞶㉛，申之以父母之命。命之曰：「敬恭聽，宗㉜爾父母之言，夙夜無愆㉝，視諸衿鞶㉞。」

壻授綏，姆辭曰：「未教，不足與為禮也。」

宗子無父㉟，母命之。親皆沒，己躬命之㊱。支子㊲，則稱其宗；弟，稱其兄。

【章旨】本章記述婚禮過程主要禮儀的應對辭。有納采、問名、醴賓、納吉、納徵、請期之辭，父醮子辭，親迎告擯辭，父母送女戒命之辭等。

【注釋】❶既室某　賜女為某某的妻室。既，賜。室，為妻室。某，壻之名。❷對曰　女方擯者回答說。❸某之子惷愚　某某的女兒愚笨。某，女父名。惷愚，愚笨無知。為自謙之辭。❹致命　男方使者向女方主人致辭說。❺某既受命　某某已經得到您同意議婚之命。某，指壻父名。❻備數而擇之　充議婚女之數而供選擇。❼請醴從者　請求用醴禮宴請隨行人員。本意在醴賓，不直說醴賓而說醴從者，為謙辭。❽將事　行事；奉命辦事。❾弗堪　不勝；擔當不起。❿我與在　我亦同在吉中。與，猶「兼」。夫婦一體，夫占得吉，婦亦同之。⓫先典　祖先的常法。⓬申受命　重複領受使命。申，重複。指納采以來幾度受命為使，來女家行禮。⓭惟是三族之不虞　惟此三族中無憂虞之時。三族，父之兄弟，己之兄弟，子之兄弟。此己指新壻或新婦之父。遇此三者之死，皆須服喪，在服喪期內不得嫁娶。不虞，無憂虞之事。亦即無前述三族人中的死喪事。⓮告期　告知男方卜得迎親的吉期。⓯敬須　恭敬等待。⓰以禮告　帶著禮物來覆命。禮物指女家所贈的乾肉。⓱父醮子　親迎前父為子設酒宴送行。⓲相　助。婦為夫之助。故此指新婦。⓳宗事　宗廟之事。即《禮記・昏義》所說「上以事宗廟，下以繼後世」之義。⓴勖帥以敬　勉勵引導新婦，使敬慎婦道。勖，勉勵。又作「勗」。帥，引導。㉑先妣之嗣　唯先輩女祖後嗣是續。先妣，已故祖母以上的女性祖宗。之，作「是」。語氣助詞，對「嗣」字起突出強調作用。㉒若則有常　你必須堅持經常，始終如一。㉓賓至　新壻親迎至女家。㉔吾子命某　你家主人有命於我的父親。吾子，女之父。某，壻父名。㉕以茲初昏　在此剛入黃昏時分。㉖使某將　派我親自來迎娶。某，壻自稱。將，行。行親迎之禮。㉗敬具以須　作好準備，敬待迎娶。㉘夙夜毋違命　從早到晚都不要違背公婆之教命。㉙施衿結帨　束好衣帶，結好佩巾。衿，衣小帶。帨，佩巾。㉚宮事　古代規定的婦女職事。㉛施鞶　戴上小囊。鞶，小囊。俗稱荷包，用以盛佩巾類小物件。㉜宗　尊奉。㉝無愆　沒有過失。㉞視諸衿鞶　看一看腰帶上的小囊。衿鞶為庶母所贈，還有父母所贈物，經常看看這些東西，就會想起他們的訓戒，而無過失。㉟宗子無父　嫡長子如父親已死。㊱己躬命之　自己親自任命由納采至請期五禮的使者。躬，親。㊲支子　庶母所生兄弟。

【語　譯】昏禮納采之辭，男方使者說：「承蒙您先生惠澤，有意把女兒賜與某某為妻室。某某之父按照先人禮儀，派我前來請求行納采之禮。」女方擯者回答說：「某某的女兒愚笨無知，又未能好好教育。您先生有命，某某不敢推辭。」男方使者向女方主人致辭說：「冒昧請求行納采禮。」

問名之辭，男方使者說：「某某已經得到您同意議婚之命，將要對此事進行卜筮，冒昧請問您女兒的名字？」女子之父回答說：「您先生有命，把我的女兒充作議婚女之數以供選擇，我不敢推辭。」

醴賓之辭，女家主人對賓說：「您為婚事之故，來到我的家中。我按照先人的禮儀，請求用醴禮宴請您的隨行人員。」賓回答說：「我既將奉命辦他事，冒昧請求告辭。」主人說：「這是先人定下的禮儀，故此冒昧請求。」賓回答說：「我告辭不得獲命，豈敢不聽從。」

納吉之辭，使者說：「您先生有賜命，某某進行了卜筮，占筮結果為『吉』，派我前來告知。」主人回答說：「我的女兒沒有教養，恐怕擔當不起。您得吉祥，我也兼與同得，我不敢推辭。」

納徵之辭，使者說：「您先生有嘉美之命，賜女為某某妻室。某某之父按先人的禮儀，用兩張鹿皮和五匹帛為聘禮，派我前來請求行納徵禮。」使者向主人致辭說：「我冒昧請求行納徵禮。」主人回答說：「您順應祖先的常法，賜給我厚禮，我不敢推辭，豈敢不接受命令！」

請期之辭，使者說：「您已有所賜命，我也反覆領受使命了。在此三族中無憂虞事變之時，派我來請示迎親的吉日。」主人回答說：「我以前已經接受命令，現在也是唯先生之命是聽。」使者說：「某某命我聽命於先生。」主人回答說：「我只想唯命是聽。」使者說：「某某派我來接受命令，先生既不准許，我不敢不告知男方卜得之迎親吉期，是某日。」主人回答說：「我豈敢不恭敬等待。」

凡是使者歸來，覆命之辭說：「我已經奉命行事了，請以禮物覆命。」主人回答說：「知道了。」

親迎前父親為兒子設酒宴餞行，命子之辭說：「去迎娶你的新婦，以繼承我家宗廟之事。勉勵引導新婦敬慎婦道，唯以先輩女祖後嗣是續。你一定要堅持常道，始終如一。」兒子回答說：「是這樣。只怕不能勝任，父命不敢忘記。」

新壻親迎來到女家，擯者向其請示，新壻回答說：「你家主人有命於我的父親，約定今日剛入黃昏時分，派我親自來迎親，請求奉行前命。」擯者回答說：「某某已經作好準備，敬待迎娶。」父送女，命女之辭曰：「謹慎恭敬，從早到晚都不要違背公婆的教命。」母親為女兒束好衣帶，結好佩巾，告戒說：「勤勉恭敬，從早到晚都不要違背婦女職分之事。」庶母送到廟門內，為出嫁女戴上小囊，把父母之命又申說一遍，然後告戒說：「專注謙恭地聽從尊奉你父母的話，從早到晚就會沒有過失，要常看父母賜物，不忘他們的教誨。」

新壻把挽以登車之索授新婦，新婦的保姆代為辭謝說：「沒有教養，不敢承當此禮。」

嫡長子如父親已死，就由其母任命婚使。如果父母親都已死去，則由自己親自命使。庶母所生兄弟，則以大宗名義命使，嫡子之同母弟，則以其兄名義命使。

若不親迎❶，則婦入三月，然後壻見，曰：「某以得為外昏姻❷，請覿。」主人對曰：「某以得為外昏姻之數❸，某之子未得濯溉於祭祀❹，是以未敢見。今吾子辱❺，請吾子之就宮，某將走見❻。」對曰：「某以非他❼故，不足以辱命❽，請終賜見。」對曰：「某得以為昏姻之故，不敢固辭，敢不從。」主人出門左，西面。壻入門，東面，奠摯，再拜，出。擯者以摯出，請受。壻禮辭，許，受摯，入。主人再拜，受，壻再拜送，出。見主婦❾，主婦闔扉，立于其內。壻立于門外，東面。主婦一拜，壻荅再拜，主婦又拜，壻出。主人請醴，及揖讓入❿，醴以一獻之禮。主婦薦，奠酬，無幣⓫。壻出，主人送，再拜。

【章　旨】本章記述未行親迎禮，壻在婚後三個月前往拜見岳父岳母之禮儀文辭，為正禮之補充。

【注　釋】❶若不親迎　如果新壻未能親迎。婚禮是否一律要新郎去女家親迎，說法不一。鄭玄用《公羊》說，以為自天子至於庶人皆親迎，《左氏》則以為天子可以不親迎。據《左傳》所載，非但天子，諸侯亦多不親迎，這與當時社會大環境有關。考春秋時諸侯多娶異國諸侯女為妻，兩國間路途遙遠，交通不便，國情複雜，兵爭時起，諸侯如親迎，長途跋涉，貽誤國事，又輕涉險地，極不安全。故春秋時諸侯多不親迎。❷某以得為外昏

姻　我因得為您家姻親。外昏姻，外親；姻親。指由婚姻關係結成之親。因古時男女同姓不婚，必與外姓結親，故稱外婚姻。❸數　疾。猶言急速，時間未久。❹未得濯溉於祭祀　未得洗滌擦拭祭器，參加祭祀。指結婚三個月前，新婦不得參加祭祀活動。濯，洗滌。溉，應作「摡」，拭。❺辱　辱臨；屈尊前來。為謙辭。❻走見　快速往見。走，跑。❼非他　非他人，乃至親也。❽辱命　辱恩賜命。命，指主人「將走見」之語。❾主婦　主人之婦，壻之岳母。❿及揖讓入　主人與新壻相互揖讓而入。⓫奠酬無幣　敬酒不饋贈禮物。幣，錦帛之類禮品。

【語　譯】如果新壻未能親迎，則新婦入夫家三個月後，新壻前往拜見岳父岳母，其辭說：「我因得為您家姻親，請求拜見。」主人回答說：「我因為您家姻親時間未久，我的女兒在您家還未曾洗滌擦拭祭器參加祭祀，因此不敢前往會見。現在您屈尊前來，請您返回家中，我將快速前往相見。」新壻回答說：「我不是外人，不勞辱恩賜命來見，請您終能賜見。」主人回答說：「我因為結成婚姻之故，不敢再辭讓，哪敢不從命。」主人出內門，在門左側面西而立。新壻入大門，面向東，放下禮物，再次行拜禮，然後走出大門。擯者持禮物出大門，請新壻接受禮物。新壻辭讓一番就同意了，接過禮物，再次入門。主人行再拜禮，受禮物，新壻再次拜送，然後出門。新壻拜見主婦，主婦合上內門左門扇，站在門內。新壻站在門外，面向東。主婦對新壻一拜，新壻兩次回拜，主婦又拜，然後新壻退出。主人請求用醴禮宴請新壻，主人與新壻相互揖讓而入，用一獻之禮宴請新壻。主婦進獻乾肉和肉醬至席前，主人為新壻敬酒而不饋贈禮物。新壻出門，主人相送，行再拜禮。

【說　明】婚禮的產生。在上古群婚和對偶婚早期，婚姻關係極為鬆散，男女之間臨時性結合，只是為了性生活的需要，不須承擔任何約束和相關的權利與義務，也就沒有舉行儀式取得社會承認的必要。進入對偶婚的中晚期，出現了較為穩定長久的配偶關係，並因此而建立家庭，男女之間通過勞動交換產生了從生產到消費的經濟關係，撫育子女義務，以及雙方在共同生活中對對方角色的認同心理。還有小家庭的存在，必然要與親友、社會發生廣泛聯繫，得到他們的承認和支持。原始的宗教觀念，也使他們要得到神靈和祖先的認可和庇護。為此就必須通過一定的儀式，使婚姻關係公開化、神聖化，使男女當事人感受到強大的社會約束力，以維繫婚姻關係的穩定，這些便成為婚禮產生的社會背景。婚禮從發生、演變到大體完備，經歷了漫長的時期。杜佑《通典》說：「人皇氏始有夫婦之道，伏羲氏制嫁娶，以儷皮為禮，五帝駕時，娶妻必告父母。夏時親迎於庭，殷時親迎於堂。周制限男女之年，定婚姻之時，六禮之儀始備。」這段話大致描述了婚禮形成過程。周代出現的六禮，奠定了中國古代婚禮的原型。六禮是儒家學者把古代婚禮、婚俗條理化、綱領化，並加以新的闡釋的產物，它與儒家的宗法制度和倫理道德密切結合。同時，六禮中也保存有氏族時代的古老習俗，反映它是一種歷史的產物。如親迎之禮要在黃昏時進行，便源於古老的搶親習俗。張亮采說：「上古雜婚時代，有摽掠婦女之俗，其摽掠必以昏夜，所以乘家人之不備。今以士昏禮觀之，猶有摽掠之遺義。」（《中國風俗史》第五頁）此種夜晚迎親習俗直至近代還在我國一些地區流傳。再如婚禮所送禮物主要有鴈、鹿皮、束帛之類，這也是保存先民重視狩獵之俗，這些禮物的價值不在經濟方面，而在它的象徵意義，顯示新郎是個勇敢的好獵手，這對男子漢來說是最大榮耀，與後世側重金錢珠寶的禮物是大異其趣的。

士相見禮第三

【題　解】本篇記述士君子初相交接的禮儀。又由士相見禮推及士見大夫、大夫相見、士大夫見君的禮儀。「凡燕見于君」以下，述及「進言」、「侍坐」諸儀法，類似他篇的記。稱「相見」，是因為此禮是賓以摯見主人，主人又同樣以摯見賓，彼此相互拜見，互為賓主，禮尚往來之意。士相見禮於五禮屬賓禮，是古代人際交往中重要禮儀。由西周至春秋，貴族與平民都講究相見之禮。《禮記．表記》說：「無辭不相接也，無禮不相見也。」辭就是相見時所說文辭，禮就是禮物。賓見主人一定要根據自己的身分和使命，持相應禮物。《禮記．曲禮》說：「凡摯，天子鬯，諸侯圭，卿羔，大夫鴈，士雉。……」禮物不同，反映持者的身分品級，此禮之踐行，對闡明君臣上下之義、兄弟朋友之情有重要意義。

士相見之禮：摯❶，冬用雉，夏用腒❷。左頭奉之❸，曰：「某也願見，無由達。某子以命命某見❹。」主人對曰：「某子命某見，吾子有辱❺。請吾子之就家也，某將走見。」賓對曰：「某不足以辱命，請終賜見。」主人對曰：「某不敢為儀❻，固請吾子之就家也，某將走見。」賓對曰：「某不敢為儀，固以請。」主人對曰：「某也固辭，不得命，將走見。聞吾子稱摯❼，敢辭摯。」賓對曰：「某不以摯，不敢見。」主人對曰：「某不足以習禮❽，敢固辭。」賓對曰：「某也不依於摯，不敢見，固以請。」主人對曰：「某也固辭，不得命，敢不敬從！」出迎于門外，再拜。賓荅再拜。主人揖，入門右。賓奉摯，入門左。主人再拜受，賓再拜送摯，出。主人請見，賓反見❾，退。主人送于門外，再拜。主人復見之❿，以其摯⓫，曰：「曏者吾子辱，使某見。請還摯於將命者⓬。」主人對曰：「某也既得見矣，敢。」賓對曰：「某也非敢求見⓭，請還摯於將命者。」主人對曰：「某也既得見矣，敢固辭。」賓對曰：「某不敢以聞，固以請於將命者。」主人對曰：「某也固辭，不得命，敢不從！」賓奉摯入，主人再拜受。賓再拜送摯，出。主人送于門外，再拜。

【章　旨】本章記述士與士初次相見的禮儀。主要包括介紹、持摯、賓見主人、主人見賓各項，以及整個行禮過程中賓主應對之辭，是全篇的基本內容。

【注　釋】❶摯　見面禮。又作「贄」。男人所用之摯主要有玉、帛、禽三等，因身分和使命各有所持。❷腒　乾鳥肉，此指雉之乾製品。夏用乾雉為摯以防腐臭。❸左頭奉之　雉頭朝向左側，橫著捧之。❹某子以命命某見　某先生依照您的意旨命我前來拜見。某子，某先生。按禮，拜見某人必須有人從中介紹，徵得同意，才可前往，不可唐突自行。某子即充當介紹二人見面的人。❺吾子有辱　您先生又屈尊前來。有，通「又」。❻不敢為儀　不敢故意擺出這種儀態。誠心誠意要去拜見。❼稱摯　捧著禮物前來。稱，舉；托著。❽不足以習禮　不敢承當以此尊崇之禮來見己。託言不足習禮，謙以辭之。❾賓反見　賓返回與主人相見。這是在主人受摯後，賓出，主人請賓，賓返回相見。前此之見只是奉行禮儀，此次相見方能安坐暢談，接觸會見的目的。❿主人復見之　主人前往賓家回拜。稱相見禮即有來有往，禮尚往來之意。⓫以其摯　用前此賓所持來的禮物回拜。⓬將命者　傳命者，擯相之類。⓭非敢求見　不敢求見。謙詞。

【語　譯】士與士相見的禮儀：必須要有見面禮物，冬天用雉，夏天用雉的乾製品。將雉頭向左側橫著捧在手上說：「我希望拜訪您，沒有人從中通達。今有某先生依照您的意旨命我前來拜見。」主人回答說：「某先生命我去拜見，您先生卻屈尊前來。請先生返回家中，我將很快去拜見。」賓回答說：「我不敢有勞您辱恩賜命前來，請您終能賜見。」主人回答說：「我不敢故意擺出這樣姿態，因此請先生返回家，我將很快去拜見。」賓回答說：「我不敢故意擺出這樣姿態，因此請您賜見。」主人回答說：「我一再推辭，不得允許，將快速出見先生。聽說先生捧著禮物前來，冒昧請求辭謝。」賓回答說：「我不用禮物不敢來拜見。」主人回答說：「我不敢承當以此尊崇之禮來見，冒昧請求辭謝。」賓回答說：「我不憑依禮物，不敢求見，因此請您賜見。」主人回答說：「我一再推辭，不得允許，豈敢不恭敬聽從！」主人到大門外迎接，行再拜禮。賓行再拜禮答拜。主人揖賓，從門右側進入。賓捧著禮物，從門左側進入。主人行再拜禮，接受禮物，賓再拜送上禮物，然後出門。主人請求賓會見，賓返回與主人相見，然後告退。主人送至大門外，行再拜禮。主人往賓家回拜，帶著賓送來的禮物，說：「不久前先生辱臨敝舍，使我得以相見，請允許把禮物返還給傳命之人。」主人（前為賓今為主人）回答說：「我已經得以拜見先生，冒昧請求辭謝。」賓（前為主人今為賓）回答說：「我不敢煩勞相見，只請求把禮物返還給傳命之人。」主人回答說：「我已經得以拜見先生，冒昧請求辭謝。」賓回答說：「我不敢以此事煩勞先生聽聞，只請求返還禮物給傳命之人。」主人回答說：「我再三推辭，不得允許，哪敢不聽從！」賓捧著禮物入門，主人行再拜禮，接受。賓行再拜禮，送禮物，然後出門。主人送至大門外，行再拜禮。

士見於大夫，終辭其摯❶。於其入也，一拜其辱也。賓退，送，再拜。若嘗為臣者，則禮辭其摯❷，曰：「某也辭，不得命，不敢固辭。」賓入，奠摯，再拜，主人荅壹拜❸。賓出，使擯者還其摯于門外，曰：「某也使某還摯。」賓對曰：「某也既得見矣，敢辭。」擯者對曰：「某也命某：『某非敢為儀也❹。』敢以請。」賓對曰：「某也，夫子之賤私❺，不足以踐禮❻，敢固辭！」擯者對曰：「某也使某，『不敢為儀也』，固以請。」賓對曰：「某固辭，不得命，敢不從！」再拜受。

下大夫相見以鴈❼，飾之以布❽，維之以索❾，如執雉。上大夫相見以羔❿，飾之以布，四維之，結于面⓫；左頭，如麛執之⓬，如士相見之禮。

始見于君，執摯至下⓭，容彌蹙⓮。庶人見於君，不為容⓯，進退走⓰。士大夫則奠摯，再拜稽首，君荅壹拜。若他邦之人，則使擯者還其摯，曰：「寡君使某還摯。」賓對曰：「君不有其外臣⓱，臣不敢辭。」再拜稽首，受。

【章　旨】本章記述士見大夫、大夫相見禮儀，以及大夫、士、庶人、他邦之人見君禮儀。其文與士相見禮相似，或由其推出，至此相見之禮已基本齊備。

【注　釋】❶終辭其摯　終究辭謝不受其禮物。辭謝三次為終辭，不復請。大夫不受士的禮物，因為不能親去回拜，不回拜而受其摯只有君對臣可。大夫如受禮不答拜則如君對臣，答拜又似與士匹敵而失尊卑之別，答拜與否皆不可，只能辭謝不受。❷禮辭其摯　對其禮物辭謝一次而收受。因此士嘗為大夫家臣而今升為公室之臣，大夫受摯不回拜，仍視為臣可也。❸壹拜　行一次拜禮。主賓相匹敵，再拜；主尊臣卑，一拜。❹某非敢為儀也　我不敢故意擺出姿態。此為擯者引述主人之語，表明主人誠心不肯受摯。❺夫子之賤私　夫子家地位低下的私臣。夫子，古代對男子的敬稱。賤私，地位低下之臣。賓曾為大夫家臣，自謙為賤私。❻不足以踐禮　不夠資格與主人行賓禮。踐，行。❼下大夫相見以鴈　下大夫相見用鴈作見面禮物。下大夫，殷周官名。亦稱大夫。據《禮記・王制》，國有三卿五大夫。上大夫稱卿，五大夫對三卿言，則稱下大夫。鴈，大夫相見以鴈為摯，當是源於原始人互贈獵物的習俗。後世以為「取其飛成行，止成列」，供大夫效法，恐屬附會之語。❽飾之以布　用畫有圖飾的布遮著。❾維之以索　用索繫其雙足。❿羔　羊羔。據《白虎通・瑞贄》：「卿大夫贄，古以麑鹿，今以羔鴈。」原來卿大夫起先也是用小鹿為摯，亦當源於先民互贈獵物習俗，後來為了方便，逐漸演變為用羊羔。鴈起初亦指野生的鴻鴈，後來鴈與鵝同義，用家鵝代替野生獵物，與羔代麑同理。⓫四維之結于面　用索繫四足，交錯繞過背上，結繫於胸前。⓬如麛執之　如同獻麛之禮那樣橫捧著牠。麛，小鹿。⓭執摯至下　持禮物至國君堂下。⓮容彌蹙　儀態更加恭敬誠篤。蹙，恭敬謹厚的樣子。⓯不為容　不要顯出飛揚張狂之態。容，飛揚之貌。⓰進退走　進退要疾行。走，小步快走；跑。⓱君不有其外臣　君不以外國之臣為臣屬。外國之臣代表其國君前來，與君相匹敵，故不敢視之為臣，而要返還其摯，行對等之禮。

【語　譯】士拜見大夫，大夫終究不能收下他的禮物。在賓入門時，主人對賓一拜感謝他屈駕光臨。賓告退時，主人相送，行再拜禮。如果是曾經作過主人家臣之士來拜訪，對其送來的禮物辭謝一番就可以收下，說：「我辭謝不得允許，不敢再三推辭。」賓入門，進獻禮物，行再拜禮，主人答以一拜。賓退出，主人派擯者到門外把所送禮物返還給賓，說：「某某派我返還禮物。」賓回答說：「我已經拜見過先生了，冒昧請求辭謝。」擯者回答說：「某某吩咐我說：『他不敢故意擺出姿態』冒昧請求收下。」賓回答說：「我是夫子家地位低下的私臣，不夠資格與主人行賓禮，冒昧再次請求辭謝！」擯者回答說：「某某派我返還禮物，說他『不敢故意擺出姿態』，再次請求收下。」賓回答說：「我再三辭謝，不得允命，哪敢不聽從！」行再拜禮，收下禮物。

下大夫彼此相見用鴈作禮物，用畫有彩飾的布遮著，用繩索繫其雙足，如同持雉一樣捧著。上大夫彼此相見用羊羔作見面禮，用彩飾布遮著，用繩索繫其四足，交錯繞過背上，結於胸前；頭向左側，如同持小鹿一樣橫捧著，其禮儀如士相見禮。

初次拜見國君，持禮物至國君堂下，儀態要更加謙恭誠篤。庶人拜見國君，不要顯出張揚之態，進退要小步疾行。士大夫見君要進獻禮物，行再拜禮，叩頭至地，君答拜一次。如果是其他邦國之人來見君，就要派擯者返還其禮物，說：「寡君派我來返還禮物。」賓回答說：「君不以外國之臣為臣屬，臣不敢推辭。」再次行拜禮，叩頭至地，收下禮物。

凡燕見❶于君，必辯君之南面❷。若不得，則正方，不疑君❸。君在堂，升見無方階❹，辯君所在。

凡言❺，非對也，妥而後傳言❻。與君言，言使臣；與大人❼言，言事君；與老者言，言使弟子；與幼者言，言孝弟於父兄；與眾言，言忠信慈祥；與居官者言，言忠信。凡與大人言，始視面⑧，中視抱⑨，卒視面，毋改⑩。眾皆若是⑪。若父則遊目⑫，毋上於面，毋下於帶。若不言，立則視足，坐則視膝。

凡侍坐於君子，君子欠伸⑬，問日之早晏，以食具告⑭，改居⑮，則請退可也。夜侍坐，問夜⑯，膳葷⑰，請退可也。

若君賜之食，則君祭先飯⑱，徧嘗膳⑲，飲而俟⑳。君命之食，然後食。若有將食者㉑，則俟君之食，然後食。若君賜之爵，則下席，再拜稽首，受爵，升席祭，卒爵而俟。君卒爵，然後授虛爵。退，坐取屨，隱辟而后屨㉒。君為之興，則曰：「君無為興，臣不敢辭。」君若降送之，則不敢顧辭㉓，遂出。大夫則辭退下㉔，比及門，三辭。

若先生異爵者㉕請見之，則辭。辭不得命，則曰：「某無以見㉖，辭不得命，將走見。」先見之㉗。

非以君命使，則不稱寡㉘，大夫士，則曰寡君之老㉙。凡執幣者㉚，不趨，容彌蹙，以為儀。執玉者則唯舒武㉛，舉前曳踵㉜。凡自稱於君，士大夫則曰下臣。宅者在邦㉝，則曰市井之臣；在野㉞，則曰草茅之臣。庶人則曰刺草之臣㉟。他國之人則曰外臣。

【章 旨】本章圍繞相見禮儀，記述了燕見君，進言方法，侍坐於君子方法，受君賜食賜飲及告退禮儀，尊者來見士之禮，並廣言諸種稱謂和執幣儀容。從不同方面對正禮作了補充，頗類他篇之〔記〕。

【注 釋】❶燕見 臣下在內廷私下朝見君，有別於朝會上的正規朝見。❷必辯君之南面 一定要在君朝向正南時拜見。辯，正。❸不疑君 不可擬度君朝向之方位，斜向拜見君。疑，擬度猜測之意。君在內廷不一定朝向正南就坐，也要待其朝向正東正西時，方可從君對面拜見，不可擬度斜向。明臣之事君必出於正。❹升見無方階 升堂見君所登臺階沒有一定方向。即是說視君在堂上位置而定，近東階則登東階，近西階則登西階。❺言 進言。指己對君言事，不是回答君問。回答君問稱對，二者有別。❻妥而後傳言 待其安坐而後進言。妥，安坐。傳言，進言；出言。非因發問而言。❼大人 指卿大夫。❽始視面 開始時要觀察其顏色是否可進言。孔子言：「未見顏色而言謂之瞽」（《論語‧季氏》），就是讓人注意觀察進言對象的臉色，不可盲目行事。❾中視抱 進言後目光下移至對方胸部下。抱，指衣領下衣帶上區間。目光下移至此區間，給對方一段思考時間，最後再觀察其臉色，推斷其是否採納己言。❿毋改 在進言至等待期間儀態端正不改變。避免讓人產生懈怠不虛心之嫌。⓫眾皆若是 在座諸人的儀態都應當如此。⓬若父則遊目 如果是向父親進言，則注視目光可以移動。因子對父以孝心為主，敬心次之，目光移動以遍觀父周身，以察知其安否。⓭君子欠伸 君子打哈欠伸懶腰。君子，卿大夫及國中賢者。欠伸，志倦則欠，體倦則伸。欠指精神困倦，打哈欠；伸指身體疲乏伸懶腰。⑭以食具告　告從者備辦饌食。具，備辦。⑮改居　改變坐姿。以上皆為主人倦怠厭客表現，故應請退。⑯問夜　詢問夜裏什麼時辰了。⑰膳葷　饌食的葷辛之物。葷辛之物主要指蔥薑蒜之類。⑱君祭先飯　君祭所食，臣先食之，如同為君嘗飯。古人在飲食前，於每種各取少許，放於食器間，以祭祀先代始為飲食之人，明不忘本，君祭即指此類食前之祭。據《周禮》，王食前有膳夫先品嘗後乃食，此無膳夫在場，陪侍之臣代膳夫為君嘗飯。⑲徧嘗膳　遍嘗進獻各種美味食品。膳，庶羞；眾多美味食品。⑳飲而俟　飲酒等候君命，君命之食而後食。㉑將食者　掌管為君進食之官，即膳宰。有膳宰為君授祭嘗食，侍食之臣不嘗食，君食則隨而食之。㉒隱辟而后屨　退至隱避處穿上鞋子。㉓不敢顧辭　不敢回頭對君辭謝。君降階相送，禮太重，己不敢承當，故不敢回頭辭謝。㉔大夫則辭退下　大夫則辭謝君下堂相送。大夫位尊，可與君為禮，故君送而辭也。㉕先生異爵者　辭官居家者和卿大夫。㉖某無以見　己無才德可使彼屈尊來見。㉗先見之　出門先拜見來訪之尊者。㉘不稱寡　不是奉君命出使他國之大夫不稱寡大夫，只稱其姓名。㉙大夫士則曰寡君之老　奉君命出使他國之上大夫則稱寡君之老。大夫士，大夫卿士。亦即卿或上大夫。此句斷句與解釋頗多分歧，或原文有脫漏。參照《禮記·玉藻》文義及諸注，作如上解。㉚執幣者　持聘享禮物見君之人。幣，聘享禮物。主要包括玉石、束帛、束錦、皮馬、禽摯之類。此處將持玉者單列，幣與玉對舉，則指玉下諸物。㉛舒武　腳步舒緩，不敢疾行。武，足跡；腳步。㉜舉前曳踵　抬起前腳掌，拖著腳跟行走。踵，足後跟。㉝宅者在邦　去官而居於國中者。邦，邦國。指都城，即王城和封國城內及近郊之地。㉞在野　居住在郊野者。野，郊野。都城百里之內稱郊，郊外稱野。㉟刺草之臣　剷除雜草以事耕作之臣。

【語譯】凡是私下朝見國君，一定要在君朝向正南面時拜見。如果不能得，就要在君朝向正東、正西時拜見，不可擬度君朝向方位，斜向對君拜見。君在堂上，升堂見君所登臺階不是固定的，要視君在堂上位置，近東則登東階，近西則登西階。

凡向國君進言，不是回答國君之問，要待其安坐而後發言。與君談話，要談君如何用臣之道；與卿大夫談話，要談如何事君之道；與老年人談話，要談如何作出榜樣使弟子效法；與青少年談話，要談如何孝順恭敬父兄；與眾人談話，要談論忠信、慈祥之德；與居官之人談話，要談論忠信之道。凡是與地位高貴者談話，開始要注意觀察對方臉色是否可進言，講完目光下移至胸下，然後再注視其臉色，始終保持儀態端正不變。在座諸人儀態亦應如此。如果是對父親進言，則注視目光可以移動，但上不可超過面部，下不可超過腰帶。如果不講話，站立則視對方之足，坐著則視對方膝蓋。

凡是侍坐於君子之側，見君子打哈欠伸懶腰，詢問時間早晚，告從者備辦饌食，不時變換坐姿，則請求告退可也。夜間陪君子坐，如果君子詢問時間早晚和饌食有無葷辛之物，此時請求告退可也。

如果君賜臣饌食，在君祭所食時臣先嘗飯，並遍嘗進獻之各種美味食品，然後飲酒等候君命。君命臣進食，而後開始正式進食。如果有進食之官侍於君側，則等君開始進食，臣下即可進食。如果君賜臣酒，臣就要走下坐席，對君再拜，叩頭至地，接過酒爵，升上坐席，以酒為祭，把爵中酒喝乾等候。待君把爵中酒喝乾，然後把空爵交給侍者。告退時，跪坐取鞋，至隱避處穿上鞋子。君為臣起立，臣就要說：「君不要為此起立，臣不敢辭。」君如果下堂相送，則不敢回頭辭謝，直接出門而去。如果是大夫，則可以辭謝君下堂相送，由堂上至門前，辭謝三次。

如果是辭官居家者和卿大夫請見士，就應該辭謝。辭謝不獲允許，就要說：「我無才德可使先生屈尊來見，辭謝不得您允許，我將很快出門拜見先生。」出門先拜見來訪的尊者。

大夫不是奉君命出使他國，則不稱寡大夫，上大夫奉君命出使他國，則稱寡君之老。凡持幣見君之人，不快步疾行，儀態更加恭敬誠篤，要以此為容儀。持玉見君之人，就要腳步舒緩，抬起前腳掌拖著後腳跟徐行。凡自稱於君前，士大夫則稱下臣。去官而居於國中者，則稱市井之臣。住在都城百里外郊野者，則稱草茅之臣。庶人平民則稱刺草之臣。其他邦國之人，則稱外臣。

【說　明】關於見面禮。古人講究「無禮不相見」，在人際交往中要依據身分地位和不同使命，攜帶不同見面禮物，不可徒手往見，這些禮物統稱為贄，贄之應用是極為普遍的。冠禮後見君、見鄉大夫鄉先生，昏禮的六禮，士相見禮及聘禮、覲禮等，都要用贄。贄的種類繁多，主要可歸為玉帛禽三類。身分品級不同，使命不同，所執禮物亦不同，對此各種典籍所載略有出入，但大致相近，即天子諸侯執玉，次一等執帛，再次執禽，婦女則以棗栗腶脩為贄。但使命不同，用贄亦不同，如昏禮除納徵外，其他五禮皆以鴈為贄。同為用禽，也有高下之別，「卿羔，大夫鴈，士雉，庶人執鶩，工商執雞」（《周禮・大宗伯》）。古人為什麼要以玉帛禽為贄？《禮記・聘義》說：「昔者君子比德於玉焉。溫潤而澤，仁也；縝密以栗，知也；廉而不劌，義也。」董仲舒《春秋繁露・執贄》說，羔取其「執之不鳴，殺之不啼，類死義者」；「食於其母，必跪而受之，類知禮者」。鴈取其「俶然有行列之治」。《白虎通・瑞贄》以為，士執雉，取其「必死不可生畜」；婦人以棗栗腶脩為贄，因其「職在供養饋食之間」。這些都屬後人以其所處時代的倫理觀和價值觀所作的解釋，沒有對此種文化現象作歷史的考察與探究，是不完備的，不科學的。從冠禮、昏禮、鄉飲酒禮等的起源可以看出，每種禮的形成都有漫長的歷史，都可追溯到古老的先民時代，此種贄禮亦如此。在氏族社會，先民以石製工具為利器，用以狩獵和耕作，並有互贈獵物的習俗。後來青銅器和鐵器出現，石器工具的實用價值逐漸被取代，而轉換為加工精美的工藝品和禮器為人們所看重。據專家研究，西周、春秋時期常見的玉器，如璧起源於環狀石斧，圭起源於有孔石斧，璋起源於有孔石刀，它們被選定為最高貴的禮品，有其更深的歷史根源。至於所執之禽，則是由男人的獵物轉化而來，婦女所執的乾果類，則是由採集而來。把這些東西互相饋贈，是先民的古老習俗，這些習俗的演變和完善，即成為後世的贄禮。此種禮儀的實踐，對明確上下尊卑、維繫宗法等級制度有重要作用，故為儒家學者吸取並加以完善，而成為普遍通行的贄見禮。

鄉飲酒禮第四

【題　解】鄉飲酒禮是記述周代在鄉校舉行酒會的禮儀。「鄉」字在甲骨文和金文中作卿，中間的皀象盛食物之具，左右之卯象圍坐周圍共食之人，其本義為鄉人共食，也包含地域之義，因共食者為同一地域之人。不過此「鄉」所包括的範圍要比後世之「鄉」大得多，而與邦國之義相近，因為同一部族人共住一鄉，亦即是一個邦國。所以，由古代氏族聚落共食議事習俗衍化出來的鄉飲酒禮，不僅適用鄉人，而且適用於諸侯卿大夫。此禮開始比較簡單，以後不斷增加新內容，至周代始完備起來，成為本篇所述之繁瑣禮儀。主要內容包括：一、謀賓戒賓速賓迎賓禮儀；二、獻賓禮儀；三、作樂；四、旅酬；五、無算爵無算樂；六、送賓及其他禮儀，共六項，並加〔記〕。實踐此禮的意義在於序長幼、別貴賤，確立孝弟、尊賢、敬長、養老的倫理道德規範和宗法等級秩序，以達到「正身立國」的目標。孔子歸納此禮有分別「貴賤之義」，表達「隆殺之義」，使人「和樂而不流」、「弟長而不遺」、「安燕而不亂」的作用。他說：「吾觀於鄉（指鄉飲酒禮）而知王道之易易（極其容易做到之事）也。」（《禮記‧鄉飲酒義》）對此禮之社會功能給予很高讚譽。此禮秦漢以後長期為士大夫所沿用，構成古禮的重要組成部分。

鄉飲酒之禮：主人就先生而謀賓、介❶。主人戒賓❷，賓拜辱❸，主人荅拜，乃請賓❹。賓禮辭，許。主人再拜，賓荅拜。主人退，賓拜辱。介亦如之。

乃席賓、主人、介❺。眾賓之席，皆不屬❻焉。尊兩壺于房戶間❼，斯禁❽，有玄酒，在西。設篚于禁南，東肆❾，加二勺于兩壺。設洗于阼階東南，南北以堂深❿，東西當東榮⓫。水在洗東，篚在洗西，南肆。

羹定⓬，主人速賓⓭，賓拜辱，主人荅拜。還⓮，賓拜辱。介亦如之。賓及眾賓皆從之⓯。主人一相⓰迎于門外，再拜賓，賓荅拜；拜介，介荅拜。揖眾賓。主人揖，先入。賓厭介⓱，入門左；介厭眾賓，入；眾賓皆入門左，北上。主人與賓三揖至于階。三讓，主人升，賓升。主人阼階上當楣⓲，北面，再拜。賓西階上當楣，北面，荅拜。

【章　旨】本章記述謀賓、戒賓、速賓、迎賓的禮儀。即講述主人與鄉先生商定酒會的主賓、介人選，並親自通知；酒席陳設；主人召請主賓、介；主人迎接主賓、介、眾賓。為酒會之序幕。

【注　釋】❶主人就先生而謀賓介　主人到鄉先生處商定賓、介人選。主人，諸侯的鄉大夫，此次酒會的舉辦人。先生，鄉先生，年老致仕而任教於鄉學的德高望重之人。賓，將要薦舉給國君的德才兼備之賢者，酒會的主賓。介，輔助主賓行禮者，亦鄉中賢者，下次酒會主賓的後備人選。❷戒賓　通知賓。戒，告。指主人親至賓家告知請其出席酒會。❸拜辱　拜謝主人屈尊光臨。辱，辱臨。對貴客光臨的敬稱。下面主人離去，賓送主人亦稱「賓拜辱」，彼「拜辱」為拜送之意。❹請賓　主人致辭邀請賓赴會。❺席賓主人介　鋪設主賓、主人、介之席位。席，坐席。此作動詞，布席。古人席地而坐，按坐次為每人布席。據《禮記·鄉飲酒義》，主賓座位在堂上西北側，面向南；介的座位在西南側，面向東；主人座位在東南側，面向西。❻不屬　不相連接。言眾賓皆獨坐，坐席不相連接，以示有所分別。❼尊兩壺于房戶間　在堂上後側房與室門間設置兩只酒壺。❽斯禁古代承放酒尊之器，又稱棜。為一長四尺，寬二尺四寸，深五寸的方形木盤，下有二橫楨，無足，為大夫所用。另有一種與其相似者，下有三足，稱禁，為士所用。❾東肆　篚之頭朝向東陳放。肆，陳放。❿南北以堂深洗設在堂下東階東南，其去堂之南北距離與堂之縱深長度相同。堂深，堂之南端至北牆距離。⓫東西當東榮洗之東西位置對著東屋飛檐之下。榮，屋檐兩端上翹部分，俗稱飛檐。⓬羹定　肉已煮熟。羹本指肉湯，因肉與湯在一起，故統稱羹。⓭主人速賓　主人親至賓家邀請賓赴會。速，請。⓮還　退；返回。⓯賓及眾賓皆從之　主賓、介、眾賓皆隨同而至。從，隨。⓰相　協助主人相禮者。是從主人屬吏中選拔出來的。⓱賓厭介主賓向介行拱手禮。厭，一種與揖相似的拱手禮。推手稱揖，引手稱厭，二者小有別，今皆作揖。⓲楣　堂屋頂橫梁前第一根橫梁稱楣。

【語　譯】鄉飲酒禮的禮儀：主人至鄉先生處商定出席酒會之賓、介人選。然後主人去通告賓，賓拜謝主人屈駕光臨。主人答拜，接著致辭請賓赴會。賓辭讓一番便接受了。主人對賓再拜，賓答拜。主人離去，賓拜送。主人請介之禮儀亦與此同。

接著就為賓、主人、介布設坐席。眾賓的席位互相獨立不相連接。在堂上後側房與室門間設兩只酒壺，都放在斯禁上面。兩壺中有一只盛玄酒，放在西側。酒壺南面放一圓形竹筐，筐頭朝向東，在兩只酒壺上各放一酒勺。在東階下東南角放置一洗，其距堂之距離與堂深相同，洗之東西位置對著東房飛檐下面。水放在洗之東面，圓竹筐放在洗的西面，朝向南。

肉煮熟了，主人親自去召請賓，賓拜謝主人屈尊光臨，主人答拜，返回，賓拜送。召請介之禮儀亦與此同。賓及眾賓皆隨主人後到達。主人與一相禮者在門外迎接，對主賓行再拜禮，主賓答拜；對介行拜禮，介答拜；對眾賓行拱手禮。主人揖請眾位來賓，先入門。主賓對介一揖，入門，立於西側。介向眾賓行拱手禮，入門；眾賓都入門，立於西側，以北面為上首。主人和賓三次相揖，到達堂下階前。主人與賓相互謙讓三番，主人登階，賓也登階。主人登東階至堂之二梁下，面向北再拜。賓登西階至堂之二梁下，面向北答拜。

主人坐，取爵于篚，降洗❶。賓降❷。主人坐，奠爵于階前，辭❸。賓對❹。主人坐，取爵，興，適洗，南面坐，奠爵于篚下，盥洗❺。賓進，東北面辭洗❻。主人坐，奠爵于篚，興對。賓復位，當西序❼，東面。主人坐，取爵，沃洗者❽西北面。卒洗，主人壹揖壹讓升，賓拜洗。

主人坐，奠爵，遂拜。降盥⑨。賓降，主人辭；賓對，復位，當西序。卒盥，揖讓升。賓西階上疑立⑩。主人坐，取爵，實之賓之席前，西北面獻賓。賓西階上拜，主人少退。賓進受爵，以復位。主人阼階上，拜送爵，賓少退，薦脯醢⑪。賓升席自西方，乃設折俎⑫。主人阼階東疑立。賓坐，左執爵，祭脯醢，奠爵于薦西，興，右手取肺⑬，卻左手執本⑭，坐，弗繚⑮，右絕末以祭⑯。尚左手，嚌之⑰，興，加于俎。坐挩手⑱，遂祭酒。興，席末坐，啐酒⑲。降席，坐，奠爵，拜，告旨⑳，執爵興。主人阼階上荅拜。賓西階上北面坐，卒爵㉑，興。坐，奠爵，遂拜，執爵興。主人阼階上荅拜。

賓降洗，主人降。賓坐，奠爵，興，辭㉒，主人對。賓坐，取爵，適洗南，北面。主人阼階東，南面，辭洗。賓坐，奠爵于篚，興對。主人復阼階東，西面。賓東北面盥，坐，取爵，卒洗，揖讓如初，升。主人拜洗，賓荅拜，興，降盥，如主人禮。賓實爵主人之席前，東南面，酢主人㉓。主人阼階上拜，賓少退。主人進受爵，復位，賓西階上拜送爵。薦脯醢。主人升席自北方，設折俎，祭如賓禮，不告旨。自席前適阼階上，北面坐，卒爵，興。坐，奠爵，遂拜，執爵興。賓西階上荅拜。主人坐，奠爵于序端，阼階上北面再拜，崇酒㉔。賓西階上荅拜。

主人坐取觶㉕于篚，降洗。賓降，主人辭降。賓不辭洗㉖，立當西序，東面。卒洗，揖讓升。賓西階上疑立。主人實觶酬賓，阼階上北面坐，奠觶，遂拜，執觶興。賓西階上荅拜。坐祭，遂飲，卒觶，興。坐，奠觶，遂拜，執觶興。賓西階上荅拜。主人降洗，賓降辭，如獻禮。升，不拜洗。賓西階上立，主人實觶賓之席前，北面，賓西階上拜；主人少退，卒拜，進坐，奠觶于薦西；賓辭，坐取觶，復位。主人阼階上拜送。賓北面坐，奠觶于薦東，復位。

主人揖，降。賓降，立于階西，當序，東面。主人以介揖讓升，拜如賓禮。主人坐，取爵于東序端，降洗。介降，主人辭降，介辭洗，如賓禮。升，不拜洗。介西階上立，主人實爵介之席前，西南面獻介。介西階上北面拜，主人少退；介進，北面受爵，復位。主人介右北面拜送爵，介少退。主人立于西階東，薦脯醢。介升席自北方，設折俎，祭如賓禮，不嚌肺，不啐酒，不告旨。自南方降席，北面坐，卒爵，興，坐，奠爵，遂拜，執爵興。主人介右荅拜。

介降洗，主人復阼階，降辭如初。卒洗，主人盥。介揖讓升，授主人爵于兩楹之間。介西階上立，主人實爵，酢于西階上介右，坐，奠爵，遂拜，執爵興。介荅拜。主人坐祭，遂飲，卒爵，興；坐，奠爵，遂拜，執爵興。介荅拜。主人坐，奠爵于西楹南，介右再拜崇酒，介荅拜。

主人復阼階，揖降。介降，立于賓南。主人西南面，三拜眾賓[27]，眾賓皆荅壹拜[28]。主人揖升，坐，取爵于西楹下；降洗，升，實爵，于西階上獻眾賓。眾賓之長[29]升拜受者三人，主人拜送。坐祭，立飲，不拜既爵[30]。授主人爵，降復位。眾賓獻，則不拜受爵。坐祭，立飲。每一人獻，則薦諸其席㉛。眾賓辯有脯醢㉜。主人以爵降，奠于篚。

【章　旨】本章講述獻賓之禮。包括主人與主賓間獻、酢、酬禮（即主人持杯到主賓席前獻酒，稱獻；主賓持杯至主人席前回敬，稱酢；主人把觶注酒先自飲，再勸主賓隨飲，稱酬。獻酢酬合起來為一獻之禮，是完備之禮），主人與介之間的獻、酢之禮，主人獻眾賓之禮。酒會上對主賓、介、眾賓之禮由繁至簡，由隆而殺，表達尊卑高下之別。

【注　釋】❶降洗　降階下堂前往清洗酒杯。主人在堂上，洗與水皆在堂下，主人將為賓獻酒，故下堂洗杯，以表潔誠。❷賓降　主賓亦陪同下堂。主人為賓降洗，賓不敢獨自安坐堂上，故亦陪同下堂。❸辭　辭謝主賓陪同下堂。❹賓對　主賓致辭答謝。❺盥洗　先用水把手沖洗乾淨，再清洗酒爵。❻辭洗　辭謝主人為己清洗酒杯。❼西序　堂之西牆。序為間隔正堂與東西夾室東西堂之間牆。東為東序，西為西序。❽沃洗者　為主人洗手洗杯澆水之吏。❾降盥　降階下堂沖水洗手。主人拜賓時以手據地，手被沾汙，故再次沖洗，保持潔淨。❿疑立　正立自定的樣子。疑，通「凝」。⓫薦脯醢　進獻乾肉、肉醬等佐酒食品。由贊禮者代表主人向主賓進獻，非主人進獻。⓬折俎　將牲體肢解開，連骨帶肉一併放入俎上，陳於席前，供賓主享用。俎，祭祀、宴會時陳放牲體的器物，木製漆飾。⓭肺　古人以肺屬五行之金，祭祀以肺為先，重於他肉。⓮卻左手執本　左手掌朝上執定肺的根部。卻，仰，手掌朝上。本，肺的根部厚大處。⓯弗繚　不行繚祭。繚為古時九祭之一。繚祭有二個動作，一是從肺根撫循至肺尖，二是切斷肺尖祭祀。古時大夫以上行繚祭，士則不行此祭。⓰右絕末以祭　右手切下肺尖，用以祭祀。絕，九祭之一。其與繚的差別是沒有撫循動作，直接切下肺尖祭祀。古時士行此祭。⓱嚌之　品嘗肺。⓲捝手　以巾拭手。捝，擦拭。⓳啐酒　品嘗酒。啐，飲；嘗。祭畢飲此福酒，以成主人之禮。⑳告旨　稱讚酒味甘美。旨，味美。㉑卒爵　把爵中酒喝乾。㉒辭　主賓辭謝主人降階相陪。㉓酢主人　主賓酌酒回敬主人。賓以酒回敬主人稱酢。㉔崇酒　看重己酒。崇，重。主人辭謝賓崇重己酒，不嫌其淡薄而飲盡。㉕觶　飲酒器。圓腹，口寬大，圈足，可容三升，為尊者所用。㉖賓不辭洗　主人洗觶，賓不辭謝。因主人用觶自飲。㉗三拜眾賓　主人統拜眾賓。眾賓人數多，地位也相對較低，禮亦從簡，不使升堂一一專拜，只選三位代表升堂受拜，餘者由主人統拜，禮儀較賓、介簡略。㉘壹拜　回拜一次。主人統拜眾賓，眾賓回拜一次而已。㉙眾賓之長　眾賓中選出的長者。㉚不拜既爵　主人不拜謝眾賓，把爵中酒喝乾。禮儀從簡。既爵，把爵中酒喝盡。㉛每一人獻則薦諸其席　主人向三位代表之每一位獻酒時，侍者就把乾肉、肉醬等佐酒食品進獻到他的席前。㉜眾賓辯有脯醢　眾賓位前皆有乾肉、肉醬等佐酒食品。辯，通「遍」。眾賓在堂下立侍，無席。

【語　譯】主人坐下，從堂上圓竹筐中取出酒杯，走下東階清洗酒杯，主賓也從堂上走下西階相陪。主人坐下，把酒杯放在東階前面，辭謝主賓，主賓答謝。主人坐下，拿起酒杯，站起來，走到洗前，面向南坐下，把酒杯放到圓竹筐下，先用水把手沖洗乾淨，再洗淨酒杯。主賓由西向東進，面向東北辭謝主人為己清洗酒杯。主人坐下，放酒杯於圓竹筐內，站起來答謝主賓。主賓回到原來位置，站在對著堂上西間牆之處，面朝東。主人坐下拿起酒杯，為主人盥洗澆水的屬吏面向西北為主人澆水。洗手完畢，主人與主賓相互一揖一讓登階上堂。主賓拜謝主人為己清洗酒杯。主人坐下，放下酒杯，就對主賓行拜禮，再降階澆水洗手。主賓降階下堂相陪，主人辭謝。主賓答謝主人後，又回到原來的位置，站在對著堂上西間牆處。主人盥水洗手完畢，與主賓作揖謙讓而後登階升堂。主賓在西階上方凝神端正站立。主人坐下拿起酒杯，盛滿酒，到主賓席前，面向西北為主賓進酒。主賓在西階上方拜謝，主人稍稍退避，主賓進前接受酒杯，然後回到原位。主人在東階上方為送酒杯拜謝，主賓稍稍退避。主人屬吏向席前進獻乾肉、肉醬等佐酒食品。主賓由西面入席就坐，接著就擺放盛有肢解開牲體的俎。主人在東階東面凝神端正站立。主賓坐下，左手持酒杯，右手以乾肉、肉醬等佐酒食品祭祀。把酒杯放在食品西面，站起來，用右手取肺，左手手掌朝上牢牢地拿著肺的端部。坐下，不用繚祭，直接用右手切下肺尖以祭。左手在上，品嘗一點肺，站起來，把肺放入俎內。坐下來以巾拭手，接著以酒為祭。站起來，到席之末端入坐，品嘗酒味。走出坐席，坐下，放下酒杯，行拜禮，稱頌酒味甘美，手持酒杯起立。主人在東階上方答拜。主賓在西階上方面北入坐，把杯中酒喝乾，起立。再坐下，放下酒杯，再行拜禮，然後手持酒杯起立。主人在東階上答拜。

主賓降階下堂清洗酒杯，主人也降階相陪。主賓坐下放下酒杯，站起來向主人辭謝，主人答謝。主賓坐下拿起酒杯，走到洗的南面，面向北站立。主人在東階的東面，面向南，辭謝主賓為己清洗酒杯。主賓坐下，把酒杯放在圓竹筐中，站起來答謝。主人回到東階東面，面向西。主賓面向東北盥水洗手，坐下拿起酒杯，清洗完畢，與主人一揖一讓登階升堂，和主人獻賓禮儀一樣。主人拜謝賓為己清洗酒杯，主賓答拜，起立，下堂澆水洗手，與主人獻賓禮儀相同。主賓將杯盛滿酒，走到主人席前，面向東南為主人獻酒回敬。主人在東階上方拜謝，主賓稍稍退避。主人進前接過酒杯，回到原位。主賓在西階上方拜送酒杯。屬吏們把乾肉、肉醬等佐酒食品進獻到席前。主人從北面入席，接著就擺放盛有肢解開牲體的俎，祭祀禮儀與獻賓禮同，只是不讚頌酒味甘美。主人從席前走到東階上方，面向北坐下，把杯中酒喝乾，起立。再坐下，放下酒杯，接著行拜禮，再持杯站起。主賓在西階上方答拜。主人坐下，把酒杯放在堂上東間牆端，在東階上方面朝北再拜，感謝主賓崇重己酒，主賓在西階上方答拜。

主人坐下，從圓竹筐中拿出酒觶，下堂清洗。主賓亦下堂相陪，主人辭謝主賓之下堂。主賓不辭謝主人洗酒觶，在階下對著堂上西間牆處站立，面朝東。主人清洗完酒觶，與主賓相互一揖一讓升堂。主賓在西階上方凝神端正站立。主人把觶中盛滿酒以酬謝主賓，在東階上方面朝北坐下，放下酒觶，向主賓行拜禮，再拿起酒觶站起來。主賓在西階上方答拜。主人坐下，用酒祭祀，接著飲酒，把觶中酒喝乾，起立。再坐下，放下觶，向主賓行拜禮，然後持觶起立。主賓在西階上方答拜。主人下堂洗觶，主賓下堂辭謝，其禮儀與獻禮同。登階升堂，不拜謝主人洗觶。主賓在西階上方站立。主人把觶盛滿酒，到主賓席前，面向北站立。主賓在西階上方拜謝。主人稍稍退避。拜謝完畢，進入坐席，把酒觶放在佐酒食品西面。主賓辭謝，坐下拿起酒觶，回到原來位置。主人在東階上方拜送。主賓面朝北坐下，放酒觶於佐酒食品東面，再回到原位。

主人拱手揖賓，走下東階。主賓亦下堂，立於西階西側對著堂上西間牆處，面向東。主人與介相互揖讓升堂，互行拜禮如獻賓禮儀。主人坐下，從堂上東間牆端處拿起酒杯，下堂清洗酒杯。介下堂相陪，主人辭謝介下堂，介辭謝主人為己清洗酒杯，如獻賓之禮同。登階升堂，介不拜謝主人清洗酒杯。介在西階上方站立。主人把杯盛滿酒，到介之席前，面向西南進獻給介。介在西階上方面朝北拜謝，主人稍稍退避。介走進前，面向北接受酒杯，然後回到原位。主人在介之右側面向北拜送酒杯，介稍稍退避。主人站在西階東側。屬吏們進獻乾肉、肉醬等佐酒食品。介從北面入席，擺設盛有肢解開牲體之俎。祭祀如同賓禮，但不品嘗胏，不品嘗酒，也不稱讚酒味甘美。從南面下席，面朝北坐下，把杯中酒喝乾，起立。再坐下，放下酒杯，行拜禮，拿著酒杯起立。主人在介的右側答拜。

介降階洗酒杯。主人回到東階，降階辭謝，其禮儀如賓酢主人。介清洗完酒杯，主人澆水沖洗手。介與主人相互揖讓登階升堂，介在兩楹柱間把酒杯授給主人。介在西階上方站立。主人把杯盛滿酒，在西階上方介之右側向介敬酒，然後坐下，放下酒杯，向介拜謝，再拿著酒杯站起來。介答拜。主人坐下以酒為祭，接著飲酒，把杯中酒喝乾，起立。主人坐下，放下酒杯，接著行拜禮，拿著酒杯站起來。介答拜。主人坐下，放酒杯於堂上西楹柱南側，在介之右面再拜謝介崇重己酒，介答拜。

主人回到東階原位，拱手為揖下堂。介亦下堂，站在主賓南面。主人面向西南，統拜眾賓，眾賓皆回答主人一拜。主人向眾賓拱手為揖，登階升堂，坐下，在堂西楹柱下拿起酒杯。下堂洗酒杯，上堂，將杯中盛滿酒，在西階上方向眾賓進獻。眾賓中年長者三人上堂拜受，主人拜送。三人坐下行祭禮，站起來飲酒，不拜謝而把酒喝乾。把酒杯還給主人，降階下堂回到原位。主人給眾賓獻酒，眾賓不一一拜受，只是坐下行祭禮，站起來喝酒。主人對眾賓三位代表每位獻酒時，屬吏就把乾肉、肉醬等佐酒食品進獻至席前。眾賓的席位上都有乾肉、肉醬等佐酒食品。主人拿著酒杯下堂，把酒杯放在圓竹筐內。

揖讓升❶，賓厭介升，介厭眾賓升，眾賓序升❷，即席。一人洗，升，舉觶于賓❸。賓觶，西階上坐奠觶，遂拜，執觶興，賓席末荅拜；坐祭，遂飲，卒觶，興；坐奠觶，遂拜，執觶興，賓荅拜。降洗，升，實觶，立于西階上，賓拜；進坐，奠觶于薦西，賓辭，坐受以興。舉觶者西階上拜送，賓坐，奠觶于其所❹。舉觶者降。

設席于堂廉❺，東上。工❻四人，二瑟，瑟先❼。相者❽二人，皆左何瑟❾，後首❿，挎越⓫，內弦⓬，右手相⓭。樂正先升⓮，立于西階東。工入，升自西階，北面坐。相者東面坐，遂授瑟，乃降。工歌〈鹿鳴〉、〈四牡〉、〈皇皇者華〉⓯。卒歌，主人獻工。工左瑟，一人拜⓰，不興受爵，主人阼階上拜送爵。薦脯醢，使人相祭⓱。工飲，不拜既爵，授主人爵。眾工則不拜，受爵，祭飲。辯有脯醢，不祭。大師⓲則為之洗。賓、介降，主人辭降。工不辭洗。

笙入堂下磬南⓳，北面立，樂〈南陔〉、〈白華〉、〈華黍〉⓴。主人獻之于西階上。一人拜㉑，盡階不升堂㉒，受爵，主人拜送爵。階前坐祭，立飲，不拜既爵。升，授主人爵。眾笙則不拜，受爵，坐祭，立飲。辯有脯醢，不祭。

乃閒歌〈魚麗〉㉓，笙〈由庚〉㉔；歌〈南有嘉魚〉㉕，笙〈崇丘〉㉖；歌〈南山有臺〉㉗，笙〈由儀〉㉘。

乃合樂㉙：〈周南·關雎〉、〈葛覃〉、〈卷耳〉㉚，〈召南·鵲巢〉、〈采蘩〉、〈采蘋〉㉛。工告于樂正曰：「正歌備㉜。」樂正告于賓，乃降。

【章旨】本章記述送賓時奏樂唱歌的禮儀，其程序分升歌、笙入、閒歌、合樂四段，各有不同音樂和唱詩，唱歌歌詞皆選自《詩經》。

【注釋】❶揖讓升　主人與主賓相互揖讓，主人先升堂。❷眾賓序升　眾賓中的三位代表依次序升堂。眾賓，指其中選拔的三位代表，他們在堂上有席位，其餘眾賓在堂下。❸舉觶于賓　對賓舉觶，示意將敬酒。❹其所　在薦西。指乾肉、肉醬等佐酒食品西側。此前主人之吏放觶於薦西，今賓受觶後仍放薦西原處。❺堂廉　堂之側邊。❻工　奏樂唱詩的樂人。❼瑟先　二鼓瑟者在前。四樂人中二人鼓瑟，二人唱詩。四人進入時，鼓瑟者在先。❽相者　攙扶樂人者。樂人為盲者，故需人攙扶。攙扶者由眾賓中之年少者擔當。❾左何瑟　攙扶鼓瑟者左手持瑟。何，今作「荷」。瑟，古撥弦樂器，春秋時已流行，形似琴，有二十五弦，以五聲音階定弦，長五尺五寸，古時常與琴、笙合奏。❿後首　瑟首在後。⓫挎越　以手指伸入瑟下之孔以持之。挎，持，以手指鉤持。越，瑟下孔，用作輔助發聲。⓬內弦　使瑟弦向內，靠近持者身體。⓭右手相　用右手攙扶鼓瑟的樂師。⓮樂正先升　樂正先登堂。樂正，樂官名。《周禮》有大司樂，即大樂正，為樂官之長；有樂師，為小樂正，為樂官之副，二者皆稱樂正。《禮記．王制》：「樂正崇四術，立四教，順先王《詩》、《書》、《禮》、《樂》以造士。」為主管教化之官。⓯工歌鹿鳴四牡皇皇者華　樂人唱〈鹿鳴〉、〈四牡〉、〈皇皇者華〉。鹿鳴，《詩經．小雅》篇名。記述君與臣下及四方嘉賓共宴，講道修政的樂歌。此采其以旨酒召嘉賓，求其善道之意。四牡，亦〈小雅〉篇名。君慰勞使臣勤勞王事的樂歌。此采其勤苦王事又懷念父母，能忠孝兼至。皇皇者華，〈小雅〉篇名。君遣使臣訪求賢達、諮詢善道的樂歌。取其自身勞苦，猶以為不及，欲咨於賢者以自明。⓰一人拜　樂工之長一人向主人行拜禮。⓱使人相祭　相者助樂人祭酒祭脯醢。使人，相者；攙扶樂人者。相，助。樂人目盲，故需人助祭。⓲大師　樂工之長。天子、諸侯設大師為常官。君賜與大夫之樂工亦稱大師。⓳笙入堂下磬南　吹笙者進入堂下，站在擊磬者南側。⓴樂南陔白華華黍　吹奏〈南陔〉、〈白華〉、〈華黍〉樂歌。樂，有聲無辭，古有樂譜，後佚。或曰三詩原有辭，後亡佚。南陔、白華、華黍，皆〈小雅〉逸詩，僅有存目。據《詩序》：「〈南陔〉，孝子相戒以養也；〈白華〉，孝子之絜白也；〈華黍〉，時和歲豐，宜黍稷也。有其義而亡其辭。」又，〈白華〉為〈小雅〉篇名，《詩序》以為周人刺幽王得褒姒、黜申后、以妾為妻而作。或與此〈白華〉同名異辭。㉑一人拜　吹笙中之長者一人在地向主人行拜禮。吹笙者四人一組，三人吹奏，一人和，笙小者為和。㉒盡階不升堂　登階至盡頭而不上堂。當是在最上一級臺階接受酒爵。㉓閒歌魚麗　一歌一吹交替進行，先歌〈魚麗〉。魚麗，〈小雅〉篇名。為宴享賓客的樂歌。言年豐物盛酒美，以宴嘉賓。㉔笙由庚　以笙吹奏〈由庚〉之曲。由庚，〈小雅〉逸詩。《詩序》：「〈由庚〉，萬物得由其道也。」㉕南有嘉魚　〈小雅〉篇名。亦為宴享賓客的樂歌。言君子有酒，樂與賢者共之；采其能禮下賢者，賢者來歸之義。㉖崇丘　〈小雅〉逸篇。《詩序》言：「〈崇丘〉，萬物得極其高大也。」㉗南山有臺　〈小雅〉篇名。言太平之治，以賢者為本。采其愛友賢者，為邦家之基，祝願賢者高壽賢德之義。㉘由儀　〈小雅〉逸篇。《詩序》言：「〈由儀〉，萬物之生各得其宜也。」㉙合樂　堂上鼓瑟歌唱，堂下吹笙，合起來演奏。㉚周南關雎葛覃卷耳　周南，《詩經》十五國風之一，包括十一首詩，〈關雎〉、〈葛覃〉、〈卷耳〉皆在其中。大致為西周、春秋時洛陽以南直至江漢一帶之民歌和宮廷樂歌。《詩序》言：「〈關雎〉，后妃之德也；〈葛覃〉，后妃之本也；〈卷耳〉，后妃之志也。」奏唱此詩，宣揚王道教化。㉛召南鵲巢采蘩采蘋　召南，《詩經》十五國風之一，包括十四首詩，〈鵲巢〉等三首皆在其中。召為地名，在陝西省岐山之南，周初為召公奭的采邑。〈召南〉即指在這一帶民間所采樂調歌謠。《詩序》言：「〈鵲巢〉，夫人之德也；〈采蘩〉，夫人不失職也；〈采蘋〉，大夫妻能循法度也。」皆言諸侯夫人、大夫妻之事，亦施用於教化。㉜正歌備　酒會中獻酬正用之樂歌已演唱完畢。正歌皆有限定，如升歌、笙入、閒歌、合樂皆三奏而終。與無樂之不加限定，盡歡而止不同。

【語　譯】主人與主賓相互揖讓，主人先升堂，主賓揖請介然後升堂，介揖請眾賓中三位代表然後升堂，三位代表依次序升堂，入席就坐。主人之一位贊禮者清洗酒觶，升堂，對賓舉觶示意將敬酒。然後把觶中舀滿酒，在西階上方就坐，放下酒觶，接著就對賓行拜禮，而後持觶起立，賓在席之末端答拜；贊禮者坐下，以酒祭，然後飲酒，把觶中酒喝乾後起立；再坐下，放下酒觶，就對賓行拜禮，持酒觶起立，賓答拜。贊禮者下堂洗觶，上堂，把觶中舀滿酒，站在西階上方，賓向他行拜禮；贊禮者行進至賓席前，把酒觶放在脯醢等佐酒食品西側，賓致辭感謝，坐著接受酒觶，然後起立。贊禮者在西階上方拜送觶，賓坐下，把酒觶放回原來位置。贊禮者下堂。

在中堂側邊布設筵席，以東方為上位。樂工四人，二名鼓瑟二名唱詩，進入時鼓瑟者在前面。攙扶鼓瑟樂工之相者二名，皆左手持瑟，瑟首朝向後面，以手指伸向瑟下之孔以持之，使瑟弦朝向持者，用右手攙扶樂工。樂正先升堂，站立在西階東側。樂工進入，由西階升堂，面向北就坐。相者面向東坐下，接著就把瑟交給樂工，然後下堂。樂工歌〈鹿鳴〉、〈四牡〉、〈皇皇者華〉三詩。歌唱完畢，主人向樂工獻酒。樂工把瑟放在左側，其中為首一人代表大家向主人行拜禮，不起立，接受酒爵，主人在東階上方拜送爵。侍者進獻乾肉、肉醬等佐酒食品，相者助其祭酒祭脯醢。樂工飲酒，把爵中酒喝乾後不行拜禮，把酒爵返還給主人。其餘眾樂工則不向主人行拜禮，接受酒爵，祭祀後把酒喝完。眾樂工席前皆有脯醢，但不以脯醢為祭。其中如有國君所賜與的樂工，主人則為之洗酒爵。主賓與介下堂相陪，主人辭謝二人下堂，樂工不下堂辭謝主人為己洗酒爵。

吹笙的樂工進入堂下，站在擊磬者南面，面向北，吹奏〈南陔〉、〈白華〉、〈華黍〉。演奏完畢，主人在西階上方為他們獻酒。吹笙人之長者一名代表大家向主人行拜禮，然後登上最末一級臺階，不上堂，接受酒爵，主人拜送爵。吹笙人在階前坐下，以酒和脯醢為祭，站起來飲酒，把爵中酒喝乾後不行拜禮。登階，把酒爵交給主人。其他吹笙人則不向主人行拜禮，接受酒爵，坐下以酒為祭，站起來飲酒。笙人飲酒時皆進獻脯醢，但他們不用脯醢祭祀。

接著堂上堂下一歌一吹交替進行，堂上先鼓瑟演唱〈魚麗〉，堂下笙人吹奏〈由庚〉；再演唱〈南有嘉魚〉，吹奏〈崇丘〉；再演唱〈南山有臺〉，吹奏〈由儀〉。

接著堂上鼓瑟唱歌，堂下吹笙合起來演奏：演奏之詩有國風〈周南〉之〈關雎〉、〈葛覃〉、〈卷耳〉，〈召南〉之〈鵲巢〉、〈采蘩〉、〈采蘋〉。演奏完畢樂工向樂正報告說：「正歌已然齊備。」樂正以此告知主賓，然後就降階下堂。

主人降席自南方，側降❶，作相為司正❷。司正禮辭，許諾。主人拜，司正荅拜。主人升，復席。司正洗觶，升自西階，阼階上，北面，受命于主人。主人曰：「請安于賓❸。」司正告于賓，賓禮辭，許。司正告于主人，主人阼階上再拜，賓西階上荅拜。司正立于楹閒以相拜❹。皆揖，復席。

司正實觶，降自西階，階閒❺北面坐奠觶，退共少立❻。坐取觶，不祭，遂飲，卒觶興。坐奠觶，遂拜。執觶興，盥洗，北面坐，奠觶于其所，退立于觶南。

賓北面坐，取俎西之觶❼，阼階上，北面酬主人。主人降席，立于賓東。賓坐，奠觶，遂拜，執觶興，主人荅拜。不祭，立飲，不拜。卒觶，不洗。實觶，東南面授主人。主人阼階上拜，賓少退，主人受觶，賓拜送于主人之西。賓揖，復席。

主人西階上酬介。介降席自南方，立于主人之西，如賓酬主人之禮。

主人揖，復席。

司正升相旅❽，曰：「某子受酬❾。」受酬者降席。司正退立于序端❿，東面。受酬者自介右，眾受酬者受自左⓫，拜、興、飲，皆如賓酬主人之禮。辯⓬，卒受者以觶降⓭，坐，奠于篚。司正降，復位。

【章　旨】本章記述合樂後主人命司正安賓而行旅酬之禮，即賓主間按序相互敬酒，有主賓向主人敬酒，主人向介、介向眾賓敬酒和眾賓間相互敬酒。為飲酒禮的第三段。

【注　釋】❶側降　主人獨自降階，賓介不陪降。側，特；獨。❷作相為司正　使贊禮之相作監酒的司正。作，使。相，贊禮者。即前文與主人迎賓於門外之「一相」。司正，監督賓主的禮儀，不使失正。此處的職責主要在於監酒。❸請安于賓　請賓留下來。安，止。因賓欲離去，故司正代表主人請求賓留下來行旅酬。❹相拜　輔佐賓主行拜禮。❺階間　堂下東西階的中間，位當中庭。❻共少立　拱手站立片刻。共，拱手。❼俎西之觶　指作樂前一人舉觶奠於薦右之觶。賓為旅酬而取之。❽相旅　輔助介與眾賓行旅酬之禮。旅，旅酬。依序相酬，即介酬眾賓中之一人，此人再酬下一人，下一人再酬後者，依次序遍及眾賓。❾某子受酬　某某先生接受敬酒。某，受敬酒者之姓。如同姓則用伯仲分別，再同則以字別之。❿序端　堂上西間牆南端。⓫受自左　由介之西側接受敬酒。⓬辯　遍。敬酒遍及眾賓。⓭卒受者以觶降　最末一位接受敬酒者持觶下堂。

【語　譯】主人由南面走下坐席，獨自一人下堂，請贊禮之相作監酒的司正。司正辭讓一番而後允諾。主人對其行拜禮，司正答拜。主人登堂，回到原來席位。司正清洗酒觶，由西階上堂，在東階上方面向北站立，接受主人的命令。主人說：「請賓留下來。」司正將此意轉告賓，賓辭讓一番便同意了。司正將此告知主人，主人在東階上方行再拜禮，賓在西階上方答拜。司正站在堂前兩楹柱中間輔助賓主互行拜禮。賓主皆相揖，回到原來席位。

司正向觶中舀滿酒，由西階下堂，在堂下東西階中間面向北坐下，放下酒觶，退後拱手站立一會兒。坐下取酒觶，不以酒為祭，就飲酒，把觶中酒喝乾後起立。再坐下，放下酒觶，接著行拜禮。持酒觶起立，盥手洗酒觶，面向北坐下，把酒觶放回原來位置，退後站在酒觶南面。

主賓面向北坐下，拿起放在俎西側之觶，在東階上方，面向北為主人敬酒。主人走下坐席，站在主賓東側。主賓坐下，放下酒觶，就向主人行拜禮，持酒觶起立，主人答拜。主賓不以酒為祭，站著飲酒，不行拜禮。把觶中酒喝乾，不清洗酒觶。把觶中舀滿酒，面向東南把酒觶授與主人。主人在東階上方行拜禮，主賓稍稍退後，主人接受酒觶，主賓在主人西面拜送。主賓揖主人，回到原來席位。

主人在西階上方向介敬酒。介由南面走下坐席，站在主人的西側，如同主賓向主人敬酒的禮儀。主人揖介，回到原來席位。

司正上堂輔助介與眾賓行旅酬之禮，他說：「某某先生接受敬酒。」接受敬酒者走下坐席。司正退後，站在堂上西間牆南端，面向東。接受敬酒者從介的右側接過介之敬酒，以下眾賓在酬者左側接受敬酒，行拜禮、起立、飲酒，都如同主賓向主人敬酒的禮儀。敬酒遍及眾賓，最末一位接受敬酒者持觶下堂，坐下，把觶放入圓竹筐內。司正下堂，回到原來位置。

使二人舉觶于賓、介❶，洗升，實觶于西階上，皆坐奠觶，遂拜，執觶興，賓、介席末荅拜。皆坐祭，遂飲，卒觶興；坐奠觶，遂拜，執觶興，賓、介席末荅拜。逆降❷洗，升，實觶，皆立于西階上。賓、介皆拜。皆進，薦西奠之，賓辭，坐取觶以興。介則薦南奠之，介坐受以興。退，皆拜送，降。賓、介奠于其所。

司正升自西階，受命于主人。主人曰：「請坐于賓❸。」賓辭以俎❹。主人請撤俎，賓許。司正降階前，命弟子俟撤俎❺。司正升，立于席端❻。賓降席，北面。主人降席，阼階上北面。介降席，西階上北面。遵者❼降席，席東南面。賓取俎，還授司正❽；司正以降，賓從之。主人取俎，還授弟子，弟子以降，自西階；主人降自阼階。介取俎，還授弟子，弟子以降，介從之。若有諸公、大夫，則使人受俎❾，如賓禮。眾賓皆降。說屨❿，揖讓如初，升，坐，乃羞⓫。無筭爵⓬，無筭樂⓭。

賓出，奏〈陔〉⓮。主人送于門外，再拜。

【章　旨】本章記述安坐燕飲的禮儀，為飲酒禮的最後一項。先使二人舉觶向賓介示意，接著撤俎，賓主脫屨入席，安坐燕飲，飲酒奏樂無限定，盡歡而止。

【注　釋】❶二人舉觶于賓介　表示無算爵之開始。待撤俎後重新入席，安坐燕飲，賓介即用此二觶敬酒。二人，主人之吏。❷逆降　二人下堂先後次序與上堂相反。❸請坐于賓　請賓安坐。在此之前皆站立行禮，至此盛禮俱成，賓主百拜，皆已疲勞，故請賓安坐，將燕賓也。❹賓辭以俎　賓以俎在，辭不敢坐。俎，肴中之貴者，當俎而燕坐，為褻瀆之行。❺命弟子俟撤俎　命令弟子等候撤俎。弟子，眾賓中的年輕人。❻席端　「席」又作「序」，此沿用《十三經注疏》本。❼遵者　本鄉之人仕至大夫，應邀前來，為主人所效法之人。❽還授司正　旋轉身交給司正。還，旋轉。賓向席取俎，轉身授人。❾使人受俎　派公士接受俎。人，指公士，身分與司正相類。❿說屨　脫下鞋子。說，通「脫」。以上為立而行禮，下面將安坐燕飲，故脫屨。⓫乃羞　於是就進獻食品。羞，進獻。此指進獻佐酒食品，有切好的牲肉、肉醬等。⓬無筭爵　不計算飲酒爵數。賓主上下燕飲，爵行無數，至醉乃止。⓭無筭樂　奏樂唱歌無限定，盡歡而止。飲酒則奏樂，爵行無數，燕樂亦無數，不受正禮之樂有升歌、笙入、閒歌、合樂並皆三終的限制，可盡歡而止。⓮陔　〈陔夏〉，古樂章名。即九夏之〈祴夏〉。鄭玄注：「陔之言戒也。終日燕飲，酒罷，以陔為節，明無失禮也。」天子奏九夏有鐘鼓，大夫、士則無鐘有鼓。

【語　譯】主人命二屬吏舉觶於賓、介示意，然後清洗酒觶上堂，在西階上方把觶舀滿酒，二人都坐下，放下酒觶，就向賓、介行拜禮，拜後持酒觶站起，賓、介在席之末端答拜。二人皆坐下以酒祭，接著飲酒，把觶中酒喝乾後起立；再坐下，放下酒觶，接著行拜禮，持酒觶起立，賓、介在席末答拜。二人按上堂相反的先後次序下堂，清洗酒觶，上堂，把觶中舀滿酒後，都站在西階上方。賓、介皆行拜禮。二人皆向前行進，一人把酒觶放在佐酒食品西側，賓辭謝，坐下取酒觶，持觶起立。授給介的另一只酒觶放在佐酒食品南側，介坐下受觶，持之站起。二人退去，賓、介皆拜送，二人下堂。賓、介各自把酒觶放回原來位置。

司正由西階上堂，去接受主人命令。主人說：「請賓安坐。」賓以俎在而辭謝。主人請撤俎，賓同意。司正下堂至階前，命令弟子們等候撤俎。司正升堂，站在席端。主賓走下席位，面北而立。主人走下席位，在東階上方面北站立。介走下席位，在西階上方面北站立。遵者走下席位，在席東面南立。主賓取俎，旋轉身交給司正；司正持俎下堂，主賓跟隨他之後。主人取俎，轉過身交給弟子，弟子持俎由西階下堂；主人由東階下堂。介取俎，轉過身交給弟子，弟子持俎下堂，介隨其後。如果有諸公、大夫參加，就派公士去受俎，如主賓之禮儀。眾賓都下堂。

賓主脫掉鞋子，相互揖讓如初，升堂，入坐，於是就獻上食品。賓主安坐燕飲，爵行無數，燕樂無數，盡歡而止。

賓客退出時，演奏〈陔夏〉樂曲，主人送至大門外，行再拜禮。

賓若有遵者❶，諸公、大夫，則既一人舉觶，乃入❷。席于賓東，公三重❸，大夫再重。公如大夫入，主人降，賓、介降，眾賓皆降，復初位❹。主人迎，揖讓升。公升如賓禮，辭一席❺，使一人去之。大夫則如介禮，有諸公，則辭加席，委于席端❻，主人不徹；無諸公，則大夫辭加席，主人對，不去加席。

明日，賓服鄉服以拜賜❼，主人如賓服以拜辱❽。主人釋服，乃息司正❾。無介❿，不殺⓫，薦脯醢，羞唯所有⓬。徵唯所欲⓭，以告於先生、君子⓮可也。賓、介不與⓯。鄉樂唯欲⓰。

【章旨】本章記述諸公、大夫參與樂賓禮，以及賓主互相拜賜、拜辱，息司正禮儀。

【注釋】❶遵者　指諸公、大夫，地位高貴者。❷則既一人舉觶二句　就是在獻酢之禮已完，一人舉觶，表示旅酬開始時才可以進入，以免干擾主人正禮的進行。乃入，才可以入內。❸三重　三層席。❹復初位　回到堂下原來位置。即主人在東階下，主賓、介、眾賓在西階下。❺辭一席　公辭謝掉一層席，鋪二層席，自謙同於大夫。❻委于席端　把加席捲起放置筵席北端。委，捲而置之。席端，筵席北端。❼賓服鄉服以拜賜　主賓穿鄉飲酒禮之服去拜謝主人賜與恩惠。鄉服，鄉飲酒禮上所穿的朝服。不直稱朝服，因不是上朝見君。❽拜辱　拜謝主賓屈尊光臨。❾息司正　慰勞司正。息，休息。使司正休息並加犒勞之意。❿無介　慰勞司正之燕禮不用介，略之也。⓫不殺　不特意殺牲。用市買或家有之物作脯醢進獻。⓬羞唯所有　進獻食品只以現有為限。⓭徵唯所欲　召請客人亦只按主人意願決定。徵，召。⓮告於先生君子　對鄉中致仕大夫、盛德君子邀請或不請。告，請。⓯賓介不與　賓介皆不參加。因此禮較正禮為輕，不敢以輕瀆重，故不與。⓰鄉樂唯欲　演奏歌唱鄉樂唯其所欲，不加限定。鄉樂，《詩經》十五國風皆是。國風為大夫士之樂，〈小雅〉為諸侯之樂，〈大雅〉

和頌為天子之樂，此處為大夫士之燕樂，故用鄉樂，即國風之詩。

【語　譯】參加樂賓的來客中如有公卿大夫等高貴者，就要待行禮至一人舉觶時才可進入。把他們的坐席布設在主賓席東側，公卿之席三層，大夫之席二層。公卿與大夫一樣，入門時，主人下堂，主賓與介下堂，眾賓下堂，回到各自原來位置。主人迎接，揖讓升堂。公卿上堂與主賓上堂之禮儀同，辭謝去一層席，主人派一人撤去。大夫上堂如介之禮儀，如果有公卿同在，就辭謝所加之席，把所加席捲起來放置在筵席北端，主人不命人撤去；如果沒有公卿在場，大夫就辭謝加席，主人應答，而不撤去加席。

第二日，主賓穿鄉飲酒禮上所穿朝服去拜謝主人賜與的恩惠，主人也穿與賓同樣禮服拜謝其屈尊光臨。主人脫去禮服，就慰勞司正。慰勞司正之燕禮不用介，不特意殺牲，進獻脯醢，所用食品以現有為限。召請客人唯主人所願，對鄉中致仕大夫、盛德君子，請與不請皆可。主賓與介都不參加。酒會上演奏歌唱國風諸篇，唯其所欲，不加限定。

〔記〕

鄉朝服而謀賓、介❶，皆使能❷，不宿戒❸。

蒲筵❹，緇布純❺。尊綌冪❻，賓至徹之。其牲，狗也，亨于堂東北❼。

獻用爵，其他用觶。薦脯五挺❽，橫祭于其上❾，出自左房。俎由東壁❿，自西階升。賓俎，脊、脅、肩、肺。主人俎，脊、脅、臂[11]、肺。介俎，脊、脅、肫、胳[12]、肺。肺皆離，皆右體，進腠[13]。

以爵拜者不徒作[14]。坐卒爵者拜既爵，立卒爵者不拜既爵。凡奠者於左，將舉於右。眾賓之長，一人辭洗，如賓禮。立者東面北上，若有北面者，則東上。樂正與立者，皆薦以齒[15]。凡舉爵，三作而不徒爵[16]。樂作，大夫不入[17]。獻工與笙，取爵于上篚；既獻，奠于下篚。其笙，則獻諸西階上。磬，階間縮霤[18]，北面鼓之[19]。主人、介，凡升席自北方，降自南方。司正既舉觶而薦諸其位。凡旅[20]，不洗。不洗者不祭。既旅，士不入。撤俎：賓、介、遵者之俎，受者以降，遂出授從者；主人之俎，以東[21]。樂正命奏〈陔〉，賓出，至于階，〈陔〉作。若有諸公，則大夫於主人之北，西面。主人之贊者西面，北上，不與[22]，無筭爵，然後與。

【章　旨】本章為〔記〕，是正文的補充。主要是闡述鄉飲酒禮所用某些器物和牲羞的具體要求，以及禮樂儀節隆殺和面位情況的補充說明。

【注　釋】❶鄉朝服而謀賓介　鄉飲酒禮鄉大夫穿朝服去鄉先生處商議確定主賓和介的人選。鄉，鄉飲酒禮之簡稱。此句為本篇首句的略寫。❷皆使能　都任用賢能之人。❸宿戒　再次告知。主賓和介之人選確定後，由主人親至其家通知，賓介允諾，不會有變化，故不須再次告知。❹蒲筵　用蒲草編織的席子。❺緇布純　用黑布作鑲邊。純，邊飾。❻尊綌冪　酒尊上蓋有粗葛布苫巾。綌，粗葛布。冪，蓋巾。❼亨于堂東北　在堂的東北隅烹煮。亨，煮。堂東北，為灶所在，故以牲就煮。又說東北為八卦的艮方，是陽氣發生之所，陽氣主養，於此烹煮食品可養人。❽挺　猶臘，乾肉條。以肉為脯，乾則挺直，故數脯以挺計，挺長一尺二寸。❾橫祭于其上　有半條乾肉橫置上面供祭祀。即把五挺乾肉放在籩上進獻，另有半條乾肉放在上面，供食前祭祀用。❿俎由東壁　盛有牲體的俎由東牆邊移過來。因烹煮狗肉在堂東北，熟後在那裏盛俎陳放，用時由那裏移過來。⓫臂　此指動物前肢的下段。上段則稱肩。⓬肫胳　牲體後脛骨上下兩部分。⓭進腠　進獻時牲體肉皮朝上。腠，皮膚文理。⓮以爵拜者不徒作　因對方喝乾酒而行拜禮者，平空站起，起後要向對方回敬酒。徒，空；平白。作，站起來。⓯薦以齒　按年歲長幼為序進獻食品與敬酒。⓰三作而不徒爵　獻賓獻大夫獻樂工皆不是光飲酒，而有脯醢。⓱樂作大夫不入　歌樂已經開始，大夫就不可再進入。大夫要在一人舉觶之前到來，如唱歌奏樂已然開始，則來時已晚，不進入。⓲階間縮霤　磬在東西階間順屋檐縱向懸掛。屋檐以東西向為縱。縮，縱向。霤，屋檐。⓳鼓之　敲擊之。⓴旅　旅酬。㉑以東　存放在東牆下。㉒不與　不獻酒。

【語　譯】〔記〕鄉飲酒禮鄉大夫去鄉先生處商議確定主賓和介的人選，都任用賢能懂禮之人，不用再次告知。

布設蒲草編織的席子，用黑布作鑲邊。酒尊蓋上粗葛布苫巾，賓客到來時就撤掉。此禮之牲用狗，在堂之東北隅烹煮。獻酒時用爵，其他用觶。所進獻乾肉五條，上面另有半條橫放著，以備祭祀，是從東房中取出來的。盛有牲體之俎由東牆邊移過來，從西階送上堂。主賓俎上載有脊骨、脅骨、前肢上段、肺。主人俎上載有脊骨、脅骨、前肢下段、肺。介俎上載有脊骨、脅骨、後脛骨、肺。肺都要切好，牲體都用右半部分，肉皮朝上陳放。

因對方喝乾酒而行拜禮之人平空起立，起後要以酒回敬。坐著把酒喝乾的，喝完酒須要拜；站著喝完酒的，喝完不須拜。凡是不用的酒杯都放在左側，將要舉用的酒杯放在右側。眾賓之長三人中只有一人辭謝洗酒杯，其禮儀如同主賓。堂下站立的眾賓面向東，以北為上位，如果有面北站立者，則以東為上位。樂正和站立的眾賓都要以年歲長幼為序進獻食品和敬酒。凡舉爵獻賓、獻大夫、獻樂工都不是光飲酒，而有脯醢等佐酒食品。唱歌奏樂已經開始，大夫就不進入。向樂工和吹笙者獻酒，從堂上圓竹筐中取酒爵；獻完之後，把爵放於堂下圓竹筐中。對吹笙者，主人在西階上方獻酒。磬在東西階間順屋檐縱向排列懸掛，擊磬人面向北敲擊。主人和介凡入席皆從北面，出席皆從南面。司正既已舉起酒觶，就要把脯醢送到他的席位。凡是旅酬，不清洗酒杯，不清洗酒杯就不以酒祭。已經開始旅酬，士就不可再入內。撤俎：主賓、介、遵者的俎，受俎者持之下堂，隨即交給隨從人員；主人的俎，放在東牆邊。樂正下令演奏〈陔夏〉樂曲，賓退出，至臺階時，〈陔夏〉樂聲響起。如果有公卿在場，則大夫在主人的北側，面向西。主人的贊助者面向西，以北為上位，不參與獻酒，至無算爵以後才參加飲酒。

【說　明】本篇有兩個問題尚需作進一步說明。

一、鄉飲酒禮的起源：鄉飲酒禮又稱鄉。《禮記・鄉飲酒義》：「孔子曰：吾觀於鄉而知王道之易易也。」鄭玄注：「鄉，鄉飲酒也。」為什麼鄉飲酒禮稱鄉？此鄉字應作何解？歷代典籍多從行政區域方面進行解說。如《周禮・地官・鄉大夫》：「鄉大夫之職，各掌其鄉之政教禁令。」鄭司農注：「萬二千五百家為鄉。」還有「五州為鄉」（《周禮・地官・大司徒》）、「十邑為鄉」（《廣雅・釋地》）等等說法。古代地曠人稀，萬二千五百家當是很大地域。《呂氏春秋・求人》：「不死之鄉。」高誘注：「鄉亦國也。」更把鄉與國並論。遠古社會，同一族人聚居在一起，把他們居住的地域稱國，亦稱鄉，那時地域比較狹小。後來在戰爭中相互兼併，以某個部族為中心，兼併眾多其他部族而形成規模更大的國家，如周族先滅掉周圍小國，又滅掉商而建立周朝一樣。新的國家建立後，原來的部族便成了統治者，原有的習俗和稱謂也會保存下來一些，鄉國並稱即為其一。所以，周代之鄉比後世之鄉所包容的範圍要大得多。

此外，鄉還有更古老的意義。在甲骨文和金文中，鄉作卿，這是一個象形字，中間之皀象一個盛滿食物的器具，左右之卯象一些人圍坐在食具周圍，顯然這字本義是表示一群人圍坐食具周圍共食。後來「鄉」字專用作指稱地域，其本義反而淹沒，又造出「饗」字，《說文》：「饗，鄉人飲酒也。」此種解釋正是保存「鄉」字古義，古代居住在同一地域的同一部族有共食議事的習俗，此種遺風在中國古代典籍和一些原始民族史志中皆可尋到資證。

鄉飲酒禮之鄉，既有地域意義，也有部族聚落共食議事之義，二者是不可分的，二者相合便成了鄉飲酒禮的原形。起初形式比較簡單，人數也較少。隨著部族規模的擴大，國家的形成，其形式和內容也日漸複雜，經過漫長的發展演變過程，完成了由原始氏族習俗向文明禮儀的過渡，到周代便形成了完備的禮儀程式和系統，即鄉飲酒禮。

二、鄉飲酒禮的功能作用，主要可歸結為三點：

(1)分別尊卑貴賤：此禮所選定之主賓是酒會中身分最尊貴者，因而主人對他行獻、酢、酬禮，最為隆重。介稍低於賓，禮亦稍遜，有獻、酢而無酬。眾賓又下，禮儀更簡，只有獻而無酢、酬。禮之隆殺標誌身分尊卑貴賤之別，行此禮使人安於自己所處地位，做到尊讓不爭，絜敬不慢，從而使社會安定和平。

(2)倡導敬老、養老：《禮記・鄉飲酒義》說：「鄉飲酒之禮，六十者坐，五十者立侍以聽政役，所以明尊長也。六十者三豆，七十者四豆，八十者五豆，九十者六豆，所以明養老也。」豆為古代量器，四升為豆，年齡愈高，得豆愈多，體現養老之義。此外，在主人向眾賓獻酒的禮儀中，要從眾賓中選出三位代表上堂拜受，其選擇標準也是年長者。在賓酬主人，主人酬介，介酬眾賓時，亦遵循「少長以齒」之序，都體現敬老、尚齒精神。孝弟是儒家修身、齊家、治國之本，在家能行孝弟，出外便能尊長敬老。尊長敬老正是實踐以孝弟為核心的道德倫理教化。

(3)作樂唱歌飲酒，是用以陶冶性情、愉悅身心、融洽尊卑長幼關係：在此禮之實踐中，飲酒娛樂皆有節度，做到「和樂而不流，弟長而無遺，安燕而不亂」(同上)。從而使酒會參加者既能盡情歡樂，又不放縱恣肆，在娛樂中受到高雅文化的薰陶，提高文化素養和道德情操，這也是鄉飲酒禮的重要功用。

鄉射禮第五

【題　解】鄉射禮是鄉大夫和士在鄉學中舉行的會民習射的禮儀。西周、春秋時期的射禮主要有四種，鄉射禮外還有大射禮，是天子、諸侯會集臣下在大學舉行；燕射禮，是諸侯、卿大夫在宴會後舉行；賓射禮，是為招待貴賓而舉行的。後二種射禮旨在暢敘歡樂，其重要性不如前二種，故《儀禮》中沒有單獨列出。

射禮起源於先民藉田獵進行軍事訓練的習俗。弓箭是古代最銳利的武器，習射也就成為古代男子由天子至庶民所要學習的重要技藝，被列為六藝之一。《禮記・射義》說：「是故古者天子以射選諸侯、卿大夫、士。」古時習射當然以能射中目標、射得有力為優，這就是「中的」和「貫革」。後世儒家學者把習射與行禮樂結合起來，製作出射禮，其意義就更加廣泛了。如《禮記・射義》說：「射者仁之道也，射求正諸己，己正而後發，發而不中則不怨勝己者，反求諸己而已矣。」又說：「射者男子之事也，因而飾之以禮樂也。故事之盡禮樂而可數為以立德行者莫若射，故聖王務焉。」《周禮・鄉大夫職》把鄉射禮之作用歸結為以「五物詢眾庶：一曰和，二曰容，三曰主皮，四曰和容，五曰興舞」。就是說，舉行鄉射禮時，要有眾民觀看，主辨者將以五事詢問民眾，以論議參射者之優劣，作為選拔人才的參照。五項內容包括品德、技藝、禮樂諸多方面。這樣，射禮的作用就不限於射箭習武，更有觀德行、習禮樂、推行道德教化、選拔人才的多重功能。

本篇篇幅較長，概而言之可分為六章。一章為射禮前的準備，包括召請賓客、主賓燕飲、奏樂等項。二、三、四章為記敘一、二、三番射的具體過程，為射禮的核心內容。五章為射後的旅酬、送賓諸禮儀。六章為〔記〕，主要是對射禮過程中有關細節的補充說明和必要闡釋。

鄉射之禮：主人戒賓❶，賓出迎，再拜。主人荅再拜，乃請。賓禮辭，許。主人再拜，賓荅再拜。主人退，賓送，再拜。無介❷。

乃席賓，南面，東上。眾賓之席，繼而西。席主人於阼階上，西面。尊於賓席之東，兩壺，斯禁❸，左玄酒，皆加勺。篚在其南，東肆❹。設洗于阼階東南，南北以堂深，東西當東榮。水在洗東，篚在洗西，南肆。縣❺于洗東北，西面。乃張侯❻，下綱不及地武❼。不繫左下綱❽，中掩束之❾。乏參侯道，居侯黨之一❿，西五步⓫。

羹定⓬。主人朝服，乃速⓭賓。賓朝服出迎，再拜。主人荅再拜，退。賓送，再拜。賓及眾賓遂從之。

及門，主人一相出迎于門外，再拜，賓荅再拜。揖眾賓。主人以⑭賓揖，先入。賓厭⑮眾賓，眾賓皆入門左，東面北上。賓少進，主人以賓三揖，皆行。及階，三讓，主人升一等，賓升。主人阼階上，當楣⑯北面再拜，賓西階上，當楣北面荅再拜。

主人坐，取爵於上篚，以降。賓降。主人阼階前西面坐，奠爵，興，辭降，賓對。主人坐，取爵，興，適洗，南面坐奠爵于篚下，盥洗。賓進，東北面辭洗。主人坐，奠爵于篚，興對，賓反位⑰。主人卒洗，壹揖壹讓，以賓升。賓西階上北面拜洗。主人阼階上北面奠爵，遂荅拜，乃降。賓降，主人辭降，賓對。主人卒盥，壹揖壹讓，升。賓升，西階上疑立。主人坐，取爵，實之賓席之前，西北面獻賓。賓西階上北面拜，主人少退。賓進，受爵于席前，復位⑱。主人阼階上拜送爵，賓少退。薦脯醢。賓升席自西方。乃設折俎。主人阼階東疑立。賓坐，左執爵，右祭脯醢，奠爵于薦西，興，取肺，坐，絕祭⑲。尚左手，嚌之，興，加于俎。坐挩手[20]，執爵，遂祭酒，興，席末坐，啐酒[21]。降席，坐，奠爵，拜，告旨，執爵興。主人阼階上荅拜。賓西階上北面坐，卒爵，興。坐奠爵，遂拜，執爵興。主人阼階上荅拜。

賓以虛爵降。主人降。賓西階前東面坐，奠爵，興，辭降，主人對。賓坐取爵，適洗，北面坐，奠爵于篚下，興，盥洗。主人阼階之東，南面辭洗。賓坐，奠爵于篚，興對。主人反位[22]。賓卒洗，揖讓如初，升。主人拜洗，賓荅拜，興，降盥，如主人之禮。賓升，實爵主人之席前，東南面酢主人。主人阼階上拜，賓少退。主人進受爵，復位。賓西階上拜送爵。薦脯醢。主人升席自北方。乃設折俎。祭如賓禮，不告旨。自席前適阼階上，北面坐，卒爵，興，坐奠爵，遂拜，執爵興。賓西階上北面荅拜。主人坐，奠爵于序端，阼階上再拜崇酒[23]，賓西階上荅再拜。

主人坐取觶于篚以降。賓降，主人奠觶辭降，賓對，東面立。主人坐取觶，洗，賓不辭洗。卒洗，揖讓升。賓西階上疑立。主人實觶，酬之。阼階上北面坐，奠觶，遂拜，執觶興。賓西階上北面荅拜。主人坐祭，遂飲，卒觶，興，坐奠觶，遂拜，執觶興。賓西階上北面荅拜。主人降洗，賓降辭，如獻禮。升，不拜洗。賓西階上立。主人實觶賓之席前，北面。賓西階上拜。主人坐，奠觶于薦西。賓辭，坐取觶以興，反位。主人阼階上拜送。賓北面坐，奠觶于薦東，反位。

主人揖降。賓降，東面立于西階西，當西序。主人西南面，三拜眾賓，眾賓皆荅壹拜。主人揖升，坐，取爵于序端，降洗，升，實爵，西階上獻眾賓。眾賓之長升拜受者三人，主人拜送。坐祭立飲，不拜既爵，授主人爵，降復位。眾賓皆不拜受爵，坐祭立飲。每一人獻，則薦諸其席。眾賓辯㉔有脯醢。主人以虛爵降，奠于篚。

揖讓升。賓厭眾賓升，眾賓皆升，就席。一人㉕洗，舉觶於賓；升，實觶，西階上坐奠觶，拜，執觶興。賓席末荅拜。舉觶者坐祭，遂飲，卒觶，興；坐奠觶，拜，執觶興。賓荅拜。降洗，升實之，西階上北面。

賓拜。舉觶者進，坐，奠觶于薦西。賓辭，坐取以興，舉觶者西階上拜送。賓反奠于其所。舉觶者降。

大夫若有遵者[26]，則入門左。主人降。賓及眾賓皆降，復初位[27]。主人揖讓，以大夫升，拜至[28]，大夫荅拜。主人以爵降，大夫降，主人辭降。大夫辭洗，如賓禮。席于尊東[29]。升，不拜洗。主人實爵席前，獻于大夫。大夫西階上拜，進受爵，反位。主人大夫之右拜送。大夫辭加席[30]。主人對，不去加席。乃薦脯醢。大夫升席。設折俎。祭如賓禮，不嚌肺，不啐酒，不告旨，西階上卒爵，拜。主人荅拜。大夫降洗，主人復阼階，降辭如初。卒洗，主人盥，揖讓升。大夫授主人爵于兩楹閒，復位。主人實爵，以酢于西階上，坐奠爵，拜，大夫荅拜。坐祭，卒爵，拜，大夫荅拜。主人坐奠爵于西楹南，再拜崇酒，大夫荅拜。主人復阼階，揖降。大夫降，立于賓南。主人揖讓，以賓升，大夫及眾賓皆升，就席。

席工于西階上，少東。樂正先升，北面立于其西。工四人，二瑟，瑟先。相者皆左何瑟，面鼓㉛，執越㉜，內弦㉝，右手相入。升自西階，北面東上。工坐，相者坐授瑟，乃降。笙入，立于縣中㉞，西面。乃合樂〈周南・關雎〉、〈葛覃〉、〈卷耳〉，〈召南・鵲巢〉、〈采蘩〉、〈采蘋〉。工不興，告于樂正曰：「正歌備。」樂正告于賓，乃降。

主人取爵于上篚，獻工。大師㉟，則為之洗。賓降，主人辭降。工不辭洗。卒洗，升，實爵。工不興，左瑟，一人拜受爵。主人阼階上拜送爵。薦脯醢，使人相祭。工飲，不拜既爵，授主人爵。眾工不拜，受爵，祭飲，辯有脯醢，不祭，不洗。遂獻笙于西階上。笙一人拜于下，盡階㊱，不升堂受爵，主人拜送爵。階前坐祭，立飲，不拜既爵，升，授主人爵。眾笙不拜，受爵，坐祭，立飲，辯有脯醢，不祭。主人以爵降，奠于篚，反升，就席。

主人降席自南方，側降㊲，作㊳相為司正。司正禮辭，許諾。主人再拜，司正荅拜。主人升就席。司正洗觶，升自西階，由楹內適阼階上，北面受命于主人；西階上北面請安于賓。賓禮辭，許。司正告于主人，遂立于楹間以相拜。主人阼階上再拜，賓西階上荅再拜，皆揖就席。司正實觶，降自西階，中庭㊴北面坐，奠觶，興，退，少立；進，坐取觶，興；反坐，不祭，遂卒觶，興；坐奠觶，拜，執觶興；洗北面坐，奠于其所，興；少退，北面立于觶南。未旅㊵。

【章旨】本章記敘鄉射禮正式開射前賓主燕飲合樂諸禮儀。由主人戒賓始，至立司正將行旅酬止。包括戒賓、陳設、速賓、迎賓，以及主人獻賓、賓酢主人、主人酬賓、主人獻眾賓、一人舉觶、遵者入及獻酢之禮，至合樂樂賓、主人獻工與笙、立司正各項禮儀，可視為射禮的準備階段。

【注釋】❶主人戒賓　主人前往告知賓將行射禮。主人，鄉射禮的主辦人，一般由州長擔任，如鄉大夫居此州，並親臨射禮，則由鄉大夫任主人。在官職上，鄉大夫為一鄉的長官，一鄉有一萬二千五百家，下轄五州，各有州長。諸侯的鄉大夫為下大夫，州長為上士。戒，告知。賓，指主賓。由州裏未任職之士而賢能者選任之。如有大夫作為遵者參加射禮，則賓由任職之公士擔任。❷無介　不設輔助主賓之介。因射禮主射，對序賓之禮可從簡，與鄉飲酒禮各有側重，故不設介。❸斯禁　承放酒樽的器具，無足。❹東肆　面向東陳放。肆，陳。

❺縣　懸磬。樂器，以玉、石或金屬製成，矩形，有圓孔，可懸掛起來敲擊，故稱懸磬。❻張侯　張設箭靶。侯，射布。由中、躬、舌、綱、縜幾部分組成。中為侯的主體，以布為之，方一丈；中之上下各橫接一幅布，長二丈，稱躬；上躬接一幅四丈長布，兩端各餘一丈稱舌，下躬接一幅三丈長布，兩端各餘五尺，亦稱舌；綱為持舌之繩，縜為繫綱於兩植立木竿的細繩。❼下綱不及地武　箭靶下端的粗繩差一尺二寸不及地面。武，跡，即足印。中等人的足印長約一尺二寸。❽不繫左下綱　射事未開始時，不把箭靶左下端粗繩拴牢。❾中掩束之　把綱與射布左下端之舌掩束至中間以待張侯之命。❿乏參侯道居侯黨之一　掩體設在侯道總長靠近箭靶三分之一處。乏，報告射箭中否情況者藏身的掩體。其形類似曲形屏障，高寬七尺半，用皮革製成，可禦箭矢。參侯道，把侯道分成三等分。參，三。侯道，射者站位處至箭靶間之通道。侯道長度為五十步，每步六尺，合三百尺。周代長度單位比今要小近一倍，三百尺合今一百五十多尺。黨，旁。乏設在侯道旁，距箭靶百尺處，以便觀察和報告射者中靶情況。⓫西五步　侯道西側五步。五步合三十尺。⓬羹定　肉煮熟了。羹，肉，此指狗肉。定，猶「熟」。⓭速　召請。⓮以　猶「與」。⓯厭　揖請。⓰當楣　對著堂前二梁處。楣，二梁。⓱反位　返回原位。即堂下對著西序之位，賓陪主人下堂時立處。⓲復位　回到西階上方原座位。⓳絕祭　九祭之一，指用右手切下肺尖，進行祭祀。其與繚祭差別是沒有對肺的撫循動作，古時士行此禮。⓴捝手　以巾拭手。㉑啐酒　品嘗酒。啐，飲。㉒主人反位　主人返回從賓降階之位。即堂下東階東側面向西之位。㉓再拜崇酒　主人再次拜謝賓崇重己酒。看重主人之酒亦即是對主人的尊重。㉔辯　遍。㉕一人　主人之吏。㉖大夫若有遵者　若有本鄉之人為大夫者來參加此射禮，則稱為遵者。所謂遵者即是說他們能以禮樂化民，可為眾人遵循效法之意。㉗復初位　回到堂下西階西側面向東站立之位。㉘拜至　拜謝大夫光臨。㉙席于尊東　在酒樽東側為大夫布席。㉚大夫辭加席　大夫推辭為己所加之席。賓兩層席，大夫尊於賓，再加一重，這是合於正禮的，大夫不願以己之尊貴加於賢者之上，故推辭。可與〈鄉飲酒禮〉所載互相補充。㉛面鼓　瑟首在前面。面，前。鼓，瑟首，即瑟之可鼓處。㉜執越　用手執定瑟下端小孔。越，瑟下小孔，手指可以摳入，以執瑟。㉝內弦　瑟之

弦朝向持者身體一側。㉞立于縣中　吹笙者站立在懸磬中央，面向西。㉟大師　古代樂官之長。《周禮・春官・大師》：「大師掌六律六同，以合陰陽之聲。」大師為君之樂官，故尊貴之，主人特為其清洗酒爵。㊱盡階　上到最後一級臺階。㊲側降　獨自一人下堂，賓不陪同。㊳作　使；用。㊴中庭　門內堂前兩階間之地。㊵未旅　未行旅酬之禮。待射後進行。

【語　譯】鄉射禮的禮儀：主人前往告知賓將行鄉射禮，賓出門迎接，行再拜禮。主人答謝賓行再拜禮，然後邀請賓參加。賓辭謝一次，許諾。主人對賓行再拜禮，賓答謝行再拜禮。主人告退，賓送行，行再拜禮。鄉射禮沒有輔助主賓之介。

於是為主賓布席，朝向南，以東為上位。眾賓之席，接續主賓席向西排列。布設主人席位於東階上方，面向西。酒樽設在賓席東側，共兩只酒壺，放在斯禁上面，左側壺盛玄酒，兩只壺上都放有酒勺。圓形竹筐放在酒樽南側，朝向東陳放。洗設在堂下東階東南，其距堂之南北距離與堂深等，東西位置在對著東側飛檐處。水在洗之東，圓形竹筐在洗之西，朝向南陳放。懸磬設在洗之東北，朝向西。於是開始張設箭靶，箭靶下端粗繩差一尺二寸不及地面。射事未開始時不把箭靶左下端粗繩繫牢，而將其與射布左下端之舌捲束至中間。掩體設在侯道總長距箭靶三分之一處，西側五步之地。

肉已煮熟。主人身穿朝服，去召請主賓。主賓亦身穿朝服出迎，行再拜禮。主人答謝亦行再拜禮，然後告退。主賓送主人，行再拜禮。主賓和眾賓接著相隨而來。

到達門口，主人與一位相禮者到門外迎接，對主賓行再拜禮，主賓答謝行再拜禮。主人揖眾賓。主人與主賓相揖，先進入門內。主賓揖請眾賓，眾賓客都從門的左側進入，面向東，以北方為上位。主賓稍稍前進，主人與主賓相互三次相揖為禮，一同前行。到達堂前臺階，又相互三次謙讓，主人先升一級臺階，主賓開始登階。主人在東階上方對著堂前二梁處面向北行再拜禮，主賓在西階上方對著堂前二梁處面向北答謝行再拜禮。

主人坐下，從堂上圓形竹筐內取出酒爵，持之下堂。主賓亦下堂。主人在堂下東階前面向西坐下，放下酒爵，站起來辭謝主賓下堂相陪，主賓致辭回答。主人坐下，取酒爵，站起來走到洗前，面向南坐下，把酒爵放在圓形竹筐下，開始盥手洗爵。主賓向東行進，面朝東北辭謝主人為己清洗酒爵。主人坐下，放酒爵於圓形竹筐中，站起來答謝，主賓返回原位。主人清洗完酒爵，與主賓相互一揖一讓，一同登階升堂。主賓在西階上方面朝北拜謝主人為己清洗酒爵。主人在東階上方面向北放下酒爵，接著對主賓答拜，然後下堂。主賓陪同下堂，主人辭謝主賓下堂，主賓答謝。主人洗手完畢，與主賓一揖一讓升堂。主賓亦上堂，在西階上方凝神端正站立。主人坐下，取酒爵，舀滿酒，到主賓席前，面朝西北向主賓獻酒。主賓在西階上方面向北拜謝，主人稍加避讓。主賓進前，在席前接受酒爵，然後回到原位。主人在東階上方拜送爵，主賓稍加避讓。進獻乾肉和肉醬。主賓從西側入席。於是陳放盛有肢解開牲體的俎。主人在東階東凝神端正站立。主賓入坐，左手持酒爵，右手以乾肉和肉醬為祭，把酒爵放在佐酒食品西側，站起來，取肺，坐下用右手切下肺尖進行祭祀。然後左手在上持肺，右手在下割肺品嘗，站起來，把肺放於俎上。坐下，以巾拭手，隨後拿起酒爵，以酒為祭，站起來到席末就坐，品嘗酒。走下席，坐下，放下酒爵，向主人行拜禮，稱頌酒味甘美，然後持爵站起。主人在東階上方答拜。主賓在西階上方面向北就坐，把爵中酒喝乾，站起來。再坐下放下酒爵，遂行拜禮，然後持酒爵站起。主人在東階上方答拜。

主賓持空酒爵下堂。主人亦下堂。主賓在堂下西階前面向東坐下，放下酒爵，站起來辭謝主人下堂，主人答謝。主賓坐下取酒爵，走到洗前，面向北坐下，把酒爵放在圓竹筐下，站起來洗手洗爵。主人在東階東側，面向南辭謝洗酒爵。主賓坐下，把酒爵放入圓竹筐內，站起來答謝。主人返回原位。主賓清洗完酒爵，與主人一揖一讓如主人獻賓之禮，然後上堂。主人拜謝主賓為己洗酒爵，主賓答拜，站起來，下堂洗手，如主人獻賓之禮儀。主賓上堂，把爵中舀滿酒，到主人席前，面向東南以酒回敬主人。主人在東階上方拜謝，主賓稍稍避讓。主人進前接受酒爵，然後回到原位。主賓在西階上方拜送爵。進獻乾肉和肉醬。主人從北面就席，於是陳放盛有肢解開牲體的俎，祭祀如主賓之禮儀，但不稱讚酒味甘美。主人由席前走到東階上方，面向北坐下，把爵中酒喝乾，站起來，再坐下放下酒爵，接著行拜禮，然後持爵起立。主賓在西階上方面向北答拜。主人坐下，把酒爵放在堂上東間牆前端，在東階上方再次拜謝主賓崇重己酒，主賓在西階上方答謝再拜。

主人坐下，取觶於圓竹筐，持之下堂。主賓陪同下堂，主人放下觶辭謝主賓下堂，主賓答謝，面向東站立。主人坐下取觶清洗，主賓不辭謝洗觶。主人清洗完酒觶，與主賓相互揖讓升堂。主賓在西階上方凝神端正站立。主人把觶中舀滿酒，向主賓勸酒。主人在東階上方面朝北坐下，放下酒觶，接著行拜禮，然後持觶起立。主賓在西階上面向北答拜。主人坐下祭祀，接著飲酒，把觶中酒飲乾後站起來，再坐下放下酒觶，接著行拜禮，然後持觶起立。主賓在西階上方面向北答拜。主人下堂清洗酒觶，主賓下堂辭謝，如主人獻賓禮儀。上堂後，主賓不為洗觶事向主人行拜禮。主賓在西階上方站立。主人把觶中舀滿酒，來至主賓席前，面北站立。主賓在西階上方向主人行拜禮。主人坐下，把酒觶放在佐酒食品西側。主賓辭謝，坐下取觶站起，返回原來座位。主人在東階上方拜送。主賓面向北坐下，把酒觶放在佐酒食品東側，返回原來位置。

主人揖主賓後下堂。主賓亦下堂，面向東立於西階西側對著西間牆處。主人面向西南，對眾賓三行拜禮，眾賓都回答一拜。主人揖眾賓後上堂，坐下，取爵於東間牆南端，下堂清洗後上堂，把爵中舀滿酒，在西階上方向眾賓獻酒。眾賓中三位年長者上堂拜受酒爵，主人拜送。三人坐下以酒祭，站起來把酒喝乾，不為喝完酒行拜禮，把酒爵交還給主人，然後下堂回到原位。三人以外的眾賓接受酒爵時都不行拜禮，坐下以酒祭，站起來喝酒。主人對三位眾賓之長者每一位獻酒時，就有乾肉和肉醬進獻到他的席前。其他眾賓席前都有乾肉和肉醬。主人持空爵下堂，將其放在堂下圓竹筐內。

主人與賓揖讓上堂，主賓揖請三位眾賓之長者上堂，眾賓也都上堂就席。一位主人之吏洗酒觶，對主賓舉觶示意；然後上堂，把觶中舀滿酒，於西階上方坐下，放下酒觶，對主賓行拜禮，持酒觶站起來。主賓在席末答拜。舉觶者坐下以酒祭，接著飲酒，把觶中酒喝乾，站起來；再坐下，放下酒觶，向主賓行拜禮，持酒觶起立。主賓答拜；舉觶者下堂洗觶，上堂，把觶中舀滿酒，在西階上方面北站立。主賓答拜。舉觶者進前，坐下，把酒觶放在佐酒食品西側。主賓辭謝，坐下取觶站起來，舉觶者在西階上方拜送。主賓又把酒觶放回原位。舉觶者下堂。

如有本鄉大夫為遵者來參加射禮，則從門左側進入。主人下堂出迎。主賓及眾賓皆下堂，站在堂下西階西側面向東之位。主人揖讓，與大夫一同上堂，主人拜謝大夫光臨，大夫答拜。主人持酒爵下堂，大夫亦陪同下堂，主人對此辭謝。大夫辭謝主人為己清洗酒爵，其禮儀與賓同。布設遵者之席於酒樽東側。上堂後，遵者不拜謝主人洗爵。主人將爵內舀滿酒，來至席前，向大夫獻酒。大夫在西階上方行拜禮，進前接受酒爵，然後返回原位。主人在大夫右側拜送。大夫推辭為己加席。主人致答辭，不去掉加席。接著就進獻上乾肉和肉醬。大夫入席。擺上盛有肢解開牲體之俎。遵者之祭與主賓禮儀相同，只是不品嘗肺，不品嘗酒，不讚頌酒味甘美，在西階上方把爵中酒喝乾，行拜禮。主人答拜。大夫下堂清洗酒爵，主人回到東階，下堂辭謝洗爵一如初禮。大夫洗爵完畢，主人洗手，與大夫相互揖讓上堂。大夫在堂前兩楹柱間把酒爵交給主人，回到原來席位。主人把爵中舀滿酒，用作在西階上方回敬，坐下放下酒爵，行拜禮，大夫回拜。主人坐下以酒祭，把爵中酒喝乾，行拜禮，大夫回拜。主人坐下，放酒爵於西楹柱南側，再拜謝大夫崇重己酒，大夫回拜。主人回到東階上，揖大夫下堂。大夫下堂，站立在賓之南面。主人與主賓相互揖讓，一同上堂，大夫與眾賓都上堂入席。

布設樂工席位於西階上方稍東處。樂正先上堂，面向北站立在工席西側。樂工四人，二名鼓瑟，鼓瑟者走在前面。引領樂工之相皆左手荷瑟，瑟首在前，用手執定瑟下端小孔，瑟弦朝向內側，用右手扶持樂工。從西階升堂，面向北，以東方為上位。樂工坐下，相者坐下把瑟交給樂工，隨即下堂。吹笙的樂工進入，站在懸磬中央，面向西。於是堂上下歌瑟笙磬一齊歌唱演奏《詩經・周南》的〈關雎〉、〈葛覃〉、〈卷耳〉，和《詩經・召南》的〈鵲巢〉、〈采蘩〉、〈采蘋〉。樂工不起立，向樂正報告說：「正歌已經演唱完備。」樂正將此報告主賓，然後下堂。

主人從堂上圓竹筐中取爵，向樂工獻酒。如果有大師在內，就要為他下堂清洗酒爵。主賓下堂，主人對此辭謝。樂工不辭謝主人洗酒爵。主人洗爵完畢，上堂，把爵中舀滿酒。樂工不站起來，只把瑟放在左側，由其中一人行拜禮，接受酒爵。主人在東階上方拜送酒爵。進獻乾肉和肉醬，使人輔助樂工為祭。樂工飲酒，不為其飲乾酒而行拜禮，把爵交還給主人。眾樂工不行拜禮，接受酒爵，祭而後飲，其席前皆有乾肉和肉醬，但不祭，不洗酒爵。接著主人在西階上方向吹笙者獻酒。吹笙者中一人在堂下行拜禮，然後登上臺階最上一級，不到堂上接受酒爵，主人拜送爵。此吹笙者在堂下階前坐下以酒祭，起立飲酒，不為飲乾酒而行拜禮，上堂，把酒爵交給主人。眾吹笙者不行拜禮，接受酒爵，坐下以酒祭，站起來飲酒，其席前皆有乾肉和肉醬，但不祭。主人持爵下堂，放爵於圓竹筐中，然後返回堂上就席。

主人從南面走下席位，獨自一人下堂，使相禮者為司正，司正推辭一番，許諾。主人行再拜禮，司正回拜。主人上堂就席。司正清洗酒觶，由西階升堂，從楹柱內側走到東階上方，面向北接受主人之命；又至西階上方面向北，請求賓留下來。賓推辭一番，許諾。司正將此告知主人，接著站立在堂上兩楹柱間輔助賓主相互行拜禮。主人在東階上方行再拜禮，主賓在西階上方答謝再拜，然後都相揖就席。司正把觶中舀滿酒，由西階下堂，在中庭面朝北坐下，放下酒觶，站起來稍稍後退，站立片刻；再向前，坐下取觶後站起；再坐下，不以酒祭，把觶中酒喝乾，起立；坐下放下酒觶，行拜禮，持觶起立；洗觶後面向北坐下，把觶放回原位，站起來；稍稍退後，面向北站在酒觶南側。未即刻行旅酬之禮。

三耦俟于堂西❶，南面東上。司射❷適堂西，袒決遂❸，取弓于階西，兼挾乘矢❹，升自西階。階上北面告于賓曰：「弓矢既具，有司請射。」賓對曰：「某不能，為二三子❺許諾。」司射適阼階上，東北面告于主人曰：「請射于賓，賓許。」

司射降自西階，階前西面，命弟子納射器❻。乃納射器，皆在堂西。賓與大夫之弓倚于西序❼，矢在弓下，北括❽。眾弓倚于堂西，矢在其上。主人之弓矢在東序東。

司射不釋弓矢，遂以比三耦❾於堂西。三耦之南❿，北面，命上射⓫曰：「某御於子⓬。」命下射曰：「子與某子射。」

司正為司馬⓭。司馬命張侯⓮，弟子說束⓯，遂繫左下綱⓰。司馬又命獲者⓱，倚旌于侯中⓲。獲者由西方，坐取旌，倚于侯中，乃退。

樂正適西方，命弟子贊工⓳，遷樂于下⓴。弟子相工如初入，降自西階，阼階下之東南，堂前三笴㉑，西面北上坐。樂正北面，立于其南。

司射猶挾乘矢，以命三耦：「各與其耦讓取弓矢㉒，拾㉓。」三耦皆袒決遂。有司左執弣㉔，右執弦，而授弓，遂授矢。三耦皆執弓，搢三而挾一个㉕。司射先立于所設中㉖之西南，東面。三耦皆進，由司射之西，立于其西南，東面北上而俟。

司射東面立于三耦之北，搢三而挾一个，揖進。當階，北面揖；及階，揖；升堂，揖。豫則鉤楹內㉗，堂則由楹外㉘。當左物㉙，北面揖；及物，揖。左足履物，不方足㉚，還視侯中㉛，俯正足㉜，不去旌㉝。誘射㉞，將乘矢㉟。執弓不挾㊱，右執弦。南面揖，揖如升射。降，出于其位南。適堂西，改取一個㊲，挾之。遂適階西，取扑搢之㊳，以反位。

司馬命獲者執旌以負侯㊴，獲者適侯，執旌負侯而俟。司射還，當上耦西面，作㊵上耦射。司射反位。上耦揖進，上射在左，並行，當階，北面揖，及階，揖。上射先升三等㊶，下射從之，中等㊷。上射升堂，少左；下射升，上射揖，並行。皆當其物㊸，北面揖；及物，揖。皆左足履物，還視侯中，合足(44)而俟。司馬適堂西，不決遂，袒執弓(45)，出于司射之南，升自西階，鉤楹，由上射之後，西南面立于物間。右執簫(46)，南揚弓，命去侯(47)。獲者執旌許諾，聲不絕，以至于乏(48)。坐，東面偃旌(49)，興而俟。司馬出于下射之南，還其後(50)，降自西階。反由司射之南，適堂西，釋弓，襲(51)，反位，立于司射之南。司射進，與司馬交于階前，相左(52)，由堂下西階之東，北面視上射，命曰：「無射獲(53)，無獵獲(54)。」上射揖，司射退，反位。乃射，上射既發，挾弓矢，而后下射射。拾發(55)，以將乘矢(56)。獲者坐而獲(57)，舉旌以宮(58)，偃旌以商(59)，獲而未釋獲(60)。卒射，皆執弓不挾，南面揖，揖如升射。上射降三等，下射少右，從之，中等。並行，上射於左。與升射者相左，交于階前，相揖。由司馬之南，適堂西，釋弓，說決拾(61)，襲而俟于堂西，南面東上。三耦卒射，亦如之。司射去扑，倚于西階之西，升堂，北面告于賓曰：「三耦卒射。」賓揖。

司射降，搢扑，反位。司馬適堂西，袒執弓，由其位南進，與司射交于階前，相左；升自西階，鉤楹，自右物之後，立于物間；西南面，揖弓[62]，命取矢。獲者執旌許諾，聲不絕，以旌負侯而俟。司馬出于左物之南，還其後，降自西階；遂適堂前，北面立于所設楅[63]之南，命弟子設楅。乃設楅于中庭，南當洗，東肆。司馬由司射之南退，釋弓于堂西，襲，反位。弟子取矢，北面坐，委于楅[64]，北括，乃退。司馬襲進，當楅南，北面坐，左右撫矢而乘之[65]。若矢不備，則司馬又袒執弓，如初升，命曰：「取矢不索[66]。」弟子自西方應曰：「諾。」乃復求矢，加于楅。

【章旨】射事共三番，本章記敘第一番射之禮儀，包括司射請射，弟子送入射器，將選出之六名射者分為三耦，司馬命令張侯倚旌，遷樂器於堂下，三耦取弓矢待射，司射誘射，三耦依次射，取矢放入楅中諸項。第一番由鄉學中弟子參加，只宣布射中情況，不作統計，不定勝負，屬預演性質。

【注釋】❶三耦俟于堂西　三對射者在堂下西側等候。三耦，三對參射者。凡射，二人為一組，稱一耦。天子六耦，諸侯四耦，大夫士三耦，謂之正耦。鄉射禮正耦三，用六人，由司射從賓中選出德行道藝優秀者。❷司射　掌管射事者，由主人之吏擔當。❸袒決遂　袒露左臂，給右手大拇指套上扳指，給左臂套上革製臂衣。「袒決遂」三字在此皆作動詞。決，骨製扳指，射時將其套在右手大拇指上，用以鉤弦。遂，又稱拾，一種革製臂衣，射箭時套在左臂上，用以斂衣護臂。❹兼挾乘矢　兼弓弦與四矢並持之。兼挾，左手執弓把中部，右手鉤弓弦，並將四支箭夾在第二、三指間。乘矢，四支箭。❺某不能二句　此為謙詞，言我雖不善射，替代眾賓許諾。二三子，參加鄉射禮的眾賓。❻納射器　送入射器。射器，射事所用器物，包括弓矢決遂旌中籌楅豐等。❼倚于西序　靠放在堂西間牆西側。序，隔開堂與東西夾室的間牆。❽北括　箭之尾端朝向北。括，箭尾端與弓弦相接處。❾比三耦　司射依據才藝高下挑選六人編為三組。每組有上射一人，下射一人。三組即三耦，稱上耦、次耦、下耦。❿三耦之南　司射在三對射者南面。⓫上射　一耦中有上射、下射，上為尊，立右側，下為卑，立左側。⓬某御於子　某人待射於先生。某指下射，子指上射。御，待。⓭司正為司馬　司正行司馬的職事。司正主飲酒之禮，司馬主射禮，因同主禮事，故可兼任。⓮張侯　張設箭靶。⓯說束　解開掩向射布中間的粗繩。說，作「脫」解，解開之意。未開射前，雖張射侯，但左下端之綱不繫而掩向中間，此時將射，故命弟子打開。⓰繫左下綱　把左下端粗繩繫於立柱上。⓱獲者　報靶者。持旗報告射中情況之人。獲，射中。射中稱獲當源於狩獵，說明射禮由先民狩獵習俗演化而來。⓲倚旌于侯中　把旗幟倚立在射布中央。旌，旗之總稱。為唱靶人所持，射中，則舉旗報告。⓳贊工　贊助樂工。⓴遷樂于下　將瑟遷移至堂下。遷樂為避射位。㉑堂前三笴　堂前三箭杆處。笴，箭杆，當時長三尺，三笴為九尺。㉒讓取弓矢　各耦中上射與下射相互揖讓取弓矢。㉓拾　更替。言取弓矢有序不相雜越。㉔弣　弓把中部。㉕搢三而挾一个　將三支箭插於右側腰帶中，夾一箭於二、三指間以備射。搢，插。一个，一支箭。个，與「箇」、「個」同。㉖中　又稱鹿中，存放籌碼的器具，其形似鹿，故名鹿中。籌碼又稱算，射箭時每有射中，則從中抽出一籌，放在地上，結束後據以統計射中之數，以定勝負。㉗豫則鉤楹內　射禮在州學學堂舉行，則射者繞楹柱之東而北行。豫，即序。凡屋不用間牆隔成堂室稱序，又作榭。此指州學之學堂。在序內行射禮，射位對著屋中之正梁下，故須從楹柱東側繞過向北行，才能至射位。鉤楹，繞過楹柱。㉘堂則由楹外　射禮在鄉學學堂舉行，則射者由楹柱南側向東行。堂，指有堂室之分的鄉學學堂，又稱庠。在鄉學行射禮，射位在楹柱外側，二梁下面，故須由楹柱外向東行，而達於射位。㉙當左物　行至左射位對面。物，射者所立之位。在地上用紅粉畫成十字，射者站在上面發射。左物為下射所站之位。㉚不方足　不併足。㉛還視侯中　旋轉身注視箭靶正中。還，旋轉。射者面向北，左足履物，右足在後，旋轉至面向西立，又轉首向南注視箭靶中心。㉜俯正足　俯視兩足，使其端正。㉝不去旌　不去掉倚於侯中之旌。因司射教射，作示範動作，意在教人，不需報靶人執旗報靶，故不撤旌。㉞誘射　教導射箭，為三耦作示範動作。誘，教導；引導。㉟將乘矢　將要射完四支箭。㊱執弓不挾　持弓不夾箭矢。㊲改取一個　更取一支箭。改，更。㊳取扑搢之　取教鞭插於腰帶間。扑，鞭子或竹杖，用作抽打犯教規者。㊴負侯　背對著箭靶。㊵作　使。㊶三等　三級臺階。㊷中等　中間空一級臺階。即上射走上第三級臺階，下射才走上第一級臺階，二人之間空一級臺階。㊸皆當其物　二人都對著各自射位，即上射對著右射位，下射對著左射位。㊹合足　兩足合併站立。㊺袒執弓　袒露左臂，手持弓。㊻右執簫　右手持弓的末端。簫，弓的末端。㊼去侯　離開箭靶。因即將開射，命唱靶者離開箭靶下，進入掩體，以免為流矢所傷。㊽乏　避箭掩體。㊾偃旌　放倒旌旗。㊿還其後　轉向下射身後。(51)襲　穿好衣服。因前文講「袒執弓」，此放下弓後，又把衣服穿好。(52)相左　各在對方左側。司射與司馬在階前相交錯走過，司馬在西，南行，司射在東，北行，故稱相左。(53)無射獲　不要射傷報靶人。(54)無獵獲　不要射到掩體旁驚嚇報靶人。獵，矢從旁過。(55)拾發　上射與下射交替發射。(56)以將乘矢　以至四矢射盡。(57)獲者坐而獲　報靶人坐著喊射中。射箭時中靶稱獲。田獵時射中禽獸稱獲，此為射禮源於田獵之一證。(58)舉旌以宮　舉旗喊射中，其聲高，與宮聲相諧。(59)偃旌以商　放倒旗幟喊射中，其音低，與商聲相諧。蓋射中一矢要舉旗喊一次，放旗喊一次，前次聲音高於後一次。宮商，古樂五音中的二音階名。

60未釋獲　不放籌碼計算射中之數，以較勝負。因第一番射屬演習性質。釋獲，射者每射中一矢，專門有人將一支籌碼放置地上以計數，叫做釋獲。釋獲的人叫做釋獲者。61說決拾　除去扳指，脫掉臂衣。說，通「脫」。拾，通「遂」。臂衣。62揖弓　推弓向外。63所設楅　指將要設楅之處。楅，承放箭矢的器具。以竹木為之，飾以獸皮。64委于楅　放箭矢於楅上。65左右撫矢而乘之　用兩手撫拍箭矢，並按四支一組將其分開存放。66取矢不索　再取箭矢，不可使用盡。所備箭矢必多於所用數，以免有毀損時不能及時提供，影響射禮的進行。

【語　譯】三對射者在堂下西側等候，他們面向南，以東方為上位。司射來到堂下西側，他袒露左臂，右手大拇指套上扳指，左臂套上革製臂衣，取弓於西階西側，左手持弓，右手鉤弦，夾四矢於二、三指間，由西階升堂。在西階上方面向北對主賓報告說：「弓矢已然齊備，執事請求開始射箭。」主賓回答說：「本人雖不善射，代替眾賓許諾。」司射來到東階上方，面朝東北向主人報告說：「向主賓請射，主賓已經許諾。」

司射由西階下堂，在階前面向西命眾賓中的年輕人搬入射箭用具。年輕的眾賓就把射箭用具搬入，都放在堂下西側。主賓和大夫所用的弓靠放在西間牆西側，矢放在弓下，矢尾朝向北。眾射者的弓靠放在堂下西側，矢放在弓上面。主人的弓矢靠放在東間牆東側。

司射不放下弓箭，就在堂下西側挑選六人編為三耦。司射在三耦南側，面向北，命令上射說：「某人待射於先生。」命令下射說：「先生與某先生射。」

司正行司馬職事。司馬命令張設箭靶，眾賓中的年輕人解開掩束於射侯中間的粗繩，接著把射布左下端的粗繩繫牢。司馬又命令報靶人把旌旗倚立在射布中央。報靶人由堂西坐下取旗，將其倚立射布中央，然後退下。

樂正來到堂下西側，命令眾賓中的年輕人輔助樂工，把瑟遷至階下。眾年輕人相助樂工如初入之儀，由西階下堂，行至東階下方轉向東南，在距堂前九尺處面朝西坐下，以北方為上位。樂正站在他們南面，面向北。

司射仍然持弓挾四矢，命令三對射者說：「各自與其對耦相互揖讓更替取弓矢。」三對射者皆袒露左臂，在大拇指上套上扳指，左臂套上革製臂衣。有司左手持弓把中部，右手持弓弦，而向三對射者授弓，接著授箭。三對射者皆持弓，將三矢插於右側腰帶中，夾一矢於二、三指間。司射先站在將要放置盛籌器處的西南側，面向東。三對射者皆從司射西面前進，站在他的西南面等候，面向東，以北方為上位。

司射面向東立於三對射者之北，將三矢插於右側腰帶中，夾一矢於二、三指間，揖而後前進。至臺階對面，面向北一揖；到臺階前，又揖；上堂，再揖。射禮在州學學堂舉行，則射者繞楹柱東側北行；射禮在鄉學學堂舉行，射者則繞楹柱南側向東行。至左射位對面，面向北一揖；到達射位，又揖。左腳踩在射位十字標誌上，兩腳不併攏，旋轉身注視箭靶正中，然後俯視兩足使端正，不撤去倚植靶中央的旗幟。司射教導射箭，將要射完四支箭。然後左手持弓，不挾矢，右手持弦。面向南揖，其揖如上堂射箭時的禮儀。司射下堂，從其原位南面過來，至堂下西側，更取一支箭，夾於二、三指間。接著來到西階西面，取教鞭插在腰帶間，返回原位。

司馬命令報靶人持旗背對箭靶站立，報靶人來到靶前，持旗背對箭靶等候。司射向左轉身，面向西對著上耦，使上耦開始射箭。司射返回原位。上耦揖而後前行，上射在左側，二人併列而行，至臺階對面，面向北揖，到達臺階，又揖。上射先升三級臺階，下射隨著他登階，二人之間空一級臺階。上射登堂，稍靠左側站立；下射亦登堂，上射對其一揖，二人併排前行。行至射位對面處，二人皆面向北揖；到達射位，再揖。都用左腳踩射位之十字標誌，旋轉身注視箭靶中央，然後兩足併攏，站立等候。司馬來到堂下西側，不戴扳指，不著臂衣，袒左臂持弓，從司射南側走出，由西階上堂，繞西楹柱西而北行，再轉向東，由上射身後過來，面向西南，站在左右射位中間。右手持弓的末端，向南揚起弓，命令報靶人離開箭靶下。報靶人持旗應諾，應諾喊聲不絕，直至到達掩體。報靶人進入掩體後坐下，面向東把旗幟放倒，再起立等候。司馬從下射南面走出，轉向其身後，由西階下堂。又由司射南面返回，至堂下西側，放下弓，穿好衣服，返回原位，站在司射南面。司射向前行，和司馬在階前相交錯走過，各自在對方左側，由堂下西階向東走，面向北注視上射，命令說：「不要射到報靶人，不要射到掩體旁驚嚇報靶人。」上射揖司射，司射退下，返回原位。於是射箭開始，上射已發射一矢，又挾第二矢於弓弦，而後下射開射，接著上射與下射交替發射，直至將四矢射完。報靶人坐著喊射中，舉旗時喊聲高亢，與宮聲相諧，放旗時喊聲低沉，與商聲相諧，雖喊射中但不放籌碼計算射中多寡。射事完畢，都持弓而不挾矢，面向南揖，如登堂射箭時之儀。上射降三級臺階，下射稍靠右側跟隨他，中間隔一級臺階。二人併排而行，上射在左側。與上堂參射者相互從左側交錯而過，在階前交錯時相互拱手一揖。他們從司馬之南面來至堂下西側，放下弓，脫掉扳指和臂衣，穿好衣服在堂下西側等候，面向南，以東方為上位。三對射者射畢，亦如上述禮儀。司射抽下教鞭，倚放於西階西面，上堂，面朝北向主賓報告說：「三對射者已然射完。」主賓對其一揖。

司射下堂，把教鞭插於腰帶間，返回原位。司馬來到堂下西側，袒露左臂，持弓，由其位南側向北行進，與司射在階前交錯而過，各在對方左側；再由西階上堂，繞西楹柱西而北行，從右射位後面過來，站在兩射位中間；面向西南，推弓向外，命令取下射出之矢。報靶人持旗應諾，由掩體至靶下應諾喊聲不絕，然後持旗背對箭靶站立等候。司馬從左射位南側走出，轉到左射位後面，由西階下堂；接著到堂前，站在將要放置插箭器處之南，面向北，命眾賓中的年輕人設置插箭器具。於是在中庭設置插箭器具，其器位置南面對著洗，朝東陳放。司馬由司射南面退下，放弓於堂下西側，穿好衣服，返回原位。眾年輕人取矢，面朝北坐下，放箭矢於插箭器上，箭之尾端朝北，然後退下。司馬不袒臂，行至插箭器南側，面朝北坐下，用兩手撫拍箭矢，按四支一組將其分開。如果箭矢不夠，則司馬又袒露左臂，持弓，像起初上堂那樣命令說：「再取箭矢，不可使用盡。」眾年輕人從西面回答說：「是。」於是再次取箭，放在插箭器上。

司射倚扑于階西，升，請射于賓，如初。賓許諾。賓、主人、大夫若皆與射❶，則遂告于賓，適阼階上告于主人。主人與賓為耦。遂告于大夫，大夫雖眾，皆與士為耦。以耦告于大夫曰：「某御於子❷。」西階上，北面作眾賓射。司射降，搢扑，由司馬之南適堂西，立，比眾耦❸。眾賓將與射者皆降，由司馬之南適堂西，繼三耦而立，東上。大夫之耦為上，若有東面者，則北上。賓、主人與大夫皆未降，司射乃比眾耦辯❹。

遂命三耦拾取矢，司射反位。三耦拾取矢，皆袒決遂，執弓，進立于司馬之西南。司射作上耦取矢，司射反位。上耦揖進，當楅北面揖，及楅揖。上射東面，下射西面。上射揖進，坐，橫弓，卻手自弓下取一个❺，兼諸弣❻，順羽❼，且興❽。執弦而左還❾，退反位，東面揖。下射進，坐，橫弓，覆手❿自弓上取一个，興，其他如上射。既拾取乘矢，揖，皆左還。南面揖，皆少進。當楅南，皆左還，北面，搢三挾一个。揖，皆左還，上射於右。與進者相左，相揖，退反位。三耦拾取矢，亦如之。後者遂取誘射之矢，兼乘矢而取之，以授有司于西方，而后反位。

眾賓未拾取矢⓫，皆袒決遂，執弓，搢三挾一个，由堂西進，繼三耦之南而立，東面，北上。大夫之耦為上。

司射作射如初，一耦揖升如初。司馬命去侯，獲者許諾。司馬降，釋弓反位。司射猶挾一个，去扑，與司馬交于階前，升，請釋獲于賓⓬，賓許。降，搢扑，西面立于所設中之東，北面命釋獲者設中，遂視之⑬。釋獲者執鹿中⑭，一人執筭⑮以從之。釋獲者坐設中，南當楅，西當西序，東面。興，受筭，坐實八筭于中⑯，橫委其餘于中西南末⑰。興，共而俟。司射遂進，由堂下北面命曰：「不貫不釋⑱。」上射揖。司射退，反位。釋獲者坐取中之八筭，改實八筭于中，興，執而俟。

乃射，若中，則釋獲者坐而釋獲⑲，每一个釋一筭⑳，上射於右，下射於左，若有餘筭，則反委之㉑。又取中之八筭，改實八筭于中。興，執而俟，三耦卒射。

賓、主人、大夫揖，皆由其階降，揖。主人堂東袒決遂，執弓，搢三挾一个。賓於堂西亦如之。皆由其階，階下揖，升堂揖。主人為下射，皆當其物，北面揖，及物揖，乃射。卒，南面揖，皆由其階，階上揖，降階揖。賓序西，主人序東，皆釋弓，說決拾，襲，反位。升，及階揖，升堂揖，皆就席。

大夫袒決遂，執弓，搢三挾一个，由堂西出于司射之西，就其耦㉒。大夫為下射，揖進，耦少退。揖如三耦。及階，耦先升。卒射，揖如升射，耦先降。降階，耦少退。皆釋弓于堂西，襲。耦遂止于堂西，大夫升，就席。

眾賓繼射，釋獲皆如初。司射所作唯上耦㉓。卒射，釋獲者遂以所執餘獲㉔，升自西階，盡階，不升堂。告于賓曰：「左右卒射。」降，反位，坐，委餘獲于中西，興，共而俟。

司馬袒決執弓升，命取矢，如初。獲者許諾，以旌負侯，如初。司馬降，釋弓，反位。弟子委矢，如初。大夫之矢，則兼束之以茅㉕，上握焉㉖。司馬乘矢如初㉗。

司射遂適西階西，釋弓，去扑，襲；進由中東，立于中南，北面視筭。釋獲者東面于中西坐，先數右獲㉘。二筭為純㉙，一純以取，實于左手，十純則縮而委之㉚，每委異之；有餘純，則橫於下㉛。一筭為奇，奇則又縮諸純下㉜。興，自前適左，東面；坐，兼斂筭㉝，實于左手；一純以委，十則異之，其餘如右獲。司射復位。釋獲者遂進取賢獲㉞，執以升，自西階，盡階，不升堂，告于賓。若右勝，則曰：「右賢於左。」若左勝，則曰：「左賢於右。」以純數告，若有奇者，亦曰奇。若左右鈞，則左右皆執一筭以告，曰：「左右鈞。」降復位，坐，兼斂筭，實八筭于中，委其餘於中西；興，共而俟。

司射適堂西，命弟子設豐㉟。弟子奉豐升，設于西楹之西，乃降。勝者之弟子洗觶，升酌，南面坐，奠于豐上。降，袒執弓，反位。司射遂袒執弓，挾一个，搢扑，北面于三耦之南，命三耦及眾賓：「勝者皆袒決遂，執張弓。不勝者皆襲，說決拾，卻左手，右加弛弓于其上㊱，遂以執弣㊲。」司射先反位。三耦及眾射者皆與其耦進，立于射位，北上。司射作升飲者，如作射。一耦進，揖如升射，及階，勝者先升，升堂，少右。不勝者進，北面坐取豐上之觶；興，少退，立，卒觶；進，坐，奠于豐下；興，揖。不勝者先降，與升飲者相左，交于階前，相揖；出于司馬之南，遂適堂西，釋弓，襲而俟。有執爵者㊳。執爵者坐取觶，實之，反奠於豐上。升飲者如初。三耦卒飲。賓、主人、大夫不勝，則不執弓。執爵者取觶降洗，升實之，以授于席前。受觶以適西階上，北面，立飲；卒觶，授執爵者，反就席。大夫飲，則耦不升。若大夫之耦不勝，則亦執弛弓，特升飲㊴。眾賓繼飲，射爵者辯，乃徹㊵豐與觶。

司馬洗爵，升實之以降，獻獲者于侯。薦脯醢，設折俎，俎與薦皆三祭㊶。獲者負侯，北面拜受爵，司馬西面拜送爵。獲者執爵，使人㊷執其薦與俎從之。適右个㊸，設薦俎。獲者南面坐，左執爵，祭脯醢，執爵興，取肺，坐祭，遂祭酒；興，適左个；中皆如之。左个之西北三步，東面設薦俎。獲者薦右東面立飲，不拜既爵。司馬受爵，奠于篚，復位。獲者執其薦，使人執俎從之，辟設于乏之南㊹。獲者負侯而俟。

司射適階西，釋弓矢，去扑，說決拾，襲；適洗，洗爵，升實之，以降，獻釋獲者于其位，少南。薦脯醢，折俎，有祭。釋獲者薦右東面拜受爵，司射北面拜送爵。釋獲者就其薦坐，左執爵，祭脯醢；興，取肺，坐祭，遂祭酒；興，司射之西北面立飲，不拜既爵。司射受爵，奠于篚。釋獲者少西辟薦，反位。

【章　旨】本章為第二番射，記述賓、主人、大夫、眾賓耦射、釋獲、升飲的禮儀。包括請射比耦，三耦拾取矢，眾賓受弓矢序立，請釋獲，命射，耦射，取矢委楅，數獲，飲不勝者，獻酒給獲者和釋獲者諸項。第二番射要統計射中次數，分出勝負，不勝者要被罰飲酒，具有比賽性質。

【注　釋】❶若皆與射　如果都參加較射。若，或。或射或否，各隨其意。❷某御於子　某人侍奉您射箭。某，指與大夫結耦共射之士。子，指參射的大夫。稱御於子，表示對大夫的尊敬。❸比眾耦　與眾耦併列。眾耦，指大夫之耦和眾賓自為之耦。❹辯　通「遍」。❺卻手自弓下取一个　仰右手從弓下取出一矢。卻，仰。❻兼諸弣　把箭並置於弓把中部。兼，並。弣，弓把中部。❼順羽　理順箭杆後尾的羽毛。❽且興　同時站起。且，兼，指做前事同時兼做此事。❾執弦而左還　右手持弓弦向左旋轉。❿覆手　手掌向下。右手從弓背上取矢，手掌朝下更為方便。⓫眾賓未拾取矢　眾賓不輪流去插箭器上取矢。因眾賓初射，無箭矢放於插箭器上，故須由堂西取矢，而不是取先射之矢。⓬請釋獲于賓　向主賓請示放算籌於地，用以統計射中次數。獲，射中之稱，用籌碼計之。⓭視之　視察教導之意。指察看並教其放置算籌於左右，及數算籌報告勝負諸事。⓮鹿中　即中，古代行射禮時用以盛算（竹籌）之具。刻木為鹿形，前足屈跪，鑿背為口，射中，納算於口以記數。士行射禮於榭用鹿中，大夫行射禮於序則用兕中。⑮筭　算籌，古時計數的工具。⑯實八筭于中　把八根算籌放入鹿中。因每耦二人，每人四支箭，射中一次放一根算籌，故需放八根。⑰橫委其餘于中西南末　把餘下算籌橫著放在鹿中西側，其末端朝向南。委，堆積。末，末端；尾端。⑱不貫不釋　不射中並穿透箭靶不放算籌。貫，射中穿透之意。⑲釋獲　把算籌放在地下。⑳每一个釋一筭　每射中一矢放置一支算籌。㉑反委之　如果有餘下之算籌，則回身將其放置在鹿中西側。㉒就其耦　大夫去其射耦之南就位。大夫之射耦為士，位在司射之南，大夫又在其耦南。㉓司射所作唯上耦　司射只命上耦射，其餘各耦則接續參射，不待命。㉔餘獲　剩餘的算籌。如果無餘籌，放算籌者就空手登階報告。㉕兼束之以茅　大夫所用之矢，四矢一束，以茅草束起。㉖上握焉　捆束的位置在手握處上方。一般手握箭杆中間，則束在中間稍上之位。㉗乘矢如初　司馬所用四支箭仍如前的儀節。或指不用茅草束縛，與大夫之矢不同。㉘先數右獲　先數右側算籌。計上射射中之算籌放在右側，先數右側算籌，尊上射也。㉙二筭為純　兩支算籌為一純。純，全，謂陰陽相合成一對。㉚縮而委之　縱向堆積於地上。記錄和放置算籌的人面向東，縱向則指東西向。㉛橫於下　餘數不足十純，則把餘下算籌橫向放在西側。橫，南北向。㉜奇則又縮諸純下　單個算籌又縱向放在餘純的南側。㉝兼斂筭　把算籌收斂起來。㉞賢獲　得勝一方的算籌。賢，猶「勝」。㉟豐　古代承放酒器的托盤，形如豆，稍低而大。㊱右加弛弓于其上　右手把解弦之弓放在左手上。弛弓，解弦不用之弓，與張弓對言，張弓為上弦待用之弓。㊲遂以執弣　接著用左手持弓把中部。㊳有執爵者　有專設之持爵酌酒者。此執爵者是主人使贊禮者充任，以代替弟子酌酒。因弟子亦須參射，無暇於此。㊴特升飲　一人獨自上堂飲酒。㊵徹　撤除；撤去。㊶俎與薦皆三祭　用折俎與脯醢祭射侯要祭三次。即祭射侯之中和左右各一次。㊷人　指主人之贊禮者。㊸右个　射布東側立柱。㊹辟設于乏南　避開正位設在乏之南側。凡設薦俎，皆在受祭者前面陳放，此在右側，故言辟。辟，通「避」。

【語　譯】司射把教鞭倚置於西階西側，上堂，請主賓射，禮儀與開始時同。主賓允諾。賓、主人、大夫如果都參加射箭，則隨即以此告知賓，並去東階上方告知主人。主人與主賓結為射耦。接著告知大夫，大夫雖然人數多，也都要與士結成射耦。並將其耦告知大夫說：「某人侍奉您射箭。」司射在西階上方，面向北，請大家射箭。司射下堂，把教鞭插於腰帶間，由司馬的南側繞向堂西，與眾耦併排站立。眾賓客將要參加射箭者都下堂，由司馬的南側轉向堂西，接續三耦西側依序站立，以東方為上位。大夫的射耦在上位，如有面朝東而立者，則以北方為上位。主賓、主人和大夫皆未下堂，司射於是把眾賓的射耦組合完畢。

接著命三耦輪流取矢，然後司射返回原位。三耦輪流取矢，都袒露左臂，在拇指上套上扳指，穿好皮製護袖，拿著弓，前行立於司馬的西南面。司射命上耦取矢，司射返回原位。上耦揖而後前行，至插箭器對面向北揖，到達插箭器處又揖。上射面向東，下射面向西。上射揖而前行至插箭器處，坐下，左手橫向持弓，仰右手從弓下取一矢，把矢並置於弓把中部，用右手理順箭羽，同時站起。右手執弓弦，向左旋轉，退返原位，面向東一揖。下射前進，坐下，左手橫向持弓，右手手心向下，從弓之上部取一矢，站起來，其他禮儀與上射相同。上下射輪流取四矢完畢，拱手行禮，都向左轉，面向南一揖，皆稍稍前進，至與插箭器相對處南側，都向左轉，面朝北，把三支矢插入腰帶間而用二、三指夾一矢。拱手為禮，都向左轉，上射在右面，和前往取箭者在左側相交錯走過，相互一揖，退返原位。三耦輪流取矢，禮儀亦與此相同。最後一位（即下耦之下射）取回司射用於教射之矢，一併取回四支箭，在堂之西側將箭交給有司，而後返回原位。眾賓不輪流去插箭器處取矢，他們都袒露左臂，套上扳指，穿上皮製護袖，持弓，把三矢插於腰帶間，夾一矢於二、三指間，由堂下西側南行，挨著三耦之南面站立，面向東，以北方為上位。大夫之射耦居上位。

司射使人射箭，儀式如初。一耦揖而升堂，亦如初。司馬命釋獲者離開射布，釋獲者許諾。司馬下堂，放下弓返回原位。司射仍然夾持一矢，去掉教鞭，和司馬在階前交錯走過，升堂，向主賓請示放算籌於地，主賓許諾。司射下堂，插教鞭於腰帶間，面向西站在將要設置鹿中處的東側，再面向北命令釋獲者設置鹿中，並察看指導釋算方法。釋算者持鹿中，另一人持算籌跟著他。釋獲者坐下，設置鹿中，南面對著插箭器，西面對著堂上西間牆，朝向東陳放。釋獲者起立，接受算籌，坐下，把八支算籌放入鹿中，把餘下算籌橫著放在鹿中西側，尾端朝南。然後站起來，恭立等候。司射接著前行，由堂下面向北命令說：「不射中並射穿箭靶的不放算籌。」上射對司射一揖，司射退後，返回原位。釋獲者坐下取出鹿中所盛八支算籌，另放八支算籌於鹿中，然後站起來，持算籌等候。

接著開始射箭，如果射中，則釋獲者坐下放置算籌，每射中一矢放置一籌。上射的算籌放在右側，下射的算籌放在左側，如果有剩餘的算籌，則反身將其放在鹿中西側。又取出鹿中所盛八支算籌，另放八支算籌入鹿中。然後站起來，持算籌等候，直至三耦射箭完畢。

賓、主人、大夫拱手為禮，都由各自臺階下堂，又拱手為禮。主人至堂下東側袒露左臂，套上扳指，左臂套上皮製護袖，持弓，插三矢於腰帶間，夾一矢於右手二、三指間。主賓在堂下西側，其儀節亦如主人。賓主皆經由各自臺階，在階下相互為揖，升堂又相揖。主人為下射，與主賓都在對著各自射位處，面向北揖，到達射位又揖，然後開始射箭。射畢，面向南揖，都經由各自臺階，在階上相揖，下堂又揖。主賓在西間牆西側，主人在東間牆東側，都放下弓，脫掉扱指和護袖，穿好衣服，返回原位。登堂時，到階前相揖，升堂再揖，都各自入席。

大夫袒露左臂，套上扱指，穿好護袖，手持弓，插三矢於腰帶間，夾一矢於右手二、三指間，經由堂西從司射西側繞過，去其射耦之南就位。大夫為下射，揖而前進，其射耦稍稍後退。他們拱手為禮之儀如同三耦一樣。到達階前，其射耦先上堂。射箭完畢，相互為揖與登堂射箭時的禮儀相同，大夫之射耦先下堂，降階後，稍稍後退。大夫與其射耦都放弓於堂西，穿好衣服。大夫的射耦停留在堂西，大夫升堂入席。

眾賓繼續射箭，放置算籌皆如前述。司射只命上耦射，其餘各耦接續參射。射箭完畢，釋獲者就拿著剩餘算籌由西階升堂，升至最後一級臺階，不上堂。向主賓報告說：「上下射已射箭完畢。」然後下堂，返回原位，坐下，把剩餘算籌放在鹿中西側，站起來恭立等候。

司馬袒露左臂，套上扱指，持弓上堂，命令取矢如初儀。釋獲者許諾，執旗背向射布站立，如初儀。司馬下堂，放下弓，返回原位。弟子們放置箭矢如初儀。大夫所用之矢，四矢一束，用茅草束起，捆束位置在手握處上方。司馬所用四支箭仍如前。

司射接著去往西階西側，放下弓，去掉教鞭，穿好上衣；由鹿中東側前行，站在鹿中之南，面向北察看算籌。釋獲者在鹿中西側面向東坐，先數右側的算籌。兩支算籌合為一純，一純一純地拾取，放在左手，數夠十純就縱向堆放地上，每十純為一堆，彼此區分；有不足十數的餘純，就把餘下的純橫向放在西側。一支算籌稱為奇數，奇數算籌縱向放在餘純之南。然後站起來，從鹿中東面走到左邊下射的算籌處，面向東；坐下，把算籌收集起來，放在左手，一純一純地放到地上，放夠十純則另放一堆以區別，其餘作法與上射數算籌方法同。司射返回原位。接著釋獲者進前取得勝者的算籌，持之由西階升階，上到最後一級臺階，不升堂，向主賓報告射箭比賽勝負情況。如果是上射獲勝，就報告說：「右賢於左。」如果是下射獲勝，就報告說：「左賢於右。」以所勝算籌純數報告，如果所勝有奇數，也以奇數告。如果左右比射結果為平局，就左右各執一算籌，報告說：「左右均等。」然後降階回到原位，坐下，把算籌收斂起來，把八支算籌放入鹿中，把其餘算籌放在鹿中西側；站起來，恭敬等候。

司射前往堂下西側，命令弟子們設置豐。弟子們捧豐上堂，擺放在西楹柱西側，就下堂去了。獲勝者的弟子清洗酒觶，升堂把觶中舀滿酒，面朝南坐下，放觶於豐上。然後下堂，袒露左臂，持弓，返回原位。接著司射袒露左臂，持弓，二、三指間夾持一矢，插教鞭於腰帶間，站在三耦南側，面向北，對三耦及眾賓命令說：「獲勝者都袒露左臂，套上扳指，穿好皮製護袖，持上弦之弓。未獲勝者都穿好衣服，脫去扳指和護袖，左手手掌朝上，右手把解弦之弓放在左手上，接著用左手拿著弓把中部。」司射先返回原位，三耦及眾位參射者都和各自射耦前行，站到自己的射位，以北方為上位。司射命飲者升堂，與使射者升堂就射之儀同。一耦前進，拱手為禮如升射之儀，到臺階前，勝者先登階升堂，稍靠向右邊。不勝者升堂前行，至豐處面向北坐下，從豐上取酒觶；然後站起來，稍稍後退，站著把酒喝乾；再前行，坐下，把觶放在豐下；再站起來，拱手為禮。不勝者先下堂，與升飲者在階前相互由左側交錯走過，相互一揖；從司馬的南面轉向堂下西側，放下弓，穿好衣服等候。有專設的持爵酌酒者。執爵者坐下取觶，舀滿酒，反身放於豐上。接下來升堂飲酒的儀節與前同。三耦依次飲酒完畢。主賓、主人、大夫不勝，則不持弓。執爵者取觶下堂清洗，升堂舀滿酒，至席前授給他們。受觶者持觶到西階上方，面向北，站立飲酒；把酒喝乾，授觶給執爵者，反身入席。大夫飲酒，則其射耦不升堂。如果大夫的射耦不勝，也要持解弦之弓，獨自一人升堂飲酒。眾賓接續飲酒，全都飲酒完畢，就撤去豐和觶。

司馬清洗酒爵，升堂舀滿酒，持之下堂，至射布下向報靶人獻酒。有司為其進獻乾肉和肉醬，擺設放有肢解開牲體的俎，用折俎與脯醢祭都要祭三次。報靶人背對射布站立，面向北行拜禮，接受酒爵，司馬面向西行拜禮送上酒爵。報靶人持酒爵，使贊禮者持脯醢與折俎從其後。至射布東側立柱處，擺設脯醢、折俎於其前。報靶人面向南坐下，左手持爵，右手以脯醢祭祀，然後持爵站立，從俎上取肺，坐下以肺祭，接著以酒祭；站起來，到射布西側立柱處，再至射布中央，其祭祀儀節皆如前。在射布西側立柱西北三步處，面向東擺設脯醢和折俎。報靶人在脯醢右側面向東站立飲酒，飲酒完畢不行拜禮。司馬接過酒爵，放入圓竹筐中，回到原位。報靶人執脯醢，使贊禮者執折俎從其後，避開正位擺設在避箭掩體南側。報靶人背對射布站立等候。

司射去至階西，放下弓矢，去掉教鞭，脫下扳指和護袖，穿好衣服；然後去洗前清洗酒爵，上堂將爵舀滿酒，持之下堂，在釋獲者位置稍南處向其敬酒。有司進獻脯醢和折俎，又進行祭祀。釋獲者在脯醢等祭物右側面向東行拜禮，接受酒爵，司射面向北行拜禮送上酒爵。釋獲者靠近祭物坐下，左手持酒爵，右手以脯醢祭；站起來取肺，坐下以肺祭，接著以酒祭；再站起來，在司射西側面向北站著飲酒，飲完酒不行拜禮。司射接過酒爵，放在圓竹筐內。釋獲者稍靠西避開設置祭物的正位，返回原位。

司射適堂西，袒決遂，取弓于階西，挾一个，搢扑，以反位。司射去扑，倚于階西，升，請射于賓，如初。賓許，司射降，搢扑，由司馬之南適堂西，命三耦及眾賓皆袒決遂，執弓就位。司射先反位。三耦及眾賓皆袒決遂，執弓，各以❶其耦進，反于射位。

司射作拾取矢。三耦拾取矢如初，反位。賓、主人、大夫降揖如初。主人堂東，賓堂西，皆袒決遂，執弓皆進；階前揖，及楅揖，拾取矢如三耦。卒，北面搢三挾一个，揖退。賓堂西，主人堂東，皆釋弓矢，襲；及階揖，升堂揖，就席。大夫袒決遂，執弓，就其耦，揖，皆進，如三耦。耦東面，大夫西面。大夫進坐，說矢束❷，興，反位。而后耦揖進，坐，兼取乘矢，順羽而興❸，反位，揖。大夫進，坐，亦兼取乘矢，如其耦，北面，搢三挾一个，揖退。耦反位，大夫遂適序西，釋弓矢，襲，升即席。眾賓繼拾取矢，皆如三耦，以反位。

司射猶挾一个以進，作上射如初。一耦揖升如初。司馬升，命去侯，獲者許諾。司馬降，釋弓，反位。司射與司馬交于階前，去扑，襲，升，請以樂樂于賓❹，賓許諾。司射降，搢扑，東面命樂正曰：「請以樂樂于賓，賓許。」司射遂適階間堂下北面命曰：「不鼓不釋❺。」上射揖。司射退，反位。樂正東面命大師曰：「奏〈騶虞〉❻，間若一❼。」大師不興，許諾。樂正退，反位。

乃奏〈騶虞〉以射。三耦卒射，賓、主人、大夫、眾賓繼射，釋獲如初。卒射，降。釋獲者執餘獲，升告左右卒射，如初。

司馬升，命取矢，獲者許諾。司馬降，釋弓，反位。弟子委矢，司馬乘之，皆如初。

司射釋弓，視筭，如初。釋獲者以賢獲與鈞告❽，如初。降，復位。

司射命設豐，設豐、實觶如初；遂命勝者執張弓，不勝者執弛弓，升飲如初。

司射遂袒決遂，左執弓，右執一个❾，兼諸弦❿，面鏃⓫，適堂西，以命拾取矢，如初。司射反位。三耦及賓、主人、大夫、眾賓皆袒決遂，拾取矢，如初。矢不挾，兼諸弦弣⑫以退，不反位，遂授有司于堂西。辯拾取矢，揖，皆升就席。

司射乃適堂西，釋弓，去扑，說決拾，襲，反位。司馬命弟子說侯之左下綱而釋之，命獲者以旌退，命弟子退福。司射命釋獲者退中與筭而俟。

【章　旨】本章記述第三番射之禮儀，參加人員和基本儀節與第二番射大致相同，包括請射命耦，參射者拾取矢，司射請以樂節射，射者按音樂節奏發射，以及數算籌、飲不勝者、拾取矢、解侯等項。不同之處是要求射與樂和，射者必須在音樂節拍下動作和發射，只有這樣射中才有效，體現用射事培養和觀察人之德行的重要功能。

【注　釋】❶以　與。❷說矢束　解開用茅草捆束之矢。大夫之矢原以茅草束之，因將射欲用，故解開。說，通「脫」。❸順羽而興　把箭尾理順為同一方向而後站起。羽，箭尾端所繫的羽毛。❹以樂樂于賓　向主賓請示演奏樂曲為賓娛樂。前「樂」字為名詞，音樂、樂曲之意；後「樂」字為動詞，娛樂之意。❺不鼓不釋　射箭時動作不與鼓樂相和諧，雖射中亦不放算籌。❻騶虞　《詩經・召南》篇名。全詩六行，二十六字，從文義看是讚美獵人技藝超群的短詩。凡《詩》皆可入樂，故又為樂章名。據《墨子・三辯》言，為周成王據先王之樂所製，行射禮時奏此樂章以為節律。詩中有「壹發五豝」（一箭射死五隻公野豬），「壹發五豵」（一箭射死五隻小野豬）之語，注家以為此樂章喻多得賢者之義。❼閒若一　演奏時各節間隔要統一。奏樂節射，要唱詩擊鼓，每一曲終為一節，鄉射禮要奏五節，各節用時長短應該是相同的。❽以賢獲與鈞告　把勝者所勝算籌數或賽成平局的情況向主賓報告。❾右執一个　右手持一矢。執與挾有別，執矢是把矢順併於弦而持之。❿兼諸弦　與弓弦順併。⓫面鏃　箭鏃向上。鏃，箭頭。⓬兼諸弣　將一矢順併於弓弦，三支順併於弓把。

【語　譯】司射走到堂下西側，袒露左臂，套上扳指，穿上皮製護袖，從西階西側取弓，夾一矢於二、三指間，插教鞭於腰帶間，返歸原位。司射除下教鞭，將其倚置於西階西側，上堂向主賓請射，儀節如前。主賓許諾，司射下堂，插教鞭於腰帶間，由司馬的南側走到堂西，命令三耦和眾賓都袒露左臂，套上扳指，穿上皮製護袖，持弓各就其位。司射先返歸原位。三耦及眾賓都袒露左臂，套上扳指，穿上護袖，持弓，各自和他們的射耦前行，返回自己的射位。

司射命參射者輪流取矢，三耦輪流取矢如前儀，然後返回原位。主賓、主人、大夫下堂作揖如初儀。主人在堂下東側，主賓在堂下西側，都袒露左臂，套上扳指，穿上皮製護袖，皆持弓前進；至臺階前揖，到插箭器前揖，像三耦那樣輪流取箭矢。取矢完畢，面向北，插三矢於腰帶間，夾一矢於二、三指間，作揖而退。主賓至堂西，主人至堂東，都放下弓箭，穿好衣服；行至階前揖，上堂又揖，然後就席。大夫袒露左臂，套上扳指，穿好皮製護袖，持弓就其射耦，揖，與其射耦同進，如三耦之儀。大夫的射耦面向東，大夫面向西。大夫行至插箭器前坐下，解開用茅草捆束的矢，站起來返回原位。然後其射耦揖而前行，至插箭器前坐下，一次兼取四矢，把箭尾理順為同一方向而後起立，返回原位，又一揖。大夫行至插箭器前坐下，也一次兼取四矢，與其射耦同，面向北，插三矢於腰帶間，夾一矢於二、三指間，揖而後退下。其射耦返回射位。大夫走到西間牆西側堂下，放下弓矢，穿好衣服，上堂入席。眾賓繼續輪流取矢，都同三耦一樣，持矢返回射位。

司射仍然夾持一矢前進至上耦前，命上射上堂參射如初儀。每一耦皆相揖而上堂如初儀。司馬升堂，命令報靶人離開射布，報靶人應諾。司馬下堂，放下弓，返回原位。司射和司馬在階前交錯而過，除去教鞭，穿好衣服，上堂，向主賓請示奏樂以為娛樂，主賓許諾。司射下堂，插教鞭於腰帶間，面向東命樂正說：「向主賓請示奏樂以為娛樂，主賓已然許諾。」司射接著走到兩階之間，在堂下面向北命令說：「射箭動作如不與鼓樂節律相和諧，雖射中亦不放算籌。」上射對司射一揖，司射退下，返回原位。樂正面向東命令大師說：「演奏〈騶虞〉，各節間的間隔要一致。」大師不起立，應諾。樂正退下，返回原位。

於是演奏〈騶虞〉以節制射箭動作。三耦射箭完畢，主賓、主人、大夫、眾賓接著射，射中者放置算籌如初儀。全體參射者都射箭完畢，下堂。釋獲者持餘下的算籌，上堂報告各耦上下射都已射完，儀節亦如前。

司馬升堂，命令取矢，報靶人應諾。司馬下堂，放下弓，返回原位。弟子們把矢放在插箭器上，司馬按四支一組分數，皆如初儀。

司射放下弓，察看算籌如初儀。釋獲者把勝者所勝算籌數或賽成平局的情況向主賓報告，如初儀。然後下堂，回到原位。

司射命令弟子設置豐，弟子們設豐，把觶舀滿酒，皆如前；接著司射命得勝者持上弦之弓，不勝者持解弦之弓，上堂飲酒皆如初儀。

司射接著袒露左臂，套上扳指，穿好皮製護袖，左手持弓，右手持一矢，與弓弦順併在一起，箭頭朝上方，走到堂下西側，命令輪流取矢，如初儀。司射回到原位。三耦及主賓、主人、大夫、眾賓都袒露左臂，套上扳指，穿好皮製護袖，接著輪流取矢如初儀。不用二、三指夾一矢，而將一矢順併於弓弦，三矢併於弓把，持之退下，不返歸原位，即在堂西將弓矢交給有司。參射者都輪流取矢一遍，相互拱手為禮，皆上堂入席。

司射走到堂西，放下弓，脫下扳指和護袖，穿好衣服，回到原位。司馬命弟子解下射布左下端粗繩，並放開，命報靶人持旗退下，命弟子把插箭器撤下。司射命釋獲者撤下鹿中和算籌，在堂下西側等候。

司馬反為司正❶，退復觶南❷而立。樂正命弟子贊工即位❸。弟子相工，如其降也，升自西階，反坐。賓北面坐，取俎西之觶，興，阼階上北面酬主人。主人降席，立于賓東。賓坐奠觶，拜，執觶興，主人荅拜。賓不祭，卒觶，不拜，不洗，實之，進東南面。主人阼階上北面拜，賓少退。主人進受觶，賓主人之西北面拜送。賓揖就席。主人以觶適西階上酬大夫，大夫降席，立于主人之西，如賓酬主人之禮。主人揖，就席。若無大夫，則長受酬❹，亦如之。司正升自西階，相旅❺，作受酬者曰：「某酬某子❻。」受酬者降席。司正退立于西序端，東面。眾受酬者拜，興，飲，皆如賓酬主人之禮。辯，遂酬在下者❼；皆升，受酬于西階上。卒受者以觶降，奠于篚。

司正降復位，使二人舉觶于賓與大夫。舉觶者皆洗觶，升實之，西階上北面，皆坐奠觶，拜，執觶興。賓與大夫皆席末荅拜。舉觶者皆坐祭，遂飲，卒觶，興；坐奠觶，拜，執觶興。賓與大夫皆荅拜。舉觶者逆降，洗，升實觶，皆立于西階上，北面，東上。賓與大夫拜。舉觶者皆進，坐奠于薦右。賓與大夫辭，坐受觶以興。舉觶者退反位，皆拜送，乃降。賓與大夫坐，反奠于其所，興。若無大夫，則唯賓❽。

司正升自西階，阼階上受命于主人，適西階上，北面，請坐于賓，賓辭以俎❾。反命于主人，主人曰：「請徹俎。」賓許。司正降自西階，階前命弟子俟徹俎。司正升，立于序端。賓降席，北面。主人降席自南方，阼階上北面。大夫降席，席東南面。賓取俎，還授司正。司正以降自西階，賓從之降，遂立于階西，東面。司正以俎出，授從者。主人取俎，還授弟子。弟子受俎，降自西階以東。主人降自阼階，西面立。大夫取俎，還授弟子。弟子以降自西階，遂出授從者。大夫從之降，立于賓南。眾賓皆降，立于大夫之南，少退，北上。

主人以賓揖讓，說屨，乃升。大夫及眾賓皆說屨，升，坐。乃羞，無筭爵。使二人⑩舉觶。賓與大夫不興，取奠觶飲，卒觶不拜。執觶者受觶，遂實之。賓觶以之主人，大夫之觶長受⑪，而錯⑫，皆不拜⑬。辯，卒受者興，以旅在下者⑭于西階上。長受酬，酬者不拜，乃飲，卒觶，以實之。受酬者不拜受。辯旅，皆不拜。執觶者皆與旅。卒受者以虛觶降，奠于篚。執觶者洗，升實觶，反奠于賓與大夫。無筭樂⑮。

賓興，樂正命奏〈陔〉⑯。賓降及階，〈陔〉作。賓出，眾賓皆出。

主人送于門外，再拜。

明日，賓朝服以拜賜于門外，主人不見[17]。如賓服，遂從之，拜辱于門外，乃退。

主人釋服，乃息司正。無介，不殺。使人速[18]。迎于門外，不拜，入升，不拜至，不拜洗。薦脯醢，無俎。賓酢主人，主人不崇酒[19]，不拜眾賓。既獻眾賓，一人舉觶，遂無筭爵。無司正。賓不與。徵唯所欲[20]，以告於鄉先生、君子可也。羞唯所有，鄉樂唯欲[21]。

【章旨】本章記述射事完畢賓燕飲慶賀諸禮儀，包括旅酬，司正使二人舉觶，撤俎，坐燕無算爵無算樂，送賓，明日賓拜賜，主人息司正諸項，與鄉飲酒禮儀節大致相同。

【注釋】❶司馬反為司正　司馬復行司正之職。未射前主人使相為司正，使監旅酬，不使失正。因未旅而射，改司正為司馬，射畢又使司馬復為司正，仍行原職。❷復觶南　又回到觶的南側。射前司正放觶於中庭，在觶南面北而立，此時再次返回原位。❸贊工即位　扶助樂工上堂就位。樂工原在堂上，因避射由弟子扶助遷往東階下，今射畢故復位。❹長受酬　眾賓之年長者接受主人敬酒。長，指三位在堂上的眾賓之長者，是由眾賓中選出的代表，主人按長幼之序向三人敬酒。❺相旅　輔助主人主持眾賓相互敬酒。旅，眾，指參加飲酒的眾賓相互敬酒。❻某酬某子　某某向某先生敬酒。某，指敬酒者之字，稱字表尊敬。某子，指接受敬酒者，子為先生之意，稱子比稱字更為尊崇。❼在下者　指堂下眾賓。❽若無大夫則唯賓　如果沒有大夫參加，就只有主賓一人，則用一人舉觶。❾賓辭以俎　主賓以俎尚在堂而推辭不肯燕坐。俎中盛放祭物，為肴中之貴物，未撤去前不敢燕坐，以免褻瀆。❿二人　即前段司正使舉觶與賓、大夫之二人，亦主人之屬役。⓫大夫之觶長受　眾賓之長接受大夫的酒觶，亦即接受大夫的勸酒。⓬錯　交錯接受勸酒。指主人接受賓之觶，眾賓之長接受大夫之觶，相互交錯進行之意。⓭皆不拜　喝完酒之後都不行拜禮。⓮旅在下者　按序為堂下眾賓敬酒。在下者，指堂下眾賓及主人之贊禮者。⓯無筭樂　演奏鄉樂不限次數，盡歡而止。⓰陔　〈陔夏〉，古樂章名。為九夏之一。陔有戒義，終日燕飲，酒罷，奏〈陔夏〉以為節，明不失禮。其詩已佚。本書〈鄉飲酒禮〉有「賓出，奏〈陔〉」。此亦賓出所奏樂章。⓱主人不見　主人不在家中會見主賓。何以不見，據賈公彥《疏》云：「禮不欲數，數則瀆。」恐反覆相見，對禮有所褻瀆。⓲速　召請。指召請司正。⓳不崇酒　不推重己酒。⓴徹唯所欲　只召請所願意召請之人。㉑鄉樂唯欲　演唱鄉樂只選擇樂聽的樂章。鄉樂，指雅、頌外之〈周南〉、〈召南〉諸樂歌。

【語　譯】司馬復行司正的職責，又返回觶之南面原位站立。樂正命令弟子扶助樂工上堂就位。弟子扶助樂工像下堂時那樣，從西階上堂，然後返回原位坐下。主賓面向北坐下，取俎西側之觶站起來，至東階上方面朝北向主人敬酒。主人走下席位，站在主賓東面。主賓坐下，放下酒觶向主人行拜禮，然後持觶站起，主人答拜。主賓不以酒祭，喝完酒不行拜禮，不清洗酒觶，將觶中舀滿酒，前行，面向東南站立。主人在東階上方面向北行拜禮，主賓稍稍後退。主人進前接受觶，主賓在主人西側面向北拜送。主賓揖而入席。主人持觶至西階上方向大夫敬酒，大夫走下席位，站在主人的西面，與主賓向主人敬酒的禮儀相同。主人揖而後入席。如果沒有大夫參加，則眾賓之年長者接受主人敬酒，亦與前同。司正由西階上堂，輔佐主人主持眾賓相互依序敬酒，對接受敬酒者說：「某某人向您先生敬酒。」接受敬酒者走下席位。司正退後，站在西間牆前端，面向東。眾位接受敬酒者行拜禮，站立飲酒諸儀節，都與主賓向主人敬酒的禮儀相同。堂上敬酒已遍及諸人，接著就向堂下眾賓敬酒；眾賓都依序升堂，在西階上方接受敬酒。接受完敬酒者持觶下堂，放觶於堂下圓竹筐中。

司正下堂返回原位，命主人二贊者舉觶至主賓和大夫席前。舉觶者都要清洗酒觶，上堂將觶中舀滿酒，至西階上方面朝北，都坐下放下觶行拜禮，然後持觶站起。主賓和大夫都在其席位末端答拜。舉觶者坐下以酒祭，接著飲酒，把酒喝乾後站起來；再坐下放下酒，行拜禮，持觶站立。主賓和大夫皆答拜。舉觶二人以與上堂相反次序下堂，清洗酒觶，上堂將觶中舀滿酒，都站立在西階上方，面朝北，以東方為上位。主賓與大夫行拜禮。舉觶者都向前行，坐下，把觶放在脯醢的右側。主賓和大夫辭謝，坐下接受酒觶後持之站起。舉觶者後退，返回原位，皆拜送觶，然後下堂。主賓與大夫坐下，把觶放回原來所放之處，站起來。如果沒有大夫參加，就只為主賓一人舉觶。

司正由西階升堂，在東階上方接受主人命令後，至西階上方，面向北，請主賓安坐，主賓以俎尚在堂，不敢安坐而推辭。司正返回向主人覆命，主人說：「去請求撤去俎。」主賓許諾。司正由西階下堂，在階前命弟子們等候撤俎。司正上堂，站在西間牆前端。主賓走下席位，面朝北方。主人從南面走下席位，至東階上方，面向北。大夫走下席位，在席位東側，面向南。賓取俎，反身交給司正。司正持俎由西階下堂，主賓隨他下堂，就站立在西階西側，面向東。司正持俎出來，交給隨從的人。主人取俎，轉身交給弟子。弟子接過俎，由西階下堂，往東走交給主人的侍者。主人由東階下堂，面朝西站立。大夫取俎，轉身交給弟子。弟子持俎由西階下堂，隨即走出去交給隨從的人。大夫亦隨之下堂，站在主賓南面。眾賓也都下堂，站立在大夫的南面，稍稍退後一點，以北方為上位。

主人和主賓相互揖讓，脫掉鞋子，而後上堂。大夫及眾賓也都脫鞋，升堂入坐。接著就獻上美味食品，賓主燕飲不限爵數。司正派二個人舉觶向主賓和大夫敬酒。主賓和大夫不站起來，取放在身旁之觶飲酒，把酒喝乾不行拜禮。持觶之人接過酒觶，隨即舀滿酒。主人接受主賓之觶，眾賓之長者接受大夫之觶，相互交錯進行，都不行拜禮。敬酒已遍及堂上諸人，最後一位接受敬酒者站起來，在西階上方按序為堂下諸人敬酒。堂下之年長者先接受敬酒，敬酒者不行拜禮，即飲酒，喝完酒，又把觶舀滿酒。接受敬酒者不行拜禮而受觶。依序敬酒遍及堂下諸人，都不行拜禮。持觶之人也參與相互敬酒。最後一位接受敬酒者持空觶下堂，放觶於堂下圓竹筐內。持觶之人洗觶，上堂把觶中舀滿酒，再放在主賓與大夫席前。合奏鄉樂不限次數，盡歡而止。

主賓站起來，樂正命令奏〈陔夏〉樂章。主賓下堂至臺階，〈陔夏〉樂聲響起。主賓出門，眾賓都出門。主人送至門外，行再拜禮。

第二天，主賓身穿朝服至主人門外拜謝所賜恩惠，主人不於家中會見主賓。而是穿上與主賓同樣服飾，跟隨主賓之後，在門外拜謝其屈尊光臨，然後返回。

主人脫下朝服，於是就慰勞司正。沒有介，不殺牲。派人召請司正。主人在門外迎接，不行拜禮，入門升堂，主人不拜謝其光臨，不拜謝洗酒觶。進獻乾肉和肉醬，不設折俎。來賓向主人敬酒，主人不推重己酒，不拜謝眾賓客。向眾賓獻酒完畢，命一人舉觶，賓主即開始燕飲，不限爵數。不設司正監酒。主賓不參加燕飲。只召請主人願意召請的客人，對鄉先生和德高望重的君子邀請與否皆可。進獻食品以家中所有為限，演唱鄉樂只選取所樂聽的樂章。

〔記〕

大夫與，則公士❶為賓。使能不宿戒❷。其牲狗也，亨于堂東北。尊綌冪❸，賓至，徹之。蒲筵，緇布純。西序之席，北上。獻用爵，其他用觶。以爵拜者不徒作❹。薦脯用籩，五膱❺，祭半膱，橫于上。醢以豆，出自東房。膱長尺二寸。俎由東壁，自西階升。賓俎，脊、脅、肩、肺。主人俎，脊、脅、臂、肺。肺皆離❻。皆右體也。進腠❼。凡舉爵，三作而不徒爵❽。凡奠者於左，將舉者於右。眾賓之長一人辭洗，如賓禮。若有諸公❾，則如賓禮，大夫如介禮。無諸公，則大夫如賓禮。樂作，大夫不入。樂正與立者齒❿。三笙一和而成聲⓫。獻工與笙，取爵于上篚。既獻，奠于下篚。其笙，則獻諸西階上。立者⓬東面北上。

司正既舉觶，而薦諸其位。三耦者使弟子。司射前戒之⑬。司射之弓矢與扑，倚于西階之西。司射既袒決遂而升，司馬階前命張侯，遂命倚旌。

凡侯：天子熊侯⑭，白質⑮；諸侯麋侯，赤質；大夫布侯，畫以虎豹；士布侯，畫以鹿豕。凡畫者，丹質⑯。射自楹間。物長如笴⑰，其間容弓⑱，距隨長武⑲。序則物當棟，堂則物當楣⑳。命負侯者，由其位㉑。

凡適堂西，皆出入于司馬之南。唯賓與大夫降階，遂西取弓矢。旌，各以其物㉒。無物，則以白羽與朱羽糅㉓。杠長三仞㉔，以鴻脰韜上㉕，二尋㉖。凡挾矢，於二指之間橫之。司射在司馬之北。司馬無事不執弓。

始射，獲而未釋獲㉗；復，釋獲；復，用樂行之。上射於右。楅長如笴，博三寸，厚寸有半，龍首，其中蛇交㉘，韋當㉙。楅髤㉚，橫而奉之㉛，南面坐而奠之，南北當洗㉜。射者有過則撻之㉝。眾賓不與射者，不降。

取誘射之矢者㉞，既拾取矢，而后兼誘射之乘矢而取之。賓、主人射，則司射擯升降㉟，卒射即席，而反位卒事。鹿中髤，前足跪㊱，鑿背容八筭。釋獲者奉之，先首[37]。大夫降，立于堂西以俟射。大夫與士射，袒薰襦[38]。耦少退于物[39]。司射釋弓矢，視筭。與獻釋獲者釋弓矢。禮射不主皮[40]。主皮之射者，勝者又射，不勝者降。主人亦飲于西階上。獲者之俎，折脊、脅、肺、臑[41]。東方謂之右个[42]。釋獲者之俎，折脊、脅、肺，皆有祭[43]。大夫說矢束，坐說之。歌〈騶虞〉，若〈采蘋〉，皆五終[44]。射無筭[45]。古者於旅也語[46]。凡旅，不洗。不洗者，不祭。既旅，士不入。大夫後出，主人送于門外，再拜。鄉侯[47]，上个五尋[48]，中十尺[49]。侯道五十弓[50]，弓二寸以為侯中[51]。倍中以為躬[52]，倍躬以為左右舌[53]。下舌半上舌[54]。箭籌八十[55]，長尺有握[56]，握素[57]。楚扑長如笴[58]，刊本尺[59]。君射，則為下射。上射退于物一笴，既發，則荅君而俟[60]。君樂作而后就物。君袒朱襦以射。小臣以巾執矢以授[61]。若飲君，如燕，則夾爵[62]。君，國中射，則皮樹中[63]，以翿旌獲[64]，白羽與朱羽糅；於郊，則閭中[65]，以旌獲。於竟[66]，則虎中龍旜[67]。大夫，兕[68]中，各以其物獲。

士，鹿中，翿旌以獲。唯君有射于國中，其餘否。君在，大夫射，則肉袒。

【章旨】本章為〔記〕，內容比較瑣細，概而言之可分三方面。一是對所用器物之細節描述和細微禮節的補充說明。二是指出不同身分地位之人所用器物和所行儀節亦有別。如天子、諸侯、大夫、士所用射布中央的圖形和底色不同，唯有國君參射的地點在都城內，其儀節也要隆重得多，從而顯示等級高下之別。三是提出「禮射不主皮」、「古者於旅也語」等項，則為對經義的揭示和對古禮的補記。

【注釋】❶公士　在官府任職之士。❷使能不宿戒　任用賢能之人，不須預先訓戒演習。❸尊綌冪　酒尊用粗葛布製成的苦巾遮蓋。冪，覆蓋酒尊的苦巾。❹以爵拜者不徒作　喝乾爵中酒後行拜禮者不平空起立，起立後要以酒回敬。徒，空。❺薦脯用籩二句　進獻五條乾肉為佐酒食品，用籩盛裝。籩，古代燕享時用以盛果脯等食品的竹編食具。五膱，五根乾肉條。膱，猶「脡」，即挺直的乾肉條。❻離　切割開。❼進腠　進獻時肉皮朝上。腠，皮膚文理。❽三作而不徒爵　三次起立敬酒都不是光喝酒，而要同時進獻佐酒食品。❾諸公　大國的孤卿。東周時大國有六卿，掌邦國軍政大權，地位高貴。❿樂正與立者齒　樂正和堂下站立眾賓一起按次序接受敬酒。齒，序，指按序接受敬酒。⓫三笙一和而成聲　三人吹笙一人吹和而奏成樂曲。和，小笙。據《爾雅・釋樂》：「大笙謂之巢，小者謂之和。」大者十九簧，小者十三簧。⓬立者　指堂下站立的眾賓。⓭司射前戒之　司射在開射前對三耦進行訓戒教導。⓮天子熊侯　天子所用箭靶中央畫有熊頭。此處所說熊麋虎豹鹿豕，皆屬獸侯，為燕射所張之侯。因天子、諸侯燕射亦用鄉射之禮，只是所張之侯有異，故於此補敘之。⓯白

質　箭靶的底色為白色。如果不塗底色，就是在白布正鵠處直接畫出上述各種獸頭之像。⑯凡畫者丹質　凡在獸頭周圍畫雲氣為飾，要以淺紅色為底色。⑰物長如笴　射者站位縱畫長度約一箭杆。物，射者站位處，畫十字以為標誌。笴，箭杆，長三尺。⑱其間容弓　兩射位間相距六尺。弓，長度單位，合六尺。⑲距隨長武　射位橫畫長一尺二寸。距隨，射者站立時兩足間的距離。射者先以左足履射位橫畫的東端稱距，又以右足履其西端以合之稱隨。武，足跡，長一尺二寸。⑳序則物當棟堂則物當楣　在州學中行射禮，射位對著屋脊；在鄉學中行射禮，射位對著堂前二梁。序，州學行射禮之所，無室。堂，鄉學行射禮之所，有室。序與堂淺深不同，故射者所站前後位置也不同。㉑命負侯者由其位　司馬在他的位置上命令報靶人背對箭靶。㉒旌各以其物　報靶人所執的旗幟，各用大夫、士平時所立之旗。旌，旗的總名，此泛指各種射禮報靶人所執旗。物，古代九種旗之一，此指大夫、士所立之旗。㉓無物則以白羽與朱羽糅　如果沒有資格用物，就用白色羽毛和紅色羽毛聯綴成旗幟。無物，指小國之州長，為不命之士，不命者無物，平時沒有資格樹立自己的旗幟，行射禮則用白羽朱羽聯綴成旗以備用。㉔杠長三仞　旗杆長三仞。仞，八尺，一說七尺。㉕以鴻脰韜上　旗杆二尋以上處用雁的頸項包裹。鴻脰，鴻雁的頸項。此當為畫雁頸於帛上，用以包之。㉖尋　八尺。㉗獲而未釋獲　宣告射中但不放算籌計數。㉘其中蛇交　楅之形制兩端為龍頭狀，中間為兩蛇相交之狀。㉙韋當　以淺紅色熟皮製成之當，設於楅上以承矢。當，為「襠」之借字，指褲腿相連接處，又指坎肩背心之類。韋當的具體形狀已難確考。㉚楅髹　楅用赤黑色漆漆飾。髹，赤黑色的漆。㉛橫而奉之　設楅之人橫著捧楅，面向南將其放於中庭。奉，《經典釋文》、唐石經諸本作「拳」。朱熹以為「拳當作奉」，後人多從之，本文亦取之。㉜南北當洗　其位置南北與洗相對。㉝射者有過則撻之　射者有大過則以教鞭鞭打於中庭，以示懲罰。過，主要指以箭射傷人之類嚴重過失，非指小過。㉞取誘射之矢者　取司射誘射所用之矢的人。此人為三耦中下耦的下射，為此番最後一個射完之人，故取矢同時將誘射之矢一併取回。㉟司射擯升降　主賓和主人參射時，司射要引導輔助他們上下堂。擯，導引贊助之意。㊱前足跪　前腿為跪式。鹿中仿鹿形而成，前腿彎屈成跪式。㊲先首　鹿首向前伸。㊳袒薰襦　袒露絳色短衣。大夫身分尊貴，不射於君前，不袒露肉體。薰，通「纁」。淺紅色。襦，短衣；短襖。㊴耦少退于物　大夫之射耦從其射位上稍稍後退。㊵禮射不主皮　以音樂為節之射，不以射中與否為優劣，而要視其容體動作是否合乎禮樂。此指第三番射，射者必須按音樂節奏進行，通過射儀以觀德，不僅看能不能射中，比之第二番射要求更高了。主皮之射則指第二番射，只要求射中，能射中即為放算籌，以算籌多寡決勝負。因而射禮的功能意義主要是在第三番射中體現出來。㊶臑　所用牲體的前肢。㊷東方謂之右个　箭靶東側伸出部分叫右个。㊸祭　指祭肺。為切割開專用於祭祀之肺。前一肺，則指用作食用之肺。㊹五終　演唱完五節樂歌。一節樂歌演奏歌唱完為一終，五終則五節。㊺射無筭　參射眾賓結成之射耦無有定數。㊻於旅也語　射禮進行到賓主依序敬酒時方可言語。此時禮成樂備，交談無礙，如在此前言語無節則是對禮樂輕慢不敬。㊼鄉侯　鄉射禮所用的箭靶。㊽上个五尋　箭靶最上面的橫幅長四丈。尋，八尺。㊾中十尺　箭靶中央為長寬十尺正方形，以布為之。㊿侯道五十弓　侯道長度三百尺。侯道，射位與箭靶間的直線距離。弓，六尺。(51)弓二寸以為侯中　每弓取二寸作為箭靶中央正方形的尺度。就是說中之尺寸是由侯道長度決定的，侯道長，中之尺寸亦相應加長，每長一弓則加二寸，縮短亦然。(52)倍中以為躬　躬之長度為中之兩倍。躬，與中相聯接的上下橫幅。(53)倍躬以為左右舌　左右舌的長度為躬的兩倍。舌，射侯上端的橫幅稱上舌。即前文所說「上个」，因左右兩端皆比躬伸長出一丈，稱之為舌。(54)下舌半上舌　射侯下端橫幅伸長部分為上端的一半。如上端伸出一丈，下端則五尺，上端全長四丈，下端則為二丈。(55)箭籌八十　竹製的計算籌碼八十根。八十合十耦之數，每耦二人，各射四矢，合為八矢，十耦則八十矢，算籌數亦與之相應，如不足可復取。(56)長尺有握　算籌長一尺四寸。有，通「又」。握，用手握，四指合併寬約四寸。(57)握素　手握處要修削潔淨。(58)楚扑長如笴　用荊木製成的刑杖如箭杆一樣長。楚，荊木，古時常用作教學體罰工具。扑，刑杖、教鞭之類。(59)刊本尺　把扑之端一尺左右修削潔淨，便於握持。(60)荅君而俟　面對君站立等候其發射。荅，對。(61)小臣以巾執矢以授　小臣以巾持矢授給國君。小臣，為太僕之佐，協助太僕應對王命、贊禮、贊弓矢、王出入時為前驅等，參見《周禮・夏官・小臣》。以巾執矢，將矢放於巾上，奉之授君，不直接用手拿，表示敬君不敢褻瀆君物。㊷夾爵 侍射者在君飲前後皆自飲，君飲在中間，故云夾爵。即侍射先酌酒自飲，然後以酒膳奉君，君飲訖，又酌酒自飲。此與燕禮有所不同。㊸皮樹中 皮樹形狀的盛算籌器具。盛算籌之具稱中，因射者身分地位不同，舉行射禮地點不同，所用中之形制亦異，如有鹿中、兕中、閭中、虎中及此處的皮樹中等等。皮樹，獸名。具體所指已無考。㊹以翿旌獲 持翿旌報告中靶。翿旌，用白羽毛和紅羽毛雜綴而成的旗幟。用此旗表示崇尚文德。此旗由未經國君任命之士所持。㊺閭中 閭形之中。閭，傳說中的獸名。形似驢而一角，又說形如驢而歧蹄。㊻於竟 君與鄰國之君會遇於境而行賓射禮。竟，通「境」。諸侯非事先約定之會見曰遇，事先約定如期至所定之地會見曰會。㊼龍旜 畫有龍的赤色旗幟。旜，古代九旗之一，純赤色。㊽兕 獸名。似牛，一角。《本草綱目》卷五一以兕為犀牛之雌者。

【語譯】〔記〕大夫參加的鄉射禮，就以在官府任職之士為主賓。任用賢能之士無須預先訓戒演練。所用之牲為狗，在堂外東北角烹煮。酒尊上面用粗葛布製成的苫巾遮蓋，主賓到來時即撤去。所用蒲草筵席，以黑布為鑲邊。設在堂上西間牆邊的坐席，以北方為上位。獻酒時用爵，其他用觶。喝完爵中酒行拜禮者不平空起立，起立後要以酒回敬主人。進獻的乾肉用籩盛裝，有五根挺直的乾肉條放在籩中，另有半根用作祭祀，橫放在上面。肉醬盛在豆中，從東房內移出。乾肉條長一尺二寸。俎由東壁下移過來，由西階移至堂上席前。主賓的俎上陳放有脊、脅、肩、肺。主人的俎上陳放脊、脅、臂、肺。肺都是分割開的。所用牲體皆為右體。進獻時肉皮朝向上面。凡是舉爵敬酒，三次起立向主賓、大夫、樂工敬酒都不是光喝酒，而要同時進獻佐酒食品。凡是爵觶用完時放在脯醢左側，將用時則放在右側。眾賓的三位長者只出一人辭謝洗爵，如同賓禮。如果有大國的公卿參加，就按主賓禮儀接待，大夫則按介的禮儀接待。沒有公卿參加，則大夫按主賓禮儀接待。已開始奏樂，大夫就不可再入場。樂正和堂下站立的眾賓一起按次序接受敬酒。三人吹笙一人吹和而合奏成樂曲。向樂工和吹笙者敬酒，從堂上圓竹筐中取爵。敬酒已畢，放爵於堂下圓竹筐中。其中吹笙者要在西階上方對他們敬酒。堂下站立的眾賓面向東，以北方為上位。司正已然舉觶，就要把脯醢進獻到他的席位前。三對射者使弟子充任，司射要進前訓戒教導他們。司射的弓矢和教鞭，倚置於西階西側。司射袒露左臂、套上扳指和護袖之後上堂，司馬在階前命令張設箭靶，接著命令報靶人把旗幟倚置箭靶中央。凡燕射所張箭靶：天子在箭靶中央畫熊頭，以白色為底色；諸侯在箭靶中央畫麋鹿頭，以赤色為底色；大夫為布製箭靶，中央畫虎豹頭；士亦用布製箭靶，中央畫鹿頭和豕頭。凡是在獸頭周圍畫雲氣為飾，要用淺紅色為底色。射者由堂上兩楹柱間對靶發射。射位十字標記縱畫長約三尺，兩射位間相距六尺，射位十字橫畫長一尺二寸。在州學中行射禮，其射位對著屋脊；在鄉學中行射禮，其射位對著堂前二梁。司馬在司射南面向東的位置上命令報靶人背對箭靶站立。凡是去往堂下西側，都要由司馬的南面經過。只有主賓和大夫下堂後直接去堂西取弓矢。報靶人所持旗，各用大夫、士平時所立的旗。平時沒有資格立旗之士，行射禮時就用白羽、朱羽聯綴而成之旗。這種旗旗杆長二丈一尺，旗杆一丈六尺以上五尺用鴻雁的頸項包纏。凡夾持箭矢，在食指與中指之間橫向夾持。司射之位在司馬北面。司馬不主持射事不持弓。第一番射，只報告射中但不放算籌記數；第二番射，射中者要放算籌記數；第三番射，按音樂節拍進行。一對射者之上射在右側。插箭器長約三尺，寬三寸，厚一寸半，兩端雕成龍首狀，中間為兩蛇相交狀，上設淺紅色熟皮製的當。插箭器用赤黑色漆漆飾，設置者將其橫捧著，面南坐，放於中庭，其位置與洗南北相對。射者有大過失則鞭打於中庭。眾賓中有不參加射箭的不下堂。取司射誘射所用之矢的人，在與其射耦輪流取矢完畢，而後把誘射所用四矢一併取回。主賓、主人射時，司射要引導輔助他們上下堂，射完入席，司射才完結其事而返回原位。鹿中用赤黑色漆漆飾，刻為鹿形，前腿彎屈成跪式，背上鑿洞可容納八根算籌。放算籌者捧著它，使鹿首朝向前。大夫下堂，站在堂下西側等候參射。大夫與士結耦而射，則袒露絳色短衣。其射耦從射位上稍稍後退。司射放下弓矢，察看算籌。司射向放算籌者敬酒時也要放下弓矢。以音樂為節的第三番射，不以是否射中定優劣，而要視其容體動作是否合乎禮樂。以射中多寡定勝負的第二番射，其勝者再次參射，不勝者下堂。主人參射後如屬不勝一方，亦在西階上方飲罰酒。為報靶人所設之俎，陳放有肢解開的脊、脅、肺和前肢。箭靶東側伸出部分叫右个。為放算籌者所設俎，陳放有肢解開的脊、脅、肺，二者之俎都備有切開的祭肺。大夫解開束矢的茅草要坐下去解。演奏歌唱〈騶虞〉或〈采蘋〉，都要演唱完五節。參射眾賓組成的射耦無有定數。古時射禮進行到賓主依序敬酒時才可以相互交談。凡賓主依序敬酒，不清洗酒觶。不洗酒觶，則不以酒祭。已經開始按序向眾人敬酒，士就不可再入場。大夫最後告退出門，主人送到大門外，行再拜禮。行鄉射禮所用箭靶，其上端橫幅長四丈，箭靶中央為十尺的正方形。侯道長三百尺，按六尺取二寸比例由侯道長度確定箭靶中央正方形的尺寸。躬的長度為中的二倍，左右舌的長度為躬的二倍。下舌長度為上舌一半。竹製算籌八十根，每根長一尺四寸，手握之處要修削潔淨。用荊木製成的刑杖長三尺，刑杖一端尺把長一段要修削光潔。國君參射，則作下射。其上射要從己之射位後退三尺，國君發射一矢，上射面對國君等候其繼續發射。國君要在音樂奏起後就射位。君袒露紅色短衣而射。小臣以巾持矢授給國君。如國君未勝而飲罰酒，則依照燕禮大夫向諸侯敬酒之儀使君飲酒，侍射者在國君飲酒前後皆自酌自飲一爵。君在都城內燕射，則用皮樹中盛算籌，持翿旌報告射中，翿旌是用白色和紅色羽毛雜綴而成之旗；君在郊外大射，則用閭中盛算籌，持以旄牛尾和彩色羽毛為飾之旗報告射中；在邊境與鄰國國君賓射，則用虎中盛算籌，持畫有龍形的赤色旗報告射中。大夫射，用兕中盛算籌，持他們平時各自所樹之旗報告射中。士射，用鹿中盛算籌，持翻旌報告射中。只有君可以在都城內舉行射禮，其他人皆不可以。君在場，大夫射就要袒露左臂。

【說　明】古時寓兵於農，在農隙之時結合田獵練兵習武，是較通行的作法，對此，古籍中記載甚多。如《左傳》隱公五年載：「臧喜伯曰：春蒐、夏苗、秋獮、冬狩，皆於農隙以講事也。」蒐、苗、獮、狩皆指四時田獵之不同稱謂，「講事」則指通過田獵講求練武之事。《穀梁傳》昭公八年載：「因蒐狩以習用武事，禮之大者也。」《尚書大傳》亦言：「習鬥也者，男子之事也。然而戰鬥不可空習，故於蒐獵閑之也。」在田獵中，弓箭是最銳利的武器，能在較遠距離殺傷禽獸，也是在戰場上殺傷敵人的有效武器，因而為古人所看重，列為六藝之一，用於衡量武士技藝高低的主要尺度之一。古人在習射過程中，逐漸把射箭程序規範化，分成一些環節，對每個環節都提出具體要求，並有了固定的習射比賽場所，這就是後來的鄉學和大學（又稱辟雍），規模和功用也有了區別，又加上行禮樂的內容和要求，便逐漸形成適合不同層次需要的形式完備的射禮。

射禮不限於比賽射箭技能，也是觀德行、習禮樂、推行道德教化和選拔人才的重要方法。古時較射有二類，一為禮射，一為「主皮之射」。禮射要按一定規範程式進行，把符合規則和射中目標都作為評判優劣勝負的依據，而且更重視前者。「主皮之射」則著重於是否射中，不大講究禮儀，通過淘汰制選出優勝者。禮射由「主皮之射」發展而來，包括習武和觀德兩方面，鄉射和大射都為禮射。禮射有選拔人才的目的。古時選人必須習武，貴族是軍中的長官和主體，作戰時國君也要親赴疆場，衝鋒陷陣，所以習武是貴族必備的科目。同時，高尚的道德修養，對禮樂精通，也是高級的貴族人才所不可缺少的，射禮便是對這兩方面的實地測試，所以它是選拔人才的重要方法。《禮記·射義》言：「天子之大射，謂之射侯。射侯者，射為諸侯也，射中則得為諸侯，射不中則不得為諸侯。」又說：「古者天子以射選諸侯、卿大夫、士。」認為諸侯、卿大夫、士都是通過射禮選出來的，這種說法誇大射禮在選才上的作用，不完全合乎實際，因為諸侯卿大夫除始封之主外，都為世襲，不須選擇，但射禮在天子、諸侯選才時有重要作用，這是不容置疑的。鄉射為舉士，大射為擇士，二者的核心內容都是三番射，三番射的程式要求也不外技藝、德行，都是為了要選拔優秀的人才。

燕禮第六

【題解】燕禮為古代君臣燕飲的禮儀，在五禮中屬嘉禮。燕禮可分四類，諸侯無事而燕群臣，一也；本國卿大夫有勤政之功、王事之勞，君燕之，二也；卿大夫出聘鄰國，不辱命而歸，君燕之，三也；燕四方各國來聘問的賓客，四也。本篇所述為第一類。

古時招待賓客有饗、食、燕三種禮儀，饗主於敬，燕主於歡。燕禮重飲，有折俎而無飯，禮儀程式也較簡略，賓主行一獻之禮，四舉旅後，即可降階脫屨，升坐，飲酒不計爵數，以醉為度。據《禮記・燕義》，燕禮的主要功能作用在於「明君臣之義」，「明貴賤」之別，也就是通過突出君之至高地位，確立君臣民的等級差別，使他們能各安其位，各盡其責，又能上下協調，和睦相處，達到「國安而君寧」、「上用足而下不匱」、「上下和親而不相怨」的治道境界。由此可見，燕禮在協調君臣上下關係，維護社會安定和諧諸方面，具有不可替代的作用。

全篇可分六章，依序記述通知參加者和各種準備，賓主行一獻之禮及旅酬，向卿大夫敬酒並奏樂，坐燕盡歡，賓出及君與異國臣燕禮儀，記。

燕禮。小臣戒與者[1]。膳宰具官饌于寢東[2]。樂人縣[3]。設洗、篚于阼階東南，當東霤[4]。罍水在東[5]，篚在洗西，南肆。設膳篚[6]在其北，西面。司宮尊于東楹之西[7]，兩方壺，左玄酒，南上。公尊瓦大兩[8]，有豐[9]，冪用綌若錫[10]，在尊南，南上。尊士旅食[11]于門西，兩圜壺。司宮筵賓于戶西，東上，無加席[12]也。射人告具[13]。

小臣設公席于阼階上，西鄉，設加席[14]。公升，即位于席，西鄉。小臣納[15]卿大夫，卿大夫皆入門右，北面東上。士立于西方，東面，北上。祝史[16]立于門東，北面，東上。小臣師[17]一人在東堂下，南面。士旅食者立于門西，東上。公降立于阼階之東南，南鄉爾卿[18]，卿西面北上。爾大夫，大夫皆少進。

射人請賓[19]。公曰：「命某[20]為賓。」射人命賓，賓少進，禮辭。反命，又命之，賓再拜稽首，許諾。射人反命。賓出，立于門外，東面。公揖卿大夫，乃升就席。

小臣自阼階下，北面，請執冪者與羞膳者㉑。乃命執冪者，執冪者升自西階，立於尊南，北面，東上。膳宰請羞于諸公卿者。

射人納賓。賓入，及庭，公降一等揖之，公升就席。

【章旨】本章記述燕禮的準備情況，包括通知參加燕禮諸臣和布設燕飲所需器物，君臣各就其位，任命主賓和執役，引進主賓諸儀節。

【注釋】❶小臣戒與者　小臣代表國君通知留在國內的群臣參加燕飲。小臣，《周禮·夏官》有小臣之官，既是天子禮官太僕的助手，亦為諸侯的禮官，在諸侯國執掌太僕職責，君燕飲群臣時，則作輔相。❷膳宰具官饌于寢東　膳宰在路寢東側備辦諸臣享用的酒和佐酒食品。膳宰，掌管君飲食膳羞之官。天子稱膳夫，諸侯稱膳宰。官饌，為參加燕飲諸官準備的酒、脯醢、折俎之類。寢，路寢，為天子、諸侯的正室，是他們處理政事的宮室，與休息娛樂的燕寢有別。❸樂人縣　掌管樂事之人重新懸掛鐘磬。縣，「懸」之本字。❹當東霤　對著東側的屋檐滴水處。君之殿屋四向流水，有四阿，故有四霤。❺罍水在東　罍水在洗的東面。罍水，盛水之罍，用作盥洗，故放在洗旁。罍，一種盛水或酒的器具，腹大口小，形如壺。❻膳篚　盛膳食的圓竹筐。❼司宮尊于東楹之西　司宮在堂上東楹柱西面放置酒尊。司宮，官名。即天子的宮人，掌管宮寢諸事，如掃除、執燭、供爐炭諸勞事。諸侯司宮的職責比照天子而地位稍低。此處之尊指為卿大夫士所備用者，方形。❽公尊瓦大兩　為君所設酒器是兩個陶製酒尊。瓦大，即瓦甒，陶製盛酒器。相傳為有虞氏所用酒尊，當時崇尚陶器，故用陶尊。❾豐　承放君專用酒尊瓦大的器物，形似豆，低而大，承物安穩。❿冪用綌若錫　遮蓋酒尊的苫巾用粗葛布或細麻布。綌，粗葛布，夏天使用。錫，通「緆」。細麻布，冬天使用。⓫尊士旅食　為已入仕為官而未得正式爵祿之士設置圓形酒尊。旅食，群食於君。入仕為官而無爵祿，無以自養，故依君供養。此條頗費解，說法甚多，此取其中較為貫通的一說。⑫加席　鋪設雙重席，表示尊重。此君燕群臣，賓亦君之臣，君尊臣卑，故不加席。⑬射人告具　射人向國君報告準備完畢。射人，官名。掌管國中公卿大夫將射見君之位及射法射儀，祭祀時掌戒令等。詳見《周禮・夏官・射人》。此指主持燕禮之人。⑭設加席　君尊於臣，故為君設重席。⑮納引進。⑯祝史　古代司祝之官。因作辭以事神稱祝，執史以事神稱史。原為一職，後來祝史職責分開，各有其事，官亦分開為巫祝與史官。⑰小臣師　小臣之長。⑱南鄉爾卿　君面向南揖卿，使卿靠近自己。爾，通「邇」。近、靠近之意。⑲請賓　請君任命主賓。⑳某　主賓之名。主賓由大夫擔當。㉑執冪者與羞膳者　持苫巾之人和進獻食品之人。冪，指遮蓋君尊瓦大的苫巾，因另兩種酒尊，方壺和圓壺都不用苫巾。

【語　譯】燕飲的禮儀。小臣代表國君通知現在國內之臣參加燕飲。膳宰在路寢東側備辦燕飲用酒和佐酒食品。掌管樂事之人重新懸掛鐘磬等樂器。在東階東南方對著屋檐滴水處放置洗和圓竹筐。罍水放在洗的東面，圓竹筐放在洗的西面，朝向南陳放。在其北側設置盛膳食的圓竹筐，朝向西。司宮在堂上東楹柱西側放置酒尊，共兩個方形酒壺，左面一個盛玄酒，以南方為上位。為君所設酒尊是兩個瓦甒，放置在豐上，用粗葛布或細麻布苫巾遮蓋，放在方壺南面，以南方為上位。為已入仕為官尚未取得正式爵祿之士設置圓形酒尊在寢門西側，共兩個圓壺。司宮在堂上室門之西為主賓鋪設筵席，以東方為上位，不鋪設雙重席。主持燕禮之人向國君報告一切準備完畢。

小臣在東階上方為國君鋪席，朝向西，鋪雙重席。國君上堂，入席就位，面向西。小臣引導卿大夫，卿大夫都從門右側進入，面向北，以東方為上位。士站在堂下西側，面向東，以北方為上位。祝史站在門內東側，面向北，以東方為上位。小臣之長一人站在東堂下面，面向南。入仕為官尚未取得正式爵祿之士站在門內西側，以東方為上位。國君下堂，站在東階東南，面南揖卿，使卿靠近自己；卿面向西，以北方為上位，卿揖大夫使其靠近自己，大夫都稍向前進。

射人請君任命主賓。國君說：「任命某某大夫為主賓。」射人傳君命給主賓，主賓稍向前進，辭謝一次。射人返回向君報告，君再次任命，主賓行再拜禮，以頭觸地，表示許諾。射人返回覆命。主賓走出門，站在門外，面向東。國君揖卿大夫，然後上堂入席。

小臣由東階下堂，面向北，請君任命持苫巾之人和進獻食品之人。於是就任命持苫巾之人，持苫巾者由西階上堂，站在酒尊南側，面向北，以東方為上位。膳宰請示向公卿進獻食品。

射人引導主賓，主賓入門，至堂下，君降一級臺階向主賓一揖，然後上堂入席。

賓升自西階，主人❶亦升自西階，賓右北面，至再拜，賓荅再拜。主人降洗，洗南，西北面。賓降，階西，東面。主人辭降，賓對。主人北面盥，坐取觚❷洗。賓少進，辭洗。主人坐，奠觚于篚，興對。賓反位。主人卒洗，賓揖，乃升。主人升。賓拜洗。主人賓右奠觚荅拜，降盥。賓降，主人辭，賓對，卒盥，賓揖升，主人升，坐取觚。執冪者舉冪，主人酌膳❸，執冪者反冪❹。主人筵前獻賓，賓西階上拜，筵前受爵，反位。主人賓右拜送爵。膳宰薦脯醢，賓升筵。膳宰設折俎。賓坐，左執爵，右祭脯醢，奠爵于薦右，興，取肺，坐絕祭❺，嚌之，興，加于俎；坐挩手❻，執爵，遂祭酒，興；席末坐，啐酒❼，降席，坐奠爵，拜，告旨，執爵興。主人荅拜。賓西階上北面坐，卒爵，興；坐奠爵，遂拜。主人荅拜。

賓以虛爵降，主人降。賓洗南坐奠觚，少進辭降。主人東面對。賓坐取觚，奠于篚下，盥洗。主人辭洗。賓坐奠觚于篚，興，對。卒洗，及階，揖升。主人升，拜洗如賓禮。賓降盥，主人降，賓辭降。卒盥，揖升。酌膳執冪如初，以酢主人于西階上。主人北面拜受爵，賓主人之左拜送爵。主人坐祭，不啐酒，不拜酒❽，不告旨，遂卒爵，興，坐奠爵，拜，執爵興。賓荅拜。主人不崇酒，以虛爵降奠于篚。

賓降，立于西階西。射人升賓，賓升立于序內❾，東面。主人盥洗象觚❿，升實之，東北面獻于公。公拜受爵。主人降自西階，阼階下北面拜送爵。士薦脯醢，膳宰設折俎，升自西階。公祭如賓禮，膳宰贊授肺[11]，不拜酒，立卒爵，坐奠爵，拜，執爵興。主人荅拜，升受爵以降，奠于膳篚。

更爵[12]，洗，升酌膳酒以降，酢于阼階下，北面坐奠爵，再拜稽首。公荅再拜。主人坐祭，遂卒爵，再拜稽首，主人奠爵于篚。

主人盥洗，升，媵觚于賓[13]，酌散[14]，西階上坐奠爵，拜賓。賓降筵，北面荅拜。主人坐祭，遂飲，賓辭；卒爵，拜，賓荅拜。主人降洗，賓降，主人辭降。賓辭洗。卒洗，揖升，不拜洗。主人酌膳，賓西階上拜，受爵于筵前，反位。主人拜送爵。賓升席，坐祭酒，遂奠于薦東。主人降復位，賓降筵西，東南面立。

小臣自阼階下請媵爵者，公命長[15]。小臣作[16]下大夫二人媵爵。媵爵者阼階下，皆北面再拜稽首；公荅再拜。媵爵者立于洗南，西面，北上。序進，盥洗角觶[17]；升自西階，序進，酌散；交于楹北，降；阼階下皆奠觶，再拜稽首，執觶興。公荅再拜。媵爵者皆坐祭，遂卒觶，興；坐奠觶，再拜稽首，執觶興。公荅再拜。媵爵者執觶待于洗南。小臣請致者⑱。若君命皆致，則序進，奠觶于篚，阼階下皆再拜稽首。公荅再拜。媵爵者洗象觶，升實之，序進，坐奠于薦南，北上；降阼階下，皆再拜稽首，送觶。公荅再拜。

公坐取大夫所媵觶，興以酬賓。賓降，西階下再拜稽首。公命小臣辭，賓升成拜。公坐奠觶，荅再拜，執觶興，立卒觶。賓下拜，小臣辭。賓升，再拜稽首。公坐奠觶，荅再拜，執觶興。賓進受虛爵，降奠于篚，易觶洗。公有命，則不易不洗，反升酌膳觶，下拜。小臣辭。賓升，再拜稽首。公荅再拜。賓以旅酬於西階上⑲，射人作大夫長⑳升受旅。賓大夫之右坐奠觶，拜，執觶興。大夫荅拜。賓坐祭，立飲，卒觶不拜。若膳觶也，則降更觶洗，升實散。大夫拜受。賓拜送。大夫辯受酬，如受賓酬之禮，不祭。卒受者以虛觶降，奠于篚。

【章　旨】本章記述一獻之禮及旅酬的儀節，為燕禮開頭的盛況。包括主人向賓敬酒，賓回敬主人，主人向國君敬酒，主人自飲，主人對賓勸酒，成一獻之禮。二名獻酒者向國君敬酒，國君向賓敬酒，賓向大夫敬酒，遍及與會大夫，成旅酬之禮。

【注　釋】❶主人　宰夫。宰夫，春秋時亦稱膳宰，為掌管國君飲食之官。諸侯的宰夫以士為之。此處宰夫代替國君充當獻酒的主人。因為國君為燕禮的主人，賓為其臣，不敢與君抗禮，故君不親自向賓敬酒，而以宰夫代己為獻主。❷觚　古代酒器。長身侈口，口部與底部呈喇叭狀，盛行於商代和西周。《禮記・禮器》：「貴者獻以爵，賤者獻以散。」鄭玄注：「凡觴，一升曰爵，二升曰觚，三升曰觶，四升曰角，五升曰散。」此處獻者避正主，降一等，不用爵而用觚。❸酌膳　從君之酒尊往觚中舀滿酒。膳，君之物稱膳，取善之義。此指君尊之酒。舀君酒以獻賓，尊賓也。❹反冪　蓋上苫巾。舀酒時拿起苫巾，舀完酒再蓋上苫巾。❺絕祭　古代九祭之一。《周禮・春官・大祝》：「七曰絕祭，八曰繚祭。」其方法就是直接截取肺尖以祭，沒有對肺從下至上的撫循動作，比繚祭簡略。參見〈鄉飲酒禮〉「繚祭」注。❻捝手　拭手。❼啐酒　品嘗酒。❽不拜酒　不拜謝其以美酒飲己。酒非主賓之物，乃主人自家之物，自用自物故不拜，亦不告旨。❾序內　正堂稍後處。序，隔開正堂與東西夾室的東西間牆。東為東序，西為西序，兩序之間即正堂。稱序內則是正堂稍後部位。❿象觚　以象骨為飾或雕有象形花紋的觚。《博古圖》十五「商四象觚」載，此觚「飾以山雷饕餮蟠虺之狀，而腹之下復作四象形」。鄭注「象觚，觚有象骨飾也」，或出於此。⓫膳宰贊授肺　膳宰協助取肺交給國君。君尊，不自取肺，由膳宰取後交給他。⓬更爵　更換酒爵。君至尊，主人不敢襲用君之爵，故須更換。⓭媵觚于賓　對主賓舉起觚。媵，送也。向賓舉觚表示將敬酒也。⓮酌散　從方壺往觚中舀酒。散，酒尊名。即方壺。《禮記・禮器》：「貴者獻以爵，賤者獻以散。」此為主人自飲之酒，主人比之國君和主賓身分低，故酌散而不酌膳。又，散為「斝」之誤。見王國維《觀堂集林》三「說斝」。⓯公命長　國君命下大夫之長擔當。長，指官長。據下文「下大夫二人媵爵」可推知，此長為下大夫之長。⑯作　使。⑰角觶　觶之一種，或以獸角所製而得名。⑱致者　舉杯送酒之人。由下大夫中選出二名舉杯送酒者，在向君送酒時是選其中之一，還是二人都送，請君決定。⑲賓以旅酬於西階上　主賓在西階上方依序向卿大夫勸酒。⑳大夫長　大夫中的尊長。此大夫包括公卿在內，因卿亦可稱上大夫。主賓向眾大夫勸酒時，大夫之尊長先上堂，然後由高至低依序上堂，接受勸酒。

【語　譯】主賓由西階上堂，主人也從西階上堂，主賓在右側，面向北，主人為主賓的到來行再拜禮，主賓再拜回禮。主人下堂清洗酒爵，站在洗的南側，面向西北。主賓也下堂，站在西階西側，面向東。主人辭謝主賓陪同下堂，主賓答謝。主人面向北以水沖洗手，坐下取觚清洗。主賓稍向前進，辭謝洗觚。主人坐下，放觚於圓竹筐內，站起來答謝。主賓返回原位。主人清洗完畢，主賓對其一揖，然後就上堂。主人也上堂。主賓拜謝主人洗觚，主人在主賓右側放下觚答拜，然後下堂以水沖手。主賓亦下堂，主人辭謝，主賓答謝，盥手完畢，主賓對主人一揖後上堂，主人亦上堂，坐下取觚。持苫巾者拿起酒尊上的苫巾，主人從君之酒尊往觚中舀滿酒，持苫巾者再把苫巾蓋好。主人在筵席前向主賓敬酒，主賓在西階上方行拜禮，至筵席前接受酒爵後返回原位。主人在主賓右側為送上酒爵行拜禮。膳宰獻上乾肉和肉醬，主賓升席。膳宰設置盛有胑解開牲體的俎。主賓坐下，左手持爵，右手以脯醢祭，然後放爵於佐酒食品右面，站起來取肺，坐下截取肺尖祭，並品嘗肺，再站起來，把肺放於俎上；再坐下以巾拭手，拿起爵，接著以酒祭，站起來；再至席末坐下，品嘗酒，走下席位，坐下放酒爵，行拜禮，告知酒味醇美，持爵站起。主人答拜。主賓在西階上方面北坐，把酒喝乾後站起來；再坐下，放下酒爵，接著行拜禮。主人回拜。

主賓持空爵下堂，主人亦下堂。主賓在洗南面坐下放觚，稍向前進，辭謝主人下堂。主人面向東應答。主賓坐下取觚，放在圓竹筐南側盥洗。主人辭謝洗觚。主賓坐下，放觚於圓竹筐內，站起來答謝主人。主賓盥洗完畢，來至階前，對主人一揖後上堂。主人亦上堂，拜謝洗觚如同賓禮。主賓下堂以水沖洗手，主人亦下堂，主賓辭謝其下堂。主賓洗手完畢，揖而升堂。舀君尊酒、揭起苫巾皆如初，並在西階上方以觚酒回敬主人。主人面向北行拜禮，接受酒爵，主賓在主人左側為送上酒爵行拜禮。主人坐下以酒祭，不品嘗酒，不拜謝主賓以美酒回敬，不稱讚酒味甘美，隨即把酒喝乾，站起來，再坐下放下酒爵行拜禮，然後持爵站立。主賓答拜。主人不崇重己酒，持空爵下堂，放爵於圓竹筐內。

主賓下堂，站在西階西側。射人請主賓上堂，主賓上堂站在正堂稍後處，面朝東。主人盥洗象觚，上堂將其盛滿酒，面向東北獻給國君。國君行拜禮接受酒爵。主人由西階下堂，至東階下面向北為送上酒爵行拜禮。士獻乾肉和肉醬，膳宰設置盛有肢解開牲體的俎，從西階送至堂上。君祭大致如主賓的禮儀，膳宰協助取胏交給君，不拜謝以美酒飲己，站著把酒喝乾，坐下放下酒爵行拜禮，持爵站起。主人答拜，上堂接受酒爵後下堂，放在盛膳食的圓竹筐中。

主人更換酒爵，清洗後上堂舀君尊之酒，舀滿後持之下堂，在東階下方接受君回敬之酒，面北坐放下酒爵，行再拜禮，叩頭至地。國君再拜回禮。主人坐下以酒祭，接著把酒喝乾，行再拜禮，叩頭至地。國君再拜回禮。主人放酒爵於圓竹筐內。

主人盥手洗觚後上堂，對主賓舉觚示敬，從方壺往觚中舀滿酒，在西階上方坐下，放下酒爵，對主賓行拜禮。主賓走下席位，面向北答拜。主人坐下以酒祭，接著飲酒，主賓辭謝；喝完酒後行拜禮，主賓答拜。主人下堂清洗爵，主賓亦陪同下堂，主人辭謝下堂。主賓辭謝洗爵。主人洗爵完畢，揖而上堂，主賓不拜謝洗爵。主人舀君尊酒於爵，主賓在西階上方行拜禮，至筵席前接受酒爵後返回原位。主人為送上酒爵行拜禮。主賓登上席位，坐下以酒祭，接著把酒爵放在佐酒食品東面。主人下堂回到原位，主賓從筵席西側下堂，面向東南站立。

小臣在東階下方請任命旅酬之始舉送酒杯之人，國君命令由下大夫之長擔當。小臣使下大夫二人舉送酒杯。二舉送酒杯者都站在東階下方，面向北行再拜禮，以首觸地；國君再拜回禮。舉送酒杯者站在洗之南側，面向西，以北方為上位。二人按序進前盥手洗角觶，由西階上堂，按序進前，由方壺向角觶中舀滿酒，在楹柱北側交錯走過，下堂，在東階下方都放下角觶，行再拜禮，以首觸地，然後持觶站起。國君再拜回禮。舉送酒杯者都坐下以酒祭，隨即把酒喝乾，站起來；坐下放角觶，行再拜禮叩頭至地，然後執觶站起，國君再拜回禮。舉送酒杯者持觶在洗南等候。小臣請確定為君送酒之人。如果君命二人都送酒，就按序而進，把角觶放在圓竹筐內，都在東階下方行再拜禮，以首觸地。國君再拜回禮。舉送酒杯者清洗象觶，上堂盛滿酒，按序而進，坐下把象觶放在佐酒食品南面，以北方為上位；然後由東階下堂，為送上象觶行再拜禮，以首觸地。國君再拜回禮。

國君坐下拿起大夫所送象觶，站起來用它向主賓勸酒。主賓下堂，在西階下行再拜禮，以首觸地。國君命小臣辭謝，主賓上堂後完成再拜稽首之禮。國君坐下，放下酒觶，答謝再拜，持觶站起，站著把酒喝乾。主賓下堂行拜禮，小臣辭謝，主賓上堂，行再拜禮，以首觸地。國君坐下，放下酒觶，再拜回禮，然後持觶站起來。主賓進前接過空觶，下堂放在圓竹筐內，更換酒觶清洗。如果國君有命令，就不更換亦不清洗酒觶，而反身上堂把君用之象觶舀滿酒，然後下堂行拜禮。

小臣辭謝，主賓上堂，行再拜禮，以首觸地。國君再拜回禮。主賓在西階上方依序向卿大夫勸酒，射人使大夫中之尊長上堂接受勸酒。主賓在大夫之右側坐下，放下酒觶行拜禮，然後持觶站起來。大夫答拜。主賓坐下以酒祭，站起來飲酒，喝完觶中酒不行拜禮。如果是君用之象觶，在向大夫勸酒時就要更換並清洗酒觶，上堂從方壺中舀酒盛滿觶。大夫行拜禮接受酒觶。主賓拜送。大夫普遍接受勸酒，如同接受主賓勸酒一樣，不以酒祭。最後一位接受勸酒者持空觶下堂，將其放入圓竹筐內。

主人洗，升，實散，獻卿❶于西階上。司宮兼卷重席❷，設于賓左，東上。卿升，拜受觚，主人拜送觚。卿辭重席❸，司宮徹之，乃薦脯醢。卿升席坐，左執爵，右祭脯醢，遂祭酒，不啐酒；降席，西階上北面坐，卒爵興；坐奠爵，拜，執爵興。主人荅拜，受爵。卿降復位。辯獻卿，主人以虛爵降，奠于篚。射人乃升卿，卿皆升，就席。若有諸公，則先卿獻之，如獻卿之禮；席于阼階西，北面，東上，無加席。

小臣又請媵爵者，二大夫媵爵如初。請致者，若命長致，則媵爵者奠觶于篚，一人待于洗南。長致，致者阼階下再拜稽首，公荅再拜。洗象觶，升實之，坐奠于薦南，降，與立于洗南者二人，皆再拜稽首送觶，公荅再拜。

公又行一爵❹，若賓若長❺，唯公所酬。以旅于西階上，如初。大夫卒受者以虛觶降，奠于篚。

主人洗，升，獻大夫于西階上。大夫升，拜受觚，主人拜送觚。大夫坐祭，立卒爵，不拜既爵。主人受爵。大夫降，復位。胥薦主人于洗北❻，西面，脯醢無脀❼。辯獻大夫，遂薦之❽，繼賓以西，東上。卒❾，射人乃升大夫，大夫皆升，就席。

席工❿于西階上，少東。樂正先升，北面，立于其西。小臣納工，工四人⓫，二瑟。小臣左何瑟，面鼓，執越，內弦，右手相。入，升自西階，北面東上坐。小臣坐，授瑟乃降。工歌〈鹿鳴〉、〈四牡〉、〈皇皇者華〉⓬。

卒歌，主人洗，升獻工。工不興，左瑟一人拜受爵，主人西階上拜送爵。薦脯醢，使人相祭。卒受⑬，不拜。主人受爵。眾工不拜受爵，坐祭，遂卒爵。辯有脯醢，不祭。主人受爵，降，奠于篚。

公又舉奠觶⑭。唯公所賜⑮。以旅于西階上，如初。

卒，笙入，立于縣中⑯。奏〈南陔〉、〈白華〉、〈華黍〉⑰。

主人洗，升，獻笙于西階上。一人⑱拜，盡階，不升堂，受爵降。主人拜送爵。階前坐祭，立卒爵，不拜既爵，升授主人。眾笙不拜，受爵降，坐祭，立卒爵。辯有脯醢，不祭。

乃間歌〈魚麗〉⑲，笙〈由庚〉；歌〈南有嘉魚〉，笙〈崇丘〉；歌〈南山有臺〉，笙〈由儀〉。遂歌鄉樂⑳：〈周南．關雎〉、〈葛覃〉、〈卷耳〉，〈召南．鵲巢〉、〈采蘩〉、〈采蘋〉。大師㉑告于樂正曰：「正歌備㉒。」樂正由楹內東楹之東告于公，乃降復位。

【章旨】本章記述主人獻卿的禮儀，以及再命舉杯送酒者，國君對卿勸酒，主人為大夫獻酒，升歌，向樂工獻酒，奏笙，向吹笙者獻酒，歌笙間作而樂備諸項。至此燕禮的主要禮樂儀節已結束，下面便開始不受限定的燕飲與歌樂。

【注　釋】❶獻卿　主人向卿獻酒。獻卿在獻賓之後，賓為大夫，雖卑於卿，但其禮不以公卿為主賓，而以大夫，大夫既為主賓，則尊於公卿，亦先受獻，而後公卿。❷兼卷重席　一併捲起兩層筵席。捲而持之，將鋪設也。❸卿辭重席　卿辭謝雙層席。君重席，卿雖尊，但臣不敢與君同，故辭去之。❹公又行一爵　君又一次舉爵勸飲。此是君勸主賓飲後勸公卿之長飲。一爵，實指一觶，爵常用作泛指酒杯。一觶即前此二舉杯送酒者放在佐酒食品南側之觶，已致君上觶，今用其下觶。❺若賓若長　或向主賓或向公卿之長勸酒。❻胥薦主人于洗北　胥吏在堂下洗之北面為主人進獻佐酒食品。主人之席不在堂上而在堂下洗北，因其代國君為獻主，正主是國君，為不干正主之位，故在堂下。胥，膳宰之吏。❼脀　折俎，即放有肢解開牲體之俎。❽遂薦之　在對大夫全部敬酒完畢，接著就為他們布席進獻佐酒食品。對公卿和主賓是敬酒後即進獻佐酒食品，此則遍獻後薦，因其身分稍低禮亦略簡。❾卒　為大夫布席設薦完畢。❿席工　為樂工布席。工，樂工，此指鼓瑟歌詩的樂人，由盲人擔當。⓫工四人　樂工四人。二鼓瑟，二歌詩。燕禮重在燕樂，於禮樂儀節可酌減，故從大夫之制用樂工四人。⓬鹿鳴四牡皇皇者華　三篇皆《詩經・小雅》篇名。鹿鳴，講述國君宴飲群臣和四方賓客，講道修政之詩。四牡，國君慰勞使臣在外為國事奔波勞苦，不能顧及自家的詩。皇皇者華，為國君派遣臣下出外調察民情之詩。可參〈鄉飲酒禮〉三詩注。⓭卒受　受，張爾岐、胡培翬本皆作「爵」，或是之。卒爵，把爵中酒喝乾。⓮公又舉奠觶　國君又舉起媵爵者放於薦南之觶。此是君第三次舉杯勸酒，是向大夫勸飲。⓯唯公所賜　由君賜給受酬大夫。君向主賓、公卿之長勸飲時，皆先自飲，對大夫勸酒則不自飲，而是賜給受酬大夫，依序勸酒。⓰縣中　懸磬中央。縣，通「懸」。指懸磬，位置在堂下兩階間，吹笙者即立此演奏。⓱南陔白華華黍　三篇皆《詩經・小雅》篇名，原詩已佚，僅有缺目。詳見〈鄉飲酒禮〉該條注。⓲一人　吹笙者之長。⓳閒歌魚麗以下諸詩參見〈鄉飲酒禮〉該條注。⓴鄉樂　指《詩經》中的國風，是來自十五個不同地區的樂調。㉑大師樂工之長。㉒正歌備　正歌已演唱演奏完畢。正歌指配合燕飲之獻酬所演唱有規範限定之歌，就是升歌、笙入、閒歌、合樂只能演奏演唱三遍，不可隨意增加。

【語　譯】主人洗觶上堂，由方壺往觶中舀滿酒，在西階上方獻給卿。司宮捲起兩重筵席，為卿鋪設在主賓左側，以東方為上位。卿上堂，行拜禮後接受酒觚，主人為送上酒觚行拜禮。卿辭謝雙重席，司宮撤掉一重，就獻上乾肉和肉醬。卿升席就坐，左手持爵，右手以乾肉、肉醬為祭，接著以酒祭，不嘗酒；走下席位，至西階上方面北坐下，把爵中酒喝乾站起來；再坐下，放下酒爵行拜禮，然後持爵起立。主人答拜，接過酒爵。卿下堂回到原位。對卿普遍獻酒完畢，主人持空爵下堂，將其放入圓竹筐內。射人於是就請卿上堂，與會之卿都上堂入席就位。如果有公參加，就在卿之前對其獻酒，亦如對卿獻酒的禮儀；布諸公之席於東階以西，朝向北，以東方為上位，沒有設加席。

小臣又請命舉送酒杯者，仍然使二大夫舉送酒杯如初。請命為君送酒觶者，如果命二人中之長者送觶，另一位就把觶放入圓竹筐中，一個人在洗的南面等候。長者前往送觶，送觶者在東階下面行再拜禮，以首觸地，國君再拜答禮。送觶者清洗象觶，上堂舀滿酒，坐下將象觶放在佐酒食品南面，下堂，與站在洗南面者二人一同為送上酒觶行再拜禮，以首觸地，國君再拜答禮。

國君又一次舉爵勸飲，或向主賓或向公卿之長勸飲，聽由國君意願。在西階上方依序勸飲如初。大夫中最後一位接受勸飲者持空觶下堂，將其放在圓竹筐中。

主人洗觚後上堂，在西階上方向大夫獻酒。大夫上堂，行拜禮接受觚，主人為送觚行拜禮。

大夫坐下以酒祭，站起來把酒喝乾，不為喝完酒行拜禮。主人接過觶。大夫下堂回到原位。胥吏在堂下洗之北為主人進獻佐酒食品，朝向西，有乾肉和肉醬，沒有盛殽解開牲體之俎。對大夫普遍獻酒後，接著給他們進獻佐酒食品，其席位接續主賓往西，以東方為上位。為大夫布席設薦完畢，射人就請大夫上堂，大夫都升堂入席就位。

在西階上方稍東處為樂工布席。樂正先上堂，面向北站在樂工席西。小臣引領樂工進入，樂工四人，兩人鼓瑟。小臣左手持瑟，可彈奏的一面朝前，用手指摳住瑟底小孔，弦朝內，右手攙扶樂工。進門後由西階上堂，面向北坐下，以東方為上位。小臣坐下，把瑟交給樂工後下堂。樂工歌〈鹿鳴〉、〈四牡〉、〈皇皇者華〉。

唱完之後，主人清洗酒爵，上堂向樂工獻酒。樂工不起立，把瑟放在左側，由樂工之長一人行拜禮，接受酒爵，主人在西階上方為送上酒爵行拜禮。然後進獻乾肉和肉醬，並派人助祭。喝完酒不行拜禮。主人接過酒爵。眾樂工接受酒爵不行拜禮，坐下以酒祭，接著把酒喝完。眾樂工席前都有乾肉和肉醬，不以乾肉、肉醬祭。主人接過酒爵下堂，將其放入圓竹筐內。

國君又舉起放在薦南的觶，由君賜給受酬的大夫。在西階上方依序向大夫勸飲如初。向眾大夫勸飲完畢，吹笙者進入，站在懸磬當中，演奏〈南陔〉、〈白華〉、〈華黍〉。

主人清洗酒爵後上堂，在西階上方向吹笙者敬酒。吹笙者之長一人在堂下行拜禮，走上臺階最後一級，不上堂，接受酒爵後下堂。主人為送上酒爵行拜禮。吹笙者之長在階前坐下以酒祭，站起來把酒喝乾，不為喝完酒行拜禮，上堂把酒爵交給主人。眾吹笙者不為受酒爵行拜禮，接受酒爵後下堂，坐下以酒祭，站起來喝完酒。他們都有乾肉和肉醬，但不以乾肉、肉醬祭。

然後就交替歌唱和演奏，先歌〈魚麗〉，用笙吹奏〈由庚〉；歌唱〈南有嘉魚〉，用笙吹奏〈崇丘〉；歌唱〈南山有臺〉，用笙吹奏〈由儀〉。接著歌唱鄉樂，有《詩經・周南》之〈關雎〉、〈葛覃〉、〈卷耳〉，《詩經・召南》之〈鵲巢〉、〈采蘩〉、〈采蘋〉。樂工之長向樂正報告說：「正歌已經演唱演奏完畢。」樂正由楹柱內側東楹柱東面去向國君報告，然後就下堂回到原位。

射人自阼階下，請立司正❶，公許。射人遂為司正。司正洗角觶，南面坐，奠于中庭；升，東楹之東受命，西階上北面命卿、大夫：「君曰以我安❷。」卿、大夫皆對曰：「諾，敢不安。」司正降自西階，南面，坐取觶，升酌散。降，南面，坐奠觶，右還，北面少立❸，坐取觶，興。坐不祭，卒觶，奠之，興，再拜稽首。左還，南面，坐取觶，洗，南面反奠于其所。升自西階，東楹之東，請徹俎，降，公許。告于賓，賓北面取俎以出。膳宰徹公俎，降自阼階以東。卿、大夫皆降，東面北上。賓反入，及卿、大夫皆說屨❹，升就席。公以賓及卿、大夫皆坐，乃安。羞庶羞❺。大夫祭薦。司正升受命，皆命：「君曰無不醉！」賓及卿、大夫皆興，對曰：「諾，敢不醉！」皆反坐。

主人洗，升，獻士于西階上。士長❻升，拜受觶，主人拜送觶。士坐祭，立飲，不拜既爵。其他不拜，坐祭，立飲。乃薦司正與射人一人、司士❼一人、執冪二人，立于觶南，東上。辯獻士。士既獻者立于東方，西面，北上。乃薦士。祝史、小臣師，亦就其位而薦之。主人就旅食之尊❽而獻之。旅食不拜受爵，坐祭，立飲。

若射❾，則大射正❿為司射，如鄉射之禮。

賓降洗，升媵觚于公，酌散，下拜。公降一等，小臣辭。賓升，再拜稽首，公荅再拜。賓坐祭，卒爵，再拜稽首，公荅再拜。賓降洗象觶，升酌膳，坐奠于薦南，降拜。小臣辭。賓升成拜，公荅再拜。賓反位。公坐取賓所媵觶，興。唯公所賜。受者如初受酬之禮。降，更爵洗，升酌膳，下拜。小臣辭。升成拜，公荅拜。乃就席，坐行之⓫。有執爵者⓬。唯受于公者拜。司正命執爵者，爵辯，卒受者興以酬士。大夫卒受者以爵與，西階上酬士。士升⑬，大夫奠爵拜，士荅拜。大夫立卒爵，不拜，實之。士拜受，大夫拜送。士旅于西階上，辯。士旅酌⑭。卒。

主人洗，升自西階，獻庶子⑮于阼階上，如獻士之禮。辯，降洗，遂獻左右正與內小臣⑯，皆於阼階上，如獻庶子之禮。

無筭爵⑰。士也，有執膳爵者⑱，有執散爵者⑲。執膳爵者酌以進公，公不拜，受。執散爵者酌以之公，命所賜⑳。所賜者興，受爵，降席下，奠爵，再拜稽首。公荅拜。受賜爵者以爵就席坐，公卒爵，然後飲。執膳爵者受公爵，酌，反奠之。受賜爵者興，授執散爵，執散爵者乃酌行之。唯受爵於公者拜。卒受爵者興，以酬士于西階上。士升，大夫不拜，乃飲，實爵。士不拜，受爵。大夫就席。士旅酌，亦如之。公有命徹幕㉑，則卿、大夫皆降，西階下北面，東上，再拜稽首。公命小臣辭。公荅再拜，大夫皆辟；遂升，反坐。士終旅於上㉒，如初。無筭樂㉓。

宵，則庶子執燭於阼階上，司宮執燭於西階上，甸人執大燭於庭㉔，閽人為大燭㉕於門外。賓醉，北面坐取其薦脯以降。奏〈陔〉㉖。賓所執脯以賜鍾人于門內霤㉗，遂出。卿、大夫皆出，公不送。

公與客燕㉘，曰：「寡君有不腆之酒㉙，以請吾子之與寡君須臾焉，使某也以請。」對曰：「寡君，君之私也㉚。君無所辱賜于使臣㉛，臣敢辭。」「寡君固曰不腆，使某固㉜以請。」「寡君，君之私也，君無所辱賜于使臣，臣敢固辭。」「寡君固曰不腆，使某固以請。」「某固辭不得命，敢不從。」致命曰：「寡君使某，有不腆之酒，以請吾子之與寡君須臾焉。」「君貺㉝寡君多矣，又辱賜于使臣，臣敢拜賜命。」

【章旨】本章主要記述坐燕盡歡之事，包括立司正命安賓，主人向士敬酒及旅食，君向士勸飲，主人向庶子及諸臣敬酒，無算爵、無算樂各項。最後兩段為賓出禮儀和君燕請四方各國使臣，派卿大夫與來賓對答之辭。其內容雖與前不相屬，姑且放此。

【注釋】❶司正　監酒之官。因留賓飲酒，為使燕飲合乎儀法，故立司正以監之。❷以我安　以我的名義請大家安心留下。我，君自指。司正代表君，傳君之語挽留大家。❸少立　嚴正恭謹站立。司正監管他人，先須自身正肅。❹說屨　脫掉鞋子。凡燕坐必須脫掉鞋子。坐於堂上脫鞋於堂下，坐於室內脫鞋於戶外。❺羞庶羞進獻眾多美味食品。前「羞」為進獻之意，後「羞」指美味食品。庶，眾多。❻士長　士之尊貴者。如司正、司士等皆由士長任之。❼司士　官名。為《周禮》夏官之屬，掌管群臣名籍和爵祿廢置之事，並辨正朝儀之位、貴賤之等。天子之司士由下大夫擔任，諸侯則上士。❽旅食之尊　庶人為官者的酒尊。旅食，已入仕為官，食君之祿，尚未授予士之爵祿者。❾若射　如果有射箭一項。若，不定之辭，或射或否，聽君之命。❿大射正　射人之長者。⓫坐行之　坐下互相勸飲。此時飲酒不再起立行禮。⓬執爵者　負責持杯舀酒之人。前此勸飲皆是勸者持杯自舀酒，此時已坐下燕飲，不再起立，故設專人持爵舀酒。⓭士升　士上堂接受勸酒。士立於堂下，為接受勸酒而上堂。⓮士旅酌　士按序自行舀酒，相互勸飲。沒有執爵者相助。⓯庶子　官名。《周禮・夏官》稱「諸子」，掌管諸侯、卿大夫之庶子的教養訓誡諸事，還有大祭祀時正六牲之體，樂事正舞位授舞器，大喪正群子之服位等。⓰左右正與內小臣　皆官名。左右正，指樂正和僕人正，樂正在庭中東懸磬北，稱左正。僕人正在西懸磬北，稱右正。僕人正亦樂官之屬。又說左右正為君之太僕，掌管君之服位，在君左右，故稱左右正。此外還有數說，姑從第一說。⓱無筭爵　相互勸飲不計爵數，隨意暢飲，醉而後止。⓲執膳爵者　持盛君尊酒之爵者。⓳執散爵者　持盛方壺酒之爵者。⓴命所賜　君命賜與某人。㉑徹冪　撤去君尊之苫巾。只有君之酒尊有苫巾，撤去表示君與臣下同享此酒，不自異也。㉒士終旅於上　士在西階上方完成勸飲的禮儀。在卿大夫下堂向君拜謝時，士亦暫時停止勸飲，待卿大夫上堂復位後，又接著勸飲，直至盡歡而止。㉓無筭樂　見〈鄉飲酒禮〉該條注。㉔甸人執大燭於庭　甸人在中庭持大火炬。甸人，古官名。掌管薪蒸之事。薪即木柴，蒸指用麻秸、竹木製成的火炬。則執燭為其職。燭，火炬，非指蠟燭。㉕閽人為大燭　守門人作大火炬。閽人，掌管晨昏啟閉城門者。為，作。㉖陔　〈陔夏〉，古樂章名。為九夏之一，以鐘鼓奏之也。陔有戒義，言其飲應有節，無失禮。㉗賜鍾人于門內霤　在門內屋檐下賜給鍾人乾肉。鍾人，掌管以鐘鼓奏九夏之官。霤，屋檐滴水，此指屋檐下。㉘公與客燕　國君與四方各國派來的使臣燕飲。㉙不腆之酒　不醇厚的酒。自謙之辭。腆，善，用以形容酒，引申為醇厚。㉚君之私也　君之私屬。自謙之辭，表示不敢以對等國使臣身分自居。㉛君無所辱

賜于使臣 君不可屈尊賜酒於本使臣。㉜固 作「故」解。副詞，依然、仍舊之意。㉝貺 賜與；加惠。

【語 譯】射人由東階下方請君設立司正，國君允諾。射人於是成為司正。司正清洗角觶，面南坐下，放角觶於中庭；然後上堂，在東楹柱的東側接受國君之命，至西階上方面向北命令卿、大夫說：「國君說以我的名義請求大家安心留下。」卿、大夫都回答說：「是，豈敢不安心留下。」司正由西階下堂，面向南坐下取觶，上堂將方壺酒舀滿觶。下堂，面向南坐下放下觶，向右轉身，面向北嚴正恭謹站立一會，再坐下取觶，然後起立。再坐下不以酒祭，喝完酒，放下酒觶站起來，行再拜禮，以首觸地。向左轉身，面向南坐下取觶，清洗酒觶，面向南把觶放回原處。由西階上堂，至東楹柱的東面，向君請求撤去俎，然後下堂，國君許諾。司正告知主賓，主賓面向北取俎而出。膳宰撤君之俎由東階下堂往東去。卿、大夫都下堂，面向東，以北方為上位。主賓返入，和卿、大夫都脫掉鞋子，上堂入席就位。國君與主賓、卿、大夫都入坐，至此皆安然就位。進獻眾多美味食品。大夫以進獻之食品祭。司正上堂接受君命，對大家發令說：「國君說不許不喝醉！」主賓及卿、大夫都站起來，回答說：「是，怎敢不喝醉！」都返回座位。

主人清洗酒觶，上堂，在西階上方向士敬酒。士之長上堂，行拜禮接受酒觶，主人為送上酒觶行拜禮。士坐下以酒祭，站起來飲酒，不為喝完酒行拜禮。其他眾士不為受酒觶行拜禮，坐下以酒祭，站起來喝完酒。於是就給司正與射人一人、司士一人、持苫巾者二人進獻食品，他們都依序站在觶南，以東方為上位。給士普遍敬酒。已接受敬酒之士站在庭之東方，面向西，以北方為上位。於是就給士進獻佐酒食品。祝史和小臣師，也在他們席位上進獻佐酒食品。主人到庶人為官者酒尊南向他們敬酒。庶人為官者不為接受酒爵行拜禮，坐下以酒祭，站起來喝完酒。

如果有射箭項目，就以大射正為司射，如同鄉射禮的禮儀。

主賓下堂洗觚，上堂舉觚向君勸酒，然後舀方壺酒於觚，下堂行拜禮。國君降下一級臺階，小臣代君辭謝。主賓上堂，行再拜禮，以首觸地，國君再拜答禮。主賓坐下以酒祭，喝完酒，行再拜禮，以首觸地，國君再拜答禮。主賓下堂清洗象觶，上堂舀君尊酒於象觶，坐下放象觶於佐酒食品南面，下堂行拜禮。小臣代君辭謝。主賓上堂完成拜禮，國君再拜答禮。主賓返回原位。國君坐下取主賓所舉送象觶，站起來。任由國君賜與臣下。受賜之人所行禮儀如同主賓初次接受勸酒之禮。受賜者下堂，更換酒爵並加以清洗，上堂舀君尊酒，下堂行拜禮。小臣代君辭謝。上堂完成拜禮，國君答拜。然後就位，坐下互相勸飲。有專司持杯舀酒者。只有接受國君勸酒者要行拜禮。司正命持杯舀酒者遍為堂上之人舀酒勸飲，最後一位接受舀酒者站起來，持爵向士勸飲。大夫中最後一位接受舀酒勸飲者持爵站起，在西階上方向士勸酒。士上堂接受勸酒，大夫放下酒爵行拜禮，士答拜。大夫站著喝完酒，不行拜禮，把爵舀滿酒。士行拜禮受爵，大夫為送酒爵行拜禮。士在西階上方依序勸飲，遍及每一個人。士之間依序自行舀酒互相勸飲，勸酒結束。

主人清洗酒杯，由西階上堂，在東階上方向庶子敬酒，與向士敬酒的禮儀相同。敬酒已遍，下堂洗杯，接著向左右正和內小臣敬酒，都在東階上方，與向庶子敬酒的禮儀相同。

接下來是眾人相互勸飲不計杯數。士有持盛君尊酒之爵者，有持盛方壺酒之爵者。持盛君尊酒之爵者舀酒進奉國君，國君不行拜禮，接受酒爵。持盛方壺酒之爵者舀酒至君前，君命賜給某人即賜之。受賜者站起來，接受酒爵，從席位西側走下來，放下酒爵，行再拜禮，以首觸地。國君答拜。接受賜爵者持爵入席就坐，待國君飲完酒，然後自飲。持盛君尊酒之爵者接過君之空爵，舀滿酒，返回放在佐酒食品南側。接受賜爵者站起來，把爵交給持盛方壺酒之爵者，持盛方壺酒之爵者把爵中舀滿酒，就開始相互勸飲。只有接受國君勸酒者要行拜禮。最後一位接受勸酒者站起來，在西階上方持爵向士勸酒。士上堂，大夫不行拜禮，而飲酒，再往爵中舀滿酒。士不行拜禮，接受酒爵。大夫入席就位。士依序自行舀酒勸飲，也是不拜而飲。國君又命令撤掉君尊之苫巾，為此卿、大夫都下堂，在西階下面向北，以東方為上位，對君行再拜禮，以首觸地。國君命小臣辭謝。國君再拜答禮，大夫都避開，接著上堂，返回原來座位。士在西階上方完成勸飲禮儀，如同原來那樣。然後歌唱演奏交替進行，不計次數。

夜晚，則由庶子在東階上持火炬，司宮在西階上方持火炬，甸人在中庭持大型火炬，守門之吏在門外製作火炬。主賓已醉，面向北坐下，取進獻給他的乾肉下堂。樂人演奏〈陔夏〉之樂。主賓在門內屋檐下把所持乾肉賜給鍾人，接著出門。卿、大夫也隨後出門，國君不送行。

國君與四方各國使臣燕飲，先派卿大夫去對客人說：「寡君有不醇厚之酒，欲以請先生與寡君在此短暫相晤，派我來相請。」使臣的副手應答說：「敝國國君是貴國國君的私屬。貴國國君不可屬尊賜酒給本使臣，本使臣冒昧再請求辭謝。」來人說：「寡君還是說酒不醇厚，仍舊派我來相請。」使臣副手應答說：「敝國國君是貴國國君的私屬。貴國國君不可屬尊賜酒給本使臣，本使臣冒昧再請求辭謝。」來人又說：「寡君還是說酒不醇厚，仍舊派我來相請。」回答說：「我再三辭謝不得允命，豈敢不聽從。」接著來人向使臣轉達國君辭命說：「寡君有不醇厚之酒，派我來請先生與敝國國君在此短暫相晤。」使臣回答說：「貴國國君加惠於敝國國君太多，又蒙屈尊賜與本使臣酒宴，臣請拜謝賜與燕飲之命。」

〔記〕

燕，朝服，於寢❶。其牲，狗也，亨于門外東方❷。

若與四方之賓❸燕，則公迎之于大門內，揖讓升。賓為苟敬❹，席于阼階之西，北面，有脀，不嚌肺，不啐酒。其介為賓❺。無膳尊，無膳爵。與卿燕，則大夫為賓。與大夫燕，亦大夫為賓。

羞膳者與執冪者，皆士也。羞卿者，小膳宰❻也。

若以樂納賓，則賓及庭，奏〈肆夏〉❼；賓拜酒，主人荅拜，而樂闋❽。公拜受爵，而奏〈肆夏〉；公卒爵，主人升，受爵以下，而樂闋。升歌〈鹿鳴〉，下管〈新宮〉❾，笙入三成❿，遂合鄉樂。若舞，則勺⓫。

唯公與賓有俎。獻公曰：「臣敢奏爵⓬以聽命。」凡公所辭，皆栗階⓭。凡栗階，不過二等⓮。凡公所酬，既拜⓯，請旅侍臣。

凡薦與羞者，小膳宰也。有內羞⑯。

君與射，則為下射，袒朱襦，樂作而后就物。小臣以巾授矢，稍屬⑰。不以樂志⑱。既發，則小臣受弓以授弓人。上射退于物一笴，既發，則荅君而俟⑲。若飲君，燕，則夾爵⑳。君在，大夫射，則肉袒。

若與四方之賓燕，媵爵曰：「臣受賜矣。臣請贊執爵者。」相者㉑對曰：「吾子無自辱焉。」有房中之樂㉒。

【章旨】本章為〈記〉，記述燕禮諸多具體儀節，是對正文的補充與說明。如君與四方的賓燕，與卿、大夫燕，由誰充當主賓；迎賓時樂、舞的規定，以及服飾、用牲、設俎、應對之辭等，都有具體明確闡述，是研讀正文的重要參考。

【注釋】❶寢　路寢，又稱正寢，為君主處理政事的宮室。燕禮即在此舉行。❷亨于門外東方　在門外東側烹煮。亨，通「烹」。古時寢廟的門外皆有灶，以供烹煮，吉事在東，凶事在西。❸四方之賓　四方各國來聘問的使臣。❹賓為苟敬　客人坐近君側而簡於禮儀。賓，他國來聘問的正使，在燕禮上不作主賓。苟敬，小敬。正使辭去主賓而坐近國君，則歡心多而敬稍遜，既不可專事恭敬，又不可全無恭敬，故為苟敬。參見王引之《經義述聞·賓為苟敬》。❺其介為賓　由使臣的副手作主賓。❻小膳宰　膳宰的助手。❼肆夏　樂章名，今亡。以鐘鎛演奏，伴以鼓磬。❽樂闋　樂曲演奏終止。闋，終。亦稱一首樂曲為一闋。❾下管新宮　下堂用管吹奏

〈新宮〉。下，下堂。管，古樂器名。以竹管為之，六孔，形似篪。又說管即籥。新宮，〈小雅〉佚篇。⑩笙入三成　吹笙者入，吹奏三遍而終止。笙奏之曲，有說〈新宮〉，有說〈南陔〉、〈白華〉、〈華黍〉三詩。按：此奏樂迎賓與常燕不同，所奏樂曲別於常燕亦屬合乎情理，故笙奏〈新宮〉或是之。三成，演奏三遍而終止，一般演奏皆以三遍為限。⑪勺　籥，即排簫，古代文舞所持。古時十三歲學樂、頌詩、舞勺。舞勺即文舞，持籥為道具。迎賓如有樂舞即用。又「勺」即「酌」，為《詩經・頌》之篇名，為告成大武之樂歌。舞勺時或唱此詩以為節。⑫奏爵　進獻酒爵。奏，進；上。⑬栗階　一步一級登上臺階。栗，猶「歷」。⑭二等　二級臺階。⑮既拜　主賓受空爵舀酒上堂行拜禮，君答拜。⑯內羞　盛於籩豆內的多種食品。⑰稍屬　君發一矢即授一矢，四矢連續授君。稍，漸。屬，連續。⑱不以樂志　不與鼓樂節奏相應。志，通「識」。標誌。君燕射不以合鼓樂之節為標誌。⑲荅君而俟　面向君等候。荅，對。⑳夾爵　君飲之前先自飲，君飲訖又自飲，稱夾爵。㉑相者　君之相禮者。㉒房中之樂　樂歌名。指用管弦樂器演奏的比較抒情委婉樂曲，並歌以〈周南〉、〈召南〉等寓教於樂、淳化風俗之詩。因常演奏於房中，為后夫人諷誦以事君子，故稱。朱熹以為，周公制禮作樂，采文王之世風化所及民俗之詩，被之管弦，以為房中之樂，而又推之以及於鄉黨邦國，所以昭明先王風俗之盛，而使天下後世之修身、齊家、治國、平天下者皆得以取法焉。朱子之說雖顯粗略，大致可從。

【語　譯】〔記〕燕飲，穿朝服，在路寢舉行。其所用之牲是狗，在門外東側烹煮。

如果與四方各國來聘問的使臣燕飲，就由國君在大門以內迎接，相互揖讓上堂。客人坐近君側而簡於禮儀，其席位設在東階西側，面向北，有進獻的折俎，不嘗肺，不嘗酒。使臣的副手作主賓。沒有君專用酒尊，沒有君專用酒杯。君與卿燕飲，就以大夫為主賓。君與大夫燕飲，也以大夫為主賓。

進獻膳食者和持苫巾者，皆由士擔任。為卿進獻食品者，為膳宰的助手。

如果用奏樂接引主賓，就在主賓行至中庭時，開始演奏〈肆夏〉；主賓嘗酒拜告酒味醇美，主人答拜，是時樂曲終止。國君為接受酒爵行拜禮，演奏〈肆夏〉；國君喝完酒，主人上堂，接過酒爵下堂，而樂曲終止。上堂歌唱〈鹿鳴〉，下堂以管籥奏〈新宮〉，吹笙者入，吹奏三遍終止，接著合奏鄉樂。如果有舞蹈，就用手持排籥的文舞。

只有國君和主賓席前有俎。主人向君敬酒時說：「臣冒昧進獻酒爵，接受與否悉聽尊命。」凡國君辭其拜下，命其上堂，都要一步一級登上臺階。凡是說一步一級臺階，就是不許超過二級。凡是國君勸飲之酒，既拜之後，主賓請依序向眾侍臣勸飲。

凡是進獻佐酒食品，皆由膳宰助手擔當。有盛在籩豆之內的各種食品。

國君參加射箭，就作下射，只袒露紅色短衣，音樂奏起後走向射位。小臣以巾墊手持矢授君，君發一矢即授一矢，四矢連續授給。君射不必完全與鼓樂節拍相應。發射完畢，小臣就接過弓交給弓人。上射由其射位退後三尺，發射完畢，就面向君等候。如果要君飲罰酒，燕飲時主賓先飲一爵，君飲訖再飲一爵。如果有國君在場，大夫參射就袒露左臂。

如果與四方各國來聘問的使臣燕飲，主賓向國君舉送酒爵說：「臣已然接受賜予了。臣請求輔助持酒爵者勸酒。」君之相禮者說：「先生不可如此自己屈尊自己。」還演奏房中樂。

大射第七

【題　解】本篇題名有作〈大射〉，有作〈大射儀〉，皆有所本，《十三經注疏》本作〈大射〉，今從之。篇名為什麼不稱〈大射禮〉而稱〈大射〉或〈大射儀〉？說法不一，有說射禮重在儀節，對威儀之法敘述尤詳，故名。有說射禮盛威儀，以儀為主，故名。這些說法皆顯牽強，實則儀中既體現理，是禮之表現形式，禮亦要有相應形式表現出來，二者為本末，互相包含，稱禮稱儀並無大別，無須深究，以免穿鑿。

大射為天子、諸侯會集群臣在大學中舉行習射之禮。其內容與鄉射禮基本相同，只是主人、參加者和執事人員身分高，參加人數更多，規模更大，禮儀更為隆重，更突顯君主的主宰地位而已。本篇所述為諸侯大射禮，天子大射禮比此規格更高，亦由此可推知其大概。

大射禮較之鄉射禮在推選和考核人才和臣下方面有更突出作用。鄭玄注說：「諸侯將有祭祀之事，與其群臣射，以觀其禮。數中者得與於祭，不數中者不得與於祭。」即是用射考核群臣，看其是否合於禮，是否射中得多，有此二者方可與祭，以維持和鞏固其政治地位。《禮記・射義》對此說得更為明確：「古者天子以射選諸侯、卿大夫、士。」認為在射箭過程中，「其容體比於禮，其節比於樂，而中多者與於祭；其容體不比於禮，其節不比於樂，而中少者不得與於祭。數與於祭而君有慶，數不與於祭而君有讓；數有慶而益地，數有讓而削地。」可見天子諸侯大射之禮，在選拔人才、考核獎罰群臣方面具有重要作用。當然，後世由於禮崩樂壞，天子、諸侯權力衰微，亦不能完全操縱臣下升降和益地削地之權，但不容否認，此禮在歷史上確曾發揮過這樣作用。

本篇較長，概而言之，可分六章。一章為射前準備；二章為射前舉行燕禮情況；三、四、五章記述三番射的過程和儀節，為大射禮的核心內容；六章為射後旅酬、無算爵、無算樂，直至賓出君入諸禮儀。

大射之儀。君有命戒射❶，宰❷戒百官有事于射者。射人❸戒諸公、卿、大夫射，司士❹戒士射，與贊者❺。

前射三日，宰夫戒宰及司馬。射人宿視滌❻。司馬命量人量侯道❼與所設乏，以貍步❽。大侯九十❾，參七十❿，干⓫五十，設乏，各去其侯西十，北十。遂命量人、巾車張三侯⓬。大侯之崇⓭，見鵠於參⓮；參見鵠於干，干不及地武⓯，不繫左下綱⓰。設乏西十、北十，凡乏用革。

樂人宿縣⓱于阼階東，笙磬西面，其南笙鍾，其南鑮⓲，皆南陳。建鼓⓳在阼階西，南鼓。應鼙⓴在其東，南鼓。西階之西，頌磬㉑東面，其南鐘，其南鑮，皆南陳。一建鼓在其南，東鼓，朔鼙㉒在其北。一建鼓在西階之東，南面。簜在建鼓之間㉓，鼗倚于頌磬西紘㉔。

厥明，司宮尊于東楹之西，兩方壺，膳尊兩甒在南，有豐，冪用錫若絺㉕，綴諸箭㉖。蓋冪如勺㉗，又反之㉘。皆玄尊㉙，酒在北。尊士旅食于西鑮之南㉚，北面，兩圜壺㉛。又尊于大侯之乏東北，兩壺獻酒㉜。設洗于阼階東南，罍水在東，篚在洗西，南陳。設膳篚在其北，西面。又設洗于獲者之尊西北，水在洗北，篚在南，東陳。小臣設公席于阼階上，西鄉。司宮設賓席于戶西，南面，有加席。卿席賓東，東上。小卿㉝賓西，東上。大夫繼而東上，若有東面者則北上。席工于西階之東，東上。諸公阼階西，北面，東上。官饌㉞。羹定㉟。

【章　旨】本章記述射前準備，包括分別通告參射百官、諸公、卿、大夫、士與贊者，視察器物射宮滌除情況及量侯道、設乏、張侯諸事，設置樂器，陳設燕飲器具、席位。

【注　釋】❶戒射　通告將舉行大射禮。❷宰　天子的冢宰，為治理百官之卿，邦國有大事，由他把君命通告百官。諸侯無冢宰之官，立司徒兼任此職事。❸射人　負責按射法掌管射儀之官。據《周禮・射人》載，射人除掌管射事，還掌管許多重要人事工作，如考選人才，調派人事等，表明射禮與選才是同一的。❹司士　司馬的屬官，掌群臣俸祿、治績。祭祀時，掌士之戒令。❺贊者　輔佐執事之士，不參射。❻宿視滌　射前一日視察器物、射宮清洗掃除情況。宿，前一日。❼命量人量侯道　命令量人測量射道長短是否合乎標準。量人，司馬屬官，掌管城牆、街道等測量之官。❽貍步　射禮時用以量度距離單位，合六尺。此詞來源據鄭玄注：「貍之伺物，每舉足者，止視遠近，為發必中也，是以量侯道取象焉。」當指貍一躍之距離。❾大侯九十　以熊皮為飾之射侯，其射道長九十步。大侯，為天子所用，諸侯大射亦用熊侯、豹侯，因熊侯只有作為君的天子、諸侯可用，故尊之為大侯。❿參七十　參雜使用豹侯、麋侯，其射道長七十步。參用豹侯、麋侯者為孤卿大夫。⓫干　指用豻皮所飾之侯，為士所射。干，同「豻」。古時生於胡地的一種野狗，以善守著稱。⓬命量人巾車張三侯　命量人、巾車張設三種射侯。巾車，掌管公車之官，張侯為其兼管之事。三侯，指大侯、參侯、豻侯，分別為君、卿大夫、士所用。⓭崇　高。⓮見鵠於參　大侯之鵠從豹侯、麋侯上端可以看見。鵠，箭靶的中央。箭靶即射侯，其尺寸是有規定的，是按射道長度計算出來的。即射道延長一步則射侯增加二寸，大侯射道九十步，射侯為一丈八尺。鵠占射侯三分之一，鵠為六尺正方形。參侯之鵠為四尺六寸六，干侯之鵠為三尺三寸三。設侯時由近及遠，先設干侯，次參侯，次大侯，前低後高，前面射侯高度不得遮住後面射侯之鵠。⓯干不及地武　干侯下緣至地面不到一尺二寸。武，足跡。中人之足跡長約一尺二寸。⓰不繫左下綱　不把射侯左下端的粗繩繫牢，因射事尚未開始。⓱樂人宿縣　樂人射前一日在東階東側把樂器懸掛好。宿，前一天。⓲鏄　今作「鎛」。古樂器名。如鐘而大，奏樂時以鼓鎛為節。⓳建鼓　古樂器名。其形制為用方柱從大鼓之側面穿過，樹立起來，柱上有華蓋、金鸞為飾，柱下四足，飾以臥獅。此為由殷代楹鼓發展而來，與周之懸鼓（懸於鼓架上）有所不同。⓴應鼙　應合的小鼓。鼙，一種小鼓，在演奏中起輔助鼓節作用。此種小鼓先奏者為朔鼙，應合者稱應鼙。㉑頌磬　頌揚成功之磬。在西階西之磬何以名頌磬？頌為頌揚成功之意，西方為秋，為萬物成熟之時，象徵事業成功，故稱頌磬。㉒朔鼙　放在西階西側，演奏開始時先擊之小鼓。接著東階小鼓應合。朔，始也。㉓簜在建鼓之間　笙簫類樂器設在東西階中間。簜，大竹，此泛指用竹管所製樂器，如笙、簫之類。建鼓之間，指東西階中間，因建鼓分置東西兩階。㉔鼗倚于頌磬西紘　鼗鼓倚放在頌磬西側編磬繩旁。鼗，形似鼓而小，有柄，旁有兩耳，持柄搖動時兩耳自擊鼓面發聲，如今之播浪鼓。紘，編磬繩。㉕冪用錫若絺　君用酒尊之苫巾用細麻布或細葛布。錫，細麻布。絺，細葛布。因季節寒暑不同，苫巾用布也隨之而變。㉖綴諸箭　把細麻布或細葛布聯綴在細竹棍上，使其擴展開，以便覆蓋酒尊。箭，小竹，可作箭矢。㉗如勺　如，胡培翬《儀禮正義》、張爾岐《儀禮鄭註句讀》作「加」，或是之。加勺，即把舀酒勺放在苫巾上。㉘反之　勺加苫巾上，又撩苫巾垂下部分把勺蓋起來。㉙皆玄尊　都有盛玄酒（新水）之尊。指兩方壺與兩膳尊中都有一只是盛玄酒的，以表明重本。㉚尊士旅食于西鑮之南　入仕為官而未得正式爵祿的庶人所用酒尊放在西鑮的南側。西鑮，懸於西階西之大鐘。㉛兩圜壺　與卿大夫的方壺有別，且無玄酒，標誌身分下降，所用之具等級亦降低。㉜獻酒　敬獻之酒。是為向三侯之獲者和巾車僕隸諸人所獻之酒。㉝小卿　諸侯三卿下的五大夫，為三卿的副貳，故稱小卿。一般諸侯國皆司徒、司空、司馬三卿，司徒、司空各置下卿二人，司馬置下卿一人，此五人稱下卿，亦即小卿，實為大夫，只是比其他大夫身分特殊些。㉞官饌　百官各自陳設其所當供的食品。㉟羹定　狗肉已經煮熟。諸侯大射前行燕禮，所用牲為狗。

【語　譯】大射的禮儀。國君命有司通告有關人員將舉行大射禮，司徒通告參加射事的百官。射人通告諸公、卿、大夫之參射者，司士通告士之參射者和輔助執事的人。

射前三日，宰夫通告司徒與司馬。射人在射前一日視察應用器具和射宮洗濯掃除情況。司馬命令量人測量侯道距離及所設避箭掩體位置，以貍步六尺為計量單位。以熊皮為飾的射侯，侯道長九十步；以豹皮、麋皮為飾的射侯，侯道長七十步；以犴皮為飾的射侯，侯道長五十步；都要設置避箭掩體，其位置各去其射侯西十步，再往北十步之處。接著命令量人、巾車張設三種射侯。大侯的高度，要以從豹侯、麋侯上緣見其鵠為準；豹侯、麋侯高度，要以從豻侯上緣見其鵠為準，豻侯下緣至地面不到一尺二寸，射事未開始時不把射侯左下端粗繩繫牢。設避箭掩體在射侯西十步，再往北十步處，凡是避箭掩體都用皮製成。

射前一日，樂人在東階東側把樂器懸掛好，笙磬朝向西，笙鐘在它南面，再往南為鑮，都向南陳列。建鼓在東階西側，鼓面朝向南。應鼙在它的東側，鼓面朝向南。頌磬在西階西側，朝向東，它的南側是鐘，再南是鑮，都向南陳列。一建鼓在它們的南側，鼓面朝向東，朔鼙在建鼓北面。另一建鼓在西階的東側，朝向南。笙簫類樂器在東西階中間，鼗鼓倚放在頌磬西側編磬繩旁。

設置樂器的第二天，司宮在堂上東楹柱西側設置酒尊，有二個方壺，有盛君酒之尊兩甒，兩甒在南側，放置在豐上，苫巾用細麻布或細葛布，聯綴於小竹棍上擴展而成。蓋上苫巾，把舀酒勺放在苫巾上，又撩起苫巾垂下部分把酒勺蓋住。兩尊中都有一尊盛玄酒，盛酒之尊在北側。入仕為官而未得正式爵祿的庶人所用酒尊放在西鑮南側，為朝向北的兩圓壺。又在大侯避箭掩體的東北側設酒尊，為兩壺敬獻之酒。在東階東南設洗，盛水之罍在洗東，圓竹筐在洗西，朝向南陳列。設置盛膳食的圓竹筐在洗北，朝向西。又設洗於獲者酒尊西北側，水在洗之北，圓竹筐在洗之南，朝向東陳列。小臣在東階上方為君設席，朝向西。司宮在堂上室門西側為主賓設席，面向南，有加席。卿之席設在主賓東側，以東方為上位。小卿之席設在主賓西側，以東方為上位。大夫席接續小卿，也以東方為上位，如果有面向東者就以北方為上位。設樂工席於西階之東，以東方為上位。諸公席在東階西側，面向北，以東方為上位。百官各自陳設其所當供食品。狗肉已經煮熟。

射人告具于公，公升，即位于席，西鄉。小臣師❶納諸公、卿、大夫，諸公、卿、大夫皆入門右，北面東上。士西方，東面北上。大史在干侯之東北，北面東上。士旅食者在士南，北面東上。小臣師從者在東堂下，南面西上。公降，立于阼階之東南，南鄉。小臣師詔揖諸公、卿、大夫❷，諸公、卿、大夫西面北上。揖大夫，大夫皆少進。大射正擯❸。擯者請賓，公曰：「命某為賓。」擯者命賓，賓少進，禮辭。反命，又命之。賓再拜稽首，受命。擯者反命。賓出，立于門外，北面。公揖卿、大夫，升就席。小臣自阼階下北面，請執冪者與羞膳者❹，乃命執冪者。執冪者升自西階，立于尊南，北面東上。膳宰請羞于諸公卿者。擯者納賓，賓及庭，公降一等揖賓，賓辟公，升即席。

奏〈肆夏〉，賓升自西階，主人❺從之，賓右北面至，再拜，賓荅再拜。主人降洗，洗南，西北面。賓降階西，東面。主人辭降，賓對。主人北面盥，坐取觚，洗。賓少進，辭洗。主人坐，奠觚于篚，興對。賓反位。主人卒洗，賓揖，升。主人升，賓拜洗。主人賓右奠觚，荅拜，降盥。賓降，主人辭降，賓對。卒盥，賓揖升。主人升，坐取觚。執冪者舉冪，主人酌膳，執冪者蓋冪。酌者加勺，又反之❻。筵前獻賓。賓西階上拜，受爵于筵前，反位。主人賓右拜送爵。宰胥❼薦脯醢。賓升筵，庶子❽設折俎。賓坐，左執觚，右祭脯醢，奠爵于薦右，興，取肺，坐絕祭，嚌之，興，加于俎；坐挩手，執爵，遂祭酒，興，席末坐，啐酒，降席，坐奠，爵拜，告旨，執爵興。主人荅拜。樂闋❾。賓西階上北面坐，卒爵，興，坐奠爵，拜，執爵興。主人荅拜。

賓以虛爵降，主人降。賓洗南西北面坐奠觚，少進，辭降。主人西階西東面少進對。賓坐取觚，奠于篚下，盥洗。主人辭洗。賓坐奠觚于篚，興對。卒洗，及階，揖升。主人升，拜洗如賓禮。賓降盥，主人降，賓辭降。卒盥，揖升。酌膳執冪如初，以酢主人于西階上。主人北面拜，受爵。賓主人之左拜送爵。主人坐祭，不啐酒，不拜酒，遂卒爵，興，坐奠爵，拜，執爵興。賓荅拜。主人不崇酒，以虛爵降，奠于篚。賓降，立于西階西，東面。擯者以命升賓。賓升，立于西序，東面。

主人盥，洗象觚，升酌膳，東北面獻于公。公拜受爵，乃奏〈肆夏〉。主人降自西階，阼階下北面拜送爵。宰胥薦脯醢，由左房⑩。庶子設折俎，升自西階。公祭如賓禮，庶子贊授肺。不拜酒，立卒爵，坐奠爵，拜，執爵興。主人荅拜。樂闋。升受爵，降奠于篚。

更爵，洗，升，酌散以降，酢于阼階下，北面，坐奠爵，再拜稽首。公荅拜。主人坐祭，遂卒爵，興，坐奠爵，再拜稽首。公荅拜。主人奠爵于篚。

主人盥洗，升媵觚于賓，酌散，西階上坐奠爵，拜。賓西階上北面荅拜。主人坐祭，遂飲。賓辭。卒爵興，坐奠爵，拜，執爵興。賓荅拜。

主人降洗，賓降。主人辭降，賓辭洗。卒洗，賓揖升，不拜洗。主人酌膳，賓西階上拜，受爵于筵前，反位。主人拜送爵。賓升席，坐祭酒，遂奠于薦東。主人降，復位。賓降筵西，東南面立。

小臣自阼階下請媵爵者，公命長[11]。小臣作下大夫二人媵爵。媵爵者阼階下，皆北面再拜稽首。公荅拜。媵爵者立于洗南，西面北上。序進，盥，洗角觶，升自西階；序進，酌散，交于楹北，降，適阼階下，皆奠觶，再拜稽首，執觶興。公荅拜。媵爵者皆坐祭，遂卒觶，興，坐奠觶，再拜稽首，執觶興。公荅再拜。媵爵者執觶待于洗南。小臣請致者。若命皆致，則序進，奠觶于篚，阼階下皆北面再拜稽首。公荅拜。媵爵者洗象觶，升實之，序進，坐奠于薦南，北上。降適阼階下，皆再拜稽首送觶。公荅拜。媵爵者皆退，反位。

公坐取大夫所媵觶，興以酬賓。賓降，西階下再拜稽首。小臣正辭[12]，賓升成拜。公坐奠觶，荅拜，執觶興。公卒觶，賓下拜，小臣正辭，賓升，再拜稽首。公坐奠觶，荅拜，執觶興。賓進受虛觶，降，奠于篚。易觶，興洗，公有命，則不易不洗，反升，酌膳，下拜。小臣正辭，賓升，再拜稽首。公荅拜。賓告于擯者，請旅諸臣⑬。擯者告于公，公許。賓以旅大夫于西階上。擯者作大夫長升受旅。賓大夫之右坐奠觶，拜，執觶興。大夫荅拜。賓坐祭，立卒觶，不拜。若膳觶⑭也，則降更觶洗，升實散。大夫拜受，賓拜送，遂就席。大夫辯受酬，如受賓酬之禮，不祭酒。卒受者以虛觶降，奠于篚，復位。

主人洗觚，升實散，獻卿于西階上。司宮兼卷重席，設于賓左，東上。卿升，拜受觚。主人拜送觚。卿辭重席，司宮徹之，乃薦脯醢。卿升席，庶子設折俎。卿坐，左執爵，右祭脯醢，奠爵于薦右，興取肺，坐絕祭，不嚌肺。興加于俎，坐捝手，取爵，遂祭酒，執爵興，降席，西階上北面坐卒爵，興，坐奠爵，拜，執爵興。主人荅拜，受爵。卿降復位。辯獻卿，主人以虛爵降，奠于篚。擯者升卿，卿皆升，就席。若有諸公，則先卿獻之，如獻卿之禮，席于阼階西，北面東上，無加席。

小臣又請媵爵者，二大夫媵爵如初。請致者，若命長致，則媵爵者奠觶于篚，一人待于洗南。長致者阼階下再拜稽首，公荅拜。洗象觶，升實之，坐奠于薦南，降，與立于洗南者二人皆再拜稽首送觶，公荅拜。

公又行一爵，若賓，若長，唯公所賜。以旅于西階上，如初。大夫卒受者以虛觶降，奠于篚。

主人洗觚，升獻大夫于西階上。大夫升，拜受觚。主人拜送觚。大夫坐祭，立卒爵，不拜既爵。主人受爵，大夫降，復位。胥[15]薦主人于洗北，西面。脯醢，無脀。辯獻大夫，遂薦之，繼賓以西，東上。若有東面者，則北上。卒，擯者升大夫，大夫皆升，就席。

乃席工于西階上，少東。小臣納工，工六人，四瑟[16]。僕人正徒相大師[17]，僕人師相少師[18]，僕人士相上工[19]。相者皆左何瑟，後首內弦挎越[20]，右手相。後者徒相入[21]。小樂正從之[22]。升自西階，北面東上。坐授瑟，乃降。小樂正立于西階東。乃歌〈鹿鳴〉三終㉓。主人洗，升實爵，獻工。工不興，左瑟，一人拜受爵。主人西階上拜送爵。薦脯醢，使人相祭，卒爵，不拜。主人受虛爵。眾工不拜，受爵，坐祭，遂卒爵。辯有脯醢，不祭。主人受爵，降，奠于篚，復位。大師及少師、上工皆降，立于鼓北，群工陪于後。乃管〈新宮〉三終㉔。卒管，大師及少師、上工皆東坫㉕之東南，西面，北上坐。

擯者自阼階下請立司正，公許，擯者遂為司正。司正適洗，洗角觶，南面坐奠于中庭。升東楹之東，受命于公，西階上北面命賓、諸公、卿、大夫：「公曰，以我安賓。」諸公、卿、大夫皆對曰：「諾，敢不安？」司正降自西階，南面坐取觶，升酌散。降，南面坐，奠觶，興，右還，北面少立，坐取觶，興，坐不祭。卒觶，奠之，興，再拜稽首，左還，南面坐取觶，洗，南面反奠于其所，北面立。

【章　旨】本章記述射前行燕禮諸事，與〈燕禮〉、〈鄉射禮〉的第一章所述大同而小異。內容包括命賓納賓，主人向賓獻酒，賓回敬主人，主人獻君，君回敬主人，主人酬賓，二人舉觶，君取觶酬賓並旅酬，主人獻卿，二人再舉觶，君為卿舉觶旅酬，主人獻大夫，工入奏樂，立司正安賓各項禮儀，仍屬大射的前奏。

【注　釋】❶小臣師　小臣正之佐。〈燕禮〉鄭注作「小臣之長」，指小臣中的尊長。❷詔揖諸公卿大夫　告知並揖請諸公、卿進前來。詔，告知。大夫，下句單說，此為衍文。❸大射正擯　大射正充當為君接引賓客傳達命令的人。大射正，射人之長。〈燕禮〉任此職者為射人，地位稍低。❹羞膳者　為君進獻乾肉、肉醬和各種食品的人。❺主人　宰夫。代君行主人的禮儀。因君是至尊至貴的，主賓也是他的臣下，不敢與其抗禮，為此以宰夫代行。❻反之　把苫巾下垂部分撩上去遮蓋酒勺。❼宰胥　膳宰之吏，代行膳宰職事。燕禮膳宰薦賓，此宰胥薦，變於燕也。❽庶子　官名。《周禮・夏官》稱「諸子」，掌管卿大夫庶子的教育訓戒諸事，大祭祀時掌正六牲之體。為賓設折俎亦屬此類職事。❾闑　止。❿左房　堂上東房。天子諸侯之寢，堂後中間為室，東西有房，稱左房、右房，即東房、西房。⓫公命長　國君命由下大夫之官長擔當。下大夫五人中從屬司徒二人為官長。⓬小臣正辭　小臣正代君辭讓不受。小臣正，小臣之長。⓭請旅諸臣　請依序向諸臣勸飲。⓮膳觶　國君的象觶。⓯胥　宰胥，膳宰之吏。⓰工六人四瑟　樂工六人，四人鼓瑟。工六人，太師少師各一人，上工四人。燕禮工四人，二瑟，大射禮比其規模更大更隆重，故增二瑟，樂工地位亦較高。⓱僕人正徒相大師　僕人正空手扶持大師。僕人正，僕人之長。僕人，當指天子的太僕、諸侯之御僕及其屬官，掌管為君傳命及臣民奏事諸職。用他們相工，表明對此事的重視。大師，樂工之長。⓲僕人師相少師　僕人師扶持少師。僕人師，僕人正之佐。少師，樂官之佐。大師、少師、樂工皆由盲人擔當。⓳僕人士相上工　僕人吏扶持上工。上工，堂上的樂工，對堂下樂工稱上工。⑳後首內弦挎越　瑟之首朝向後面，弦朝向內側，左手指摳住瑟底小孔。越，瑟下小孔，用手摳住以持。㉑後者徒相入　扶持大師、少師者走在後面，他們只管扶持，不拿樂器。㉒小樂正從之　小樂正跟隨大師、少師。小樂正，樂官。諸侯的小樂正為下士，是樂正之副。㉓歌鹿鳴三終　歌唱演奏〈鹿鳴〉三遍。古時以歌唱演奏完一篇詩為一終，每次歌奏皆三遍。鹿鳴，〈小雅〉篇名，共三章二十四句，為君臣宴飲，講道修政之詩。㉔管新宮三終　用笙簫類樂器吹奏〈新宮〉三遍。新宮，古樂歌，其篇已亡。㉕東坫　堂下東側土臺，用以陳放空酒杯或客人贈送的玉圭等禮品。

【語譯】射人報告國君已準備完畢，國君上堂，入席就位，面向西。小臣師引領諸公、卿、大夫，諸公、卿、大夫都從右側入門，面向北站立，以東方為上位。士在西側，面向東，以北方為上位。大史站在犴侯東北，面向北，以東方為上位。入仕為官未得正式爵祿者站在士的南側，面向北，以東方為上位。小臣師之從者站在東堂下面，面向南，以西方為上位。國君下堂，站在東階東南，面向南。小臣師告知並揖請諸公、卿進前來，諸公、卿進前來面向西站立，以北方為上位。又揖請大夫，大夫都稍向前進。大射正充當為君接引賓客傳達命令的擯者。擯者請君任命主賓，國君說：「任命某某為主賓。」擯者把君命告知主賓，主賓稍向前進，以禮辭謝。擯者返回覆命，國君再次任命某某為主賓。主賓行再拜禮，以首觸地，接受任命。擯者返回覆命。主賓出去，站在門外，面向北。國君對卿、大夫一揖，然後上堂入席就坐。小臣自東階下面向北，請君任命持苦巾者和為君進獻脯醢和食品者，於是任命持苦巾者。持苦巾者由西階上堂，站在酒尊南側，面向北，以東方為上位。膳宰請任命為諸公卿進獻食品者。擯者接引主賓進入，主賓至中庭時，國君降一級臺階對主賓一揖，主賓避讓國君之禮，上堂入席就坐。

演奏〈肆夏〉樂曲，主賓由西階上堂，主人跟隨他。主賓在右側，面向北，至堂上，主人向主賓行再拜禮，主賓再拜回禮。主人下堂清洗酒觚，在洗的南側，面向西北。主賓下堂站在主人西側，面向東。主人辭謝主賓下堂，主賓答謝。主人面向北用水沖洗手，坐下取酒觚清洗。主賓稍向前進，辭謝主人為己洗觚。主人坐下，放觚於圓竹筐中，站起來答謝。主賓返回堂下原站位。主人洗觚完畢，主賓揖主人，上堂。主人上堂，主賓拜謝洗觚。主人在主賓右側放下酒觚，答拜，下堂用水沖洗手。主賓下堂，主人辭謝主賓下堂，主賓答謝。沖洗手完畢，主賓揖主人，上堂。主人上堂，坐下取酒觚。持苫巾者揭起君酒尊苫巾，主人舀取君尊酒，舀滿觚後持苫巾者蓋上苫巾。舀酒者把酒勺放在苫巾上，又把苫巾下垂部分撩上去蓋住酒勺。主人在筵席前向主賓敬酒，主賓在西階上方行拜禮，在筵席前接受酒觚，返回原位。主人在主賓右側為送上酒觚行拜禮。宰胥獻上乾肉和肉醬。主賓登上席位，庶子為其設折俎。主賓坐下，左手持觚，右手以乾肉、肉醬為祭，再把酒觚放在佐酒食品右側，站起來取肺，坐下截取肺尖以祭，並品嘗肺，再站起來，把肺放於俎上；坐下以巾拭手，拿起酒觚，接著以酒祭，站起來，至席末坐下，品嘗酒，走下席位，坐下放下酒觚行拜禮，告知酒味醇美，持觚站起。主人答拜。樂曲停止。主賓在西階上方面向北就坐，把觚酒喝完後站起來，再坐下放下酒觚行拜禮，持觚站立。主人答拜。

主賓持空觚下堂，主人亦下堂。主賓在洗南側面向西北坐下，放下酒觚，稍向前進，辭謝主人下堂。主人在西階西側面向東，稍向前進，答謝。主賓坐下取酒觚，放在圓竹筐南側盥洗。主人辭謝洗觚。主賓坐下，放觚於圓竹筐內，站起來答謝。主賓盥洗完畢，至階前，對主人一揖上堂。主人上堂，拜謝洗觚如同賓禮。主賓下堂以水沖洗手，主人亦下堂，主賓辭謝其下堂。主賓洗手完畢，揖而上堂。舀君尊酒，揭苫巾皆如前，並於西階上方以觚酒回敬主人。主人面向北行拜禮，接受酒觚。主賓在主人左側為送上酒觚行拜禮。主人坐下以酒祭，不品嘗，不拜謝主賓以美酒回敬，隨即把酒喝完，站起來，再坐下放下酒觚行拜禮，持觚站立。主賓回拜。主人不崇重己酒，持空觚下堂，放入圓竹筐內。主賓下堂，站在西階西側，面向東。擯者以君命請主賓上堂。主賓上堂，站在堂上西間牆前，面向東。

主人盥手，清洗象觚，上堂舀君尊酒，面向東北敬獻給國君。國君行拜禮接受象觚，於是演奏〈肆夏〉樂曲。主人由西階下堂，至東階下面向北為送上象觚行拜禮。宰胥獻上乾肉和肉醬，由堂上東房。庶子設置盛有脀解牲體之俎，由西階上堂。國君之祭大致如主賓禮儀，庶子協助取肺交給君，不拜謝以美酒飲己，站著把酒喝完，坐下放下酒觚，行拜禮，持觚站立。主人答拜，音樂停止。主人上堂受酒觚，下堂放於圓竹筐內。

主人更換酒杯，清洗後上堂，舀滿方壺酒持之下堂，在東階下方接受國君回敬，面向北，坐下放下酒觚，對君行再拜禮，以首觸地。君答拜。主人坐下以酒祭，接著把酒喝完，站起來，再坐下放下酒觚，行再拜禮，以首觸地。君答拜。主人把酒觚放入圓竹筐內。

主人盥手洗觚，上堂舉觚向主賓示意，從方壺中舀滿酒，在西階上方坐下，放下酒觚，對主賓行拜禮。主賓在西階上方面向北答拜。主人坐下以酒祭，接著飲酒。主賓辭謝。把酒喝完後站起，再坐下放下酒觚行拜禮，然後持觚站立。主賓答拜。主人下堂洗酒觚，主賓亦陪同下堂。主人辭謝主賓下堂，主賓辭謝主人洗觚。主人清洗完畢，主賓對其揖而上堂，不為洗觚行拜禮。主人舀君尊酒於觚，主賓在西階上方行拜禮，至筵席前接受酒觚後返回原位。主人為送上酒觚行拜禮。主賓登上席位，坐下以酒祭，接著把酒觶放在佐酒食品東面。主人下堂，回到原位。主賓從筵席西側下堂，面向東南站立。

小臣在東階下方請任命旅酬之始舉送酒杯之人，國君命令由下大夫之長充任。小臣使下大夫二人舉送酒杯。舉送酒杯者都站在東階下方，面向北行再拜禮，以首觸地。國君答拜。舉送酒杯者站在洗的南側，面向西，以北方為上位。二人依序進前，盥手洗角觶，由西階上堂；再依序進前，由方壺往角觶中舀滿酒，在楹柱北面交錯走過，下堂前往東階下方，都放下角觶，行再拜禮，以首觸地，持觶站立。國君答拜。舉送酒杯者都坐下以酒祭，接著把觶中酒喝乾，站起來，再坐下放角觶，行再拜禮，以首觸地，持角觶站立。國君再拜答禮。舉送酒杯者持觶在洗南等候。小臣請確定為君送酒之人，如果命二人都送酒，就按序而進，把角觶放於圓竹筐內，都在東階下方面向北行再拜禮，以首觸地。國君答拜。舉送酒杯者清洗象觶，上堂舀滿酒，按序而進，坐下把象觶放在佐酒食品南面，以北方為上位。下堂前往東階下方，都行再拜禮，以首觸地，送上象觶。國君答拜。舉送酒杯者都後退，返回門右原位。

國君坐下，取大夫所送象觶，站起來用它向主賓勸酒。主賓下堂，將在西階下方行再拜禮，以首觸地。小臣正代君推辭，主賓上堂完成再拜稽首之禮。國君坐下放下象觶，答拜，持象觶站立。國君喝完象觶酒，主賓將下堂行拜禮，小臣正代君推辭，主賓上堂，行再拜禮，以首觸地。國君坐下放下象觶，答拜，持象觶起立。主賓進前接過空象觶，下堂放在圓竹筐內。更換酒觶，站起來清洗，如果君有命令，就不更換，不清洗，持原來象觶返回堂上，舀滿君尊之酒，下堂行拜禮。小臣正代君推辭，主賓上堂，行再拜禮，以首觸地。國君答拜。主賓告知擯者，請依序向群臣勸飲。擯者告知國君，國君許諾。主賓在西階上方依序向大夫勸飲。擯者請大夫中之長者上堂接受勸酒。主賓在大夫的右側坐下，放下酒觶，行拜禮，持酒觶站立。大夫答拜。主賓坐下以酒祭，站起來把觶酒喝乾，不行拜禮。如果賓用君之象觶，就要下堂更換酒觶清洗，上堂舀滿方壺酒。大夫行拜禮接受酒觶，主賓為送酒觶行拜禮，接著入席就坐。大夫普遍接受勸酒，如同接受主賓勸酒之禮，飲酒時不以酒祭。最後一位接受勸酒者持空觶下堂，放在圓竹筐內，返回原位。

主人清洗酒觚，上堂從方壺中舀滿酒，在西階上方獻給卿。司宮捲起兩重筵席，為卿鋪設在主賓左側，以東方為上位。卿上堂，行拜禮接受酒觚。主人為送上酒觚行拜禮。卿辭謝雙重席，司宮撤去一重，於是就進獻乾肉和肉醬。卿升上席位，庶子為其設置盛有肢解開牲體的俎。卿坐下，左手持觚，右手以乾肉、肉醬為祭，放酒觚於佐酒食品右面，站起來取肺，坐下以截斷之肺尖祭，不品嘗肺。站起來，把肺放於俎上，坐下以巾拭手，取酒觚，接著以酒祭，持觚站起來，走下席位，在西階上方面向北坐下，把觚酒喝乾，站起來，再坐下放下酒觚行拜禮，持觚站立。主人答拜，接過酒觚。卿下堂返回原來位置。對卿普遍敬酒完畢，主人持空觚下堂，放入圓竹筐內。擯者請卿上堂，與會之卿都上堂入席就位。如果有諸公參加，就在卿之前敬酒，如同對卿敬酒的禮儀，鋪設他們的席位在東階西面，朝向北，以東為上位，沒有設加席。

小臣又請求任命舉送酒杯者，國君仍然使二大夫舉送酒杯如初。請任命為君送酒觶者，如果命二人中之長者送觶，則另一位舉送酒觶者就把酒觶放入圓竹筐中，一個人站在洗的南面等候。年長的送觶者在東階下方行再拜禮，以首觸地，國君答拜。送觶者清洗象觶，上堂舀滿酒，坐下將其放在佐酒食品南面，然後下堂，與站在洗南者二人一同為送上酒觶行再拜禮，以首觸地，國君答拜。

國君又一次舉觶勸飲，或向主賓或向公卿之長勸飲，聽任國君所賜。國君在西階上方依序勸酒如初。大夫中最後一位接受勸酒者持空觶下堂，將它放在圓竹筐中。

主人清洗酒觚，上堂在西階上方向大夫敬酒。大夫上堂，行拜禮接受酒觚。主人為送上酒觚行拜禮。大夫坐下以酒祭，站起來把觚酒喝乾，不為喝完酒行拜禮。主人接過酒觚，大夫下堂，回到原位。宰胥在堂下洗北為主人進獻佐酒食品，面向西，有乾肉和肉醬，沒有盛牲體之俎。對大夫普遍獻酒完畢，接著給他們進獻佐酒食品，其席位接續主賓西邊，以東方為上位。如果有面向東者，就以北方為上位。布席設薦完畢，擯者請大夫上堂，大夫都上堂入席就位。

於是在西階上方稍東處為樂工布席。小臣引領樂工進來，樂工六人，鼓瑟者四人。僕人正空手扶持大師，僕人師扶持少師，僕人士扶持上工。扶持者都是左手持瑟，瑟之首朝向後面，弦朝向內側，左手指摳住瑟底小孔，右手扶持樂工。扶持大師、少師者在後面，他們空手扶人進來。小樂正跟隨他們之後。他們由西階上堂，面向北，以東方為上位。扶持人坐下，把瑟交給樂工，便下堂而去。小樂正站在西階東側。接著就歌唱演奏〈鹿鳴〉三遍。主人洗酒爵，上堂舀滿酒，獻給樂工。樂工不站起來，把瑟放在左側，由一人行拜禮，接受酒爵。主人在西階上方為送上酒爵行拜禮。獻上乾肉和肉醬，派人助祭，喝完酒不行拜禮。主人接過空爵。眾樂工不行拜禮，接過酒爵，坐下以酒祭，接著把酒喝完。眾樂工席前都有乾肉和肉醬，但不以乾肉、肉醬祭。主人接過空酒爵下堂，將其放在圓竹筐內，回到原位。大師、少師、上工都下堂，站在鼓的北面，眾樂工陪立於後。於是用簫笙類樂器吹奏〈新宮〉樂曲三遍。吹奏完畢，大師及少師、上工都到東側土臺東南面向西坐下，以北方為上位。

擯者由東階下方請君設立司正，國君許諾，擯者於是成為司正。司正前往洗前，清洗角觶，面向南坐下，放角觶於中庭。司正上堂，在東楹柱之東接受國君之命，至西階上方面向北傳命於主賓、諸公、卿、大夫：「國君說，用我的名義請大家安心留下。」諸公、卿、大夫都回答說：「是，豈敢不安心留下？」司正由西階下堂，面向南坐下取觶，上堂舀滿方壺酒。下堂，面向南坐下，放下酒觶，站起來向右轉身，面向北嚴正恭謹站立一會，再坐下取觶，站起來，再坐下，不以酒祭。喝完酒，放下酒觶站起來，行再拜禮，以首觸地，向左轉身，面向南坐下取觶，清洗後面向南將觶放回原處，面向北站立。

司射適次❶，袒決遂，執弓，挾乘矢於弓外，見鏃於弣❷，右巨指鉤弦❸。自阼階前曰：「為政請射❹。」遂告曰：「大夫與大夫，士御於大夫❺。」遂適西階前，東面右顧❻，命有司納射器，射器皆入。君之弓矢適東堂❼。賓之弓矢與中籌豐❽皆止于西堂下。眾弓矢不挾，揔眾弓矢楅❾，皆適次而俟。工人士與梓人❿升自北階，兩楹之間，疏數容弓⓫。若丹若墨，度尺而午⓬。射正涖之⓭。卒畫，自北階下。司宮埽所畫物⑭，自北階下。大史俟于所設中之西⑮，東面以聽政。司射西面誓之曰：「公射大侯，大夫射參，士射干。射者非其侯，中之不獲⑯。卑者與尊者為耦，不異侯⑰。」大史許諾。遂比三耦⑱。三耦俟于次北，西面北上。司射命上射曰：「某御於子。」命下射曰：「子與某子射。」卒，遂命三耦取弓矢于次。

司射入于次，搢三挾一个，出于次，西面揖，當階北面揖，及階揖，升堂揖，當物北面揖，及物揖，由下物⑲少退，誘射。射三侯，將乘矢⑳，始射干，又射參，大侯再發。卒射，北面揖。及階揖，降，如升射之儀。遂適堂西，改取一个挾之。遂取扑搢之，以立于所設中之西南，東面。

司馬師命負侯者㉑：「執旌以負侯。」負侯者皆適侯，執旌負侯而俟。司射適次，作上耦射。司射反位。上耦出次，西面揖進。上射在左，並行。當階北面揖，及階揖。上射先升三等，下射從之，中等㉒。上射升堂，少左。下射升，上射揖，並行。皆當其物，北面揖，及物揖。皆左足履物，還視侯中，合足而俟。司馬正[23]適次，袒決遂，執弓，右挾之，出。升自西階，適下物，立于物間，左執弣，右執簫[24]，南揚弓，命去侯。負侯皆許諾以宮[25]，趨直西，及乏南，又諾以商[26]，至乏，聲止。授獲者，退立于西方。獲者興，共而俟。司馬正出于下射之南，還其後，降自西階。遂適次，釋弓，說決拾，襲，反位。司射進，與司馬正交于階前，相左，由堂下西階之東北面視上射，命曰：「毋射獲！毋獵獲！」上射揖，司射退，反位。乃射。上射既發，挾矢，而后下射射，拾發以將乘矢[27]。獲者坐而獲，舉旌以宮，偃旌以商，獲而未釋獲。卒射，右挾之，北面揖，揖如升射。上射降三等，下射少右，從之，中等，並行，上射于左。與升射者相左，交于階前，相揖。適次，釋弓，說決拾，襲，反位。三耦卒射亦如之。司射去扑，倚于階西，適阼階下，北面告于公曰：「三耦卒射。」反，搢扑，反位。

司馬正袒決遂，執弓，右挾之，出。與司射交于階前，相左。升自西階，自右物之後，立于物閒，西南面，揖弓㉘，命取矢。負侯許諾如初，去侯㉙，皆執旌以負其侯而俟。司馬正降自西階，北面命設楅。小臣師設楅。司馬正東面，以弓為畢㉚。既設楅，司馬正適次，釋弓，說決拾，襲，反位。小臣坐委矢于楅，北括。司馬師坐乘之㉛，卒。若矢不備，則司馬正又袒執弓，升命取矢，如初，曰：「取矢不索！」乃復求矢，加于楅。卒，司馬正進坐，左右撫之，興，反位。

【章　旨】大射亦進行三番射，與鄉射禮基本上相同。本章記述第一番射，即三耦之射，不放算籌計算射中次數，不定勝負。包括請射納射器、司射選配三組射耦，司射誘射，三耦依次射，射後取矢四項，亦與鄉射一致，只是參射者和贊禮人員身分地位要高於鄉射。

【注　釋】❶次　處所，此指臨時搭建的更衣處，用帳幃圍起來，地上鋪席，位於洗之東南。❷見鏃於弣　箭鏃顯露於弓把之前。鏃，箭頭。弣，弓把。❸右巨指鉤弦　右手大拇指鉤弓弦。❹為政請射　為政之官請行射禮。❺士御於大夫　大夫與大夫配成射耦，如不足，則由士侍御大夫為射耦。御，侍御；侍奉。❻右顧　向右注視。司射在西階前面向東立，有司（士）在西階東南，司射必右顧才能見士。❼東堂　東間牆東之室。❽中籌豐　中，存放算籌的器具，以木雕成獸形，背鑿圓孔以盛算。有閭形、鹿形、虎形、兕形諸種，又稱閭中、鹿中、虎中、兕中，不同身分地位之人所用中亦不同，鹿中為常見者。籌，算籌，用以計算射中次數。豐，承放中或酒器的器物。❾揔眾弓矢楅　把眾射者的弓矢和插箭器集中起來。揔，「總」的異體字。楅，插箭器。❿工人士與梓人　工人士，或即工正，為掌管百工之官。梓人，木工師傅，專門製造樂器架、飲器、箭靶之類。⓫疏數容弓　兩射位間寬狹距離可容六尺。疏數，疏密、遠近。弓，六尺。後以五尺為弓，相當一步之距。⓬度尺而午　度量尺寸在地上畫出一橫一豎垂直交叉的射位標誌。午，一縱一橫相交。⓭射正蒞之　射正親自到場。射正，司射之長。⓮司宮埽所畫物　司宮對所畫射位進行清掃，使畫出標誌更加顯明。埽，同「掃」。掃除。⓯大史俟于所設中之西　太史在將要設中的地方之西等候。大史，官名。殷周時大史掌管祭祀、曆數、法典等。《周禮・春官・大史》載其職事有：「凡射事，飾中，舍算，執其禮事。」大史在此等候履行職事。所設中，將要設置盛算籌器的地方，當時尚未設。⓰射者非其侯二句　不按規定射應射之侯，雖射中亦不放算籌。⓱不異侯　卑者與尊者為射耦，則共射尊者之侯，不另設。⓲比三耦　選配三組射耦。⓳下物　左邊下射所站射位。⓴將乘矢　將要射完四支箭。㉑司馬師命負侯者　司馬師命令報靶人。司馬師，司馬正之副手。負侯者，在射布後面執旗報告射中情況者。㉒中等　中間空一級臺階。㉓司馬正　大射時所立監射之官，以士為之。㉔簫　弓梢，即弓之末端。㉕諾以宮　用宮聲應諾。㉖諾以商　用商聲應諾。宮商為五聲音階的二個音。據《禮記・樂記》：「宮為君，臣為商。」應諾之聲高低相和，象徵君臣和諧。㉗拾發以將乘矢　上射與下射交替發射，以至四矢射盡。㉘揖弓　推弓向外。㉙去侯　與上文及〈鄉射禮〉比照，「去侯」為衍文。㉚畢　柄長三尺的木叉，用作往鼎中裝物之具，形似弓。此以弓代畢，用以教助執事者。㉛坐乘之　坐下按四支一組把箭分開。

【語　譯】司射前往更衣處，袒露左臂，右手大拇指套上扳指，左臂穿上皮製護袖，持弓，夾持四支箭於弓把外，箭頭顯露於弓把前，右手大拇指鉤弓弦。自東階前對國君說：「為政之官請行射禮。」接著又報告說：「大夫與大夫配為射耦，如不足則由士侍奉大夫為射耦。」接著前往西階前，面朝東，向右注目，命令有司搬入射箭的器具，有司把所用射箭器具都搬進來。國君的弓箭送往東堂，主賓的弓箭和中、算籌、豐都留在西堂下面。眾射者的弓矢不夾帶納入，把眾射者的弓矢和插箭器集中起來，都送往更衣處等候使用。工人士和梓人從北階上堂，在兩楹柱間測量，使兩射位間寬窄距離為六尺。或用紅色或用黑色，度量尺寸在地上畫出一橫一豎垂直交叉的射位標誌。射正亦親臨現場。畫完之後，工人士與梓人由北階下堂。司宮清掃所畫射位標誌，然後由北階下堂。大史在將要設盛算籌器處之西，面向東等候治事。司射面向西告戒說：「國君射熊侯，大夫射豹侯麋侯，士射犴侯。射者所射不是己所應射之侯，雖射中不放算籌。卑者和尊者結為射耦，則共射尊者之侯，不另設侯。」大史許諾。接著選配三組射耦。配好的三組射耦在更衣處北等候，面向西以北方為上位。司射命上射說：「某人侍奉先生共射。」命令下射說：「您與某先生共射。」發令完畢，接著就命三耦到更衣處取弓矢。

司射進入更衣處，插三矢於腰帶右側，夾一矢於二、三指間，從更衣處出來，面向西揖，至臺階對面向北揖，到達臺階前又揖，上堂再揖，至射位對面向北揖，到達射位又揖，由左側射位稍稍後退，開始教導射箭。向三種侯發射，要射出四支箭，先射犴侯，次射豹侯或麋侯，後射熊侯二矢。發射完畢，面向北揖，至臺階前揖，下堂，如升堂教射的禮儀。接著前往堂下西側，另取一矢夾於二、三指間。接著取教鞭插入腰帶，站立在將設盛算籌器處的西南，面向東。

司馬師命令報靶人：「持旗背對射侯。」報靶人都到射侯旁邊，持旗背對射侯等候。司射前往更衣處，命上耦射箭。司射返回原位。上耦由更衣處出來，面向西揖而前進。上射在左側，二人併行。至臺階對面向北揖，到達臺階又揖。上射先上三級臺階，下射隨後跟上，二人中間空一級臺階。上射上堂，稍靠向左站。下射上堂，上射揖，二人併列東行。都至射位對面時面向北揖，到達射位再揖。都用左足踩射位的十字標誌，旋轉身注視射侯中央，然後兩足併攏，站立等候。司馬正走到更衣處，袒露左臂，套上扳指，穿上皮製護袖，持弓，右手夾持箭矢，出來。由西階上堂，前往下射位，站在兩射位中間，左手持弓把中部，右手持弓梢，向南揚起弓，命令報靶人離開射侯，報靶人都用宮聲答應著，小步一直向西疾行，到避箭掩體南面時，又用商聲答應著，到達避箭掩體，聲音停止。報靶人把旗幟交給放算籌者，退立於西邊。放算籌者站起來，恭敬等候。司馬正從下射南側走出，轉向其身後，由西階下堂。接著前往更衣處，放下弓，摘下扳指，脫去皮製護袖，穿好衣服，返回原位。司射進來，和司馬正在階前交錯走過，各自在對方左側，由堂下西階往東走，面向北注視上射，命令說：「不要射傷報靶人！不要射到掩體旁驚嚇報靶人！」上射揖司射，司射後退，返回原位。於是開始射箭。上射已發射一矢，又挾矢於弦，而後下射開始射箭，接著上射與下射交替發射，直到將四矢射完。放算籌者坐著喊射中，舉旗時喊聲高亢與宮聲相諧，放下旗幟時喊聲低沉與商聲相諧，雖喊射中但不放算籌。射事完畢，右手挾持弓弦，面向北揖，揖如登堂參射的禮儀。上射降三級臺階，下射稍靠右側跟隨他，二人中間空一級臺階，下堂後二人併行，上射在左側。與上堂參射者相互從左側交錯走過，在階前相交錯時相互一揖。前往更衣處，放下弓，摘下扳指，脫下皮製護袖，穿好衣服，返回原位。三組射耦射完，亦如上述禮儀。司射抽去教鞭，將其倚放於西階西面，前往東階下方，面向北向國君報告說：「三對射耦已然射完。」回到更衣處，插上教鞭，返回原位。

司馬正袒露左臂，套上扳指，穿上皮製護袖，左手持弓，用右手拇指和二指夾持弓弦，從更衣處出來，與司射在階前相互於左側走過。由西階上堂，由右射位後面過來，站在兩射位之間，面向西南，推弓向外，命令收取射出之矢。報靶人應諾如初，都持旗背對射侯等候。司馬正由西階下堂，面向北命令設置插箭器。小臣師設置插箭器。司馬正面向東，用弓作為教助之具。插箭器已設置完畢，司馬正前往更衣處，放下弓，摘下扳指，脫去皮製護袖，穿好衣服，返回原位。小臣坐下，放矢於插箭器上，矢之尾端朝向北。司馬師坐下把矢按四支一組分開，直到分完。如果矢不夠用，則司馬正又袒露左臂，持弓，上堂命令取矢如初，說：「再去取矢，不可使用盡！」於是再去取矢，放在插箭器上。取矢已畢，司馬正進前坐下，把矢左右分開，然後站起來返回原位。

司射適西階西，倚扑，升自西階，東面請射于公。公許。遂適西階上，命賓御于公，諸公、卿則以耦告于上❶，大夫則降，即位而后告。司射自西階上，北面告于大夫曰：「請降。」司射先降，搢扑，反位。大夫從之降，適次，立于三耦之南，西面北上。司射東面于大夫之西，比耦❷大夫與大夫，命上射曰：「某御於子。」命下射曰：「子與某子射。」卒，遂比眾耦。眾耦立于大夫之南，西面北上。若有士與大夫為耦，則以大夫之耦為上，命大夫之耦曰：「子與某子射。」告於大夫曰：

「某御於子。」命眾耦如命三耦之辭。諸公、卿皆未降。

遂命三耦各與其耦拾取矢，皆袒決遂，執弓，右挾之。一耦出，西面揖，當楅北面揖，及楅揖。上射東面，下射西面。上射揖進，坐橫弓❸，卻手❹自弓下取一个，兼諸弣❺，興，順羽❻，且左還，毋周❼，反面揖❽。下射進，坐橫弓，覆手自弓上取一个，兼諸弣，興，順羽，且左還，毋周，反面揖。既拾取矢，梱之❾。兼挾乘矢，皆內還，南面揖。適楅南，皆左還，北面揖，搢三挾一个。揖，以耦左還，上射於左。退者與進者相左，相揖。退釋弓矢于次，說決拾，襲，反位。二耦拾取矢，亦如之。後者遂取誘射之矢，兼乘矢而取之，以授有司于次中。皆襲，反位。

司射作射如初。一耦揖升如初。司馬命去侯，負侯許諾如初。司馬降，釋弓，反位。司射猶挾一个，去扑，與司馬交于階前，適阼階下，北面請釋獲于公，公許。反，搢扑，遂命釋獲者設中，以弓為畢，北面。大史釋獲。小臣師執中，先首❿，坐設之，東面，退。大史實八筭于中，橫委其餘于中西，興，共而俟。司射西面命曰：「中離維綱[11]，揚觸梱復[12]，公則釋獲，眾則不與[13]。唯公所中，中三侯皆獲[14]。」釋獲者命小史[15]，小史命獲者。司射遂進由堂下，北面視上射，命曰：「不貫不釋[16]。」上射揖。司射退，反位。釋獲者坐取中之八筭，改實八筭[17]，興，執而俟。乃射。若中，則釋獲者每一个釋一筭，上射於右，下射於左。若有餘筭，則反委之。又取中之八筭，改實八筭于中，興，執而俟。三耦卒射。

賓降，取弓矢于堂西。諸公、卿則適次，繼三耦以南。公將射，則司馬師命負侯，皆執其旌以負其侯而俟。司馬師反位。隸僕人[18]埽侯道。司射去扑，適阼階下告射于公，公許，適西階東告于賓，遂搢扑，反位。小射正[19]一人，取公之決拾于東坫上。一小射正授弓拂弓[20]，皆以俟于東堂。公將射，則賓降，適堂西，袒決遂，執弓，搢三挾一个，升自西階，先待于物北一笴，東面立。司馬升，命去侯，如初。還右[21]，乃降，釋弓，反位。公就物，小射正奉決拾以笥㉒，大射正執弓，皆以從於物。小射正坐奠笥于物南，遂拂以巾，取決，興，贊設決㉓，朱極三㉔。小臣正贊袒，公袒朱襦，卒袒，小臣正退俟于東堂。小射正又坐取拾，興，贊設拾，以笥退奠于坫上，復位。大射正執弓，以袂順左右隈㉕，上再下壹㉖，左執弣，右執簫，以授公。公親揉之㉗。小臣師以巾內拂矢㉘，而授矢于公，稍屬㉙。大射正立于公後，以矢行告于公。下曰留㉚，上曰揚㉛，左右曰方㉜。公既發，大射正受弓而俟，拾發以將乘矢。公卒射，小臣師以巾退，反位。大射正受弓，小射正以笥受決拾，退奠于坫上，復位。大射正退，反司正之位。小臣正贊襲。公還而后賓降，釋弓于堂西，反位于階西，東面。公即席，司正以命升賓。賓升復筵，而后卿大夫繼射。

諸公、卿取弓矢于次中，袒決遂，執弓，搢三挾一个，出，西面揖，揖如三耦，升射，卒射，降如三耦。適次，釋弓，說決拾，襲，反位。

眾皆繼射，釋獲皆如初。卒射，釋獲者遂以所執餘獲適阼階下，北面告于公曰：「左右卒射。」反位，坐委餘獲于中西，興，共而俟。

司馬袒執弓，升，命取矢如初。負侯許諾，以旌負侯如初。司馬降，釋弓如初。小臣委矢于楅，如初。賓、諸公、卿、大夫之矢皆異束之以茅㉝，卒，正坐㉞，左右撫之，進束㉟，反位。賓之矢，則以授矢人㊱于西堂下。司馬釋弓，反位，而后卿、大夫升就席。

司射適階西，釋弓，去扑，襲，進由中東，立于中南，北面視筭。釋獲者東面于中西坐，先數右獲。二筭為純㊲，一純以取，實于左手，十純則縮而委之，每委異之。有餘純則橫諸下。一筭為奇，奇則又縮諸純下。興，自前適左，東面坐，坐兼斂筭，實于左手，一純以委，十則異之，其餘如右獲。司射復位，釋獲者遂進，取賢獲執之，由阼階下，北面告於公。若右勝，則曰：「右賢於左。」若左勝，則曰：「左賢於右。」以純數告。若有奇者，亦曰奇。若左右鈞，則左右各執一筭以告，曰：「左右鈞。」還復位，坐，兼斂筭，實八筭于中，委其餘于中西，興，共而俟。

司射命設豐。司宮士[38]奉豐由西階升，北面坐設于西楹西，降復位。勝者之弟子[39]洗觶，升酌散，南面坐奠于豐上，降反位。司射遂袒執弓，挾一个，搢扑，東面于三耦之西，命三耦及眾射者：「勝者皆袒決遂，執張弓。不勝者皆襲，說決拾，卻左手，右加弛弓于其上，遂以執弣。」司射先反位。三耦及眾射者皆升，飲射爵于西階上。小射正作升飲射爵者，如作射。一耦出，揖如升射，及階，勝者先升，升堂少右。不勝者進，北面坐取豐上之觶，興，少退，立卒觶，進，坐奠于豐下，興，揖。不勝者先降，與升飲者相左，交于階前，相揖，適次，釋弓，襲，反位。僕人師繼酌射爵，取觶實之，反奠于豐上，退俟于序端。升飲者如初。三耦卒飲。若賓、諸公、卿、大夫不勝，則不降，不執弓，耦不升[40]。僕人師洗，升實觶以授。賓、諸公、卿、大夫受觶于席，以降，適西階上，北面立飲，卒觶，授執爵者，反就席。若飲公，則侍射者降洗角觶，升酌散，降拜。公降一等，小臣正辭，賓升，再拜稽首，公荅再拜。賓坐祭，卒爵，再拜稽首，公荅再拜。賓降，洗象觶，升，酌膳以致，下拜，小臣正辭，升，再拜稽首，公荅再拜。公卒觶，賓進受觶，降洗散觶，升實散，下拜，小臣正辭，升，再拜稽首，公荅再拜。賓坐，不祭，卒觶，降奠于篚，階西東面立。擯者以命升賓，賓升就席。若諸公、卿、大夫之耦不勝，則亦執弛弓，特升飲[41]。眾皆繼飲射爵，如三耦。射爵辯，乃徹豐與觶。

司宮尊侯于服不之東北[42]，兩獻酒[43]，東面南上，皆加勺，設洗于尊西北，篚在南，東肆，實一散[44]于篚。司馬正洗散，遂實爵，獻服不。服不侯西北三步北面拜，受爵。司馬正西面拜送爵，反位。宰夫有司薦[45]，庶子設折俎。卒錯[46]，獲者適右个[47]，薦俎從之。獲者左執爵，右祭薦俎，二手祭酒[48]。適左个，祭如右个，中亦如之。卒祭，左个之西北三步，東面，設薦俎，立卒爵。司馬師受虛爵，洗，獻隸僕人與巾車、獲者，皆如大侯之禮。卒，司馬師受虛爵，奠于篚。獲者皆執其薦，庶子執俎從之，設于乏少南。服不復負侯而俟。

司射適階西，去扑，適堂西，釋弓，說決拾，襲，適洗，洗觚，升實之，降，獻釋獲者于其位，少南。薦脯醢、折俎，皆有祭。釋獲者薦右東面拜，受爵。司射北面拜送爵。釋獲者就其薦坐。左執爵，右祭脯醢，興，取肺，坐祭，遂祭酒。興，司射之西，北面立卒爵，不拜既爵。司射受虛爵，奠于篚。釋獲者少西辟薦，反位。司射適堂西，袒決遂，取弓，挾一个，適階西，搢扑以反位。

【章旨】本章為第二番射，記述參射的具體過程和射後諸禮儀程式。包括將射命耦，三耦取矢於楅，三耦再射放算籌，君與主賓射，諸公、卿、大夫、士皆射，以及射後取矢，數算籌，飲不勝者，向服不及隸僕、巾車、報靶人、放算籌者獻酒諸禮儀，與鄉射禮的二番射大致相同，而增獻酒之儀。

【注釋】❶以耦告于上　諸公、卿在堂上報告各自的射耦。于上，於堂上。於堂上告，因諸公、卿地位尊貴。所告之辭與告三耦及大夫之辭同。❷比耦　匹配結成射耦。❸坐橫弓　坐下，左手橫向持弓。❹卻手　仰右手。❺兼諸弣　把箭併置於弓把中部。弣，弓背中部兩側貼附的骨片。❻順羽　把箭羽理順。❼毋周　不轉成一周。❽反面揖　向原來面對的相反方向一揖。原來上射東面，下射西面，今則各向其反面揖。❾梱之　合四矢為一束使齊等之。梱，使齊等之。❿先首　盛放算籌之具頭朝向前面。⓫中離維綱　射中繫侯之繩。中，射中。離，附著。指射中或附著於繫侯的繩上。維綱，繫射侯之繩。⓬揚觸梱復　矢射中他物彈起而觸及射侯或矢中侯不著而反彈回來。⓭不與　不給放算籌。上述幾種情況，嚴格要求不算中的，故於眾人不放算籌；但畢竟接近或觸及射侯，與射中相差不遠，君主能做到這樣已經很不錯了，故放寬要求，而放置算籌，等同於射中。⓮中三侯皆獲　君射中大侯、參侯、干侯三種侯的任何一種，都算射中，放算籌。這也體現射禮中對君的尊重和優待，其他人則只有射中其應射之侯才算中的，射非其侯，中亦無效。⓯小史　大史之佐。大史在射禮中主持釋放算籌，又稱釋獲者，小史則為其助手，佐助其事。⓰不貫不釋　不中箭靶，不放算籌。貫，中；射中箭靶。⓱改實八算　改放另外八支算籌於中裏。⓲隸僕人　即《周禮・夏官》的隸僕，負責五廟之寢的清潔灑掃職事，大射時則為君清掃侯道。⓳小射正　司射的助手。⓴授弓拂弓　授弓給大射正，並拂去弓上之塵。授弓，指小射正將弓交給大射正，由大射正持之。此由下文可見。拂弓，拂去弓上之塵。㉑還右　繞過右射位後側。㉒笥　盛衣物或飯食之具，以竹或蘆葦編成。此用以盛放射箭用的扳指和皮製護袖。㉓贊設決　輔佐君戴上扳指。㉔朱極三　朱紅色皮製指套三個，用於食指、中指、無名指。君用三，臣則用二。極，手指套。古時射箭，將其套在右手食指、中指、無名指上，便於引弓發射。㉕以袂順左右隈　用衣袖循拭弓之左右彎曲處。袂，衣袖。順，循也，循而拂拭使潔淨之意。隈，弓兩側的彎曲處。㉖上再下壹　上面再次拂拭，下面一次即可。弓仰持，弓裏在上須再拭，弓背在下，一次可也。㉗揉之　拉弓使屈，試弓力的強弱。㉘內拂矢　用巾包住箭拂拭。不把巾抖開，恐灰塵擴散汙及於君。㉙稍屬　發射一矢即送上一矢，連續不斷。㉚下曰留　偏下是說沒有射到箭靶。

留，未至。㉛上曰揚　偏上是說射過了箭靶。揚，超過。㉜左右曰方　左右是說箭矢偏向兩旁。方，通「旁」。㉝皆異束之以茅　都用茅草按人分別捆束。此種作法是表示對諸公卿大夫的尊重。㉞正坐　司馬正坐下。㉟進束　把捆好的箭束放在前面。㊱矢人　此指納射器之吏。以職事名其官。㊲二筭為純　二支算籌為純。純，猶「全」。因其包括陰陽相耦。㊳司宮士　司宮的屬官。司宮，官名。掌管宗廟設置几筵諸事。㊴勝者之弟子　得勝一方的年輕人。㊵耦不升　士為大夫射耦者則不升堂。俟大夫飲後即釋弓返回原位。㊶特升飲　獨自上堂飲酒。士與諸公卿大夫為射耦而不勝，則獨自上堂飲酒。㊷司宮尊侯于服不之東北　司宮在服不的東北方設酒尊。「侯」字為衍文。參見胡培翬《儀禮正義》引朱大韶說。服不，官名。為司馬的屬官，於此擔當大侯的報靶人。以官名稱之，尊大君侯也。古有服不氏，為馴養猛獸官名，以其能使不馴服的猛獸馴服而得名。《周禮・夏官》有此官名。㊸兩獻酒　擺放兩壺獻酒。㊹散　飲酒之器，可容五升。㊺宰夫有司薦　宰夫之吏進獻乾肉和肉醬。㊻卒錯　脯醢與折俎設置完畢。㊼獲者適右个　報靶人前往射侯東側立柱下。獲者，報靶人，即指服不官。右个，固定射侯的東側立柱。㊽二手祭酒　用兩隻手祭酒。因盛酒之散較大，可容五升，用一隻手持之不易端正，故用兩手。

【語譯】司射前往西階西側，倚放教鞭，由西階上堂，面朝東向君請求開始射箭，國君同意。司射接著前往西階上方，命主賓侍奉國君射箭，諸公、卿則在堂上報告各自的射耦，大夫則下堂就位而後報告。司射由西階上堂，面向北告知大夫說：「請降階下堂。」司射先行下堂，將教鞭插在腰帶間，返回原位。大夫隨之下堂，走到更衣處，站在三耦的南側，面向西，以北方為上位。司射在大夫西側，面向東，匹配大夫和大夫結成射耦，命令上射說：「某人侍奉先生射箭。」命令下射說：「您與某先生射箭。」吩咐完畢，接著匹配眾參射者結成射耦，眾射耦站在大夫的南側，面向西，以北方為上位。如果有士和大夫結成射耦，就以大夫的射耦為上射，命令大夫的射耦說：「您與某先生射箭。」告知大夫說：「某人侍奉先生射箭。」命令眾射耦之辭和命令三耦之辭相同。諸公、卿都不下堂。

司射接著命令三耦各與自己的射耦輪流取矢，他們都袒露左臂，套上扳指，穿上皮製護袖，左手執弓，用右手拇指和二指夾持弓弦。一耦走出，面向西一揖，行至對著插箭器處面向北一揖，至插箭器旁又揖。上射面向東，下射面向西。上射揖而前進，坐下，左手橫向持弓，仰右手自弓下取一支箭，把箭併於弓把中部，站起來，理順箭羽，且向左旋轉，不要轉成一周，至原位反面時一揖。下射進前，左手橫向持弓，覆右手自弓上取一支箭，併於弓把中部，站起來，理順箭羽，且向左旋轉，不要轉成一周，至原位反面時一揖。已經輪流取完矢，再把四矢合為一束使齊等之，並夾持四矢，都向內旋轉，面向南揖。至插箭器南面，都向左轉，面向北揖，把三矢插入腰帶間，用二、三指夾持一箭。然後一揖，與射耦向左轉，上射在左側。退下者和進前者交錯從左面走過，相互一揖。退下者在更衣處放下弓矢，脫下扳指和護袖，穿好衣服，返回原位。另二耦輪流取箭亦如此。最後一人同時取回教導射箭所用矢，並四矢一道取回，在更衣處交給主管之吏。然後穿好衣服，返回原位。

司射使人射箭，儀式如初。一耦揖而升堂如初。司馬命令報靶人離開射布，報靶人許諾如初。司馬下堂，放下弓，返回原位。司射仍然夾持一矢，去掉教鞭，與司馬在階前交錯走過，走至東階下，面朝北向國君請示放算籌於地，國君許諾。司射返回，插教鞭於腰帶間，即命令放算籌者設置盛放算籌之具中，面向北，以弓為指畫之具。大史負責放算籌。小臣師持放算籌之具，使其頭部朝向前，坐下安放，使其頭朝向東，然後退下。大史放八支算籌於盛算籌器中，把餘下算籌橫著放於器西，站起來恭立等候。司射面向西發布命令說：「射中或附著繫侯之繩，射中他物彈起來觸到射侯或中侯不著反彈回來，有此種情況，國君則放算籌，眾人則不放。只要國君射中大侯、參侯、干侯的任何一種，都算射中。」放算籌者傳此命給小史，小史傳此命給報靶人。司射接著由堂下進前，面向北注視上射，命令說：「不中箭靶，不放算籌。」上射一揖為禮。司射退下，返回原位。放算籌者坐下，從盛算籌之具中取出八支算籌，又改放另外八支在裏面，站起來，持算籌等候。接著開始射箭，如果有射中者，則每射中一矢放算籌者放置一支算籌，上射的算籌放在右側，下射的算籌放在左側。如果有剩下的算籌，則反身將其放在盛算籌器西側。再從盛算籌器中取出八支算籌，改放另八支於其中，站起來，持算籌等候。直至三耦射箭完畢。

主賓下堂，在堂下西側取弓矢。諸公、卿則走到更衣處，接續在三耦南側排列。國君將要射箭，則司馬師命令報靶人都各持其旗幟背對其射布等候。司馬師返回原位。隸僕人清掃侯道。司射放下教鞭，走到東階下方向國君報告開始射箭，國君同意，又走到西階東側告知主賓，隨即插上教鞭，返回原位。小射正一人從東坫上取下國君的扳指和皮製護袖。另一小射正授弓給大射正，大射正拂去弓上的灰塵，他們都在東堂等候。國君將要射箭時，則主賓下堂，走到堂下西側，袒露左臂，套上扳指，穿上皮製護袖，手持弓，腰帶間插三支箭，兩指夾持一箭，由西階上堂，先在射位北三尺處等候，面向東站立。司馬上堂，命令離開射布，如同初儀。再繞過右射位後側，下堂，放下弓，返回原位。國君走向射位，小射正用笥捧著扳指和護袖，大射正持弓，都跟著國君至射位。小射正坐下，把笥放在射位南面，接著用巾拂拭，取扳指，站起來，輔助國君戴上扳指和朱紅色皮製指套三個。小臣正輔助解開外衣，國君袒露朱紅短衣，袒衣完畢，小臣正退下在東堂等候。小射正又坐下取皮製護袖，然後起立，輔助國君穿上皮製護袖，持笥退下，放笥於坫上，回到原位。大射正持弓，用衣袖循拂弓左右彎曲處，上面再次拂拭，下面一次即可，左手持弓把中部，右手持弓的末端，把弓授給國君。國君親自拉弓試驗。小臣師用巾包住箭拂拭，而後把箭授給國君，國君發射一支即送上一支，連續不斷。大射正站立在國君後面，把射出之箭運行情況報告國君。偏下就說未射到箭靶，偏上就說超過了箭靶，偏左偏右就說偏向箭靶兩旁。國君射完一矢，大射正就接過弓等候，國君與主賓輪流發射，直到把四矢射完。國君發射完畢，小臣師持巾退下，返回原位。大射正接過弓，小射正用笥接過扳指和護袖，退下放在坫上，返回原位。大射正退下，返回司正之位。小臣正輔助國君穿好衣服。國君返回而後主賓下堂，在堂下西側放下弓，返回西階西側之位，面向東。國君就席，司正以君命請主賓上堂，主賓上堂回到筵席，而後卿大夫繼續射箭。

諸公、卿從更衣處取出弓矢，袒露左臂，套上扳指，穿上皮製護袖，持弓，插三矢於腰帶間，用二、三指夾持一矢，走出來，面向西揖，揖與三耦同。升堂射箭，射箭完畢，下堂皆與三耦同。然後走到更衣處，放下弓，脫掉扳指和護袖，穿好衣服，返回原位。眾參射者都繼續射箭，射中釋放算籌皆如初。射箭完畢，放算籌者接著持所剩餘算籌走到東階下方，面向北對國君報告說：「上下射都已射箭完畢。」接著就返回原位，坐下把剩餘算籌放在盛算籌器西面，站起來恭立等候。

司馬袒露左臂，持弓，上堂命令取矢如原來那樣。報靶人許諾，持旗幟背對射布如初。司馬下堂，放下弓如初。小臣把矢放入插箭器如初。主賓、諸公、卿、大夫之矢都按人用茅草分別捆束，捆束完畢，司馬正坐下，把箭束左右分開，放到前面，而後返回原位。主賓之矢，就在西堂下把它交給矢人。司馬放下弓，返回原位，而後卿、大夫上堂入席。

司射走到西階西側，放下弓，去掉教鞭，穿好衣服，由盛算籌器東側前行，站在盛算籌器的南面，面向北查看算籌。放算籌者坐在盛算籌器西側，面向東，先數右邊算籌。兩支算籌為一純，一純一純取出，放在左手，數夠十純就縱向堆放在地上，每十純為一堆，彼此區分。有不足十數的餘純，就橫向放在西側。一支算籌為奇數，奇數算籌縱向放在餘純之南。然後站起來，從盛算籌器東面走到左邊放算籌處，面向東坐下，坐著把算籌收集一起，放在左手，一純一純地放下，夠十純就另放一堆以區別開，其餘作法與數右邊算籌同。司射又回到原位，放算籌者接著進前，取得勝一方算籌拿著，自東階下方面向北報告給君。如果是右邊獲勝，就說：「右賢於左。」如果是左邊獲勝，就說：「左賢於右。」以所勝算籌純數報告。如果所勝有奇數，也以奇數告。如果左右算籌數相等，就左右各拿一支算籌報告說：「左右均等。」轉身回到原位，坐下，把算籌收集一起，放八支算籌於盛算籌器內，把其餘放在器西，站起來恭敬等候。

司射命令設置豐。司宮士捧豐由西階上堂，面朝北坐下把豐擺放在堂上西楹柱西面，然後下堂回到原位。獲勝一方的年輕人清洗酒觶，上堂從方壺中舀滿酒，面向南坐下把觶放在豐上，下堂返回原位。司射接著袒露左臂，持弓，兩指夾持一矢，插好教鞭，在三耦西側面向東，命令三耦和眾射者：「獲勝者都袒露左臂，套上扳指，戴上皮製護袖，持上弦之弓。未勝者都穿好衣服，脫去扳指和護袖，左手手掌向上，右手把解弦之弓加於左手上，接著用左手持弓把中部。」司射先返回原位。三耦和眾射者都上堂，在西階上方飲罰酒。小射正使不勝者上堂飲罰酒，如同使人射箭之儀一樣。一耦前進，拱手為禮如升堂射箭之儀，到臺階前，勝者先上堂，上堂稍靠右側。不勝者上堂前行，面向北坐下取豐上之觶，站起來，稍稍後退，站著把酒喝乾，再前進，坐下把觶放在豐下，站起來拱手為禮。不勝者先下堂，與上堂飲酒者相互從左側走過，相交於階前，相互作揖，走到更衣處，放下弓，穿好衣服，返回原位。僕人師繼續舀罰酒，取觶盛滿酒，反身放到豐上，退下，在西間牆端等候。接著上堂飲酒者禮儀如初。三耦依次飲酒完畢。如果是主賓、諸公、卿、大夫不勝，就不下堂，不持弓，士為大夫射耦者則不上堂。僕人師清洗酒觶，上堂盛滿酒授給他們。主賓、諸公、卿、大夫在席上接受酒觶，持觶下席，至西階上方，面向北站立飲酒，把酒喝乾，授觶給執爵者，反身就席。如果讓國君飲酒，則侍射的主賓下堂清洗角觶，上堂舀方壺酒，將下堂行拜禮。國君降一級臺階，小臣正代君推辭，主賓上堂，行再拜禮，以首觸地，國君再拜答禮。主賓坐下以酒祭，把酒喝完，行再拜禮，以首觸地，國君再拜答禮。主賓下堂清洗象觶，上堂舀圓壺酒以獻，將下堂行拜禮，小臣正代君推辭，主賓上堂行再拜禮，以首觸地，國君再拜答禮。國君喝完觶酒，主賓進前接過象觶，下堂洗散觶，上堂舀方壺酒，將下堂行拜禮，小臣正代君推辭，主賓上堂行再拜禮，以首觸地，國君再拜答禮。主賓坐下，不以酒祭，喝完酒，下堂，放觶於圓竹筐內，至西階西側朝向東站立。傳命人以君之命請主賓上堂，主賓上堂入席。如果諸公、卿、大夫的射耦不勝，則亦持解弦之弓，獨自上堂飲酒。眾參射者都接著喝罰酒，如同三耦之儀。都普遍喝過罰酒後，就撤去豐和觶。

司宮在服不的東北方設酒尊，擺放兩壺獻酒，朝向東，以南方為上位，都放有酒勺。在酒尊西北面設洗，圓形竹筐在洗之南，朝東陳放，在圓竹筐內放置一散。司馬正洗散，接著往裏面舀滿酒，敬獻給服不。服不在射侯西北三步處面向北行拜禮，接受酒爵。司馬正面向西為送上酒爵行拜禮，然後返回原位。宰夫之吏進獻乾肉和肉醬，庶子官設置放有肢解開牲體之俎。脯醢與折俎設置完畢，報靶人前往射布東側立柱下，脯醢與折俎也隨著他。報靶人左手執爵，右手以脯醢、折俎祭，兩手以酒祭。走到射布西側立柱下，祭儀如同東側，在射布中間祭亦如兩側。祭祀完畢，在射布西側立柱的西北三步處，朝向東設置脯醢和折俎，站著把酒喝完。司馬師接過空爵，清洗完，用以向隸僕人和巾車、報靶人敬酒，都與向服不敬酒的禮儀相同。敬酒完畢，司馬師接過空爵，放入圓竹筐內。報靶人都拿著乾肉和肉醬，庶子官拿著折俎跟隨著，擺設在避箭掩體稍南處。服不又背對射布等候。

司射至階西，去掉教鞭，到堂西，放下弓脫去扳指和護袖，穿好衣服，至洗前，清洗酒觚，上堂舀滿酒，下堂在放算籌者的位置稍南處向他敬酒。有司進獻脯醢和折俎，都進行祭祀。放算籌者在脯醢右側面向東行拜禮，接受酒爵。司射面向北為送上酒爵行拜禮。放算籌者就其脯醢坐下，左手持爵，右手以脯醢祭，站起來，取肺，坐下以肺祭，接著以酒祭。站起來，在司射之西，面向北站著喝完酒，不為喝完酒行拜禮。司射接過空爵，放在圓竹筐內。放算籌者稍靠向西避開脯醢，返回原位。司射走到堂西，袒露左臂，套上扳指，穿上皮製護袖，取弓，兩指夾持一矢，走到階西，插教鞭於腰帶間，返回原位。

司射倚扑于階西，適阼階下，北面請射于公，如初。反搢扑，適次，命三耦皆袒決遂，執弓，序出取矢❶。司射先反位。三耦拾取矢如初，小射正作取矢如初。三耦既拾取矢，諸公、卿、大夫皆降，如初位，與耦入於次，皆袒決遂，執弓，皆進當楅，進坐說矢束。上射東面，下射西面，拾取矢如三耦。若士與大夫為耦，士東面，大夫西面。大夫進坐說矢束，退反位。耦揖進坐，兼取乘矢，興，順羽且左還，毋周，反面揖。大夫進坐，亦兼取乘矢，如其耦，北面，搢三挾一个，揖進。大夫與其耦皆適次，釋弓，說決拾，襲，反位。諸公、卿升就席。眾射者繼拾取矢，皆如三耦，遂入于次，釋弓矢，說決拾，襲，反位。

司射猶挾一个以作射，如初。一耦揖升如初。司馬升，命去侯，負侯許諾。司馬降，釋弓，反位。司射與司馬交于階前，倚扑于階西，適阼階下，北面請以樂❷于公，公許。司射反，搢扑，東面命樂正曰：「命用樂。」樂正曰：「諾。」司射遂適堂下，北面視上射，命曰：「不鼓不釋。」上射揖，司射退反位。樂正命大師曰：「奏〈貍首〉❸，間若一。」大師不興，許諾。樂正反位。奏〈貍首〉以射，三耦卒射。賓待于物，如初。公樂作而后就物，稍屬，不以樂志❹，其他如初儀。卒射如初。賓就席。諸公、卿、大夫眾射者皆繼射，釋獲如初。卒射，降反位。釋獲者執餘獲，進告：「左右卒射。」如初。

司馬升，命取矢，負侯許諾。司馬降，釋弓，反位。小臣❺委矢，司馬師乘之，皆如初。司射釋弓、視筭，如初。釋獲者以賢獲與鈞告，如初，復位。

司射命設豐、實觶，如初。遂命勝者執張弓，不勝者執弛弓，升飲如初。卒，退豐與觶，如初。

司射猶袒決遂，左執弓，右執一个，兼諸弦，面鏃，適次，命拾取矢，如初。司射反位。三耦及諸公、卿、大夫、眾射者皆袒決遂以拾取矢，如初。矢不挾，兼諸弦，面鏃，退適次，皆授有司弓矢，襲，反位。卿、大夫升就席。

司射適次，釋弓，說決拾，去扑，襲，反位。司馬正命退楅解綱❻。小臣師退楅，巾車、量人❼解左下綱。司馬師命獲者以旌與薦俎退。司射命釋獲者退中與算而俟。

【章旨】本章記述第三番射事，參射人員同前，特點是以樂節射，「不鼓不釋」。內容包括參射者拾取矢，以樂節射，射後取矢、數算籌，飲不勝者，射後拾取矢，射畢退諸射器諸項，與鄉射禮的第三番射大同小異。

【注釋】❶序出取矢　依序出來取矢。與「拾取矢」（輪流取矢）之意同。❷以樂　奏樂以為射箭節奏。❸貍首　逸詩篇名。據《禮記·射義》，行射禮時諸侯歌〈貍首〉為發矢之節，取諸侯樂於按時朝見天子之意。《周禮·春官·鍾師》亦有「凡射，王奏〈騶虞〉，諸侯奏〈貍首〉」之文。其詩逸，內容已不可確考。❹不以樂志　不必應音樂節拍為發射節奏。因君的體力強弱有所不同，可根據實際情況掌握發射節奏，不要求完全與音樂合拍，是對君放寬要求。❺小臣　官名。為大僕助手，協助大僕行贊禮、應對王命諸事。❻解綱　解開繫射布的粗繩。❼量人　負責丈量之官。見《周禮·夏官·量人》。

【語譯】司射把教鞭倚置在西階西側，走到東階下方，面朝北向國君請求開始射箭，如起初那樣。反身插教鞭於腰帶間，走到更衣處，命令三耦都袒露左臂，套上扳指，穿上皮製護袖，持弓，依序出來取矢。司射先返回原位。三耦輪流取矢如初，小射正使人取矢亦如初。三耦輪流取矢完畢，諸公、卿、大夫都下堂，如初位，與其射耦都到更衣處，都袒露左臂，套上扳指，穿上皮製護袖，持弓，都前行到插箭器對面，進前坐下，解開束矢的茅草。上射面向東，下射面向西，輪流取矢如三耦。如果士與大夫為射耦，士面向東，大夫面向西。大夫進前坐下，解開束矢茅草，退下，返回原位。大夫的射耦一揖，進前坐下，並取四矢，站起來，理順箭羽並向左旋轉，不要轉一周，轉至原站位反面揖。大夫亦進前坐下，並取四矢，如其射耦同，面向北，把三矢插入腰帶用兩指夾持一矢，揖而前進。大夫和他的射耦都到更衣處，放下弓，脫去扳指和護袖，穿好衣服，返回原位。諸公、卿上堂就席。眾參射者接續輪流取矢，都如同三耦那樣，接著進入更衣處，放下弓矢，脫去扳指和護袖，穿好衣服，返回原位。

司射依舊兩指夾持一矢使人射箭，如初。一耦揖而上堂如初。司馬上堂，命令報靶人離開射布，報靶人應諾。司馬下堂，放下弓，返回原位。司射與司馬在階前交錯走過，司射把教鞭倚置於階西，走到東階下方，面朝北向國君請求奏樂以為射箭節奏，國君許諾。司射返回原地，插教鞭於腰帶間，面向東命樂正說：「國君命令奏樂節射。」樂正說：「是。」司射接著至堂下，面向北注視上射，命令說：「射箭動作不與鼓樂節拍相合，射中亦不放算籌。」上射拱手為禮，司射退下，返回原位。樂正命令樂工之長說：「演奏〈貍首〉，各節間隔時間長短要一致。」樂正之長不起立，應諾，樂正返回原位。於是演奏〈貍首〉以節制射箭，三耦發射完畢。主賓在射位上等待，如初。國君在音樂奏起後走向射位，一支接一支連續發射，不一定要和音樂節拍完全相合，其他禮儀如初。射箭的禮儀亦如初。主賓入席。諸公、卿、大夫及眾參射者都繼續射箭，射中放算籌也和原來那樣。射箭完畢，下堂返回原位。放算籌者持剩下的算籌，進前報告：「上下射都已射箭完畢。」亦如初。

司馬上堂，命令取矢，報靶人應諾。司馬下堂，放下弓，返回原位。小臣把箭放在插箭器上，司馬師按四支一組分別地數，都如初儀。司射放下弓，察看算籌如初儀。放算籌者把勝者所勝算籌數或賽成平局的情況報告，如初儀，然後返回原位。

司射命令設置豐、把觶中舀滿酒如初。接著司射命令得勝者持上弦之弓，不勝者持未上弦之弓，上堂飲酒如初儀。結束後撤去豐和觶，如初儀。

司射又袒露左臂，套上扳指，穿上皮製護袖，左手持弓，右手持一矢，併置於弓弦上，箭鏃向外，走到更衣處，命令輪流取矢如初儀。司射返回原位。三耦和諸公、卿、大夫、眾射者都袒露左臂，套上扳指，穿上皮製護袖，接著輪流取矢，如初儀。矢不用二、三指夾持，而是併置弦上，箭鏃向外，退至更衣處，都把弓矢交給有司，穿好衣服，返回原位。卿、大夫上堂入席。

司射走到更衣處，放下弓，脫下扳指和護袖，去掉教鞭，穿好衣服，返回原位。司馬正命令撤去插箭器、解開繫射布的粗繩。小臣師撤去插箭器，巾車、量人解開左下角繫射布的粗繩。司馬師命令報靶人帶著旗幟、脯醢與折俎退下。司射命令放算籌者撤去盛算籌器和算籌等候。

公又舉奠觶，唯公所賜，若賓若長，以旅于西階上，如初。大夫卒受者以虛觶降，奠于篚，反位。

司馬正升自西階，東楹之東北面告于公，請徹俎，公許。遂適西階上，北面告于賓。賓北面取俎以出，諸公、卿取俎如賓禮，遂出，授從者于門外。大夫降復位。庶子正❶徹公俎，降自阼階以東。賓、諸公、卿皆入門，東面北上。司正升賓。賓、諸公、卿、大夫皆說屨，升就席。公以賓及卿、大夫皆坐，乃安。羞庶羞❷。大夫祭薦。司正升受命，皆命：「公曰眾無不醉！」賓及諸公、卿、大夫皆興，對曰：「諾，敢不醉！」皆反位坐。

主人❸洗、酌，獻士于西階上。士長升，拜受觶，主人拜送。士坐祭，立飲，不拜既爵。其他❹不拜，坐祭立飲。乃薦司正與射人于觶南，北面東上，司正為上。辯獻士。士既獻者立于東方，西面，北上。乃薦士。祝史、小臣師亦就其位而薦之。主人就士旅食之尊而獻之，旅食不拜受爵，坐祭立飲。主人執虛爵，奠爵于篚，復位。

賓降洗，升，媵觶❺于公，酌散，下拜。公降一等，小臣正辭。賓升，再拜稽首，公荅再拜。賓坐祭，卒爵，再拜稽首，公荅再拜。賓降，洗象觚，升酌膳，坐奠于薦南，降拜，小臣正辭。賓升成拜，公荅拜，賓反位。公坐取賓所媵觶，興，唯公所賜，受者如初受酬之禮。降，更爵，洗，升酌膳，下，再拜稽首，小臣正辭，升成拜，公荅拜，乃就席坐行之❻。有執爵者，唯受于公者拜。司正命執爵者爵辯，卒受者興，以酬士。大夫卒受者以爵興，西階上酬士。士升，大夫奠爵拜，受荅拜。大夫立卒爵，不拜，實之。士拜受，大夫拜送。士旅于西階上，辯。士旅酌。

若命曰：「復射！」則不獻庶子❼。司射命射，唯欲❽。卿、大夫皆降，再拜稽首，公荅拜。壹發，中三侯皆獲❾。

主人洗，升自西階，獻庶子于阼階上，如獻士之禮。辯獻，降洗，遂獻左右正與內小臣，皆於阼階上，如獻庶子之禮。

無筭爵。士也，有執膳爵者，有執散爵者。執膳爵者酌以進公，公不拜受。執散爵者酌以之公命所賜，所賜者興受爵，爵降席下❿，奠爵，再拜稽首，公答再拜。受賜爵者以爵就席坐，公卒爵然後飲。執膳爵者受公爵，酌，反奠之。受賜者興，授執散爵者，執散爵者乃酌行之。唯受于公者拜。卒爵者興，以酬士于西階上，士升，大夫不拜乃飲，實爵。士不拜受爵，大夫就席，士旅酌，亦如之。公有命徹冪，則賓及諸公、卿、大夫皆降，西階下北面東上再拜稽首。公命小臣正辭，公答拜，大夫皆辟，升，反位。士終旅於上，如初。無筭樂。

宵，則庶子執燭於阼階上，司宮執燭於西階上，甸人執大燭⓫於庭，閽人為燭於門外。賓醉，北面坐取其薦脯以降。奏〈陔〉。賓所執脯，以賜鍾人于門內霤⓬，遂出。卿、大夫皆出，公不送。公入，〈驁〉⓭。

【章　旨】本章記述射後燕飲諸禮儀。主要內容有君為大夫舉觶旅酬，撤俎安坐，主人向士敬酒並旅食，主賓為士舉爵旅酬，主人為庶子敬酒，無算爵，無算樂，以及主賓出國君入諸禮儀。

【注　釋】❶庶子正　庶子之長者。庶子，官名。掌管諸侯、卿大夫之庶子的教養訓戒諸事。❷羞庶羞　進獻眾多美味食品。前一「羞」字為動詞，進獻。庶，眾多。後一「羞」字為名詞，美味食品。眾美味食品指膷臐膮、狗胾醢，或有炮鱉、膾鯉、雉兔鶉鴽等。❸主人　宰夫，代君行進獻諸事。❹其他　指眾士。❺媵觶　舉觶勸酒。媵，舉送之意。❻坐行之　坐下相互勸飲。❼不獻庶子　先不向庶子敬酒。按正常進程，士旅酬後應向庶子敬酒，以示獻禮終結，如果君命復射，則在射後向庶子敬酒。❽唯欲　欲射則射，不欲則止。此非正射，各人體力不一，身強者可復射，體弱者則不必。❾壹發中三侯皆獲　發一矢，射中三侯中任何一侯都放算籌。二、三番射時，只有國君射中三侯中任何一侯都放算籌，此燕後復射禮殺而尚歡樂，對臣亦放寬要求。❿席下　席位之西。⓫大燭　大火炬。用麻秸竹木製成。⓬霤　屋檐滴水。⓭公入驁　國君返回演奏〈驁夏〉。公出而言入，因大射的射宮在郊，由郊回城故言入也。驁，即〈驁夏〉，為樂章名，以鐘鼓奏之，其詩今亡。

【語　譯】國君又舉起放置的酒觶，或主賓或大夫之長者，任君所賜，在西階上方依次敬酒如初。大夫最後一位接受敬酒者持空觶下堂，放入圓竹筐中，返回原位。

司馬正由西階上堂，在東楹柱的東面向北報告國君，請求撤去俎，國君同意。接著司馬正走到西階上方，面向北告知主賓。主賓面向北取俎持出，諸公、卿取俎如主賓的禮儀，接著出門，在門外把俎交給隨從者。大夫下堂回到原位。庶子之長撤去國君之俎，由東階下堂，持俎東去。主賓、諸公、卿都入門，面向東以北方為上位。司正請主賓上堂。主賓、諸公、卿、大夫都脫掉鞋子，上堂入席。國君和主賓及卿、大夫都坐下，至此君臣都安然就坐。進獻上眾多美味食品，大夫用以為祭。司正上堂領受君命，對眾人命令說：「國君說大家不能不喝醉！」主賓及諸公、卿、大夫都站起來應答說：「豈敢不喝醉！」都返回原位坐下。

主人清洗酒觶舀滿酒，在西階上方向士敬獻。士之長者升堂，行拜禮接受酒觶，主人拜送。

士坐下以酒祭，站起來喝完酒，不為喝完酒行拜禮。其餘眾士不拜受觶，坐下以酒祭，站起來把酒喝完。接著就在觶南為司正和射人進獻食品，朝向北以東方為上位，司正為上。對士普遍獻酒。已獻過酒之士站在庭之東方，面向西，以北方為上位。接著就為士進獻食品。祝史和小臣師也在他們的席位上進獻食品。主人到庶人為官者之酒尊前向他們敬酒，庶人為官者不為接受酒爵行拜禮，坐下以酒祭，站起來把酒喝完。主人持空酒爵放在圓竹筐中，然後回到原位。

主賓下堂洗觶，上堂向國君舉觶勸酒，從方壺中舀酒，將下堂行拜禮。國君降一級臺階，小臣正辭讓。主賓上堂，行再拜禮，以首觸地，國君再拜答禮。主賓坐下以酒祭，喝完酒，行再拜禮，以首觸地，國君再拜答禮。主賓下堂清洗象觚，升堂舀君尊酒，坐下，放象觶於佐酒食品南面，將下堂行拜禮，小臣正辭謝。主賓上堂完成拜禮，國君答拜，主賓返回原位。國君坐下，取主賓所舉送的象觶，站起來，按其意賜予臣下，受賜者所行禮儀如主賓初次接受國君敬酒的禮儀。受賜者下堂更換酒爵清洗，上堂舀君尊酒，將下堂，行再拜禮，以首觸地，小臣正辭謝，便上堂完成拜禮，國君答拜。接著就入席坐下相互勸飲。有專司持杯舀酒者，只有接受國君勸酒者行拜禮。司正命持杯舀酒者遍為堂上之人舀酒勸飲，最後一位接受舀酒者站起來，持爵向士勸飲。大夫中最後一位接受舀酒勸飲者持爵站起，到西階上方向士勸酒。士上堂接受勸酒，大夫放下酒爵行拜禮，士答拜。大夫站起來喝完酒，不行拜禮，再把爵舀滿酒。士行拜禮受酒爵，大夫拜送。士在西階上方依序勸飲，遍及每一個人。士之間相互舀酒勸飲。

如果君命令：「再次射箭！」就先不向庶子敬酒。司射命射箭，欲射則射，不欲則止。卿、大夫都下堂，行再拜禮，以首觸地，國君再拜答禮。發出一矢，射中三侯中任何一侯都放算籌。

主人清洗酒杯，由西階上堂，在東階上方向庶子敬酒，與向士敬酒之禮同。敬酒已遍，主人下堂洗酒杯，接著向左右正和內小臣敬酒，都在東階上方，與向庶子敬酒之禮同。

接下來是眾人相互勸飲不計杯數，不醉不止。士有持盛君尊酒之爵者，有持盛方壺酒之爵者。持盛君尊酒之爵者舀酒進奉國君，國君接受酒爵不行拜禮。持盛方壺酒之爵者舀酒至君前，君命賜給某人，受賜者站起來，接受酒爵，從席位之西走下來，放下酒爵，行再拜禮，以首觸地，國君再拜答禮。接受賜爵者持爵入席就坐，待國君飲完酒然後自飲。持盛君尊酒之爵者接過君之空爵，舀滿酒，返回放在佐酒食品南側。接受賜酒者站起來，把酒爵交給持盛方壺酒之爵者，持盛方壺酒之爵者把爵中舀滿酒，就開始相互勸飲。只有接受國君勸酒者須行拜禮。最末一位喝完勸酒的大夫站起來，到西階上方向士勸酒，士之長上堂，大夫不行拜禮，直接飲酒，然後把爵中舀滿酒。士不行拜禮，接受酒爵，大夫入席就位，士依序自行舀酒勸飲，亦不行拜禮同上。國君又命令撤去君尊上的苫巾，於是主賓及諸公、卿、大夫都下堂，在西階下面北站立，以東方為上位，並向國君行再拜禮，以首觸地。國君命小臣正勸止，並回禮答拜，大夫都迴避，然後上堂返回原位。士在西階上方完成勸飲禮儀，像起初那樣。接著歌唱演奏不限遍數，務求盡歡。

夜裏，則由庶子在東階上持火炬，司宮在西階上持火炬，甸人在中庭持大火炬，守門之吏在門外製作火炬。主賓已經喝醉，面向北坐，取進獻給他的乾肉下堂。樂工演奏〈陔〉樂章。主賓在門內屋檐下把所持乾肉賜給鍾人，接著出門。卿、大夫也都出門而去，國君不送行。國君離射宮返城，樂工演奏〈驁夏〉樂章。

【說 明】鄉射禮與大射儀二者都以三番射為核心，其基本禮儀程式大致相同，相異之處有以下幾點：

一是主持者、參加者身分高低不同，掌禮者和贊禮者官職不同。鄉射禮的主人是鄉大夫，賓和眾賓是大夫和士，參加者還有鄉學弟子，射禮即在鄉學中舉行。大射儀的主人是國君，賓與眾賓是諸公、卿和大夫，還有士參加，在都城近郊的大學（又名辟雍）中舉行。鄉射之掌禮者有司射，專主射事；有司馬，總管有關事務，還有報告射中情況的獲者，放算籌的釋獲者，以及樂正、樂工和擔當雜務的鄉學弟子。大射禮也有這一套人員，只是官職更高，人數更多。如司射由一人變二人，改稱大射正、小射正。司馬亦相應設司馬正、司馬師二人。樂正之下又設小樂正，獲者稱負侯者，其長稱服不，釋獲者由大史擔當，小史輔佐，贊禮之官也比鄉射禮要多，職位亦高。

二是射侯不同。鄉射只立一射侯，而大射立三侯，公射大侯，大夫射參侯，士射干侯，以別尊卑。如果不按規定各射己侯，射中也無效，不放算籌，而對國君則特別優待，射中任何一侯都算中的。

三是所奏之樂不同。鄉射只用鼓為射者伴奏，所奏樂章為〈騶虞〉。大射所用樂器有多種，如鐘、鎛、磬、鼓、應鼙、朔鼙、簜、鼗等，所奏樂章為〈貍首〉等。

四是所請告對象不同。鄉射主要是由司射向賓和主人請告。如第一番射司射先請於賓，再告於主人，射畢再告賓等。而大射則不同，不是向主人和賓請告，而是向國君請告。這是因為鄉射的賓主地位對等，在禮儀上以尊賓為主，大射的真正主人是國君，參加者都是他的臣子，地位不等，大射的主人由宰夫擔當，只是代君行禮儀，並不是實際意義的主人，所以三番射之請告皆國君，以示尊君。

由此可見，鄉射禮與大射禮大同而小異，可以把大射禮視為高級的鄉射禮。

聘禮第八

【題　解】聘禮為古代天子與諸侯、諸侯與諸侯之間相聘問的禮儀，相當於現代的外交禮儀。天子與諸侯間相聘問之禮已無考，諸侯間的聘禮，據《周禮・秋官・大行人》載：「凡諸侯之邦交，歲相問也，殷（三年）相聘也，世相朝也。」聘與問本同義，此並提則小有分別，「歲相問」為小聘，以大夫為使；「殷相聘」為大聘，以卿為使。二者禮節相同，使者身分和所攜禮品不同。本篇所記為大聘。

聘禮的作用是通過外交活動，加強本國與他國聯繫，加深交往，敦厚感情，以息滅爭端，保持和平親善關係。如《禮記・聘義》所說，是為了「明貴賤」，「致尊讓」，使諸侯「外不相侵，內不相陵」，符合禮的規範。聘禮於五禮中屬賓禮。春秋戰國時期，國與國之間有著極為頻繁的外交活動，這些活動常常是和本國的生存、發展生死攸關的大事，因而外交活動的決策是否正確、實行是否得力是至關重要的，此類事例在《左傳》、《國語》、《戰國策》等典籍中都有大量記載。

全篇大致可分為七部分。一是行聘前的準備，二是向受聘國君及夫人獻禮，三是正副使與隨行人員私見國君，四是正副使與受聘國卿大夫互相問候、贈送禮品，五是國君、大夫宴請使者並送別，六是使者歸國覆命、告廟及幾種特殊情況所遵循之禮儀，七為〔記〕。

聘禮。君與卿圖事❶，遂命使者。使者再拜稽首辭，君不許，乃退。既圖事，戒上介❷，亦如之。宰命司馬戒眾介❸，眾介皆逆命❹，不辭。

宰書幣❺，命宰夫官具❻。及期，夕幣❼。使者朝服，帥眾介夕❽。管人布幕于寢門外❾。官陳幣，皮北首❿，西上，加其奉⓫於左皮上。馬則北面，奠幣于其前。使者北面，眾介立于其左，東上。卿、大夫在幕東，西面北上。宰入，告具于君。君朝服出門左，南鄉。史讀書展幣⓬。宰執書，告備具于君，授使者。使者受書，授上介。公揖入。官載其幣⓭，舍于朝⓮。上介視載者，所受書以行⓯。

厥明，賓朝服釋幣于禰⓰。有司筵几于室中⓱。祝先入，主人⓲從入。主人在右，再拜，祝告⓳，又再拜。釋幣，制玄纁束⓴，奠于几下，出。主人立于戶東，祝立于牖西。又入，取幣，降，卷幣，實于笲㉑，埋于西階東㉒。又釋幣于行㉓。遂受命。上介釋幣亦如之。

上介及眾介俟于使者之門外。使者載旜㉔，帥以受命于朝㉕。君朝服，南鄉。卿、大夫西面北上。君使卿進使者[26]。使者入，及眾介隨入，北面東上。君揖使者進之[27]，上介立于其左，接聞命[28]。賈人西面坐啟櫝[29]，取圭垂繅[30]，不起而授宰。宰執圭屈繅[31]，自公左授使者。使者受圭，同面[32]，垂繅以受命。既述命[33]，同面授上介。上介受圭屈繅，出授賈人，眾介不從。受享束帛加璧[34]，受夫人之聘璋[35]，享玄纁束帛加琮[36]，皆如初。遂行，舍于郊，斂旜[37]。

若過邦[38]，至于竟[39]，使次介假道[40]。束帛將命于朝[41]，曰：「請帥[42]。」奠幣。下大夫取以入告，出許，遂受幣。餼之以其禮[43]，上賓大牢[44]，積唯芻禾[45]，介皆有餼。士帥沒其竟[46]。誓于其竟[47]，賓南面，上介西面，眾介北面，東上。史讀書，司馬執策，立于其後。

未入竟，壹肆[48]。為壝壇[49]，畫階[50]，帷其北，無宮。朝服無主[51]，無執[52]也。介皆與，北面西上。習享，士執庭實[53]。習夫人之聘享，亦如之。習公事[54]，不習私事[55]。

及竟，張旜，誓。乃謁關人56。關人問從者幾人，以介對。君使士請事57，遂以入竟。

入竟，斂旜，乃展58。布幕，賓朝服立于幕東，西面；介皆北面，東上。賈人北面，坐拭圭，遂執展之。上介北面視之，退復位。退圭59。陳皮，北首，西上。又拭璧，展之。會諸其幣，加于左皮上。上介視之，退。馬則幕南，北面，奠幣于其前。展夫人之聘享，亦如之。賈人告于上介，上介告于賓。有司展群幣60，以告。及郊61，又展，如初。及館，展幣於賈人之館，如初。

【章旨】本章記述出聘前各項準備和進入受聘國前的一些相關活動。主要包括任命使者，備辦禮品，行前告廟，受命啟行，途經他國怎樣借道，入受聘國前演習威儀，入境，三次展示複核禮品諸項。

【注釋】❶與卿圖事　和三卿謀劃聘問之事。卿，三卿。大國三卿命於周天子，次國三卿，二卿命於天子，一卿命於君。圖事，謀劃出聘國與事，以及任命出聘使者。❷戒上介　任命副使。如果正使為卿，副使則為大夫，介為正使副手，協助其治理聘問事宜，如正使因故不能出行，介則代攝其事。❸宰命司馬戒眾介　諸侯的執政官命令司馬任命隨行人員。宰，上卿；執政大臣。眾介，使者的隨行人員，由士擔任。❹逆命　接受任命。❺書幣　書寫聘問所用禮品種類、數量清單。幣，古時聘享禮品的總稱，如玉、帛、車、馬等。亦指財物、貨幣之類。❻宰夫官具　宰夫使眾官各自備辦其所應備辦之物。宰夫，宰之屬吏，掌考百官府之財用。❼夕幣　出行前一天傍晚要陳列聘問禮品加以檢視。夕，出行前一天傍晚。幣，陳幣檢視。❽夕　傍晚臣朝見君主之稱。唐柳宗元《柳先生集．朝日說》：「古者旦見曰朝，暮見曰夕。」❾管人布幕于寢門外　管人在路寢門外鋪設幕布。管人，掌館舍雜務之吏。寢門外，路寢門外治朝之地。布幕於地以便陳放聘問用的禮品。❿皮北首　獸皮，頭朝北陳放。皮亦聘問禮品之一。⓫奉　奉獻給受聘國君主和夫人以表達本國君主意願的禮物。具體說來，獻給君主禮物為束帛，獻給君夫人禮物為玄纁。玄為黑色，纁為黃赤色，玄纁為天地之色，此指黑黃色布帛。⓬讀書展幣　讀簿書逐一與實物核對。⓭載其幣　把禮品裝載到車上。⓮舍于朝　停放在治事的朝廷，由官吏看守。因公幣不可入於私家。⓯所受書以行　將所受簿書放入車中隨行。⓰賓朝服釋幣于禰　賓穿朝服在禰廟行告廟之禮。賓，即使者，因將要出使他國為賓，故稱賓。釋幣，一種簡略的告神之禮，有幣帛無牲牢，告而不祭，但須洗盥如祭時。禰，父廟，指卿大夫家廟的父廟。⓱室中　室的西南隅，為尊者所居或敬神之處。此指禰廟室西南隅供祭處。⓲主人　指使者，為禰廟的主人，故稱之。⓳祝告　祝向廟主報告主人將出行之事。祝，卿大夫家臣，負責祭祀向祖宗神靈祝告的職事。祝告之辭有固定程式內容，一般措辭為：孝子某，奉君命使於某國，以某日行，敢奠幣告。⓴制玄纁束　長一丈八尺玄色纁色幣帛十端。制，布匹的長度，一丈八尺為制，制為布匹的一端，又稱端，兩端合起來稱兩，又稱匹。一束為五匹，即十端，其中玄三纁二，以效法天地。㉑笲　器物名。以葦或竹編織而成，形如圓形筐，外用絲織物裹罩。㉒埋于西階東　埋於兩階之間。西階東，亦即東階西，泛指兩階之間。將幣帛埋起，神物不欲人褻瀆。㉓行　行神。古時掌管道路之神，為求旅途安全故祭告之。行神之位在禰廟大門外西側。㉔載旜　把旗幟插在車上。表明出使之事從此開始。旜，赤色曲柄旗幟。亦作「旃」。㉕朝　治朝。為使者受命之處，地在路門外面。㉖進使者　國君使卿命使者進入。㉗進之靠近君。㉘接聞命　接受聞知君命。上介為副使，如正使有故，不能履行其職事，則由副使代行，故副使亦應接聞君命。㉙賈人西面坐啟櫝　賈人面朝西坐下，打開木匣。賈人，掌管市場物價之官，當為府官之屬。櫝，盛玉的匣子。㉚取圭垂繅　取出圭，使藉圭物之飾帶下垂。圭，古玉器名。長條形，上尖下方，古代帝王、諸侯或其使者朝聘、祭祀時所持禮器，形制大小因爵位和用途不同而異。繅，墊玉之物。其製為木板外包以皮革，繫以五彩絲帶。㉛屈繅　使繅之絲帶屈於手中。㉜同面　面向同一方向。即授受者並排站立，宰在右，使者在左，由右授左。㉝述命　使者把領受的使命複述一遍。㉞受享束帛加璧　使者接受獻給受聘國君主的加在束帛上的璧。享，獻。璧，平圓形中心有方孔的玉器。㉟璋　玉器名。其形制如圭的上端斜削去一角。或稱「半圭曰璋」，亦古代朝聘、祭祀、調兵以示徵信的禮器，此為聘問君夫人之物。聘君用圭，聘夫人用半圭，取陽全陰半之義。㊱琮　古玉器名。方形，中有圓孔，亦有長筒形。璧圓以獻君，琮方以獻夫人，天圓地方，取天地配合之象。㊲斂旜　把旗幟收藏起來。㊳邦　國。指途中經過的邦國，非指將聘問之國。㊴竟　通「境」。指途經國家的邊境。㊵使次介假道　派次介前去借道。次介，副使以下隨行使者，由士擔當。假道，借道。古時通過他國國境，必須借道，以盡過賓之禮，春秋時此禮猶通行。周天子以天下為家，所在皆為主人，可不借道，但後期王室微弱，亦有周定王使單襄公假道於陳以聘楚的記載。㊶將命于朝　奉君命至途經國家的外朝。將命，奉君命。㊷請帥　請求貴國派人為我們引路。帥，通「率」。引領；指引。㊸餼之以其禮　依過境者尊卑按常禮給予饋贈。餼，饋贈，指賜人以牲，即未煮熟的鮮肉。㊹上賓大牢　饋上賓用牛羊豕全具的大牢。上賓，正使。有說包括副使，恐不合。大牢，即太牢，宴會或祭祀時並用牛羊豕三牲稱大牢。㊺積唯芻禾　賜給途中備用之物只有餵牲口的草料。芻，餵牲口的草。禾，泛指穀類。㊻沒其竟　走出該國國境。沒，盡。㊼誓于其竟　在進入鄰國前要在國境線上宣誓。宣誓誓辭內容為告戒士眾不得違禮擾民之類。如《左傳》昭公六年載，楚公子棄疾聘晉過鄭，「禁芻牧采樵，不入田，不樵樹，不采蓺，不抽屋，不強匄。誓曰：有犯命者，君子廢，小人降。」過境誓辭大致類此。㊽壹肄　演習一次行聘禮的儀式。以避免失誤。肄，演習。㊾壝壇　堆土為低壇。壝，堆土。㊿畫階　畫出臺階。因所堆壇很低，只能畫上臺階，用作演習上下堂的禮儀。51無主　不立主人。主人為主國之君，地位尊貴，不敢使人裝扮。52無執　不執玉。玉為重器，不敢隨便陳放，以免褻瀆。53庭實　陳放於庭中的禮品。此指皮，因庭中所陳為皮與馬，馬不可執，故知為皮。54公事　致君命行聘問的禮儀。指聘享國君和夫人、問候卿大夫的禮儀。55私事　私下與國君、卿大夫會面的禮儀。56關人　守關門之吏。57請事　請問來本國的事由。58展　把所帶禮品展開查看，以免有疏漏之處。59退圭　展示畢，賈人將圭退藏櫝中。60群幣　使者們私自會見卿、大夫的禮品。61郊　都城外之地，有遠郊、近郊之分，近郊為遠郊距離之半。邦國封疆大小不同，郊距亦不同，一般遠郊距離為封疆長度的十分之一。如周天子畿內千里，遠郊百里。諸公之地封疆方五百里，諸侯方四百里，諸伯方三百里，諸子方二百里，諸男方百里，其遠郊依次為五十里、四十里、三十里、二十里、十里。近郊則為其半。

【語　譯】聘問的禮儀。國君和三卿謀劃完聘問之事，接著就任命使臣，被任命的使臣行再拜禮，以首觸地，表示推讓，國君不許，使者便退下。此事完成後，便任命副使，如任命正使一樣。諸侯的執政官命令司馬任命隨行人員，眾隨行人員都接受任命，不推辭。

執政官書寫聘問所用禮品清單，命令宰夫徵派眾官去分頭備辦。至出行前一天傍晚，要陳列聘問禮品進行檢視。使者身穿朝服，率領眾隨行人員晚上去拜見國君。管人在路寢門外鋪設幕布。眾官把禮品陳列在幕布上，獸皮要頭朝北陳放，以西為上位，把奉獻給受聘國君主和夫人的禮物陳放在西邊的獸皮上。如果有馬匹就安置在幕布南朝向北立，把幣帛等禮品放在馬前。使者面向北立，眾隨行人員站在他的左側，以東方為上位。卿、大夫在幕布東側，面向西，以北方為上位。執政進入路寢，向國君告知禮品已然齊備。國君身穿朝服從門左走出，朝向南立。史官宣讀簿書，核對實物。執政持簿書，向國君報告禮物齊備，並把簿書交給使者。使者接受簿書，將其交給副使。國君向群臣拱手施禮後進入路寢。官員們把禮品裝載車上，停放在治事的朝廷。副使看著裝載完車，把所受簿書放入車中隨行。

第二天，主賓身穿朝服在父廟行告廟之禮。有司在父廟室中西南隅布席設几。祝先入室，主人隨之進入。主人在祝的右側，向廟神主行再拜禮，祝向廟之神主報告主人將出國行聘之事，主人又行再拜禮。接著陳列禮品，將長一丈八尺玄色纁色帛十端，放於几下，然後退出。主人站在室門外東側，祝站在窗戶西。主人和祝再次入室，取出禮品下堂，將束帛捲起來放入笲中，埋在兩階之間。又陳列禮品祭告行神。接著前往朝中接受使命。副使陳列禮品告廟祭神禮儀亦如正使。

副使和隨行人員在正使門外等候。正使把旗幟插在車上，率領副使和隨行人員去治朝接受國君的使命。國君身穿朝服，面向南站立，卿、大夫面向西站立，以北方為上位。國君使卿召使者進入。使者入門，隨行人員跟隨進門，面向北立，以東方為上位。國君揖使者請他靠近自己，副使站在正使左側，一同接聞君命。賈人面向西坐下打開盛玉的匣子，取出玉圭，使墊玉圭物的飾帶下垂，不用站起來即直接交給執政。執政持玉圭，使墊圭物的飾帶屈於手中，由國君左側授給使者。使者接受玉圭，與執政面向同一方向，使墊圭物飾帶下垂以接受使命。使者把領受的使命複述一遍，把圭交給面向同一方向的副使。副使接受玉圭，把墊圭物的飾帶屈於手中，出門授給賈人，眾隨行人員並不跟隨其後。使者接受獻給受聘國君主加在束帛上的玉璧，又接受獻給聘問國君夫人的璋，以及加在黑色淺紅色束帛上的琮，其禮儀都與受圭同。接著使者率眾出發，行至近郊脫去朝服換上平時居家所穿之服，把旗幟收藏起來。

如途中經過其他邦國，至於其國邊境時，須派次介前往借道。次介持五匹帛奉君命至其國外朝請求說：「請貴邦派人為我們引路。」並把禮品放下。該國下大夫取禮品入內向國君報告，出來告知國君已經允許，接著收下禮品。然後按過境者尊卑等次依常禮給予饋贈，使者為上賓，饋以牛羊豕三牲全備的大牢，賜給途中備用物品只有餵牲口的草料，全體隨行人員皆有饋贈。由該國派一士引領他們出境。使者一行在進入別國國境前，要在邊境上宣誓不違禮擾民。正使面向南，副使面向西，眾隨行人員面向北，以東方為上位。史官宣讀誓辭，司馬持馬鞭，站立在他的身後。

在進入聘問國國境前，要演習一次行聘禮儀式。堆土壘成低壇，畫好臺階，北面用帷幕遮起來，無宮室。使者穿上朝服，不使人模擬國君，不執玉。隨行人員都要參加，面朝北站立，以西方為上位。先演習進獻之禮，士持陳列庭中之禮品。再演習聘問進獻君夫人之禮，亦如前儀。只演習致君命行聘問的禮儀，不演習私下會見的禮儀。

到達聘問國的邊境，要展開旗幟，宣誓不違禮法。然後就去謁見把守關門之吏。守關門之吏問隨行人員幾人，使者讓副使去回答。聘問國國君派士詢問來本國的事由，然後得以入境。

入境後把旗幟收起來，把所帶禮品展開查看。鋪設幕布，主賓身穿朝服站立在幕布東側，面向西；全體隨行人員皆面向北，以東方為上位。賈人面向北坐著擦拭玉圭，接著持出展示。副使面向北查看後，退下，回到原位。展示畢，賈人將圭放回匣中。接著陳列獸皮，頭皆朝北，以西方為上位。賈人又擦拭璧，展示之。再會同束帛一起放在左側獸皮上面。副使查看後退下。如果禮品中有馬匹就繫於幕布南面，頭朝向北，把幣帛放在牲的前面。展示聘問進獻君夫人的禮品亦如上。只是副使不再查看，展示畢，賈人報告副使，副使再報告正使即可。有司展示使者一行私下會見所用禮品，並向使者報告。到達聘問國的遠郊，再一次展驗禮品，如初。到達館驛時，要在賈人的館舍展驗禮品，如初。

賓至于近郊❶，張旜。君使下大夫請行❷，反。君使卿朝服，用束帛勞❸。上介出請❹，入告。賓禮辭，迎于舍門❺之外，再拜。勞者不荅拜❻。賓揖先入，受于舍門內。勞者奉幣入，東面致命❼。賓北面聽命，還，少退，再拜稽首，受幣。勞者出。授老幣❽，出迎勞者，勞者禮辭，賓揖先入，勞者從之。乘皮設❾。賓用束錦儐勞者❿，勞者再拜稽首，受。賓再拜稽首送幣。勞者揖皮出⓫，乃退。賓送再拜。夫人使下大夫勞以二竹簋方⓬，玄被纁裏⓭，有蓋。其實棗蒸栗擇⓮，兼執之以進。賓受棗，大夫二手授栗⓯。賓之受，如初禮⓰。儐之如初⓱。下大夫勞者遂以賓入⓲。

至于朝，主人⓳曰：「不腆先君之祧⓴，既拚以俟矣㉑。」賓曰：「俟閒㉒。」大夫帥至于館，卿致館㉓。賓迎再拜，卿致命，賓再拜稽首。

卿退，賓送再拜。宰夫朝服設飧[24]：飪一牢[25]，在西，鼎九[26]，羞鼎三[27]；腥一牢[28]，在東，鼎七[29]。堂上之饌八[30]，西夾六[31]。門外米、禾[32]皆二十車，薪芻倍禾。上介：飪一牢，在西，鼎七，羞鼎三。堂上之饌六，門外米、禾皆十車，薪芻倍禾。眾介皆少牢。

厥明，訝[33]賓于館。賓皮弁聘[34]，至于朝。賓入于次[35]，乃陳幣。卿為上擯[36]，大夫為承擯[37]，士為紹擯[38]。擯者出請事[39]。公皮弁，迎賓于大門內。大夫納賓[40]。賓入門左，公再拜，賓辟，不荅拜。公揖入，每門每曲揖[41]。及廟門，公揖入，立于中庭，賓立接西塾[42]。几筵既設，擯者出請命。賈人東面坐啟櫝，取圭垂繅，不起而授上介。上介不襲[43]，執圭，屈繅，授賓。賓襲，執圭。擯者入告，出辭玉。納賓，賓入門左，介皆入門左，北面西上。三揖至于階，三讓，公升二等，賓升，西楹西，東面。擯者退中庭。賓致命，公左還，北鄉。擯者進，公當楣再拜，賓三退，負序[44]。公側襲[45]，受玉于中堂與東楹之間。擯者退，負東塾而立。賓降，介逆出㊻。賓出。公側授宰玉，裼㊼，降立。擯者出請。賓裼，奉束帛加璧享。擯者入告，出許。庭實，皮則攝之㊽，毛在內，內攝之㊾，入設㊿也。賓入門左，揖讓如初，升致命，張皮。公再拜，受幣。士受皮者自後右客(51)；賓出，當之坐攝之。公側授宰幣，皮如入(52)，右首而東。聘于夫人，用璋，享用琮，如初禮。若有言(53)，則以束帛，如享禮。擯者出請事，賓告事畢。

【章旨】本章記述使者一行到達受聘國近郊，該國國君與夫人到郊外慰勞，並在館驛設便宴宴請使者一行，以及使者聘享國君和君夫人的禮儀。

【注釋】❶近郊　都城周圍五十里以內之地。❷請行　請問客人前往何處。再次詢問，表示謙恭。❸用束帛勞　用五匹帛為禮品去慰勞使者。❹出請　出館舍請問客因何而來。❺舍門　使者所居館驛大門。❻勞者不答拜　作為慰勞者之卿不回拜。因其奉君的使命而來，不敢自為主人而回拜。❼致命　轉達國君慰勞之辭。❽授老幣　使者把接受的禮物交給家臣。老，使者的家臣。❾乘皮設　把四張獸皮陳設在館舍門內。按當時慣例，諸侯朝享天子用虎豹皮，臣聘君用麋鹿皮，此皮當為麋鹿皮。乘，四。❿賓用束錦儐勞者　主賓用五匹錦酬勞來慰勞者。儐，賓和主人行禮畢，主人待賓用醴（甜酒）則稱禮，不用醴稱儐。此只以束錦酬賓，不飲酒，故稱儐。使者在館舍，以館舍為家，自為主人，以前來慰勞者為賓，待之以儐禮。大夫士所用禮品皆為錦，不敢與尊者同。⑪揖皮出　慰勞者面東向執獸皮者揖，而後出門。揖執皮者，表示接受禮品，故勞者出門，執皮者亦從之出，由勞者的隨從接受禮品。⑫二竹簋方　兩只方形竹簋。簋，盛黍稷稻粱之器，其形外圓內方，有兩耳，可容一斗二升。簋有陶製和青銅製造者，近世出土以銅製為常見。此以竹為之，形類簋而方。⑬玄被纁裏　簋以玄色絲織品為外罩，以淺紅色為襯裏。⑭棗蒸栗擇　蒸熟的棗，挑選過的栗子。擇，挑選。⑮二手授栗　用雙手把盛栗之簋授使者。⑯如初禮　如卿慰勞使者接受禮品的禮儀。⑰儐之如初　使者酬勞下大夫的禮儀與酬勞卿一樣。⑱以賓入　引導使者進入國門。⑲主人　指受聘國的君主。稱主人為迎接賓客之詞。⑳不腆先君之祧　敝先君之廟。不腆，不善。古人常用為自謙之辭。先君之祧，始祖廟。在始祖廟接待賓客，以表示尊敬。㉑既拚以俟矣　已經灑掃完畢以恭候貴客到來。拚，灑掃。㉒俟閒　等您閒暇時再行大禮吧。使者回答「俟閒」，一是表示不敢以急迫匆遽煩勞主人，二是自己遠道而來，欲沐浴齋戒後行禮，皆為謙敬之意。㉓卿致館　卿至館舍致禮安賓。㉔設飧　設置便宴。飧，客始至所設便宴，以致小禮。所謂「食不備禮曰飧」，因其所陳設食品多不周備。㉕飪一牢　煮熟的牛羊豕三牲各一。飪，煮熟。牢，大牢，牛羊豕全備。㉖鼎九　盛熟食之鼎九，所盛為牛、羊、豕、魚、腊、腸胃、膚、鮮魚、鮮腊。㉗羞鼎三　陪鼎三個。㉘腥一牢　生的牛羊豕三牲各一。㉙鼎七　盛生牲之鼎七，所盛除鮮魚、鮮腊外，皆與盛熟食鼎同。㉚堂上之饌八　堂上陳設食品八豆。凡陳設食品先設豆，舉豆數以見其規格，如設八豆，則須配以八簋、六鉶（盛菜羹之器）、兩簠、八壺。㉛西夾六　西夾室陳設食品六豆。六豆須配以六簋、四鉶、兩簠、六壺。㉜禾　把穀物穗和稈一併割下。㉝訝　迎接。以君命迎賓謂之訝。此迎賓者為下大夫。㉞賓皮弁聘　主賓身穿皮弁服前往聘問。皮弁，皮弁服。皮弁服尊於常朝之服一等，使者服此以示尊敬。㉟次　供主賓休息的帳幕，在大門外西側，專為主賓所建。㊱上擯　國君派出迎接主賓者。㊲承擯　上擯的副手，承繼上擯完成迎賓職事。㊳紹擯　輔助上賓和承擯的助手。紹，承繼之意。㊴擯者出請事　擯者出門請問使者為何事來，然後回去稟告國君。擯者，當指上擯。出請事，包括出請入告二項內容，此略言之。㊵大夫納賓　上擯引導使者進門。大夫，上擯。前言卿為上擯，此言大夫，因卿為上大夫，亦可泛稱大夫。㊶每門每曲揖　每逢入門或轉彎處，國君都向使者拱手為禮。因入門或轉彎處，必然是君在先，賓在後，介與擯者隨行，故君揖之使進。㊷接西塾　靠近廟門西側的堂前。接，近。西塾，廟門西側之堂。㊸不襲　不另穿加衣。襲，加衣。行盛禮時穿加衣盡飾以為敬。此上介不是行禮的主角，故不襲。㊹負序　背對西間牆站立。序，隔開正堂和東西夾室的間牆。東為東序，西為西序。㊺公側襲　國君獨自穿上加衣。平日國君有事，必有輔助者，今君自為，表明對使者的尊重。側，獨。㊻逆出　後入者先出，先入者後出。㊼裼　袒開外衣，露出裼衣。裼，裼衣。穿在裘葛之外，加衣之內。㊽皮則攝之　如果是獸皮，則要左手執前兩足，右手執後兩足折起來。皮，指虎豹之皮。㊾內攝之　左手向右，右手向左，將獸皮折起來。㊿入設　入庭在南面三分之一處陳列。51自後右客　主君之士由東面，從執皮者身後走過，在其左側受皮。52皮如入　將獸皮持出時亦如進入時那樣。53有言　使者有向國君告請之言。如乞師、告糴之類。

【語　譯】使者一行到達受聘國近郊時，要展開旗幟。受聘國國君派下大夫來詢問客人前往何處，然後返回覆命。國君派卿身穿朝服，用五匹帛作禮物去城郊慰勞。副使出館舍門請問來意後，入內稟告使者。使者辭謝一番後，就到館舍大門外迎接，行再拜禮。慰勞之卿不回拜。使者揖卿先入門，在館舍門內接受禮物。慰勞者捧著禮物入門，面向東轉達國君慰勞之辭。使者面向北恭聽訓命，然後轉身稍稍後退，行再拜禮，以首觸地，接受禮物。慰勞者退出門外。使者把接受的禮物交給家臣，即出門迎接慰勞者，慰勞者辭謝一番，使者揖而先入，慰勞者隨之入門。使者隨行人員把送給國君的四張獸皮陳列在館舍門內。使者用五匹錦酬謝慰勞者，慰勞者行再拜禮，以首觸地，接受禮物。使者為送上禮物行再拜禮，以首觸地。慰勞者面朝東揖執皮者，而後出門，返回。使者送行，行再拜禮。國君夫人派下大夫用二個方形竹筐來慰勞使者，竹筐外罩玄色絲織品，內襯淺紅色絲織品，有蓋。篋中裝的是蒸熟的棗、挑選好的栗子，將二竹篋一併提著進前。使者接過盛棗之篋，下大夫用雙手把盛栗之篋授使者。使者接受禮品，與卿慰勞使者接受禮品的禮儀同。使者酬謝下大夫禮儀亦與酬卿同。接著來慰勞的下大夫就引導使者一行進入國門。

使者來到外朝，國君說：「敝先君的祖廟，已經灑掃乾淨以恭候您的到來。」使者說：「還是等您閒暇時再行大禮吧。」大夫引領使者一行到達館舍，卿至館舍致禮安賓。使者迎接，行再拜禮，卿轉致國君慰勞之辭，使者行再拜禮，以首觸地。卿退去，使者送行，行再拜禮。宰夫身穿朝服為使者設便宴：有煮熟的牛羊豕三牲各一，在庭的西面，設置九只鼎，另有陪鼎三只；有生的牛羊豕三牲各一，在庭的東面，設置七只鼎。堂上陳設食品八豆，西夾室陳設食品六豆。門外有米與禾，都是二十車，薪柴與飼草之車數為禾的二倍。為副使設有煮熟的牛羊豕三牲各一，在庭的西面，設七只鼎，另有陪鼎三只。堂上陳設食品六豆，門外有米、禾，都是十車，薪柴和飼草之車數為禾數的二倍。隨行人員都是煮熟的羊豕各一。

第二天，下大夫去館舍迎接使者。使者身穿皮弁服前往行聘禮，到達治朝。使者進入門外西側供休息的帳幕，有司在廟門外布幕陳列禮品。受聘國之卿為迎接使者的上擯，大夫為承擯，士為紹擯。擯者出門請問使者為何事而來，並入告國君。國君身穿皮弁服，在大門內迎接使者。上擯引導使者進門。使者從大門左側進入，國君對使者行再拜禮，使者避讓，不敢答拜。國君揖使者入雉門，以下每逢入門或轉彎處，國君皆揖使者。到達廟門前，國君揖使者後進入，站在中庭，使者進門站在靠近廟門西側的堂前。几筵已經鋪設完畢，擯者出門請使者致其君命。賈人面向東坐下，打開盛圭玉的匣子，取出圭玉，使摯圭物的飾帶下垂，不起立而授給副使。副使不穿加衣，執圭玉，把墊圭物的飾帶托於手中，轉授給使者。使者穿加衣，執圭玉等候。擯者入告國君，出來代表國君推辭圭玉。接著引領使者入廟門，使者入門站在左側，隨行人員都入門站在左側，面向北，以西方為上位。國君與使者三次相揖至於階前，三次相讓，國君先上二級臺階，使者開始登階，至堂上西楹柱，面向東站立。擯者退回到中庭。使者代表本國國君致詞，受聘國君主向左轉身，面向北立。擯者進至東階西贊君行禮，國君在對著堂前橫梁下面行再拜禮，使者三次退避，退至背對西牆處站立。國君獨自穿好加衣，在中堂與東楹柱間接受圭玉。擯者退下，背對東塾站立。使者下堂，隨行人員按與進入時相反次序退出。使者退出。國君親自把圭玉交給執政，再袒開外衣，露出裼衣，下堂立於中庭。擯者出門請問使者欲行何事。使者袒開外衣露出裼衣，捧著五匹帛，上面加一玉璧，準備向國君進獻。擯者入門稟告國君，出來表示允許。在庭陳列的禮品，如果有獸皮，則須左手執前兩足，右手執後兩足折起來，使獸毛朝向內，對折起來，入庭在庭南面三分之一處陳放。使者入門站在左側，與國君揖讓如贈玉圭的禮儀，然後上堂代表本國國君致詞，同時隨行人員把獸皮展開。國君行再拜禮，接受禮品。接受獸皮之士由東面從執皮者身後過去，在其左側受皮；使者退出，士在對著使者站位處坐下，將獸皮依原樣折疊好。國君親自把禮品交給執政，獸皮持出時亦如進入時一樣，頭向右側往東行。聘問國君夫人用璋，進獻則用琮，其禮儀如聘享國君一樣。如果使者有向國君告請之言，就要再奉上五匹帛，如獻禮一樣。擯者出門請問使者尚有何事，使者告知事已完畢。

賓奉束錦以請覿❶。擯者入告，出辭❷。請禮賓。賓禮辭，聽命，擯者入告。宰夫徹几改筵❸。公出迎賓以入，揖讓如初。公升，側受几❹于序端。宰夫內拂几❺三，奉兩端以進。公東南鄉，外拂几三，卒，振袂❻，中攝之❼，進，西鄉。擯者告❽。賓進，訝受几于筵前，東面俟。公壹拜送。賓以几辟，北面設几，不降，階上荅再拜，稽首。宰夫實觶以醴，加柶于觶，面枋。公側受醴。賓不降，壹拜，進筵前受醴，復位。公拜送醴。宰夫薦籩豆脯醢，賓升筵，擯者退負東塾。賓祭脯醢，以柶祭醴三，庭實設。降筵，北面以柶兼諸觶，尚擸❾，坐啐醴。公用束帛。建柶，北面奠于薦東。擯者進相幣❿。賓降辭幣，公降一等辭⓫。栗階升⓬，聽命。降拜，公辭，升再拜稽首，受幣，當東楹，北面，退，東面俟。公壹拜，賓降也。公再拜。賓執左馬以出⓭。上介受賓幣，從者訝受馬。

賓覿，奉束錦，總乘馬⓮，二人贊⓯。入門右，北面奠幣，再拜稽首。擯者辭⑯，賓出。擯者坐取幣，出，有司二人牽馬以從，出門，西面于東塾南。擯者請受⑰，賓禮辭，聽命。牽馬右之⑱，入設。賓奉幣，入門左，介皆入門左，西上。公揖讓如初，升。公北面再拜。賓三退，反還負序⑲；振幣進授⑳，當東楹北面。士受馬者，自前還牽者後㉑，適其右，受。牽馬者自前西，乃出。賓降階東拜送，君辭。拜也，君降一等辭。擯者曰：「寡君從子，雖將拜，起也。」栗階升。公西鄉。賓階上再拜稽首，公少退。賓降出。公側授宰幣，馬出㉒。

公降立。擯者出請。上介奉束錦，士介四人皆奉玉錦㉓束，請覿。擯者入告，出許。上介奉幣，儷皮㉔，二人贊，皆入門右，東上，奠幣，皆再拜稽首。擯者辭，介逆出。擯者執上幣㉕，士執眾幣㉖，有司二人舉皮，從其幣。出請受。委皮南面。執幣者西面北上。擯者請受。介禮辭，聽命。皆進，訝受其幣。上介奉幣，皮先，入門左，奠皮。公再拜，介振幣，自皮西進，北面授幣，退復位，再拜稽首送幣。介出。宰自公左受幣，有司二人坐舉皮以東。擯者又納士介。士介入門右，奠幣，再拜稽首。擯者辭，介逆出。擯者執上幣以出，禮請受㉗，賓固辭㉘。公答再拜。擯者出，立于門中以相拜㉙，士介皆辟。士三人，東上，坐取幣，立。擯者進，宰夫受幣于中庭以東。執幣者序從之。

擯者出請，賓告事畢。擯者入告，公出送賓。及大門內，公問君㉚，賓對，公再拜。公問大夫，賓對。公勞賓㉛，賓再拜稽首，公答拜。公勞介，介皆再拜稽首，公答拜。賓出，公再拜送，賓不顧㉜。

【章旨】本章記述國君致禮使者，以及使者私見國君、副使私見國君、隨行人員私見國君和私見完畢國君為使者送行的禮儀。

【注釋】❶覿　相見。多指例行公事已完，私下與國君相見，以表達敬意。❷出辭　出來代表國君辭謝私見。因使者已行過聘享之禮，國君要在向使者致禮後再接受其私見，故暫時辭謝。❸徹几改筵　撤去為神所設的几與席，重新為國賓布設。❹側受几　國君親自從宰夫手中接受几。❺內拂几　向內撣拂几上灰塵，不欲使灰塵外揚汙及尊者。❻振袂　抖動衣袖，以去掉灰塵。❼中攝之　兩手執几的中部。❽擯者告　擯者告知使者，國君將要授几給他。❾尚擸　使柶之大端向上。柶為角製禮器，形如匙，用作舀食物，其大端稱葉，小端稱枋（柄）。尚，通「上」。擸，又作「擖」，為古文「葉」字，即柶之大端。❿相幣　輔助國君向使者贈送禮品。⓫公降一

等辭　國君下一級臺階辭讓使者下堂。⑫栗階升　一步一級臺階上堂。一般情況上堂須連步，即前足先登上一級，而後足隨後相併，如此逐級上升。栗階則是始升連步，後面不連步，左右足輪流上升不相併。表示疾趨君命，不敢稍懈。⑬賓執左馬以出　使者牽最左邊馬出門。接受尊者之禮，應親自牽之。其餘三匹馬由主人使人牽之，從使者出門，交給使者的隨從人員。⑭總乘馬　將控御四匹馬的八根馬轡繩合起來牽著。乘馬，四匹馬。古時每匹馬都要繫二根轡繩，以便從兩面控馭，故四馬有八轡。⑮二人贊　二個人輔助使者牽馬。即二人各分居二馬間，用左右手各牽一馬以助使者。二贊者為庶人在官執役者。⑯擯者辭　擯者辭讓使者以臣禮相見。⑰擯者請受　擯者請求以客禮接受禮品。前面使者以臣禮見，擯者辭讓；此處擯者請求使者以客禮相見接受其禮物，使者同意了。⑱牽馬右之　人在馬的左側用右手牽馬。馬在人右側，便於控御。⑲反還負序　反轉西面，再轉向東面，背對西間牆站立。表示不敢當君再拜之禮。⑳振幣進授　用衣袖向內撣去束錦上的灰塵，進前授給國君。㉑自前還牽者後　受馬者由牽馬者前面轉向其後。再至其右側接受馬轡。㉒馬出　將馬牽出。宰受幣收藏而將馬匹牽出，以保持廟中清潔。㉓玉錦　花紋精細華麗之錦。禮品有以素而少文飾為貴者，重質也，故士介之錦反文於賓與上介。㉔儷皮　兩張麋鹿皮。儷，兩；一對。皮，麋鹿皮。為副使所用，不同於正使用馬，表現禮之差等。㉕上幣　副使贈送的束錦。㉖眾幣　隨行人員贈送的玉錦。㉗禮請受　擯者請求眾介收回禮物，一請不從即聽之。㉘賓固辭　使者代表眾介推辭。因眾介身分低下，不敢直接以言通於君主，故由使者代表。「固」字為衍文，應刪。㉙相拜　擯者把君遙相答拜告知眾介。㉚公問君　主國君主問候使者君主，以表殷勤記念之情。㉛公勞賓　國君慰問使者的辛勞。㉜不顧　不再回頭看。至此君乃返回路寢。

【語　譯】使者捧著束錦請求與國君私下相見。擯者入內告知，出來代表國君辭謝。國君請求致禮使者，使者辭讓一番即聽從國君之命。擯者入內稟告國君。宰夫撤去為神所設的几與席，重新為使者布設。國君出門迎接使者入內，相互揖讓如初。國君上堂，在東間牆前端親自接受几。宰夫向內撣拂几上灰塵三下，捧著几之兩端進前。國君面向東南，向外撣拂几三下，撣拂完畢，抖去衣袖上的灰塵，用兩手執几的中部，前行，面向西站立。擯者告知使者君將授几給他。使者前行，迎受几於筵席前，面向東等候。國君為送上几行拜禮一次。使者持几避讓，面向北擺放几，不下堂，在西階上方答謝君，行再拜禮，以首觸地。宰夫將觶中盛滿醴酒，加角柶於觶上，使柶柄朝向前面。國君親自接受醴酒。使者不下堂，行拜禮一次，前行至筵席前接受醴酒，再返回原位。國君為送醴酒行拜禮。宰夫在使者席前進獻籩豆和脯醢，使者登上席位，擯者退下背對東塾。使者以脯醢祭，用角柶舀醴酒為祭三次，接著將作為禮品的四匹馬牽入庭中。使者走下席位，面向北把角柶和觶併在一起，使角柶的大端向上，坐下品嘗醴酒。國君用束帛為禮品送給使者。使者把角柶立於觶中，面向北將觶放在席前進獻食品的東面。擯者進前輔助國君向使者贈送禮品。使者下堂辭謝，國君下一級臺階辭讓，不容使者推辭。為此，使者一步一階快速上堂，聽從國君之命。使者下堂拜君所賜，國君辭謝。使者上堂，對君行再拜禮，以首觸地，在對著東楹柱處，面朝北，接受禮物，然後退回，面向東等候。國君對使者一拜，使者下堂。國君行再拜禮。使者牽最左邊馬出門。副使接過使者手中束帛，隨從人員迎上去牽過馬。

使者私見國君，捧著束錦，總攬四匹馬的八根馬韁繩，另有二人協助牽馬。從大門右側進入，面北放下束錦，行再拜禮，以首觸地。擯者辭謝使者以臣禮見，使者出門恭候。擯者坐下取束錦出門，有司二人牽馬跟隨其後出門，在門外東塾南側面向西站立。擯者請求以客禮相見與接受禮品，使者辭謝一番後，表示聽從君命。使者隨從在馬的左側用右手牽馬進入庭中排列好。使者捧著束錦入門站在左側，使者的隨行人員入門後也站在左側，以西方為上位。國君與使者相互揖讓如初，隨後上堂。國君面向北行再拜禮。使者三次退避，反轉向西，再轉向東，背對西間牆站立；用衣袖向內撣拂束錦，進前至對著東楹處，面向北授給國君。接受馬匹之士，由牽馬者之前繞至其後，再到其右側接受馬韁。牽馬者往前走，再折向西，而後出門。使者下堂，在西階東行拜禮相送。國君辭謝。使者行拜禮，國君降一級臺階辭謝。擯者說：「寡君已經跟隨先生走下臺階，先生雖然將行拜禮，也請起身上堂吧。」使者於是一步一階上堂。國君向西站立，使者在西階上方向國君行再拜禮，以首觸地，國君稍向後退謙讓。使者下堂出門。國君親自把束錦交給執政，屬吏將馬匹牽出。

國君下堂站立在中庭，擯者出門請問副使為何事前來。副使捧著束錦，士介四人都捧著玉錦，請求私見國君。擯者入內稟告，出來告知國君已經准許。副使捧著束錦，以及兩張麋鹿皮，有二人協助執持，都入門站在右側，以東方為上位，放下禮品，都行再拜禮，以首觸地。擯者辭謝，士介按著與入門相反之序退出。擯者持副使所贈的束錦，士持士介所贈的玉錦，有司二人舉持麋鹿皮，跟隨其後，出門後擯者請求接受禮物。有司把麋鹿皮放下，朝向南。持錦者面向西站立，以北方為上位。擯者請求副使以客禮相見並接受其禮物。副使辭謝一番後聽從君命。接著副使和士介都進前，迎受各自禮品。副使捧著束錦，持鹿皮者先行，入門後站在左側，放下鹿皮。國君在中庭面向西行再拜禮，副使用衣袖撣拂束錦，由鹿皮西側北行，面向北把束錦授給國君，然後後退回到原位，為送上禮物行再拜禮，以首觸地。副使退出。執政在國君左面接受束錦，有司二人坐下，舉持鹿皮前往庭東。擯者又引導士介。士介入門站在右側，放下玉錦，行再拜禮，以首觸地。擯者辭謝，士介按著與入門相反次序退出。擯者持士介之長的玉錦出門，請求他們收回禮物，使者代為推辭，擯者聽之。國君在中庭答謝，行再拜禮。擯者出來站立在大門中間把君行禮答拜告知士介，士介皆避讓不敢當。國君之士三人，以東方為上位，坐下取玉錦，然後起立等候。擯者持上幣進至中庭，執政在中庭從擯者手中受玉錦，然後持往庭東，三名執幣之士持幣依序跟隨執政之後。

擯者出門請問使者尚有何事，使者告知事已完畢。擯者入內稟告，國君出來為使者送行。走到大門口，國君問候使者的國君，得到使者肯定回答後，國君行再拜禮表示祝賀。國君又問及使者國家卿大夫狀況，使者一一回答。國君慰問使者旅途辛勞，使者行再拜禮，以首觸地，國君答拜。國君慰勞隨行人員，隨行人員都行再拜禮，以首觸地，國君答拜。使者一行走出大門，國君行再拜禮相送，直至使者不再回頭看，國君才返回路寢。

賓請有事於大夫❶，公禮辭，許。賓即館。卿、大夫勞賓，賓不見❷。

大夫奠鴈再拜，上介受。勞上介，亦如之❸。

君使卿韋弁❹，歸饔餼五牢❺。上介請事，賓朝服禮辭❻。有司入陳❼。

饔❽：飪一牢，鼎九，設于西階前，陪鼎當內廉❾，東面北上，上當碑❿，南陳。牛、羊、豕、魚、腊，腸胃同鼎，膚⓫、鮮魚、鮮腊⓬，設扃鼏⓭。

腳、臐、膮⑭，蓋陪牛羊豕。腥二牢⑮，鼎二七⑯，無鮮魚、鮮腊，設于阼階前，西面，南陳如飪鼎，二列。堂上八豆，設于戶西，西陳，皆二以並⑰，東上，韭菹⑱，其南醯醢⑲，屈⑳。八簋繼之，黍其南稷，錯㉑。六鉶㉒繼之，牛以西羊、豕，豕南牛，以東羊、豕。兩簠㉓繼之，粱㉔在北。八壺㉕設于西序，北上，二以並，南陳。西夾六豆，設于西墉下㉖，北上韭菹，其東醯醢，屈。六簋繼之，黍其東稷，錯。四鉶繼之，牛以南羊，羊東豕，豕以北牛。兩簠繼之，粱在西。皆二以並，南陳。六壺西上，二以並，東陳。饌于東方㉗，亦如之，西北上。壺東上，西陳。醯醢百罋㉘，夾碑十以為列㉙，醯在東。餼二牢㉚，陳于門西，北面東上。牛以西羊、豕，豕西牛、羊、豕。米百筥㉛，筥半斛㉜，設于中庭，十以為列，北上。黍、粱、稻皆二行㉝，稷四行。門外，米三十車，車秉有五籔㉞。設于門東，為三列，東陳。禾三十車，車三秅㉟，設于門西，西陳。薪芻倍禾。

賓皮弁迎大夫于外門外[36]，再拜，大夫不荅拜。揖入。及廟門，賓揖入。大夫奉束帛，入，三揖，皆行[37]。至于階，讓，大夫先升一等，賓從，升堂，北面聽命。大夫東面致命[38]，賓降，階西再拜稽首，拜餼亦如之[39]。大夫辭，升，成拜。受幣堂中西，北面。大夫降，出。賓降，授老幣，出迎大夫。大夫禮辭，許，入，揖讓如初。賓升一等，大夫從，升堂。庭實設，馬乘[40]。賓降堂，受老束錦，大夫止。賓奉幣西面，大夫東面，賓致幣。大夫對[41]，北面當楣再拜稽首，受幣于楹間，南面，退，東面俟。賓再拜稽首送幣。大夫降，執左馬以出。賓送于外門外，再拜。明日，賓拜于朝，拜饔與餼，皆再拜稽首。上介饔餼三牢，飪一牢，在西。鼎七，羞鼎三，腥一牢，在東，鼎七。堂上之饌六，西夾亦如之。筥及甕如上賓。餼一牢。門外，米禾視死牢[42]，牢十車，薪芻倍禾。凡其實與陳如上賓。下大夫韋弁，用束帛致之。上介韋弁以受，如賓禮。儐之兩馬束錦[43]。士介四人皆餼大牢，米百筥，設于門外。宰夫朝服牽牛以致之。士介朝服，北面再拜稽首受。無擯。

賓朝服問卿。卿受于祖廟[44]，下大夫擯。擯者出請事，大夫[45]朝服迎于外門外，再拜，賓不荅拜。揖，大夫先入，每門每曲揖。及廟門，大夫揖入。擯者請命。庭實設，四皮。賓奉束帛入，三揖，皆行，至于階，讓。賓升一等，大夫從，升堂，北面聽命。賓東面致命。大夫降，階西再拜稽首。賓辭，升成拜。受幣堂中西，北面。賓降，出。大夫降，授老幣，無擯。擯者出請事。賓面[46]，如覿幣[47]。賓奉幣，庭實[48]從，入門右。大夫辭。賓遂左[49]。庭實設，揖讓如初。大夫升一等，賓從之。大夫西面，賓稱面[50]。大夫對，北面當楣再拜，受幣于楹間，南面，退，西面立。賓當楣再拜送幣，降，出。大夫降，授老幣。

擯者出請事。上介特面[51]，幣如覿。介奉幣，皮，二人贊。入門右，奠幣，再拜。大夫辭，擯者反幣。庭實設，介奉幣入，大夫揖讓如初。介升，大夫再拜受。介降拜，大夫降辭。介升，再拜送幣。擯者出請。

眾介面，如覿幣。入門右，奠幣，皆再拜。大夫辭，介逆出。擯者執上幣出，禮請受，賓辭。大夫荅再拜。擯者執上幣，立于門中以相拜，士介皆辟。老受擯者幣于中庭，士三人坐取群幣以從之。擯者出請事。賓出，大夫送于外門外，再拜。賓不顧。擯者退，大夫拜辱[52]。

下大夫嘗使至者，幣及之[53]。上介朝服，三介[54]，問下大夫，下大夫如卿受幣之禮。其面，如賓面于卿之禮。

大夫若不見[55]，君使大夫各以其爵為之受[56]，如主人受幣禮，不拜[57]。夕[58]，夫人使下大夫韋弁歸禮。堂上籩豆六，設于戶東，西上，二以並，東陳。壺設于東序，北上，二以並，南陳，醙黍清，皆兩壺[59]。

大夫以束帛致之。賓如受饔之禮，儐之乘馬束錦。上介四豆、四籩、四壺，受之如賓禮，儐之兩馬束錦。明日，賓拜禮於朝。

大夫餼[60]賓大牢，米八筐[61]。賓迎，再拜。老[62]牽牛以致之，賓再拜稽首受。老退，賓再拜送。上介亦如之。眾介皆少牢[63]，米六筐[64]，皆士牽羊以致之。

【章　旨】本章主要記述使者、副使私見大夫及互贈禮品的禮儀。包括卿大夫慰勞使者和副使，卿奉君命饋贈使者、副使及使者、副使回贈的禮儀，使者聘問卿，使者、副使等私見大夫的禮儀，副使聘問曾出使本國的下大夫禮儀，代表因故不能相見大夫受禮的禮儀，君夫人饋贈使者、副使及大夫饋贈使者、副使的禮儀。

【注　釋】❶有事於大夫　使者請求對所在國卿大夫進行聘問。在上擯送使者一行出門時，使者有此請。大夫，包括卿與大夫。❷賓不見　使者推辭不敢見。何以不敢見？因使者尚有聘問卿大夫的公事未行，故不敢及私事。❸亦如之　也和慰勞使者一樣。即勞於其館，副使不見，奠鴈後士介代受。❹韋弁　用熟皮製成之冠，赤黃色。此指韋弁服，其服尊於皮弁服，服此以示敬。❺歸饔餼五牢　饋贈煮熟的、宰殺的和未宰殺的牛羊豕共五牢。歸，饋送。饔，熟肉或宰殺的牲肉。餼，活的牲畜。牢，大牢。牛羊豕全備為大牢。❻禮辭　辭謝一番後同意收下。❼有司入陳　國君的屬吏進入使者所住的館舍陳放禮品。❽饔　饔三牢。包括煮熟的和宰殺未烹製的兩種。❾內廉　西階靠內側的邊稜。廉，稜。❿上當碑　陳列在最北首的正鼎與陪鼎和碑取齊。上，北。碑，古代立於宮廟觀測日影的豎石，立在庭中靠北側三分之一處。九正鼎的牛鼎為上，三陪鼎中膷鼎為上，即牛鼎與膷鼎和碑取齊。⓫膚　帶皮的豬肋條肉。⓬鮮腊　切好尚未晾乾的肉。⓭扃鼏　抬鼎的橫杠和鼎蓋。此鼏專指正鼎鼎蓋，陪鼎鼎蓋稱蓋。⓮膷臐膮　膷為牛肉羹，臐為羊肉羹，膮為豬肉羹，分別放在由北至南三陪鼎中。⓯腥二牢　宰殺尚未煮熟的新鮮牛羊豬肉二牢。⓰鼎二七　鮮牛羊豬肉放在十四鼎中，分兩行擺放，每行七鼎。⓱二以並　八豆兩兩並列陳放。⓲韭菹　醃製的韭菜。⓳醓醢　多汁的肉醬。醓，肉汁。⓴屈　曲折向下陳放。

㉑錯　交錯陳放。八簋中四黍四稷，黍稷二簋南北並列由東向西陳放，先黍南稷北，次稷南黍北，依次交錯陳放。㉒鉶　盛羹的器具。㉓簠　古代祭祀薦享，用以盛稻粱之器。形長方，口向外侈，有四短足。起先以竹木為之，後以銅為之。其形狀與功用和簋近似，大抵簠多方而有圓者，簋多圓而有方者。㉔粱　小米。盛稻粱之簠各一，二者並列在六鉶之西，粱北稻南。㉕八壺　八只盛酒之尊。壺，酒尊，可容一石。八壺所盛為稻酒四，粱酒四，二稻酒並列由北向南陳放。㉖西墉下　西牆下。㉗饌于東方　陳設食品於東夾室。東方，東夾室。㉘醯醢百罋　醋和肉醬一百罋。醯，醋。罋，瓦器名。可容一斗二升。㉙夾碑十以為列　醯醢各五十罋，醯東醢西夾碑陳放，十罋為一行，東西各五行。㉚餼二牢　未宰殺的牛羊豬二牢。㉛筥　竹器名。圓形，與筐相類。㉜筥半斛　每筥盛米半斛。斛，容量單位，十斗為斛。㉝二行　二列，每列十筥。㉞車秉有五籔　每車裝米一秉另五籔，折合二百四十斗。秉，十六斛，一百六十斗。籔，十六斗。㉟秅　計禾數之詞，每秅四百把。㊱外門外　大門外面。迎於大門外，表示賓主身分相當。㊲皆行　並排而行。㊳致命　轉達國君的辭命。㊴拜餼亦如之　拜謝饋贈未宰殺的牲畜亦如上禮儀。㊵馬乘　即乘馬，四匹馬。㊶大夫對　大夫致答謝之辭。㊷米禾視死牢　米禾之數與已宰殺牛羊豬一牢所贈之數同。即已宰殺牛羊豬一牢，贈米禾各十車，此未宰殺之牛羊豬一牢，亦贈米禾各十車。㊸儐之兩馬束錦　副使回贈給下大夫兩匹馬和一束錦。㊹祖廟　卿之祖父廟。大夫有三廟，即禰廟、祖廟、太祖廟，在祖廟而不在禰廟接受使者聘問，是表示客人身分尊貴。㊺大夫　即卿，下同。㊻賓面　使者請求私見大夫。聘使私見君稱覿，私見大夫稱面。㊼如覿幣　使者私見大夫所用禮物與私見君同，皆束錦乘馬，只是禮儀稍簡。㊽庭實　指贈送給大夫的禮品——四匹馬。㊾賓遂左　使者接著從門左側進入。使者先從門的右側入，表示自謙，降主人一等。主人辭謝後乃入門左，以對等之禮相見。㊿賓稱面　使者致面見之辭。(51)特面　單獨見卿行禮，士介不相隨入見。其禮比正使稍簡。(52)拜辱　拜謝其屈尊光臨輔助自己。(53)下大夫嘗使至者幣及之　下大夫曾經為使到使者的國家聘問過，就要帶禮物去問候他，表示不忘舊情。(54)三介　三名士介。副使帶三名隨行人員前往，其規格低於正使。(55)不見　因故不能與使者相見。如疾病居喪或出使在外等原

因不得相見。(56)各以其爵為之受　派與這位大夫爵位相同者代為接受禮物。如主人為卿則派卿，為大夫則派大夫。(57)不拜　不回拜對方。因為只是代主人受禮，不敢以主人自居去完成全部禮儀。(58)夕　傍晚。指使者聘問卿的當天傍晚。(59)醙黍清皆兩壺　稻酒黍酒粱酒各有清白一壺，共六壺。醙，白酒，指稻酒。清，清酒，指粱酒。黍酒，包括清白二色酒。本句表述迂曲難明，本意大致如上。(60)餼　饋贈。(61)米八筐　包括黍二筐，粱二筐，稷四筐。筐盛五斛，合五十斗。(62)老　室老，卿大夫家臣之尊貴者。(63)少牢　一羊一豕，無牛。(64)六筐　黍二筐，稷四筐。

【語　譯】使者請求聘問卿大夫，國君辭謝一番表示同意。使者回到館舍。卿大夫前來慰勞使者，使者辭謝不敢相見。卿大夫把作為贄見禮之鴈放到地上，行再拜禮，副使代表使者收下贄見禮。卿大夫慰勞副使的禮儀，亦如此。

國君派卿穿韋弁服，代表國君向使者饋贈煮熟的、宰殺的和活的牛羊豬共五牢。副使請問使者如何處理，使者身穿朝服前往辭謝一番後同意收下。國君屬役進入使者館舍陳放禮品。有熟肉和鮮肉共三牢，其中熟肉一牢，用正鼎九只，擺放在西階前面，另有陪鼎三只擺放在對著西階內側邊緣處，朝向東，以北方為上位，陳放在最北面的正鼎和陪鼎與碑取齊，依次向南陳放。九鼎由北向南依次盛有牛肉、羊肉、豬肉、魚肉、腊肉，牛羊腸胃同放一鼎內，以及切細的豬肉、鮮魚、切好尚未乾燥的腊肉，九鼎都設有橫杠和蓋子。三陪鼎中，分別盛有牛肉羹、羊肉羹、豬肉羹，這是盛牛羊豬肉的陪鼎。宰殺而未烹煮的牛羊豬二牢，放在十四鼎中，分兩行擺放，每行七只，與前面九鼎比較是沒有鮮魚和鮮腊二種，盛鮮肉的鼎擺放在東階前面，朝向西，由北向南分二列陳放，如盛熟肉的鼎那樣。堂上按八豆規格擺放食品，設在室門西側，由東向西陳放，都是兩兩並列，以東方為上位。最東面二豆北側為醃製的韭菜，其南為多汁的肉醬，以下兩兩相並列，曲折陳放。接下去陳放八只圓形盛黍稷的竹器，也是兩兩相並由東向西陳放，第一組黍北稷南，第二組稷北黍南，如此交錯陳放。再接下去擺放六只盛羹之器，盛牛肉羹器以西放羊肉羹、豬肉羹器，豬肉羹器南放牛肉羹器，其東放羊肉羹、豬肉羹器。再接下去擺放兩只盛稻粱的方形竹器，盛粱器在北，盛稻器在南。八只盛酒之壺陳放在西間牆下，以北方為上位，兩壺並列，由北向南陳放。西夾室按六豆規格擺放食品，設在西牆下，北上位為醃韭菜，其東為多汁的肉醬，也是曲折陳放。接下去由北向南擺放六只盛黍稷的圓形竹器，兩兩並列，盛黍器東為盛稷器，以下則黍稷交錯擺放。接下去擺放四只盛羹之器，盛牛肉羹器南放羊肉羹器，羊肉羹器以東放豬肉羹器，豬肉羹器以北放牛肉羹器。接下去擺放兩只盛稻粱的方形竹器，盛粱器在西，盛稻器在東，都是兩器並列，向南陳放。六只酒壺擺放在西夾室的北牆下，以西方為上位，兩壺並列，由西向東陳放。在東夾室設置食品，亦是如此，以西北為上位。設置酒壺以東方為上位，向西陳放。醋和肉醬一百甕，十甕為一行，夾在碑之東西兩側排列，醋甕在東，肉醬甕在西。活的牛羊豬二牢，陳於廟門內西側，面向北，以東方為上位。牛的西面是羊、豬，豬的西面是牛、羊、豬。米一百筥，每筥容五斗，陳設在中庭，十筥為一列，以北方為上位。黍、粱、稻都是二十筥擺列二行，稷四十筥四行。大門外有米三十車，每車裝米二百四十斗。陳放在大門東側，擺成三列，由西向東陳放。秸稈與穗一起收割的穀物三十車，每車一千二百把，擺放在門外西側，由東向西陳放。燒柴和飼草數量為禾的二倍，即六十車。

使者身穿皮弁服在大門外迎接大夫，行再拜禮，大夫不答拜。雙方相揖後入門。至廟門前，使者揖大夫先入門，大夫捧束帛進門，與使者相互三揖，然後並排而行。至臺階前，相互謙讓一番，大夫先上一級臺階，使者隨後上堂，面向北聽候國君命令。大夫面向東轉達國君辭命，使者下堂，將在東階西行再拜禮，以首觸地，拜謝贈給活牲畜禮儀也如此。大夫辭謝，使者上堂，完成拜禮。使者在堂中央稍西處接受束錦，面向北站立。大夫下堂，退出廟門。使者下堂，把束錦交給家臣之長，出門迎接大夫。大夫辭謝一番後同意，進入廟門，相互揖讓如前大夫奉束帛而入的禮儀。使者上一級臺階，大夫跟隨上堂。陳放在庭中的禮物為四匹馬。使者下堂，從家臣之長手中接過束錦將回贈給大夫，大夫勸止其下堂。使者捧著束錦面向西立，大夫面向東立，使者把束錦贈送給大夫。大夫致辭答謝，面向北，在對著堂前二梁處行再拜禮，以首觸地，在堂前兩楹柱間接受束錦，再面向南立，而後退回原位，面向東等候。使者為送上束錦行再拜禮，以首觸地。大夫下堂，牽庭中最左側馬出廟門。使者送至大門外，行再拜禮。第二天，使者至外朝拜謝，拜謝國君賜給宰殺的和活的牲畜，都要行再拜禮，以首觸地。饋贈副使宰殺的和活的牲畜共三牢，熟肉一牢，陳放在庭西。有正鼎七只，陪鼎三只。宰殺的牛羊豬一牢，陳放在庭東，有鼎七只。設在堂上食品為六豆規格，設在西夾室食品也一樣。筥和罋數都和使者相同。活的牛羊豬一牢。在大門外陳放的米禾車數與已宰殺牛羊豬一牢所配數同，即每牢十車，燒柴和飼草車數為禾的二倍。以上各器所盛之物和擺放次序都和使者相同。下大夫身穿韋弁服，用束帛作禮物送給副使。副使身穿韋弁服接受禮物，其禮儀與使者同。副使回贈下大夫為兩匹馬和一束錦。饋贈士介四人的禮物都是活的牛羊豬一牢，米一百筥，擺放在門外。宰夫身穿朝服，牽牛送去。士介身穿朝服，面向北行再拜禮，以首觸地。無擯者相助。

使者身穿朝服去聘問卿。卿在祖廟接待使者，下大夫為擯者。擯者出門請問使者來此何事，接著卿身穿朝服到大門外迎接，行再拜禮，使者不答拜。雙方互揖，卿先入門，前行中每到一門或逢拐彎處，卿都要對使者一揖。到祖廟門前，卿揖使者後先入。擯者出來請使者轉達其君之辭命。使者的隨從在庭中擺放四張麋鹿皮。使者捧著束帛進入廟門，與卿三次相揖，並排前行，至臺階前又相互謙讓。使者上一級臺階，卿跟隨著上堂，面向北聽使者轉達其君辭命。使者在西階上方面向東轉達其君辭命。卿下堂，將在東階西側行再拜禮，以首觸地。使者辭讓，卿上堂完成拜禮。隨後卿在堂中央稍西處接受束帛，面北站立。使者下堂，出門。卿亦下堂，把束帛交給家臣之長，無擯者相助。擯者出門請問使者尚有何事。使者請求私見大夫，所用禮物與私見君同。使者捧著束錦，隨從牽四匹馬跟隨其後，從右側進廟門。大夫辭謝。使者於是改從廟門左側進入。接著把四匹馬牽入庭中排列好，雙方揖讓如使者聘卿禮儀。大夫上一級臺階，使者隨後登階。大夫在東階上方面向西立，使者在西階上方面向東致面見之辭。大夫致辭應答後，面向北在堂前對著二梁處行再拜禮，在兩楹柱間接受束錦，面向南，退回原位，面向西站立。使者在堂前對著二梁處為送上束錦行再拜禮，然後下堂出門。大夫下堂，把束錦交給家臣之長。

擯者出門請問副使有何事。副使請求獨自拜見大夫，所用禮物與私見君同。副使捧著束錦，二張麋鹿皮由二人幫助拿著。從廟門右側進入，放下束錦，行再拜禮。大夫辭謝，副使出門，擯者將束錦返還給副使。屬吏將二張麋鹿皮陳放於庭中，副使再次捧束錦從左側入門，大夫與副使相互揖讓與使者私見卿的禮儀同。副使上堂，大夫行再拜禮，從副使手中接受束錦。副使下堂將行拜禮，大夫辭謝。副使上堂，為送上束錦行再拜禮。擯者出門請問士介有何事。眾士介請求私見大夫，所用禮品與私見君同。從廟門右側進入，放下玉錦，都行再拜禮。大夫辭謝，眾士介按著與入門相反次序退出。擯者持士介之長所贈玉錦出門，謙詞請求收回，使者代表士介辭謝。大夫答謝士介行再拜禮。擯者持士介之長所贈玉錦，站在廟門中間相助大夫在庭中遙行拜禮，士介不敢當而避開。大夫家臣在中庭接過擯者手中玉錦，士三人坐下取眾士介的玉錦跟隨家臣之後。擯者又出門請問使者還有何事。使者言私見諸事已畢而出門，大夫送到大門外，行再拜禮。使者離去。擯者亦告退，大夫拜謝他屈尊光臨輔助自己。

下大夫曾經奉派出使到使者國家聘問過，就要帶禮品去問候他。副使身穿朝服，帶領三名士介，去問候下大夫。下大夫接受禮品之禮儀與卿同。副使私見下大夫亦如使者私見卿的禮儀。如果大夫因故不能與使者相見，國君就指派與此大夫爵位相同的人代為接受禮品，如同主人接受禮品的禮儀一樣，只是不向對方行拜禮。

使者聘問卿的當天傍晚，國君夫人派下大夫身穿韋弁服向使者饋贈禮物。堂上籩豆各六，設在室門以東，以西方為上位，兩兩並列，由西向東陳放。壺設在東間牆下，以北方為上位，兩壺並列，由北向南陳放，稻黍粱有清白兩種酒，都是兩壺。下大夫把束帛贈送使者。使者如受饔之禮那樣，回贈兩匹馬和一束錦。向副使饋贈禮物是四豆、四籩、四壺，副使接受的禮儀一如使者，並回贈兩匹馬一束錦。第二天，使者要到外朝行拜禮致謝。

大夫饋贈給使者牛羊豬全備的大牢，還有米八筐，皆陳放在使者館舍門外。使者出門迎接，行再拜禮。大夫家臣之尊貴者牽牛送給使者，使者行再拜禮，以首觸地。家臣退去，使者行再拜禮相送。對待副使亦如此。饋贈眾士介為只有羊豬的少牢，米六筐，都是由士牽羊送去。

公於賓，壹食❶，再饗❷。燕與羞❸，俶獻❹，無常數。賓介皆明日❺拜于朝。上介壹食壹饗。若不親食❻，使大夫各以其爵，朝服致之以侑幣❼，如致饔，無儐。致饗以酬幣❽，亦如之。大夫於賓，壹饗壹食。上介，若食若饗❾，若不親饗，則公作❿大夫致之以酬幣，致食以侑幣。

君使卿皮弁，還玉于館⓫。賓皮弁，襲⓬，迎于外門外，不拜⓭，帥大夫以入。大夫升自西階，鉤楹⓮。賓自碑內⓯聽命，升自西階，自左，南面受圭，退，負右房而立。大夫降中庭，賓降，自碑內東面，授上介于阼階東。上介出請，賓迎，大夫還璋，如初入。賓裼⓰，迎。大夫賄用束紡⓱。禮玉、束帛、乘皮，皆如還玉禮。大夫出，賓送不拜。

公館賓⓲，賓辟，上介聽命。聘享，夫人之聘享，問大夫，送賓，公皆再拜。公退，賓從，請命于朝。公辭，賓退。

賓三拜乘禽⓳於朝，訝⓴聽之。遂行，舍于郊。公使卿贈，如覿幣。受于舍門外，如受勞禮，無儐。使下大夫贈上介，亦如之。使士贈眾介，如其覿幣。大夫親贈，如其面幣，無儐。贈上介，亦如之。使人贈眾介，如其面幣。士送至于竟。

【章　旨】本章記述聘問諸事已完，使者一行將返國前諸禮儀。包括國君和大夫宴請使者、副使，卿奉命去使者館舍還玉報饗，國君親往館舍為使者送別，卿大夫士奉命向即將離去的使者、副使和隨行人員贈送禮品諸事。

【注　釋】❶壹食　舉行一次食禮。壹，同「一」。食，食禮。古時款待賓客的一種禮儀形式，以吃飯為主，沒有酒，勸食用幣帛，牲用大牢。❷再饗　舉行兩次饗禮。饗，饗禮。用酒食招待賓客之禮儀，有牲有酒，較食禮隆重。食禮放在兩次饗禮之間進行。❸燕與羞　燕飲與所用禽類製成的美味食品。羞，美味食品，此指用熟鵝鴨肉煎和成的美味食品。❹俶獻　始獻時新食品。俶，始。❺明日　國君宴請使者的第二天。❻若不親食　如果國君因故不能親自參加宴會。如有疾或他故。❼侑幣　古代用作勸客人進食的幣帛。侑，勸。❽酬幣　饗禮時用作勸客人飲酒的幣帛。❾若食若饗　大夫宴請副使或用食禮，或用饗禮，二者用其一。較使者有所簡略。❿作　使。⓫還玉于館　至使者館舍還回玉圭。以玉聘，重禮也，聘而後歸還，為重禮輕財之義。諸侯之間以重禮輕財相切厲，則可息爭端興禮讓。⓬襲　穿加衣。⓭不拜　不行拜禮。玉為君之物，還玉是還給君，使者只是代君接受，並非真正主人，故不敢行拜禮。⓮鉤楹　由西楹柱西側繞至其北，再東行至堂中，面向南對使者致君命。鉤，繞。⓯碑內　庭中碑的北側。使者在堂下聽大夫轉達君命以示恭敬。⓰裼　脫去外面加衣。使者受玉時穿皮弁服，有加衣。受玉後復其常，故脫去加衣。⓱賄用束紡　大夫贈使者財帛為一束紡綢。賄，贈人以財曰賄。紡，紡綢。⓲公館賓　國君去賓館拜別使者。⓳乘禽　乘行群處之禽，如雉雁之類。送禮之物用雙數，乘禽是用雌雄一對禽鳥為禮品。主人日餼乘禽，使者不勝其拜，故於臨行時總行三拜之禮。⑳訝　國君派去待事於賓客的侍者。客人有事則入告出報。

【語　譯】國君宴請使者，舉行一次食禮，兩次饗禮。燕飲與所用禽類製成的食品，當令的時新食品，都沒有定數。使者和副使都要在宴請的第二天到外朝拜謝國君。宴請副使則是食禮一次，饗禮一次。如果國君不能親自赴會，就要派與使者爵位相同的大夫參加，並要身穿朝服，贈送客人幣帛以勸食，其禮儀與贈送使者已宰殺牛羊豬肉同，但無儐者相助。行饗禮時贈送使者幣帛以勸飲，其禮儀也如此。大夫宴請使者，用食禮一次，饗禮一次。宴請副使，或用食禮，或用饗禮，二者用其一，如果大夫因故不能親自參加，國君就要使另一爵位相同大夫參加，由他贈送客人幣帛以勸酒，又贈送客人幣帛以勸食。

國君使卿身穿皮弁服，去使者館舍歸還玉圭。使者身穿皮弁服，外穿加衣，在大門外迎接卿，不行拜禮，即引領大夫入門。大夫由西階上堂，由西楹柱西面繞至北面，再東行至堂中，面向南致君命。使者在堂下碑的北面聽大夫轉達君的辭命，然後從西階上堂，由大夫的左側面向南接受玉圭，退後，背對右房站立。大夫下堂至中庭，使者下堂，在碑之北側面向東，至東階東把玉圭授給副使。副使出門請問大夫尚有何事，入告使者大夫來還璋，使者出迎，大夫還璋，與初入還圭之儀同。使者脫去外面加衣，迎接大夫。大夫贈送使者的財帛是一束紡綢。主君還聘君禮品是玉璧、束帛、四張獸皮，歸還禮儀皆如還玉。大夫出門，使者相送，但不行拜禮。

國君去賓館拜別使者，使者避不敢受，副使去聽取國君致詞。國君為使者向自己行聘享禮，向君夫人行聘享禮，問候各位大夫，以及為使者送行，都行再拜禮。國君返回，使者跟隨其後，到外朝請示君命。國君辭謝，使者退去。

使者到外朝為國君賜與乘禽三次行拜禮，君不出見，侍者為之入告出報。接著使者一行啟程返國，當日在近郊住宿。國君派卿前往贈送禮物，所贈物與使者私見君時所贈同。使者在館舍門外接受禮物，其禮儀與接受郊勞同，只是沒有儐者相助。又派下大夫贈送副使禮物，禮儀如前。又派士贈送隨行人員禮品，所贈物與隨行人員私見君時所贈物同。大夫親自向使者私贈禮物，所贈物與前此私見使者所贈物同，只是沒有儐者相助。向副使贈送禮物亦如此。派人向隨行人員贈送禮物，如前此與隨行人員私見時所贈物同。士要送使者一行到國境。

使者歸，及郊，請反命❶。朝服，載旜，禳❷，乃入。乃入陳幣于朝，西上。上賓之公幣私幣❸皆陳，上介公幣私幣陳，他介皆否。束帛各加其庭實❹，皮左。公南鄉。卿進使者，使者執圭垂繅，北面；上介執璋屈繅，立于其左。反命曰：「以君命聘于某君，某君受幣于某宮，某君再拜。以享某君，某君再拜。」宰自公左受玉。受上介璋，致命亦如之。執賄幣以告，曰：「某君使某子賄。」授宰。禮玉亦如之。執禮幣以盡言賜禮❺。公曰：「然。而不善乎❻？」授上介幣，再拜稽首。公答再拜。私幣不告。君勞之，再拜稽首，君答再拜。若有獻，則曰：「某君之賜也。君其以賜乎❼？」上介徒以公賜告❽，如上賓之禮。君勞之，再拜稽首，君答拜。勞士介亦如之。君使宰賜使者幣，使者再拜稽首。賜介，介皆再拜稽首。乃退。介皆送至于使者之門，乃退揖，使者拜其辱。

釋幣于門❾。乃至于禰，筵几于室，薦脯醢。觴酒陳❿，席于阼，薦脯醢，三獻⓫。一人舉爵⓬，獻從者⓭，行酬，乃出。上介至，亦如之。

聘遭喪⓮，入竟則遂⓯也。不郊勞，不筵几，不禮賓。主人畢歸禮⓰，賓唯饔餼之受。不賄，不禮玉，不贈。遭夫人、世子之喪，君不受，使大夫受于廟，其他如遭君喪。遭喪，將命于大夫，主人長衣練冠以受⓱。

聘，君若薨于後⓲，入竟則遂⓳。赴者未至⓴，則哭于巷㉑，衰于館㉒。受禮，不受饗食。赴者至，則衰而出，唯稍受之㉓。歸，執圭復命于殯㉔，升自西階，不升堂。子即位，不哭㉕。辯復命如聘㉖。子臣皆哭。與介入，北鄉哭。出，袒括髮㉗。入門右，即位踊㉘。

若有私喪㉙，則哭于館。衰而居，不饗食㉚。歸，使眾介先，衰而從之。

賓入竟而死，遂也。主人為之具而殯㉛。介攝其命。君弔，介為主人。主人歸禮幣，必以用㉜。介受賓禮，無辭也。不饗食。歸，介復命，柩止于門外。介卒復命，出，奉柩送之，君弔，卒殯。若大夫介卒，亦如之。士介死，為之棺，斂之，君不弔焉。若賓死，未將命㉝，則既斂于棺，造于朝，介將命。若介死，歸復命，唯上介造于朝。若介死，雖士介，賓既復命，往，卒殯乃歸。

小聘㉞曰問。不享，有獻，不及夫人，主人不筵几，不禮㉟。面不升㊱。不郊勞。其禮，如為介㊲，三介。

【章　旨】本章記述使者歸國覆命、歸家告廟的禮儀，以及聘問過程中碰到受聘國遭遇喪事、本國國君死亡、使者有私喪、使者死亡等特殊情況所行變通禮儀，還參照聘禮對小聘禮儀作了概要介紹。

【注　釋】❶請反命　使郊人稟告國君，使者完成使命，請求向君稟報。❷禳　祭祀名。指去邪除惡之祭。❸上賓之公幣私幣　受聘國君主和卿大夫贈送給使者的幣帛。上賓，使者。公幣，國君所贈幣帛。私幣，卿大夫所贈幣帛。❹束帛各加其庭實　束帛放在庭中各自禮物上。束帛一般加在獸皮上，此則不限於獸皮，其他禮物亦可，以顯示禮物繁多。❺執禮幣以盡言賜禮　使者持受聘國初贈的束帛，向國君盡言彼國從郊勞到贈行八度禮賓贈幣的禮儀。禮幣，郊勞時卿奉君命饋贈使者的束帛。❻而不善乎　你不是挺擅長擔任使者嗎。而，通「爾」。你。❼君其以賜乎　此物不一定當君之用，君可否用它賜人呢。其，或者；可否。表選擇。❽徒以公賜告　空手不持幣向國君報告彼國賜物禮儀。徒，空手。❾釋幣于門　把禮品陳放在大門旁以禮敬門神。使者出時先見行，故祭告行神；入時先見門，則先禮敬告知門神。❿觴酒陳　主人酌一觴酒進奠，是為一獻。觴，酒爵名。⓫三獻　由士完成第三次敬酒之禮。一獻由主人，二獻由家臣之長，三獻由士。⓬一人舉爵　主人之吏一人舉起酒爵。三獻禮成，一人舉爵向眾人敬酒。是為旅酬之始。⓭從者　與主人一道出使的家臣。⓮遭喪　受聘國遭遇喪事，即國君死亡。⓯入竟則遂　如果已入受聘國國境，就要把聘事繼續進行完。⓰主人畢歸禮　主人全數贈送使者一行飲食之需。禮，指按禮應當供應的各種食物，主要包括宰殺的和活的牛羊豬以及作為饗禮所用之酒食。⓱主人長衣練冠以受　主人身穿長衣、頭戴練冠去接受使者聘禮。主人，大夫，暫代君主為主人去接見使者。長衣，素純布衣。即以布為之，有素色鑲邊，上衣下裳連在一起之服，穿在內衣外面。練冠，白布為之，服喪時所戴之冠。使者遠道來聘，為吉禮，主人遭喪穿凶服，不宜穿此服接待，為此脫去外面喪服而著長衣，戴練冠，是一種變通的禮儀。⓲君若薨于後　君如果死在使者出發之後。君，指使者本國之君。⓳入竟則

遂　使者一行已經進入聘問國國境，才聞知君之死訊，就要繼續進行聘問活動。⑳赴者未至　報喪的人還未到達往聘之國。但此時使者已先得知君之死訊，因君死當使人急告使者，爭取讓他在未入境前得知而返回，故使者比往聘國先知此消息。赴，今作「訃」。㉑哭于巷　在巷門哭祭。因君死之訊未至往聘國，使者不敢設專館安放喪主靈位哭祭，而哭於巷門，亦變通之禮。㉒衰于館　使者在館舍內穿衰麻之服，為君服喪。因喪訊未至，使者不敢穿喪服見外人。㉓唯稍受之　只有米穀可以接受。稍，米穀之類，供人食用。又據《周禮・秋官・掌客》：「賓客有喪，惟芻稍之受。」則飼草燒柴亦當受之。因卿行旅從，使者一行從者眾多，人吃馬餵不可一日或缺。㉔殯　入殮而未下葬的靈柩。向君之靈柩覆命，表示事亡如存。㉕不哭　不哭祭。因使者將有事告請，大家宜保持心情平靜。㉖辯復命如聘　如平時聘問歸來一一向君覆命一樣，今亦一一向殯覆命。㉗袒括髮　袒露左臂，束起頭髮。是對君死表達哀痛的一種禮節。㉘即位踊　在東階下臣位上跳著腳哭。踊，哭踊，跳著腳哭，為喪禮一種儀節，表示哀痛之至。㉙私喪　使者父母死去。㉚不饗食　國君以饗食禮宴請則不參加。㉛主人為之具而殯　主人為死者準備好由死亡到入殮的所有用品，並把他盛殮起來，停放好靈柩。主人，指受聘國之君。殯，停放靈柩。㉜必以用　一定要將其用於使者喪事。㉝未將命　未代表自己國君向受聘國君致詞。就是說使者已至受聘國之朝，主國之君請行禮，使者請求待君空閒時再行禮，亦即使者在即將行聘享禮、致辭命時死去，則移棺造朝。㉞小聘　諸侯之間相聘問有大小之分。小聘又稱問，其禮只對國君，不及君夫人，有獻無享，不設筵几，不行醴禮等，比大聘規格低。㉟不禮　不行醴禮，不用甜酒飲賓。㊱面不升　私見大夫時不上堂，只於庭中進行。㊲如為介　使者從受聘國所享受的接待禮儀，與大聘時副使相同。

【語　譯】使者一行歸國，到都城近郊時，使郊人稟告國君，使者完成使命歸來，請求向君稟報。使者身穿朝服，把旗幟插到車上，舉行去邪除惡的禳祭，然後入城。接著入朝，把帶回來的禮品陳列於寢門外的治朝，以西方為上位。受聘國君主和卿大夫贈送給使者的幣帛都要陳列，受聘國君主贈送給副使的幣帛也要陳列，贈送給隨行人員的幣帛都不陳列。贈送給使者和副使的束帛放在庭中各自禮物上，獸皮在束帛左側。國君出寢門面向南站立。卿奉命引進使者，使者手持玉圭，使埶圭物的絲帶下垂，面向北站立；副使手持玉璋，使埶璋的絲帶屈於手中，站在使者左側。使者覆命說：「奉君命聘問某國國君，該國君在某宮接受聘問幣帛，並行再拜禮。又向該國君行聘享禮，該國君行再拜禮。」執政從國君左側接受使者玉圭。使者接過副使的玉璋，向國君覆命也是如此。使者又持受聘國大夫贈送的一束紡綢向國君稟告說：「某國國君使某大夫贈送此物。」並把它交給執政。持對方贈送的束帛加璧向國君稟告之禮儀亦如此。使者持受聘國初贈的束帛，向國君盡言彼國從郊勞到贈行八度禮賓贈幣的禮儀。國君說：「好啊，你不是挺擅長擔任使者嗎？」使者把手中束帛交給副使，向君行再拜禮，以首觸地。國君再拜答禮。大夫私下饋贈的幣帛不向國君稟告。國君慰勞使者，使者行再拜禮，以首觸地，國君再拜答禮。如果有向國君進獻之物，就說：「這是某國國君所賜之物，不一定當君之用，君可否用它賜人呢？」副使空手不持幣帛向國君稟告彼國國君贈物禮儀，其禮儀與使者相同。國君慰勞副使，副使行再拜禮，以首觸地，國君再拜答禮。國君慰勞眾隨行人員的禮儀也如此。國君使執政賜使者幣帛，使者行再拜禮，以首觸地。賜副使和眾隨行人員幣帛，他們都行再拜禮，以首觸地。國君揖而入，眾人退去。副使和隨行人員送使者至其家大門外，才揖而退去，使者拜謝他們屈尊扶助完成使命。

使者把禮品陳放在大門旁以禮敬門神。然後至禰廟，在室中鋪設筵席和小几，進獻乾肉和肉醬。主人酌一觴酒進奠為一獻，再在東階上方布席，進獻乾肉和肉醬，由室老和士完成二獻、三獻之禮。主人之吏一人舉起酒爵向跟隨使者出行人員敬酒，於是眾人按次序相互勸飲，遍飲後退出。副使至其家，也要舉行這樣禮儀。

聘問遭遇國君死亡喪事的國家，如果已進入其國境，就要把聘問事繼續進行下去。但是不派卿至近郊慰勞使者，不在廟中鋪設筵席和小几，聘享完畢也不為使者舉行醴禮。主人如數贈給使者一行飲食之所需，使者只收下其中已宰殺的和活的牛羊豬。大夫不向使者贈送紡綢，不贈送束帛加璧，不贈送幣帛。如果是遭遇君夫人或世子的喪事，國君作為喪主不親自接受聘禮，派大夫在廟中受禮，其他禮儀與遭遇君喪相同。遭遇國君、君夫人和世子喪事時，使者要向大夫致君之辭命，作為主人的大夫，要脫去喪服穿長衣戴練冠接受使者聘禮。

使者出國聘問，如果君在其後死亡，此時使者一行假如已經進入受聘國國境，就要把聘問事繼續進行下去。在報喪者尚未到達受聘國時，使者就在巷門哭祭，在所居館舍穿衰麻之服，為君服喪。接受該國饋贈禮物時，不再接受加食之禮。報喪者已至該國，使者就可以穿喪服外出，此後只能接受米穀和飼草柴薪之類饋贈。使者歸國，要持玉圭向君的靈柩覆命，從西階升堂，不到堂上面。君之子在東階即位，暫不哭祭。如平時聘問歸來一一向君覆命一樣，今亦一一向君的靈柩覆命。隨後君之子和群臣都開始哭祭。使者和副使及隨行人員進入殯宮，在殯前面向北哭祭。出門時，要袒露左臂束起頭髮。入門時要從右側進入，就東階下臣位跳腳哭祭。

如果使者出國聘問期間遭遇父母之喪，就在其居住的館舍內哭祭，在館舍閒居時穿衰麻之服為父或母服喪，國君以饗食禮宴請則不參加。歸國時讓隨行人員走在前面，自己穿衰麻之服跟隨。

如果使者在進入受聘國國境後死亡，聘問之事須繼續進行。主人為死者準備好由死亡到入殮的所有用品並盛殮起來停放好靈柩。由副使代行聘問使命。國君來弔唁，副使為喪主。國君饋贈給死者的禮物，一定要用在使者喪事上。副使接受使者禮儀，不必辭讓。但不參加國君宴請的饗食禮。歸國時，副使向國君覆命，將使者靈柩停在大門外。副使覆命完畢，出來奉使者靈柩送至其家，國君前往弔唁，直到把靈柩停放好才離去。如果是副使死亡，其禮儀也如此。如果是士介死，為其備棺入殮，所在國國君不去弔唁。如果使者在即將行聘享禮代君致辭命時死亡，就要在入殮於棺完畢，把靈柩抬到朝上，由副使行聘享禮代君致辭命。如果是副使或士介死亡，歸國向國君覆命時，只有副使的靈柩可以抬到朝上。如果是副使或士介死亡，即使是士介，使者在向國君覆命後，也要前往送靈柩至其家中，待靈柩安放就位才回去。

小聘稱問。行小聘禮不以束帛加璧享君，只進獻本國產品，只對國君，不及於君夫人，主人不鋪設筵席和几，不行醴禮飲賓。私見大夫時不上堂，在庭中進行。不派人去近郊慰勞使者。使者所享受的禮儀與大聘的副使相同，介只有三名。

〔記〕

久無事❶，則聘焉。若有故❷，則卒聘❸。束帛加書將命❹，百名以上書於策❺，不及百名書於方❻。主人使人❼與客讀諸門外。客將歸，使大夫以其束帛反命❽于館。明日，君館之❾。

既受行❿，出，遂見宰，問幾月之資⓫。使者既⓬受行日，朝同位⓭。

出祖釋軷⑭，祭酒脯，乃飲酒于其側。

所以朝天子，圭與繅皆九寸⑮，剡上寸半⑯，厚半寸，博三寸，繅三采六等⑰，朱白倉⑱。問諸侯，朱綠繅，八寸。皆玄纁繫⑲，長尺，絇組⑳。問大夫之幣，俟于郊，為肆㉑，又齎㉒皮馬。

辭無常，孫而說㉓。辭多則史㉔，少則不達。辭苟足以達，義之至也。辭曰：「非禮也。敢。」對曰：「非禮也。敢辭。」㉕

卿館於大夫㉖，大夫館於士，士館於工商。管人㉗為客，三日具沐㉘，五日具浴。

飧不致，賓不拜。沐浴而食之。

卿，大夫訝㉙。大夫，士訝。士皆有訝。賓即館，訝將公命㉚，又見之以其摯㉛。賓既將公事，復見之以其摯。

凡四器㉜者，唯其所寶㉝，以聘可也。

宗人授次㉞，次以帷，少退於君之次。

上介執圭如重[35]，授賓。賓入門，皇[36]；升堂，讓[37]；將授，志趨[38]；授如爭承，下如送，君還而后退。下階，發氣[39]，怡焉。再三舉足[40]，又趨。及門，正焉。執圭，入門，鞠躬焉，如恐失之。及享，發氣焉，盈容[41]。眾介北面，蹌焉[42]。私覿，愉愉焉。出，如舒鴈[43]。皇且行，入門主敬，升堂主慎。

凡庭實，隨入[44]，左先，皮馬相間[45]，可也。賓之幣，唯馬出[46]，其餘皆東[47]。多貨[48]，則傷于德。幣美則沒禮[49]。賄，在聘于賄[50]。

凡執玉，無藉者襲[51]。

禮不拜至[52]。醴尊于東箱，瓦大[53]一，有豐。薦脯五膱[54]，祭半膱，橫之。祭醴，再扱[55]，始扱一祭，卒再祭。主人之庭實[56]，則主人遂以出[57]，賓之士訝受之。

既覿，賓若私獻，奉獻將命。擯者入告，出禮辭。賓東面坐奠獻，再拜稽首。擯者東面坐取獻，舉以入告，出，禮請受。賓固[58]辭，公答再拜。擯者立於閾外以相拜，賓辟。擯者授宰夫于中庭。若兄弟之國[59]，則問夫人。

若君不見，使大夫受。自下聽命，自西階升受，負右房而立。賓降亦降。不禮[60]。

幣之所及皆勞，不釋服[61]。

賜饔，唯羹飪[62]，筮一尸[63]，若昭若穆[64]。僕為祝[65]。祝曰：「孝孫某，孝子某，薦嘉禮于皇祖某甫、皇考某子[66]。」如饋食之禮。假器於大夫。肦肉及廋、車[67]。

聘日，致饔。明日，問大夫。夕，夫人歸禮。既致饔，旬而稍[68]。宰夫始歸乘禽[69]，日如其饔餼之數[70]。士中日則二雙[71]。凡獻，執一雙，委其餘於面。禽羞[72]，俶獻，比[73]。

歸大禮之日，既受饔餼，請觀[74]。訝帥之，自下門[75]入。各以其爵朝服[76]。

士無饔[77]無，饔者無擯。

大夫不敢辭[78]，君初為之辭矣。

凡致禮[79]，皆用其饗之加籩豆。無饔者無饗禮。

凡餼[80]，大夫黍、粱、稷，筐五斛。

既將公事[81]，賓請歸。凡賓拜于朝[82]，訝聽之。

燕則上介為賓，賓為苟敬[83]。宰夫獻。

無行[84]，則重賄反幣[85]。

曰：「子以君命在寡君[86]，寡君拜君命之辱。」「君以社稷故，在寡小君[87]，拜[88]。」「君貺[89]寡君，延及二、三老[90]，拜。」又拜送。

賓於館堂楹閒，釋四皮束帛。賓不致，主人不拜。

大夫來使[91]，無罪，饗之；過，則餼之。其介為介[92]。有大客[93]後至，則先客不饗食，致之。

唯大聘有几筵。

十斗曰斛，十六斗曰籔，十籔曰秉。二百四十斗[94]。四秉曰筥，十筥曰稯，十稯曰秅，四百秉為一秅。

【章旨】本章為〔記〕，據張爾岐《儀禮鄭註句讀》，共分三十二條，內容廣泛而瑣細，多為對〈聘禮〉正文的補充，對一些禮儀程式和用品的具體要求和規定等，當是來自古代禮書和相關典籍的記載。

【注釋】❶久無事　諸侯之間長久沒有盟會之事。《周禮》規定諸侯之間「歲相問，殷（三年）相聘」，如果有盟會得以相見，則不一定死守三年一聘之制，如無盟會則應按禮如期相聘問。❷故　發生災患或有時事相告請。如派使出外告糴、乞師之類。❸卒聘　停止出外聘問。卒，止。❹束帛加書將命　聘問的書簡加在束帛上，捧著向受聘國君主致辭命。將，猶「致」。❺百名以上書於策　書簡字數在一百字以上，就記載在簡冊上。名，字。策，簡冊，用竹簡編連起來的簡冊。❻方　木板。可用於兩面書寫公文，容量比單片竹簡大，百字以內短文一板可盡。❼主人使人　國君派內史。人，指內史。《周禮·春官·內史》：「凡四方之事書，內史讀之。」可見此與客共讀者為內史。❽以其束帛反命　用使者前此致送的束帛去賓館歸還覆命。此束帛當亦有答謝言事的書簡加在上面，以與使者的「束帛加書」相對應。❾君館之　國君去賓館看望使者。此舉在於使使者盡快啟程，早日把書簡送至彼君手中。❿受行　受命出使。⓫資　途中費用。⓬既　此字為衍文，當刪。⓭朝同位　使者與眾介上朝都一同面向北站立，以東為上。⓮出祖釋軷　開始出發行至都城門外，要放置酒脯舉行道祭。祖，始。釋，放置。軷，道祭。即用酒脯祭道路之神，以祈求路途平安。方法是堆一小土山，以犬羊為犧牲放在上面，出行者以酒脯祭告，卿大夫在其側飲酒餞行。祭禮畢，乘車從小土山上面通過而啟行。⓯圭與繅皆九

寸　圭和摯圭物都長九寸。繅，摯圭物，用木板製作，包以皮革，飾以三色絲帶。⑯剡上寸半　圭之上端左右角各斜削去一寸半，使尖部呈正方形之一角狀。剡，削。⑰繅三采六等　摯圭物用三種顏色橫向塗畫六圈。采，顏色。是用朱白蒼三種顏色把摯圭物外面包裹的皮革塗成六圈。等，即就，繞物一周為一就，亦稱一等。⑱朱白倉　紅色、白色、青黑色。在摯圭物上塗飾顏色順序是紅色、白色、青黑色，再接紅色、白色、青黑色，共六圈。⑲玄纁繫　摯圭物有玄色和纁色絲帶用以繫玉。⑳絢組　有文彩的絲帶。絢，有文彩。組，絲帶。㉑肆陳列。㉒賫　付給。㉓孫而說　恭順而和悅。㉔史　文多而質少，如策祝之官，只崇尚文詞。㉕對曰非禮也敢辭　主人有不當之問，則回答說：「不合於禮，不敢作答。」辭，為衍文，當刪。㉖卿館於大夫　卿為使，在受聘國大夫家的宗廟設館。使者在宗廟設館，且館於比己低一等官員家的宗廟，表示對主人的尊重。古禮士以上有廟，庶人工商無廟有寢，在寢中祭祀祖宗，館客當亦在此。㉗管人　掌管客館服役之吏。㉘三日具沐　每三天為客人備好洗髮用水一次。㉙訝　國君派去迎接款待使者之官。㉚訝將公命　迎接之官把國君命己在此迎候告知使者。㉛見之以其摯　訝又持與己身分相應的禮品去拜見使者。訝之身分不同，所持之摯也不同，大夫持雁，士持雉。㉜四器　圭、璋、璧、琮。㉝唯其所寶　五等諸侯各有所寶，只以其寶為聘。五等諸侯所寶不同，公侯伯寶圭璋，子男寶璧琮，各以其寶為聘才合於禮。㉞宗人授次　掌禮之官在大門外為使者安排臨時休息處所。宗人，掌禮及宗廟之官。次，用帷幕與席搭建的供賓客更衣休息之舍，在大門外西側。㉟如重　如持重物，表示心存戒慎。㊱皇　莊重大方的樣子。㊲讓　舉手與胸口平齊。㊳志趨　精神專注小步疾行。志，心所念慮。趨，小步疾行，如足不離地之狀。㊴發氣　舒氣；徐緩呼吸。㊵再三舉足　反覆踏步使心氣平和安定。㊶盈容　和氣之態溢於面容。㊷踧焉　容貌舒展情緒高昂之態。㊸舒鴈　鵝。古以鵝行自成行列，以喻行動有序。㊹隨入　前後相隨進入，不並行。庭實以獸皮和馬匹為主，皆為四，進門時前後相隨，左側先入，不並行。㊺皮馬相間　獸皮和馬匹可以相互代替。間，代替。有馬則馬，有皮則皮，不強求一致。㊻唯馬出　只有馬要牽出庭外，入於馬棚。㊼東　指庭東的內府。㊽貨　玉。君子以玉比德，朝聘之禮用玉作瑞節以通信義，是重禮非重玉，如玉多，則是重玉輕禮而傷德。(49)幣美則沒禮　束帛過於華美就會掩沒禮之本義。(50)賄在聘于賄　主國回贈給賓的財物須視賓的聘禮厚薄而定，要與其相應，不可豐，亦不可嗇。(51)無藉者襲　以圭璋為聘沒有束帛作襯托者應加穿襲衣。藉，墊。此指放在玉下的束帛。(52)禮不拜至　聘享後行醴禮時主人不須對使者到來行拜禮。因此禮在聘享後行之，賓非始至，故不拜其至。(53)瓦大　瓦製酒尊。(54)膱　直的乾肉條，或稱脡。(55)扱　舀取。(56)主人之庭實　國君贈給使者的四匹馬，使者已親自將左側一匹牽出，此為餘下的三匹。(57)主人遂以出　國君接著使人把餘下三匹馬牽出。(58)賓固　「固」字為衍文，應刪。(59)兄弟之國　同姓或有姻親甥舅關係之國。(60)不禮　不以醴禮宴請賓。(61)不釋服　不脫下皮弁服。主國卿大夫與賓相見於君所，賓請拜見卿大夫，故卿大夫搶先往勞賓，來不及脫皮弁服。(62)唯羹飪　只有煮熟的牛羊豬肉一牢需要祭祀。羹，肉。飪，熟食，指君所饋之飪一牢。(63)筮一尸　用卜筮方法從隨行子弟中選擇一人作尸。尸，古時代死者受祭的活人。多從臣下或死者晚輩中選出。後世逐漸改為用神主或畫像，以活人為尸之制不復實行。(64)若昭若穆　受祭之祖或為昭或為穆。昭穆，古代宗法制度，宗廟或墓地的排序，以始祖居中，二世、四世、六世居左，稱昭；三世、五世、七世居右，稱穆。依此無窮排列下去。此處所祭是昭是穆，要由主人所祭對象的昭穆之序確定。如主人之父未死，則祭祖父，父已死則祭禰，被祭者排序為昭則祭昭，為穆則祭穆。(65)僕為祝　卿大夫的家臣代為祝告之官。君與大夫出境，祝不從行，故以大夫家臣代替。(66)皇祖某甫皇考某子　已故祖父某人，亡父某人。皇，對先代或神明的敬稱。甫，祖父之字。子，亡父之謚。(67)肦肉及廋車　分祭肉要及於巾車與廋人。肦，同「頒」。賦也。分物與人之意。廋，廋人。車，巾車。皆掌管車馬之官，從使者出行聘問人員。(68)旬而稍　十日之後要送給米糧。既致饔，十日後賓猶未歸，則需繼送米禾，恐其不繼。(69)乘禽　乘行之禽，指鵝鴨之類，饋贈時以雙為數。(70)日如其饔餼之數　每日供給乘禽之數與其饔餼牢數相同。一牢送乘禽一雙。(71)士中日則二雙　士介隔一日送二雙，不一日一送。中，間隔之意。(72)禽羞　用禽類作成的美味食品。(73)比　放，通「倣」。倣照之意。言進獻禽羞、倣獻之禮倣照進獻乘禽之儀。(74)請觀　請求觀看彼國宗廟、百官的狀況。(75)下門　便門。遊觀非正事，故從便門入。76各以其爵朝服　致送禮品的人各按其爵位穿朝服。此句應置下文「凡致禮」之下，錯簡於此。77士無饔　饋贈給士介的禮品沒有宰殺好的牛羊豬，只有活的牛羊豬。78大夫不敢辭　大夫不敢再辭謝使者的拜訪，因此前君已辭謝過並答允使者之請，故大夫不敢再辭。79致禮　國君派人用酬幣向使者和副使致禮，而不親饗。80餼　饋贈。指大夫向使者、副使饋贈之物。81既將公事　奉行完公事。將，奉行。82賓拜于朝　使者在外朝對國君和夫人所賜行拜禮。使者受君饔餼，受夫人歸禮，受饗食燕，都要在第二天拜賜於朝，唯有受稍不拜。83賓為苟敬　使者辭去主賓身分，就諸公席位，歡心多而恭敬少，既不專事恭敬，亦不可全不敬，使者如此則為苟敬。84無行　使者專聘問此一國，不再另聘他國。85重賄反幣　厚贈財物，盡反享君享夫人的禮物。86在寡君　存問寡君。在，存問；問候。87寡小君　君夫人，諸侯的正妻。對別國自稱為寡小君。88拜　拜謝使者存問夫人。89貺　賜與；加惠。90老　大夫。91來使　來聘問。92其介為介　以副使為使者之介。93大客　諸侯。94二百四十斗　為一車之米數。一車米為秉又五籔，即十五籔，每籔十六斗，十五籔為二百四十斗。

【語　譯】〔記〕諸侯之間長久沒有盟會之事，就應該派使者相互聘問。如果國內發生變故，則停止出使聘問。聘問的書簡加在束帛上，捧著向受聘國君主致辭命，書簡字數在百字以上，就書寫在簡冊上，不及一百字，就書寫在特製的木板上。受聘國國君派內史與使者在廟門外宣讀書簡。使者將要返回本國時，國君派大夫以使者致送的束帛去賓館向使者歸還覆命。第二天，國君去賓館看望使者一行。

使者已經受命出行，出門後就去見執政，詢問發放幾個月旅途費用。使者受命出行之日，與眾介上朝都朝同一方向北面站立。開始出發行至都城門外，使者要放置酒脯祭路神，卿大夫在其側飲酒為之餞行。

用作朝見天子的圭和墊圭物都長九寸，圭的上端左右角各削去一寸半，使上端呈尖狀，圭厚半寸，寬三寸，墊圭物用三種顏色橫向塗飾六周，塗飾顏色順序是紅色、白色、青黑色，紅色、白色、青黑色。聘問諸侯所用墊圭物是紅、綠兩種顏色，長八寸。兩種墊圭物都有玄色和纁色絲帶用以繫玉，絲帶長一尺，上面有彩色紋飾。聘問大夫的幣帛，要放在近郊，並陳列好，等待使者到來，要把麋鹿皮和四匹馬交給使者。

聘問時話語沒有固定言辭，但要恭順而和悅。言辭過多就像策祝之官了，言辭過少就不能完全達意。言辭如果能達意則止，那是最合宜不過了。如果主人有不當之賜，便推辭說：「不合乎禮，不敢接受。」如果主人有不當之問，便回答說：「不合乎禮，不敢應答。」

卿為使則館於受聘國大夫家的宗廟，大夫為使則館於士家的宗廟，士為使則館於工商家之寢。掌管客館服役之吏要為客人三天備好洗髮的水一次，五天備好洗澡的水一次，供客人沐浴之用。主人用便宴招待，就不須用束帛致君命，使者也不須行拜禮，但要在沐浴之後進食。

卿為使者，國君就派大夫去迎接招待。大夫為副使，國君就派士去迎接招待。隨行士介也都派相應的人去迎接。使者到達館舍，迎接者把國君命己在此迎候告知，又持與己身分相應的禮品拜見使者。使者奉行完公事之後，又用迎接者送來的禮物去回拜。

凡是圭、璋、璧、琮四種玉器，對五等諸侯只用其所應賓者進行聘問就可以了。

掌禮之官在大門外為使者安排臨時休息之所，此休息之所四周用帷布圍起來，其位置稍後於國君的休息之所。

副使持玉圭如持重物一樣心存戒慎，把它授給使者。使者進入廟門時，神情要莊重大方；上堂時捧圭的雙手上舉與胸口平齊；將要授圭給國君時，要精神專注小步疾行；授圭時如同爭著承接掉下的東西，放下時如同送出一物，國君轉身將圭授與執政後，使者退下。使者走下臺階，徐緩舒氣，神態怡然，在原地反覆踏步，待心情平定後再次小步疾行。走到廟門時，神態要恢復正常。又有一種說法，使者捧圭入門時，神態恭敬謹慎，好像怕丟失似的。到行饗禮時，才徐緩舒氣，和氣之態溢於面容。眾介面向北站立，神態舒展而高昂。私見國君時，要和顏悅色。出門時要像鵝一樣行動有序。又有一說，使者執玉莊重大方行進，入門時主敬，上堂時主慎。

凡是要陳列庭中的獸皮和馬匹，都要前後相隨進入，陳放在左面的先入，獸皮和馬匹相互代替也可以。使者贈送的禮物，唯有馬須牽出庭外入馬棚，其餘禮品皆送入庭東內府收藏。如果禮品中玉過多，則會導致重貨輕禮而傷害德行。束帛過於華美就會掩沒禮的本意。主國回贈賓財物多寡要與賓的聘禮厚薄相應，不可豐亦不可嗇。

凡是持玉，玉下沒有束帛作襯托，持玉者就要加穿襲衣。

聘享後行醴禮時主人不須對使者到來行拜禮。盛醴酒的酒尊放在東廂房中，為瓦大一只，下有承托的豐。進獻之脯為五根直的乾肉條，另用半根乾肉條為祭，橫放在上面。用醴酒祭要舀兩次酒，先舀一次祭，祭祀結束再舀一次祭。國君贈送的四匹馬，使者親自牽左側一匹，餘下三匹，國君隨後派人牽出，由使者之士介迎上去接過來。

私見國君完畢，使者如有珍異之物私相奉獻，奉獻時要以君命致送。擯者入內向國君稟告，出來代君辭謝一番後接受。使者面向東坐下，放下禮物，行再拜禮，以首觸地。擯者面向東坐下，取所獻禮物，舉著進門向國君稟告，出來謙辭一番請使者收回。使者推辭，國君答謝行再拜禮。

擯者站在門檻外相助國君行答拜之禮，使者避開不敢接受。擯者在中庭把禮物授給宰夫。如兩國是兄弟之國，使者還應該聘問國君夫人。

如國君因故不能與使者相見，就使大夫接受聘享之禮。大夫要在堂下聽使者致其君命，由西階上堂接受禮物，然後背對右房站立。使者下堂時亦隨著下堂。不為使者行醴禮。

所有接受到使者禮物的卿大夫，他們不脫去皮弁服便搶先去賓館慰勞使者。

國君賜與宰殺的牛羊豬中，只有熟食一牢要祭祀，用卜筮方法從隨行子弟中選一人為尸，受祭之祖或為昭或為穆。卿大夫的家臣為祝告之官。祝告之官說：「孝孫某人，孝子某人，進獻嘉美禮品於已故祖父某人、亡父某人之前。」與少牢饋食禮儀相似。所用禮器是借自大夫的。分祭肉要及於巾車與廋人之類下等官吏。

舉行聘問之禮那一日，國君要向使者一行致送饔食。第二天，使者聘問大夫。此日傍晚，君夫人向使者饋贈禮物。致送饔食後，再過十日使者如未歸，要繼送米禾，唯恐不濟。宰夫開始饋送乘禽，每日所送乘禽數與使者一行各自所得饔餼牢數相同，一牢送乘禽一對。對士介則隔一日送二對，不是一日一送。凡是進獻乘禽，持一雙致辭送上，把其餘放在使者面前。進獻用禽類作成的美味食品和四季珍美當令食品，仿照進獻乘禽的禮儀。

行饋贈大禮那一天，使者接受宰殺好的和活的牛羊豬之後，請求參觀彼國宗廟百官狀況。負責迎接之官引導他們從便門進入。

致送禮品的人各按其爵位穿朝服。

饋贈給士介的禮物沒有宰殺好的牛羊豬，只有活的牛羊豬，沒有得到宰殺好的牛羊豬為禮物，也就不必回贈饋送者禮物。

大夫不敢再辭謝使者的拜訪，因國君開初已代為辭謝過了。

凡是國君派人用酬幣向使者和副使致禮，而不親饗，其饗禮就用為使者、副使行饗禮時的籩豆之數與所實之物。沒有得到宰殺好牛羊豬饋贈的士介，也沒有饗禮。

凡饋贈食物，大夫饋贈給使者、副使的有黍、粱、稷，用筐盛放，每筐五斛。

奉行完公事，使者請求歸國。凡是使者在外朝對國君和夫人所賜行拜禮，都由迎接之官代君聽受。

舉行燕禮時，由副使充任主賓，使者則保持重歡樂又不失恭敬的身分。由宰夫代表主人向使者敬酒。

如果使者只聘問此一國，不再聘問他國，就要厚贈財物，全部返還享君享夫人的禮物。

贊禮者對使者說：「先生奉貴國國君之命前來存問寡君，寡君拜謝先生奉君命屈尊光臨。」又說：「貴國國君以江山社稷故，存問君夫人，寡君拜謝先生奉君命屈尊光臨。」又說：「貴國國君加惠寡君，又延及於各位大夫，寡君拜謝先生屈尊光臨。」然後又拜送使者。

使者在離開館舍前，於堂上兩楹柱間留下四張獸皮和五匹帛，以示對主人的謝意。使者不親自致送，館主人亦不必拜謝。

大夫來聘問，在此期間沒有犯罪，所在國國君就以饗禮宴請他；如果有過失，就賜以宰殺的牛羊豬，君不親饗。行饗禮時以使者的副使為介。如果有諸侯後至，先來的賓客就不行饗食禮，但可以致送禮物。

只有行大聘之禮才設置几和筵席。

十斗稱為一斛，十六斗稱為一籔，十籔稱為一秉。二百四十斗為一車。四秉稱為一筥，十筥稱為一稯，十稯稱為一秅，四百秉為一秅。

【說　明】聘禮為古代天子與諸侯、諸侯與諸侯間相聘問的禮儀。此禮在西周、春秋時期已普遍實行，特別是在春秋時代，聘禮對各國的生存、發展具有極為重要意義。據《春秋》、《左傳》所載，春秋二百四十二年間，僅魯國與其他諸侯間的朝聘往來就有一百七十多次。春秋時有大小國家一百四十多個，相互間朝聘往還的次數之多，可以想見。朝聘會盟是當時各國間最主要的外交活動。在諸侯林立，弱肉強食的時代，小國要想生存，只能依附大國，大國也須聯絡更多小國以壯大自己，同與己敵對的軍事集團競爭，諸侯國之間在外交上、軍事上時而聯合、時而背叛的情況錯綜複雜，構成春秋歷史的中心內容。一個國家外交上的正確或失誤，甚至可以帶來關係此國興旺或覆滅的嚴重後果。下面舉一史實可以看出外交活動的重大作用：齊國田常欲攻伐魯國，孔子派弟子子貢去齊、吳、越、晉進行外交活動，策動他們相互攻伐，互相掣肘；結果是子貢一出，產生了「存魯，亂齊，破吳，彊晉而霸越……十年之中，五國各有變」的重大後果（見《史記・仲尼弟子列傳》）。再如鄭國，地處晉、楚兩國爭霸的中間地帶，多年來為應付二強而疲於奔命，處境極其艱難危險；子產當政以後，制定有效而靈活的外交對策，巧妙周旋於大國之間，進行有理有節、不卑不亢的抗爭，維護了本國的利益，使鄭國在那種處境下未被吞併，反能生存、發展起來，其正確的外交對策是重要條件之一。

朝聘的作用可歸納為政治和經濟兩方面。政治上，春秋時的朝聘主要有兩類，一為新君即位。《左傳》襄公元年：「凡諸侯即位，小國朝之，大國聘焉，以繼好、結信、謀事，補闕，禮之大者也。」這是前往朝聘別國新君即位。又《左傳》文公元年：「凡君即位，卿出并聘，踐修舊好，要結外援，好事鄰國，以衛社稷。」這是本國新君即位，要去鄰國和大國聘問。《左傳》此類記載很多，如魯襄公即位，邾宣公來朝，衛侯派公孫剽來聘，晉派荀罃來聘等等。如果禮節不周全，就要受譴責，甚至被征伐。如魯文公即位，未往朝晉；晉襄公即位，文公也未前往朝見，因而引起晉君不滿而給予譴責。魯文公懼而往朝，受到降格接待，命大夫與其盟誓，以此羞辱魯君。《左傳》文公元年又載：「晉文公之季年，諸侯朝晉，衛成公不朝……晉襄公既祥，使告於諸侯而伐衛，及南陽。」這便是諸侯沒有按要求去朝見霸主，而遭受懲罰和征討的實例。還有，諸侯國經常發生篡立之事。篡位之君一般得不到諸侯的認可，開始是非法的。如魯國的隱公、閔公、僖公、昭公、定公即位，皆無諸侯來朝聘的記載，就是諸侯不承認他。為此，篡立之君必須出聘，尋求支持，只要諸侯與其會見，篡位之君就等於獲得合法地位，諸侯不可以再譴責他，臣子如果再殺他，就與弒君同罪。可見這種外交活動對維持諸侯政治地位至關重要。

除了新君即位的朝聘，還有因乞師、釋疑、謀事而聘，或定期禮節性聘問。乞師是大國或霸主為征討敵國或不臣之國，向從屬之國發布出兵命令，以及小國為抵禦侵伐向盟國或霸主請求出兵援助。乞師本為軍禮，有時也稱聘。如《左傳》成公八年：「晉士燮來（魯）聘，言伐郯也。」這就是以聘禮之名行乞師之實，實際是因郯國叛晉投吳，晉命魯國出兵伐郯，代晉懲罰郯國。乞師也給小國造成沉重負擔。還有解釋懷疑，增進關係，表達忠誠的朝聘，商定某事的朝聘，以及婚喪賀弔等等，所有這些都包含有政治目的。

朝聘之禮在經濟方面亦有重要作用。聘禮一方面表現為升降揖讓的禮節儀式，以體現參加人的身分地位，規範上下尊卑等級。另方面小國須向大國進獻玉帛皮馬等實物。禮書上雖然宣揚「輕財重禮」，禮尚往來，好像是對等的禮節交往，實際上卻在溫文爾雅的面紗下包藏著大國對小國的殘酷剝削和壓榨。如本篇所載，出聘一次所需禮幣即有圭璧若干，束帛近二百匹，獸皮數十張，馬三、四十匹，數目甚大。除了這些登記在禮單上的物品，還有使者向受聘國君夫人、卿大夫等贈送的賄賂，加在一起，數量甚大，是小國極為沉重的負擔。《左傳》昭公十年載，晉平公死，許多諸侯國派人前往參加葬禮。「鄭子皮將以幣行。子產曰：『喪焉用幣？用幣必百兩，百兩必千人。』」他反對子皮帶禮幣去晉國，認為運幣要用百輛車子，由千人護送，並且去而不返，如此出聘幾次，國家不就要滅亡嗎？可見出聘對小國國力的嚴重消耗。為此，這種變相貢賦的日益增加，引起小國的強烈不滿和抗爭，鄭國、魯國等都曾為減輕自己的禮幣與晉國抗爭。儘管如此，小國所受的剝削、壓榨仍是有增無減，至春秋末期，聘禮已有名無實，到戰國時則基本上已被廢棄了。

公食大夫禮第九

【題　解】本篇記述諸侯以食禮宴請小聘使者的禮儀，於五禮中屬嘉禮。公指五等邦國的諸侯，大夫指下大夫，為小聘的使者。古代貴族宴請賓客之禮主要有三，即饗禮、食禮、燕禮，三者的作用、所用飲食品類、禮儀程式各有不同。燕禮主要在於飲酒燕樂，在寢內舉行，勸飲不用幣帛，牲用狗；食禮主要在於吃飯，無賓主酬酢，在宗廟內舉行，勸食用幣帛，牲用大牢；饗禮則兼有二者。三禮相較，饗禮最隆重，次為食禮，再次為燕禮。食禮多已失傳，本篇保存諸侯食小聘使者和大夫相食之禮，可作為推斷其他食禮的參照。

全篇可分四部分。第一部分為食前準備。第二部分為食禮的詳細禮節和程式，為全篇的核心內容。第三部分記述食禮的四種不同情況，為正篇的補充。第四部分為〔記〕。

公食大夫之禮。使大夫戒❶，各以其爵❷。上介出請入告。三辭。賓出，拜辱❸。大夫不荅拜，將命❹。賓再拜稽首。大夫還，賓不拜送，遂從之。賓朝服即位于大門外，如聘❺。

即位⑥。具⑦。羹定⑧。甸人陳鼎七⑨，當門，南面西上，設扃鼏，鼏若束若編⑩。設洗如饗。小臣具槃匜⑪，在東堂下。宰夫設筵，加席几。無尊。飲酒⑫，漿飲⑬，俟于東房。凡宰夫之具，饌⑭于東房。

公如賓服，迎賓于大門內。大夫納賓。公⑮入門左，公再拜，賓辟，再拜稽首。公揖入，賓從。及廟門⑯，公揖入，賓入，三揖，至于階，三讓，公升二等，賓升。大夫立于東夾南⑰，西面，北上。士立于門東，北面，西上。小臣東堂下，南面，西上。宰東夾北，西面，南上。內官之士⑱在宰東北，西面，南上。介門西，北面，西上。公當楣⑲北鄉，至再拜⑳，賓降也，公再拜。賓西階東，北面荅拜。擯者辭，拜也㉑；公降一等，辭曰：「寡君從子，雖將拜，興也。」賓栗階升㉒，不拜。命之成拜，階上北面再拜稽首。

士舉鼎㉓，去鼏于外，次入㉔。陳鼎于碑南，南面西上。右人抽扃，坐奠于鼎西，南順㉕，出自鼎西。左人㉖待載㉗。雍人㉘以俎入，陳于鼎南。旅人㉙南面加匕于鼎，退。大夫長㉚盥，洗東南，西面北上，序進盥，退者與進者交于前。卒盥，序進，南面匕㉛。載者㉜西面。魚腊飪㉝，載體進奏㉞。魚七，縮俎㉟，寢右㊱。腸胃七，同俎。倫膚㊲七。腸胃膚皆橫諸俎，垂之㊳。大夫既匕，匕奠于鼎，逆退，復位。

【章旨】本章記述食前準備情況，包括派人通知使者來廟受食，陳設食具，國君迎接使者就食的禮儀，取鼎中食品陳放於俎上，共四節。

【注釋】❶戒　告；通知。❷各以其爵　奉命告賓者必與賓之爵位相當。賓為卿則使卿告，賓為大夫則使大夫告。❸拜辱　使者拜謝大夫屈尊前來邀請。❹將命　致國君邀請使者出席食禮之命。❺如聘　如大聘之禮使者入次等待一樣。❻即位　迎接使者的人各就其位。❼具　宴請使者當供器物已陳設完畢。❽羹定　肉已煮熟。❾甸人陳鼎七　甸人在廟門外陳列七只鼎。甸人，掌管薪蒸鼎鑊之吏。又說甸人為掌管公田之官。鼎七，分別為牛一、羊一、豕一、魚一、腊一、腸胃一、膚一，無鮮魚鮮腊，為聘禮致饔副使之數。小聘的使者與大聘的副使爵同，故陳鼎七。❿鼏若束若編　鼎蓋用茅草製作，長者紮束其徑幹，短者編織其中間。⓫小臣具槃匜　小臣擺放槃與匜。小臣，禮官名。《周禮．夏官．小臣》載其職事有「大祭祀朝覲，沃王盥」。諸侯無太僕之官，以小臣兼之。諸侯行食禮，由其擺放盥洗用具。槃，盥洗時承接棄水之器。匜，盥洗時澆水之器。⓬飲酒　清酒，醴酒經過濾使清之酒。用作漱口。⓭漿飲　汁滓相混之酒，屬淡酒、薄酒，亦為漱口之用。⓮饌　陳放食品。⓯公　應作「賓」字。⓰廟門　禰廟廟門。食禮在禰廟舉行。⓱東夾南　東夾室南面。⓲內官之士　夫人之官，內宰的屬官，協助內宰掌管宮中政令、宮內教化諸職事。⑲楣　堂前二梁。⑳再拜　為「一拜」之誤。考〈聘禮〉及本篇下文，皆言公壹拜，此不當有異，「再」當為「一」或「壹」之誤。㉑拜也　使者不聽擯者的辭謝，仍下堂行拜禮。㉒栗階升　一步一級臺階上堂。左右足不在同一階上相併。㉓舉鼎　抬起鼎。㉔次入　按次序進入。入時由東起，出時由西起。㉕南順　順著南北方向擺放。㉖左人　站在鼎左之人。㉗待載　等候將鼎中肉取出放置俎上。㉘雍人　官名。掌管割烹煎和之事以及陳放鼎俎，實以牲體、魚腊諸事。又作饔人。㉙旅人　雍人的下屬，掌管旅食雜務。㉚大夫長　大夫中之年長者。㉛匕　匕取，以匕取出鼎中肉。㉜載者　以俎承載鼎肉之吏，即前面的「左人」。㉝魚腊飪　熟的魚肉乾和獸肉乾。㉞載體進奏　載放切割開的牲肉、腊肉於俎上，肉皮朝向上面。奏，通「腠」。肉皮的紋理。㉟縮俎　縱向擺放在俎上。縮，縱向。㊱寢右　使魚臥於俎上，魚頭朝向右側，魚脊在上面。因此魚為乾魚，腹部乾枯多骨，脊部肉厚可食，故用以進賓。㊲倫膚　擇取精美的豬肋條肉。倫，擇。膚，帶皮的豬肋條肉。㊳垂之　垂向兩側。

【語　譯】國君以食禮宴請小聘使者的禮儀。國君派爵位與使者相當的大夫去賓館通知。副使出門請問大夫為何事而來，然後入告使者。使者再三辭讓後應諾。使者出門拜謝大夫屈尊光臨。大夫不答拜，致國君邀請使者出席食禮的辭命。使者行再拜禮，以首觸地。大夫返回，使者不拜送，接著便隨之前往。使者身穿朝服，在大門外就位，與大聘之禮使者入休息之所等候一樣。

迎接使者諸人各就其位。宴請使者所需器物也陳設完畢。肉已煮熟。甸人在大門外把七只鼎陳放在對著門口處，朝向南，由西向東排列，以西方為上位，鼎上設有橫杠和鼎蓋，鼎蓋用茅草製作，用長者紮束徑幹，用短者編織其中間。設洗的位置和饗禮一樣。小臣擺放槃與匜於東堂之下。宰夫鋪設筵席，並設加席與几。不設酒尊。用作漱口的清酒和淡酒，放在東房待用。凡是宰夫掌管的食具，都陳放在東房。

國君像使者一樣身穿朝服，在大門內迎接使者。大夫奉命接納使者。使者從大門左側進入，國君行再拜禮，使者避讓不敢當，然後對君行再拜禮，以首觸地。國君揖而先入，使者跟隨其後。到達禰廟廟門前，國君揖而先入，使者亦入，賓主經三次相揖，走到臺階前，又三次相讓，國君先登上二級臺階，使者亦隨著登階。大夫站在堂下東夾室南，面向西，以北方為上位。士站在廟門內東側，面向北，以西方為上位。小臣站在東堂下，面向南，以西方為上位。宰夫之屬站在東夾室北，面向西，以南方為上位。內官之士站在宰夫東北，面向西，以南方為上位。士介站在廟門內西側，面向北，以西方為上位。國君在堂上對著二梁處面向北站立，使者到達時行一拜之禮，使者下堂時，國君再次行拜禮。使者在西階東側，面向北答拜。擯者代君辭讓，使者堅持下拜；國君降一級臺階，擯者再次辭謝說：「寡君已從先生降階，先生雖然將行拜禮，還是請站起來吧。」使者一步一階上堂，不再行拜禮。國君不受堂下之拜，命使者在堂上完成拜禮，使者在西階上方面向北行再拜禮，以首觸地。

士抬起鼎，在門外撤去鼎蓋，依次進入。把鼎陳放在庭內碑之南面，朝向南，以西方為上位。位於鼎右之人抽去橫杠，坐下將其放在鼎西，順著南北方向擺放，然後由鼎的西側退出。站在鼎左之人等候將鼎中肉取出放入俎上。雍人持俎進入，將俎陳放在鼎南。旅人面朝南把匕放在鼎上，退出。大夫中之年長者先洗手，洗完手站在洗的東南，面向西，以北方為上位，大夫們依長幼之序進前洗手，進前者與退回者交錯於洗的南面。洗手完畢，又依序進至鼎前，面向南匕取鼎中之肉。持俎承載鼎肉之吏面向西。魚肉乾和獸肉乾都是煮熟的，切好的牲肉、腊肉放在俎上，肉皮朝向上面。魚七尾，縱向擺放俎上，使魚臥於俎上，魚頭向右側。牛羊腸胃各七副，放在同一組上。選取精美帶皮的豬肋條肉七份。腸胃和精美的肋條肉都橫放在俎上，使餘出的兩端向下垂。大夫匕取鼎肉完畢，把匕放置鼎上，按著與進來相反的順序退出，回到原位。

公降盥，賓降，公辭。卒盥，公壹揖壹讓，公升，賓升。宰夫自東房授醯醬❶，公設之❷。賓辭，北面坐遷而東遷所❸。公立于序內，西鄉。賓立于階西，疑立❹。宰夫自東房薦豆六，設于醬東，西上。韭菹以東，醓醢、昌本❺；昌本南麋臡❻，以西菁菹❼、鹿臡。士設俎于豆南，西上。牛、羊、豕，魚在牛南，腊、腸胃亞之❽，膚以為特❾。旅人取匕，甸人舉鼎，順出❿，奠于其所⓫。宰夫設黍稷六簋于俎西，二以並，東北上。黍當牛俎⓬，其西稷，錯以終，南陳。大羹湆⓭，不和⓮，實于鐙⓯。宰右執鐙，左執蓋，由門入，升自阼階，盡階不升堂，授公，以蓋降，出，入反位⓰。公設之于醬西，賓辭，坐遷之⓱。宰夫設鉶⓲四于豆西，東上，牛以西羊，羊南豕，豕以東牛。飲酒實于觶，加于豐。宰夫右執觶，左執豐，進設于豆東。宰夫東面坐啟簋會⑲，各郤⑳于其西。贊者負東房，南面，告具于公。

公再拜㉑，揖食。賓降拜，公辭，賓升，再拜稽首。賓升席，坐取韭菹，以辯擩于醢㉒，上豆之間祭㉓。贊者東面坐取黍，實于左手，辯；又取稷，辯，反于右手；興以授賓，賓祭之。三牲之肺不離㉔，贊者辯取之，壹以授賓㉕。賓興受，坐祭；捝手，扱上鉶以柶㉖，辯擩之，上鉶之間祭。祭飲酒㉗于上豆之間。魚、腊、醬、湆不祭。

宰夫授公飯粱㉘，公設之于湆西。賓北面辭，坐遷之㉙。公與賓皆復初位。宰夫膳稻于粱西㉚。士羞庶羞㉛，皆有大、蓋㉜，執豆如宰。先者反之，由門入，升自西階。先者一人升，設于稻南簋西㉝，間容人。旁四列，西北上。膷㉞以東，臐、膮、牛炙㉟；炙南醢，以西牛胾、醢、牛鮨㊱；鮨南羊炙，以東羊胾、醢、豕炙；炙南醢，以西豕胾、芥醬、魚膾㊲。眾人騰羞者盡階㊳，不升堂，授，以蓋降出。贊者負東房，告備于公。

贊升賓。賓坐席末㊴，取粱即稻㊵，祭于醬湆閒。贊者北面坐，奠㊶取庶羞之大，興，一以授賓㊷。賓受，兼壹祭之㊸。賓降拜，公辭。賓升，再拜稽首，公荅再拜。

賓北面自閒坐㊹，左擁簠粱㊺，右執湆，以降。公辭。賓西面坐奠于階西，東面對，西面坐取之，栗階升，北面反奠于其所，降辭公。公許，賓升，公揖退于箱㊻。擯者退，負東塾㊼而立。賓坐，遂卷加席㊽，公不辭。賓三飯以湆醬㊾。宰夫執觶漿飲與其豐以進。賓捝手，興受。宰夫設其豐于稻西。庭實設。賓坐祭，遂飲㊿，奠于豐上。

公受宰夫束帛以侑(51)，西鄉立。賓降筵，北面。擯者進相幣。賓降辭幣，升聽命，降拜，公辭。賓升，再拜稽首，受幣，當東楹，北面；退，西楹西，東面立。公壹拜，賓降也，公再拜。介逆出(52)。賓北面揖，執庭實以出。公降立。上介受賓幣，從者訝受皮。

賓入門左，沒霤(53)，北面再拜稽首。公辭，揖讓如初。升，賓再拜稽首，公荅再拜。賓降辭公，如初。賓升，公揖，退于箱。賓卒食會飯(54)，三飲(55)，不以醬湆。

捝手，興，北面坐，取粱與醬以降，西面坐奠于階西，東面再拜稽首。公降，再拜。介逆出，賓出。公逆(56)于大門內，再拜。賓不顧。有司卷三牲之俎(57)，歸于賓館。魚腊不與。

明日，賓朝服拜賜于朝，拜食與侑幣，皆再拜稽首。訝聽之。

【章旨】本章詳述食賓的具體內容和程式，為全篇的核心部分。包括為使者設置正饌，使者祭正饌，為使者設加饌，使者祭加饌，使者三飯，國君用束帛勸食使者，使者卒食禮終而退。以及向使者饋送俎肉，使者次日入朝拜謝等項內容。

【注釋】❶醓醬　攙和著醋的醬。❷公設之　國君親自擺放。正饌醓醬，大羹湆，加饌簠粱皆由國君親設，表示國君親自以食禮食賓。❸北面坐遷而東遷所　使者面向北跪坐挪動君所設醓醬，東移至其所當設之處。❹疑立　正立不動。疑，通「凝」。❺醓醢昌本　醓醢，帶汁的肉醬。昌本，用菖蒲根醃製的菜。菖蒲有數種，入藥者為石菖蒲，生於山石間，根多節不可食。水菖蒲，生於水畔，根肥白少節，可食。古人用之醃為菹。❻麋臡用帶骨麋鹿肉作成的肉醬。臡，有骨的肉醬。❼菁菹　用蔓菁醃製的菜。菁，蔓菁，又名蕪菁，直根肥大，球形，質比蘿蔔細密，有甜味，可鮮食或醃製。❽亞之　次之。❾膚以為特　帶皮的豬肋條肉獨自擺放。膚，兩脅處帶皮肉，即豬肋條肉。特，單獨。❿順出　牛鼎在先，依原順序抬出。⓫奠于其所　放在門外對著大門之處，原來陳鼎之所。⓬黍當牛俎　盛黍米飯的簋放在牛俎對面。⓭大羹湆　煮肉汁。湆，肉汁。⓮不和　不放鹽和菜。⓯鐙　形似豆，瓦製，用以盛大羹。後亦有用金屬造。⓰入反位　出門放下鐙蓋後，再進門，返回原位。⓱坐遷之　跪坐把君設之鐙遷往稍東原來位置。⓲鉶　盛菜和羹之器，形與鼎相似，據器言之又稱鉶鼎。⓳啟簋會　打開簋的蓋子。會，器物的蓋子。⓴卻　仰置。㉑公再拜　國君對使者行再拜禮，以示食品已陳列完備。㉒以辯擩于醢　把韭菹逐一浸濡到各種肉醬中。擩，浸染。㉓上豆之間祭　在盛放韭菹之豆和盛放醓醢之豆間祭祀。因此二豆並列於上位，故稱上豆。㉔不離　切斷。切而不斷稱離，不離則是將肺切斷，便於使者取而祭之。㉕壹以授賓　各取少許，一一授給使者。㉖扱上鉶以柶　用角製之匙舀取上鉶之肉。再將其與另外三鉶相浸濡，以調和其味。扱，舀取。柶，角製匙，用以舀取食品。㉗祭飲酒　以清酒為祭。此清酒只用於祭，不供人飲用。㉘飯粱　小米飯。盛在簠中，為加饌。㉙坐遷之　跪坐把盛小米飯之簠稍向西遷。因加饌以東為上位，稍向西遷，表示當君親設之意。㉚宰夫膳稻于粱西　宰夫進獻盛稻米飯之簠於盛小米飯之簠西側。膳，猶「進」。㉛士羞庶羞　士進獻多種美味食品。前「羞」為動詞，進獻；後「羞」為名詞，珍美食品。庶，眾多；多種。㉜大蓋　大，選肉之肥美者特製而成的肉塊。放在豆的上面，便於祭祀時取用。蓋，豆之上蓋，用以蔽風塵。㉝簋西　盛黍稷之簋西側。㉞膷　牛肉羹。㉟臐膮牛炙　羊肉羹、豬肉羹和烤牛肉。㊱牛胾醢牛鮨　大塊牛肉、肉醬、細切的牛肉。胾，大塊肉。鮨，通「膾」。此指細切的牛肉。㊲魚膾　細切的魚肉。㊳騰羞者盡階　傳送美味食品之人走到臺階盡頭。騰，當作「媵」，送也。㊴賓坐席末　使者在席末就坐。因席末挨近加饌，便於祭祀。㊵取粱即稻　取小米飯就稻米飯一併取之為祭。即，就。㊶奠　通行本作「辯」，或是之。㊷一以授賓　贊者遍取眾羞之大，一一授賓。㊸兼壹祭之　使者接受後一併總祭之。㊹自間坐　在正饌和加饌之間就坐。㊺左擁簠粱　左手抱著盛小米飯的簠。擁，抱。㊻箱　通「廂」。指東夾室前等候之所。㊼東塾　廟門外東側房屋，為賓客臣僚等待接見之所。㊽卷加席　捲起撤去加席。加席為尊賓而設，賓不敢居此隆禮，請撤去，君聽之。㊾賓三飯以湆醬　使者三次舉飯而食，並飲羹汁，用俎豆之肉蘸醬佐食。據凌廷堪《禮經釋例》：「凡食禮，初食三飯，卒食九飯。」蓋禮成於三，不求多。三飯，用手三次舉飯而食。湆，肉汁。㊿遂飲　接著飲漿漱口。(51)侑　勸食。(52)介逆出　副使先於使者退出。(53)沒霤　門樓滴水的盡頭。(54)會飯　用黍稷所作的飯。此飯盛在簋中，會為簋之蓋，啟會而食黍稷之飯，故稱會飯。(55)三飲　三次飲酒漱口。(56)逆　或作送。(57)卷三牲之俎　盡收陳放三牲之俎肉，放入篚中。卷，同「捲」。盡收無遺之意。三牲之俎，擺放牛羊豬肉之俎。

為賓設正饌加饌略圖

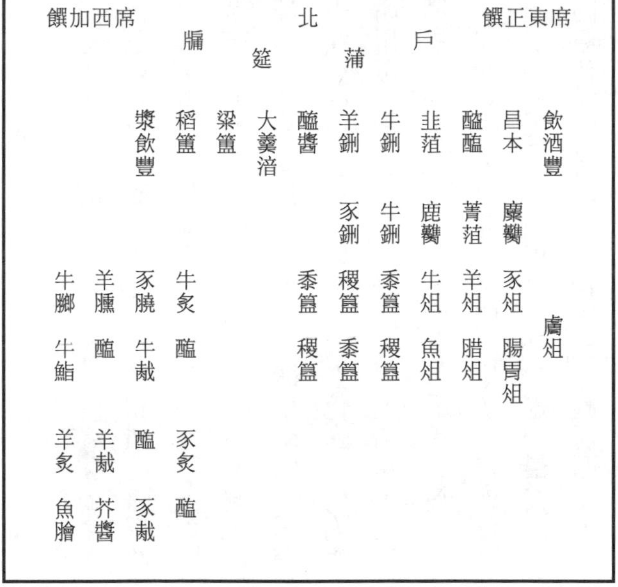

【語　譯】國君下堂洗手，使者陪同下堂，國君辭謝。洗手完畢，國君與使者一揖一讓，然後國君先上堂，使者隨著上堂。宰夫從東房出來把攙和醋的醬授給國君，國君親自擺放好。使者辭謝，面向北跪坐挪動醯醬，東移至當設之處。國君站在堂上東間牆內，面向西站立。使者在西階西側端正站立。宰夫從東房進獻上六只豆，擺放在醬的東側，以西方為上位。六豆擺放之序西北為醃韭菜，其東為帶汁的肉醬、醃菖蒲根，醃菖蒲根南面是用帶骨麋鹿肉作的肉醬，西面是醃蔓菁和帶骨的鹿肉醬。士在豆南擺放俎，以西方為上位。上列為牛羊豕俎，魚俎在牛俎南，依次而東為腊俎、腸胃俎，膚俎單獨擺放。旅人取匕，甸人抬鼎，依牛鼎在先的原來順序抬出，放在大門外原來處所。宰夫擺設六個黍稷簋在俎的西側，黍稷二簋兩兩相併，以東北方為上位。黍簋對著牛俎，其西為稷簋，如此交錯擺放完，是向南擺放。煮肉汁不放鹽和菜，盛在鐙中。宰夫之長右手持鐙，左手持蓋，從廟門進入，由東階上升，走到最後一級臺階不上堂，將鐙授給國君，持蓋下階出門，復入返回原位。國君親自將鐙擺放在醯醬西側，使者辭謝，跪坐把鐙移向稍東之位。宰夫又在豆之西側擺放四個鉶，以東方為上位，牛鉶以西為羊鉶，羊鉶之南為豕鉶，豕鉶以東為牛鉶。把飲酒舀入觶中，放在豐上。宰夫右手執觶，左手持豐，進前擺放在豆的東側。宰夫面向東坐下，打開簋的蓋子，仰著放在各自西側。贊禮者背對東房面南站立，稟告國君正饌已擺設完畢。

國君行再拜禮，揖請使者進食。使者將下堂行拜禮，國君辭謝，使者上堂，行再拜禮，以首觸地。使者入席，坐下取醃韭菜，把醃韭菜於各豆中逐一蘸之，在最上韭菹和醓醢兩豆之間祭祀。贊禮者面向東坐下取黍米飯，放入左手，遍取三黍簋；又取稷米飯，遍取三稷簋後，取畢反於右手，站起來交給使者，使者以之為祭。牛羊豕三牲之肺要切斷，贊禮者遍取少許，逐一授給使者。

使者站起來接受，又坐下用以為祭；然後以巾拭手，用角製之匙舀取上鉶之肉，將其與另三鉶相浸濡，再在上列牛羊鉶間為祭。又在上列醓醢和韭菹二豆間以清酒為祭。魚、腊、醬、羹汁都不用祭。

宰夫把盛小米飯的簋授給國君，國君把它擺放在大羹之西。使者面向北辭謝，跪坐將盛小米飯簋稍往西移動一下。國君和使者都返回原來位置。宰夫進獻盛稻米飯之簋，擺放在盛小米飯簋之西。士進獻多種美味食品，每種都選肉之肥美者特製成大塊放在上面，每豆都有上蓋，士持豆之禮儀與宰夫持大羹豆相同。先送到美味食品之士擺放後還要返回再取，路線是從廟門進入，由西階上堂。先至之士一人上堂將盛有美味食品之豆擺放在盛稻米飯簋之南，盛黍稷米飯簋之西，兩者之間距離為可容一人通過。盛美味食品之豆旁列為四行，以西北方為上位。牛肉羹在西北上位，其東依次為羊肉羹、豬肉羹、烤牛肉；烤牛肉南是肉醬，肉醬以西依次為大塊牛肉、肉醬、細切的牛肉；細切牛肉南是烤羊肉，烤羊肉以東依次為大塊羊肉、肉醬、烤豬肉；烤豬肉南是肉醬，肉醬以西依次為大塊豬肉、芥子醬、細切的魚肉。眾傳送美味食品之人走到臺階盡頭，不上堂，把豆交堂上之人，持蓋下堂退出。贊禮者背對東房站立，向國君稟告各種食品都已擺放完畢。

贊禮者奉命請使者入席就位。使者在席末就坐，取小米飯又就稻米飯一併取之，在醓醬和大羹之間祭祀。贊禮者面向北坐下，遍取各種食品中特製的大肉塊，站起來，一一授給使者。使者接受一併總祭之。使者祭畢下堂，將行拜禮，國君辭謝。使者上堂，行再拜禮，以首觸地，國君以再拜之禮答謝。

使者面向北在正饌和加饌之間就坐，左手抱著盛小米飯的簋，右手持盛肉汁的鐙，下堂就食。

國君辭謝。使者面向西坐下，放簠和鐙於西階西側，然後面向東應對國君，再面向西坐下取簠和鐙，一步一階快速上堂，面向北把簠和鐙放回原處，再下堂辭謝國君親臨己食，表示不敢當。國君允諾，使者上堂，國君揖而退入東夾室內等候。擯者退出，背對廟門外東側房站立。使者坐下，接著把加席捲起撤下，表示不敢居此重禮，國君不再辭讓。使者三次舉飯而食，並飲羹汁，以俎豆之肉蘸醬佐食。宰夫持盛有漿飲的觶與整觶之豐進來。使者以巾拭手，站起來接觶。宰夫把豐擺放在稻簠西側。有司將四張獸皮陳設於庭中。使者坐下祭祀，接著飲酒漱口，然後把觶放在豐上。

國君從宰夫手中接過束帛，用以作為勸食使者的禮品，國君持束帛面向西站立。使者走下席位，面向北站立。擯者進前輔助國君授幣。使者下堂辭謝贈幣，上堂聽命於國君，下堂行拜禮，國君辭謝。使者上堂，行再拜禮，以首觸地，在對著東楹柱處面向北接受幣帛；然後退到西楹柱西側，面向東站立。國君行一拜禮，使者下堂，國君行再拜禮。副使先於使者出門。使者面向北揖，有司持四張獸皮與使者同出。國君下堂站立。副使從使者手中接過幣帛，隨行人員迎受獸皮。

使者再次從左側進入廟門，在門樓滴水之盡頭處，面向北行再拜禮，以首觸地。國君辭謝，賓主相互揖讓如初入門時禮儀。上堂，使者行再拜禮，以首觸地，國君再拜答禮。使者下堂辭謝國君親自臨食，如初食之禮。使者上堂，國君揖而退至東夾室內等候。使者吃完黍稷之飯，三次飲淡酒漱口，不像正饌那樣用醬和羹汁佐食。

使者以巾拭手，站起來，再面向北坐下，取小米飯和醬下堂，面向西坐下，將小米飯和醬放在西階西側，面向東行再拜禮，以首觸地。國君下堂，行再拜禮。副使先於使者出門，使者出門。

國君送至大門內，行再拜禮。使者不再回顧時，國君返回。

有司盡收三牲之俎肉，至賓館饋送給使者。魚肉、腊肉不必饋送。

第二天，使者身穿朝服至外朝拜謝國君之賜，拜謝以食禮招待並饋贈禮品，每謝一次都行再拜禮，以首觸地。接待之官代君受禮。

上大夫，八豆、八簋、六鉶、九俎，魚腊皆二俎❶；魚、腸胃、倫膚，若九，若十有一。下大夫則若七，若九。庶羞，西東毋過四列。上大夫庶羞二十，加於下大夫以雉、兔、鶉、鴽❷。

若不親食，使大夫各以其爵，朝服以侑幣致之。豆實實于罋，陳于楹外，二以並，北陳。簋實實于筐，陳于楹內兩楹間，二以並，南陳。庶羞陳于碑內❸，庭實陳于碑外。牛、羊、豕陳于門內西方，東上。賓朝服以受，如受饔禮。無擯。明日，賓朝服以拜賜于朝，訝聽命。

大夫相食，親戒速❹。迎賓于門外，拜至，皆如饗拜❺。降盥，受醬、湆、侑幣束錦也，皆自阼階降堂受，授者升一等。賓止也。賓執粱與湆之西序端❻。主人辭，賓反之。卷加席，主人辭，賓反之❼。辭幣，降一等，主人從。受侑幣，再拜稽首。主人送幣亦然。辭于主人❽，降一等，主人從。卒食，徹于西序端，東面再拜，降出。其他皆如公食大夫之禮。

若不親食，則公作大夫朝服以侑幣致之。賓受于堂，無擯。

【章　旨】本章比照正文記述公食上大夫禮的設食規格，以及君不親自參加食禮派人往致侑幣的相應禮儀，大夫間相食的禮儀，大夫不能親自參加之食禮的相應禮儀。補充食禮的幾種不同情況。

【注　釋】❶魚腊皆二俎　魚和腊皆二俎，乾鮮各一。下大夫設七俎；上大夫九俎，多鮮魚、鮮腊二俎。❷鴽　鳥名。或即指鵪鶉。《禮記・月令》載「田鼠化為鴽」，古人多信之，以為「無母」。下大夫庶羞十六豆，上大夫二十豆，多雉兔鶉鴽四豆。❸碑內　碑之北。碑設於庭中北一南二處，碑內即碑與堂之間地段。❹親戒速　主人親自告知和邀請賓客。戒，告。速，召請。❺饗拜　大夫間行饗禮的拜見儀式。大夫相饗之禮已佚。❻之西序端　前往堂上西間牆前端。不敢於尊處就食，表示對主人的尊敬。❼反之　返回原來席位。❽辭于主人　辭謝主人親臨己食。

【語　譯】國君用食禮宴請聘問的上大夫，要擺放八豆、八簠、六鉶、九俎，魚和腊皆二俎，乾鮮各一；魚、腸胃、帶皮的精美豬脅條肉，或是九鼎，或十一鼎。下大夫則是或七鼎，或九鼎。各種美味食品的擺放，東西向不得超過四列。上大夫的各種美味食品為二十豆，比下大夫增加野雞、兔子、鵪鶉和鴽四豆美食。

如果國君因故不能親自參加食禮，就派爵位與使者相同的大夫，身穿朝服持侑幣前往致送。把盛在豆中食品盛在罋中，陳放在楹柱外側，二罋並列，向北陳放。把盛在簠中的飯盛在筐內，陳放在楹柱內側兩楹柱之間，二筐並列，向南陳放。各種美味食品陳放在碑之北側，獸皮之類則陳放碑南。饋贈使者活的牛羊豬三牲放在大門內西側，以東方為上位。使者身穿朝服接受饋贈，與接受饔餼之禮同。沒有擯者。第二天，使者穿朝服至外朝拜謝國君之賜，接待之官代君聽受其命。

大夫間以食禮相互宴請，由主人親自告知和邀請賓客。要在大門外迎接賓客，行拜至之禮，都和大夫間行饗禮的拜見儀式相同。主人下堂洗手，從家臣手中接過醬、羹汁和勸食禮物束錦，都是由東階下堂接受，家臣升一級臺階授與。使者在原位不下堂。使者持小米飯和羹汁走到堂上西間牆端，準備在那裏就食。主人辭謝，使者返回原位。使者捲起加席欲撤，主人辭謝，使者返回加席。使者辭謝勸食的束錦，降下一級臺階，主人亦跟著下一階。使者接受勸食的束錦，行再拜禮，以首觸地。主人饋送束錦亦如此。使者辭謝主人親臨己食，降下一級臺階，主人亦隨之而降。吃完飯，使者親自將食具撤下放到西間牆前端，面向東行再拜禮，然後下堂退出。其他皆如公食大夫的禮儀。

如果主人因故不能親自參加食禮，則由國君派爵位相同的大夫身穿朝服把勸食的束帛致送給使者。使者在堂上接受，沒有擯者相助。

〔記〕

不宿戒❶。戒不速❷。不授几。無阼席❸。亨于門外東方。司宮具几❹，與蒲筵常❺，緇布純，加萑席尋❻，玄帛純，皆卷自末。宰夫筵，出自東房。賓之乘車❼在大門外西方，北面立。鉶芼❽，牛藿、羊苦、豕薇❾，皆有滑❿。贊者盥，從俎升。簠有蓋冪。凡炙無醬。上大夫，蒲筵加萑席。其純，皆如下大夫純。卿擯由下⓫。上贊⓬，下大夫也。上大夫，庶羞，酒飲，漿飲，庶羞可也⓭。拜食與侑幣，皆再拜稽首。

【章　旨】本篇之〔記〕共有十一條，都比較簡短，是就具體細節對食禮的補充和說明，如食禮不同常禮處，以及筵席、乘車、鉶中所用菜、食烤肉不用醬、上大夫之筵席庶羞侑幣等項，對食禮的運作有指導作用。

【注　釋】❶不宿戒　不在食禮前一日告知賓客。即當日告知。宿，前一日。戒，告。❷戒不速　於當日清晨告知，賓即隨之而來，不再次召請。速，召請。❸無阼席　不在東階上方設席。因東階上方席位是為君而設，賓食時君不就坐而退入東夾室等候，故不為設席。❹司宮具几　司宮供設漆几。司宮，大宰下的宮人，掌管宮中清掃之事。❺常　古時長度單位，一丈六尺為常。❻萑席尋　葦席長八尺。萑，蘆葦。尋，長度單位，八尺為尋。❼賓之乘車　大夫所乘入朝的車。❽芼　煮肉羹用菜之總稱。因所煮肉羹用肉不同，所用菜亦異。❾牛藿羊苦豕薇　煮牛肉羹用嫩豆葉，煮羊肉羹用苦菜，煮豬肉羹用薇菜。藿苦薇統稱為芼。❿滑　用作調味之菜。季節不同，所用亦異。據本書〈士虞禮〉：「夏用葵，冬用荁。」荁為菫類。⓫卿擯由下　由卿任擯者，紹告禮事不上堂。卿擯，由卿擔任擯者，即上擯。⓬上贊　堂上的贊禮者。因其在堂上佐賓進食，故名上贊。⓭上大夫庶羞酒飲漿飲庶羞可也　宴請上大夫的食禮，備有多種美味食品，清酒和薄酒，只食美味食品就可以了。此句或有脫誤，略解之如上。

【語譯】〔記〕行食禮不在前一天告知賓客。於當日清晨告知，賓客即隨之而來，不再次召請。國君不向賓客授几。不在東階上方為國君設席。烹煮食品在門外東側。司宮供設漆几和一丈六尺長的蒲草筵席，此席用黑布鑲邊，上面加八尺長葦席，用玄色帛作鑲邊，兩種席都是從其末端捲起。宰夫鋪設的筵席出自於東房。使者乘坐的車停在大門外西側，使者在門前面向北立。鉶中盛煮肉羹所用之菜，煮牛肉羹用嫩豆葉，煮羊肉羹用苦菜，煮豬肉羹用薇菜，肉羹中都有調味之菜。贊禮者洗完手，跟隨持俎者上堂。盛稻粱之簠都有蓋子和苫巾。凡食烤肉都不用蘸醬。宴請上大夫用蒲席上加葦席，席子的鑲邊與下大夫所用席鑲邊相同。由卿擔當擯者，紹告禮事不上堂。堂上之贊禮者由下大夫充當。宴請上大夫之食禮，設有多種美味食品，還有清酒和薄酒，只食美味食品就可以了。向國君拜謝其以食禮宴請並饋贈勸食幣帛，都要行再拜之禮和叩首之禮。

覲禮第十

【題解】覲禮為諸侯朝見天子之禮。覲，見也。《禮記・曲禮》：「諸侯北面而見天子曰覲。」本篇篇名即取此義。但《周禮・春官・大宗伯》載：「以賓禮親邦國，春見曰朝，夏見曰宗，秋見曰覲，冬見曰遇，時見曰會，殷見曰同。」又《周禮・秋官・大行人》載：「春朝諸侯而圖天下之事，秋覲以比邦國之功，夏宗以陳天下之謨，冬遇以協諸侯之慮，時會以發四方之禁，殷同以施天下之政。」則是把覲禮限定為諸侯秋天朝見天子以比邦國之功績的一種禮儀。漢儒多從此說，馬融還提出地在東方之諸侯朝春，地在南方者宗夏，地在西方者覲秋，地在北方者遇冬。把覲禮限定為西方諸侯秋天朝見天子之稱。如此等等，其說不一。檢之古籍並無四方諸侯按四時朝見天子之制，仔細推敲，此種說法道理欠妥，在實踐中也難以推行，此四禮當即指朝覲之禮，即諸侯朝見天子的通禮，四禮實為一禮，朝與覲對文雖異，散文則通。

全篇可分三部分。一為入覲初至之事項，二為朝覲的具體程式內容，三為時會殷同之禮和巡狩之祭。前二項在都城宗廟進行，為覲禮的核心內容，後一項在諸侯之邦國或方岳進行，為覲禮的補充。

覲禮。至于郊❶，王使人皮弁用璧勞。侯氏❷亦皮弁迎于帷門❸之外，再拜。使者不答拜，遂執玉，三揖❹，至于階，使者不讓，先升❺。侯氏升聽命，降，再拜稽首，遂升受玉。使者左還而立，侯氏還璧，使者受，侯氏降，再拜稽首，使者乃出。侯氏乃止使者，使者乃入。侯氏與之讓升，侯氏先升，授几，侯氏拜送几，使者設几，答拜。侯氏用束帛乘馬儐使者，使者再拜受。侯氏再拜送幣。使者降，以左驂❻出。侯氏送于門外，再拜。侯氏遂從之。

天子賜舍❼。曰：「伯父❽，女順命于王所。賜伯父舍。」侯氏再拜稽首。儐之束帛乘馬。

天子使大夫戒❾，曰：「某日，伯父帥乃初事❿。」侯氏再拜稽首。

諸侯前朝⓫，皆受舍於朝⓬。同姓西面北上，異姓東面北上。

【章旨】本章記述入覲初至之事，包括郊勞，賜舍，通知覲見日期，受次於廟門等侯各項內容。為覲禮的準備階段或序幕。

【注 釋】❶郊 近郊。指距王城五十里以內地區。❷侯氏 諸侯。凡有封地的公侯伯子男五等皆可稱諸侯，此不稱諸侯而稱侯氏，是特就來覲見之一人而言之。❸帷門 帷宮之門。諸侯初至，暫住郊舍，比較狹小，故用帷布圍成帷宮，以接受天子郊勞之禮。❹三揖 使者與諸侯三次相揖。即入門將向右拐揖，向北拐揖，至中庭又揖。❺升 登上土壇。帷宮無堂，封土為壇，以受郊勞，此升即登土壇。❻左驂 在西側之馬。古代駕車，四馬並列，在內兩匹稱服，在外兩匹稱騑，亦稱驂，左側為左驂。馬在庭，頭朝北，以西為左。❼舍 館舍。供來覲見諸侯暫住。❽伯父 天子稱同姓大國諸侯為伯父。❾使大夫戒 派卿前往告知。大夫，指卿，擔當接待諸侯之訝者。❿帥乃初事 遵循您以往作法去做吧。帥，通「率」。遵循。初事，故事；以往作法。初，作「故」解。⓫前朝 朝覲天子的前一天。⓬受舍於朝 在文王廟門外接受賜與的休息更衣之所。此舍即〈聘禮〉所說之次，為休息更衣的處所。參加覲見的諸侯，在前一天入住所賜之所，此舍是按同姓居先，異姓居後次序分配的，此順序亦是諸侯覲見天子之序。

【語 譯】諸侯朝覲天子的禮儀。諸侯來到王城近郊，天子派使者身穿皮弁服，持玉璧前往郊勞。前來覲見的諸侯也穿皮弁服，到帷宮門外迎接，行再拜禮。使者不答拜，就持玉璧進入帷門，行進中與諸侯相互三揖，來到臺階前，使者不謙讓，先登上土壇。諸侯亦登上土壇恭敬聽取使者轉達王命，然後下堂，行再拜禮，以首觸地，接著上壇接受玉璧。使者向左轉身站立，諸侯返還玉璧，使者接受，諸侯下壇，行再拜禮，以首觸地，使者退出。諸侯挽留使者，使者再次進入。諸侯與其相互揖讓登壇，諸侯先登壇，將小几授給使者，諸侯為送几行拜禮，使者把小几安放席上，向諸侯答拜。諸侯用五匹帛四匹馬回贈使者，使者行再拜禮收下。諸侯為送上禮品行再拜禮。使者下壇，牽庭中西側之馬出門。諸侯送到門外，行再拜禮。諸侯隨後從使者入朝。

天子賜諸侯館舍。派去的使者代王致辭說：「伯父，您聽從王命來到王所。王賜給伯父館舍。」諸侯行再拜禮，以首觸地，並回贈使者五匹帛和四匹馬。

天子派卿去告知諸侯覲見日期說：「某日，伯父遵循您以往作法去覲見吧。」諸侯行再拜禮，以首觸地。

所有來覲見的諸侯，在覲見前一天到文王廟門外接受天子賜與的休息之所。同姓諸侯之舍在廟門外東側，朝向西，以北方為上位；異姓諸侯之舍在廟門外西側，朝向東，亦以北方為上位。

侯氏裨冕❶，釋幣于禰❷。乘墨車❸，載龍旂、弧韣❹，乃朝以瑞玉❺，有繅。天子設斧依于戶牖之間❻，左右几❼。天子袞冕❽，負斧依。嗇夫承命❾，告于天子。天子曰：「非他❿，伯父實來⓫，予一人⓬嘉之。伯父其入，予一人將受之。」侯氏入門右⓭，坐奠圭，再拜稽首。擯者謁⓮。侯氏坐取圭，升致命，王受之玉。侯氏降，階東北面再拜稽首。擯者延之⓯，曰：「升。」升成拜，乃出。

四享⓰，皆束帛加璧，庭實唯國所有。奉束帛，匹馬卓上⓱，九馬隨之，中庭西上。奠幣，再拜稽首。擯者曰：「予一人將受之。」侯氏升，致命。王撫玉⑱。侯氏降自西階，東面授宰幣，西階前再拜稽首，以馬出授人，九馬隨之。事畢⑲。

乃右肉袒⑳于廟門之東。乃入門右，北面立，告聽事㉑。擯者謁諸天子。天子辭于侯氏曰：「伯父無事，歸寧乃邦。」侯氏再拜稽首，出，自屏㉒南適門西，遂入門左，北面立，王勞之。再拜稽首。擯者延之曰：「升。」升成拜，降出。

天子賜侯氏以車服㉓。迎于外門外，再拜。路㉔先設，西上，路下四亞之㉕，重賜無數㉖，在車南。諸公奉篋服㉗，加命書㉘于其上，升自西階，東面，大史是右㉙。侯氏升，西面立。大史述命㉚，侯氏降兩階之間，北面再拜稽首，升成拜。大史加書于服上，侯氏受。使者出，侯氏送，再拜。儐使者，諸公賜服者，束帛四馬，儐大史亦如之。

【章旨】本章記述諸侯覲見天子，諸侯三享天子，以及諸侯述職後袒臂待罪，天子辭謝並給予慰勞，天子賜諸侯車服四項，為覲禮的核心部分。

【注釋】❶裨冕　古代諸侯朝覲天子，穿裨衣，戴冕冠，稱裨冕。裨，裨益之意。❷釋幣于禰　諸侯奠幣帛於禰廟，向亡父稟告將覲見天子的禮儀。此禮之大概情況是：「筵几於其館堂戶牖之閒，南面。祝升自西階，君升自阼階，祝奠幣於几下，君北鄉，祝在左，君及祝再拜，興。祝曰：『孝嗣侯某，將覲天子，敢用嘉幣告於皇考某侯。』又再拜，君就東箱，祝就西箱，有閒，君反位，祝乃取幣藏之。君反於阼，乃降而遂出也，歸則埋幣於禰廟西階之東。」（胡培翬《儀禮正義》引）❸墨車　不加彩繪以黑漆塗飾的車，為大夫所乘。覲之日，諸侯由館舍乘此車入覲，自屈以尊天子也。❹龍旂弧韣　龍旂，畫有交龍圖紋的旗幟，古王侯作儀衛之用。弧，用以張開旗下垂飾物直幅之弓。韣，通「弢」。弓衣，盛弓的套子。❺瑞玉　五等諸侯朝覲會同於王所執玉之統稱。分而言之，則公執桓圭，侯執信圭，伯執躬圭，子執穀璧，男執蒲璧。❻天子設斧依于戶牖之閒　天子命人在對著室之門窗間擺設畫有斧形圖案的屏風。斧，又作「黼」，斧形圖案。依，又作「扆」，指擺放在戶牖間的屏風。由天子、諸侯至士皆可設，唯天子畫有斧形圖案為異耳。戶牖之閒，古人宮室之制，前為堂，後為室，室之兩側有東房西房，室之南牆有戶牖，戶在東，牖在西，向堂開之，堂上以室為中，戶牖之閒為正中尊位，故設屏風於此。❼几　玉几，可供扶倚的玉飾小几。凡為神設几尚右，為人設几尚左，天子至尊，為神人共主，故設左右几。❽衮冕　衮衣冕冠。衮，衮衣，卷龍衣，即在衣上畫有龍之升降圖案，為天子和上公的禮服。上公無升龍。❾嗇夫承命　嗇夫接受諸侯請求覲見天子之命。嗇夫，司空的屬官，於此擔當末擯之職。嗇夫承命不是親承諸侯之命，而是承命於下介，下介承次介，次介承上介，上介承諸侯。嗇夫亦不是親告於天子，而是告承擯，承擯告上擯，上擯告天子。❿非他　不是外人。一種表親近的語氣。⓫實來　是來。實，當作「寔」。寔，作「是」解。⓬予一人　天子自稱。⓭入門右　入門站在右側。諸侯不敢以賓自居站在左側客位，而是站在右側臣位以執臣道。⓮謁　告知。上擯代天子告知諸侯上堂，天子欲親受其禮物，如對待賓客一樣。⓯延之　從後面引進。⓰四享　諸侯三次向王行饗禮。四，應作「三」，古書「四」作「亖」，其形易與「三」混，又因本篇多「四」字，因而誤「三」為「四」。⓱匹馬卓上　一匹馬超出其餘九馬而前行。卓，超出。⓲撫玉　用手撫玉，以示接受，但不親自接受，此為尊者之禮。⑲事畢　三次饗禮完畢。本段只敘述初饗之禮，二饗與初饗大同小異，故不重述。⑳右肉袒　袒露右臂。古時請罪多袒左臂，此袒右臂為入門站在右側之故。諸侯覲享述職後，告王已行或有罪過，聽王責罰。㉑告聽事　向王報告己國所行多罪過，聽王責罰。㉒屏　在對著大門中處樹立短牆以遮蔽內外，又稱影壁。天子之屏在大門外，諸侯之屏在大門內。此諸侯退出後由屏南繞向門西，由門左側進入，是天子以客禮待之也。㉓車服　車子和禮服。王賜車服，因諸侯與王同姓、異姓和爵位高下而有別。同姓侯伯與異姓齊、杞、宋賜給金飾之車和袞冕以下禮服，與王有親之異姓侯伯和同姓子男賜給以象牙為飾之車和鷩冕以下禮服，與王無親之侯伯子男皆賜革車和毳冕之服等等。㉔路　車子。君所乘之車曰路。㉕路下四亞之　車以下為四匹馬，依次向東排列。㉖重賜無數　加賜美善之物多少沒有定數，由天子決定。㉗篋服　盛禮服的小木箱。㉘命書　王命賜車服的策書。㉙大史是右　大史在諸公右側。㉚述命　宣讀天子的命書。

【語　譯】朝覲之日，諸侯穿裨衣戴冠冕，奠幣帛於禰廟，向亡父稟告覲見天子事。然後乘坐以黑漆塗飾不加彩繪之車，車上插有繪著交龍圖案的旗幟和支撐旗下垂飾物直幅之弓與弓套，就捧著帶襯墊的瑞玉去朝見天子。天子命人在對著室之門窗間擺設畫有斧形圖案的屏風，在屏風左右設有玉几。天子穿袞衣戴冕冠，背對屏風站立。嗇夫接受諸侯請求覲見天子之命，經承擯、上擯稟告天子。天子說：「不是外人，是伯父來了，我要嘉獎他。請伯父進來，我將接待他。」諸侯從右側入門，坐下放玉圭，再次行拜禮，以首觸地。上擯代天子告知諸侯上堂相見。諸侯坐下拿起玉圭，上堂向天子稟明奉命前來之意，天子接受諸侯獻玉。諸侯下堂，在西階東面向北再次行拜禮，以首觸地。擯者從後面引進諸侯說：「請上堂。」諸侯上堂完成拜禮，然後退出。

諸侯三次向王行饗禮，每次都用束帛加放玉璧，陳放在庭中的禮物只限本國出產之物。諸侯捧著束帛，屬吏牽一馬前行，其餘九馬隨其後，排列在中庭，以西方為上位。諸侯放下幣帛，再次行拜禮，以首觸地。擯者轉達天子之語說：「我將要親自接受禮物。」諸侯上堂，向天子致奉命貢獻禮物之辭。王用手撫玉，表示受禮。諸侯由西階下堂，面向東把幣帛交給太宰，在西階前再次行拜禮，以首觸地，然後親自牽一馬出門交給王之屬吏，其餘九匹馬也隨之牽出交付天子之吏。三次饗禮之事如此進行完畢。

諸侯在廟門外東側袒露右臂，從廟門右側進入，面向北站立，向天子稟告己國所行多罪，聽候責罰。擯者把此話傳給天子，天子辭謝諸侯說：「伯父並無過事，回去安定治理好您的邦國吧。」諸侯再次行拜禮，以首觸地，然後出門，從大門外影壁牆南側去往門西，接著從左側入門，面向北站立，天子對諸侯進行慰勞，諸侯要再次行拜禮，行叩首禮。擯者從後面引進說：「請上堂。」諸侯上堂完成拜禮，而後下堂退出。

天子派人賜給諸侯車子和禮服。諸侯在館舍外門外迎接，再次行拜禮。先擺放好車子，以西方為上位，車子以下為四匹馬，依次向東排列，加賜美善之物多少取決天子之恩惠，擺放在車子南面。諸公捧著盛禮服之小木箱，上加王賜車服之策書，由西階上堂，面向東站立，大史站在他的右面。諸侯由東階上堂，面向西站立。大史宣讀天子命書，諸侯下堂，要在兩階間面向北再次行拜禮，行叩首禮，又奉命上堂完成拜禮。大史宣讀完畢加命書於禮服之上，諸侯接受過來。使者出門，諸侯相送，再次行拜禮。向使者回贈禮品，贈給賜服之諸公束帛和四匹馬，回贈給大史之禮物亦如諸公。

同姓大國則曰伯父，其異姓則曰伯舅。同姓小邦則曰叔父，其異姓小邦則曰叔舅。

饗禮❶，乃歸。

諸侯覲于天子❷，為宮方三百步❸，四門，壇十有二尋❹，深❺四尺，加方明❻于其上。方明者，木也，方四尺，設六色，東方青，南方赤，西方白，北方黑，上玄，下黃。設六玉❼，上圭，下璧，南方璋❽，西方琥❾，北方璜❿，東方圭。上介⓫皆奉其君之旂置于宮，尚左⓬。公、侯、伯、子、男皆就其旂而立。四傳擯⓭。天子乘龍⓮，載大旂⓯，象日月、升龍、降龍，出，拜日于東門之外⓰，反祀方明。禮日于南門外，禮月與四瀆⓱于北門外，禮山川丘陵于西門外。

祭天⓲，燔柴⓳；祭山丘陵，升⓴；祭川，沈㉑；祭地，瘞㉒。

〔記〕㉓

几俟于東箱。偏駕不入王門㉔。奠圭于繅上。

【章　旨】本章為正禮之補充，相當他篇之〔記〕，主要記述宗廟之外諸侯覲見天子之禮儀，一為時會殷同之覲禮，一為巡守之覲禮，並及同異姓諸侯之稱謂和幾件細事。

【注　釋】❶饗禮　饗禮食禮燕禮。天子宴請來覲見之諸侯，上公三饗三食三燕，侯伯再饗再食再燕，子男一饗一食一燕。❷諸侯覲于天子　此指會同時諸侯覲見天子之禮儀。會為無常期之覲見，諸侯有不順服者，王將征討，諸侯來覲見，王在都城外立壇，會合其他諸侯向不順服者發布命令，即會也。同指眾多諸侯齊來覲見，故又稱殷同，殷即眾也。王如十二年不巡守，則六服內諸侯盡朝，朝禮畢，王亦為壇命政，即同也。❸為宮方三百步　堆土而成縱橫皆三百步之矮牆以為宮。步，六尺。宮建在都城門外，春會同建在東方，夏會同在南方，秋會同在西方，冬會同在北方。❹壇十有二尋　壇之四邊皆十二尋。尋八尺，合九十六尺。❺深　從上向下之高度。❻方明　上下四方神明之像。古代諸侯在城外朝見天子、會盟或天子祭祀時所置。❼設六玉　在六種顏色木上分別嵌入六種玉器。❽璋　玉器名。長條形，頂端作斜銳角形。用以作朝聘、祭祀、喪葬、符信之禮器。❾琥　雕為虎形的玉器。❿璜　半璧形玉器。用於朝聘、祭祀、喪葬、徵召的禮器，亦用作佩飾。⓫上介　諸侯之副使。⓬尚左　以王之左方為上位。⓭四傳擯　擯者四次傳喚諸侯上壇行會同之禮。五等諸侯之公侯伯各一次，子男合為一次，分先後四次傳喚。⓮乘龍　乘龍馬所駕之車。龍，馬高八尺以上稱龍。⓯大旂　旗名。又稱大常，為天子所建旗，旗之正幅畫日月，下屬十二旒交畫升龍降龍。⓰東門之外　王城東門外。季節不同，禮拜方位與對象亦異，春在東，夏在南，秋在西，冬在北。⓱四瀆　古以長江、黃河、淮河、濟水為四瀆。⓲祭天　本條所述為王巡守覲見諸侯之禮儀。此禮既具會同之儀，又加祭天地，規模更大。行禮亦建宮立壇，但不在國門之外，而在方岳之下。⓳燔柴　積柴薪，把牲體、玉帛放在上面焚燒，以祭天與日月之神。亦有不加玉帛者。⓴升　登上山去祭祀。㉑沈　將祭品沉入河底。㉒瘞　將祭品埋入地下。㉓記　「記」字有版本作「設」。本篇〔記〕只有一條，胡培翬言「或以記字宜在『諸侯覲于天子』之上，似是」。愚以為本段皆宜作〔記〕。㉔偏

駕不入王門　諸侯所乘金路、象路、革路、木路不得進入王城之門。諸侯在王城內要乘墨車，以彰臣節。

【語　譯】天子稱同姓大國諸侯曰伯父，稱異姓大國諸侯則曰伯舅。稱同姓小國諸侯曰叔父，稱異姓小國諸侯則曰叔舅。

行過饗禮食禮燕禮之後，諸侯就返回本國。

諸侯在時會殷同時覲見天子，要在王城門外堆土而成縱橫皆三百步之短牆為宮，四面各設一門，裏面建壇四邊長皆九十六尺，高四尺，加方明於壇頂。方明是用木料製作而成，四尺見方，六面塗飾六種顏色，朝向東方為青色，南方赤色，西方白色，北方黑色，上面玄色，下面黃色。在六種顏色木面上分別嵌入六種玉器，上面為圭，下面為璧，南方為璋，西方為琥，北方為璜，東方為圭。諸侯之副使都舉著代表其國君的旗幟，樹立在宮中，以天子座位之左側為上位。公、侯、伯、子、男五等諸侯都到各自旗下站立。擯者四次傳呼諸侯上壇行禮。天子乘坐駕龍馬之車，車上樹立大常之旗，旗上繪有日月、升龍、降龍圖案，率眾出王城，如果是春季則拜日神於東門之外，然後返回祭祀方明。如果是夏季則禮日南門之外，如果是秋季則禮月與四瀆於北門之外，如果是冬季則禮山川丘陵於西門之外。

祭天，積柴薪，把牲體或玉帛放在上面焚燒；祭山和丘陵，要登上山去祭祀；祭江河，要把祭物沉入河底；祭地，要把祭物埋入地下。

〔記〕玉几放在東夾室。諸侯所乘金路、象路、革路、木路不入王城之門。放圭於地要放墊板上。

喪服第十一

【題　解】〈喪服〉綜述天子至於庶民居喪時所穿衣服和服喪年月之制，為喪禮四篇中最重要的一篇。喪禮，於五禮中屬凶禮。喪為棄亡之意，古人不忍言死而言喪，是表示親人到另外一個世界去了，不能再見面的意思。本篇從喪服用料的精粗、形制和服喪時間的長短，表達生者與死者血緣親疏、尊卑上下關係和哀戚深淺程度。喪服的形制用料，概言之有斬衰、齊衰、大功、小功、緦麻五服，服喪時間有三年、一年、九月、七月、五月、三月六類。喪服制度這種禮儀形式，是以親親尊尊的宗法原則為基礎建立起來的。親親以父子關係為本，尊尊以君臣關係為本，親親尊尊為人道的根本，制禮的樞要，以親親尊尊為經，又擴充增益而為喪禮的豐富內容。

〈喪服〉一篇對後世影響巨大而深遠，後代服制多以此為本，古禮行於後世者也以此篇為著。本篇注家眾多，古注除鄭玄外，還有馬融、王肅、孔倫、陳銓、裴松之等人，加上後代學者的研究成果，使本篇解說詳明流暢。再是此篇有經有傳有記，傳為他篇所無。據賈公彥《儀禮疏》言：「《儀禮》見在一十七篇，餘不為傳，獨為〈喪服〉作傳者，但〈喪服〉一篇總包天子以下五服差降，六術精粗，變除之數既繁，出入正殤交互，恐讀者不能悉解其義，是以特為傳解。」至於傳的作者，舊說多以為孔子弟子子夏，恐後世所加，不足憑信。

全篇按喪服形制和服喪時間分為十一章，即一斬衰、二齊衰三年、三齊衰杖期、四齊衰不杖期、五齊衰三月、六殤大功、七成人大功、八繐衰、九殤小功、十成人小功、十一緦麻。另有〔記〕一章，補充記述五服中未能包括的喪服特例和喪服用布的不同規定。

喪服。斬衰裳❶，苴絰❷、杖❸、絞帶❹，冠繩纓❺，菅屨❻者。

傳曰：斬者何？不緝❼也。苴絰者，麻之有蕡❽者也。苴絰大搹❾，左本在下❿，去五分一以為帶⓫。齊衰⓬之絰，斬衰之帶也，去五分一以為帶。大功⓭之絰，齊衰之帶也，去五分一以為帶。小功⓮之絰，大功之帶也，去五分一以為帶。緦麻⓯之絰，小功之帶也，去五分一以為帶。苴杖，竹也。削杖⓰，桐也。杖各齊其心⓱，皆下本⓲。杖者何？爵也⓳。無爵而杖者何？擔主⓴也。非主而杖者何？輔病㉑也。童子何以不杖？不能病也。婦人何以不杖？亦不能病㉒也。絞帶者，繩帶也。冠繩纓，條屬，右縫。冠六升㉓，外畢㉔，鍛而勿灰㉕。衰三升。菅屨者，菅菲㉖也，外納㉗。居倚廬㉘，寢苫㉙，枕塊㉚，哭晝夜無時。歠粥㉛，朝一溢米㉜，夕一溢米。寢不說絰帶。既虞㉝，翦屏柱楣㉞，寢有席，食疏食㉟，水飲，朝一哭夕一哭而已。既練㊱，舍外寢，始食菜果，飯素食，哭無時。

【章　旨】本章記述斬衰和相配的絰帶、冠纓、拄杖、鞋子形制，以及居此喪者的飲食、居住、哀哭之禮儀。

【注　釋】❶斬衰裳　用粗麻布縫製的不緝邊的上衣下裳。斬，將布裁斷不緝邊之稱。衰，喪服的上衣。裳，喪服的下衣。男子的喪服分上衰下裳，女子則衰裳連在一起。斬衰裳又稱斬衰，為五種喪服中最重的一種，服期三年。❷苴絰　古人服喪期繫在頭上或腰間的粗麻帶。繫在頭上稱首絰，繫在腰間稱腰絰。苴，苴麻，又為粗惡之意。❸杖　即苴杖，古代居喪所用扶持的竹杖，用粗惡黑色竹製成。❹絞帶　用粗麻所製之帶，服斬衰所繫，比腰絰短。絞，兩股相交搓成的繩索。斬衰所繫絞帶用苴麻製作，齊衰以下用布。❺冠繩纓　喪冠用枲麻繩作冠帶。纓，結繫冠的帶子。❻菅屨　草鞋。菅，草名。又名菅茅、苞子草，莖可製繩織草鞋。❼不緝　不縫衰裳的邊側，保留不整齊的毛邊。緝，猶「縫」，縫製使邊側整齊。❽蕡　枲麻之實。枲麻雌雄異株，結子的雌株老而粗惡，色黑，故取為斬衰的服飾。❾大搹　用手握物使拇指與食指相接的最大周長，中人的一搹為九寸。❿左本在下　首絰麻根一端在左耳上內側。繫首絰的方法是，將麻根一端置於左耳上，再從額前繞項後，復至左耳上，將絰之末梢與麻根綴束起來而成。本，指麻根一端。下，內側。⓫去五分一以為帶　斬衰的腰絰要小於首絰五分之一。帶，指斬衰的腰絰。⓬齊衰　用粗麻布作成的喪服，因其緝邊縫齊，故稱齊衰，為五種喪服之一。⓭大功　五種喪服之一，其喪服用熟麻布作成，較齊衰稍細，稍加人工，故稱大功。服期為九個月。

⓮小功　用較大功更細的麻布作成的喪服，服期五個月，亦五種喪服之一。⓯緦麻　五種喪服中最輕的一種，用疏織細麻布製成，服期三個月。緦，細麻布。⓰削杖　齊衰所用之杖。削去桐木小枝，使粗細合乎尺度。⓱齊其心　杖之長短與胸平齊，胸為心所處之位。⓲下本　木杖之近主幹一端或竹杖之近根一端在下。⓳杖者何爵也　杖因何而設？初為有爵位居重喪者所設。其後乃生輔病之義，如《白虎通》言：「所以必杖者，孝子失親，悲哀哭泣，三日不食，身體羸病，故杖以扶身，明不以死傷生也。」故設杖有優貴輔病雙重意義。⓴擔主　擔當喪主。㉑輔病　扶持因哀傷過度而致病的身體。㉒亦不能病　婦人不為喪主，不會因喪事悲痛勞累過度致病，故不杖。㉓冠六升　喪冠用布的密度為六升。升，古代計算布匹細密程度單位，布八十縷為升。六升，即幅寬二尺二寸的布匹，共有四百八十根經線，此種布雖較斬衰、齊衰為細，仍屬粗疏之布。據《禮記・雜記上》：「朝服十五升。」朝服所用為細布，此則粗布無疑。㉔外畢　冠梁前後兩頭縫著於冠圈，兩頭之餘飾屈向外，故稱外畢。按賈公彥疏，冠梁寬二寸，經頭頂落向前後與冠圈（冠武）相接，從冠圈內側抽出，再向上反屈，縫在冠圈上，使兩端之餘向外，稱外畢。㉕鍛而勿灰　對冠布捶搗使其稍柔滑，但洗濯時不加石灰漂白，以保持與衰裳同色。㉖菅菲　草鞋。後世或謂喪履為菲。菲，「扉」的假借字。扉，履之粗者。㉗外納　編完草鞋，將餘頭向外拴結。㉘倚廬　居喪時住的草屋。在中門外東牆下倚木為之，北面有一門。其起造方法，先將一木置地上為梁，去牆五尺，再立五椽於其上，斜倚東牆上，用草苫蓋起來，南北面用衰布簾遮蔽，其間容半席，向北開一門。㉙苫　用草編成的墊子。㉚塊　土塊。㉛歠粥　喝稀粥。歠，飲。㉜一溢米　一把米。溢，一升的二十四分之一，相當一把米，用手抓一把米，多則溢出，故名。㉝既虞　虞祭之後。虞，虞祭，父或母安葬後，迎魂安於殯宮的祭禮。㉞翦屏柱楣　把苫蓋倚廬之草修剪整齊，把置於地上之梁支起來。㉟疏食　粗米飯。㊱既練　練祭過後。練，喪祭名。又稱小祥，為父母死後一週年的祭禮，可用柔軟潔白的練布為冠服，故稱練祭。

【語　譯】喪服。斬衰，用粗麻布縫製的不緝邊的上衣下裳，配以用粗麻編製的首絰和腰絰，粗糙的黑色喪杖，用粗麻搓成的絞帶，用麻繩作冠帶，用菅草編的鞋子。

傳文說：斬是什麼意思呢？就是不縫衰裳之邊側，保持不整齊的毛邊。所謂用粗麻編製的首絰、腰絰，此麻是指枲麻結子的那一種。首絰粗約九寸，其麻根一端在左耳上內側，首絰去掉五分之一為斬衰腰絰的粗細。齊衰首絰粗細與斬衰腰絰同，再去掉五分之一則為齊衰腰絰的粗細。大功喪服首絰粗細與齊衰腰絰同，去掉五分之一則為大功腰絰。小功喪服的首絰粗細與大功腰絰同，去掉五分之一則為小功腰絰。緦麻喪服首絰的粗細與小功的腰絰同，去掉五分之一則為緦麻的腰絰。苴杖，是用竹製作的。削杖，是用桐木製作的。兩種喪杖高度都和胸部平齊，杖的大頭都向下。喪杖因何而設？初為有爵位居重喪者所設。沒有爵位者而用喪杖為什麼？因為他擔當喪主。不是喪主而用杖為什麼？為了扶持因哀傷過度而致病的身體。少年兒童為什麼不用杖？因為他們不能哀痛致病。婦女為什麼不用杖？因為她們不為喪主，也不能因哀傷勞累致病。所說絞帶，是用麻搓成繩帶結繫而成的。喪冠用麻繩屈繞為冠圈，餘下兩端下垂為纓，連綴冠上，縫於右側。喪冠用布的密度為六升，冠梁前後兩頭縫在冠圈上，多餘部分屈向外側，冠布要捶搗使柔滑，洗濯時不加石灰漂白。製衰之布密度為三升。所說草鞋，就是用菅草編製的粗糙鞋子，編草鞋所剩的餘頭都露在外面。居父母喪要住在倚廬裏，睡在草墊上，頭枕土塊，晝夜哭泣沒有定時。只喝稀粥，早晨用一把米，晚上用一把米煮粥。睡覺時不脫下首絰和腰絰。虞祭過後，要把苫蓋倚廬的茅草修剪一下，把地上的梁支撐起來，可以睡在席上，吃粗米飯，飲水，早晨哭一次，晚上哭一次即可。練祭過後，可以住在不加塗飾的簡陋之舍，開始吃蔬菜、水果，吃素食，哭泣沒有定時。

父。

傳曰：為父何以斬衰也？父至尊也。

諸侯為天子。

傳曰：天子至尊也。

君❶。

傳曰：君至尊也。

父為長子。

傳曰：何以三年也？正體❷於上，又乃將所傳重❸也。庶子不得為長子三年，不繼祖也。

為人後者❹。

傳曰：何以三年也？受重者必以尊服❺服之。何如而可為之後？同宗❻則可為之後。何如而可以為人後？支子❼可也。為所後者之祖父母、妻、妻之父母、昆弟、昆弟之子，若子❽。

妻為夫。

傳曰：夫至尊也。

妾為君❾。

傳曰：君至尊也。

女子子在室❿為父，布總⓫箭笄⓬，髽⓭，衰⓮，三年。

傳曰：總六升，長六寸，箭笄長尺，吉笄⓯尺二寸。

子嫁反在父之室⓰，為父三年。公士⓱、大夫之眾臣，為其君布帶繩屨⓲。

傳曰：公卿、大夫、室老、士⓳，貴臣，其餘皆眾臣也。君謂有地者也。眾臣杖，不以即位⓴。近臣㉑，君服斯服㉒矣。繩屨者，繩菲也。

【章旨】本章經文按親親尊尊兩系統列舉服斬衰三年的適用範圍，傳則逐條加以解說，指出服此種喪服的理由。以下各章體例也大多如此。

【注釋】❶君　天子、諸侯、卿大夫有領地者皆可稱君。君不僅指天子、諸侯，亦包括有領地的卿大夫。凡為君之臣，居其官食其祿者，皆應為其服斬衰。❷正體　父子為一體，而嫡長子獨得其正，故稱正體。❸重宗廟祭祀之主。父為嫡長子服喪三年，敬宗之義。嫡長子為嫡嫡相傳的正體。❹為人後者　支子作為大宗的繼承人為其所繼承者服斬衰三年。按宗法制度，大宗由嫡長子繼承，世世為大宗，百世不變。如果嫡長子早亡或其他情況，不能繼承其位，則從庶子中選出一名代嫡長子作繼承人，以保持其大宗世代相傳不斷絕，此被選者即是為人後者。❺尊服　斬衰之服。❻同宗　同屬大宗。即同在繼別一宗內方可，如同姓而在另外小宗，則不可。❼支子　嫡妻所生次子以下和妾生子。❽若子　與所繼承者親子所服之喪服同。❾君　夫。妾不敢與夫對等，不稱夫而稱君，尊之也。❿女子子在室　女兒已許嫁尚未成婚。在室，女已許婚尚在父母家中待嫁。⓫布總　以布巾束髮。總，即「總」字。⓬箭笄　用小竹條製成的笄。⓭髽　婦人之喪髻。斬衰之髽用麻括髮，去掉包髮之帛而露髻。齊衰之髽則用布括髮。⓮衰　斬衰裳。婦人之服，衰裳連為一體，不單言裳，衰即包括裳在內。⓯吉笄　吉禮時所用之笄。吉笄長一尺二寸。大夫、士妻用象笄，天子、諸侯之后夫人用玉笄。⓰子嫁反在父之室　女兒出嫁為夫家所出，返回住在父母家中。⓱士　卿士。⓲布帶繩屨　布製絞帶，繩織之屨。布帶與齊衰同，繩屨與大功同。公卿大夫於其私臣為君，而於天子諸侯則為臣，故其眾臣為之服斬衰要稍低於天子諸侯，帶屨之別以顯其異。⓳室老士　室老，卿大夫的家相。士，邑宰。⓴不以即位　不得持杖就嗣君東階下朝夕哭泣之位。㉑近臣　近君的小臣，內侍、守門者之類。㉒君服斯服　嗣君穿何種喪服，他們也穿此種喪服。因他們常在君之左右，所服不得有異。

【語　譯】為父喪服斬衰之服。

傳文說：為父親之喪為何要服斬衰之服？因為父親是家中最尊貴的人。

諸侯為天子之喪服斬衰。

傳文說：因為天子是天下最尊貴的人。

臣為君之喪服斬衰之服。

傳文說：因為君是最尊貴的人。

父親為嫡長子之喪服斬衰。

傳文說：父親為嫡長子為什麼要服喪三年？因為嫡長子作為父親的正體列於宗廟，又將繼承宗廟祭祀之主，所以父親為其服喪三年。庶子不得為己之嫡長子服喪三年，因為他不是祖父的繼承人。

支子作為大宗繼承人為其所繼承者之喪服斬衰三年。

傳文說：為何要服斬衰三年？因為承受大宗之嗣為宗廟主祭之人，必須穿斬衰喪服。怎麼樣才可以作大宗的繼承者？同屬大宗就可以作為繼承者。怎麼樣才可以作某人的繼承者？此人的支子就可以。繼承大宗者要為被繼承者的祖父母、妻子、妻子的父母、以及其兄弟、兄弟之子服喪，與其親子所服相同。

妻子為丈夫之喪服斬衰。

傳文說：丈夫是最尊貴的人。

妾為夫君之喪服斬衰。

傳文說：夫君是最尊貴的人。

女兒已許婚尚在父母家中待嫁，為父服喪，用布巾束髮，插小竹條作的笄，用麻括髮露髻，服斬衰三年。

傳文說：束髮布巾密度為六升，束髮後的餘頭長六寸，小竹條作的笄長一尺，吉禮時所用笄長一尺二寸。

女兒出嫁為夫家所出，返回父母家中，為父喪服斬衰三年。公卿大夫的眾臣，為其主人服斬衰，但繫布製絞帶，穿繩織之鞋。

傳文說：公卿、大夫之家相和邑宰，屬於貴臣，其餘都為眾臣。此條所說之君指有領地的公卿大夫。眾臣為其君服喪用杖，但不得持杖就嗣君東階下朝夕哭泣之位。近君之小臣，嗣君穿什麼喪服，他們也穿此種喪服就可以了。所說繩屨，就是用繩編織之鞋。

疏衰裳齊❶，牡麻絰❷，冠布纓❸，削杖，布帶，疏屨❹，三年者。

傳曰：齊者何？緝也。牡麻者，枲麻❺也。牡麻絰，右本在上。冠者沽功❻也。疏屨者，藨蒯之菲❼也。

父卒則為母，繼母如母。

傳曰：繼母何以如母？繼母之配父，與因母❽同，故孝子不敢殊也。

慈母❾如母。

傳曰：慈母者何也？傳曰：妾之無子者，妾子之無母者，父命妾曰：「女以為子。」命子曰：「女以為母。」若是，則生養之，終其身如母，死則喪之三年如母，貴父之命也。

母為長子。

傳曰：何以三年也？父之所不降，母亦不敢降也。

【章　旨】本章為齊衰三年喪服適用範圍。

【注　釋】❶疏衰裳齊　用粗麻布製作的緝邊縫齊的喪服，簡稱齊衰。為五種喪服中僅次於斬衰的第二等喪服。疏，粗，指粗麻布。齊，把喪服毛邊折起來縫製整齊。上衰朝外折縫，下裳朝內折縫。❷牡麻絰　用不結子的麻作成的首絰和腰絰。牡麻比結子的苴麻質地稍好。❸冠布纓　用布製作的冠帶。❹疏屨　用藨蒯之草編製的草鞋，比菅屨柔軟一些。❺枲麻　一種不結子的麻，其莖皮可加工製布。❻沽功　齊衰之冠用粗略加工之布製作。沽，粗。據本篇〈記〉：「齊衰四升，其冠七升。」而斬衰之冠六升，可知齊衰之冠用布比斬衰稍細緻，是經粗略加工者。而大功之冠七升、八升、九升，此七升，相當大功冠之最粗糙者。❼藨蒯之菲　用藨蒯編製的草鞋。藨蒯，皆為草名，其莖可供編織，比菅草細軟些。菲，通「屝」。鞋類統稱。❽因母　親母。❾慈母　撫育自己成長的庶母或保母。本篇單指庶母。

【語　譯】穿粗麻布製作緝邊縫齊喪服，繫不結子麻作的首絰、腰絰，冠帶用布製作，喪杖用桐木削製而成，布製之帶，穿草鞋，服喪三年的有以下幾種：

傳文說：齊是什麼？就是把喪服毛邊縫整齊。所說牡麻，就是指不結子的麻。用牡麻製作的首絰，麻根一端置於右耳上方，繞過前額經腦後返回右耳上方，將末梢壓在麻根下。所戴冠用粗略加工之布製成。所謂疏屨，是用藨蒯草編的草鞋。

父親去世後則為母喪服齊衰三年，為繼母服喪與親母同。

傳文說：為繼母服喪何以與親母相同？繼母與父親婚配，和親母相同，因此孝子不敢二樣對待。

為慈母服喪如同親母。

傳文說：所說慈母其指為何？舊傳說：有妾無子，有妾生子喪母，於是父親對無子之妾命令說：「你就把這無母孩子當作自己孩子吧。」又對喪母之子命令說：「你就把這無子的母親當作自己的親母吧。」如果是這樣，就要在她活著時候奉養她，直到終其天年，都像對待親母一樣，死了也要服齊衰三年如同親母，這是尊重父親之命。

母為嫡長子之喪服齊衰三年。

傳文說：為何要服齊衰三年？嫡長子為祖禰正體，父為其服斬衰三年而不敢降格，母亦不敢降格。

疏衰裳齊，牡麻絰，冠布纓，削杖，布帶，疏屨，期者❶。

傳曰：問者曰：何冠也？曰齊衰、大功，冠其受❷也。緦麻、小功，冠其衰❸也。帶緣❹各視其冠。

父在為母。

傳曰：何以期也？屈也❺。至尊在，不敢伸其私尊❻也。父必三年然後娶，達子之志也。

妻。

傳曰：為妻何以期也？妻至親也。

出妻之子為母。

傳曰：出妻之子為母期，則為外祖父母無服。傳曰❼：絕族無施服❽，親者屬❾。出妻之子為父後者，則為出母無服。傳曰：與尊者為一體，不敢服其私親也。

父卒，繼母嫁，從，為之服，報。

傳曰：何以期也？貴終❿也。

【章旨】本章列舉服齊衰一年，用喪杖，所包括的範圍。

【注釋】❶期者　服喪期為一年者。❷冠其受　初喪冠用布升數與既葬後衰裳用布升數同，既葬後衰裳以其冠為受，故云冠其受。喪服是用來表達哀痛之情的，哀痛有盛時殺時，其服亦隨之變化，初服粗惡，至葬後、練後、小祥後，則相應加細加飾。如齊衰之服，初死，衰裳四升，冠七升；既葬，以其冠為受，受衰七升，冠八升。正服，齊衰五升，冠八升；既葬，受衰八升，冠九升。大功之服，初死，衰七升，冠十升；既葬，受衰十升，冠十一升，等等。❸冠其衰　小功緦麻之服，冠與衰升數相同。❹帶緣　布帶的鑲邊。❺屈也　屈從於父親。家中至尊者為父親，父在不能對母行至尊之禮，避二尊也，故服喪一年，但心喪猶須三年。❻私尊　母親對兒子來說是尊，對父親則不是，因此，母親只是兒子個人之尊，故稱私尊。❼傳曰　此條傳文下又有二「傳曰」，為作傳者引舊說以證己意，並補充闡釋「無服」二句。❽絕族無施服　對已經與父斷絕關係的母族不再服喪。此解不為外祖父母服喪的理由。❾親者屬　母子至親，不可斷絕，仍須服喪一年。屬，連接不斷之意。❿貴終　貴繼母改嫁後終能撫養自己成人。

【語　譯】穿粗麻布製作緝邊縫齊喪服，繫不結子麻作的首絰和腰絰，冠帶用布製作，喪杖用桐木削製而成，布製之帶，穿草鞋，服喪一年的有以下幾種：

傳文說：有人提問說：齊衰四章（三年、杖期、不杖期、三月），其冠有何異同？回答說：齊衰、大功喪服，初喪冠用布升數與既葬後衰裳用布升數同，既葬後所服之衰裳升數受自初喪冠。緦麻、小功喪服，冠與衰裳升數相同。布帶鑲邊用布升數各與其冠布升數同。

父在世為母喪服杖期。

傳文說：為何為母服喪一年？因為要屈從於父。最尊貴的父親尚在，不敢伸展個人對母親尊敬之禮。父親必須要等妻死三年之後續娶，使兒子心喪三年得以表達。

為妻喪服杖期。

傳文說：為妻子何以要服喪一年？因為妻子是丈夫最親近的人。

出妻之子為母喪服杖期。

傳文說：出妻之子為母服喪一年，對外祖父母則不服喪。舊傳說：對已與父斷絕關係的母族不再服喪，但母子至親，不可斷絕，仍須服喪一年。出妻之子為父親的後嗣繼承人，則對出母不服喪。舊傳說：與至尊的父親為一體，不敢為個人私親服喪。

父死，繼母改嫁，子因年幼隨之而去，則為其服喪一年予以報答。

傳文說：何以為其服喪一年？敬重繼母改嫁後終能撫育自己成人。

不杖，麻屨者❶。祖父母。

傳曰：何以期也？至尊也。

世父母❷，叔父母。

傳曰：世父、叔父何以期也？與尊者❸一體也。然則昆弟之子何以亦期也？旁尊也，不足以加尊焉，故報之也。父子一體也，夫妻一體也，昆弟一體也。故父子首足也，夫妻牉合❹也，昆弟四體也。故昆弟之義無分，然而有分者，則辟子之私❺也。子不私其父，則不成為子，故有東宮，有西宮，有南宮，有北宮，異居而同財，有餘則歸之宗，不足則資之宗。世母、叔母何以亦期也？以名服也。

大夫之適子為妻。

傳曰：何以期也？父之所不降，子亦不敢降也。何以不杖也？父在則為妻不杖。

昆弟，為眾子❻，昆弟之子。

傳曰：何以期也？報之也。

大夫之庶子為適昆弟❼。

傳曰：何以期也？父之所不降，子亦不敢降也。

適孫。

傳曰：何以期也？不敢降其適也。有適子者無適孫❽，孫婦亦如之。

為人後者為其父母，報。

傳曰：何以期也？不貳斬❾也。何以不貳斬也？持重於大宗者❿，降其小宗⑪也。為人後者孰後？後大宗也。曷為後大宗？大宗者，尊之統也。禽獸知母而不知父。野人⑫曰：「父母何筭⑬焉！」都邑⑭之士則知尊禰矣。大夫及學士⑮則知尊祖矣。諸侯及其大祖⑯，天子及其始祖⑰之所自出。尊者尊統上⑱，卑者尊統下。大宗者，尊之統也。大宗者，收族⑲者也，不可以絕。故族人以支子後大宗也。適子不得後大宗⑳。

女子子適人者為其父母，昆弟之為父後者。

傳曰：為父何以期也？婦人不貳斬也。婦人不貳斬者何也？婦人有三從之義，無專用之道。故未嫁從父，既嫁從夫，夫死從子。故父者子之天也，夫者妻之天也，婦人不貳斬者，猶曰不貳天也，婦人不能貳尊也。為昆弟之為父後者何以亦期也？婦人雖在外，必有歸宗㉑，曰小宗，故服期也。

繼父同居者㉒。

傳曰：何以期也？傳曰：夫死，妻穉㉓，子幼㉔。子無大功之親㉕，與之適人㉖，而所適者亦無大功之親，所適者以其貨財為之築宮廟，歲時使之祀焉，妻不敢與焉。若是則繼父之道也，同居則服齊衰期，異居則服齊衰三月。必嘗同居，然後為異居，未嘗同居，則不為異居。

為夫之君。

傳曰：何以期也？從服㉗也。

姑、姊妹、女子子適人無主者㉘，姑、姊妹報。

傳曰：無主者，謂其無祭主者也。何以期也？為其無祭主故也。

為君之父、母、妻、長子、祖父母。

傳曰：何以期也？從服也。父、母、長子，君服斬。妻則小君也。

父卒，然後為祖後者服斬。

妾為女君。

傳曰：何以期也？妾之事女君，與婦之事舅姑等。

婦為舅姑。

傳曰：何以期也？從服也。

夫之昆弟之子。

傳曰：何以期也？報之也。

公妾、大夫之妾為其子。

傳曰：何以期也？妾不得體君㉙，為其子得遂也。

女子子為祖父母。

傳曰：何以期也？不敢降其祖也。

大夫之子為世父母、叔父母、子、昆弟、昆弟之子，姑、姊妹、女子子無主者，為大夫命婦㉚者。唯子不報。

傳曰：大夫者，其男子之為大夫者也。命婦者，其婦人之為大夫妻者也。無主者，命婦之無祭主者也。何以言唯子不報也？女子子適人者為其父母期，故言不報也，言其餘皆報也。何以期也？父之所不降，子亦不敢降也。大夫曷為不降命婦也？夫尊於朝，妻貴於室矣。

大夫為祖父母、適孫為士者。

傳曰：何以期也？大夫不敢降其祖與適也。

公妾以及士妾為其父母。

傳曰：何以期也？妾不得體君，得為其父母遂也。

【章旨】本章列舉齊衰不杖期適用範圍，與前章不同處在不用杖，以麻屨易疏屨，顯示哀痛程度有所減輕，禮有減殺。

【注釋】❶不杖麻屨者　服齊衰一年，不用杖，穿麻鞋者。❷世父母　伯父母。❸尊者　指父。伯父、叔父與父為兄弟，兄弟一體。❹胖合　兩半相合而成一個整體。❺辟子之私　兄弟本為一體，按義不該區分，但為避讓兒子與父親的私恩，又不得不加以區分。❻眾子　長子之弟和妾生之子。未出嫁之女亦在內。❼適昆弟　嫡子年齡可能比庶子大，亦可能比庶子小，統稱為庶子的嫡兄弟。❽有適子者無適孫　周禮，嫡子死方立嫡孫以承嗣其祖，嫡長子在，則皆為孫，無嫡庶之別。❾不貳斬　不得服兩次斬衰喪服。斬，斬衰之服。作了大宗的繼承人，則為所繼承者服斬衰之服，而於其生父之喪則降服齊衰一年。❿持重於大宗者　在大宗主持宗廟祭祀的人。持重，主持宗廟祭祀。大宗，中國古代宗法制度中百世不遷之宗。周代實行宗法制，以嫡長子繼承制為核心，國君的嫡長子世代為君，國君的庶子稱別子，別子不得與為君之嫡子同祖，必須分出去另立一宗，他自己就成為這一宗的始祖，其後由他的後代嫡嫡相承，百世不變，這一宗即為大宗。《禮記・喪服小記》：「別子為祖，繼別為宗。」《禮記・大傳》：「有百世不遷之宗，有五世則遷之宗。百世不遷者，別子後也，宗其別子所自出者，百世不遷者也。」這裏說的就是大宗。大宗的繼承人為族長，承襲卿大夫爵位和領地。如春秋時魯桓公有四子，嫡長子同承襲君位為莊公，別子慶父、叔牙、季友各為孟孫氏、叔孫氏、季孫氏之祖，其權利和爵位世代嫡嫡相承，永為大宗。⑪小宗　繼承庶子之宗。別子之嫡長子一系為大宗，其庶子另立為小宗。小宗是繼承父親的，傳至五代之後則不服喪。〈喪服小記〉：「繼禰者為小宗。有五世而遷之宗，其繼高祖者也。」即是指此。⑫野人　居住鄉野，遠政化，見聞淺陋之人。⑬筭　或為「尊」字之訛。考上下文義，當為「尊」字，由形近似而訛。⑭都邑　城邑。⑮學士　在學的貴族子弟。包括在鄉庠序及國之大學就學者，雖無官爵但習知禮義。⑯大祖　始封之君，如周之文王。⑰始祖　感神靈而生的遠祖，多有神話傳說性質，如周之始祖后稷感東方青帝所生，契感北方黑帝所生之類。⑱尊者尊統上　地位愈尊貴，所尊宗統愈久遠。如周天子地位最尊貴，所尊至於始祖；諸侯次之，尊至大祖；大宗又次，尊至別子；小宗為卑，尊至高祖而已。⑲收族　大宗無子則收族人之支子為大宗後嗣，不可使斷絕。⑳適子不得後大宗　小宗的嫡長子不得為大宗後嗣。因嫡子要主小宗之事。但同宗如無支子，則小宗之嫡子亦當為大宗後嗣，小宗可以絕，大宗不可絕。㉑必有歸宗　一定要有可歸往之宗。父死後，以嗣父主持宗廟之祭者為宗主，表示不自絕於其族，故服齊衰一年。㉒繼父同居者　為同居繼父之喪服齊衰一年。㉓妻穉　夫死時妻年在五十歲以下。㉔子幼　子未滿十五歲。㉕大功之親　可為服大功之喪的親屬。指堂兄弟、未婚的堂姊妹、已婚的姑、姊妹、姪女之類。㉖與之適人　與母去至其後夫家中。㉗從服　隨從他人服喪而服喪。從服者要降所從一等，所從者死則不服。從服分為六等，如屬從、徒從等，為夫之君則為徒從，因夫之君與妻無親屬關係，徒從夫而服也。㉘姑姊妹女子子適人無主者　對姑姑、姊妹、女兒已出嫁而無祭主者服齊衰一年。無主，無祭主，亦即無夫無子無孫對她祭祀，其情可哀憐，故加服齊衰一年，而不降服大功。㉙妾不得體君　妾不得與其君為一體。諸侯於眾子無服，大夫降一等，為眾子服大功。其妻與君一體，皆從夫而降，妾賤，不得從夫降服。君亦不抑其妾，使其得遂為己子服期之願。㉚命婦　受有爵命封號的婦女。君命其夫為大夫，后夫人則命其妻為命婦。

【語　譯】服齊衰之服一年，不用杖，穿麻鞋的有以下幾種：

為祖父、祖母服喪。

傳文說：為何要服齊衰一年？因為祖父、祖母是最尊貴的人。

為伯父母、叔父母。

傳文說：為伯父、叔父何以要服喪一年？因為他們與父親是兄弟，兄弟一體。然而對兄弟之子為何也要服喪一年？因為他們是旁系的尊貴者，不足以再對其增加尊貴等級，所以用服喪一年回報他。父子是一體的，夫妻是一體的，兄弟是一體的，因此，父子好比頭和足，夫妻好比陰陽兩半合為一體，兄弟好比身體的四肢。按理兄弟之間不該區分，然而又作了區分，則是為了避讓兒子與父親的私恩。兒子不私恩其父，則不成其為子。所以兄弟分居，有住東宮，有住西宮，有住南宮，有住北宮，居處不同而家財共有，常用之餘則歸於宗子，用有不足則取於宗子。為伯母、叔母何以也服喪一年？以她們有伯母、叔母名分，故與伯父、叔父同服。

大夫的嫡長子為妻。

傳文說：何以要服喪一年？父不肯以其尊降低為嫡婦喪服，兒子也不敢降低。為何不用杖？父親在世，子為妻服喪不可用杖。

為兄弟，為長子之弟和妾子，為兄弟之子。

傳文說：何以要服喪一年？為了以同樣禮儀回報他們。

大夫的庶子為嫡兄弟。

傳文說：何以要服喪一年？父不肯以其尊降低為嫡子喪服，兒子也不敢降低。

為嫡長孫。

傳文說：何以要服喪一年？不敢降低其為嫡服喪之喪服。有嫡子在不立嫡孫，嫡孫婦亦不立。

為大宗後嗣者為自己父母服喪一年，以為報答。

傳文說：何以服喪一年？因為不可並行服兩次斬衰之服。為何不可並行服兩次斬衰之服？因為在大宗主持宗廟祭祀的人，只能降低對小宗服喪，對生父不服斬衰而服齊衰一年。為人後是作誰的後嗣？作大宗的後嗣。什麼是大宗後嗣？所謂大宗，就是本宗族所尊重的統系。禽獸只知有母而不知有父。鄉野之人不知禮義，說：「父母有何值得尊貴的！」城邑中的士民就知道尊敬父親。大夫和學士則知道尊敬祖宗。諸侯則能將此推及至他們邦國的始封之君，天子則能將此推及至他的遠祖由何而出。地位愈尊貴，所尊宗統愈久遠；地位愈卑下，所尊宗統愈淺近。所謂大宗，就是本宗族所尊重的統系。大宗可以收族中支子為後嗣，不可以斷絕。因此，在大宗無嗣時，族人以支子為大宗後嗣。小宗的嫡長子不可以作大宗的後嗣。

女子已出嫁為其父母，為兄弟中立為父嗣者。

傳文說：為父何以服喪一年？因為婦人不可以兩次服斬衰喪服。婦人為什麼不可兩次服斬衰喪服？因為婦人有三從的禮則，沒有自專自用的道理。所以未嫁時聽從父親，出嫁後聽從丈夫，丈夫死了聽從兒子。所以說父親是子女的天，丈夫是妻子的天，婦人不可以兩次服斬衰喪服，如同說婦人不可有二天，婦人不能同時有兩個最尊貴的人。為兄弟中立為父之後嗣者何以也要服喪一年？婦人雖然出嫁在外，一定要有可歸往之宗，稱為小宗，所以要為小宗之主服喪一年。

為同居的繼父。

傳文說：何以要服喪一年？舊傳有說：丈夫死時，妻子還年輕，子女不足十五歲，子女沒有可為服大功喪服的親屬，與母同至其後夫家中，而母之後夫也沒有可為服大功喪服的親屬，母之後夫用自己的資財為妻之子女建造宮廟，每年按時使其祭祀，妻子不敢參與此事。如果是這樣，則合乎繼父之道，同居則為其服齊衰之服一年，異居則服齊衰三月。必須是曾經同居過，然後才可稱為異居，未曾同居過，則不稱為異居。

為丈夫之君。

傳文說：何以要服喪一年？隨從丈夫服喪而服。

為姑姑、姊妹、女兒已嫁人而沒有祭主的，服喪一年，姑姑、姊妹也以同禮回報。

傳文說：所謂無主，是說她們沒有丈夫、子孫作祭祀她們的主人。為何為她們服喪一年？因其無祭而哀憐她們之故。

為君之父母、正妻、嫡長子、祖父母。

傳文說：何以服喪一年？從君而服。君對其父母、嫡長子服斬衰喪服，君之妻就是小君，臣對其皆應降服齊衰一年。君之父先於其祖父死，則為君之祖父服喪一年。

妾為君之正妻。

傳文說：何以要服喪一年？因為妾侍奉正妻，與媳婦侍奉公婆等同。

媳婦為公婆。

傳文說：何以要服喪一年？從夫而服。

為丈夫兄弟之子。

傳文說：何以要服喪一年？因為他們須為己服喪一年，故以同禮回報。

諸侯妾、大夫妾為己子。

傳文說：何以要服喪一年？因為妾不得與君為一體，不得從夫降服，君亦不抑其妾，使得遂為己子服喪一年之願。

出嫁女為祖父母。

傳文說：何以要服喪一年？不敢因出嫁而降低對祖父母的服喪規格。

大夫之子為伯父母、叔父母、子、兄弟、兄弟之子，為姑姑、姊妹、女兒無祭主且為大夫命婦者，服喪一年，唯有子女不須用同禮回報。

傳文說：這裏所說大夫，是指上述之男子皆為大夫。所說命婦，是說這婦人為大夫之妻。所說無主，是指命婦沒有祭主者。為什麼說唯子不報呢？女子嫁人者本應為父母服喪一年，所以說不報，這也是說其餘諸人都須以同禮回報。為什麼上述諸人服喪一年？父對上述諸人都不降服，子也不敢降服。大夫為什麼不降低對命婦服喪等次？因為命婦之夫尊於朝，其妻則貴於室。

大夫為祖父母、為嫡長孫為士者。

傳文說：何以服喪一年？不敢降低其祖父與嫡長孫的喪服等次。

諸侯之妾以及士之妾為其父母。

傳文說：何以服喪一年？妾不得與其君為一體，於父母之喪不須降而順其本服服喪一年。

疏衰裳齊，牡麻絰，無受者❶。寄公為所寓❷。

傳曰：寄公者何也？失地之君❸也。何以為所寓服齊衰三月也？言與民同❹也。

丈夫、婦人為宗子、宗子之母、妻❺。

傳曰：何以服齊衰三月也？尊祖也。尊祖故敬宗。敬宗者，尊祖之義也。宗子之母在，則不為宗子之妻服也。

為舊君❻，君之母、妻。

傳曰：為舊君者孰謂也？仕焉而已者也。何以服齊衰三月也？言與民同也。君之母、妻，則小君也。

庶人為國君；大夫在外❼，其妻、長子為舊國君❽。

傳曰：何以服齊衰三月也？妻言與民同也，長子言未去也。

繼父不同居者❾，曾祖父母。

傳曰：何以齊衰三月也？小功者，兄弟之服也。不敢以兄弟之服服至尊也。

大夫為宗子⑩。

傳曰：何以服齊衰三月也？大夫不敢降其宗也。

舊君⑪。

傳曰：大夫為舊君何以服齊衰三月也？大夫去，君埽其宗廟⑫，故服齊衰三月也，言與民同也。何大夫之謂乎？言其以道去君而猶未絕⑬也。

曾祖父母為士者，如眾人。

傳曰：何以齊衰三月也？大夫不敢降其祖也。

女子子嫁者、未嫁者為曾祖父母。

傳曰：嫁者，其嫁於大夫者也。未嫁者，其成人而未嫁者也。何以服齊衰三月？不敢降其祖也。

【章　旨】本章列舉服齊衰三月之服的範圍及其理由。

【注　釋】❶無受者　服齊衰之服，待死者安葬後即除服，不再接受輕喪服。凡喪事，既葬後便以輕服易重服，稱受。受有承接、接受之意。大夫、士之喪三月下葬，故以三月為主，但天子七月而葬，諸侯五月而葬，三月之後把重喪服收藏起來，待下葬時再穿。❷寄公為所寓　失國而寄居他國的國君為所在國國君之喪服齊衰三月。寄公，又稱寓公，指失國而寓居他邦之君。諸侯之間無服，而寓公已失國，與諸侯不同，又居其邦為民，不可不為所在國君服喪。❸失地之君　失地原因或為天子削地，或為諸侯所逐。❹與民同　庶人為其君喪服齊衰三月。❺丈夫婦人為宗子宗子之母妻　本族的男人、女人為宗子、宗子的母親和妻子服齊衰三月之服。丈夫婦人，指本族的男人、女人。宗子，大宗別子的嫡系繼承人。❻舊君　致仕退歸之臣稱曾仕之君為舊君。❼在外　被逐出國外或逃往國外。❽舊國君　大夫故國之君。❾繼父不同居者　為先同居後異居的繼父服齊衰三月。❿宗子　大宗的嗣子。⓫舊君　出逃或被放逐大夫的故國之君。⓬君埽其宗廟　國君派人按時打掃離去大夫的宗廟，以此示恩於臣，冀其歸來。⓭以道去君而猶未絕　因政見不被採納，屢諫不從而去君離國，尚在郊外等待君改變主意，其爵祿亦未剝奪，故仍稱大夫。

【語　譯】穿粗麻布緝邊縫齊喪服，繫牡麻製作的首絰和腰絰，三月後除服不再改換輕喪服，包括以下範圍：

失國而寄寓他國的國君為所在國國君之喪。

傳文說：所謂寄公是指什麼人呢？失去封地寄居他國之君。為何要為所居國國君之喪服齊衰三月？這是說與庶民相同。

本族的男人、女人為宗子、宗子的母親和妻子服齊衰三月之喪。

傳文說：何以要服齊衰三月之喪？為尊重祖宗。尊重祖宗所以敬重宗子。敬重宗子，就是尊重祖宗的意義所在。如果宗子的母親在世，本族男女就不必為宗子之妻服齊衰三月之喪。

致仕退歸之臣為曾仕之君，為君之母親和妻子。

傳文說：為舊君是說的誰呢？是指曾居其官事奉過的國君。何以要服齊衰三月之喪？是說與庶民相同。君之母親、妻子則為小君，應服齊衰三月。

庶人為國君；大夫被逐或出逃國外，其妻和長子為故國國君。

傳文說：何以要服齊衰三月之喪？對其妻而言，應與庶民相同，對其長子而言，他沒有隨之而去，繼續留在故國，故皆服齊衰三月，同於庶人。

為不同居的繼父，為曾祖父母。

傳文說：何以要服齊衰三月之喪？按血緣親疏，為曾祖應服小功，而小功是兄弟間所服的喪服，不敢用兄弟間的喪服為最尊貴者服喪。

大夫為大宗的嗣子。

傳文說：何以要服齊衰三月之服？貴為大夫亦不敢降低對其大宗嗣子的喪服等次。

身居異國大夫為故國之君。

傳文說：身居異國大夫為故國國君何以要服齊衰三月之喪？因為在大夫離去時，國君派人按時打掃他家宗廟，希望他回來，所以為服齊衰三月，是說與其國庶民相同。既已去國，為什麼還稱其為大夫？是說他因政見不為君採納，屢諫不從而不得不去國，尚在郊外等待君改變主意，君亦未奪其爵祿，故仍稱其為大夫。

大夫為是士的曾祖父母服喪，與眾人為曾祖父母服喪所穿喪服同。

傳文說：何以要服齊衰三月喪服呢？尊貴如大夫亦不敢降低為其祖服喪之服。

女子已經出嫁和未出嫁者為曾祖父母。

傳文說：所說出嫁者，是指已嫁給大夫為妻的；所說未嫁，是說已經成年尚未出嫁者。為何要服齊衰三月之喪？不敢降低為其祖服喪等次。

大功布衰裳❶，牡麻絰，無受者❷。子、女子子之長殤、中殤。

傳曰：何以大功也？未成人也。何以無受也？喪成人者其文縟❸，喪未成人者其文不縟。故殤之絰不樛垂❹，蓋未成人也。年十九至十六為長殤，十五至十二為中殤，十一至八歲為下殤，不滿八歲以下皆為無服之殤。無服之殤以日易月❺。以日易月之殤，殤而無服。故子生三月則父名之，死則哭之，未名則不哭也。

叔父之長殤、中殤，姑、姊妹之長殤、中殤，昆弟之長殤、中殤，夫之昆弟之子、女子子之長殤、中殤，適孫之長殤、中殤，大夫之庶子為適昆弟之長殤、中殤，公為適子之長殤、中殤，大夫為適子之長殤、中殤。其長殤，皆九月，纓絰❻；其中殤，七月，不纓絰。

【章旨】本章列舉為未成年者服大功喪服所包括的範圍。

【注釋】❶大功布衰裳　用粗略加工熟麻布製作的喪服。大功布，稍加鍛治之功的麻布。大功，人工粗略。斬衰、齊衰為重喪服，用布粗惡，不加人工鍛治，大功以下開始加入人工，愈下愈密。❷無受者　終喪一服，下葬後不再受輕喪服更換重喪服。服喪時間有九月和七月不等。❸喪成人者其文縟　為成年人服喪其禮文繁瑣。縟，繁數；繁瑣。❹殤之絰不樛垂　為未成年人服喪所用腰絰，不把下垂部分結繫起來，任其帶散垂於下。殤，男未冠女未笄而死稱殤，取其可傷之意。不樛垂，不把絰帶下垂部分結繫起來。樛，絞結；結繫。❺以日易月　生一月則哭之一日，但無喪服，限於父母對未成年子女殤者。❻纓絰　首絰有下垂之帶。

【語譯】用粗略加工的熟麻布製作的喪服，用牡麻製作的首絰和腰絰，終喪一服，下葬後不再接受輕喪服更換重喪服，服大功喪服九月或七月，包括以下幾種：

為長殤、中殤的子女。

傳文說：何以要服大功之服？因為他們不是成年人。為什麼下葬後不以輕喪服更換重喪服？因為給成年人服喪禮文繁瑣，給未成年人服喪禮文不繁瑣。因此，為未成年人服喪所用腰絰，不把下垂部分結繫起來，任其帶散垂於下，大概就因其未成年吧。年齡在十九歲至十六歲之間死亡為長殤，十五歲至十二歲死亡為中殤，十一歲至八歲死亡為下殤，不滿八歲以下死亡者為無服之殤。無服之殤，生一月則哭之一日。生一月則哭之一日之殤，為這類死者服喪不穿喪服，僅只哀哭而已。因此，子生三個月後則父為其取名，死亡則哀哭之，如果未取名而死亡則不哭。

為叔父的長殤、中殤，為姑姑、姊妹的長殤、中殤，為兄弟的長殤、中殤，為丈夫兄弟子女的長殤、中殤，為嫡孫的長殤、中殤，大夫庶子為嫡兄弟的長殤、中殤，諸侯為嫡子的長殤、中殤，大夫為嫡子的長殤、中殤。為上述的長殤都服喪九個月，所繫首絰有下垂之帶；為上述中殤都服喪七個月，所繫首絰無下垂之帶。

大功布衰裳，牡麻絰纓，布帶，三月，受以小功衰❶，即葛❷，九月者。

傳曰：大功布，九升。小功布，十一升。

姑、姊妹、女子子適人者。

傳曰：何以大功也？出也。

從父昆弟，為人後者為其昆弟。

傳曰：何以大功也？為人後者降其昆弟也。

庶子❸適婦。

傳曰：何以大功也？不降其適也。

女子子適人者為眾昆弟，姪丈夫婦人❹，報。

傳曰：姪者何也？謂吾姑者吾謂之姪。

夫之祖父母、世父母、叔父母。

傳曰：何以大功也？從服也。夫之昆弟何以無服也？其夫屬乎父道者，妻皆母道也。其夫屬乎子道者，妻皆婦道也。謂弟之妻婦者，是嫂亦可謂之母乎？故名者人治之大者也，可無慎乎！

大夫為世父母、叔父母、子、昆弟、昆弟之子為士者。

傳曰：何以大功也？尊不同也。尊同則得服其親服。

公之庶昆弟、大夫之庶子為母、妻、昆弟。

傳曰：何以大功也？先君餘尊之所厭❺，不得過大功也。大夫之庶子，則從乎大夫而降❻也。父之所不降，子亦不敢降也。

皆為其從父昆弟❼之為大夫者，為夫之昆弟之婦人子❽適人者，大夫之妾為君之庶子，女子子嫁者、未嫁者為世父母、叔父母、姑、姊妹。

傳曰：嫁者，其嫁於大夫者也。未嫁者，成人而未嫁者也。何以大功也？妾為君之黨服，得與女君同⑨。下言為世父母、叔父母、姑、姊妹者，謂妾自服其私親也。

大夫、大夫之妻、大夫之子、公之昆弟為姑、姊妹、女子子嫁於大夫者，君為姑、姊妹、女子子嫁於國君者。

傳曰：何以大功也？尊同也。尊同則得服其親服。諸侯之子稱公子，公子不得禰先君⑩。公子之子稱公孫，公孫不得祖諸侯。此自卑別於尊者也。若公子之子孫有封為國君者，則世世祖是人也，不祖公子，此自尊別於卑者也。是故始封之君不臣諸父昆弟，封君之子不臣諸父而臣昆弟，封君之孫盡臣諸父昆弟。故君之所為服，子亦不敢不服也；君之所不服，子亦不敢服也。

【章　旨】本章列舉服大功喪服的適用範圍，並闡述何以服此種喪服的道理。

【注　釋】❶小功衰　用小功布製作的喪服。小功布比大功布要細密，大功布為八升或九升，小功布十升或十一升。服大功三月，待死者下葬後，即接受小功服，換下大功服。❷即葛　脫下麻絰帶，而用葛絰帶。至九月，則小功服與葛絰一併除去。葛，草名。其莖皮纖維可加工製布。❸庶子　子，應作「孫」。庶孫，包括男女在內。❹姪丈夫婦人　出嫁之姑為成年姪兒、出嫁姪女服大功之服。❺先君餘尊之所厭　為先君餘尊所壓抑，喪服不能超過大功。先君餘尊，先君死後，其嫡子嗣位為諸侯，是先君餘尊尚在。為此，諸侯庶兄弟為其所壓抑，不得為母、妻服齊衰一年而服大功。❻從乎大夫而降　因大夫降其妾及庶子庶婦之服，故大夫在世時，其庶子於母、妻之服亦由齊衰一年降為大功，大夫死後則得本服，為母三年，為妻、兄弟一年。❼皆為其從父昆弟　相互為堂兄弟。皆，相互為服，尊同不降。從父昆弟，伯父、叔父之子相互稱從兄弟，從父而分別之意。❽婦人子　出嫁為婦之女。❾得與女君同　據胡培翬《儀禮正義》考證，「何以大功也？妾為君之黨服，得與女君同」十六字，為上經「公妾、大夫之妾為其子」的傳文，合原傳文，共三十五字。又，「下言世父母」至「私親也」一句為鄭玄為經文所作之注，誤置傳文。此說可從。女君，君之正妻。❿公子不得禰先君　公子不得立先君之廟而祭之，公子，即諸侯的庶子，又稱別子。諸侯死只有嫡子繼承其位並立廟祭祀，別子不得立禰廟以祭其父，而是自立為宗，以別子為宗祖。

【語　譯】用大功布製作的喪服，用牡麻製作的首絰、腰絰和首絰繫帶，麻布帶，三個月下葬後，受小功服換下大功服，用葛製絰帶換下麻製絰帶，直到九個月後除去喪服。穿此類喪服有以下情況：

傳文說：大功布每幅有線七百二十縷，小功布每幅有線八百八十縷。

為出嫁的姑姑、姊妹、女兒。

傳文說：何以要為她們服大功之服呢？因為她們已出嫁，所以降服。

為堂兄弟，支子作大宗繼承人者為自己的兄弟。

傳文說：何以要服大功喪服？支子作大宗繼承人要降低對自己兄弟服喪一個等次。

為庶孫，為嫡子之妻。

傳文說：何以要服大功喪服？因為是嫡子之妻，故不降其服。

已出嫁女子為眾兄弟、出嫁之姑為成年姪兒、出嫁姪女服大功喪服，姪兒、姪女也以同等喪服回報其姑。

傳文說：所說姪是指何人呢？凡是稱呼我為姑姑者我就稱他們為姪。

為丈夫的祖父母、伯父母、叔父母。

傳文說：何以要為他們服大功喪服？從夫而服。對丈夫的兄弟何以無服呢？妻子從屬於丈夫，其丈夫屬於父之行輩，妻皆為母輩。其丈夫屬於子之行輩，妻皆為婦輩。丈夫兄弟之妻與己行輩相同，如果稱弟之妻為婦，豈不是也可以稱兄之妻，即嫂為母嗎？所以名分是講究人倫關係中最重要的一件事，豈可不慎重對待呀！

大夫為伯父母、叔父母、庶子、兄弟、兄弟之子為士者。

傳文說：何以要服大功喪服？大夫與士尊卑不同，如果同尊為大夫，就可以服本親之喪服了。

諸侯的庶兄弟、大夫的庶子為母、妻、兄弟。

傳文說：何以要服大功喪服？為先君餘尊所壓抑，喪服不得超過大功。大夫的庶子，則因大夫降服亦隨之而降。如果父不降服，子也不敢降服。

相互為堂兄弟之中為大夫者，為丈夫兄弟出嫁之女，大夫之妾為國君庶子，女子出嫁者、未嫁者為伯父母、叔父母、姑姑、姊妹。

傳文說：女子出嫁者，是指嫁給大夫者。未出嫁者，是指已經成人而未嫁者。何以要服大功喪服？大夫妾為國君親族服喪，可以和君夫人相同。下面所說為伯父母、叔父母、姑姑、姊妹服喪，是說妾自行為私親服喪。

大夫、大夫的妻、大夫的兒子、諸侯的兄弟為姑姑、姊妹、女兒嫁給大夫的，諸侯為姑姑、姊妹、女兒嫁給國君的。

傳文說：何以要服大功喪服？尊貴的地位相同。彼此尊貴地位相同則得服本親喪服。諸侯之子稱公子，公子不得立先君之廟以祭祀亡父。公子之子稱公孫，公孫不得立祖廟以祭祀諸侯。這是由於位之卑者區別於位之尊者也。如果公子的子孫有被封為國君的，就世代以此人為祖，而不以公子為祖，這是由於位尊者區別於位卑者也。因此，始封之君不以諸父和兄弟為臣，始封君之子不以諸父為臣而以兄弟為臣，始封君之孫則盡以諸父、兄弟為臣。所以國君所為服喪者，繼嗣之子也不敢不服；國君不為服喪的，繼嗣之子也不敢為之服。

繐衰裳❶，牡麻絰，既葬❷除之者。

傳曰：繐衰者何？以小功之繐也。

諸侯之大夫為天子。

傳曰：何以緦衰也？諸侯之大夫以時接見乎天子❸。

【章旨】本章記緦衰裳服，只有諸侯之大夫為天子服此。

【注釋】❶緦衰裳　用緦布製作的喪服。緦，細而疏的麻布。織此布所用麻線細如小功布，但每幅布僅四升半，合三百六十縷，而小功布每幅十升或十一升，合八百縷或八百八十縷。因此，緦布喪服比小功疏，此服界於大功、小功兩者之間，故列此。❷既葬　天子七月而葬，此喪服穿七月，在大功九月，小功五月之間。❸以時接見乎天子　按時與天子會見。接，猶「會」。諸侯的大夫出國朝聘，有機會會見天子，故有此服。

【語譯】穿緦布製作的喪服，繫牡麻製作的首絰和腰絰，死者安葬後即除去喪服者，有以下情形：

傳文說：緦布喪服是什麼？就是用小功布之細麻線所織疏布製作的喪服。

諸侯的大夫為天子。

傳文說：何以要服緦布喪服？諸侯的大夫出國朝聘，按時與天子會見之故。

小功布衰裳，澡麻帶絰❶，五月者。叔父之下殤，適孫之下殤，昆弟之下殤，大夫庶子為適昆弟之下殤，為姑、姊妹、女子子之下殤，為人後者為其昆弟、從父昆弟之長殤。

傳曰：問者曰：「中殤何以不見也？」大功之殤中從上，小功之殤中從下。

為夫之叔父之長殤，昆弟之子、女子子、夫之昆弟之子、女子子之下殤，為姪、庶孫丈夫婦人之長殤，大夫、公之昆弟、大夫之子為其昆弟、庶子、姑、姊妹、女子子之長殤，大夫之妾為庶子之長殤。

【章　旨】本章列舉為未成年者服小功喪服所包括的範圍。

【注　釋】❶澡麻帶絰　用整治洗濯過的牡麻製作的帶與首絰、腰絰。澡麻，對牡麻加工整治，洗去皮上汙垢，但不截斷麻根。大功以上喪服，絰帶用麻不去根；小功以下喪服，絰帶用麻去根。

【語　譯】穿小功布喪服，繫用整治洗濯過之牡麻所製作的帶與首絰、腰絰，為未成年人服喪五個月的，有以下情形：

為叔父的下殤，為嫡孫的下殤，為兄弟的下殤，大夫庶子為嫡兄弟的下殤，為姑姑、姊妹、女兒的下殤，支子作大宗繼承人者為自己的兄弟、堂兄弟的長殤。

傳文說：有人問：「有下殤長殤，中殤為何不見提出呢？」為未成年人服大功之喪，其中殤從屬於長殤；為未成年人服小功之喪，其中殤從屬於下殤，故不單列。

為丈夫之叔父的長殤，為兄弟之子女、丈夫之兄弟子女的下殤，姑為姪、祖父為庶孫男女的長殤，大夫與諸侯之兄弟、大夫之子為其兄弟、庶子、姑姑、姊妹、女兒的長殤，大夫之妾為庶子的長殤。

小功布衰裳，牡麻絰，即葛❶，五月者。從祖祖父母❷，從祖父母❸，報。從祖昆弟❹，從父姊妹❺、孫適人者，為人後者為其姊妹適人者，為外祖父母。

傳曰：何以小功也？以尊加❻也。

從母❼，丈夫婦人❽報。

傳曰：何以小功也？以名加❾也。外親之服皆緦❿也。

夫之姑、姊妹，娣姒婦⓫，報。

傳曰：娣姒婦者，弟長⓬也。何以小功也？以為相與居室中，則生小功之親焉。

大夫、大夫之子、公之昆弟為從父昆弟、庶孫，姑、姊妹、女子子適士者，大夫之妾為庶子適人者，庶婦，君母之父母、從母。

傳曰：何以小功也？君母在則不敢不從服，君母不在則不服。

君子子⑬為庶母慈己者。

傳曰：君子子者，貴人之子也。為庶母何以小功也？以慈己加也。

【章旨】本章列舉服小功喪服所包括的範圍，並闡述何以服此種喪服的依據。

【注釋】❶即葛　三月下葬後，去澡麻絰帶以就葛製絰帶。即，就。此為輕喪服，三月絰帶變麻就葛，而衰裳依舊，直至五月除服。❷從祖祖父母　曾祖之子，祖父兄弟及其配偶，父之伯父母、叔父母。❸從祖父母　祖父兄弟之子，父之堂兄弟及其配偶。❹從祖昆弟　同一曾祖的同輩兄弟。亦即父之堂兄弟的兒子。❺從父姊妹　父之兄弟的女兒。❻以尊加　外祖父母為母所至尊之人，因母之至尊，故不服緦麻之服，而加服小功。❼從母　母之姊妹，今稱姨。❽丈夫婦人　成年男人和女人。此指成年的外甥和外甥女。❾以名加　因從母有母之名，故加服小功，不服緦麻。❿緦　緦麻，五種喪服中最輕的一種，三月下葬即除服。緦麻，用細麻布製喪服和用澡麻製絰帶。緦，細麻布。⓫娣姒婦　兄弟之妻互稱，即今之妯娌。兄之妻為姒，弟之妻為娣。⓬弟長　弟之妻和兄之妻。⓭君子子　大夫與公子嫡妻所生子。

【語譯】穿小功布喪服，繫澡麻製作的絰帶，三月下葬後去麻絰帶就葛絰帶，服喪五個月除服。服此種喪服為以下幾類：

為祖父之兄弟及其妻，為父之堂兄弟及其妻，上述二者亦以此服相回報。為同一曾祖的同輩兄弟，為父親之兄弟的女兒、孫女已嫁人者，作大宗繼承人者為其出嫁的姊妹，為外祖父母。

傳文說：何以對外祖父母要服小功之服而不服緦麻之服？因為他們是母親至尊之人，故而加一等而服小功之服。

為母親的姊妹，她們也以同服回報成年的外甥和外甥女。

傳文說：何以要服小功之喪？因從母之名而加服一等而服小功。為異姓親屬服喪一般都服緦麻之服。

為丈夫的姑姑、姊妹，妯娌之間互服，對方也以同服回報。

傳文說：娣姒婦是指弟之妻和兄之妻。她們之間何以要互服小功之服呢？因為相互同居一大家庭中，於是就產生出小功的親情。

大夫、大夫之子、諸侯之兄弟為堂兄弟、庶孫，為姑姑、姊妹、女兒嫁給士者，大夫之妾為庶女嫁人者，公婆為庶子之婦，妾之子為父之嫡妻的父母、姊妹。

傳文說：妾子為何要為父之嫡妻的父母、姊妹服小功之服？因為嫡母在世，不敢不從之而服，嫡母不在則不為之服喪。

大夫或公子之嫡妻所生子為養育自己的庶母。

傳文說：所說君子之子，是指貴人之子。為什麼貴人之子要為庶母服小功之服？因為她養育過自己而加服小功。

緦麻，三月者。

傳曰：緦者，十五升抽其半❶，有事其縷❷，無事其布❸，曰緦。

族曾祖父母❹，族祖父母❺，族父母❻，族昆弟❼，庶孫之婦，庶孫之中殤❽，從祖姑、姊妹❾適人者，報，從祖父❿、從祖昆弟之長殤，外孫，從父昆弟姪之下殤，夫之叔父之中殤、下殤，從母之長殤，報，庶子為父後者為其母。

傳曰：何以緦也？傳曰：與尊者為一體，不敢服其私親也。然則何以服緦也？有死於宮中者，則為之三月不舉祭，因是以服緦也。

士為庶母。

傳曰：何以緦也？以名服也。大夫以上為庶母無服。

貴臣、貴妾⓫。

傳曰：何以緦也？以其貴也。

乳母。

傳曰：何以緦也？以名服也。

從祖昆弟之子，曾孫，父之姑，從母昆弟⑫。

傳曰：何以緦也？以名服也。

甥。

傳曰：甥者何也？謂吾舅者，吾謂之甥。何以緦也？報之⑬也。

壻。

傳曰：何以緦也？報之也。

妻之父母。

傳曰：何以緦？從服也。

姑之子。

傳曰：何以緦？報之也。

舅。

傳曰：何以緦？從服也。

舅之子。

傳曰：何以緦？從服也。

夫之姑姊妹之長殤，夫之諸祖父母⑭報，君母之昆弟。

傳曰：何以緦？從服也。

從父昆弟之子之長殤，昆弟之孫之長殤，為夫之從父昆弟之妻。

傳曰：何以緦也？以為相與同室，則生緦之親焉。長殤、中殤降一等，下殤降二等。齊衰之殤中從上，大功之殤中從下。

【章旨】本章列舉服緦麻之服所包括的範圍，並闡述服此種喪服的理由。

【注釋】❶十五升抽其半　十五升抽去一半，則是七升半。即是說，製作緦麻喪服所用的細麻布，密緻程度只及朝服一半，但所用線卻與朝服同樣精細。五種喪服排列順序是以線之粗細為據，不是以升數多少為序，所以緦麻升數少於大功、小功，但線最細，可比朝服，故列為喪服最低等。❷有事其縷　對製作緦布的麻線進行加工整治洗濯，使其精潔纖細如絲。事，治。縷，線。❸無事其布　對緦布不加石灰整治使其光滑平坦。加石灰整治而光滑平坦之布稱緆。❹族曾祖父母　高祖之子，曾祖父之親兄弟及其妻。族，有「屬」意，謂骨肉相連屬。高祖以下，即同出一高祖之四代為同族，同族服緦麻，五代以後則不服。❺族祖父母　高祖之孫，祖父堂兄弟及其妻。❻族父母　高祖曾孫，己父之從祖兄弟及其妻。❼族昆弟　同一高祖之同輩兄弟。❽中殤　中殤或從上，或從下，無有獨見者，此「中」當為「下」之誤。❾從祖姑姊妹　祖父兄弟之女，父之堂姊妹為從祖姑。祖父兄弟的孫女為從祖姊妹。❿從祖父　祖父兄弟之子，父之堂兄弟。⓫貴臣貴妾　貴臣，公卿、大夫之室老、士。室老，家相。士，邑宰。貴妾，妻之姪娣，隨嫁而來者。姪為妻兄弟之女，娣為妻之妹。以其為妻之姪娣，故貴也。又說，妾生育子女者為貴。⓬從母昆弟　母親的姊妹所生之子。⓭報之　外甥為舅服緦麻，舅亦以同服回報。⓮夫之諸祖父母　丈夫之從祖祖父母、外祖父母。

【語　譯】穿緦麻喪服，服喪三個月者，包括以下範圍：

傳文說：所謂緦，就是每幅布密度為七升半，即六百根細麻線織成的細麻布，其線是經過加工整治洗濯精細如絲的，其布則不加石灰整治，不光滑平坦的，這種布叫緦。

為曾祖父親兄弟及其妻，為祖父堂兄弟及其妻，為父之從祖兄弟及其妻，為同一高祖之同輩兄弟，為庶孫之妻，為庶孫下殤者，為父之堂姊妹、祖父兄弟之孫女已出嫁者，她們也以同等喪服回報，為父之堂兄弟、從祖兄弟之長殤，為女兒所生子，為堂兄弟姪之下殤，為夫之叔父的中殤、下殤，為母親姊妹之長殤，她們也以此服回報，妾生子作了父親繼承人為其生母。

傳文說：妾子為父後者為生母何以只服緦麻之服？舊傳說：與尊貴者為一體，不敢為私親服喪。然而為什麼又服緦麻之服？因為臣僕有死在宮中的，就為他們三個月不舉行祭祀，以示哀悼，因此可以為妾母服緦麻三月。

士為庶母。

傳文說：何以要服緦麻？因為有母的名分。大夫以上者為庶母不服喪。

公卿大夫有地者為其貴臣、貴妾。

傳文說：何以要服緦麻之服？因為他們在臣妾中身分尊貴，為體現區分而服喪。

為乳母。

傳文說：何以要服緦麻之服？因為有母的名分。

為父親堂兄弟之子，為曾孫，為父親的姑姑，為姨母所生子。

傳文說：為姨母之子何以要服緦麻之服？以姨母有母之名分，以子有兄弟之名分，故服緦麻之服。

為外甥。

傳文說：所說甥為何人？稱呼我為舅者，我就稱他為甥。對甥為何要服緦麻之服？因為甥為舅服緦麻，故以同服回報。

為壻。

傳文說：何以要服緦麻之服？以同服回報。

為妻之父母。

傳文說：何以要服緦麻之服？從妻而服喪。

為姑之子。

傳文說：何以要服緦麻之服？以同服回報。

為舅。

傳文說：何以要服緦麻之服？從母而服喪。

為舅之子。

傳文說：何以要服緦麻之服？從母而服喪。

為丈夫之姑姑、姊妹的長殤，為丈夫之從祖祖父母、外祖父母，他們也以同服回報，妾之子為嫡母的兄弟。

傳文說：妾之子為何要為嫡母的兄弟服緦麻之服？嫡母在，不敢不從之而服喪。

為堂兄弟之子的長殤，為兄弟之孫的長殤，為丈夫之堂兄弟之妻。

傳文說：何以要為丈夫的堂兄弟之妻服緦麻之服？因為彼此同處大家庭中，就產生了緦麻之親情。長殤、中殤比成人之服降一等，下殤比成人之服降二等。如果為齊衰之殤，中殤之喪服從上殤；大功之殤，中殤之喪服從下殤。

〔記〕❶

公子為其母❷，練冠❸，麻❹，麻衣縓緣❺。為其妻，縓冠❻，葛絰帶，麻衣縓緣。皆既葬除之。

傳曰：何以不在五服❼之中也？君之所不服❽，子亦不敢服也。君之所為服❾，子亦不敢不服也。

大夫，公之昆弟，大夫之子，於兄弟降一等❿。為人後者，於兄弟降一等，報；於所為後之兄弟之子若子。兄弟皆在他邦⑪，加一等。不及知父母⑫，與兄弟居，加一等。

傳曰：何如則可謂之兄弟？傳曰：小功以下為兄弟。

朋友皆在他邦，袒免⑬，歸則已。朋友麻⑭。君之所為兄弟服⑮，室老降一等。夫之所為兄弟服，妻降一等。庶子為後者，為其外祖父母、從母舅無服。不為後，如邦人。宗子孤為殤⑯，大功衰，小功衰，皆三月⑰。親⑱，則月筭⑲如邦人。改葬緦⑳。

童子唯當室緦㉑。

傳曰：不當室，則無緦服也。

凡妾為私兄弟，如邦人。大夫弔於命婦㉒，錫衰㉓。命婦弔于大夫，亦錫衰。

傳曰：錫者何也？麻之有錫者㉔也。錫者，十五升抽其半，無事其縷，有事其布，曰錫。

女子子適人者為其父母，婦為舅姑，惡笄有首以髽㉕。卒哭㉖，子折笄首以笄布總㉗。

傳曰：笄有首者，惡笄之有首也。惡笄者，櫛笄㉘也。折笄首者，折吉笄之首也。吉笄者，象笄也。何以言子折笄首而不言婦，終之也㉙。

妾為女君、君之長子，惡笄有首，布總。凡衰，外削幅㉚；裳，內削幅㉛，幅三袧㉜。若齊㉝，裳內，衰外㉞。負㉟，廣出於適㊱寸。適，博四寸，出於衰㊲。衰，長六寸，博四寸。衣帶下尺㊳。衽㊴，二尺有五寸。袂㊵，屬幅㊶。衣㊷，二尺有二寸。袪㊸，尺二寸。衰三升㊹，三升有半，其冠六升。以其冠為受，受冠七升。齊衰四升，其冠七升。以其冠為受，受冠八升。繐衰四升有半，其冠八升。大功八升若九升，小功十升若十一升。

【章旨】本章為〔記〕，概言之有三方面內容：一為講述五種喪服之外的幾種特殊喪服服飾，及其適用對象，如練冠、麻衣縓緣、錫衰、惡笄之類。二是補充正文未講到的幾種事例應如何服喪、如何增減。三是綜述喪服尺寸和各種喪服用布升數。

【注釋】❶記　本篇之記與他篇不同，就是有傳。有一種說法認為記不應有傳，此章「凡衰，外削幅」以上為經文，以下方為記。這是拘於子夏作傳舊說。實則記、傳皆孔子後學所作，非出一人之手，為記作傳未為不可。❷公子為其母　國君庶子為其生母服喪。公子，國君嫡長子以外諸子的統稱，包括嫡妻所生第二子以下及妾生子。此處專指妾生子，因嫡妻所生子為母喪可伸正服，只有妾生子於父在世時為父壓抑，不得伸為母服喪之情，權為生母服此種喪服，表示不忘其恩。❸練冠　用白色熟絹縫製的喪冠。喪禮父母死後一週年之祭稱小祥，主人戴練冠，故又稱小祥為練祭。練，把生絲煮熟，使其潔白柔軟。❹麻　用澡麻所製首絰腰帶。與緦麻喪服所用絰帶同。❺麻衣縓緣　麻衣，用白布製作衣裳相連無彩飾之衣。喪禮大祥而後「素縞麻衣」(見《禮記・閒傳》)即此也。縓緣，淺紅色邊飾。縓，淺紅色。❻縓冠　以布製作淺紅色喪冠。❼五服　五種通行喪服，指斬衰、齊衰、大功、小功、緦麻五種喪服。❽君之所不服　國君不為其服喪的人，此指國君之妾和庶子之妻。君既不為妾與庶婦服喪，故不在五服之中，而在五服外權製此服以表達母子、夫妻恩情。❾君之所為服　國君為之服喪者，此指君之嫡妻和嫡子之妻。❿於兄弟降一等　上述三種身分的人為兄弟服喪要比通行作法降低一個等次。兄弟，鄭注：「猶言族親。」含義極廣泛，為本族親戚之通稱。包括祖父、父親之兄弟，己之兄弟、堂兄弟，子孫之兄弟等等。⓫在他邦　在其他國家。去國原因或行道求仕而出遊，或躲避仇家，或被放逐等。因其身處異國，無家室之親，故生者為之服喪增加一個等次。⓬不及知父母　幼小尚不認識父母時，父母俱亡，與兄弟同居，受其撫育。⓭袒免　袒衣免冠，以布括髮。五服之外的親朋，無喪服之制，則袒免以示哀悼之情。袒，裸露左臂。免，去冠，用一寸寬布條將髮括起。⓮朋友麻　朋友之間服澡麻製首絰和腰帶。此種絰帶與緦麻喪服之絰帶同。⓯君之所為兄弟服　公卿、大夫為小功以下親族服喪。⓰宗子孤為殤　喪父之大宗繼承人，未及成年而死。⓱皆三月　都是三個月除去喪服。宗子長殤、中殤，族人服大功喪服；宗子下殤，族人服小功喪服。⑱親　與宗子有五服之親者。⑲月筭　為宗子服喪月數。即與宗子有期之親者，宗子為成人，則為服齊衰一年；長殤，為服大功喪服九月；中殤，為服大功喪服七月；下殤，為服小功喪服五月。有大功之親者，成人，為服齊衰三月，改受大功九月；長殤、中殤，為服大功喪服五月；下殤，小功三月。有小功之親者，成人，為服齊衰三月，改受小功五月；對其殤者，與無親屬關係的人所服相同。有緦麻之親者，不管成人與殤者，所服皆同於眾人。⑳改葬緦　因墳墓崩壞，將要亡失尸柩時，須重新安葬，則臣為君、子為父、妻為夫服緦麻之服，三月而除。㉑童子唯當室緦　童子只有繼承父親主持家事，才可以服緦麻之服。童子，男子未行冠禮前稱童子。古時男子二十而冠，則十九歲以下為童子。又說此指十五歲至十九歲之間，因十五歲以下，年歲太小，難以主持家事。當室，作家室之主，主持家事。㉒大夫弔於命婦　命婦死，大夫前往弔唁。㉓錫衰　用光滑平整麻布所製喪服，為弔喪時所穿。錫，通「緆」。滑易之布，即光滑平整的麻布。㉔麻之有錫者　麻布經過整治而變得光滑平坦的品種。此種麻布只對布進行修治，而對織布之線不修治，使其仍然粗糙，以示哀在內也。㉕惡笄有首以髽　喪事用笄有刻鏤之笄頭，插在髮髻上。出嫁女為父母，媳婦為公婆服齊衰一年，已見前述，而未言頭上服飾，在此加以補充。㉖卒哭　古代喪禮，百日祭後止無時之哭為朝夕一哭，稱卒哭。㉗布總　用布束髮。㉘櫛笄　據王引之《經義述聞》考證，櫛為柞木，以之製笄，質地粗惡，故用作喪笄。㉙子折笄首二句　婦為公婆服齊衰之喪，終其喪皆用惡笄，不更換。而出嫁女為父母服喪，卒哭後則用折首吉笄易惡笄。此「子」專指出嫁女對父母言。㉚外削幅　製作喪服上衣，將剪裁布的邊幅向外折一寸。削，剪裁。㉛內削幅　剪裁布的邊幅向內折一寸。㉜幅三袧　喪服下裳前三幅後四幅，每幅有三個褶襇。袧，衣裙的褶襇。㉝齊　緝邊。㉞衰外　喪服上衣邊向外折縫。㉟負　後背上一方布，上端與衣領縫在一起，下端垂放之。㊱適　又名辟領。在上衣領口兩外側，縱橫各剪入四寸，以所剪部反摺向外，覆於肩謂之適。㊲衰　綴於胸前長六寸寬四寸的布，與後背之負相對。㊳衣帶下尺　在衣之下端當腰處用布連綴，使垂下一尺長，以遮掩衣裳連接之際。㊴衽　衣襟。用以掩裳兩旁不連合之際。㊵袂　衣袖。㊶屬幅　以整幅與衣相連接。㊷衣　指衣袖的周長。袖為臂之衣。㊸袪袖口。㊹衰三升　斬衰喪服用布規格為三升，即幅二百四十縷。

【語譯】〔記〕國君庶子為其生母服喪，為白色熟絹製的喪冠，澡麻製作的首絰和腰絰，白麻布製作上衣下裳連接無彩飾有淺紅色邊飾的喪服。為其妻，布製淺紅色喪冠，細葛布絰帶，麻衣帶淺紅色邊飾。以上兩者皆安葬後除服。

傳文說：上述喪服何以不在通常五種喪服之中呢？凡是國君不為服喪者，其子也不敢為之服喪。凡是國君為之服喪者，其子也不敢不為之服喪。

大夫，諸侯之兄弟，大夫之子，為族親服喪要降服一等。支子作大宗繼承人者，為親兄弟服喪要降服一等，兄弟也以同服相報；為所繼承者兄弟之子服喪，與己子同。兄弟因故在他國，為其服喪要加服一等。幼小不識父母而孤，與兄弟同居受其供養，為其服喪加服一等。

傳文說：什麼情況可稱加服一等的兄弟？舊傳說：是指有小功以下親緣關係的兄弟。

朋友都在他國，如有死者則為其袒衣免冠，以布束髮，以示哀悼，如靈柩已歸故國，則止此而服常服。朋友之喪互服緦麻之服。公卿大夫有地為君者為小功以下親族服喪，室老要降低一等服喪。丈夫為小功以下親族服喪，妻則降服一等。庶子作了父親繼承人，為他的外祖父母、姨和舅無服。不作父親繼承人，則與眾人同樣服喪。喪父之大宗繼承人，未及成年而死，長殤、中殤，族人為服大功之服，下殤，族人為服小功之服，都是三個月除服。與宗子有五服之親者，則服喪月數與眾人相同。因墳墓崩壞而改葬，則臣為君、子為父、妻為夫服緦麻之服。

童子只有繼承父親主持家事，才可以服緦麻之服。

傳文說：不主持家事，就不服緦麻之服。

凡妾為私親服喪，與眾人同。命婦死，大夫前往弔唁，穿光滑平整麻布所製喪服。大夫死，命婦前往弔唁，亦穿光滑平整麻布喪服。

傳文說：錫是什麼？是經過整治而光滑平坦的麻布。所說錫布，每幅七升半，即六百縷線，對所用線不加整治，只對布加以整治，使光滑平坦，稱為錫布。

女子出嫁者為自己父母，媳婦為公婆，服喪之頭飾為粗惡的喪笄，笄頭刻有文飾，插在髮髻上。卒哭之後，女兒用折去笄頭的吉笄插髮，再用布將髮束起。

傳文說：所說笄有首，是指喪笄中有刻鏤文飾之首者。所說惡笄，是用柞木製成的喪笄。所說折去笄首，是折去吉笄之首。吉笄，是用象骨製成的笄。為什麼說子折笄首而不說婦折笄首？因為媳婦為公婆服齊衰之喪，終其喪皆用惡笄，不更換折首之吉笄，只有女兒在卒哭後更換。

君之妾為君之嫡妻、君之嫡長子服喪，其頭飾為喪笄，笄首有刻鏤的文飾，以布束髮。凡是喪服的上衣，都是將剪裁布的邊幅向外折一寸；下裳則向內折一寸，下裳前三幅後四幅，每幅有三個褶襉。如果緝邊，則下裳向內折縫，上衣向外折縫。後背上方有一方布，左右各寬出辟領一寸。辟領寬四寸，旁出胸前綴布外側。胸前綴布長六寸，寬四寸。在衣下端當腰處用布連綴，使垂下一尺，以遮掩衣裳連接之際。衣襟長二尺五寸。衣袖以整幅布與上衣連在一起。衣袖周長二尺二寸。袖口一尺二寸。斬衰喪服用布規格為三升或三升半，其冠用布規格為六升。用其冠之六升布作變換輕喪服所用布，輕喪服冠用布規格為七升。齊衰喪服用布規格為四升，其冠用布規格為七升。用其冠之七升布作變換輕喪服所用布，輕喪服冠用布規格為八升。緦衰喪服用布規格為四升半，其冠用布規格為八升。大功喪服用布規格為八升或九升，小功喪服用布規格為十升或十一升。

【說　明】一、喪服是宗法制度的重要表現形式

凡禮，皆有外在形式和內在意義，要在弄清形式的基礎上探求其內在意義，並將其揭示出來，才能使禮之研究深入一步。喪服作為喪禮的外在形式，其所蘊涵的內在意義便是宗法制度的「親親、尊尊」思想原則，這一原則在喪服中得到最充分的體現。《禮記・大傳》歸納服喪六術：「一曰親親，二曰尊尊，三曰名，四曰出入，五曰長幼，六曰從服。」鄭玄注說：「親親，父母為首。尊尊，君為首。名，世母、叔母之屬也。出入，女子子嫁者及在室者。長幼，成人及殤也。從服，如夫為妻之父母，妻為夫之黨服。」其中最重要的是親親、尊尊二項，其餘各項皆由此派生。親親，指按血統辨別親疏，判定應服喪服類別的原則依據。直系血統以父母為最親，服喪最重，上至祖、曾祖、高祖，依次遞減，高祖以上無服。下以長子最親，服喪最重，孫、曾孫、玄孫依次遞減，玄孫以下無服。如上服為父斬衰三年，父卒為母齊衰三年，為祖父母齊衰杖期，為曾祖父母齊衰三月。下服，父為長子斬衰三年，為嫡孫不杖期，為曾孫緦麻三月等。旁系血親，為同父兄弟服不杖期，為同祖兄弟服大功九月，為同曾祖兄弟服小功五月，為同高祖兄弟（亦稱族人）服緦麻三月等。尊尊，指按嫡庶辨別貴賤，以判定應服喪等級的原則。嫡長子為繼承大宗、小宗的宗主，地位最尊貴，其餘庶者、幼者為卑，相應為嫡長子服喪最重，為庶者、幼者則輕。如父為嫡長子服斬衰三年，為眾子不杖期；而為嫡孫不杖期，為庶孫大功九月等。喪服還特別提出「為

人後者」的服喪情況，大宗無嫡子而選同族庶子為繼承人，這被選者即是「為人後者」，其被選後即獲得嫡長子地位，身分也隨之高貴，不再以生父母為父母，而以所繼承之大宗主為父母，為大宗主服斬衰三年，為生父母只服不杖期，這更突出了尊尊原則，並把尊尊放在親親之上，這是維繫宗法制度所必需的，唯其如此，才能使嫡長子繼承制貫徹始終。

其餘四項原則都是和前二項密不可分的。名指為伯母、叔母服喪，她們雖不是血親，卻因伯父、叔父而得名，是親親的擴大。出入指為未嫁女或嫁而被出在母家之女，和出嫁在外之女服喪，在家者喪重，出嫁在外者服輕。長幼指為成年人和未成年人服喪，成年喪重，未成年之殤者服輕。從服指因妻或夫的關係而隨同服喪。上述四項皆由親親、尊尊相伴而來，是親親、尊尊的延伸。

因為喪服全面細緻而又形象地表現宗法中親疏貴賤之別，在實行中對維護宗法制度發揮重要作用，故為歷代所重。秦漢以後，喪服制度進入國家法律，被強制推行二千餘年，是古禮中實施最長久、影響最廣泛的一種。

二、喪服輕重的表現方式

喪服表達輕重的方式主要有以下六項：㈠喪服用布精粗不同。布之精粗用升數表示，一升為八十縷經線，一幅二尺二寸寬的布，用幾升經線，便是幾升。升數多，其布細密，升數少，其布粗惡。斬衰三升，最粗惡，亦為最重之喪，以下依次減輕，喪服升數也相應提高，齊衰四升，大功八升，小功十升，緦麻十四升半，與十五升的朝服已相差甚微。斬衰裳服不緝邊，為最重喪服，齊衰以下喪服皆緝邊。喪冠與喪服配套使用，但用布升數不同。㈡服喪時間長短不同。斬衰、齊衰三年，齊衰一年，大功九月，小功五月，緦麻三月。㈢首絰腰絰不同。斬衰用苴麻絰，最為粗惡；齊衰、大功用牡麻絰，稍好；小功用漂洗之澡麻，又勝牡麻。㈣用杖不同。斬衰用苴杖，以竹為之；齊衰用削杖，以桐木為之。用杖有三種人，有爵位者、喪主、哀痛致病者，婦人不杖，未成年男子不杖。㈤所穿鞋子不同。斬衰菅屨，齊衰疏屨，二者皆草鞋，精粗有別。齊衰不杖期麻鞋，小功以下布鞋。㈥有受與無受。有受即在服喪一段時間後，由重喪服改為較輕喪服，如大功九月，在服喪三個月後改為小功之服，此即有受也。而喪期本短，中間不改服，便是無受。上述六項為通行喪服輕重的表達方法。

士喪禮第十二

【題　解】本篇記述諸侯之士遭父母之喪自始死至卜葬諸禮儀。喪禮於五禮屬凶禮，在諸禮中占有重要地位。《禮記》之〈雜記〉、〈喪大記〉諸篇論述喪禮，常常把君、大夫、士並陳，本篇則專言士，故名「士喪禮」。天子、諸侯、大夫、士、庶民都有喪禮，其繁簡隆殺程度雖有很大差別，但基本程式相似，其蘊涵的文化精神亦相通。從殷周以來直到現代，重喪傳統和喪禮的一些主要儀式，一直延續下來，特別是民間喪禮，保存較多古禮特徵和遺跡。

儒家倡導孝道，孝的基本內涵不外養生、喪死兩方面。孟子說過，君子治理國家，能使民「養生喪死無憾，王道之始也」（《孟子・梁惠王上》）。喪死便是按喪禮規定治理好喪事，所謂事死如事生，葬之以禮，祭之以禮之類是也。孔子「慎終追遠，民德歸厚」一語，道出喪禮於治道的重要意義。

本篇與下篇〈既夕禮〉記載喪禮最為系統詳盡，兩篇本屬一篇，因篇幅過長，分而為二。本篇記述下葬前諸禮儀，大致可分五章。一為始死第一日諸禮；二為親喪第二日禮儀，主要記述小斂全部過程；三為親喪第三日禮儀，主要記述大斂過程和君臨大斂之禮；四為朝夕哭奠、朔日奠和薦新；五為卜筮墓地和葬日。

士喪禮。死于適室❶，幠用斂衾❷。復者一人❸，以爵弁服❹，簪裳于衣❺，左何之❻，扱領于帶❼；升自前東榮、中屋❽，北面招以衣❾，曰：「皋❿，某復⓫！」三，降衣于前⓬。受用篋⓭，升自阼階，以衣尸。復者降自後西榮。

楔齒用角柶⓮，綴足用燕几⓯。奠⓰脯醢、醴酒。升自阼階，奠于尸東。帷堂⓱。

乃赴于君⓲。主人西階東，南面，命赴者，拜送。有賓⓳，則拜之。入，坐于牀東。眾主人⓴在其後，西面。婦人俠牀㉑，東面。親者㉒在室。眾婦人㉓戶外北面，眾兄弟堂下北面。

君使人㉔弔，徹帷㉕，主人迎于寢門㉖外，見賓不哭，先入門右，北面。弔者入，升自西階，東面。主人進中庭，弔者致命㉗。主人哭，拜稽顙㉘，成踊㉙。賓出，主人拜送于外門外。

君使人襚㉚，徹帷，主人如初㉛。襚者左執領，右執要㉜，入，升致命。主人拜，如初㉝。襚者入，衣尸，出。主人拜送，如初。唯君命出，升降自西階。遂拜賓，有大夫則特拜㉞之。即位于西階下㉟，東面，不踊。大夫雖不辭㊱，入也。

親者㊲襚，不將命㊳，以即陳㊴。庶兄弟襚，使人以將命于室。主人拜于位㊵，委衣于尸東牀上。朋友襚，親以進。主人拜，委衣如初，退，哭，不踊。徹衣者執衣如襚，以適房。

為銘㊶，各以其物㊷。亡㊸，則以緇，長半幅，赬末㊹，長終幅㊺，廣三寸。書銘于末㊻，曰「某氏某之柩」。竹杠長三尺，置于宇㊼西階上。

甸人掘坎㊽于階間，少西㊾，為垼㊿于西墻下，東鄉(51)。新盆、槃、瓶、廢敦、重鬲(52)，皆濯，造(53)于西階下。

陳襲事(54)于房中，西領，南上，不綪(55)。明衣裳(56)，用布。鬠笄用桑(57)，長四寸，纋中(58)。布巾(59)，環幅(60)，不鑿(61)。掩(62)，練帛(63)，廣終幅，長五尺，析其末(64)。瑱(65)用白纊(66)。幎目(67)，用緇，方尺二寸，赬裏，著(68)，組綦(69)。握手(70)，用玄，纁裏，長尺二寸，廣五寸，牢中旁寸(71)，著，組繫。決(72)，用正王棘(73)，若檡棘(74)，組繫，纊極二(75)。冒(76)，緇質(77)，長與手齊，經殺(78)，掩足。爵弁服(79)，純衣(80)。皮弁服。褖衣(81)。緇帶(82)。韎韐(83)。竹笏(84)。夏葛屨，冬白屨(85)，皆繶緇絇純(86)，組綦繫于踵(87)。庶襚(88)繼陳，不用。

貝三(89)，實于笲(90)。稻米一豆(91)，實于筐。沐巾一(92)，浴巾二(93)，皆用綌(94)，于笲。櫛，于簞。浴衣(95)，于篋。皆饌于西序下，南上。

管人汲(96)，不說繘(97)，屈之。祝淅米于堂(98)，南面，用盆。管人盡階，不升堂，受潘(99)，煮于垼，用重鬲。祝盛米于敦，奠于貝北。士有冰(100)，用夷槃(101)可也。外御受沐入(102)。主人皆出戶外，北面。乃沐，櫛，挋用巾(103)，浴用巾，挋用浴衣。渜濯棄于坎(104)。蚤揃如他日(105)。鬠用組，乃笄，設明衣裳。主人入，即位。

商祝襲祭服(106)，褖衣次。主人出，南面，左袒，扱諸面之右(107)，盥于盆上，洗貝，執以入。宰洗柶，建于米，執以從。商祝執巾從入，當牖北面，徹枕[108]，設巾，徹楔[109]。受貝，奠于尸西。主人由足西[110]，牀上坐，東面。祝又受米，奠于貝北。宰從立于牀西，在右。主人左扱米，實于右[111]，三，實一貝；左、中亦如之。又實米，唯盈。主人襲[112]，反位。

商祝掩，瑱，設幎目，乃屨，綦結于跗[113]，連絇[114]。乃襲，三稱[115]。明衣不在筭[116]。設韐、帶[117]，搢笏。設決，麗于掔[118]，自飯持之[119]；設握，乃連掔。設冒，櫜之[120]，幠用衾[121]。巾、柶、鬠[122]、蚤，埋于坎。

重木[123]，刊鑿之[124]。甸人置重于中庭，參分庭一[125]，在南。夏祝鬻餘飯[126]，用二鬲于西牆下。冪用疏布，久之[127]，繫用靲[128]，縣于重。冪用葦席，北面，左衽[129]，帶用靲，賀之[130]，結于後。祝[131]取銘置于重。

【章旨】本章記述始死日諸禮儀。主要有招魂、楔齒、綴足、設奠，向君報喪，尸在室時主人以下親屬哭位，君使人弔喪，君使人贈送助喪衣被，親朋贈送助喪衣被，為死者建冥旌，陳設沐浴、飯含等用品，在房中陳放為死者穿用的衣物，為死者沐浴、飯含、穿衣，在庭中設置懸物的橫木諸項。

【注 釋】❶適室　正寢之室。正寢，天子、諸侯稱為路寢，大夫、士稱為適寢。適寢統堂與房室而言，適室指適寢之室。自天子至士皆有燕寢和正寢，燕寢為平時居室，正寢為齋戒、疾病時所居。病時在北墉下，死則遷至南窗下。❷幠用斂衾　覆蓋死者屍體用大斂時並用的單被。幠，覆蓋。衾，單被。始死，移屍於牀，脫去病時衣，用大斂所用二被之一覆蓋。❸復者一人　招魂復魄者一人。復者，充任招魂復魄之有司。古人以精氣為魂，形體為魄，魂魄合一乃有生命。人死精氣遊走，魂魄分離，孝子不忍親人之死，故使人招魂復魄，希望死者復生。此種風俗一直延續下來，至今猶存。❹爵弁服　戴爵弁冠所穿服飾。古人冠與服是配套的，戴某種冠必定穿與其相應之服，不可相混，故古人常常以冠名服。爵弁服為絲衣淺紅色裳之類。❺簪裳于衣　把下裳和衣連綴在一起，使合為一體。簪，連綴。❻左何之　招魂者把死者衣裳搭在左肩上。何，通「荷」。負擔。❼扱領于帶　招魂者把死者衣領插於己之腰帶間，使固定也。扱，插也。領，死者衣之領。帶，招魂者之腰帶。❽中屋　屋脊之上。❾北面招以衣　面向北用死者之衣招魂。❿皋　長聲呼喚；呼號。皋，通「嗥」。此指長聲呼叫死者的靈魂。⓫某復　某某人歸來。某，死者之名。招魂時對男子稱名，對女子稱字。復，歸來。⓬降衣于前　把死者之衣從屋南檐扔下來，如魂之降下。⓭受用篋　下面的人用小竹箱接住衣服。篋，小竹箱，用盛衣服。⓮楔齒用角柶　把角柶插入死者上下齒之間，防止屍體僵硬，牙關閉緊，無法進行飯含。角柶，彎曲如軛，放入口中，用以支持上下齒，不使閉嚴。⓯綴足用燕几　用平時憑靠的小几拘束雙足使端正，以便於穿鞋子。綴，拘束。燕几，平時休息憑靠的小几。⓰奠　設酒食以祭。此指始死至下葬前，為死者設酒食以祭。其禮甚簡，因哀痛至深而不能講究文飾，也不忍對新死者以鬼神之禮事之。⓱帷堂　在堂上設置帷幕把死者圍隔起來，以防褻瀆，至小斂後撤去。⓲赴于君　向國君報喪。赴，報喪，今作「訃」。⓳賓　喪主之同僚、朋友為士者。⓴眾

主人　喪主的庶兄弟。㉑婦人俠牀　喪主妻妾及未出嫁女兒在屍牀之西，與男人夾牀相對。婦人，主人妻妾和未嫁女。俠，通「夾」。男人在牀東，女人在牀西，互相夾牀而對。㉒親者　於死者有齊衰、大功之親者。包括死者同宗族的伯父、叔父、堂兄弟、姑姊妹、孫子孫女、兄弟的子女，凡應為死者服大功、齊衰喪服者，皆包括在內。㉓眾婦人　指服小功以下喪服之女性親屬。此下之「眾兄弟」，則指小功之親以下男性親屬。㉔人　士也。按禮，君使人弔，必派與死者爵位相同者，死者為士，故知弔者必為士。㉕徹帷　掀起圍隔死者的帷幕，弔後再放下。此帷幕至小斂後方最後撤去。㉖寢門　內門。㉗弔者致命　弔者代君致弔唁之詞。㉘拜稽顙　行跪拜禮以額叩地。稽顙，又稱頓首，為凶禮中拜禮之重者，其與常見之稽首略異。稽首時頭至地較緩，頓首則較急，並以額叩地。顙，額頭。㉙成踊　跳腳哭泣三番。君使人來弔，主人哀哭有節，踊哭三番，每番跳腳哭三次，共九次而成禮。㉚襚　向死者贈送衣被，並指贈給死者的衣被。㉛主人如初　主人出迎諸儀節與接待君派來的弔唁者同。㉜要　通「腰」。指裳之上端。㉝如初　如迎接君之弔者禮儀。㉞特拜　單獨行拜禮。因始死之日，主人哀戚甚，在室，不一一出拜賓，而大夫尊於己，獨出行拜禮。㉟即位于西階下　主人暫時就位於西階之下。西階下本不是主人之正位，因居喪權立於此。東階是主階，主人新喪，孝子不忍由之，而暫從西階升降。㊱不辭　主人不待大夫辭謝，即上堂入室以就屍旁。因始死，喪主不可久離屍旁。㊲親者　於死者服大功、齊衰喪服之親屬。㊳不將命　不使人傳命於主人。㊴即陳　贈給死者的衣被直接陳放在房中。因親者與主人有同財之義。㊵位　室內屍牀東側主人之哭位。㊶為銘　為死者立冥旗，上書姓氏和名字。㊷各以其物　各用生前所建旗為死者立銘，以標明其身分等級。物，雜色旗。物之顏色、形制因人之身分地位而有別。㊸亡　無。生前無旗。指未命於君之士，生前不建旗，則在死後建冥旗。冥旗用一尺長三寸寬黑布條和二尺長三寸寬紅布條連綴一起，紅布條上書「某氏某之柩」，某氏為死者姓氏，某為死者名。掛在三尺高竹杆上，樹立在西階，待殯後置於柩上。㊹經末　冥旗下綴部分為紅色布。經，赤色。㊺終幅　整幅布寬二尺。㊻書銘于末　書死者之姓名於冥旗下綴之紅布條上。㊼宇　屋宇；屋檐下。㊽甸人掘坎　甸人挖掘土坑。甸人，掌田野諸事之吏。

士無地，自家無掌管田野之吏，此甸人為公家派來協助治喪者。坎，土坑，用以埋沐浴餘下之淘米水和巾柶等物。南北長二尺，東西寬一尺，深三尺，挖出之土堆放坑南。㊾少西　在兩階之間稍偏向西處。㊿垼　用土塊壘砌之灶，用以燒淘米水供浴屍之用。51東鄉　灶口朝向東。52廢敦重鬲　無足的瓦敦、將懸於橫木的瓦鬲。廢敦，用以盛米以為飯含之用。器物無足冠以「廢」字，如廢爵，即無足之爵。重鬲，用以煮淘米水，又用以把飯屍之餘米煮為粥。鬲，炊具名。形狀與用途如鼎，古時盛饌用鼎，平時煮飯用鬲，鬲可容六斗。一說重鬲為二鬲也。53造　陳放，猶「饌」也。此不用「饌」而用「造」，因喪事匆忙，有急遽、造次之義。54襲事　將要為死者穿用的衣物。55不績　即不屈，不轉行相接續也。陳設諸物，首行從前至後陳放，放不下，次行即接前行從後至前陳放，如物之屈而轉也。不屈則是次行更端另起，從前至後陳放，不與前行尾轉接，即此不績之義。績，猶「縪」，屈也。56明衣裳　平時齋戒所穿之貼身單衣裳。明，為潔淨之意。此指為死者浴後貼身所穿的單衣裳。57鬠笄用桑　束髮後所加的笄用桑木製作。鬠，束髮。桑，取其與喪諧音而用之。58纋中　笄的兩端狹，中央闊，便於安髮，保持髮形。纋，兩頭狹中間闊。59布巾　以布製成的方巾，長寬皆二尺二寸。飯含時用來遮蓋死者臉部。60環幅　布巾長寬皆與一幅布同，即二尺二寸。61不鑿　布巾上不剪開口子。用布巾遮住死者臉，以免人見而憎怖。飯含時，士由其子掀開布巾進行。如果死者為大夫以上者，則由賓為其飯含；在巾之對死者口處挖一洞，經此飯含，不須掀開布巾，此則為「鑿」。62掩　用熟帛裹首以代冠。63練帛　熟帛。64析其末　把熟帛末端撕開為二條，以便於打結。65瑱　塞耳之具，生人之瑱用玉或象牙製作，用細繩繫之垂於冠的兩旁。死則用白纊塞耳，異於生時。但據考古發現亦有玉瑱、象瑱，或不盡用白纊。66白纊　白色新絲綿絮，古人用以塞耳。班固《白虎通．紼冕》：「纊塞耳，示不聽讒也。」67幎目　覆蓋死者面部之巾。幎，覆蓋。雖言幎目，亦兼覆面。68著　充填，用綿絮充填兩層布之間。69組繫　用絲綿編結而成的帶子，縫於覆面巾的四角，以便於結繫腦後。70握手　包裹死者左手的布巾，又稱握。其制黑布為面，紅布為裏，內充綿絮。長一尺二寸，寬五寸。中間一段兩側向內縫進一寸，寬四寸，為手握部位。設握之序，先將握之一端覆於左手背上，然後向下繞，把中間一段置於手中，另一端繞上覆於手背。再把兩端之帶繞中指，結於手腕。71牢中旁寸　在握手中間部位，左右向內共縫進一寸。則是兩端寬五寸，中間寬四寸，供手握。牢，收籠。中，握手之中間部位。旁寸，兩旁向內共縫進一寸。72決　扳指，射箭時套在右手大拇指上，用以鉤弓弦。生時用象骨製作，死則用棘木。73正王棘　優良的王棘木。74檡棘　木名。75纊極二　用新絲綿製作的指套二只。極，射箭時套在右手食指中指無名指上的指套，以免弓弦擦傷手指。生時指套有三，用紅色熟皮製作；死者有二，用新綿絮代替，表示只作為明器，不切實用。76冒　屍套，上下身各一，上稱質，下稱殺。77緇質　屍套上身用黑布製作，其形方正，故稱質。78䞓殺　屍套下身用紅布製作，其形狹窄，故稱殺。用時先由下往上套穿，再由上往下，上玄下纁，以象天地。79爵弁服　生時戴爵弁所穿的衣裳，即絲衣纁裳。此為以冠名服，死者不冠。80純衣　絲衣，黃黑色，唯爵弁服、冕服為純衣，餘皆用布。81褖衣　黑色衣裳，有紅色鑲邊。為士之禮服。82緇帶　黑色絲織大帶，用以束衣。上述三種衣皆用此帶。83韎韐　古代祭服上的蔽膝，熟皮製作，用茜草染成赤黃色。84竹笏　竹製笏版，古時朝會所執手板，有事書於其上以備忘。古代自天子至士皆執笏，後世唯品官可執，清始廢。85冬白屨　為「冬白皮屨」的省文。上句「夏葛屨」亦為「夏白葛屨」省文，「白」互見。86繶緇絇純　裝飾鞋牙鞋鼻和鞋口的黑色絲帶。繶，指鑲在鞋牙與鞋底相接縫處的黑絲帶。絇，繡在鞋鼻上的絲帶。純，縫於鞋口的絲帶。三者皆為一寸寬黑絲帶，主要在於裝飾作用。87組綦繫于踵　用絲帶製作的鞋帶繫於鞋後跟，以便穿鞋時把兩根鞋帶繫牢於足背上。綦，鞋帶。踵，鞋後跟部位，此處放置足跟（踵），故亦稱踵。88庶襚　親者、庶兄弟、朋友等贈送的衣被。89貝三　飯含用貝三枚。貝，古時曾作為貨幣用。飯含用貝與米，米為其食，貝為其用。此風俗至今民間尚有保存，所含之物多為五穀糧食。90笲　竹器名。形如圓竹筐。91豆　古量器名。一豆合四升。92沐巾一　為死者洗頭洗髮巾一條。93浴巾二　為死者洗身用浴巾二條，上身下身分開用。94紟　粗葛布。95浴衣　死者浴後所穿的單衣，以布為之。96管人汲　管人用瓶引水於井。管人，掌管館舍雜務的小吏。97不說繘　不解下井繩。說，通「脫」。繘，井繩。98祝淅米于堂　夏祝在堂上中部以南近階處淘米。祝，夏祝，國君之臣，前來協助治喪者。淅米，淘米。[99]潘　淘米水。[100]士有冰　士死如果有君加賜之冰。如果死於夏月，則把冰放在夷槃中，置於屍牀下，以降溫防腐。一般士死無冰，有冰則為君主加賜。[101]夷槃　承屍之槃。夷與屍可互借。[102]外御受沐入　士生前之侍御僕從受命入室為死者洗頭洗髮。外御，對內御而名，士之侍御僕從。[103]挋用巾　用巾拭乾死者頭髮上水分。挋，拭；拭乾。[104]渜濯棄于坎　為死者沐浴後剩下的淘米水，倒入兩階間的土坑中。渜濯，沐浴屍體後所餘之水。[105]蚤揃如他日　為死者修剪指甲，梳理鬍鬚，像平時為主人所作的那樣。蚤，剪指甲。揃，有數義，此應與「鬋」同，順也，即把鬚理順。[106]商祝襲祭服　熟知殷商之禮的祝把死者待穿的衣服依次放置牀上，先爵弁服、皮弁服。商祝，習商禮之祝。襲，把屍衣依次布放於牀。祭服，指爵弁服、皮弁服。[107]扱諸面之右　把空出之左衣袖插入右腋下的腰帶內。扱，插。[108]徹枕　撤掉枕頭，使死者頭仰口向上，以便於飯含。[109]徹楔　撤出楔齒的角柶。[110]由足西　由死者腳下方繞向屍牀西側。主人原在屍東，今由屍足之北繞至西側。不從頭上而從腳下繞過，表示對死者尊敬。[111]實于右　放入死者口內右側。放入米貝順序是先右，次左，次中，直到放滿為止，象徵死者已飽。[112]主人襲　主人把衣袖穿到袒露左臂上。[113]跗　腳背。[114]連絇　用餘下絲帶把死者兩隻鞋的鞋鼻穿連起來，以免死者兩足分開。[115]三稱　三套衣服，即爵弁服、皮弁服、褖衣。稱，古代計算衣服的量詞，如同一套，即上衣下裳齊備為一稱。死者尊卑不一，襲數也不同，如士三稱，天子十二稱，諸侯七稱。[116]明衣不在筭　貼身的單衣不算在數內。[117]韐帶　蔽膝和緇帶。韐，韎韐，即蔽膝，有革帶。帶，緇帶，即黑色大帶，用以束衣。[118]麗于掔　用絲帶把扳指連結在手腕上。麗，連。掔，手腕。[119]自飯持之　繞大拇指結繫牢固。飯，大拇指。[120]囊之　把屍體藏起來。囊，收藏甲衣或弓箭的袋子，亦作「收藏」解。[121]幠用衾　以大斂用之單被覆蓋起來。衾，被子，此指大斂用二單被中之一。[122]鬠　梳理頭髮時掉下的亂髮。[123]重木　懸掛器物的橫木。[124]刊鑿之　把木砍削鑿孔。[125]參分庭一　把庭南北長度分為三等分，重木設在靠南三分之一處。[126]夏祝鬻餘飯　熟知夏代禮儀的祝把飯含餘下的米煮成粥。[127]久之　蓋住鬲口。久，塞，亦有「遮蓋」義。[128]繫用靲　繫鬲之繩用革帶。靲，革帶，又言竹索。[129]左

袵　從右向左捲席。130賀之　用革帶由南向北，再由北向南，捆結於葦席上。賀，加也，累加之意，指用革帶雙重捆結。131祝　此指熟習周代禮儀的祝。

【語　譯】士喪禮。應當死在正寢之室，覆蓋死者用大斂時的單被。招魂復魄者一人，他拿起死者的爵弁服，把裳和衣連綴一起，搭到左肩上，把衣領插入自己的腰帶間，使其固定；而後由屋東側前檐翹起處登上屋頂，站到屋脊之上，面向北用死者衣服招魂，長聲呼喊道：「喂，某某人回來吧！」呼喊三遍，將衣服從屋前扔下來。下面的人用小竹箱接住衣服，持之由東階上堂，用以蓋在死者身上，表示魂已附身。招魂者由屋西側後檐翹起處下來。

把角柶插入死者上下齒間，用平時憑靠的小几拘束死者雙足使端正。為死者設乾肉、肉醬和甜酒以祭奠。設奠者由東階上堂，把祭品放在牀東側。在堂上設帷幕把死者圍隔起來，以防褻瀆。

接著就派人向國君報喪。主人站在西階之東，面向南，告知報喪者，並行拜禮送行。如此時有賓客來弔喪，主人就要行拜見之禮。

主人入室，坐在屍牀之東。主人的庶兄弟在他身後，面向西。主人妻妾和未出嫁女兒在屍牀西，與男人夾牀相對，面向東。於死者有齊衰、大功之親者在室內。服小功以下喪服的女親在門外堂上，面向北，服小功以下喪服的男親在堂下，面向北。

國君派士前來弔喪，有司掀起圍隔死者的帷幕，主人到寢門外迎接，見賓客時不哭，先從門右側進入，面向北站立。接著弔喪者進門，從西階上堂，面向東站立。主人進入中庭，弔喪者代表國君致弔唁之詞。致詞畢，主人哭，行拜禮，以額叩地，又三番跳腳而哭以成禮。賓客退出，主人在外門之外行拜禮相送。

國君派人向死者贈送衣被，有司掀起帷幕，主人出迎，與接待君之弔喪者禮儀同。致送衣被者左手持衣領，右手持裳之上端，入門上堂致國君之命。主人對其行拜禮如前此叩拜致君命之弔喪者那樣。致送衣被者入室，把衣被蓋在死者身上，而後出門。主人拜送於外門外如初。只有奉君命前來弔喪、致送衣被的人，主人才出迎，上堂下堂都經由西階。同時拜謝賓客，如果有大夫來，就要單獨行拜禮迎接。主人暫時就位在西階下，面向東，不頓足哭拜，大夫雖未謙辭，也不必等待而上堂入室以就屍旁。

為死者服齊衰、大功喪服的親屬來送衣被，不用使人向主人傳命，就把衣被直接陳放到房中。庶兄弟送來衣被，則要派人傳命給主人。主人在其位上行拜禮，把衣被放到死者東邊牀上。朋友送來衣被，要親自持入室內。主人對其行拜禮，把衣被放到屍東牀上如初，而後退出，主人號哭不頓足。撤衣之有司撤衣時也像致襚者一樣，左手持衣領，右手提裳腰，送往房中。

為死者立銘旗，各用其生前所建旗，以標明其身分。如果此士未命於君而無旗，就用一尺長三寸寬黑布，下連綴二尺長三寸寬紅布，作成冥旗。在紅布上書寫死者姓名為「某姓氏某人之柩」。用三尺長竹竿作旗杆，置於屋檐下西階之上。

甸人在兩階間稍偏西處挖掘土坑，又在西牆下用土塊壘成灶，灶口朝向東。未用過的新瓦盆、瓦槃、瓦瓶、無足瓦敦、將懸於橫木的瓦鬲，都須洗濯乾淨，陳放在西階下待用。

陳放將為死者穿用之衣物於房中，衣服領子朝西，以南方為上位，由南往北擺放，一行擺不下也不轉行相續，而另起一行，仍然由南向北擺放。死者浴後貼身穿的單衣裳，用帷幕之布製作。

束髮後所加之笄用桑木製作，笄長四寸，兩端狹，中間闊。飯含時蓋在死者臉上的方布巾，長寬都是二尺二寸，不在對著口的部位挖孔。裹死者頭部用熟帛，寬二尺，長五尺，將末端撕開以便結繫。為死者塞耳用新絲綿絮。蒙在死者臉上的布巾，外面用方一尺二寸黑布，裏面用紅布，中間用綿絮充填，四角縫有打結用的絲帶。包裹死者左手的布巾，外用黑布，內用淺紅布，長一尺二寸，寬五寸，在中間部位兩側共向內縫進一寸，中有綿絮充填，兩端縫有打結的絲帶。戴在死者右手大拇指上的扳指，用質地優良的王棘木或檡棘木製作，繫有用作連結的絲帶，用新絲綿製作的指套二只。屍套上下各一，上身用黑布作成，長與手齊，下身用紅布作成，長三尺，用時先將下身從足部往上套，再將上身從頭部往下套。爵弁服即絲衣纁裳一套。皮弁服一套。有紅色鑲邊的黑色衣裳一套。黑色絲織大帶一條。赤黃色蔽膝一件。竹笏板一塊。夏天用白色葛屨，冬天用白色皮屨，都配有裝飾鞋牙鞋鼻和鞋口的黑色絲帶，用絲帶製作的鞋帶繫在鞋後跟上。親者、庶兄弟和朋友等致送的衣被接續陳放在房中，但不為死者穿用。

飯含用貝三枚，放在竹笲中。稻米四升，放在筐中。為死者洗頭洗髮巾一條，洗身用巾二條，上下身各一分用，都用粗葛布製成，放在竹笲中。為死者梳理頭髮的梳篦放在竹簞內。死者浴後所穿布製單衣放在小箱內。上述諸物品都擺放在西間牆下，以南方為上位。

管人以瓶汲水於井，不解下井繩，而是把井繩盤繞起來提水上堂。夏祝在堂上面向南用瓦盆淘米。管人走上臺階最後一級，不上堂，於此接過淘米水，到灶上用懸掛之鬲煮熱。夏祝把米盛入敦中，將其擺放在貝笲之北。士死如果有君加賜之冰，就用盛冰的夷槃接浴屍之水可也。士生前侍御僕從受命入室為其洗頭洗髮。主人一行都到門外去，面向北站立。於是就給死者洗頭洗髮，梳髮，用拭巾把頭髮擦乾，接著用布巾為死者洗身，洗完用浴衣擦乾。沐浴屍體的餘水倒到兩階間的土坑中。再為死者剪指甲、梳理鬍鬚，如平時一樣。用絲帶束髮，然後插上桑木髮笄，穿上貼身單衣。主人一行入室，就其原位。

習商代禮儀之祝把死者待穿之衣服依次放到牀上，先爵弁服，次皮弁服，次為褖衣。主人出室，面向南立，袒露左臂，把空出的左衣袖插入右腋下腰帶裏，在盆上洗完手，再洗貝，持之入室。宰清洗完角柶，將其插到敦中米上，持敦跟在主人後面。商祝持蒙面布巾跟從主人入室，在對窗處面向北站立，撤去死者枕頭，蒙上布巾，撤去楔齒的角柶，接過貝，放到屍體之西。主人由死者腳下方繞向屍牀西側，在牀上坐下，面向東。祝又接過米敦，放在貝笲之北。宰隨主人站在屍牀之西，立於主人右側。主人左手取米，放入死者口內右側，放米三次，放貝一枚，往死者口內左側和中間放米貝也如此。此後再往口內放米，直至盈滿為止。主人穿好左衣袖，返回屍東原位。

商祝用熟帛為死者裹首，用新絲綿絮塞耳，再將蒙面巾蓋住臉，就開始為死者穿鞋，把鞋帶結繫於腳背，又用餘下帶子把兩隻鞋的鞋鼻穿連起來，以免兩足分開。接著為死者穿衣服，士穿三套衣服，即爵弁服、皮弁服和褖衣，貼身單衣不算在內。繫好蔽膝和黑色大帶，把笏板插於腰帶右側。為死者戴上扳指，並用絲帶將其連結在手腕上，繞大拇指根繫牢；又為死者戴上握手，用絲帶繫到手腕上；再用屍套把屍體裝進去，用大斂的單被蓋起來。把用過的布巾、角柶、掉下的亂髮、剪下的指甲都埋到兩階間的土坑中。

懸掛器物的橫木，要砍削修治並鑿孔。甸人把橫木安裝在中庭南側三分之一處。習夏代禮儀之祝把飯含餘下的米用兩個鬲在西牆下煮成粥。用粗布蓋子覆蓋住鬲口，繫鬲之繩用葦帶，將鬲懸掛在橫木上。用葦席把橫木和鬲圍隔起來，朝向北面，從右向左圍隔，用革帶雙重捆結於南側。習周禮之祝取來冥旗，插到橫木上。

厥明❶，陳衣于房，南領，西上，綪；絞橫三縮一❷，廣終幅，析其末❸。緇衾，赬裏❹，無紞❺。祭服次，散衣❻次，凡十有九稱，陳衣繼之，不必盡用。

饌于東堂下，脯醢醴酒。冪奠用功布❼，實于簞，在饌東。設盆盥于饌東，有巾。

苴絰❽，大鬲❾，下本在左❿，要絰小焉⓫，散帶垂⓬，長三尺。牡麻絰⓭，右本在上⓮，亦散帶垂。皆饌于東方。婦人之帶，牡麻結本⓯，在房。

牀笫⓰，夷衾⓱，饌于西坫⓲南。西方盥⓳，如東方。

陳一鼎于寢門外，當東塾少南，西面。其實特豚，四鬄⓴，去蹄，兩胉㉑，脊、肺。設扃鼏，鼏西末㉒。素俎㉓在鼎西，西順，覆匕，東柄。

士盥，二人以並，東面立于西階下。布席于戶內，下莞上簟[24]。商祝布絞、衾、散衣、祭服。祭服不倒[25]，美者在中[26]。士舉遷尸[27]，反位。設牀笫于兩楹之間，衽如初[28]，有枕。卒斂，徹帷。主人西面馮尸[29]，踊無筭；主婦東面馮，亦如之。主人髺髮[30]，袒，眾主人免于房[31]。婦人髽于室[32]。士舉，男女奉尸，侇于堂[33]，幠用夷衾。男女如室位，踊無筭。主人出于足[34]，降自西階。眾主人東即位。婦人阼階上西面。主人拜賓，大夫特拜，士旅之。即位踊，襲絰于序東，復位。

乃奠。舉者盥[35]。右執匕[36]，卻之；左執俎，橫攝之[37]；入，阼階前西面錯[38]，錯俎北面。右人左執匕，抽扃，予左手，兼執之；取鼏，委于鼎北，加扃，不坐。乃朼載[39]。載兩髀于兩端，兩肩亞[40]，兩胉亞，脊、肺在于中，皆覆[41]。進柢[42]，執而俟。夏祝及執事盥，執醴先，酒、脯、醢、俎從，升自阼階。丈夫[43]踊。甸人徹鼎，巾待于阼階下。奠于尸東，執醴酒北面西上。豆錯，俎錯于豆東。立于俎北，西上。醴酒錯于豆南。祝受巾，巾之㊹，由足降自西階。婦人踊。奠者由重南東。丈夫踊。賓出，主人拜送于門外。

乃代哭㊺，不以官㊻。

有襚者，則將命。擯者出請，入告，主人待于位。擯者出告須㊼，以賓入。賓入，中庭北面致命。主人拜稽顙。賓升自西階，出于足，西面委衣，如于室禮㊽，降，出。主人出，拜送。朋友親襚，如初儀，西階東，北面哭，踊三，降，主人不踊。襚者以褶㊾，則必有裳，執衣如初。徹衣者亦如之，升降自西階，以東㊿。

【章旨】本章為親喪第二日禮儀，主要記述小斂之禮，包括陳放小斂待用衣物，遷尸馮尸挽髮，小斂奠，小斂後送衣被禮儀諸項內容。

【注釋】❶厥明　死後次日天明時。❷絞橫三縮一　用以收束衣被的絞帶，放在衣被之下，橫向放三條，縱向放一條。絞，絞帶，用以收束死者衣被使其又緊又牢固。❸析其末　將絞帶的兩端撕開成三條，用以打結。❹赬裏　小斂用被黑布面，紅布裏。赬，赤色。❺紞　縫在被端的絲帶，用以區別首尾。❻散衣　爵弁服、皮弁服以外的衣服。褖衣亦屬散衣。❼功布　經人工捶鍛並加石灰漂洗的布，應指小功布，又說為大功布。❽苴

經　服斬衰喪服的首經，用粗惡苴麻製成。❾大鬲　苴經粗細比人雙手一握稍粗。鬲，又作「搹」，通「扼」。以雙手食指大指扼圍測量物的粗細。中人之手扼圍長九寸。❿下本在左　麻根朝下，在頭的左側。⓫要經小焉　腰經要比首經細五分之一。要，通「腰」。⓬散帶垂　腰經繞腰一周餘下部分垂於帶下。散帶，即腰經。稱為散帶，因令餘帶下垂而不繞起來。⓭牡麻經　用不結子麻製作的首經，比之粗惡的苴經，質料和作工稍好些，為齊衰至小功所戴首經。⓮右本在上　麻根在頭的右側，朝向上方。⓯牡麻結本　婦人服齊衰，其腰經餘下部分纏結於經之根部，不令下垂。⓰第　竹編的牀板，設於牀上以承席者。⓱夷衾　覆蓋屍體的單被。在此之前覆蓋屍體用大斂之被，小斂後接著是大斂，此時大斂之被應陳放好以待用，故製夷衾覆屍。⓲坫　設在東西堂下東南、西南角的土臺，稱東坫西坫，用以陳放小斂用品。⓳西方盥　在西堂下為舉屍者設置的盥洗用具。⓴四鬄　肢解開的兩前肢和兩後肢四塊。鬄，剔，分割肢解之意。㉑胉　脇骨。㉒鼏西末　鼎蓋上端朝西。㉓素俎　陳放平日食品之俎。喪重質，直陳死者平日食品，不經加工修飾，便是尚質。㉔下莞上簟　小斂在室門內布雙重席，下面是莞草席，上面是細葦席。莞，草名。今稱席子草，細莖圓而中空，可用作織席。簟，細葦席。㉕祭服不倒　其他衣裳可以顛倒陳放，祭服尊，不可顛倒陳放。㉖美者在中　衣裳愈好愈在上，斂屍時在內側，貼近死者身體。中，猶「內」，貼近身之意。㉗士舉遷尸　士把死者從屍牀上抬起來，遷於室門內衣服之上。商祝把絞帶、被、散衣、祭服依次疊放在席上，把死者遷至衣服上，至斂時，祭服近身，散衣次之，用衾被裹於外，以絞帶結束之，是為小斂。㉘衽如初　寢臥之席與在室內同，也是下莞上簟。㉙馮尸　小斂後親屬觸摸死者，表示牢記於心的禮儀。與死者關係不同，觸摸方式亦不同。君於臣撫之，父母於子挽之，子於父母馮之，婦於舅姑奉之，舅姑於婦撫之等。㉚髻髮　除去笄和包髮之帛，把頭髮挽起來。㉛免于房　在房中把頭髮用麻布包起來以代冠。㉜髽于室　在室內除去笄和包髮帛，把頭髮挽起，與主人的髻髮相同。㉝侇于堂　把死者陳放到堂上兩楹柱間牀第上。侇，陳。㉞出于足　主人由屍足北轉而西行，由西階下堂。屍牀放在堂上，頭南足北，主人在東側，故由足北轉而西也。㉟舉者盥　二位舉鼎者洗手出門。㊱右執匕　右側抬鼎者用右手持匕。㊲橫

攝之　橫向持俎。㊳錯　放置。㊴朼載　右人用長柄匕從鼎中取出牲體，左人受而載放到俎上。㊵亞　次。依次由兩端向中間擺放。㊶覆　覆設，顛倒擺放。先在俎之左右兩端先左後右各放一牲體後肢，次放前肢，再次脇骨，皆是先左後右由外向內顛倒擺放，即所謂覆也。㊷進柢　牲體皆有本末，陳放俎上時本的一端朝前。㊸丈夫　男子，指喪主和眾主人。㊹巾之　用巾把豆俎醴酒遮蔽起來。㊺代哭　未殯前，喪主和有服親屬輪番哀哭，使哭聲不絕，又不致使喪主哀痛太過而傷身。㊻不以官　不用官吏為之代哭。㊼擯者出告須　擯者出告賓客，主人在等候。須，待；等候。㊽如于室禮　如屍在室未小斂時之禮。㊾褶　夾衣。裏面雙層，中間不著綿絮。褶衣加裳乃成一稱。㊿以東　持衣被至堂東收藏起來，待大斂時陳放。

【語　譯】死後次日天明，在房內陳放小斂用衣服，衣領朝向南，以西方為上位，從西往東擺放，一行放不下，轉接過來由東而西陳放；收束衣被的絞帶橫向三條，縱向一條，寬度為一幅布寬，絞帶兩端撕開成三條，用以打結。黑布衾被，裏子是紅布製作的，沒有縫在被端區別上下的絲帶。絞衾之下為祭服，祭服下為散衣，共陳列十九套，以下還接著陳放親者、庶兄弟、朋友所贈衣，但不必都穿用。

為死者設奠陳於東堂之下的祭品有乾肉、肉醬和醴酒。遮蓋祭品用的功布，放在簞中，擺在祭品東側。還在祭品東側設盆以為洗手之用，並配有拭手用巾。

斬衰首絰徑圍約九寸多，麻根朝下，在頭之左側，腰絰要比首絰細五分之一，腰絰繞腰一周餘下部分垂於帶下長三尺。用牡麻製作的首絰，麻根在頭的右側，朝向上方，其腰絰之餘也垂於帶下。上述物品都陳放在東坫之南。婦人之帶與男人相異處，齊衰婦人的牡麻腰絰，其餘頭繞結於麻根，不垂於帶下，婦人之帶陳於房中。

停屍之牀和牀板、覆屍的單被，陳放在西坫之南。在西堂下為舉屍者設置盥洗用具，與東堂之下所設同。

在正寢門外陳放一鼎，對著東塾而稍靠南，鼎之正面朝向西。鼎內放一隻肢解開的小豬，分割開的前肢和後肢四塊，除去豬蹄，兩塊脇骨，一塊脊骨和肺。並配鼎杠和鼎蓋，鼎蓋上端朝西。陳放死者平日食品之俎擺放在鼎西，東西向擺放，匕倒扣著放在俎上，匕之柄朝向東。

將要參加抬屍之士洗完手，二人一排，面向東站在西階下。在室門內布席，底下鋪莞草席，上面鋪細葦席。商祝在席上鋪好絞帶，上面依次疊放衾被、散衣、祭服。祭服不可以顛倒陳放，疊放時愈好的衣裳愈在上面，斂屍時好貼近死者身體。士把死者從屍牀上抬起來，遷至疊起的衣服上面，而後返回堂下西階前原位。在堂上兩楹柱間設停屍之牀，所鋪臥席也與在室內同，皆為下莞草席上細葦席，設有枕頭。小斂完畢，撤去帷幕。主人面向西扶持死者，頓足痛哭不計次數；主婦面向東扶持死者，也與主人一樣哭踊不計數。主人除去笄和包髮帛，把頭髮挽起來，袒露左臂，主人的庶兄弟在房中用麻布把頭髮包起來以代冠。婦人們在室內把頭髮挽起來。士抬起屍，男女親屬在周圍捧扶，把死者安放到堂上兩楹間牀板上，再用屍被遮蓋起來。男女親屬如在室內一樣站位，頓足痛哭不計數。主人由屍足北轉而西行，由西階下堂。主人的庶兄弟也隨同下堂在東階下就位。婦人們在東階上方面向西站立。主人向賓位的來賓行拜禮，如有大夫前來則一一拜之，對眾士只須三拜即可。而後主人就東階下面向西之位頓足哀哭，接著在東間牆東側的東夾室前穿上左袖、戴好絰帶，再返回原位。

於是就開始為死者設奠。二位舉鼎者洗手出門。右側舉鼎者用右手持匕，使匕仰著，左手舉鼎；左側舉鼎者用左手持俎，使俎橫著執持，右手舉鼎；二人舉鼎入門，在東階前面向西放置，再把俎面向北擺放。右側的舉鼎者左手持匕，右手抽去鼎杠，交到左手，由左手一起拿著；又用右手取下鼎蓋，放在鼎之北，再把鼎杠加於其上，不坐下。於是右邊的人用長柄匕從鼎中取出牲體，左邊的人接過來放在俎上。先把牲之兩後肢分放俎之兩端，依次把兩前肢由外向內放，再次兩脇骨由外向內放，脊骨和肺放在俎的中間，都是左右兩端顛倒向內擺放。牲體本的一端朝向前擺到俎上，由左邊的持俎等候奠祭。而後夏祝和執事者洗手，夏祝持醴在前，眾執事者持酒、乾肉、肉醬和俎跟在後面，由東階上堂。主人及其庶兄弟頓足哀哭。甸人撤下空鼎，有司持功布巾在東階等候。在屍牀東側設奠祭，執醴、酒者面向北立，以西方為上位。先擺放豆，俎放在豆之東。設奠者站在俎北，以西方為上位。醴和酒放在豆之南。祝從有司手中接過功布巾，用巾把豆俎醴酒遮蔽起來，再從死者足下方轉而西，由西階下堂。婦人頓足哀哭。設奠者由重木南轉向東，返回原位。主人和庶兄弟頓足哀哭。賓客出門，主人拜送於門外。

於是主人和有喪服親屬輪番哀哭，不用官吏代哭。

小斂後如果有來贈送助喪衣被者，就要先派人傳命。擯者出門請問客之來意，然後入告主人，主人在東階下面西之位等候。擯者出告賓客，主人正在等候，並引賓入門。賓客進入，在中庭面向北致詞弔喪。主人行拜禮以額叩地。賓由西階上堂，從死者足下方繞向東側，面向西放下衣被，如屍在室未小斂時之禮同，然後下堂，出門。主人也出門拜送。朋友親自送來助喪衣被，禮儀如上將命至拜送之儀，還要在西階之東面向北哀哭，頓足三番，下堂，主人不陪同頓足哭。以夾衣助喪，就必有下裳與之配套，執衣裳的方式和前面相同，即左手執衣領，右手提裳腰。撤去衣裳的方式也如此，上下堂都經西階，把助喪衣被持至東堂收藏起來，待大斂時再取出陳放。

　　宵，為燎❶于中庭。厥明，滅燎。陳衣于房，南領，西上，綪。絞，紟❷，衾二。君襚，祭服，散衣，庶襚，凡三十稱，紟不在筭。不必盡用。東方之饌❸，兩瓦甒，其實醴酒，角觶❹，木柶，毼豆兩❺，其實葵菹芋❻、蠃醢；兩籩無縢❼，布巾，其實栗，不擇；脯四脡❽。奠席在饌北，斂席在其東。掘肂見衽❾。棺入，主人不哭。升棺用軸❿，蓋在下⓫。熬黍稷各二筐，有魚腊，饌于西坫南。陳三鼎于門外，北上。豚合升，魚鱄鮒九⓬，腊左胖⓭，髀不升，其他皆如初⓮。燭俟于饌東⓯。

　　祝徹盥于門外，入，升自阼階。丈夫踊。祝徹巾，授執事者以待。徹饌，先取醴酒，北面。其餘取先設者，出于足，降自西階。婦人踊。設于序西南，當西榮，如設于堂。醴酒位如初。執事豆北，南面，東上。乃適饌⓰。

帷堂。婦人尸西，東面。主人及親者升自西階，出于足，西面袒。士盥位如初。布廣[17]如初。商祝布絞、紟、衾、衣，美者在外[18]。君襚不倒。有大夫，則告[19]。士舉遷尸，復位。主人踊無筭。卒斂，徹帷。主人馮，如初，主婦亦如之。

主人奉尸斂于棺，踊如初，乃蓋。主人降，拜大夫之後至者，北面視肂。眾主人復位。婦人東復位。設熬[20]，旁一筐[21]，乃塗[22]。踊無筭。卒塗，祝取銘置于肂。主人復位，踊，襲。

乃奠。燭升自阼階，祝執巾，席從，設于奧[23]，東面。祝反降，及執事執饌。士盥，舉鼎入，西面北上，如初[24]。載，魚左首，進鬐[25]，三列，腊進柢。祝執醴，如初，酒、豆、籩、俎從，升自阼階。丈夫踊。甸人徹鼎。奠由楹內[26]入于室，醴酒北面。設豆，右菹[27]，菹南栗，栗東脯。豚當豆，魚次。腊特于俎北，醴酒在籩南。巾如初。既，錯者出，立于戶西，西上。祝後，闔戶，先由楹西降自西階。婦人踊。奠者由重南東。丈夫踊。

賓出。婦人踊。主人拜送于門外，入，及兄弟北面哭殯㉘。兄弟出，主人拜送于門外。眾主人出門，哭止，皆西面于東方。闔門。主人揖，就次㉙。

君若有賜焉㉚，則視斂。既布衣㉛，君至，主人出迎于外門外，見馬首，不哭，還入門右，北面，及眾主人袒。巫㉜止于廟門外，祝代之㉝。小臣㉞二人執戈先，二人後。君釋采㉟，入門，主人辟㊱。君升自阼階，西鄉。祝負墉㊲，南面，主人中庭。君哭。主人哭，拜稽顙，成踊，出㊳。君命反行事，主人復位。君升主人，主人西楹東北面。升公卿大夫，繼主人，東上。乃斂。卒，公卿大夫逆降，復位；主人降，出。君反主人，主人中庭。君坐撫，當心㊴。主人拜稽顙，成踊，出。君反之，復初位。眾主人辟于東壁㊵，南面。君降，西鄉，命主人馮尸。主人升自西階，由足，西面馮尸，不當君所㊶，踊。主婦東面馮，亦如之。奉尸斂于棺，乃蓋，主人降，出。君反之，入門左，視塗。君升即位，眾主人復位。卒塗，主人出，君命之反奠。入門右，乃奠，升自西階。君要節而踊㊷，主人從踊。卒奠，主人出，哭者止。君出門，廟中哭。主人不哭，辟㊸。君式之㊹。貳車畢乘㊺，主人哭，拜送。襲，入，即位。眾主人襲。拜大夫之後至者，成踊。賓出，主人拜送。

【章　旨】本章為親喪第三日事，中心內容是大斂，主要包括陳設大斂衣被、奠祭品和殯具，撤小斂奠，大斂，入殯，設大斂奠，送賓、兄弟及主人就次，君臨大斂諸項。

【注　釋】❶燎　火炬。自始死至殯，都要在中庭整夜點燃火炬照明。❷紟　單被。❸東方之饌　擺放在東堂下為大斂設奠的用品。❹角觶　以獸角製成的觶。❺毼豆兩　白色豆兩只。毼，白色毛布，借為白色。❻葵菹芋　長短不一的醃葵菜。芋，植物名。俗稱芋頭，其塊莖根粗大可食，此取其粗略義。凡製醃菜方法，短於四寸整棵放入，長於四寸者要切成四寸長放入，而喪事用葵菹，雖長不切，皆整棵放入，故為粗略也。❼縢　包在籩邊緣處的帶子。有裝飾和牢固作用，喪事的籩則無縢。❽脡　直的長條乾肉。❾掘肂見衽　在西階上方挖停棺之穴，其深度要以能見到連接棺與蓋之縫的木榫為準，亦即使棺口與地面相平。肂，停棺之穴。據《禮記・曲禮》：「夏后氏殯於東階之上，殷人殯於兩楹之間，周人殯於西階之上。」衽，用以聯合棺與蓋之縫的木榫。❿升棺用軸　提升棺材用輁軸。軸，輁軸，一種支撐、升降、移運棺材的工具。其形如牀，下有軸而無輪，靠軸滾動前行，故稱軸。可用人力牽挽。⓫蓋在下　升棺時，棺蓋仍放堂下，待置棺於穴，再取蓋上堂。⓬鱄鮒

九　魚鼎放魚九尾，鱄魚或鮒魚皆可。鮒，鯽魚。⑬腊左胖　腊兔的左半體。⑭如初　豚體和匕俎陳放與小斂時同。⑮燭俟于饌東　執火炬者持炬站在東堂下祭品東側等候。燭，火炬。可執者為燭，火在地稱燎。⑯適饌　祝和執事者前往東堂下新設饌處待事。因大斂完畢將在那裏設大斂奠，待他們去做。⑰廣　當為「席」之誤，諸本皆作「席」。⑱美者在外　君賜之衣被放在外面，以彰顯君之恩賜。⑲有大夫則告　有大夫來弔喪，則告知主人正行大斂，無法下堂拜迎。如非大斂時，則應下堂拜迎。⑳熬　炒熟的黍稷。㉑旁一筐　在棺之首足左右各放一筐炒熟的黍稷。㉒塗　以木板覆蓋在放棺穴上，搭成屋狀，再用泥塗抹，便於防火。㉓奧　室之西南隅。㉔如初　如小斂舉鼎執匕、俎、杠、鼎蓋，以朼載之儀相同。㉕鬐　魚之背鰭。㉖奠由楹內　有司執奠祭品從東楹柱之西入室。㉗右菹　盛醃菜之豆在右側。豆有二，一盛菹，一盛醢，菹在右，醢即在左。㉘殯　屍入棺未葬，停放在廟中堂上西階上方土穴中，稱殯。㉙次　居喪時的居處。死者入殯之後，其親人在服喪期間不可以住在平時居住之室，而要住到專門搭建的簡陋居室中。服有輕重，居亦不同。《禮記・閒傳》言：「父母之喪居倚廬，寢苫枕塊，不稅絰帶；齊衰之喪居堊室，芐翦不納（把蒲草剪齊整但不編成席）；大功之喪寢有席，小功、緦麻，牀可也。」㉚君若有賜焉　君對士如又加恩賜，就親臨大斂。一般情況，君於士禮，應在既殯後往弔，有加恩賜者才親臨大斂。㉛既布衣　主人得知君將到來，先要鋪好大斂用的絞帶、衾被、衣裳等以待之。㉜巫　男巫。掌管招福止禍除疾病諸職事。㉝祝代之　喪祝代替巫為君先導。㉞小臣　官名。掌管正君之法儀等職事。㉟釋采　脫去吉服。采，采衣；吉服。君穿吉服前來，不可以吉服入弔，以表達哀悼之情。又據鄭玄注，以采為菜，釋采即釋菜，是祝為君奠菜禮門神，亦為一說。㊱主人辟　主人迴避，不敢以凶服近君，待君上堂後方於中庭哭拜。㊲負墉　背靠東房之牆。㊳出　主人退出等候。主人退出是表示不敢久留君之意。以下六節，每節完畢皆有主人退出，都是表示不敢久留君之意。㊴當心　死者胸口處。㊵東壁　堂下東牆。此指東坫以東的東牆內側。㊶不當君所　主人馮屍不得觸摸君已撫摸之處。㊷要節而踊　遇到應當踊哭之情節而踊哭。要，會也；遇也。㊸辟　退避。㊹君式之　君立在車上，手扶車前橫木，低頭向主人致禮。㊺貳車畢乘　國君隨行人員都上了副車。貳車，副車。諸侯出行弔喪，有副車相伴，其車數與命數同，上公九命，副車九乘，侯伯七命，副車七乘，子男五命，副車五乘。

【語　譯】夜間，要在中庭通宵點起火炬。次日天明，熄滅火炬。在房中陳放大斂用衣裳，衣領朝向南，以西方為上位，由西向東擺放，一行放不下，接轉過來另一行，由東向西擺放。先依次陳放斂屍的絞帶，單被一條，大被二條。再接著陳放國君贈送的衣裳，祭服，散衣，親者及庶兄弟、朋友贈送的衣裳，共陳放三十套，單被等不在數內。陳放之物不一定都用上。擺放在東堂下為大斂設奠用品有：瓦甒二個，分別裝有醴和酒，角製觶一只，木勺一把；白色豆二個，分別盛有長短不等的醃葵菜和蝸牛肉醬；兩只不帶鑲邊的籩，並有布巾，一籩盛未經挑選的栗子，一籩盛直而長的乾肉條四根。設奠用席在祭品之北，大斂用席在其東側。在西階上方挖掘停棺之穴，其深度要以能見到連接棺與蓋縫的木榫為準。在把棺材放入穴中時，主人不可以哭，以免干擾安放。提升棺材用輁軸，升棺時棺蓋仍在堂下。炒黍和炒稷各二筐，筐中還放有魚腊，擺放在西坫之南。陳放三鼎於門外，以北方為上位。小豬的左右兩半體合放一鼎中，魚鼎中放九條鱄魚或九條鯽魚皆可，腊鼎放腊兔左半體，髀骨不放入，豚體和匕俎陳放皆如小斂時一樣。執火炬者持火炬站在東堂下祭品之東等候。

祝將小斂時所設盥洗用具撤至寢門之外，再入門，由東階上堂。男人們頓足哀哭。祝撤去覆蓋祭品之巾，交給執事，令其在東階等候。再撤小斂奠祭品，祝和執事者先取醴和酒，面朝北站立。其餘人按先設先取，後設後取順序，取籩豆俎，隨執醴、酒者從死者腳下方繞過，由西階下堂。此時婦人頓足哀哭。撤下的祭品擺放在西間牆西南，對著堂西側飛檐處，擺放的位置與設在堂上時相同。執醴者與執酒者站位也和堂上相同，皆面向北以西方為上位。執豆、俎者站在豆之北，面向南，以東方為上位。陳放完畢，祝和執事就去東堂下新設饌處待事。

接著在堂上搭設大斂用的帷幕。婦人站在屍之西，面向東。主人和眾主人由西階上堂，從死者足下方繞向東側，面向西袒露左臂。抬屍之士洗完手二人一組併立於西階下面向東，與小斂時同。有司在東階上布席也是下莞上簟如小斂時。商祝在席上依次鋪絞帶、單被、大被、衣裳，國君所賜衣放在外面。君所賜衣裳不能顛倒陳放。此時如果有大夫前來弔喪，則告以主人正在行大斂禮，不能馬上出迎。士將屍抬至東階上方大斂衣上，又返回原位。主人頓足哀哭，不計次數。大斂完畢，撤去帷幕。主人撫屍哀哭，如小斂時一樣，主婦也如主人那樣。

主人率眾捧屍安放到西階上方穴內棺中，主人頓足哀哭如小斂時，然後蓋好棺蓋。主人下堂，向大夫之後至者行拜禮，再上堂至西階東面向北察看棺入穴情況。眾主人返回東階下原位。婦人返回東階上之位。接著擺放炒黍和炒稷，在棺之前後左右各放一筐。用木板在穴上搭成屋狀，以泥塗封。主人頓足哀哭不計次數。塗封完畢，祝取來銘旌樹立在穴之東側。主人返回東階下之位，頓足哀哭，而後穿上左衣袖。

於是為大斂設奠。執火炬者由東階上堂，祝執巾與執席者隨同上堂，設奠於室內西南隅，正面朝向東。祝回身下堂，和執事者一起持祭品。士洗完手，舉鼎入門，面向西擺放在東階前，以北方為上位，如同小斂之儀。把鼎中食品載於俎上，魚頭朝向左，背朝向前，一共三列，每列三條，腊骨肉則骨幹部朝向前。祝執醴先上堂，如小斂禮，執酒、執豆、執籩、執俎跟隨其後，由東階上堂。男人們頓足哀哭。甸人撤去空鼎。有司執奠祭品由東楹柱西進入室內，執醴與執酒者面向北站立。在席前設二豆，盛醃菜之豆在右側，菹豆之南為盛栗之籩，栗籩東為盛乾肉條之籩。豚俎對著豆，在豆東，其次為魚俎。腊骨肉單獨擺放在俎北，醴、酒在籩之南。像小斂奠那樣設饌完畢用巾覆蓋。設饌完畢，諸執事者出門，站在門西，以西方為上位。祝最後出門，關好門，率先由西楹柱西經西階下堂。婦人頓足哀哭。祝與諸執事者由重木之南往東行。男人們頓足哀哭。

賓客退出。婦人頓足哀哭。主人拜送於寢門外，再入門，與同族兄弟面向北哭殯。而後同族兄弟出去，主人拜送於寢門之外。眾主人出門，停止哀哭，大家都在寢門外東側面向西站立。有司從裏面合上門。主人對眾主人拱手為禮，而後各就居喪之所。

國君對士如果又加恩賜，就是親臨大斂。主人得知消息要預先鋪設好大斂用的絞帶、衾被、衣裳等候，君至，主人要到大門外迎接，望見君主車隊馬頭時，便不再哀哭，回轉身從右側入門，在門東側面向北站立，與眾主人一起袒露左臂。隨君而來的男巫在廟門外停步，由喪祝代替巫為君前導。小臣二名執戈前行，另二名執戈殿後。國君脫下吉服，進入廟門，主人迴避，不敢以凶服近君。國君由東階上堂，面西向屍而立。喪祝背對東房牆站立，面向南，主人站在中庭。國君向屍哭弔。主人陪同哀哭，並對君行拜禮，以額叩地，頓足哀哭三番成禮後，退出。國君命主人返回行大斂事，主人又回到中庭之位。國君請主人上堂，主人由西階上堂，在西楹柱東面向北站立。接著國君命公、卿、大夫上堂，依次站在主人之西，以東方為上位。於是就開始大斂。大斂完畢，公、卿、大夫按照與上堂相反的順序下堂，回到原來之位；主人下堂，出門。君命主人返回，主人回到中庭。君主坐到屍旁，用手撫其胸口。主人對君行拜禮，以額叩地，頓足哀哭三番成禮，而後退出。君命主人返回，主人回到門內右側之位。眾主人在堂下東牆內側迴避國君，面向南立。國君下堂，面向西站立，命主人撫屍。主人由西階上堂，由死者足下方繞到屍牀東側，面向西觸摸死者，不得觸摸君已撫摸處，然後頓足哀哭。主婦面向東觸摸死者，其儀節亦如主人。接著捧屍放入棺內，蓋上棺蓋，主人下堂，出門。君命主人返回，主人入門站在左側，察看有司往蓋板上塗泥。國君上堂就東階上方朝向西之位，眾主人返回中庭之位。塗泥完畢，主人出門，君命主人返回視察設奠。主人從門的右側進入，於是開始設奠祭，有司們從西階上堂。國君遇到應當踊哭之情節即踊哭，主人隨同踊哭。設奠完畢，主人出門，哭者停止哀哭。君主出廟門，廟中又開始哀哭。送君出門的主人不哭，但須迴避開。君立在車上扶車前橫木，低頭向主人致禮。國君隨行人員都上了副車，主人開始哀哭，行拜禮送行。然後主人穿上左衣袖，再進入廟門到東階下就位。眾主人也穿上左衣袖。主人對後至之大夫行拜禮，並頓足哭三番成禮。賓客出門，主人行拜禮送行。

三日❶，成服❷，杖❸，拜君命及眾賓。不拜棺中之賜❹。

朝夕哭❺，不辟子卯❻。婦人即位于堂，南上，哭。丈夫即位于門外，西面，北上；外兄弟❼在其南，南上；賓繼之，北上。門東，北面西上；門西，北面東上；西方，東面北上。主人即位，辟門❽。婦人拊心❾，不哭。主人拜賓，旁三❿；右還，入門，哭。婦人踊。主人堂下，直東序，西面。兄弟皆即位，如外位。卿大夫在主人之南。諸公門東，少進。他國之異爵者門西，少進。敵⓫，則先拜他國之賓。凡異爵者拜諸其位。徹者⓬盥于門外，燭先入，升自阼階。丈夫踊。祝取醴，北面；取酒，立于其東；取豆、籩、俎，南面，西上。祝先出，酒、豆、籩、俎序從，降自西階。婦人踊。設于序西南，直西榮。醴酒北面，西上，豆西面錯，立于豆北，南面。籩、俎既錯，立于執豆之西，東上。酒錯，復位。醴錯于西，遂先⓭，由主人之北適饌。乃奠，醴、酒、脯、醢升。丈夫踊，入。如初設，不巾⓮。錯者出，立于戶西，西上。滅燭，出。祝闔戶，先降自西階。婦人踊。奠者由重南東。丈夫踊。賓出，婦人踊。主人拜送。眾主人出，婦人踊。出門，哭止。皆復位⓯。闔門。主人卒拜送賓，揖眾主人，乃就次。

朔月⓰，奠用特豚、魚、腊，陳三鼎如初。東方之饌亦如之。無籩，有黍稷，用瓦敦，有蓋，當籩位。主人拜賓，如朝夕哭。卒徹，舉鼎入，升，皆如初奠之儀。卒朼，釋匕于鼎，俎行⑰。朼者逆出，甸人徹鼎。其序，醴酒、菹醢、黍稷、俎。其設于室，豆錯，俎錯，腊特，黍稷當籩位。敦啟會⑱，卻諸其南。醴酒位如初。祝與執豆者巾，乃出。主人要節而踊，皆如朝夕哭之儀。月半⑲，不殷奠⑳。有薦新㉑，如朔奠。徹朔奠，先取醴酒，其餘取先設者。敦啟會，面足㉒，序出，如入。其設于外，如于室。

【章　旨】本章為親喪第四日後事，主要包括成服，朝夕哭奠，朔月奠及薦新諸項內容。

【注　釋】❶三日　親死滿三日後，即大斂的第二日。實為親喪的第四天。❷成服　大斂前，喪主與親屬束髮、繫絰帶，大斂後，則依據與死者的親疏關係，按規定穿著應服的喪服，即為成服。❸杖　喪杖。當持喪杖者應持杖。❹棺中之賜　贈給死者衣被之類助喪物品。因不是贈給活人的，故不拜。❺朝夕哭　殯之前哭聲不絕，可以輪番代哭。既殯之後，早晨傍晚及哀至時哭於殯宮，不再代哭。❻不辟子卯　不須避開子日和卯日。古以干支計時，子、卯為十二支中二個日子的代號。據古籍所載，夏桀亡於乙卯日，商紂死於甲子日，故以子、卯為凶日、忌日。於此日舉事不吉，應避開。❼外兄弟　異姓有喪服的男性親屬。包括甥、壻、外孫、從母之子等。❽辟門　打開廟門。廟，此時作殯宮。凡廟門有事則開，無事則閉。此有入門哭祭事，故開。❾拊心　以手捶胸，表示哀痛之意。在哀痛程度上，拊心較踊為稍輕。拊，拍；輕輕擊打。❿旁三　先西面拜，再南面拜，東面拜，每面皆三拜，表示遍拜賓客。⓫敵　爵位相等。指本國之賓與他國之賓爵位相等，則先拜他國之賓，以優遠客。⓬徹者　撤除大斂祭品者。撤出時間要很早，因撤後還要在日出前設好朝奠，故撤時天未明，須舉燭照亮。⓭遂先　接著先到設朝奠處，不返回原位。⓮不巾　凡禮盛，有兩豆兩籩則有俎，俎上有牲肉，故須以巾遮蓋。此無菹無栗，只一豆一籩而無俎，故不巾。⓯復位　復門外東方西面之位。⓰朔月　每月朔日，即農曆每月初一。⓱俎行　執俎者持俎隨行。即跟隨持醴酒菹醢黍稷者之後行。⓲敦啟會　把敦蓋啟開。會，敦蓋。⓳月半　農曆每月十五日。⓴殷奠　盛奠。每月初一所設奠，籩豆外有牲俎。而於每月十五日設奠則無牲俎，不如初一之盛。㉑薦新　進獻新熟的五穀和新鮮果品之祭。㉒面足　執敦時令足間向前。

【語譯】親喪滿三日後，喪主和親屬依據與死者的親疏關係穿上應服之喪服，當持喪杖者也須持杖，並前往回拜國君和眾賓的弔唁。不必回拜贈送助喪之物者，因為那是饋送死者之物。

既殯後，每天早晨晚上及十分哀痛時去殯宮哭祭，不必避開子卯忌日。婦人到東階上方堂上就位，以南方為上位，開始哀哭。男人在廟門外東側就位，面向西，以北方為上位；異姓有喪服的男性親屬在其南側，以南方為上位；賓客接著往南排列，以北方為上位。廟門外東側賓客，面向北立，以西方為上位；廟門外西側賓客，面向北立，以東方為上位；站在西方的賓客，面向東立，以北方為上位。主人就廟門外東側北端之位，有人打開廟門。婦人捶胸示哀，但不哭。主人向賓行拜禮，先西面拜，再南面拜，東面拜，皆三拜；然後向右轉身，入門哀哭。婦人們頓足哀哭。主人在堂下直對東間牆處，面向西站立。眾兄弟也都就位，所站位與門外時同。卿大夫站在主人之南。諸公在門內東側，比屬吏站位稍前。其他國家來賓與死者爵位不同，在門內西側，站位稍靠前。如果本國之賓與他國之賓爵位相等，就要先拜他國之賓。凡是與死者爵位不同者，主人要到其位前行拜禮。撤除大斂祭品者在門外洗完手，持火炬者先入室，他們經由東階上堂。男人們頓足哀哭。祝取醴，面向北站立；取酒者站在他的東側；取豆、取籩、取俎者面向南站立，以西方為上位。祝率先出室，持酒、豆、籩、俎者依序跟隨，由西階下堂。婦人們頓足哀哭。撤下的祭品擺放到西間牆西南，對著西側飛檐之處。持醴、酒者面向北站立，以西方為上位，持豆者面向西放下豆，而後站在豆北，面向南。持籩、俎者把籩、俎放好後，站在豆之西，以東方為上位。執酒者放下酒，回到原位。祝把醴放在酒之西側，接著率先由主人的北側前往設朝奠處。於是開始設朝奠，有司持醴、酒、乾肉、肉醬從東階上堂。男人們頓足哀哭，祝和有司們持祭品入室。祭品設置之序與大斂時同，但只一豆一籩而無俎，故不用巾遮蓋。設奠完畢，有司們退出室，站在門外西側，以西方為上位。執火炬者滅掉火炬，出室。祝把門關上，率先由西階下堂。婦人們頓足哀哭。設奠者由庭中所設重木南側繞向東行，回到原位。男人們頓足哀哭。賓客們退出，婦人們頓足哀哭。主人拜送於門外。眾主人退出，婦人們頓足哀哭。賓與主人及眾主人眾兄弟走出廟門，哭聲停止。眾主人都回到門外東側之位。關上廟門。主人拜送賓客完畢，對眾主人拱手為禮，就回到居喪之處。

每月初一，設奠用一頭小豬、魚和腊兔肉，陳放在三只鼎內，像大斂時那樣。設在東堂下的祭品也大致如此。只是沒有籩，而有黍、稷，用瓦敦盛放，有敦蓋，放在原來放籩的位置。主人拜賓禮儀，與朝夕哭時拜賓禮儀相同。撤去昨日所設祭品，有司抬鼎入門，放牲體於鼎中，都和大斂奠的禮儀相同。接著用長柄匕取鼎中牲體放到俎上，放置完畢把長柄匕放到鼎上，執俎者持俎入室。執匕有司按照與進來時相反順序退出，甸人撤去空鼎。祭品入室的順序為：醴、酒、菹、醢、黍、稷、俎。設於室內位置，盛肉醬豆在北，盛醃菜豆在南，兩豆相並，豚俎在豆東，魚俎又在其東，腊兔俎單獨設在豚、魚兩俎之北，盛黍、稷之敦放在大斂時放籩位置，打開敦蓋，仰著放在敦之南。醴和酒的位置與大斂時同。祝和執豆者把祭品用巾遮蓋好，而後退出。主人按儀節需要而適時哭踊，都和朝夕哭的禮儀相同。每月十五日，不像初一那樣設盛奠，只一豆一籩而無俎，如朝夕之奠。如有進獻新熟五穀和新鮮果品之祭，則與初一之奠同。撤去初一奠品，先撤醴和酒，其餘祭品則先設者先撤。敦之蓋要打開，執敦時使兩足之間向前，撤出的順序與入時相同。其設於室外的位置，與在室內同。

筮宅❶，冢人營之❷。掘四隅❸，外其壤。掘中，南其壤。既朝哭，主人皆往，兆南❹，北面，免絰❺。命筮者❻在主人之右。筮者東面，抽上韇❼，兼執之，南面受命。命曰：「哀子某為其父某甫筮宅。度茲幽宅兆基❽，無有後艱？」筮人許諾，不述命，右還，北面，指中封而筮❾。卦者在左。卒筮，執卦以示命筮者。命筮者受視，反之。東面旅占，卒，進告于命筮者與主人：「占之曰從❿。」主人絰，哭，不踊。若不從，筮擇如初儀⑪。歸，殯前北面哭，不踊。

既井椁⑫，主人西面拜工，左還椁⑬，反位，哭，不踊。婦人哭于堂。獻材于殯門外⑭，西面，北上，綪。主人徧視之，如哭椁。獻素、獻成亦如之⑮。

卜日⑯，既朝哭，皆復外位。卜人先奠龜于西塾上，南首，有席。楚焞置于燋⑰，在龜東。族長涖卜⑱，及宗人吉服立于門西，東面，南上。占者三人在其南，北上。卜人及執燋、席者在塾西。闔東扉⑲，主婦立于其內。席于闑西閾外。宗人告事具。主人北面，免絰，左擁之⑳。涖卜即位于門東，西面。卜人抱龜，燋先，奠龜，西首，燋在北。宗人受卜人龜，示高㉑。涖卜受視，反之。宗人還，少退，受命。命曰：「哀子某，來日某，卜葬其父某甫。考降㉒，無有近悔㉓？」許諾，不述命；還即席，西面，坐命龜，興，授卜人龜，負東扉㉔。卜人坐，作龜㉕，興。宗人受龜，示卜。涖卜受視，反之。宗人退，東面，乃旅占，卒，不釋龜，告于涖卜與主人：「占曰某日從。」授卜人龜，告于主婦，主婦哭。告于異爵者，使人告于衆賓。卜人徹龜。宗人告事畢，主人絰，入哭，如筮宅。賓出，拜送。若不從，卜宅㉖如初儀。

【章　旨】本章記述下葬之事，包括以筮法選擇葬地，檢視槨和明器用材，用卜法選葬日。葬為喪禮重要部分，內容繁多，本章只介紹葬事開頭幾件事，下篇〈既夕禮〉接著記述葬禮的全部內容和過程。

【注　釋】❶筮宅　用筮法選擇死者的葬地。冢人由公共墓地劃出一塊，除去表土，筮日主人、親屬和筮者前往占筮此地是否吉利，吉則修墓穴，不吉則另選。❷冢人營之　冢人度量葬地。冢人，掌管公共墓地之吏。❸掘四隅　挖掘葬地四角，並挖掘中央，以識別土質情況。❹兆南　兆域之南。兆，兆域。指冢人度量的墓地區域。❺免絰　除去絰帶。此為求吉，不敢以純凶之服臨之，故去絰帶而留衰服。❻命筮者　代主人向筮者發布命令者，由宰擔當。❼韇　盛蓍草的皮筒，由上下兩截組成，抽開上半截，表示將要進行卜筮。❽度茲幽宅兆基　謀劃以此為幽冥之宅，今在兆域內開始動土。度，謀劃。茲，此。幽宅，幽冥之宅，即鬼居的墓地。基，始。❾指中封而筮　指墓地中央土堆進行卜筮。中封，墓中央掘土堆積的土堆。❿從　從其所筮之地。為筮所告辭，意為吉。⓫筮擇如初儀　卜筮另擇墓地，其禮儀與初筮之儀同。⓬既井槨　井形外槨製作完畢。槨，又作「椁」，外棺。古時棺有兩層，內為棺，外為槨。槨用長六尺木方兩橫兩縱壘成，其中空如井形，故稱井槨。下葬時先將槨下至穴中，再將棺安放槨中，上面再蓋以抗木。槨之木方尺寸因死者身分而有別，諸侯方九寸，卿方八寸，大夫七寸，士六寸，庶人五寸。⓭左還槨　向左轉繞槨一周，仔細察看。⓮獻材于殯門外　進獻製作明器之材於殯宮門外。材，製作各種明器的材料。⓯獻素獻成亦如之　進獻砍削完尚未修飾的明器和已經修飾完成的明器，主人也遍視而哭如前。⓰卜日　以卜法選葬日。古人大事卜，小事筮。此用卜，重葬事。卜葬日遵循先遠日後近日的原則，避免有不懷戀親人，欲其速葬之嫌。方法是在本月下旬卜下月下旬某日，不吉則更卜下月中旬，又不吉則卜下月上旬。⓱楚焞置于燋　灼龜用的荊木條和作火把的葦束放在一起。卜時用陽燧聚日光之火點燃火把，再用火把點燃荊條，用荊條之火灼龜。楚焞，用點燃的荊木條灼龜。燋，用葦束製作的火炬，又為燃燒後之存火。⓲族長涖卜　族長親臨卜事。族長，掌管族人親疏諸事務之吏。⓳闔東扉　關上東側門扇。則西側門扇仍然開著，使主婦在門內亦得親自參與卜葬大事。主婦在門內，示男女有別。⓴左擁之　用左手持經帶。㉑示高　把龜腹甲高起當灼之處給族長看。示，通「視」。高，龜腹甲高起處，或指腹甲近足處稍高，卜時以火灼此。㉒考降　使父骨肉復歸此土。考，父死之稱。降，骨肉歸復地下。㉓無有近悔　能得以無近於咎悔嗎。㉔負東扉　背靠東側門扇站立。因東門扇是關著的，故宗人可以負此而立，等候視卜兆。㉕作龜　用荊條火燒灼龜之腹甲的一定部位，使其出現裂紋，再依此推斷吉凶。㉖卜宅　據文義，「宅」應作「擇」。

【語　譯】用筮法選擇死者的葬地，由冢人在公共墓地中度量一塊供卜葬之地。先挖掘此地的四角，挖出的土堆放外側。再挖掘此地中央，挖出的土堆放南側。朝哭之後，主人和主人的庶兄弟一同前往，站在預選葬地區域之南，面向北，除去絰帶。代主人向筮者發布命令之宰站在主人右側。筮者面向東，抽去蓍草筒的上半截，都用左手拿著，面向南接受筮命。命辭說：「哀子某人，為其父某甫卜筮葬地。謀劃以此地為幽冥之宅，今在此兆域內開始動土，將來不會有災難吧？」筮者應諾，不再複述筮命，向右轉身，面向北，指墓地中央土堆進行卜筮。負責把得出的爻卦畫在地上的卦者在筮者左側。卜筮完畢，筮者把所得卦拿給命筮之宰察看。命筮之宰接過來看後，又返還給筮者。筮者們面向東按序對所得卦進行推斷，推斷完畢，把結果進告於命筮之宰和主人：「占筮結果為從人所願。」主人及其庶兄弟繫上絰帶，開始哀哭，但不頓足。如果占筮結果不從人願，則卜筮另擇葬地，其禮儀與初筮之儀同。返回之後，還要在靈柩前哀哭，不頓足。

井形外棺製作完畢，主人在殯宮門外面向西對匠人行拜禮致謝，並向左轉繞槨一周察看，再返回原位哀哭，不頓足。婦人們在堂上哀哭。進獻製作明器之材於殯宮門外，朝向西，以北方為上位，由北向南擺放，一行放不下，轉行向相反方向擺放。主人一一察看後返回原位，也如哭槨一樣哭而不踊。進獻砍鑿完未修飾的明器和修飾完成的明器，主人也都遍視而哭如前。

以卜法選葬日那天，行朝哭之祭後，主人和親屬都到殯宮門外就位。卜人先把卜龜放到西塾上，頭朝向南，下面鋪有席。灼龜用的荊木條和作火把的葦束放在一起，放在卜龜之東。族長親臨卜事，與宗人一樣身穿吉服，站在大門外西側，面向東，以南方為上位。三位占卜者站在他們的南側，以北方為上位。卜人及執火把者、布席者站在西塾之西。關上大門東側門扇，主婦站在門扇內側。在門橛西門限外布席。宗人稟告主人已經準備完畢。主人面向北，解下絰帶，用左手拿著。親臨卜事的族長就位於大門東側，面向西。卜人懷抱卜龜，執火炬者在其前，卜人放下卜龜，使龜首朝向西，執火炬者在其北側。宗人從卜人手中接過卜龜，把龜腹甲隆起當灼處給族長看，族長接過來驗看，而後返還給宗人。宗人轉過身，稍稍後退，聽受族長之命。族長代主人命辭說：「哀子某人，將在未來的某日，卜葬其父某甫。使父骨肉復歸地下，能得以無近於咎悔嗎？」宗人聽命應諾，不再複述命辭，轉身返回席上，面向西坐下，對龜告知所卜之事，而後站起，把卜龜交給卜人，背靠東門扇站立。卜人坐下，用荊條火燒灼龜腹甲的一定部位，使其產生裂紋，然後站起身。宗人接過燒灼後的卜龜，拿給族長驗看。族長接過驗看後，返還給宗人。宗人再返還卜人，卜人以授占者，宗人退下，面向東站立等候。於是三位占者依序占斷，完畢，宗人又執龜向族長和主人稟告說：「占卜結果是那一天下葬吉利。」然後把龜交給卜人，再去向主婦告知，主婦哀哭。再去告知公卿大夫，又派人向眾賓客告知。卜人撤龜收藏起來。宗人稟告卜日事完畢，主人及其庶兄弟繫上經帶，入殯宮哀哭，與卜筮葬地後禮儀同。賓客退出，主人出門拜送。如果卜的結果不吉，再另卜擇他日，儀節如初。

【說　明】一、幎目：幎目為覆蓋死者面部的方巾，長寬皆一尺二寸，面為黑繒，裏為紅繒，內充綿絮，有繫帶。近年出土的東周墓葬中發現此種物品。如在洛陽發掘的東周墓中，發現屍體面部覆蓋綴有玉片的絹帛面幕，當即此物。又在湖北江陵馬磚一號戰國墓發現蓋在屍面部一梯形絹巾，表裏皆黃色，上方有一條縫，可露出眼部，下方正中有一三角孔，可露出口部。在山西天馬曲村遺址趙晉侯墓地六十二號西周晚期墓，出土一玉覆面，用四十八件玉片縫綴帛上，組成人面眉眼口鼻形，亦屬此類物品（參見錢玄《三禮通論‧名物編‧殮品二》）。由此可見，幎目的製作並不是完全一種樣式，《儀禮》當為較常見的一種。另外，上述三種中有二種帶有玉片，當是大夫以上地位較高者所用。

二、小斂：通常說法是給死者穿衣為小斂，入棺為大斂。但古禮所言小斂與此不同。據〈士喪禮〉言，士死第一日沐浴、飯含後即為死者穿三套衣服，稱「襲三稱」，而在第二天才行小斂，可見小斂與為死者穿衣並不是一回事。斂為斂藏，小斂是藏於衣被，大斂是藏於棺。小斂是指用多層衣被把死者裹束起來，具體作法是：先把小斂用衣、絞帶、被等陳列於房中，祭服和散衣用十九套，其餘散衣盡數陳列而不用。接著陳設小斂祭品、絰帶、牀衾、鼎實等。然後在室中布置雙重席，下莞席上竹席，再由商祝在席上由下而上依次鋪設絞帶、緇衾、散衣、祭服，鋪好後把死者抬到上面，把十九套衣服一層一層裹在死者身上，再用被包起來，以絞帶紮束好，即是小斂。小斂陳衣甚多，只用十九套，不是穿而是裹在死者身上。因在此之前，為死者除內衣外已穿三套衣服，現在沒有辦法再穿十九套，且已死一整天以上，屍體僵硬，也無法穿衣。所以，小斂是用多層衣被把屍體包藏起來，與入棺同為斂藏屍體，此為小斂，彼為大斂，同為喪禮過程的重要項目。

三、卜葬日：卜是用龜甲或獸骨作卜骨，經過鑽、鑿等方法加工處理，再加灼烤，依據甲骨上呈現的裂紋（兆象）來推斷人事之吉凶的占卜方法。卜與筮是中國古代最主要的占卜方法，卜筮連用成為一切占卜活動的專用詞。在商周時代，卜高於筮，特別是用龜甲卜，更被視為尊貴而神聖，天子、諸侯在決斷大事時才用。大夫、士一般用筮不用卜，如士占冠日、占特牲祭日等都用筮法，獨此葬日用卜，表示葬事比之其他更重要，是為死者送終之事也。

龜卜之法在《尚書》、《禮記》、《詩經》、《史記》等古籍中皆有零星、片段記載，在出土的殷周甲骨文中亦有不少刻有卜辭和占卜符號，說明卜法在殷周時代是廣泛通行的。但龜甲得之不易，其方法也過分複雜，難於掌握，故東漢以後逐漸為筮法所取代而趨於消亡。卜法的詳細情形，由於年代久遠，保留下來的資料不多，已難以完全復原。清初胡煦所著《卜法詳考》，收輯有關古籍並參照江浙民間的龜卜方法，對卜法作了較系統的介紹，主要內容包括選龜、攻龜、灼契、占龜、占坼幾部分，是介紹卜法最有系統著作，可資參考。

既夕禮第十三

【題　解】本篇與上篇〈士喪禮〉為一篇，接上篇記述喪禮的葬禮部分。本篇命題方式是取開篇「既夕哭」三字之前二字為篇名，與全篇所述內容無涉，此種命題方式與本書末篇〈有司徹〉同例。為此，篇名應作〈既夕〉，因唐石經本作〈既夕禮〉，後本多從之，故仍其舊。

本篇內容包括三部分，一為葬前一日的準備，二為葬日諸事，三為記。主要禮儀程式有啟殯，朝祖，贈送助喪的車馬器物和錢財，設大遣奠，出殯，落壙，反哭各項。其記為上下二篇的總記，篇幅較長，內容繁雜。

葬禮是喪禮的重要組成部分。《論語・八佾》說：「禮，與其奢也寧儉；喪，與其易也寧戚。」就是說，喪禮的精神體現於對死者的真誠哀思，物質上的豐儉只是形式，量力而行就可以了，不必脫離實際追求厚葬。可是在實行中，王侯貴族借助厚葬來炫耀自己的權勢和財富，而無哀痛之心，這是違背葬禮宗旨和儒家精神的。對此，《呂氏春秋・節喪》說：「今世俗大亂之主，愈侈其葬，則心非為乎死者慮也，生者以相矜尚也。侈靡者以為榮，儉節者以為陋。不以便死者為故，而徒以生者之誹譽為務，此非慈親孝子之心也。」這種揭示和批評是合乎實際的，後世應引以為鑑。

既夕哭❶，請啟期❷，告于賓。夙興，設盥于祖廟門外❸。陳鼎皆如殯，東方之饌亦如之。夷牀饌于階間❹。

二燭俟于殯門外。丈夫髽❺，散帶垂，即位如初。婦人不哭。主人拜賓，入，即位，袒。商祝免袒，執功布入，升自西階，盡階不升堂。聲三❻，啟三❼，命哭。燭入。祝降❽，與夏祝交于階下。取銘置于重。踊無筭。商祝拂柩用功布，幠用夷衾❾。

遷于祖，用軸❿。重先，奠從，燭從，柩從，燭從⓫，主人從，升自西階⓬。奠俟于下⓭，東面，北上。主人從升。婦人升，東面。眾主人東即位。正柩⓮于兩楹間，用夷牀。主人柩東，西面。置重如初⓯。席升，設于柩西。奠設如初，巾之，升降自西階。主人踊無筭，降，拜賓，即位，踊，襲。主婦及親者由足，西面。

薦車⓰，直東榮，北輈⓱。質明⓲，滅燭。徹者升自阼階，降自西階。

乃奠，如初[19]，升降自西階。主人要節而踊。薦馬[20]，纓三就[21]，入門，北面，交轡[22]，圉人夾牽之[23]。御者執策立于馬後。哭成踊，右還出。賓出，主人送于門外。

有司請祖期[24]。曰：「日側[25]。」主人入，袒，乃載[26]。踊無筭。卒束[27]，襲，降奠，當前束[28]。商祝飾柩，一池[29]，紐前赬後緇[30]，齊三采[31]，無貝[32]。設披[33]。屬引[34]。

陳明器於乘車之西[35]。折[36]橫，覆之[37]。抗木[38]，橫三縮二[39]。加抗席三[40]。加茵[41]，用疏布，緇翦[42]，有幅[43]，亦縮二橫三。器西南上，綪。茵。苞二[44]。筲三[45]，黍、稷、麥。甕三，醯、醢、屑[46]，冪用疏布。甒二，醴、酒，冪用功布。皆木桁[47]，久之[48]。用器，弓矢、耒耜、兩敦、兩杅[49]、槃、匜。匜實于槃中，南流[50]。無祭器[51]，有燕樂器可也。役器[52]，甲、胄、干、笮[53]。燕器[54]，杖、笠、翣[55]。

徹奠，巾席俟于西方。主人要節而踊，袒。商祝御柩[56]，乃祖。踊，襲，少南，當前束。婦人降，即位于階間。祖，還車不還器[57]。祝取銘，置于茵。二人還重[58]，左還。布席，乃奠如初，主人要節而踊。薦馬如初。賓出，主人送。有司請葬期。入，復位。

公賵[59]，玄纁束[60]，馬兩。擯者出請，入告。主人釋杖，迎于廟門外，不哭；先入門右，北面，及眾主人袒。馬入設[61]。賓奉幣，由馬西當前輅[62]，北面致命。主人哭，拜稽顙，成踊。賓奠幣于棧左服[63]，出。宰由主人之北，舉幣以東。士[64]受馬以出。主人送于外門外，拜，襲，入復位，杖。

賓[65]賵者，將命。擯者出請，入告，出告須。馬入設，賓奉幣，擯者先入，賓從，致命如初。主人拜于位，不踊。賓奠幣如初，舉幣、受馬如初。擯者出請。若奠[66]，入告，出，以賓入，將命如初。士受羊，如受馬。又請。若賻[67]，入告，主人出門左，西面。賓東面將命，主人拜，賓坐委之；宰由主人之北，東面舉之，反位。若無器[68]，則捂受之[69]。

又請，賓告事畢，拜送，入。贈者將命，擯者出請，納賓如初。賓奠幣如初。若就器(70)，則坐奠于陳(71)。凡將禮(72)，必請而后拜送。兄弟，賵奠可也。所知(73)，則賵而不奠。知死者贈，知生者賻。書賵於方(74)，若九，若七，若五。書遣於策(75)。乃代哭，如初。宵，為燎于門內之右。

【章旨】本章記述葬前一日諸事，皆圍繞下葬所作準備。主要包括請示啟殯日期，在祖廟設饌，啟殯，遷柩於祖廟，進車馬設遷祖奠，載柩飾柩車，陳設明器葬具，轉柩車設祖奠，國君贈送助喪之馬與幣帛，賓贈送助喪之馬與幣賻諸事。

【注釋】❶既夕哭　葬前二日晚夕哭之後。既，已。夕，葬前二日晚。❷啟期　啟殯日期。葬前要把靈柩從殯宮坎穴中遷往祖廟，稱為朝祖。啟期日定下後要告知親屬、賓客。❸祖廟門外　祖廟門外東方。祖廟，祖父廟。士分上中下，上士二廟，祖禰分開；中士、下士皆一廟，祖禰共廟。此專言祖廟，則為祖禰共廟，舉祖以包禰，死者為下士或中士。❹夷牀饌于階間　停放靈柩之牀放在祖廟堂下兩階之間。夷牀，停放靈柩之牀。待柩至祖廟兩楹柱間，屍之首朝向北時，用此牀停放。❺丈夫髽　此為「丈夫免，婦人髽」之互文，或是中間脫漏「免婦人」三字。❻聲三　連續呼喊三聲噫歆，告神將行。❼啟三　連續呼喊三聲啟殯，告知役人。❽祝降　周祝撤昨日夕奠下堂。❾夷衾　小斂後覆屍之被。❿軸　輁軸。有軸無輪，用作短距離遷徙靈柩，用人牽引。⓫燭從　在靈柩前後皆有持火炬者從行。⓬升自西階　靈柩由西階上堂。死者生時入祖廟，升降不敢由東階而由西階，用子道也，今朝廟仍順其孝心，由西階升。⓭奠俟于下　奠祭品放在西階下，待正柩之後上堂陳設。

⓮正柩　在堂上兩楹柱間，把靈柩由輁軸遷至夷牀，使頭朝向北，位置端正。⓯置重如初　安置重木於中庭南三分之一處，朝向北，與在殯宮時同。⓰薦車　把死者生前常用車送進庭中陳放。薦，進也。⓱輈　車轅。⓲質明　正明；天剛亮時。質，正也。⓳乃奠如初　於是設遷祖奠於柩西，朝向東，如從奠也。⓴薦馬　送進駕車之馬。士每車二馬，共有乘車、道車、槀車三車，當有馬六匹。㉑纓三就　套在馬頸上的革帶，纏繞紅白蒼三色絲絛，以為飾物。纓，套在馬頸上的革帶。三就，用三色絲絛纏繞革帶三匝為飾。㉒交轡　馬之左右兩轡在馬胸前交叉引向另一側。轡，馬韁繩。㉓圉人夾牽之　圉人站在馬之兩側夾牽馬，即左人牽馬之右韁，右人牽馬之左韁。圉人，養馬的小吏。㉔祖期　出殯前為死者設奠祭時間。將出行而飲酒餞行稱祖，生時如此，死亦如此。今死者將行，為其設奠祭亦稱祖。㉕日側　日偏西之時，剛過中午。㉖載　把靈柩抬到柩車上。㉗束　用束帶把靈柩束於柩車上，使其穩固不動。㉘當前束　對著柩前束帶處，相當屍的肩部，設在柩車之西。前束，柩車前後各有一束帶，才能束得安固，前束帶束棺處相當屍的肩部。㉙一池　一種放在柩前上方飾物，狀如承接屋檐水的承霤，以竹為之。君有三池，前、左、右各一；大夫二池，前後各一；士一池，在前。㉚紐前經後緇　連結帷荒的紐帶，前用赤色，後用黑色。飾棺時，縛木為框，放在棺蓋上，稱柳。上覆白布稱荒，四周垂白布稱帷，帷荒皆固定於柳上，稱柳衣，如柩之宮室。在帷荒連接處的側面，前後各以赤色黑色紐帶繫結。㉛齊三采　圓形車蓋垂飾，由朱白蒼三色繒製作。齊，形如車蓋上的垂飾物，縫合朱白蒼三色繒製成。㉜貝　以貝為飾物綴繫於齊上。君五貝，大夫三貝，元士一貝，下士無貝。㉝披　繫於棺兩側的帛帶，每側兩根，一前一後，柩車行進時，使人在旁牽之，以防棺傾倚。㉞屬引　把長繩繫於柩車的車輅，供人牽挽。屬，著；繫結。引，以繩牽引。輅為縛在柩車車轅上的橫木，其兩端繫繩供牽引。㉟陳明器於乘車之西　把明器陳放在乘車的西側。明器，古代用竹、木或陶土作成供隨葬的器物。製作粗劣，雖形似而不合於用。乘車，即前文的薦車。㊱折　形如牀而無足的木架，鑿木連接而成，縱三橫五，成格狀。待下葬後，將其放到墓穴上，再鋪上席。㊲橫覆之　橫著陳放，使修治的光面向上。待架於墓穴上時，則光面向下對棺。㊳抗木　鋪在折與席上的木料。抗，

禦也。抵禦培土時土落穴中。(39)橫三縮二　縱向二根較長在下，橫向三根在上，較短，其長短視墓穴上口寬狹尺寸而定，以合於其用為準。(40)抗席三　鋪在抗木上之席有三層，用以防止塵土落到棺上。(41)茵　墊在棺下的粗布，不使棺直接落到土上。(42)緇翦　黑布色稍淺。翦，淺。(43)有幅　有緣邊。(44)苞二　用葦葉包裹供設奠之羊肉一包，豬肉一包，共二包。(45)筲三　分盛黍稷麥。筲，盛穀器，形類畚箕，可容一斗二升，多為竹製，此以菅草為之。(46)屑　薑、桂製成的碎屑，用作調味品。(47)木桁　形似几的木架，狹而長，用以承放器物。(48)久之　以蓋堵塞器口。久，借作「灸」，堵塞之意。(49)杅　通「盂」。盛湯漿之器。(50)南流　出水口朝向南。(51)祭器　祭祀用的禮器，如樽、彝、簠、籩、豆之類。(52)役器　出師作戰之器，即兵器。(53)笮　盛箭之器。(54)燕器　燕居安體的用具，如手杖、扇子之類。(55)翣　雉扇，用雉羽或尾編製而成。(56)商祝御柩　商祝執功布在柩車前，退行指揮柩車轉彎向外。(57)還車不還器　把薦車轉向外，明器不須轉動。此車指薦車三，即乘車、道車、槀車，前面柩車已轉向將行，薦車亦宜轉向外，以便隨行。器，指上段所列各種明器，陳放時已是南上，故不須轉動。(58)還重　把重木由朝北轉向朝南，表示將要出行。(59)賵　助葬用的車馬束帛之類。(60)玄纁束　玄色與纁色帛共一束。一束為五匹，其中玄帛三匹以象天，纁帛二匹以象地。(61)馬入設　所贈馬牽入庭中重木南側陳設。(62)前輅　縛在前轅上的橫木，供人牽挽用。(63)賓奠幣于棧左服　君之使者把束帛放到柩車車箱的左側。棧，士所用柩車，無漆飾。服，車箱。(64)士　官府小吏之長，有勇力者。(65)賓　卿、大夫、士。(66)若奠　如果贈送奠祭之物。指送葬的車馬束帛之外的食品之類。(67)賻　助喪的錢財。(68)器　存放助喪財物的器具。(69)捂受之　使者與宰對面相授受，不把財物放到地上。(70)若就器　如果贈送已作成之器。就器，已作成之器。就，成。(71)坐奠于陳　坐著將其陳於乘車西陳放明器之處，使其各歸其類。(72)將禮　傳命送禮。(73)所知　平時互通消息而熟知之人。此類人與死者有尊敬之意，無親親之情，故賵而不奠。(74)書賵於方　把贈送助喪車馬幣帛者的名字和物品書於木板上。方，專供書寫的木板。(75)書遣於策　把贈送明器的人名和所送物書寫在簡策上。遣，送也，指送給死者隨葬之物，即明器。策，簡策。策廣於方，明器數量多於助喪贈品，故用策書寫。

【語譯】葬前二日晚夕哭之後，有司向主人請示啟殯日期，並將啟殯日期通告賓客。

次日清晨起來，有司在祖廟門外東方設置盥洗用具。又像大斂時那樣，在門外陳放三只鼎，在東堂下陳設奠祭品也如大斂奠。停放靈柩之牀放在祖廟堂下東西階之間。

兩名執火炬者執炬在殯宮門外等候。男子以粗布束髮，女人用麻束髮結成喪髻，繫於腰間的絰帶餘頭垂下，各自就位如朝夕哭時門外之位。在男子入門時，堂上女人不哭。主人向賓行拜禮，入殯宮門，至堂下就位，並袒露左臂。商祝也用粗布束髮，袒露左臂，持大功布入門，由西階登堂，走到臺階最後一級不上堂。站在那裏連續呼喊三聲噫歆，再連喊三聲啟殯，而後命眾人開始哀哭。執火炬者持炬入門。周祝撤昨日夕奠下堂，與夏祝在階下交錯走過。夏祝取死者銘旌插到庭中重木上。主人頓足哀哭不計次數。商祝用大功布拂去柩上灰塵，用小斂覆屍之被蓋在上面。

把靈柩遷至祖廟，要用輁軸。遷柩時插銘旌的重木在前，接著是奠祭品跟隨，接著是火炬相隨，而後是靈柩，再後是火炬，最後是主人親屬跟隨，靈柩進入祖廟由西階上堂。奠祭品放在西階下等候，擺放時正面朝向東，以北方為上位，由北向南陳放。主人隨靈柩上堂。隨後婦人上堂，面向東立。眾主人就東階下西面之位。在堂上兩楹柱間把柩放到夷牀上，擺正頭北腳南之位。主人站在柩東，面向西。把重木置於庭中靠南三分之一處，如在殯宮同。執席者上堂，布席於柩西。陳設奠祭品與在殯宮相同，設後以巾覆蓋，設奠者都由西階上下堂。主人頓足哀哭不計次數，而後下堂，對賓行拜禮，至東階下就位，頓足哀哭後穿好左衣袖。主婦及親者由死者足下方繞至東側，面向西站立。

把死者生前所乘車送進庭中，放在對堂東端飛檐處，車轅朝向北。天剛亮時，滅掉火炬。撤奠者由東階上堂，由西階下堂。接著為遷柩朝祖設奠，設在柩西，席之正面朝向東，與前所設從奠相似，設奠者由西階上下堂。主人按設奠者上下堂節奏而踊哭。接著牽入駕車之馬，套在馬頸上的革帶繞以紅白蒼三色絲絛為飾，入門後面向北，馬的左右兩轡在馬胸前交叉引向另一側，圉人在馬兩側夾牽之。御車者持馬鞭站在馬後。主人哀哭頓足三番成禮，圉人牽馬向右轉彎出廟門。賓出門，主人送至門外。

有司請示主人為死者設奠祭時間。主人回答：「剛過中午，太陽稍偏西時。」主人入內，袒露左臂，於是把靈柩抬上柩車。主人頓足哀哭不計次數。用束帶把靈柩束縛於柩車完畢，主人穿好左衣袖，有司把奠祭品移下來，放在柩西對著前束帶處。商祝開始裝飾柩車，在柩前上方設一狀如承霤的池，連接帷荒的紐帶，前側面用赤色，後側面用黑色，圓形車蓋垂飾由紅白蒼三色繒製作，不用貝為飾物。棺兩側各繫兩條帛帶，一前一後，把長繩繫於柩車前的車輅上。

把明器陳放在乘車的西側。架在墓穴上的木架，橫向陳放，使修治的光面朝上。抗木橫向三根，縱向二根擺放。上面加鋪三層席。墓穴底要墊上粗布，此粗布為大功布，黑色稍淺，有邊緣，也是縱向放兩塊，橫向放三塊。陳放明器以最西側一行的南端為尊位，自西向東擺放，一行放不下，再轉行向相反方向擺放。墊柩粗布陳放在西行最南端。依次往北為用葦葉包裹供設奠羊肉一包，豬肉一包，共二包。筲三個，分盛黍、稷、麥。罋三個，分盛醋、肉醬和薑桂末，用大功布覆蓋。瓦甒兩只，盛醴和酒，用小功布覆蓋。上述器物都放到木架上，用蓋塞住器口。死者生前常用之器有弓矢、耒耜、兩只敦、兩只盂、槃、匜。匜放在槃中，出水口朝向南。沒有祭祀用的禮器，有燕飲用的樂器是可以的。兵器有鎧甲、頭盔、盾牌、盛箭之器。燕居安體用具有手杖、斗笠、雉扇。

撤去遷祖奠，持撤下的巾和席於西方待用。主人按節奏需要而頓足哀哭，並袒露左臂。商祝執功布在柩車前，退行指揮柩車轉彎向外，將開始出行。主人頓足哀哭，然後穿上左衣袖，稍向南，站在對柩前束帶處。婦人們下堂，在兩階間就位。柩車轉彎將出行，隨行的薦車也轉向外，所陳放的明器不須轉向。周祝取銘旌放到墊柩布上。兩有司抬重木左轉，將其由朝北轉向朝南。有司在柩東布席，開始設祖奠，儀節與設遷祖奠同，主人按設奠節奏需要而踊哭。送進駕車之馬，儀節與第一次同。賓出門，主人送至門外。有司向主人請示下葬日期，主人作答後入內，返回原位。

國君派使者送來助葬之物，有玄色與纁色帛一束共五匹，馬兩匹。擯者出門請問使者來意，入告主人。主人放下喪杖，到廟門外迎接，不哀哭；而後先入門，站在大門內右側，面向北，與眾主人都袒露左臂。國君所贈馬牽入庭中陳設。使者捧束帛，由馬之西側繞過，在對輈前橫木處站立，面向北轉達國君的辭命。主人哀哭，行拜禮，以額叩地，踊哭三番成禮。使者把束帛放到柩車車箱左側，而後出門。宰從主人北側走過去，舉束帛至東邊收藏。士牽馬出門。主人送使者到大門外，行拜禮，穿上左衣袖，入內返回原位，重持喪杖。

卿、大夫、士派人送助葬之物，要先致命。擯者出門請問，入告主人，再出門告知主人正在等候。所贈馬被牽入中庭陳設，使者捧幣帛，擯者先入門在前引導，使者跟隨其後，向主人致辭命，與接待國君使者禮儀相同。主人在柩車東位上對使者行拜禮，不哭踊。使者放幣帛禮儀如君之使者，主人之宰舉幣、士受馬亦與受君使者贈物時同。使者出門後，擯者出門請問使者還有何事。如果使者要贈送奠祭之物，擯者入告主人後出來，引使者入內，向主人致辭命如初。士受贈送之羊，與受馬之儀式同。使者出門後，擯者再次請問還有何事。如果使者要贈送助喪錢財，擯者入告主人，主人出門，站在左側，面向西。使者面向東致辭命，主人行拜禮，使者坐下，將所贈錢財放下；宰由主人之北走過去，面向東把錢財舉起來，再返回原位。如果沒有存放錢財的器具，就由使者和宰面對面相授受，不放到地下。使者出門，擯者又請問還有何事，使者告知諸事完畢，主人拜送使者，而後入內。有傳命贈送助喪幣帛或器物者，擯者要出門請問，接納來賓禮儀也與前相同。賓放置幣帛也與前同。如果贈送已成之器物，就坐著將其陳放在乘車之西放明器處。凡有傳命送禮者，必定有出請入告、事畢拜送的儀節。眾兄弟和有喪服的親屬，贈送助喪之物和奠祭品都可以。平時熟知的友人，則只贈送助喪之物而不送奠祭品。與死者熟知的人贈送助喪之物，與死者親人熟知者則贈送助喪錢財。把贈送助喪財物者的名字和物品書寫到木板上，或書寫九行，或七行，或五行，視情況需要而定。書贈送明器者和所送物於簡冊上。於是主人和親屬輪流哀哭，如小斂結束時那樣。夜間，在廟門內右側點燃火炬。

厥明，陳鼎五❶于門外，如初❷。其實：羊左胖，髀不升，腸五，胃五，離肺；豕亦如之，豚解❸，無腸胃；魚、腊、鮮獸❹，皆如初。東方之饌：四豆，脾析❺，蜱醢❻，葵菹，蠃醢；四籩，棗、糗❼、栗、脯；醴，酒。陳器。滅燎，執燭❽，俠輅❾，北面。賓入者拜之。徹者入，丈夫踊；設于西北，婦人踊。徹者東。鼎入，乃奠。豆西❿上，綪。籩，嬴醢南，北上，綪。俎二以成⓫，南上，不綪。特鮮獸。醴、酒在籩西，北上。奠者出，主人要節而踊。

甸人抗重，出自道⓬，道左倚之。薦馬，馬出自道，車各從其馬，駕于門外，西面而俟，南上。徹者入，踊如初。徹巾，苞牲⓭，取下體⓮。不以魚腊，行器⓯，茵、苞、器⓰，序從，車從。徹者出，踊如初。

主人之史請讀賵⓱，執筭從⓲。柩東，當前束，西面。不命毋哭，哭者相止也。唯主人主婦哭。燭在右，南面。讀書，釋筭則坐。卒，命哭，滅燭，書與筭執之以逆出。公史⓳自西方，東面，命毋哭，主人主婦皆不哭。讀遣⓴，卒，命哭，滅燭，出。

商祝執功布以御柩㉑。執披㉒。主人袒，乃行，踊無筭。出宮，踊，襲。至于邦門，公使宰夫贈玄纁束。主人去杖，不哭，由左聽命，賓由右致命。主人哭，拜稽顙。賓升，實幣于蓋㉓，降。主人拜送，復位，杖，乃行。

至于壙㉔，陳器于道東西，北上。茵先入。屬引。主人袒。眾主人西面，北上。婦人東面。皆不哭。乃窆㉕。主人哭，踊無算，襲；贈用制幣㉖，玄纁束；拜稽顙，踊如初。卒，袒，拜賓，主婦亦拜賓；即位，拾踊三㉗，襲。賓出，則拜送。藏器於旁㉘，加見㉙。藏苞筲於旁。加折，卻之㉚；加抗席，覆之；加抗木。實土三㉛。主人拜鄉人，即位，踊，襲，如初。

乃反哭㉜，入，升自西階，東面。眾主人堂下東面，北上。婦人入，丈夫踊，升自阼階。主婦入于室，踊，出即位，及丈夫拾踊三。賓弔者升自西階，曰：「如之何！」主人拜，稽顙。賓降，出，主人送于門外，拜稽顙，遂適殯宮，皆如啟位㉝，拾踊三。兄弟出，主人拜送。眾主人出門，哭止，闔門。主人揖眾主人，乃就次。

猶朝夕哭㉞，不奠。三虞㉟。卒哭。明日，以其班祔㊱。

【章旨】本章記述下葬當日諸事，主要包括陳設大遣奠，抗重木出車馬苞器將以次向墓地進發，宣讀助喪之物和助葬之物清單，柩車出發及在道受君贈禮儀，下葬禮儀，反哭於廟和殯宮，葬後哭及虞祭、祔祭諸項。

【注釋】❶鼎五　五鼎為羊、豕、魚、腊、鮮獸各一鼎。❷如初　與大斂奠時同。❸豚解　像肢解小豬那樣肢解成塊。❹鮮獸　新宰殺之獸。士腊獸用兔，則鮮獸亦用兔。❺脾析　百葉，指牛羊之胃，因多皺褶，故名。此指羊胃。❻蜱醢　蚌肉醬。蜱，同「蚌」。蜯也。❼糗　乾糧。❽滅燎執燭　滅掉庭中不能移動的大火炬，執可以移動的火炬。因天剛亮，庭中尚暗，故用火炬照明。❾俠輅　二執炬者夾柩車轅前橫木兩側而立。俠，通「夾」。❿西　當作「南」。⓫成　併也。即羊俎與豕俎並列，魚俎與腊俎並列，由南向北擺放。⓬出自道　從門中央抬出重木。不從門橛之西或東出，而從正中出，與常規出入不同，表示出不復入。重木不隨葬，亦不再留廟中，待虞祭後埋於祖廟門外東側。⓭苞牲　將大遣奠所用牲體用葦葉包起來。士每包三塊，共兩包。⓮下體　牲四肢的下段。⓯行器　由人持之而行於道路的明器。明器不放車上，由人持行，故稱行器。⓰茵苞器　此指行進時各種器物的順序，大致與陳放之序同。舉茵則包括折、抗木、抗席，舉苞則兼筲、甕、甒，器指各種用具器物。⓱主人之史請讀賵　主人之史請求宣讀助喪禮品清單。主人之史，主人私臣掌管文書者。賵，書於木板上的助喪禮品清單。⓲執筭從　持算籌者跟隨其後。執算籌者為史之助手。⓳公史　國君掌管禮書之官。奉君命來助士之喪事。⓴讀遣　宣讀書寫於策的隨葬品清單。此清單由公史宣讀。㉑御柩　指揮柩車行進。商祝持功布走在車前，遇有不平處和上坡下崗，則舉功布示意，提請後面作好準備，保持平穩。㉒執披　牽扯柩兩側的帛帶。士之執披者有八人。執披作用在保持柩之平穩而不傾斜。㉓蓋　棺蓋。即放在棺蓋之柳中。柳為與棺蓋大小相同的方木框，放在棺蓋上，上以布為荒，四周以布為帷，將棺包裝起來。㉔壙　墓穴。㉕窆　將棺下入墓穴。㉖制幣　長一丈八尺之帛，為國君命宰夫所贈者。㉗拾踊三　主人、婦人、賓輪番哭踊三次。拾，輪流；更遞。㉘藏器於旁　把用器、兵器放在棺旁。即藏於棺外飾內，與苞筲藏於飾外椁內小有別。器，指用器、兵器之類。㉙見　棺飾，亦稱棺衣，從外面看只見飾不見棺，故稱見。㉚卻之　仰著安放。即修治之光面朝下，粗糙一面朝上，與陳放時相反。㉛實土三　往墳頭上加土壓實，經三遍而完工。㉜反哭　下葬後喪主返回祖廟哭祭。㉝啟位　啟殯之前的站位。即婦人就堂上位，丈夫即中庭之位，如殯未去之時。㉞猶朝夕哭　安葬當日仍然要在殯宮行朝夕哭之禮。猶，仍然；依然。㉟三虞　行三次虞禮。虞，喪祭名。虞，安也。古人認為人死後，骨肉入土，而靈魂無所依而四處遊蕩，故孝子葬之時，送形而往，又迎魂而歸，恐其不安，而設三虞以安之。㊱以其班祔　奉新死者的神主按昭穆之序附祭於祖廟。班，次也，指昭穆之序。左昭右穆，祖孫同在一側，不可紊亂。祔，祭名。卒哭次日，奉死者神主祭於祖廟，祭後仍奉神主歸家，至大祥（死後二週年）後，才遷神主入廟，不再取回。

【語　譯】次日天明，陳放五鼎於廟門外東側，與大斂奠時同。鼎中所盛物為：羊鼎盛羊的左半體，髀骨去掉不放入，腸五段，胃五塊，劃割而切斷的肺一塊；豕鼎也如此，像肢解小豬那樣把豕的左半體肢解成塊，去髀骨，不要腸胃；魚鼎、腊鼎、鮮獸鼎，都與殯奠時所設相同。設在柩車以東的奠祭品有：四個豆，分盛羊胃、蚌肉醬、醃葵菜、蝸牛醬；四個籩，分盛棗、乾糧、栗子、乾肉條；還有醴和酒。再把收藏的明器陳列出來。滅掉庭中不能移動的大火炬，二人執可移動火炬夾柩車轅前橫木兩側站立，面向北。有入門參加葬禮的賓客，主人在其位上行拜禮，不出迎。撤奠者入門，丈夫踊哭；撤下祭品擺放到柩車西北時，婦人踊哭。撤奠者從柩車北向東走去。再把鼎從門外抬進來，於是就設大遣奠。豆以南為上位，四豆呈方形排列，羊胃豆在西南，次為蚌肉醬豆在其北，次為醃葵菜豆在其東，後為蝸肉醬豆在其南。籩在蝸肉醬豆南，四籩也是方形排列，以北為上位，棗籩在西北，次為乾糧籩在其南，次為栗籩在其東，後為脯籩在其北。俎是二個一組並列，以南為上位，由南向北排列，不轉行。鮮獸俎單獨陳放在豕腊二俎之北。醴和酒陳放在籩之西，以北為上位。設奠者退出，主人按設奠節奏需要而踊哭。

甸人抬重木從門中央走出，將其倚放於門東北牆邊。牽馬出來，馬也由門中央走出，其所駕車也從馬後，由人牽挽而出，到門外將馬套於車上，在門東側面向西等候，車以南為上位，由南向北排列。撤奠祭品者進入，丈夫哭踊如撤祖奠時。撤去覆蓋祭品的苫巾，將牲體用葦葉包起來，只取牲四肢之下段。不包魚和腊兔。撤出明器，先撤茵一組，依次撤苞一組和各種器物，按序撤出，車亦隨後撤出。撤奠祭品者退出時，婦人哭踊如前。

主人之史請求宣讀助喪禮品清單，持算籌者跟隨其後。主人之史站在柩車東側，對著柩前束帶處，面向西。不再命令在場者不許哀哭，如有哀哭者則相互勸止。只有主人、主婦在哀哭。執火炬者站在史之右側，面向南。史宣讀記載禮品清單的木板，其助手坐著放算籌計數。宣讀完畢，命眾人哀哭，滅掉火炬，史和助手持書板和算籌按與進門相反的順序退出。國君執掌禮書之官站在柩車之西，面向東，命令眾人靜下來不哀哭，主人、主婦都不再哀哭。公史宣讀書於簡策的隨葬品清單，宣讀完畢，命眾人哀哭，滅掉火炬，公史出門。

商祝持功布在前，指揮柩車行進。八個人在柩車兩側牽帛帶。主人袒露左臂，柩車開始出行，喪主及家人、親屬頓足哀哭，不計次數。出殯宮大門，主人哭踊後，穿上左衣袖。到達都城城門，國君派宰夫贈送黑色、淺紅色帛一束共五匹。主人放下喪杖，不哭，站在柩車前輅左側聽命，宰夫在前輅右側轉達國君辭命。主人哀哭，行拜禮，以額觸地。宰夫登上柩車，把束帛放到棺蓋上柳中，而後下車。主人拜送宰夫，返回柩車後原位，拿起喪杖，柩車繼續前行。

到達墓穴前，陳放隨葬的明器於墓道的東西兩側，以北方為上位，由北向南擺放。墊柩的粗布先放入墓穴。接著把柩從車上抬下，除去棺飾，繫好下棺之繩。主人袒露左臂。眾主人面向西站立，以北方為上位。婦人面向東站立。都不哀哭。於是開始把棺下入墓穴。下葬後主人頓足哀哭，不計次數，而後穿上左衣袖；主人用一丈八尺的黑色、淺紅色束帛獻給死者；並行拜禮，以額叩地，而後頓足哀哭如前。贈獻完畢，主人袒露左臂，對賓行拜禮，主婦也對女賓行拜禮；而後都返回本位，主人、婦人、賓輪番踊哭三次，主人穿上左衣袖。賓出門時，主人要拜送。把用具兵器放在棺旁，加上棺飾。把苞和筲放在棺飾外椁內。接著把折放在墓穴口上面，仰著放置，使光面向下；接著加鋪抗席，光面向下；上面再加鋪抗木。往壙頭上加土壓實，三番而成。主人向同鄉人行拜禮，返回原位，踊哭，穿上左衣袖如前。

下葬後就返回祖廟哭祭，主人入廟門，由西階上堂，面向東站立。眾主人在堂下面向東站立，以北方為上位，由北向南排列。婦人入門時，男人們踊哭，婦人們從東階上堂。主婦入室，頓足哀哭，而後出來就堂上西面之位，與男人們輪番踊哭三次。賓客來弔唁者由西階上堂，告慰主人說：「這是無可奈何的事啊！」主人行拜禮，以額叩地。賓客下堂，出門，主人送到門外，行拜禮，以額叩地，接著到殯宮，都像啟殯之前那樣站位，輪番踊哭三次。同族兄弟出門，主人拜送。眾主人出門，哭聲停止。主人對眾主人拱手為禮，就各自到居喪之廬去。

安葬當日仍然要在殯宮行朝夕哭禮，只是不設奠祭席。要行三次安魂的虞禮。而後再行卒哭之祭。明天，奉新死者的神主按昭穆之序附祭於祖廟。

〔記〕❶

士處適寢❷，寢東首于北墉下❸。有疾，疾者齊❹。養者皆齊，徹琴瑟。疾病❺，外內皆埽❻。徹褻衣❼，加新衣。御者四人，皆坐持體❽。屬纊❾，以俟絕氣。男子不絕於婦人之手，婦人不絕於男子之手。乃行禱于五祀❿。乃卒。主人啼⓫，兄弟哭。設牀笫⓬，當牖。衽，下莞上簟⓭，設枕。遷尸。

復者朝服，左執領，右執要，招而左⓮。楔，貌如軛⓯，上兩末⓰。綴足用燕几，校⓱在南，御者坐持之。即牀而奠，當腢⓲，用吉器⓳，若醴，若酒，無巾柶。

赴曰：「君之臣某死。」赴母、妻、長子，則曰：「君之臣某之某死。」

室中，唯主人、主婦坐。兄弟有命夫命婦在焉，亦坐。

尸在室，有君命，眾主人不出。

襚者委衣于牀，不坐。其襚于室，戶西北面致命。

夏祝淅米，差盛之⑳。御者四人抗衾而浴㉑，襢第㉒。其母之喪，則內御者浴㉓，鬠無笄。設明衣，婦人則設中帶㉔。卒洗，貝反于笄，實貝，柱右顛左顛㉕。夏祝徹餘飯。瑱塞耳。掘坎，南順，廣尺，輪㉖二尺，深三尺，南其壤。垼用塊㉗。明衣裳，用幕布，袂屬幅㉘，長下膝。有前後裳㉙，不辟㉚，長及觳㉛。縓綼緆㉜。緇純。設握㉝，裏親膚，繫鉤中指，結于掔㉞。甸人築坅坎㉟。隸人涅廁㊱。既襲，宵為燎于中庭。

厥明，滅燎，陳衣。凡絞紟用布，倫如朝服㊲。設棜㊳于東堂下，南順，齊于坫。饌于其上，兩甒、醴、酒，酒在南；篚在東，南順，實角觶四，木柶二，素勺二；豆在甒北，二以並；籩亦如之。凡籩豆，實具設㊴，皆巾之。觶，俟時而酌㊵，柶覆加之，面枋；及錯，建之。小斂，辟奠(41)不出室。無踊節。既馮尸，主人袒，髺髮，絞帶；眾主人布帶。大斂于阼。大夫升自西階，階東，北面，東上。既馮尸，大夫逆降，復位。巾奠，執燭者滅燭，出降自阼階，由主人之北，東。

既殯，主人說髦(42)。三日，絞垂(43)。冠六升，外縪(44)，纓條屬，厭(45)。衰三升。屨外納。杖下本，竹桐一也。居倚廬(46)，寢苫枕塊(47)，不說絰帶，哭晝夜無時，非喪事不言。歠粥(48)，朝一溢米(49)，夕一溢米，不食菜果。主人乘惡車，白狗幦(50)，蒲蔽(51)，御以蒲菆(52)，犬服(53)，木錧(54)，約綏(55)，約轡，木鑣(56)，馬不齊髦(57)。主婦之車亦如之，疏布裧(58)。貳車，白狗攝服(59)，其他皆如乘車。

朔月，童子(60)執帚，卻之(61)，左手奉之，從徹者而入。比奠(62)，舉席，埽室，聚諸窔(63)，布席如初。卒奠，埽者執帚，垂末內鬣(64)，從執燭者而東。燕養(65)、饋羞(66)、湯沐(67)之饌，如他日。朔月若薦新，則不饋于下室(68)。

筮宅，冢人物土[69]。卜日，吉，告從于主婦；主婦哭，婦人皆哭，主婦升堂，哭者皆止。

啟之昕[70]，外內不哭。夷牀、輁軸，饌于西階東。其二廟[71]，則饌于禰廟，如小斂奠；乃啟。朝于禰廟，重止于門外之西，東面。柩入，升自西階。正柩于兩楹間，奠止于西階之下，東面北上。主人升，柩東，西面。眾主人東即位，婦人從升，東面。奠升，設于柩西，升降自西階，主人要節而踊。燭先入者，升堂，東楹之南，西面；後入者，西階東，北面，在下。主人降，即位。徹，乃奠，升降自西階，主人踊如初。

祝及執事舉奠，巾席從而降，柩從，序從如初，適祖。薦車[72]，鹿淺幦[73]，干，笮，革靾[74]，載旜[75]，載皮弁服，纓、轡、貝勒縣于衡[76]。道車[77]，載朝服。稾車[78]，載蓑笠[79]。將載，祝及執事舉奠，戶西，南面，東上。卒束前而降[80]，奠席于柩西。巾奠，乃牆[81]。抗木，刊[82]。茵著用荼[83]，實綏澤焉[84]。葦苞，長三尺，一編[85]。菅筲三，其實皆瀹[86]。祖，還車不易位。執披者旁四人。凡贈幣，無常。凡糗，不煎[87]。

唯君命，止柩于堩[88]，其餘則否。車至道左，北面立，東上。柩至于壙，斂服載之[89]。卒窆而歸，不驅[90]。

君視斂，若不待奠，加蓋而出；不視斂，則加蓋而至，卒事。

既正柩，賓出，遂匠納車于階間[91]。祝饌祖奠于主人之南，當前輅，北上，巾之。

弓矢之新，沽功[92]。有弭飾[93]焉，亦張可也。有柲[94]，設依撻[95]焉。有韣[96]。翭矢一乘[97]，骨鏃，短衛[98]。志矢[99]一乘，軒輖中[100]，亦短衛。

【章旨】本章為上下篇總記，按治喪的進程，對喪禮中某些儀式和細節作補充和說明。主要包括侍奉親人死去，招魂楔齒綴足設奠，赴君之辭，室中哭位，贈衣被儀位，為死者沐浴含襲，小斂大斂時陳衣設奠儀法，殯後居喪者冠服飲食居處車馬之制，朔月及常日清掃奉養之事，筮墓地卜葬日，啟殯朝祖，二廟先朝禰，自禰適祖及祖廟中進車載柩陳器奠贈諸事，柩車在道及葬後返歸之事，君視斂，納柩車設祖奠，隨葬弓矢之制各項。

【注　釋】❶記　此記為上篇與本篇的總記，從開頭到「主婦升堂，哭者皆止」為〈士喪禮〉之記，「啟之昕」以下至篇末為〈既夕禮〉之記。❷適寢　正寢。古時自天子至士都有正寢和燕寢，平日常居在燕寢，有疾則遷處正寢。死於正寢是合乎禮的。❸北墉下　正寢的北牆下。❹疾者齊　患病的人就要齋戒。齊，通「齋」。齋戒。此主要指保持心態平和，精神安定，排除憂思煩擾，以利於病癒。❺疾病　病重；病危。分言之，輕者稱疾，重者稱病。❻外內皆埽　堂室內外都進行清掃。外，指堂室以外之庭院及寢門大門外也。清掃目的有二說：一說病危，將有君使、卿大夫來問病，故須外內潔淨。一說用以祓除不祥。❼褻衣　貼身內衣。❽持體　把持手足，助其轉側。因病重，手足不能屈伸用力，須人服侍其轉側活動。❾屬纊　把新綿絮置於口鼻上，檢驗呼吸是否停止。❿禱于五祀　對祭祀的司命、中霤、國門、國行、公厲五神祈禱，冀其助佑。據《禮記・祭法》言，王立七祀，諸侯立五祀，大夫三祀，士二祀，為門和行。此言五祀是廣言之。⓫啼　哀痛至甚，哭聲失常，如同氣絕之狀。⓬第　竹製牀板。⓭下莞上簟　下面是莞草席，上面是竹席。⓮招而左　招魂後向左轉身，由面北轉為面南。⓯軛　人字形馬具，或如今之牛軛。⓰上兩末　使用時楔之兩末端向上，彎曲處先入口，如此則操作便利。⓱校　燕几之足。⓲腢　肩頭。⓳吉器　祭禮所用器物。因親人新死，不忍立即改用凶禮器物。⓴差盛之　選擇完好米粒盛於敦中，以備飯含之用。差，挑選；選擇。㉑抗衾而浴　四人舉斂屍之被遮蔽死者裸體，另二人為其洗浴。抗，舉起。㉒襢第　撤去臥席，袒露竹牀板，在上面浴屍，便於瀝水。㉓內御者浴　女侍者為母浴屍。㉔中帶　內褲及腰帶。婦女明衣，有衣無裳，故須加貼身內褲，用帶繫於腰部，合稱中帶。㉕柱右齻左齻　用貝撐住左右側最後臼齒。始死用角柶楔齒，含貝時要撤出角柶，恐口閉合，故用貝撐住臼齒，使口開易含。齻，口腔兩側最後面的臼齒。㉖輪　坎的縱向長度。㉗垼用塊　用土塊壘成的灶。㉘袂屬幅　衣袖用整幅布製作。屬幅，整幅布寬，不往下裁剪。通行幅寬為二尺二寸。㉙前後裳　裳有前後襟，前三幅，後四幅，明衣之裳亦如此。㉚不辟　裳之腰間不抽褶襇使狹，而是上下同寬，便於蔽體。辟，辟積，裳之褶襇。㉛觳　腳背。㉜縓綼緆　裳之側邊緣飾和下邊緣飾都是淺紅色。縓，淺紅色。綼，側邊飾。緆，下邊飾。㉝設握　在左手設握手。上篇言設握手是在右手，此處又補充左手如何設握。㉞掔　手腕。㉟築坅坎　把挖掘的坎穴填土築實。築，擣土使堅實。坅，坎穴。㊱隸人涅廁　罪人填塞死者所用廁所。涅，填塞。死者所用廁，恐生人復往褻瀆，且死為鬼神，不復用廁，故填塞之。㊲倫如朝服　比如朝服。倫，比也。朝服用十五升布，小斂大斂的絞紟也用十五升布。㊳棜　古代承放酒器的長方形木盤。㊴實具設　裝好祭品的兩籩兩豆同時陳設。實，把菹栗之類祭品放入豆籩中。具，二籩二豆同設。㊵俟時而酌　待朝夕奠祭時才舀上酒。時，指朝夕奠祭時。朝奠在日出時，夕奠在日落前。㊶辟奠　移動奠祭之席。小斂時要把始死時所設奠移開，以避斂。斂後將前奠移至室中隙地，不另改設，以使奠不出室。如改設，要設在序西南，則出室，孝子不忍神之遠離。㊷說髦　脫去兒時髮飾。髦，古代幼兒下垂至眉的短髮。長大後以之為髮飾存之，亦稱髦。戴此髮飾見父母，使父母如見子之幼年而歡心。親歿則除去。㊸絞垂　三日成服後，把腰絰下垂部分纏繞在腰間。㊹外縪　冠梁的前後兩頭都從冠圈下向外出反屈之，縫於冠圈上，縫完餘頭向外，稱外縪。縪，縫也。㊺纓條屬厭　冠帶與冠圈為一條繩相連接，凶冠冠帶與冠圈用同一種材料，吉冠則異材。纓，冠帶，結於頷下以固冠。厭，伏也。因冠梁由冠圈下繞上反縫，故稱厭伏。㊻倚廬　居喪期間所住茅屋。㊼寢苫枕塊　睡臥在草上，頭枕土塊。㊽歠粥　喝稀粥。㊾一溢米　一把米。㊿白狗幦　用白狗皮作車軾上的篷蓋。白狗，未長出長毛的狗。用此種狗皮為篷蓋，因其柔軟，白色亦合於喪事。幦，車軾上的篷蓋。(51)蒲蔽　用蒲草作車子屏藩，以禦風塵。(52)蒲菆　蒲草莖。(53)犬服　用犬皮製成的盛裝弓劍等短兵器的皮袋。(54)錧　車轂頭的冒蓋。又作輨。多以鐵銅為之，喪事則用木，稱木錧。(55)約綏　登車用的引索，用繩作成。(56)鑣　馬嚼子。(57)不齊髦　馬之鬃毛不修剪整齊。(58)褑　車帷。(59)攝服　皮袋的邊加上緣飾。攝，緣飾。(60)童子　士之子弟。士卑祿微，不足以養家，以其子弟為隸僕執役。(61)卻之　仰之。把掃帚末端向上持之，表示新帚，從未用過。(62)比奠　在設奠之先。比，先也。(63)聚諸窔　把清掃的垃圾堆放到室的東南角。交，室的東南角。64垂末內鬛　使掃帚末端下垂，朝向自身一邊掃，以防止灰塵觸及他人。末，掃帚末端。鬛，獸類頸上毛。因其形狀像掃帚末端，故亦稱掃帚為鬛。65燕養　平常燕居所用以供養物品。66饋羞　朝夕食品，四時珍異。67湯沐　沐浴所用熱水。湯，熱水。沐，洗頭髮，此兼沐浴言，指洗髮洗身，以去汙垢。《禮記・內則》：「三日具沐，五日具浴。」此平日事親之常務，今孝子不忍親死而廢之，故設於燕寢。68不饋于下室　薦新設於正寢，已有黍稷，故於燕寢所設奠，不再設黍稷。饋，進獻飯食之類，此指進獻黍稷。下室，燕寢。對正寢和上室而言。69冢人物土　掌管墓地之吏視察所選之地是否適宜下葬。物，猶「相」。相為視察，即對土壤厚薄、水泉淺深等情況作綜合考察，確定合於安葬，而後才進行卜筮。70啟之昕　啟殯那天日將明時。昕，黎明；日將明時。71二廟　祖廟禰廟。上士二廟，下士一廟，祖禰共廟。有二廟的上士，啟殯後先朝禰後朝祖，由近及遠。72乘車　此指棧車，用竹木散材製成，為士所乘。73鹿淺幦　用淺色鹿皮製成的車軾篷蓋。鹿淺，夏天的鹿，毛新生，色淺。74革靾　皮製馬韁。75旜　赤色曲柄旗，為孤卿所建。《周禮・春官・司常》：「孤卿建旜，大夫、士建物。」此士用旜為攝，喪有攝盛之禮，雖攝不違禮。76貝勒縣于衡　用貝裝飾的馬絡頭懸掛在車轅前橫木上。勒，馬絡頭。77道車　王行道德之車，此假其名也。為士上朝及燕遊出入所乘車。78稾車　散車，為田獵和巡行鄉野所乘車。稾，木枯，與「粗散」義近，故此作「散」解。79蓑笠　蓑衣斗笠。80卒束前而降　舉奠者在束柩於車將完畢前下堂。81牆　裝飾靈柩。82刊　對抗木要剝皮砍削修治，使合乎規格。83茵著用荼　墊棺粗布的夾層內用茅莠充填。著，充之以絮。荼，茅莠，茅草秀出之穗。84實綏澤焉　再裝入廉薑和澤蘭。綏，一名廉薑，生沙石中，辛而香，屬薑類。澤，澤蘭，一名虎蘭，生大澤旁，香草類。取此二物放茵中，因其有芳香之氣且能禦濕。85葦苞長三尺一編　葦苞是截取三尺長蘆葦編成。86瀹　浸漬。菅筲中所盛米麥皆浸漬使清潔，但不煮熟，因神享祭之所尚未定。87不煎　不加油脂煎熟。因用油脂煎則有褻味，非敬神之道。88堩　道路。89斂服載之　收取乘車、道車、稾車所載皮弁朝服蓑笠等，一併放到柩車上返回。90不驅　不驅車疾行。表達孝子留戀未歸親人之情。91遂匠納車于階間　遂人和匠人把柩車放到兩階之間。遂，遂人，掌管統領徒役之吏。匠，匠人，掌管載柩下葬諸事之吏。[92]沽功　作工粗劣。沽，粗也。隨葬品不為實用，作工粗劣無妨。[93]弭飾　弓的兩端以骨角為飾。[94]柲　弓檠。弓弛而不用時，將其縛於弓之內側，以防止弓被損壞折斷。以竹為之，又作「柴」。[95]依撻　依，纏弓弦的熟皮革。撻，箭溜。用熟皮革或骨或金玉製作，大如錢，嵌在弓把中部，用以分別上下。射時在弓之右側，矢之上，矢由此射出。死者之撻用熟皮為之。[96]韣　弓套。[97]翭矢一乘　翭矢四支。翭，同「鍭」。有「候」意，等候時機射敵之近者和禽獸。翭矢當指射程較近的一種箭矢。一乘，四支。[98]短衛　短箭羽。衛，箭羽，可防止箭偏離方向。鏃用骨不用金，又短羽，示此箭不作實用。[99]志矢　習射之矢。[100]軒輖中　箭矢的前後輕重均衡。軒，是說車輕。輖，是說車重。軒輖，引申為輕重之意。箭矢須前重後輕，前後均衡不合實用，充作明器而已。

【語譯】〔記〕士有疾病要居於正寢，頭朝向東寢臥在北牆下。有病時，患病者要齋戒，保持心平氣和精神安定。侍奉的人都應莊重，專心侍奉調養，撤去琴瑟之類樂器，保持安靜。病危時，堂室內外都要進行清掃。把病人貼身內衣脫下，換上新衣。四位侍從者都坐在病人身旁，扶持病人四肢，助其轉側活動。把新綿絮放在病人口鼻前，試探是否氣絕。男子不死於婦人之手，婦人不死於男子之手。臨死前要派人為病人向五祀之神祈禱。病人故去，主人啼不成聲，眾兄弟哀哭。接著在室內南窗下設置停屍牀和牀板。鋪上雙層臥席，下層為莞草席，上層為竹席，放置枕頭。而後將屍遷到上面。

招魂者身穿朝服，左手持死者生前所穿衣領，右手持裳腰，揮動招魂後向左轉身，面向南把衣服扔下來。用角柶製成的楔，樣子像人字形牛軛，楔齒時兩末端向上，彎曲處先入口。拘正死者雙足用燕几，几足朝向南，侍者坐著扶几。就屍牀設奠，設在對死者肩頭處，用生前的祭器，或用醴，或用酒，不用巾和柶。

向國君報父喪之詞說：「君之臣某某人死亡。」向國君報母親、妻子、長子喪之詞則說：「君之臣某之某死亡。」

屍在室中，只有主人、主婦可以坐。在室之大功以上兄弟如有命夫命婦，也可以坐。

屍在室中，如有奉君命的使者到來，只須主人出迎，眾主人不必出迎。

贈送助喪衣被者，把所贈衣被放到牀上，不坐下。所贈衣被放在室內，贈衣被者在門西面朝北向主人致辭命。

夏祝淘米，選擇完好米粒盛於敦中。四位侍者舉斂屍被遮蔽死者裸體，另兩人為死者洗浴，要撤去臥席，袒露竹牀板，便於瀝水。如果是母親病故，則由女侍者為其浴屍，頭髮挽著不用笄。擺設明衣，如果是婦人還要設內褲和腰帶。主人把含貝清洗乾淨，放回竹笲中，飯含時先用貝把左右側最後臼齒撐住，使口開易含。飯含完畢，夏祝撤去剩餘之米。用絲綿塞住死者兩耳。挖掘坎穴，南北走向，橫寬一尺，縱長二尺，深三尺，挖出的土堆放在坎穴南側。用土塊壘灶。明衣裳用幕布製作，衣袖用整幅布，衣長至膝下。裳前三幅後四幅，裳之腰部不抽褶襇，長及於腳背。裳之側邊和底邊緣飾都是淺紅色。上衣領口和袖口都是黑色。在左手上設握手，握手襯裏貼著手掌，握手兩端有繩，一端繞掌一匝，由上引下，另一端向上鉤中指，反下，與另一端結繫於手腕處。甸人把坎穴填平築實。罪人填塞死者所用廁所。為死者穿上衣服，夜裏在中庭燃起大火炬。

次日天明，滅掉火炬，陳設小斂用衣物。凡小斂、大斂所用絞帶、單被，都與朝服用布升數相同。在東堂下陳放長方形木槃，南北方向擺放，南端與東坫平齊。陳放在木槃上有兩甒，分盛醴和酒，酒甒在南側；篚陳放在甒東，南北方向擺放，裏面放角柶四個，木柶二個，素勺二把；豆在甒之北，兩兩相並，依次擺放；籩也如此擺放。凡籩豆，盛上祭品後陳放，都要用苫巾遮蓋。觶，要待朝夕奠祭時才舀滿醴酒，把柶倒扣著放在上面，柶柄朝向前面；待設奠完畢，就把柶插在醴酒中。小斂時移動奠祭之席，不出室外。在移動時主人也不須按節奏踊哭。在觸摸屍體後，主人袒露左臂，用麻束髮，以苴麻繩為腰帶；眾主人用麻布為腰帶。大斂在東階上方進行。大夫由西階上堂，在西階東面向北站立，以東方為上位。觸摸屍體已畢，大夫們按與上堂相反次序下堂，返回原位。用苫巾把奠祭品遮蓋好，執火炬者把火炬滅掉，出室由東階下堂，從主人的北側往東走去。

入殯已畢，主人脫去兒時髮飾。死後滿三日，大功以上親屬把腰絰下垂部分纏於腰間。所戴喪冠用六升布製作，冠梁前後都從冠圈下上屈，縫在冠圈上，冠帶與冠圈為一條繩相連屬，冠梁由冠圈下繞上縫著。斬衰喪服用三升布製作。喪鞋鞋邊收束向外側。喪杖根端向下，竹杖和桐木都如此。喪主居住在倚廬中，睡臥在草上，頭枕土塊，不脫去首絰和腰絰，晝夜哀哭無有定時，無關喪事的話不說。喝稀粥，早晨用一把米，晚上用一把米，不吃蔬菜和水果。主人出行乘粗劣木車，用白狗皮作車軾上的篷蓋，用蒲草作車子的屏藩，用蒲草莖作御車的鞭子，用狗皮作盛裝弓劍等短兵器的皮袋，車轂頭冒蓋用木製的，登車用作牽引之索和御馬韁繩都是用繩子作的，馬嚼子用木作的，馬的鬃毛不修剪整齊。主婦的車也如此，另設粗布車帷。副車上設有用白狗皮作的兵器袋，其他都和主人乘車一樣。

每月初一，童子用左手持掃帚，末端向上，跟著撤祭者入室。在設奠之先，清掃室內，把掃除的垃圾堆在室內東南角，然後布席如前。設奠完畢，清掃者持掃帚，使掃帚末端垂向下，朝向自身一邊，跟著持火炬者出室往東去。平時供養物品、朝夕食品和四時珍異、沐浴用熱水，都像往常一樣陳放在燕寢中。每月初一或有薦新之祭，就不在燕寢陳設黍稷等飯食為祭。

卜筮墓地，先由冢人視察所選之地是否宜於下葬。卜下葬之日，得吉，將此告知主婦；主婦哀哭，婦人們都跟著哭，主婦上堂，哭者都停止哀哭。

啟殯那天天將明時，堂室內外都停止哀哭。夷牀和輁軸都陳放在西階之東。

如果是上士有祖禰二廟，就在禰廟設奠，如小斂奠，而後啟殯。朝見禰廟時，重木停在門外西側，朝向東。靈柩進入，由西階上堂。在東西楹柱間擺正柩的位置，奠祭品放在西階下方，朝向東，以北方為上位。主人上堂，站在柩東側，面向西。眾主人在東階下面向西就位，婦人們跟著上堂，面向東站立。奠祭品上堂，設在柩的西側，設奠者經由西階上下堂，設奠者上堂時男子哭踴，下堂時婦人哭踴。持火炬在柩前者，入門後上堂，站在東楹柱之南，面向西；持火炬在柩後者，入門站在西階之東，面向北，在堂下。主人下堂，在東階下面向西就位。而後撤堂上奠，並更設朝祖奠，撤奠者經由西階上下堂，男人女人一如前面那樣哭踴。

祝和執事者們持奠祭品下堂，持巾者執席者跟著下堂，靈柩隨著下堂，主人以下男女依序下堂如出殯宮那樣，而後去朝見祖廟。朝祖時陳設死者生前所乘棧車，用淺色鹿皮作車軾上面的篷蓋，車上裝有盾牌，箭袋，皮革製馬韁，插著赤色曲柄旗，載有皮弁服，套馬的革帶、御馬的轡繩、用貝殼裝飾的馬絡頭，都懸掛在車前橫木上。死者生前上朝及燕遊出入所乘車，車上載著朝服。田獵和巡行鄉野所乘車，載著蓑衣和斗笠。將載柩入車時，祝和執事者們捧著奠祭品站在室門以西，面向南，以東為上位，由東向西排列。在東柩於車完畢之前，他們下堂，設奠席於柩之西側。接著用苫巾把奠祭品遮蓋起來，就開始裝飾靈柩。抗木要剝皮並砍削修治。埶棺粗布夾層內以茅莠充填，再裝入廉薑和澤蘭。葦苞是用三尺長蘆葦葉編成。筲草編織的筲三個，分盛用水浸漬過的黍稷麥。開始出發，調轉車頭但不改變車的位置。在柩車旁牽披的人左右各四位。凡賓客所贈玩好之物，沒有一定數目。凡供奠祭的乾糧，不加油脂煎熟。

只有奉國君之命，才能讓柩車停在道路上，其他情況都不能停車。乘車等到達墓地，停在墓道左側，朝向北，以東方為上位。柩車到達墓地，柩入墓穴，要收聚乘車、道車、槀車所載皮弁服、朝服、蓑笠等，一併放到柩車上載歸。下葬完畢返回，不驅車疾行。

國君親臨大斂，如果因故不能等到設奠之時，就要在加棺蓋後退出；如果未能親臨大斂，應在蓋棺而後到達，設奠祭完畢離開。

正柩完畢，賓客退出，遂人和匠人把柩車放到兩階之間。祝在主人南側設祖奠，西側對著車轅前橫木，以北方為上位，設奠畢用苫巾遮蓋。

隨葬的弓矢要新的，作工可以粗劣。弓的兩端以骨角為飾，能張開就可以了。有護弓的弓檠，還設有纏弓弦的熟皮革和箭溜。有弓套。有射程較近的箭四支，用骨作箭鏃，箭羽是短的。習射用箭四支，箭的前後重量均衡，箭羽也是短的。

士虞禮第十四

【題解】士虞禮為士喪父母下葬後返回殯所行安魂的祭禮。虞，安也，指迎回死者的精氣即靈魂而安之也。虞祭在下葬當日中午開始舉行，次數和時間因身分地位高低之別而各有等差，士三虞四天，大夫五虞八天，諸侯七虞十二天，天子九虞十六天。虞禮比起喪禮、祭禮在內容和程式上都較為簡約，是喪禮向祭禮的過渡形態，具有喪禮、祭禮雙重屬性。虞禮在五禮中屬凶禮。

全篇大致可分三部分，一為祭前準備和設饌饗神，二為祭祀由開始到結束的具體過程，三為記。

士虞禮。特豕饋食❶，側亨❷于廟門外之右，東面。魚腊爨❸亞之，北上。饎爨在東壁❹，西面。設洗于西階西南，水在洗西，篚在東。尊于室中北墉下，當戶，兩甒，醴、酒，酒在東。無禁，冪用絺布❺，加勺，南枋。素几，葦席，在西序下。苴刌茅❻，長五寸，束之，實于篚，饌于西坫上。饌兩豆菹、醢于西楹之東，醢在西，一鉶亞之。從獻⑦豆兩亞之，四籩亞之，北上。饌黍稷二敦于階間，西上，藉用葦席⑧。匜水錯于槃中，南流，在西階之南，簞巾在其東。陳三鼎于門外之右，北面，北上，設扃鼏。匕俎在西塾之西。羞燔俎⑨在內西塾上，南順。

主人及兄弟如葬服，賓執事者如弔服，皆即位于門外，如朝夕臨位。婦人及內兄弟⑩服，即位于堂，亦如之。祝免⑪，澡葛絰帶⑫，布席于室中，東面，右几；降，出，及宗人即位于門西，東面，南上。宗人告有司具，遂請拜賓，如臨⑬。入門哭，婦人哭。主人即位于堂，眾主人及兄弟、賓即位于西方，如反哭位⑭。祝入門左，北面。宗人西階前北面。

祝盥，升，取苴⑮降，洗之；升，入設于几東席上，東縮⑯；降，洗觶，升，止哭。主人倚杖，入。祝從，在左，西面。贊薦菹醢，醢在北。佐食及執事盥，出舉，長在左。鼎入，設于西階前，東面，北上。匕俎從設。左人抽扃、鼏，匕，佐食及右人載。卒，朼者逆退復位。俎入，設于豆東，魚亞之，腊特。贊設二敦于俎南，黍，其東稷。設一鉶于豆南。佐食出，立于戶西。贊者徹鼎。祝酌醴，命佐食啟會。佐食許諾，啟會，卻于敦南，復位。祝奠觶于鉶南，復位。主人再拜稽首。祝饗⑰，命佐食祭。佐食許諾，鉤袒⑱，取黍稷，祭于苴，三；取膚祭⑲，祭如初。祝取奠觶祭，亦如之，不盡⑳，益，反奠之。主人再拜稽首。祝祝㉑，卒，主人拜如初，哭，出復位。

【章旨】本章為虞祭正式開始前的準備，或稱之為序幕，主要包括陳列虞祭所用牲羞酒醴和器具，主人和賓就位，設饌饗神亦即厭陰三部分內容。而後迎尸入廟虞祭開始。

【注釋】❶特豕饋食　以一豕體致祭死者。饋，以物與神及人皆稱饋，此指為死者獻祭。❷側亨　烹煮豕的左半體。❸爨　灶。❹饎爨在東壁　炊煮黍稷之灶在東牆內側。饎，炊煮黍稷。❺絺布　細葛布。一說麻葛相雜之布。❻苴刌茅　用作墊黍稷等祭品的是切斷的白茅草。苴，藉也，以草為墊。刌，切；斷。茅，指白茅草。用此物墊祭品，取其潔也。❼從獻　正獻之外由主人、主婦向祝和尸所進獻的豆籩。❽藉用葦席　用葦席墊在敦的下面。❾羞燔俎　進獻烤肉的俎。❿內兄弟　當指主人的姊妹。⓫祝免　喪祝以布束髮，不戴冠。祝，喪祝，掌管喪祭祝號諸職事。免，古人服喪時，去冠束髮，以布纏頭的一種服飾。此為重喪服，因喪祝親自主持祭祀之禮，故不嫌其重。⓬澡葛絰帶　用捶治漂洗之葛作成的首絰和腰帶。⓭臨　朝夕哭。⓮反哭位　葬後返回祖廟哀哭的站位。即主人在西階上方，面向東；兄弟、賓、眾主人在堂下東面，以北方為上位。⑮苴　用作墊在祭品下的白茅草。即前面所言切成五寸長，捆束起來放入篚中者。⑯東縮　由西向東擺放，以西方為上位。⑰饗　告神來享此祭。⑱鉤袒　捲起衣袖，裸露臂膀。⑲膚祭　取頸項的肉致祭。⑳不盡　致祭三次，不能把觶中酒用完。㉑祝祝　喪祝誦讀祝辭。後祝字為讀祝辭。

【語　譯】士虞祭的禮儀。用一豕體致祭死者，在廟門外的右側烹煮豕的左半體，灶門向東。烹煮魚和乾肉的灶依次向南排列，以北方為上位。炊煮黍稷之灶在東牆下內側，灶門朝向西。在西階西南設置洗，水放在洗的西側，篚放在洗的東側。酒尊放在屋中北牆下，對著室門處，為兩甒，醴和酒各一，酒甒在東側。沒有承放之禁，甒口用細葛布覆蓋，加勺在上面，勺柄朝向南。本色小几和葦席，陳放在西間牆下。用作墊祭品的切斷的白茅草，長五寸，捆束起來放入篚中，陳放在西站上。陳放醃菜和肉醬兩豆在西楹柱之東，盛肉醬之豆在西側，再往東陳放一鉶。正獻之外有主人、主婦向祝和尸進獻的豆籩，主人獻祝二豆在鉶東，主婦獻給祝和尸共四籩再往東，以北方為上位。陳放黍稷二敦於兩階間，以西方為上位，用葦席墊在下面。盛水之匜置於槃中，出水口朝向南，陳放在西階之南，裝拭巾之簞陳放在槃之東。陳放三只鼎於門外的右側，鼎之正面朝向北，以北方為上位，每鼎都配有鼎杠和鼎蓋。放有匕的俎在西塾之西。進獻烤肉之俎放在西塾內側，俎之前端向北，後端向南。

虞祭時主人和眾兄弟所穿喪服與葬禮時同，助祭賓客喪服也與來弔喪時同，都在門外就位，與朝夕哭時站位同。婦人及主人姊妹穿喪服，在堂上就位，也與朝夕哭位同。喪祝用布束髮，不戴冠，用捶治漂洗之葛製作首絰和腰帶，在室中布席，朝向東，几設在席右；而後下堂出門，與宗人在門西就位，面向東，以南方為上位。宗人稟告主人，有司已經準備完畢，接著請主人對來賓行拜禮，與朝夕哭時同。主人和眾兄弟入門時哀哭，婦人也跟著哀哭。主人在堂上就位，眾主人和堂兄弟、賓客就位於堂下西方，如葬後反哭祖廟的站位。喪祝入門站在左側，面向北。宗人站在西階前，面向北。

喪祝洗手上堂，取墊祭品的白茅草，下堂，把白茅草洗乾淨；再上堂入室，將其擺放在几東的席上，由西向東擺放；而後再下堂，清洗酒觶，上堂，哭聲停止。主人倚放喪杖於西間牆下，入室。喪祝隨其後，在主人左側，面向西。助祭執事者進獻醃菜和肉醬，肉醬陳放在北側。佐食者和執事者洗手，出門抬鼎，抬鼎時賓長在左側。鼎抬進來，擺放在西階前，正面朝向東，以北方為上位。匕俎接著往東陳放。鼎左側的人抽出鼎杠，揭下鼎蓋，並用匕取出鼎中食品，佐食者和右側的人將取出食品放到俎上。匕取放置食品完畢，執匕者按入門相反次序退出，返回原位。豕俎入室，設在豆的東側，魚俎次之往東放，腊肉俎單獨擺放在豕俎和魚俎之北。助祭者設二敦於俎的南側，黍敦在西，稷敦在東。設置一鉶在豆之南。佐食者出室，站在室門之西。助祭者撤去空鼎。喪祝舀醴於觶，命佐食者打開敦蓋。佐食者應諾，打開敦蓋，仰著放在敦南，而後返回原位。喪祝放觶於鉶南，返回原位。主人為祭品設置齊備行拜禮，以頭觸地。喪祝告神來享此祭，命佐食者致祭。佐食者許諾，捲起衣袖，露出臂膀，取黍稷放在白茅草墊上祭祀，反覆祭三次；又取豕頸項肉致祭，亦反覆祭祀三次如前。喪祝取放於鉶南之觶，舀酒澆在白茅草上三次為祭，亦如前；但不能把觶中酒舀完，祭畢再把觶填滿酒，放回原處。主人行再拜禮，以首觸地。喪祝誦讀祝辭完畢，主人行拜禮，以首觸地如前，然後哀哭出室，回到西階上方面向東之位。

祝迎尸❶。一人衰絰❷，奉篚，哭從尸。尸入門，丈夫踊，婦人踊。淳尸盥❸，宗人授巾。尸及階，祝延尸。尸升，宗人詔踊如初❹。尸入戶，踊如初，哭止。婦人入于房。主人及祝拜妥尸❺，尸拜，遂坐。從者❻錯篚于尸左席上，立于其北。尸取奠，左執之，取菹，擩于醢，祭于豆間，祝命佐食隋祭❼。佐食取黍稷肺祭，授尸，尸祭之。祭奠，祝祝，主人拜如初。尸嘗醴，奠之。佐食舉肺脊授尸。尸受，振祭，嚌之，左手執之。祝命佐食邇敦❽。佐食舉黍，錯于席上。尸祭鉶，嘗鉶。泰羹湆❾自門入，設于鉶南；胾四豆❿，設于左。尸飯，播餘于篚⓫。三飯，佐食舉幹⓬，尸受，振祭，嚌之，實于篚。又三飯，舉胳，祭如初。佐食舉魚腊，實于篚。又三飯，舉肩，祭如初。舉魚腊俎，俎釋三个⓭。尸卒食，佐食受肺脊，實于篚，反黍如初設。

主人洗廢爵⓮，酌酒，酳尸⓯。尸拜，受爵，主人北面荅拜。尸祭酒，嘗之。賓長以肝從，實于俎，縮，右鹽。尸左執爵，右取肝，擩鹽，振祭，嚌之，加于俎。賓降，反俎于西塾，復位。尸卒爵，祝受，不相爵⑯。主人拜，尸荅拜。祝酌授尸，尸以醋主人，主人拜受爵，尸荅拜。主人坐祭，卒爵，拜，尸荅拜。筵祝⑰，南面。主人獻祝，祝拜，坐受爵，主人荅拜。薦菹醢，設俎。祝左執爵，祭薦，奠爵，興，取肺，坐祭，嚌之，興，加于俎，祭酒，嘗之。肝從。祝取肝，擩鹽，振祭，嚌之，加于俎，卒爵，拜。主人荅拜。祝坐受⑱主人。主人酌，獻佐食，佐食北面拜，坐受爵，主人荅拜。佐食祭酒，卒爵，拜。主人荅拜，受爵，出，實于篚，升堂，復位。

主婦洗足爵⑲于房中，酌，亞獻尸⑳，如主人儀。自反兩籩棗栗，設于會南，棗在西。尸祭籩，祭酒，如初。賓以燔從，如初。尸祭燔，卒爵，如初。酌獻祝，籩燔從；獻佐食，皆如初。以虛爵入于房。

賓長洗繶爵㉑，三獻，燔從，如初儀。

婦人復位。祝出戶，西面告利成㉒。主人哭，皆哭。祝入，尸謖㉓。

從者奉篚哭，如初。祝前尸，出戶，踊如初，降堂，踊如初，出門，亦如之。

祝反，入徹，設于西北隅㉔，如其設也㉕。几在南，厞用席㉖。祝薦席㉗，徹入于房。祝自執其俎出，贊闔牖戶。

主人降，賓出。主人出門，哭止，皆復位㉘。宗人告事畢。賓出，主人送，拜稽顙。

【章旨】本章按虞祭的全部過程記述其內容和禮儀程式，主要包括迎尸拜安尸，饗尸尸九飯，主人、主婦、賓客之長三獻尸，禮畢尸出，改設祭席，送賓諸項。

【注釋】❶尸　古代祭祀時，選出代表死者受祭的活人，用以象徵死者神靈，稱尸。夏商周時通行，後世逐漸改為用神主牌或畫像替代。❷一人衰絰　主人的一位兄弟，身穿喪服。衰絰，居喪之服。衰有斬衰、齊衰之分，斬衰重於齊衰。絰，統稱繫於首和腰的喪帶，因質料和作工不同，有輕重之別，喪服愈重，質料和作工愈粗劣。❸淳尸盥　為尸澆水洗手。淳，澆；灌。❹詔踊如初　詔告主人等踊哭，如尸入門時那樣。詔，告知。❺妥尸　請尸安坐。❻從者　捧篚從尸入門者，即主人兄弟，穿衰絰喪服者。❼墮祭　祭名。佐食從俎豆中取當祭之物交尸使祭，尸祭後放下，即為墮祭。墮，下也。墮，又作「隋」、「挼」，當是音相近而通，其義差別不大。❽邇敦　移近敦，便於尸取食。❾泰羹湇　大羹肉汁。泰，與「大」同。湇，肉汁。大羹亦為祭祀的肉汁。

❿胾四豆　四個豆盛裝大塊肉。胾，切成大塊的肉。⓫播餘于篚　尸以手取飯，吃剩下的放入篚中。播，布散，放入的意思。⓬幹　帶肉的長脅骨。⓭俎釋三个　魚俎和腊俎上各遺下三條魚和三塊腊肉。⓮廢爵　無足之爵。以服重不敢用成器。⓯酳尸　主人向尸獻安食酒，是為初獻。⓰不相爵　不令主人拜送爵，喪祭於禮稍略。⓱筵祝　為祝布席。⓲受　當作「授」。⓳足爵　有足之爵。足亦爵之飾，有飾對無飾而言，則服較輕。⓴亞獻尸繼主人後，主婦第二次向尸獻酒。主人初獻，主婦亞獻。㉑繶爵　爵之口足間有篆文。繶，本為屨之牙底之間縫的飾帶，此引申為爵之口足之間。㉒告利成　稟告主人養禮已經進行完畢。利，養也，指奉養其體。㉓謖站起身。㉔設于西北隅　尸去後，將祭品改設在室之西北隅，祈求神來此享祭，是為陽厭。㉕如其設也　祭品陳放次序與改設前同。㉖厞用席　用席圍隔障蔽起來，使其幽暗。鬼神喜幽隱之處，而室之西北隅正對室門，為室明亮處，故須加障蔽。厞，隱蔽處。㉗祝薦席　為祝所設之薦和席。㉘皆復位　主人、眾兄弟及賓都返回門外朝夕哭時的站位。

【語　譯】喪祝出門迎尸。主人一位兄弟身穿喪服，捧著篚，哀哭著跟在尸後。尸進入廟門，男人們踊哭，婦人們也隨著踊哭。助祭執事之人為尸澆水洗手，宗人遞給尸拭巾。尸走到階前，祝請尸上堂。尸上堂，宗人詔告眾人如尸入門時那樣踊哭。尸進入室門，眾人哭踊如前，而後哭聲停止。婦人回到房中。主人和祝對尸行拜禮，請尸安坐，尸回拜，而後坐下。

跟從尸入門者把篚放置在尸左側席上，站在尸的北側。尸取祝放於鉶南之觶，用左手拿著，右手取醃菜，蘸上肉醬，祭於兩豆間，祝命佐食者從俎豆中取當祭之祭品交尸使祭。佐食者取黍稷和祭肺，授給尸，尸用以祭祀。祭畢放下，祝誦讀祝禱之辭，主人再次行拜禮，以首觸地。尸嘗醴，然後把酒觶放回原處。佐食者舉肺和脊骨授給尸，尸接過來行振祭，然後品嘗一下，用左手拿著放入豆中。祝命佐食者把敦移近尸旁。佐食者舉起盛黍之敦，放到席上。尸右手持勺以鉶中菜羹祭，並品嘗菜羹。大羹肉汁由門外送入，擺放在鉶南；四個豆盛裝大塊肉，擺放在鉶的左側。尸取飯而食，把吃剩下的放入篚中。取飯三次，佐食者舉帶肉的豕長脅骨奉尸，尸接過來，行振祭，品嘗後放入篚中。尸又取飯三次，佐食者舉起豕小腿骨奉尸，尸受祭如前。佐食者舉魚和腊肉奉尸，尸不受，佐食又放入篚中。尸再取飯三次，佐食者舉豕肩奉尸，尸受祭如前。佐食者舉魚腊俎，每俎遺留魚三條腊肉三塊，其餘放入篚中。尸食畢，佐食者接過食餘之肺和脊骨，放入篚中，把盛黍之敦送回原放處。

主人清洗無足之爵，舀上酒，向尸獻安食之酒。尸行拜禮，受爵，主人面向北答拜。尸以酒祭，嘗酒。賓客之長隨後獻上肝，肝縱向放在俎上，其右側放鹽。尸左手持酒爵，右手取肝，蘸上鹽，振祭，嘗肝，將食餘之肝放回俎上。賓客之長下堂，將肝俎返回西塾，而後回到原位。尸把爵酒喝完，祝接過空爵，不令主人拜送爵。主人對尸行拜禮，尸答拜。祝舀酒於爵授給尸，尸用此爵回敬主人，主人拜受爵，尸答拜。主人坐下以酒祭，把爵酒喝完，對尸行拜禮，尸答拜。助祭者為祝布席，席面朝向南。主人向祝獻酒，祝行拜禮，坐下受爵，主人答拜。接著為祝獻上醯菜和肉醬，並設俎。祝左手持爵，右手以醯菜、肉醬為祭，然後放下酒爵，站起身取肺，又坐下以肺祭，嘗肺，再站起，將餘肺放到俎上，再以酒祭，並嘗酒。隨後獻上肝。祝取肝，蘸上鹽，振祭，嘗肝，將食餘之肝放到俎上，把爵中酒喝完，對主人行拜禮。主人答拜。祝坐著把爵交給主人。主人把爵舀上酒，獻給佐食者，佐食者面向北行拜禮致謝，坐著接受酒爵，主人答拜回禮。佐食者以酒祭，然後把爵酒喝完，對主人行拜禮。主人回禮答拜，接過空爵，出室下堂，將其放入筐中，再上堂，回到原位。

主婦在房中清洗有足之爵，舀上酒，繼主人後第二次向尸獻酒，其禮儀與主人同。主婦自行返回堂上取棗栗兩籩，入室擺設在敦蓋南側，棗籩在栗籩西。尸以籩中棗栗祭，又以酒祭，儀節與前同。次賓從主婦後向尸獻上烤肉，儀節如前。尸以烤肉祭，把爵中酒喝完，儀節如前。主婦舀酒於爵獻祝，又獻上籩中棗栗和烤肉；主婦向佐食者獻酒，其儀節都和主人初獻時同。然後主婦拿著空爵入房。

賓客之長清洗帶有篆文之爵，繼主人、主婦第三次向尸獻酒，次賓隨後獻上烤肉，儀節如前。

婦人返回堂上面向西之位。祝出室門，面向西稟告主人養禮已進行完畢。主人哀哭，眾人隨著哭。祝入室，尸站起身。從者捧筐哀哭，其儀節與尸入門時同。祝在尸前引導，出室門時，眾人哭踊如入時，下堂時，哭踊如上堂時，出廟門時，亦哭踊如入門時。

祝送尸返回，入室撤神前之饌，改設於室內西北隅，祭品陳放次序與改設前同。几在祭品之南，設完用席隔蔽起來。為祝所設之薦和席，撤至房中。祝自己持其俎出室，佐食者關閉室的門窗。

主人下堂，賓出廟門。主人出門，哭聲停止，主人、眾兄弟和賓都返回門外朝夕哭時站位。宗人向主人稟告虞祭完畢。賓出大門，主人送賓，行拜禮，以額叩地。

〔記〕

虞，沐浴，不櫛❶。陳牲于廟門外，北首，西上，寢右❷。日中而行事。

殺于廟門西，主人不視。豚解❸。羹飪❹，升左肩、臂、臑、肫、骼脊、脅，離肺。膚祭三❺，取諸左膉上❻；肺祭一，實于上鼎。升魚，鱄鮒九❼，實于中鼎。升腊左胖，髀不升，實于下鼎。皆設扃鼏，陳之。載猶進柢❽，魚進鬐❾。祝俎，髀、脰、脊、脅，離肺，陳于階間，敦東。

淳尸盥，執槃西面，執匜東面，執巾在其北，東面。宗人授巾，南面。

主人在室，則宗人升，戶外北面。佐食無事則出戶，負依南面❿。

鉶芼用苦，若薇⓫，有滑⓬，夏用葵，冬用荁⓭，有柶。豆實，葵菹。菹以西，蠃醢。籩，棗烝，栗擇。

尸入，祝從尸。尸坐不說屨。尸謖，祝前，鄉尸⓮；還，出戶，又鄉尸；還，過主人，又鄉尸；還，降階，又鄉尸；降階，還，及門，如出戶。尸出，祝反，入門左，北面復位，然後宗人詔降。尸服卒者之上服⑮。男，男尸；女，女尸。必使異姓⑯，不使賤者⑰。

無尸⑱，則禮及薦饌⑲，皆如初。既饗，祭于苴。祝祝卒，不綏祭⑳，無泰羹湆、胾，從獻。主人哭，出復位。祝闔牖戶，降，復位于門西；男女拾踊三，如食間㉑。祝升，止哭，聲三㉒，啟戶。主人入，祝從，啟牖，鄉㉓，如初。主人哭，出復位。卒徹，祝、佐食降，復位。宗人詔降如初。

始虞用柔日㉔，曰：「哀子某㉕，哀顯相㉖，夙興夜處不寧，敢用絜牲剛鬣㉗、香合㉘、嘉薦㉙、普淖㉚、明齊溲酒㉛，哀薦祫事㉜，適爾皇祖某甫㉝。饗！」再虞，皆如初，曰：「哀薦虞事㉞。」三虞，卒哭，他，用剛日㉟，亦如初。曰：「哀薦成事。」

獻畢㊱，未徹，乃餞㊲。尊兩甒于廟門外之右，少南，水㊳尊在酒西，勺北枋。洗在尊東南，水在洗東，篚在西。饌籩豆，脯四脡[39]。有乾肉折俎，二尹[40]，縮，祭半尹[41]，在西塾。尸出，執几從，席從。尸出門右，南面。席設于尊西北，東面。几在南。賓出，復位。主人出，即位于門東，少南；婦人出，即位于主人之北，皆西面，哭不止。尸即席坐。唯主人不哭，洗廢爵，酌獻尸，尸拜受。主人拜送，哭，復位。薦脯醢，設俎于薦東。朐在南[42]。尸左執爵，取脯，擩醢，祭之。佐食授嚌[43]。尸受，振祭，嚌，反之。祭酒，卒爵，奠于南方。主人及兄弟踊，婦人亦如之。主婦洗足爵亞獻，如主人儀，婦人踊如初。賓長洗繶爵三獻，如亞獻，踊如初。佐食取俎，實于篚。尸謖，從者奉篚，哭從之。祝前，哭者皆從，及大門內，踊如初。尸出門，哭者止。賓出，主人送，拜稽顙。主婦亦拜賓。丈夫說絰帶于廟門外。入徹，主人不與。婦人說首絰，不說帶。無尸，則不餞。猶出几席，設如初。拾踊三，哭止，告事畢，賓出。

死三日而殯，三月而葬，遂卒哭(44)。將旦而祔(45)，則薦(46)。卒辭(47)曰：「哀子某，來日某(48)，隮祔(49)爾于爾皇祖某甫。尚饗(50)！」女子，曰：「皇祖妣某氏。」婦，曰：「孫婦于皇祖姑某氏。」其他辭一也。饗辭曰：「哀子某，圭(51)為而哀薦之。饗！」

明日，以其班祔(52)。沐浴，櫛，搔翦(53)。用專膚為折俎(54)，取諸脰膉(55)。其他如饋食。用嗣尸(56)曰：「孝子某，孝顯相，夙興夜處，小心畏忌，不惰其身，不寧(57)。用尹祭(58)、嘉薦、普淖、普薦(59)、溲酒，適爾皇祖某甫，以隮祔爾孫某甫。尚饗！」

朞而小祥(60)，曰：「薦此常事。」又朞而大祥(61)，曰：「薦此祥事。」中月而禫(62)。是月也，吉祭(63)，猶未配(64)。

【章旨】本章為〔記〕，分量占全篇近一半，內容繁雜，是對正文的全面補充，是虞禮不可分割的重要部分。主要包括沐浴陳牲及行虞祭時間，牲殺體數和鼎俎陳設方法，沃尸者面位，宗人、佐食面位，鉶芼與籩豆之實，虞尸侍尸之儀和為尸者，虞祭無尸之儀，三虞卒哭之用日和祝辭，餞尸之儀，卒哭祭告神祔之辭和饗尸之辭，祔祭之禮與告祔之辭，小祥、大祥、禫祭時間和祝辭等項內容。

【注釋】❶不櫛　不梳頭。參加虞祭前沐浴，是為潔身，不在修飾，梳頭屬於修飾，故不需。不櫛，只限為死者服三年之喪者，服喪一年以下者不在此限。❷寢右　將牲體右半邊放在下面。因虞祭用牲的左半體，故使右在下左在上。❸豚解　將宰殺之豬肢解為四肢、脊骨、兩脅骨，共七塊。❹羹飪　肉煮熟之後。羹，肉與汁合稱。飪，熟。❺膚祭三　用豬的頸項肉祭三次。膚，頸項肉。❻左膉上　從左半體頸肉取祭。膉，頸肉。❼鱄鮒九　鱄魚或鯽魚九條。鱄，魚名。❽進柢　牲體骨根端朝向前面。柢，根端，此指骨近體一端或脊骨前端脅骨上端。❾進鬐　魚之背脊一端朝向前。鬐，通「鰭」。此指魚之背鰭。❿負依南面　背靠室門與窗間站立，面向南。依，門與窗之間空處。⓫鉶芼用苦若薇　鉶中用作菜羹的菜，用苦菜或薇菜。芼，蔬菜，用以和肉摻雜起來，作成菜羹。⓬滑　可用作調味之菜，季節不同，所用調味菜亦不同。⓭荁　菫菜類，冬春用乾荁調味。⓮鄉尸　向尸；面對尸。祝既在前引領，又須面對尸示意調度，使禮儀作得周全。⓯上服　爵弁服。⓰異姓女尸必用與死者異姓之女為之，故不用孫女而用嫡孫之妻，因孫女為同姓，嫡孫妻則為異姓。⓱不使賤者　女尸不得用庶孫之妾為之。⓲無尸　如果選不出作尸的人，則是無尸的虞祭。尸必須是死者的孫輩，且不能用賤者，必須是死者嫡孫或同姓的嫡孫，滿足上述條件有相當難度，因而虞祭無尸並不罕見。⓳禮及薦饌　與祭者的衣服、站位、升降之儀和神席前所陳俎豆之類。⓴綏祭　即墮祭。如前文言，尸入，祝命佐食墮祭，佐食取黍稷祭肺授尸，尸以之祭。今無尸，亦不行綏祭。㉑食閒　尸食九飯所用時間。㉒聲三　連喊三聲噫歆，使神警覺，不受驚嚇，然後打開室門。㉓鄉　通「饗」。饗食。此雖無尸，亦須向神席前進獻黍稷，與尸食九飯同。㉔柔日　古以干支記時，年月日時皆按干支排列，凡十干中的雙數日，即乙丁己辛癸為柔日，亦稱陰日。下葬選柔日，取其陰靜以安之也。葬日中午為初虞，故初虞用柔日。㉕哀子某　哀子，主人自稱。某，主人之名。

㉖哀顯相　指主人之外的眾主人。他們與主人同哀，並為助主人祭者，故稱哀顯相。相，助也。不列名，因人數較多而省略。㉗絜牲剛鬣　整治潔淨的牲豬。絜，同「潔」。剛鬣，豬的異名。㉘香合　黍也。㉙嘉薦　指正祭之菹醢，即醃菜與肉醬。從獻之二豆四籩不包括在內。㉚普淖　黍稷。普，大。淖，和。言德能大和，乃有黍稷。㉛明齊溲酒　新水白酒。㉜祫事　使新死者祔於祖，在祖廟合祭之事。祫，合祭，指在祖廟對遠近祖先一併祭祀。㉝適爾皇祖某甫　達於您皇考某某人。適，達於；達到。皇祖，即皇考。喪主稱已故之父曰皇考。某甫，死者之字。稱字為尊敬義。㉞虞事　虞祭之事。虞，安。為死者安魂於祖廟之祭。㉟他用剛日　虞祭與卒哭間遇有他祭，則用剛日。通常情況，士死三月而葬，卒哭亦在三月進行，二者相距不遠。如不待三月而急葬急虞，而卒哭仍待三月，則虞祭與卒哭間相距日遠，其間有他祭之事，不能預定，統謂之他。剛日，十干中的奇數日，即甲丙戊庚壬五日，與柔日相對。㊱獻畢　卒哭之祭三次獻酒已畢。㊲餞　送行之酒。卒哭之後，尸在第二天早晨將祔於皇祖，故為其餞行飲酒。㊳水　玄酒。㊴脯四脡　放在籩中乾肉四條。㊵二尹　外形規整的兩方乾肉。尹，正也，指乾肉外形方正。㊶縮祭半尹　另截取半方乾肉，縱向陳放俎上，留待祭祀。㊷朐在南　彎曲的乾肉放在俎的南側。㊸授嚌　授俎上半方乾肉給尸。嚌，嘗也。尸以乾肉祭，然後嘗之，此略言也。㊹卒哭　三虞之後祭名。哭祭大約分三階段，始死至下葬前，不分晝夜，哭聲不絕；下葬後則朝夕各哭一次，朝夕之間哀痛不能自止則哭；卒哭祭後，只朝夕哭，去無時之哭，卒哭即停止無時之哭的意思。卒哭祭在三虞之後隔一日舉行。㊺將旦而祔　卒哭第二日天將明時，舉行祔祭。祔，祔祭。即奉死者神主入廟，按昭穆之序，附祭於其祖父之後。祔祭後神主仍返於寢。㊻薦　卒哭晚上，設几席陳祭品為神主餞行。薦，即餞，音同可通。㊼卒辭　薦畢告神將附祭於祖之辭。㊽來日某　明日甲子。某，用干支標明之日，如甲子、乙丑之類也。㊾隮祔　隮升附祭祖廟。隮，升也。㊿尚饗　庶幾可以得到享祀。(51)圭　潔淨之意。(52)班祔　按昭穆次序附祭祖廟。(53)搔翦　修剪手腳指甲。搔，指手腳上的指甲。(54)用專膚為折俎　用豐厚的豬肉放在俎上。(55)脰膉　豬的頸項肉。(56)用嗣尸　祔祭繼續用虞祭卒哭之尸。(57)不寧　不敢貪圖安寧。(58)尹祭　方正的乾肉脯。(59)普薦

鉶中的羹。(60)小祥　祭名。為父母喪後一週年之祭，此祭之後，喪主除去首絰，而戴練布冠，故又稱練祭。(61)大祥　為父母喪後二週年之祭名。此祭之後，喪主除去喪服，服朝服縞冠。(62)中月而禫　大祥之後間隔一月舉行禫祭。中，間隔。禫，祭名。大祥後一個月舉行，此祭後則除服。三年之喪，二十五月大祥，二十七月禫祭，標誌喪期結束。禫有「淡」意，言哀痛不安之心，隨時間而趨於平靜，恢復常態的意思。(63)吉祭　四時的常祭，於宗廟舉行，卿大夫士每年舉行兩次。四時常祭屬吉禮。(64)未配　指先死之母尚未與新死之父配祭。因婦人無廟，母先死祔於皇祖姑，待父遷廟之後，乃使母與其合而享祭，則為配也。此則遷廟當月遇吉祭，還來不及使母與配，祭亡父而已。

【語譯】〔記〕參加虞祭前要洗髮洗身，但不必梳頭。祭祀用牲陳列在廟門外，頭朝向北，以西方為上位，牲體右側在下。中午開始舉行虞祭。

在廟門外西側宰殺牲，主人不親自驗看。把宰殺好的豬肢解成四肢、脊骨、兩脅骨七塊。肉煮熟之後，把牲體的左肩、左臂、左前脛骨、左後脛骨、左後股骨、脊骨、脅骨，離肺，從鑊中取出放入鼎中。用豬的頸項肉祭三次，此肉取之於豬的左半體頸肉；又取切割成塊的肺祭一次，然後將其放入最北側上鼎內。再升魚入鼎，用九條鱒魚或九條鯽魚皆可，放入中間鼎內。又升腊兔左半體入鼎，髀骨不升，放入南側下鼎中。三鼎都設鼎杠和鼎蓋，陳放待用。牲體載於俎上，骨的根端朝向前，魚則背脊朝向前。喪祝的俎上陳放牲的髀骨、頸肉、脊骨、脅骨和離肺，祝俎放在東西兩階之間，敦的東側。

為尸澆水洗手，執槃接水者面向西站立，執匜澆水者面向東站立，執拭巾者在尸之北，面向東立。宗人將拭巾授尸，面向南立。

主人在室時，宗人上堂，在室外站立，面向北。佐食者無事時就退出室門外，背對著室門與窗戶間站立，面向南。

鉶中用作菜羹的菜，用苦菜或薇菜，還放有調味之菜，夏天用葵菜，冬天用乾荁菜，鉶上放有勺。豆中盛有葵菹。葵菹以西放螺醬。籩中裝有棗是蒸熟的，栗子是經過挑選的。

尸入室，喪祝隨在後面。尸坐下時不脫鞋子。尸站起身，喪祝在前為其引導，先面對尸；再轉身引尸出門，出門後又面對尸；再轉身引尸從主人前走過，又面對尸；再轉身下堂，又面對尸；待尸下堂，再轉身引尸至廟門口，儀節與出室門時同。尸出廟門，喪祝返回，從門左側進入，站在左側面向北原位，然後宗人詔告主人下堂。尸穿上死者的爵弁服。如果死者為男人，就用男人為尸；如果死者為女人，就用女人為尸。女尸必使異姓之女擔當，不用孫女而用嫡孫之妻，不得用庶孫之妾一類身分低下者擔當。

如果選不出擔任尸的人，則為無尸之虞祭，與祭者的衣服、站位、升降之儀和神席前所陳俎豆祭品之類，都和有尸時相同。享祭完畢，佐食取黍稷祭於白茅草薦之上。喪祝誦讀祝辭完畢，不再行墮祭，沒有大羹肉汁和大塊肉，也沒有從獻的祭品。主人哀哭後，走出室門，回到西階上方原位。喪祝關好室的門窗，下堂，返回到門西側之位；男女們輪流哭踊三番，用時與尸食九飯時間相同。喪祝上堂，哭聲停止，喪祝連喊三聲噫歆，然後打開室門。主人入室，喪祝跟隨其後，打開窗子，請神享食如前。主人哀哭，出室返回西階上原位。撤完祭席，喪祝、佐食下堂，返回原位。宗人詔告主人下堂，和前面一樣。

初次虞祭用柔日，祝辭說：「哀痛子某人，哀痛助祭子孫眾人，從早起到夜處，悲痛不安，冒昧地用整治潔淨的牲豬、黍、菹醢、黍稷、新水白酒，哀痛地舉行祫祭之事，以此達於您皇考某人。請來享祭吧！」第二次虞祭都和第一次一樣，只是祝辭中「哀薦祫事」變為「哀薦虞事」。第三次虞祭，三虞後之卒哭，以及三虞至卒哭間之其他祭事，都用剛日，儀節如前，祝辭則變其中一句為「哀薦成事」，即哀痛舉行完虞祭之事。

卒哭之祭三次獻酒完畢，薦俎尚未撤去，就為尸設酒餞行。酒尊兩瓦甒擺放在廟門外的右側稍南處，盛玄酒的甒在酒甒之西，甒上有酒勺，勺柄朝向北。洗設在酒尊東南，水在洗的東側，篚在洗西。陳設籩豆，籩中盛乾肉四條。俎上放有外形方正的乾肉二塊，另截取半方乾肉，縱向陳放俎上，留待祭祀，以上籩豆折俎都陳放在西塾。尸出室，持几者跟在後面，執席者也跟在後面。尸出廟門站在右側，面向南。席設在酒尊西北，正面朝向東。几設在席之南。賓出廟門，返回朝夕哭時站位。主人出廟門，即位於門東稍南處；婦人出廟門，就位於主人之北，都面向西站立，哭聲不止。尸入席就坐。此時只有主人不哭，清洗無足之爵，舀上酒獻給尸，尸行拜禮受爵。主人拜送爵，哀哭，返回原位。進獻乾肉和肉醬，又設俎在其東側，彎曲的乾肉放在俎的南端。尸左手執爵，右手取乾肉，蘸上肉醬，以之為祭。佐食者授俎上乾肉給尸。尸接受乾肉，振祭，品嘗，然後將食餘乾肉返回俎上。又以酒祭，把爵中酒喝完，把空爵放在乾肉和肉醬之南。主人及兄弟踊哭，婦人們也如此。主婦清洗有足之爵，繼主人第二次向尸獻酒，與主人獻酒的儀節同，婦人們踊哭如前。賓客之長清洗帶篆文之爵，第三次向尸獻酒，如主婦亞獻之儀，眾人踊哭也如前。佐食者取俎上乾肉放入篚中。尸站起身，侍從者捧篚，哀哭著跟隨其後。喪祝在前引領，男女親屬都哀哭著跟隨送行，至大門內，眾人踊哭如前。尸出大門，哭聲停止。賓出大門，主人送至門外，行拜禮，以額叩地。主婦也在門內拜送女賓。男人們在廟門外脫去麻布腰絰而易之以葛絰。大功以下兄弟入門撤去餞尸祭品，主人不參與。婦人脫去首絰，不脫去腰帶。如果是無尸的虞祭，則無餞尸之禮。但仍要擺設几和席，設置方式與上同。男女親屬輪流踊哭三番，哭聲停止，宗人宣告虞祭完畢，賓出門離去。

士死後三日入殯，三月後下葬，接著在下葬當月行卒哭之祭。卒哭次日天將明就要祔祭，故在卒哭晚上設几席陳祭品為神主行餞祭禮。餞祭完畢，告知將祔之辭說：「哀痛子某人，將於明天某某日，隮升您於您的皇祖某某下祔祭，庶幾可以得到享祀！」如果死者是女子，祝辭說：「祔祭於皇祖妣某氏。」如果死者為孫婦，其祝辭說：「孫婦隮升皇祖姑某氏祔祭。」其他祝辭，與之相類。饗尸之辭說：「哀痛子某某人，為您備下潔淨祭品，哀敬獻上，請來享用吧！」

卒哭次日，按死者昭穆之序祔祭於祖廟。與祭者可以洗頭洗身，梳頭，剪指甲。把豐厚的豬肉放到主婦以下俎上，此肉取於豬的頸項肉。其他祭品如特牲饋食禮。祔祭繼用虞祭卒哭之尸，其辭說：「孝順子某某，孝順助祭子孫眾人，從早起到夜處，小心畏忌，其身不敢怠惰，不敢貪圖安寧。用方正的乾肉、菹醢、黍稷、菜羹、白酒獻祭，達於您的皇祖某某，以隮升其孫某某祔祭於祖廟。請來享祭吧！」

士死一年後行小祥之祭，祝辭與祔祭時同，只有「薦此常事」一句稍異。再過一年而行大祥之祭，祝辭亦只「薦此祥事」一句稍異。大祥之祭後間隔一個月舉行禫祭。如果這個月碰到四時常祭的吉祭，還不能使亡母與父配享。

【說明】立尸的習俗由來已久，據《禮記・禮器》言：「夏立尸而卒祭，殷坐尸，周坐尸。」就是說夏代之尸是站著的，殷周之尸是坐著的。不管站著坐著，都說明夏代之前就有了立尸之制。唐杜佑《理道要訣》末篇言，上古時中國但與夷狄一般，後出聖人改之有未盡者，尸其一也。蓋今蠻洞猶有此俗，但擇美丈夫為之，不問族類。認為立尸為「上古朴野之俗，先王制禮是去不盡者。」（《朱子語類》卷九〇）可見立尸起源於上古氏族社會時代，具體時間和緣由已難確考，歷經夏、商、周三代，在實行中不斷變革，至周代而成較確定的禮制，為祭禮中重要項目。但應指明，「三禮」及相關典籍所載立尸之制及對此制度涵義的解釋發揮，主要體現儒家的道德倫理觀念，不一定合於立尸的古義。

尸指代替鬼神接受祭祀的活人。死者未下葬前不立尸，行喪禮時以死者遺體為對象。下葬後，死者形體已藏於地下，再行祭祀，便要立一形象作為依託，所以立尸從虞祭開始。朱熹對此作了解釋，他說：「蓋子孫既是祖宗相傳一氣下來，氣類固已感格。而其語言飲食，若其祖考之在焉，則有以慰其孝子順孫之思，而非恍惚無形想象不及之可比矣。」（《朱子語類》卷九〇）子孫與祖考血氣相通，生死相感，故立孫為尸，代祖父享祭。什麼人可以為尸，說法不一，較通行說法是由死者的嫡孫或同姓的嫡孫擔當。《禮記・祭統》：「夫祭之道，孫為王父尸。」鄭玄注曰：「祭祖則用孫列，皆取於同姓之嫡孫也。」用孫不用子，是因為祖孫在昭穆排列居同側，父子則居異側。但喪主之子不可為尸，因為祭祀過程中，喪主要向尸跪拜獻酒，尸不安其父之拜獻也。因此，一般要求父已死，子才可以為尸。如其父不參加拜獻，雖未死，其子亦可以為尸。死者如為女性，虞祭立尸必以異姓，不用同姓，就是以孫之婦為尸，不用孫女和姪孫女為尸。庶人不用尸。

凡祭禮用尸，都須在祭前三日筮尸，以神意確定尸的人選。士之特牲饋食禮，大夫之少牢饋食禮，都有筮尸儀式，以示莊嚴隆重。據《禮記·喪服小記》載，在三年之喪期間，小祥、大祥之祭皆有筮尸。只是虞祭不筮尸，因忙於葬事，把葬事放在首位，虞祭之禮稍略，用尸而不筮尸也。

此外，祭天地、上帝、社稷、山川、五祀、后土皆用尸，情況比較複雜，不詳述。立尸之制至漢代已不復行，而用神主或畫像代替，但此制度在偏遠之地尚有遺存。杜佑《通典·禮八·立尸義》載：「周隋〈蠻夷志〉：『巴梁間每秋祭祀，鄉里美鬚面人，迭迎為尸以祭之。今柳道州人，每祭祀迎同姓丈夫婦人伴神以享，亦為尸之遺法。』此所謂『禮失求之於野』（劉向〈讓太常博士書〉）之一例也。」

特牲饋食禮第十五

【題　解】本篇記述諸侯之士按歲時祭祀其祖禰的禮儀。特牲指一豬，饋食即是向鬼神進獻牲和黍稷等祭品。古時祭祖禰的祭品規格因身分貴賤而有別，天子、諸侯用一牛一羊一豬的大牢，卿大夫用一羊一豬的少牢，士用一豬，稱特牲，祭祀的規模與繁簡程度亦有不同。本書有士的特牲饋食禮和大夫的少牢饋食禮，而天子、諸侯的大牢饋食禮已亡。祭祀祖禰在廟中進行，上士有祖禰二廟，中士和下士則祖禰同廟，對祖禰之祭，禮儀皆同。

本書言祭禮者有三篇，本篇外還有〈少牢饋食禮〉、〈有司徹〉二篇。古人以祭祀屬吉事，故本篇屬五禮中的吉禮。《禮記・祭統》言：「凡治人之道，莫急於禮，禮有五經（指五禮），莫重於祭。」「祭者教之本也。」《禮記》有〈祭法〉、〈祭義〉、〈祭統〉、〈郊特牲〉諸篇，對祭禮的意義作了詳盡的闡發，〈禮運〉、〈禮器〉言及祭祀處亦不少，可見古人對祭禮十分重視。饋食為祭祀之始，孝子於其親，雖死，視之如生，故用生人飲食之道待之，饋食為祭禮的核心內容。

全篇可分五章。一章為祭前準備諸事。二章為祭日陳設、位次，主人、主婦和祝、佐食初行陰厭之祭。三章為尸入行正祭之禮，共十一節，構成全篇的核心。四章為主人與兄弟之長餕食，改饌陽厭。五章為〔記〕。

特牲饋食之禮。不諏日❶。及筮日，主人冠端玄❷，即位于門外，西面。子姓兄弟❸如主人之服，立于主人之南，西面北上。有司群執事如兄弟服，東面北上。席于門中，闑西閾外。筮人取筮于西塾❹，執之，東面受命于主人。宰自主人之左贊命❺，命曰：「孝孫某，筮來日某，諏此某事，適其皇祖某子❻，尚饗❼！」筮者許諾，還，即席，西面坐。卦者在左，卒筮，寫卦。筮者執以示主人。主人受視，反之。筮者還，東面。長占❽，卒，告于主人：「占曰吉。」若不吉，則筮遠日❾，如初儀。宗人告事畢。

前期三日之朝，筮尸❿，如求日之儀。命筮曰：「孝孫某，諏此某事，適其皇祖某子，筮某之某⓫為尸，尚饗！」

乃宿尸⓬。主人立于尸外門外，子姓兄弟立于主人之後，北面東上。尸如主人服，出門左，西面。主人辟⓭，皆東面，北上。主人再拜，尸荅拜。宗人擯辭如初，卒曰：「筮子為某尸，占曰吉，敢宿！」祝許諾，致命。尸許諾，主人再拜稽首。尸入，主人退。

宿賓。賓如主人服，出門左，西面再拜。主人東面荅再拜。宗人擯曰：「某薦歲事⑭，吾子將涖之，敢宿。」賓曰：「某敢不敬從！」主人再拜，賓荅拜。主人退，賓拜送。

厥明夕⑮，陳鼎于門外，北面北上。有鼏。棜⑯在其南。南順，實獸⑰于其上，東首。牲在其西⑱，北首，東足。設洗于阼階東南，壺、禁在西序，豆、籩、鉶在東房，南上。几、席、兩敦⑲在西堂。主人及子姓兄弟即位于門東，如初。賓及眾賓即位于門西，東面北上。宗人、祝立于賓西北，東面南上。主人再拜，賓荅再拜。三拜眾賓，眾賓荅再拜。主人揖入，兄弟從，賓及眾賓從，即位于堂下，如外位。宗人升自西階，視壺濯及豆籩，反降東北面告濯具⑳。賓出，主人出，皆復外位。宗人視牲，告充㉑。雍正作豕㉒，宗人舉獸尾，告備；舉鼎鼏，告絜㉓。請期，曰：「羹飪㉔。」告事畢，賓出，主人拜送。

【章旨】本章記述祭祀前準備諸事。包括筮日，筮尸，請尸，請賓，檢查祭器、祭牲五節。

【注釋】❶不諏日　不先商定祭祀之日。諏，謀議；商量。因大夫以上先謀日，然後對此日進行占筮，可則行之，即先人謀而後鬼謀。士則省去人謀，直接筮日而祭，體現尊者禮詳、卑者禮略的精神。❷冠端玄　戴玄冠穿黑色禮服。❸子姓兄弟　受祭者的子孫及主祭者的族親。子姓，姓有「生」義，言受祭者之子所生者。兄弟，則是就主祭者言，泛指族親。❹筮人取筮于西塾　卜筮之官於西塾取出蓍草。筮，指蓍草，為占筮之具。西塾，廟門外西側屋，蓍草平日存放於此。❺贊命　傳達主人之命。❻適其皇祖某子　往祖父某人之廟祭祀。適，往。皇祖，對已故祖父的敬稱。皇，對先代或神明的敬稱。某子，指祖父之字，亦具敬義。❼尚饗　希望受祭者來享用祭品之意。後世祭文結尾多用此二字，蓋本於此。❽長占　又稱旅占，指眾筮者按年歲長幼順序對所得卦進行占卜，以推斷吉凶。❾遠日　本旬外之日。古人卜筮日之法，皆以本月下旬卜筮下月之日。吉事先近後遠，即以本月下旬先卜筮下月上旬，如不吉，則卜筮中旬，再不吉，卜筮下旬。上旬之日為近日，中下旬日皆為遠日。❿筮尸　卜筮擔任尸之人。尸，詳見〈士虞禮〉該條注。⓫某之某　某人之子某某。前一某字為尸父之字，稱字尊鬼神也。後一某字為尸之名。尸父為受祭者之子，連言其字，欲受祭者有所憑依。⓬宿尸　邀請尸。古代宿、肅、速三字音同，經典多通用，宿或作速，邀請，召請之意。⓭主人辟　主人遲緩的離開原站位，由面北轉為面東。蓋尸出西面，主人亦離開原站位，改北面為東面，以應合尸。⓮歲事　歲時祭祀之事。即每年春夏秋冬所行祠禴嘗烝之祭。⓯厥明夕　請賓次日傍晚，亦即祭前一日的晚上。⓰棜　承放酒器或食品的禮器。木製，狀如輿，方形，下無足，上有木為欄。⓱獸　腊製野兔。祭禮，士用兔，知此獸為腊兔。小動物全乾製品。⓲牲在其西　供祭祀的豬在棜之西。此為生豬，縛之放在地上。⓳敦　盛黍稷之器。上下合成圓球形，下有足。⓴濯具　所需用品已清洗完準備好。㉑充　肥胖。㉒雍正作豕　雍正用竹棍撥動待祭之豬，視其聲氣，以知其是否健壯。雍正，私臣，掌屠宰烹製之職。大夫少牢有雍人，又有雍正，則雍正為雍人之長。

士之官，當止一人。㉓絜　同「潔」。指鼎內已清洗乾淨。㉔羹飪　肉煮熟之時，指明日天剛亮時。

【語　譯】特牲饋食的禮儀。此禮儀不預先商定祭祀之日。待到卜筮祭日那一天，主人戴玄冠穿黑色禮服，在廟門外東側就位，面向西。受祭者的子孫及主祭者的族親皆如主人一樣的服飾，站在主人的南面，面向西，以北方為上位。有司和眾執事者皆如受祭者子孫及其族親同樣服飾，面向東，以北方為上位。有司在門中間門橛西側門限外鋪設席。卜筮之官於西塾內取出蓍草，以手持之，面向東接受主人之命。宰從主人左側傳達主人之命，其辭說：「孝孫某某人，卜筮未來某一日，謀劃行此祭事，前往祖父某某之廟，敬希祖父前來受享！」卜筮者允諾，轉身回到原位，入席，面向西坐下開始卜卦，卦者在他的左面記錄，卜筮完畢，卦者將所得卦寫在方版上。卜筮者持版請主人驗看。主人接過來驗看後又返還給卜筮者。卜筮者轉身回到原位，面向東。眾筮者按年歲長幼順序對所得卦進行占卜，以推斷吉凶，占卜完畢，告知主人說：「卜筮的結果為吉利。」如果卜筮結果不吉利，就卜筮本旬外之日，其儀式如初。最後由宗人宣告筮日之事結束。

在祭祀前三天的清晨，要卜筮擔任尸的人，其儀式與卜筮求祭日相同。主人命筮之辭說：「孝孫某某人，謀劃行此祭事，前往祖父某某之廟，卜筮某某人之子某某為尸，敬希祖父前往受享！」

此後就去邀請尸。主人站在尸家大門外，受祭者子孫及主人族親站在主人身後，面向北，以東方為上位。尸的服飾與主人同，出大門站在左側，面向西。主人亦離開原站位，由面北轉為面東，以順應尸，隨同前來的人也都面向東立，以北方為上位。主人行再拜禮，尸答拜還禮。宗人為擯者致辭，其辭與筮日時宰代主人贊命之辭大致相同。最末一句說：「卜筮先生擔任某某之尸，卜筮結果為吉利，因此冒昧前來邀請！」祝應諾，代為傳命。尸許諾，主人行再拜禮，以首觸地。隨後尸入門，主人率眾退歸。

主人前往邀請賓客。賓客與主人服飾相同，出大門站在左側，面朝西向主人行再拜禮，主人面向東回報再拜禮。宗人為擯者，代主人向賓致辭說：「某人將舉行歲時之祭，敬請先生光臨，故此冒昧前來邀請。」賓回答說：「我豈敢不恭敬聽從！」主人行再拜禮，賓答再拜還禮。主人退歸，賓拜送。

邀請賓客的次日傍晚，要把鼎擺放在廟門外，朝向北，由北向南擺放，以北為上。鼎皆有蓋。承放酒器、食品的棜放在鼎南，南北方向擺放，把腊製野兔放在棜上，使兔頭朝向東。供祭祀的活豬縛放在棜西地上，豬頭朝北，足向東。設洗於東階東南，壺和承放酒尊之器放在西序前，豆、籩、鉶擺放在東房內，以南方為上位。几、席和兩個敦放在西堂。主人和受祭者子孫及主人族親就位於廟門外東側，如開始卜筮祭日時那樣。主賓和眾賓就位於廟門外西側，面向東，以北方為上位。宗人和祝站在賓的西北，面向東，以南方為上位。主人行再拜禮，賓答再拜禮。主人向眾賓三次行拜禮，眾賓回答再拜禮。主人拱手為禮後入門，其族親跟隨其後，主賓和眾賓亦隨入，在堂下就位，位次和廟門外時相同。宗人由西階上堂，檢查壺等器具是否清洗乾淨，豆、籩等祭器是否擺放齊備，檢查後反身下堂，面向東北稟告主人所用器具已清洗乾淨，準備齊全。賓出廟門，主人亦出，都返回門外站位。宗人檢查用作祭祀的豬，稟告主人此豬很肥。雍正用竹棍撥動待祭之豬，視其是否健壯；宗人掀起腊兔尾巴，察看是否有損傷，然後告知主人二物皆完備。又掀起鼎蓋檢查，稟告潔淨。然後宗人請示致祭時間，主人告知說：「明日清晨肉熟之時。」宗人宣告諸事完畢，賓出門，主人拜送。

夙興，主人服如初，立于門外東方，南面，視側殺❶。主婦視饎爨❷于西堂下。亨❸于門外東方，西面北上。羹飪，實鼎，陳于門外，如初。尊于戶東，玄酒在西。實豆、籩、鉶，陳于房中，如初。執事之俎❹，陳于階間，二列，北上。盛兩敦，陳于西堂，藉用萑❺，几席陳于西堂，如初。尸盥匜水❻，實于槃中；簞巾❼，在門內之右❽。祝筵几于室中，東面。主婦纚笄❾，宵衣❿，立于房中，南面。主人及賓、兄弟、群執事，即位于門外，如初。宗人告有司具。主人拜賓，如初，揖入，即位如初。佐食⓫北面立于中庭。

主人及祝升，祝先入，主人從，西面于戶內。主婦盥于房中，薦兩豆：葵菹、蝸醢，醢在北。宗人遣佐食及執事盥，出。主人降，及賓盥，出。主人在右，及⓬佐食舉牲鼎。賓長在右，及執事舉魚腊鼎。除鼏。

宗人執畢⑬先入，當阼階，南面。鼎西面錯⑭，右人抽扃⑮，委于鼎北。贊者錯俎，加匕。乃朼⑯。佐食升肵俎⑰，鼏之，設于阼階西。卒載⑱，加匕于鼎。主人升，入復位。俎入，設于豆東。魚次，腊特于俎北。主婦設兩敦黍稷于俎南，西上；及兩鉶芼設于豆南⑲，南陳。祝洗，酌奠，奠于鉶南，遂命佐食啟會。佐食啟會，卻于敦南，出，立于戶西，南面。主人再拜稽首。祝在左，卒祝，主人再拜稽首。

【章旨】本章記述祭日陳設及位次，以及主人、主婦、祝、佐食在尸未入室前，設饌於奧，行陰厭之祭的情形。

【注釋】❶視側殺　觀看宰殺用於祭祀的一豬。側，通「特」。此指一將用於祭祀之豬。❷饎爨　在灶上炊煮黍稷為飯。饎，炊煮黍稷。爨，灶。❸亨　通「烹」。煮。❹執事之俎　為執事們所設之俎。執事，指賓客、助祭者和主人的族親。又說執事之俎指尸俎之外，為主人、主婦等十三類參與祭祀者所設之俎。❺藉用萑　以細葦為墊。藉，草墊。萑，細葦。❻尸盥匜水　尸洗手用的匜盛滿水。匜，古代洗手盛水用具。洗手時，倒匜水沖洗，下面用盤接棄水。❼簞巾　竹簞內放有拭手巾。❽門內之右　門裏右側，即東側。❾纚笄　用帛包髮，以笄安髻。❿宵衣　黑色繒衣。⓫佐食　侍奉尸進食之人，由主人的私臣擔當。⓬及　與。⓭畢　祭器名。桑木製，長三尺，前端分叉，用作指揮執事載放祭品。⓮鼎西面錯　鼎面向西放置。⓯扃　鼎杠。即貫通鼎上兩耳的舉鼎橫杠。⑯朼　大木匙。古時祭祀用以挑起鼎中的牲體置於俎上，或用以盛出甑甗內的飯食。喪祭用桑木朼，吉祭用棘木朼。⑰肵俎　盛祭祀之牲心、舌之俎，此俎為敬尸而設。⑱卒載　將豕魚腊三鼎之實盡載於俎上。⑲及兩鉶芼設于豆南　又將盛肉羹和芼羹兩鉶設置在豆的南側。「鉶」字唐石經重，多本從之，是也。前「鉶」字指盛羹之器，後「鉶」字指肉羹。芼，蔬菜。此指芼羹，即用菜雜肉為羹。

【語　譯】祭祀之日清晨起來，主人服飾如前，站在廟門外東側，面向南，觀看宰殺用作祭祀的那一頭豬。主婦在西堂下灶旁觀看炊煮黍稷為飯。烹煮豬、魚、腊肉的灶在廟門外東側，朝向西，以北方為上位。肉煮熟後，盛入鼎中，陳放在廟門外，位置順序和初時同。兩酒尊擺放在堂上室門東側，盛玄酒之尊在西面。盛好食品的豆、籩、鉶，陳放在房中，位置如先前一樣。為執事們所設之俎，陳放在堂下兩階之間，擺成兩列，以北方為上位。把黍稷飯分盛在兩敦中，陳放在西堂，下面用細葦為墊，几和席陳放在西堂，如初時一樣。尸洗手用的匜貯好水，放在槃中；竹簞內放拭手巾，凡此諸物皆陳放在門裏的東側。祝在室內西南角為神布席設几，以為神所憑依，席朝向東。主婦用帛包髮，以笄安髻，穿黑色繒衣，站在房中，面朝南。主人和賓客、族親和群執事，在廟門外就位，位置如前。宗人向主人稟告有司已準備完畢，主人對賓客行拜禮，儀節如前，然後拱手為禮入門，就位如前。侍奉尸進食者站在庭中。

主人和祝上堂，祝先入室，主人隨其後進入，在門內面向西站立。主婦在房中洗手，然後進獻兩豆，一盛醃製葵菜，一盛螺醬，螺醬放在北面。宗人請佐食者和執事者洗手，出門，準備抬鼎。主人下堂，與賓客一同洗手，出門。主人在右側，與佐食者一同抬牲鼎。賓客之長在右側，與執事者抬魚鼎和腊鼎。除去鼎蓋。宗人持畢先於抬鼎者入門，在對著東階處，面朝南站立。鼎面向西擺放，鼎右側之人抽去鼎扛，放在鼎的北面。贊禮者設俎於鼎西，加匕於其上。鼎右側的人面向南用朼取出鼎中牲體，左側的人面向北將其載於俎上。佐食者進上敬尸的所俎，蓋好鼎蓋，陳放在東階西側。將豕魚腊三鼎之實盡載於俎上，然後加匕於鼎上。主人上堂，入室回到原位。接著豕俎送入室中，擺放在豆之東。魚俎依次往東擺放，腊俎獨放在豕俎北面。主婦在俎南擺設盛黍稷的兩個敦，以西方為上位；又將盛肉羹和芼羹的兩鉶擺放在豆南，由北往南陳放。祝清洗酒觶，酌酒祭神後安放於鉶南，接著命佐食者打開敦蓋。佐食者打開敦蓋，將敦蓋仰放在敦南，然後退出室外，站在室門之西，面向南。主人行再拜禮，以首觸地。祝在主人左側，向神祝告完畢，主人行再拜禮，以首觸地。

祝迎尸于門外。主人降，立于阼階東。尸入門左，北面盥。宗人授巾。尸至于階，祝延尸❶；尸升，入；祝先，主人從。尸即席坐，主人拜妥尸❷。尸荅拜，執奠❸；祝饗，主人拜如初。祝命挼祭❹。尸左執觶，右取菹擩于醢❺，祭于豆間。佐食取黍、稷、肺祭，授尸。尸祭之，祭酒，啐酒，告旨。主人拜，尸奠觶荅拜；祭鉶❻，嘗之，告旨。主人拜，尸荅拜。祝命爾敦❼。佐食爾黍稷于席上，設大羹湆❽于醢北，舉肺脊以授尸。尸受，振祭⑨，嚌之，左執之；乃食，食舉⑩。主人羞肵俎于腊北。尸三飯，告飽。祝侑⑪，主人拜。佐食舉幹⑫，尸受，振祭，嚌之。佐食受，加于肵俎；舉獸幹、魚一，亦如之。尸實舉于菹豆⑬。佐食羞庶羞四豆⑭，設于左，南上，有醢。尸又三飯，告飽。祝侑之，如初；舉骼⑮及獸、魚，如初。尸又三飯，告飽。祝侑之，如初；舉肩及獸、魚，如初。佐食盛肵俎，俎釋三个⑯；舉肺脊加于肵俎，反黍稷于其所。

主人洗角⑰，升酌，酳尸⑱。尸拜受，主人拜送。尸祭酒，啐酒，賓長以肝從。尸左執角，右取肝擩于鹽，振祭，嚌之，加于菹豆，卒角。祝受尸角，曰：「送爵！皇尸卒爵。」主人拜，尸荅拜。祝酌授尸，尸以醋⑲主人。主人拜受角，尸拜送。主人退，佐食授挼祭⑳。主人坐，左執角，受祭祭之㉑，祭酒，啐酒，進聽嘏㉒。佐食摶黍㉓授祝，祝授尸。尸受以菹豆，執以親嘏主人。主人左執角，再拜稽首受，復位；詩懷之㉔，實于左袂，挂于季指；卒角，拜，尸荅拜。主人出，寫嗇于房㉕；祝以籩受。筵祝，南面。主人酌獻祝，祝拜受角，主人拜送。設菹醢俎㉖。祝左執角，祭豆，興取肺，坐祭，嚌之，興，加于俎，坐祭酒，啐酒，以肝從。祝左執角，右取肝擩于鹽，振祭，嚌之，加于俎，卒角，拜。主人荅拜，受角，酌獻佐食。佐食北面拜受角，主人拜送。佐食坐祭，卒角，拜。主人荅拜，受角，降，反于篚，升，入復位。

主婦洗爵于房，酌，亞獻尸。尸拜受，主婦北面拜送。宗婦執兩籩㉗，戶外坐；主婦受，設于敦南。祝贊籩祭。尸受，祭之，祭酒，啐酒。兄弟長以燔從㉘。尸受，振祭，嚌之，反之。羞燔者受，加于肵，出。尸卒爵，祝受爵，命送如初。酢如主人儀。主婦適房，南面。佐食挼祭。主婦左執爵，右撫祭㉙，祭酒，啐酒；入，卒爵，如主人儀。獻祝，籩燔從，如初儀。及佐食，如初。卒，以爵入于房。

賓三獻，如初㉚。燔從如初。爵止㉛。席于戶內。主婦洗爵，酌，致爵于主人。主人拜受爵。主婦拜送爵。宗婦贊豆如初，主婦受，設兩豆兩籩。俎入設。主人左執爵，祭薦，宗人贊祭。奠爵，興取肺，坐絕祭，嚌之；興加于俎，坐挩手，祭酒，啐酒，肝從。左執爵，取肝擩于鹽，坐振祭，嚌之。宗人受，加于俎燔亦如之。興，席末坐卒爵，拜。主婦荅拜，受爵，酌醋，左執爵，拜，主人荅拜。坐祭，立飲，卒爵，拜，主人荅拜。主婦出，反于房。主人降，洗，酌，致爵于主婦，席于房中，南面。主婦拜受爵，主人西面荅拜。宗婦薦豆、俎，從獻皆如主人。主人更爵酌醋，卒爵，降，實爵于篚，入復位。三獻作止爵。尸卒爵，酢。酌獻祝及佐食。洗爵，酌，致于主人、主婦，燔從皆如初。更爵，酢于主人；卒，復位。

主人降阼階，西面拜賓，如初，洗。賓辭洗。卒洗，揖讓升，酌，西階上獻賓。賓北面拜受爵。主人在右荅拜。薦脯醢，設折俎㉜。賓左執爵，祭豆，奠爵；興取肺，坐絕祭，嚌之；興加于俎，坐挩手，祭酒，卒爵，拜。主人荅拜，受爵，酌酢，奠爵，拜。賓荅拜，主人坐祭，卒爵，拜。賓荅拜，揖，執祭㉝以降，西面奠于其位，位如初。薦俎從設。眾賓升，拜受爵，坐祭，立飲。薦俎設于其位，辯。主人備荅拜焉㉞，降，實爵于篚。尊兩壺于阼階東，加勺，南枋，西方亦如之。主人洗觶，酌于西方之尊，西階前北面酬賓，賓在左。主人奠觶拜，賓荅拜。主人坐祭，卒觶拜，賓荅拜。主人洗觶，賓辭；主人對，卒洗，酌，西面；賓北面拜。主人奠觶于薦北。賓坐取觶，還東面，拜，主人荅拜。賓奠觶于薦南，揖復位。主人洗爵，獻長兄弟于阼階上，如賓儀。洗，獻眾兄弟，如眾賓儀。洗，獻內兄弟㉟于房中，如獻眾兄弟之儀。主人西面荅拜，更爵酢，卒爵，降，實爵于篚，入復位。

長兄弟洗觚為加爵㊱，如初儀，不及佐食。洗致如初，無從。

眾賓長為加爵，如初㊲，爵止㊳。

嗣舉奠㊴，盥入，北面再拜稽首。尸執奠，進受，復位。祭酒，啐酒。尸舉肝。舉奠左執觶，再拜稽首，進受肝，復位；坐食肝，卒觶，拜。尸備[40]荅拜焉。舉奠洗酌入，尸拜受，舉奠荅拜。尸祭酒，啐酒，奠之。舉奠出，復位。

兄弟弟子洗酌于東方之尊[41]，阼階前北面，舉觶于長兄弟，如主人酬賓儀。宗人告祭脀[42]，乃羞[43]。賓坐取觶，阼階前北面酬長兄弟，長兄弟在右。賓奠觶拜，長兄弟荅拜。賓立卒觶，酌于其尊[44]，東面立。長兄弟拜受觶，賓北面荅拜，揖，復位。長兄弟西階前北面，眾賓長自左受旅，如初。長兄弟卒觶，酌于其尊，西面立。受旅者拜受，長兄弟北面荅拜，揖，復位。眾賓及眾兄弟交錯以辯[45]，皆如初儀。為加爵者作止爵[46]，如長兄弟之儀。長兄弟酬賓，如賓酬兄弟之儀，以辯。卒受者實觶于篚。賓弟子及兄弟弟子洗，各酌于其尊，中庭北面，西上；舉觶於其長，奠觶，拜，長皆荅拜。舉觶者祭，卒觶，拜，長皆荅拜。舉觶者洗，各酌于其尊，復初位，長皆拜。舉觶者皆奠觶于薦右。長皆執以與，舉觶者皆復位荅拜。長皆奠觶于其所，皆揖其弟子，弟子皆復其位。爵皆無筭㊼。

利洗散㊽，獻于尸；酢，及祝，如初儀。降，實散于篚。

主人出，立于戶外，西面。祝東面告利成㊾。尸謖㊿，祝前，主人降。祝反，及主人入，復位。命佐食徹尸俎，俎出于廟門；徹庶羞，設于西序下。

【章旨】本章記述尸入行正祭之禮，為全篇的核心部分，共分十一小節。即尸食九飯，主人初獻酒於尸，主婦亞獻尸，賓長三獻尸，主人向賓和兄弟獻酒，長兄弟獻加爵於尸，眾賓之長獻加爵於尸，嗣子獻尸，旅酬，佐食者獻尸，尸退歸。主要內容都是圍繞事奉尸的，尸為祖父代表，事尸即尊祖。即使主人獻賓及兄弟、旅酬，亦是稟承尸的意旨，體現神的恩惠與關懷。

【注釋】❶延尸　在尸身後勸請其升堂。延，進，指在身後勸進，此指升堂。❷妥尸　安坐之尸。❸奠　指前段所言祝放在鉶南之觶。❹挼祭　又作綏祭、墮祭。尸未食前所行敬神祭祀。❺挼于醢　在肉醬上蘸一下。挼，浸；蘸。❻祭鉶　以鉶中和有菜的肉羹為祭。鉶，指盛和菜的肉羹，即前面所說鉶芼。❼爾敦　把盛黍稷飯之敦移近尸。爾，通「邇」。近。此作動詞，移近。❽大羹湇　不加鹽和菜的煮肉汁，貴其質，設之用以敬尸。❾振祭　古時九祭的第五種。古祭重肺賤肝，先以肺祭，至祭末禮殺乃用肝。把祭物於鹽中浸蘸一下，再加抖動像祭祀之狀，稱為振祭。❿食舉　兼食肺脊。食前必將所食物舉起，故言食舉。⓫祝侑　祝勸尸使再食。侑，勸。⓬幹　牲之長脅骨。⓭尸實舉于菹豆　尸把吃剩下的肺脊放入盛醃菜的豆中。舉，尸食未盡的肺脊。⓮庶羞四豆　以豬肉作成的眾多美味食品放入四豆中。四豆分盛膮炙胾醢，即豬肉羹、烤豬肉、大塊豬肉、豬肉醬。⓯骼　帶肉之骨，此指前腿上部，即牲肩。⓰俎釋三个　原為尸所設俎上要留下牲腊正脊一骨、長脅一骨、前腿上部一骨，並魚三條。留作改饌西北隅為陽厭之用，不像為賓客所設俎那樣，用後盡行取走。⓱角　古代飲酒器。形似爵而無兩柱，可容四升。不如爵、觶尊貴，故士用之。⓲酳尸　主人向尸獻酒。是為初獻，後有主婦亞獻，賓長三獻。酳，獻酒。⓳醋　通「酢」。以酒回敬回報。⓴佐食授挼祭　佐食者將祭尸所食之餘黍稷肺挼給主人，以之行挼祭。前挼祭是尸食前敬神之祭，此挼祭是主人以尸食之餘祭。㉑受祭祭之　主人接受佐食者所授黍稷肺進行祭祀。㉒進聽嘏　進前靜待尸傳達神的祝福。聽，靜也，靜待、靜受之意。嘏，受福。㉓摶黍　把黍米飯糰成飯糰。摶，以手糰物。㉔詩懷之　持飯糰納入懷中。詩，持也；承也。㉕寫嗇于房　在房中把黍飯糰倒出來。寫，通「瀉」。將物由此器倒入彼器之意。嗇，通「穡」。此指黍。變黍言穡，是因事託戒，欲人重視稼穡。㉖設菹醢俎　主婦設置醃菜和肉醬，佐食者設置俎。㉗宗婦執兩籩　同宗來助祭的婦人手持兩籩，一盛棗，一盛栗，棗籩在西。㉘兄弟長以燔從　兄弟中之最年長者隨主婦之後獻上烤肉。燔，烤肉。炙亦烤肉，散文通，對文異。燔，把肉加在火上烤。炙，把肉串起來在火上烤。㉙撫祭　用手撫摸祭品表示親祭。即佐食者不把尸食之餘授主婦而祭於地，主婦只撫摸一下祭品表示親祭而已，禮儀較大夫妻有所簡化。㉚如初　如亞獻的禮儀。㉛爵止　賓所獻爵，尸放下而不舉起。㉜折俎　把牲體各部分，如肩臂臑肫胳之類，逐節肢解開，放入俎上。㉝執祭　把置於地上的脯、肺等祭品拾起來，以示恭敬。㉞備答拜焉　一一答拜回禮。備，猶盡也。㉟內兄弟　內賓宗婦，或指姑姊妹、族人之婦言。㊱加爵　行加禮所用酒爵。大夫、士三獻而禮成，如果正禮後還有增加，如此篇之長兄弟、眾賓長獻尸之禮，則屬加禮，所用飲酒器稱加爵。㊲如初　如賓三獻之禮儀。此眾賓長非指正禮三獻之賓，而是在庭之眾賓中的長者。㊳爵止　尸將眾賓長所獻爵放下，不舉起。㊴嗣舉奠　嗣子舉起前此放在鉶南之爵喝乾。嗣，主人的嗣子，將為主人之後者。舉，舉而飲之。奠，指尸未入室前，祝酌而放於鉶南之爵，尸入祭而未飲，至此，嗣子乃舉而飲之。㊵備　猶盡也。言尸於每拜必答拜。㊶兄弟弟子洗酌于東方之尊　兄弟中最年幼者清洗酒觶，去東階之東酒尊中舀滿酒。兄弟弟子，兄弟中最年幼者、後生者。東方之尊，東階東的酒壺。㊷脀　放在俎上的牲體。此指放在俎上的離肺，即縱橫割開而不切斷的肺。眾賓以下之俎只有離肺，故知以此為祭。㊸羞　庶羞。指多種佐酒食品。據《禮記・王制》：「庶羞不踰牲。」則庶羞都用豬肉製成，前為尸進獻庶羞為膮炙胾醢四豆，此較尸要降格，只胾醢（肉塊、肉醬）二豆而已。㊹其尊　為長兄弟所設之尊，在東階東。㊺交錯以辯　相互勸飲，遍及每一個人。交錯，猶言東西，指眾賓持觶自西向東為眾兄弟勸酒，眾兄弟又持觶由東向西為眾賓勸酒，東西交互進行。㊻為加爵者作止爵　眾賓之長舉起旅酬前置而未飲的加爵請尸飲之。為加爵者，指眾賓長。在其向尸獻加爵時，因旅酬尚未開始，故尸奠而未飲，今旅酬已行，尸可飲矣，故眾賓長再次將加爵舉獻。作，興起，此作「舉起」解。㊼爵皆無筭　以酒觶相互勸飲，不計次序和爵數，盡去禮拜起立之節，任己所欲，盡興而止。㊽利洗散　佐食者清洗散。利，佐食者。進獻黍稷稱佐食，進酒稱利，利有「養」意。散，飲酒器，不如爵之尊貴，為身分較低者獻酒所用之器。㊾告利成　稟告供養之禮已完成。㊿謖　起身。

【語　譯】祝到廟門外迎接尸。主人下堂，站在東階以東。尸入門站在左側，面向北洗手。宗人送巾拭手。尸走到西階前，祝在尸身後請其上堂；尸上堂入室；祝隨主人由東階上堂，先入室，主人隨其後入室。尸入席就坐，主人向安坐之尸行拜禮。尸答拜，拿起放在鉶南之酒觶；祝祈神享祭，主人對尸再拜，以首觸地如初。祝命令行挼祭。尸左手持酒觶，右手取醃菜在肉醬上蘸一下，在兩豆間行祭。佐食者取來黍稷飯和切斷開的肺獻給尸。尸以之為祭，又以酒為祭，嘗酒，並向主人讚頌酒味甘美。主人對尸行拜禮，尸放下酒觶答拜；接著，尸又以鉶中和有菜的肉羹為祭，並加品嘗，向主人讚頌羹味鮮美。主人行拜禮，尸答拜。祝命令把盛黍稷飯之敦移近尸。佐食者把盛黍稷飯之敦移至尸的席上，並把不加鹽和菜的煮肉汁擺在肉醬的北側，然後舉肺脊獻給尸。尸接過肺脊，在鹽中蘸一下並加以抖動，以行振祭，祭後品嘗，再用左手拿著；於是開始進食，並吃肺脊。主人獻上盛豬心舌之俎，放置在腊俎北面。尸取飯三次，告主人已然吃飽。祝勸尸使再食，主人行拜禮。佐食者舉起牲之長脅骨獻尸，尸接過來，先行振祭，再品嘗。然後佐食者接過品嘗後的長脅骨，放到盛心舌俎上；接著佐食者又舉起腊兔脅骨和一尾魚獻給尸，以下禮儀與前同。尸把吃剩下的肺脊放入盛醃菜的豆中。佐食者把用豬肉製作的眾多美味食品放入四豆中，擺放在葅醢左側，以南方為上位，內有一豆盛肉醬。尸又取飯三次，告主人已吃飽。祝勸尸使再食，如初；佐食者舉牲肩、腊兔和魚獻尸，如初。尸又取飯三次，告主人已吃飽。祝勸尸使再食，如初；佐食者舉牲肩、腊兔及魚獻尸，如初。佐食者把尸食之餘盛入心舌俎上，原來為尸所設二俎上要留下牲腊正脊一骨、長脅一骨、前腿上段一骨，並魚三尾；又將放入醃菜豆中的肺脊放到心舌俎上，請尸帶走，又將黍、稷返回原處。

主人清洗酒角，上堂舀滿酒，向尸進獻。尸行拜禮接受，主人拜送。尸以酒祭，然後品嘗酒，賓客之長隨主人以肝俎獻尸。尸左手持酒角，右手取肝在鹽中蘸一下，行振祭之禮，品嘗肝，然後將肝放在盛醃菜的豆上，並把角中酒喝完。祝接過尸的空角，告主人說：「這是拜送之爵！皇尸已把酒喝完。」主人行拜禮，尸答拜。祝舀酒獻尸，尸以此酒回敬主人。主人行拜禮受角，尸拜送角。主人退回原位，佐食者將尸食之餘授給主人以行挼祭。主人坐下，左手持酒角，接過佐食者所授黍稷肺進行祭祀，又以酒祭，嘗酒，然後進前靜候尸傳達神的祝福。佐食者將黍飯糰成團狀，授給祝，祝又將其授給尸。尸用盛醃菜之豆接過來，拿著它親自去向主人致祝福之辭。主人左手持酒角，對尸行再拜禮，以首觸地，然後返回原位；把飯糰納入懷中，再放入左袖筒內，用小手指鉤住袖口；把角中酒喝完，行拜禮，尸答拜。主人出室進房，在房內把黍飯糰倒出來，祝用籩接受。隨後為祝鋪設筵席，席正面向南。主人舀酒於角獻給祝，祝行拜禮受酒角，主人為送上酒角行拜禮。接著主婦陳設醃菜、肉醬，佐食者設俎。祝左手持酒角，右手以豆祭，再站起來取肺，坐下以肺祭，嘗肺，然後站起來，將肺放在俎上，坐下以酒祭，嘗酒，主人隨後把肝俎獻上。祝左手持酒角，右手取肝蘸上鹽，以行振祭，嘗肝，把肝放在俎上，將角中酒喝完，向主人行拜禮。主人答拜後，接過酒角，舀滿酒獻給佐食者。佐食者面向北行拜禮，受酒角，主人為送角行拜禮。佐食者坐下以酒祭，然後把角中酒喝乾，對主人行拜禮。主人答拜，接過酒角，下堂，將角放入篚中，又上堂，入室返回原位。

主婦在房中清洗酒爵，舀滿酒，第二次向尸獻酒。尸行拜禮受爵，主婦面向北拜送爵。同宗來助祭的婦人手持兩籩，一盛棗，一盛栗，坐在房門外面；主婦接過兩籩，擺設在敦的南側，棗籩在西。祝輔助以棗栗授尸，尸受之以祭，又以酒祭，嘗酒。兄弟中最年長者隨主婦之後向尸獻上烤肉。尸接受烤肉，行振祭，品嘗後返還回去。進獻者接過烤肉，將其放在盛心舌之俎上，然後退出。尸把爵中酒喝完，祝接過空爵，命主婦拜尸，如初獻時主人那樣。尸以酒回敬主婦，亦與回敬主人之儀同。主婦前往房中，面南站立。佐食者為主婦行挼祭。主婦左手持爵，右手撫摸祭品表示親祭，又以酒祭，嘗酒；然後入室，把爵中酒喝完，如主人之禮儀。主婦向祝獻酒，有司以棗栗和烤肉隨其後獻上，儀節如初獻。及至向佐食者獻酒，儀節亦如初獻。獻酒完畢，主婦持空爵入房。

賓第三次向尸獻酒，如亞獻之禮儀。從獻烤肉之儀亦如亞獻。賓所獻爵，尸放下不舉。有司在室門以內為主人布席。主婦清洗酒爵，舀滿酒獻給主人。主人行拜禮受爵。主婦為送爵行拜禮。宗婦贊送籩豆如亞獻之儀。主婦受籩豆，設兩籩兩豆於主人席前。佐食者持俎入室設於席前。主人左手持爵，右手以進上祭品為祭，宗人輔助主人致祭。之後，主人放下酒爵，站起來取肺，坐下扯開離肺以之為祭，嘗肺；站起來把肺加於俎上，坐下以巾拭手，以酒祭，嘗酒，有司隨後獻上肝俎。主人左手持爵，右手取肝蘸上鹽，坐下行振祭，嘗肝。宗人接過食餘之肝，加在俎上。獻烤肉的儀節亦如此。主人站起來，走到席之末端坐下把爵中酒喝完，對主婦行拜禮。主婦答拜，接過酒爵，舀酒自飲回敬，然後左手持爵，向主人行拜禮，主人答拜。主婦坐下以酒祭，站起來飲酒，把爵中酒喝完，對主人行拜禮，主人答拜。主婦出室，返回房中。主人下堂，清洗酒爵，舀上酒，向主婦獻酒，主婦之席在房中，朝向南。主婦行拜禮受爵，主人面向西答拜。宗婦進獻豆和俎，其從獻之禮儀都和主人初獻時同。主人更換酒爵，舀酒自飲回敬，把爵中酒喝完，下堂，把爵放進篚中，再入室回到原位。賓將三獻時放下的酒爵舉起獻尸。尸將此爵酒喝完，又舀酒對賓回敬。隨後賓又舀酒獻給祝和佐食者。接著洗酒爵，舀滿酒，獻給主人、主婦，隨從者獻上烤肉，其禮儀與亞獻時相同。然後賓又更換酒爵，舀酒回敬主人；飲畢，回到堂下原位。

主人從東階下堂，面向西對賓行拜禮，與初次拜賓的禮儀相同，然後為賓洗酒爵。賓辭謝。

主人洗完爵，與賓相互揖讓上堂，主人舀酒，在西階上方獻賓。賓面向北行拜禮受爵。主人在賓的右側答拜。接著為賓獻上乾肉和肉醬，設置盛有肢解開牲體的俎。賓左手持爵，右手以豆中食品為祭，然後放下酒爵；站起來取肺，坐下扯斷離肺行祭，嘗肺；站起來把餘肺加於俎上，坐下用巾拭手，以酒祭，再把酒喝完，對主人行拜禮。主人答拜，接過空爵，舀滿酒，自飲回敬，放下爵，對賓行拜禮。賓答拜。主人坐下以酒祭，把爵酒喝完，對賓行拜禮。賓答拜，並向主人拱手為禮，把置於地上的脯、肺等祭品收起來，持之下堂，面向西將其放回原位，恢復朝向東之位。籩豆和俎隨著向東擺放。眾賓上堂，對主人行拜禮受爵，坐下以酒祭，站起來把酒喝完。籩豆和俎設在他們每個人的席位前。主人對眾賓一一答拜回禮後下堂，把酒爵放入篚中。設兩只盛酒之尊於東階之東，加勺於尊上，勺柄朝向南，西階之西也同樣設置。主人清洗酒觶，在西方的酒尊舀酒，於西階前面向北酬賓，賓在主人左側。主人放下酒觶對賓行拜禮，賓答拜。主人坐下以酒祭，將觶中酒喝完，對賓行拜禮，賓答拜。主人為賓洗酒觶，賓辭謝；主人致答詞，洗完觶，舀滿酒，面向西站立；賓面向北行拜禮。主人放觶於祭品北側。賓坐下取觶，轉身面向東行拜禮，主人答拜。賓放酒觶於祭品南側，對主人拱手施禮後返回原位。主人清洗酒爵，舀滿酒，在東階上方獻給兄弟中最年長者，其禮儀與獻賓同。主人洗爵，舀酒獻眾兄弟，其禮儀與獻眾賓同。主人洗爵，舀酒獻內兄弟於房中，禮儀與獻眾兄弟同。主人面向西答拜，更換酒爵，舀酒自酢，把爵中酒喝完，下堂，把空爵放入篚中，再入室回到原位。

兄弟中最年長者清洗酒觚，以為行加禮所用酒杯，行加禮之儀與賓三獻之禮同，但獻酒不及於佐食者。清洗觚，舀酒獻主人、主婦，亦如賓三獻之禮，但沒有肵俎、燔俎從之而獻。

眾賓之長行加禮，亦如賓三獻之禮儀，尸將所獻爵放下，不舉飲。

主人嗣子舉起前此放在鉶南之爵飲乾，然後洗手入室，面向北對尸行再拜禮，以首觸地。尸持酒爵，嗣子進前受爵後回到原位。接著以酒祭，嘗酒。尸舉肝授嗣子。嗣子舉起左手之觶，對尸行再拜禮，以首觸地，然後進前受肝，回到原位，坐下把肝吃完，把觶中酒喝完，對尸行拜禮。尸每次都答拜回禮。嗣子持觶清洗後舀酒入室獻尸，尸行拜禮受爵，嗣子舉觶答拜。尸以酒祭，嘗酒，放下酒觶。嗣子持觶出室，回到東階下原位。

兄弟中最年幼者清洗觶，到東階東酒尊中舀滿酒，在東階前面向北，舉觶向兄弟中年長者勸酒，與主人向賓勸酒的禮儀相同。宗人宣告眾賓、眾兄弟以放在各自俎上的離胏為祭，接著就獻上多種佐酒食品。賓坐下取觶，到東階前面向北，向兄弟中最年長者勸酒，被勸酒者在賓右側。賓放下觶行拜禮，兄弟中最年長者回禮答拜。賓站著把觶中酒喝完，就東階東尊中舀滿酒，面向東站立。兄弟中最年長者行拜禮受觶，賓面向北答拜，並拱手為禮，返回原位。兄弟中最年長者來到西階前面向北站立，向眾賓之長勸酒，眾賓之長在左側接受勸酒，其禮儀與賓向兄弟之長勸酒相同。兄弟中最年長者把觶中酒喝完，又在西階西尊中舀滿酒，面向西站立。眾賓之長行拜禮受觶，兄弟之長面向北答拜，又拱手為禮，然後返回原位。眾賓和眾兄弟東西相互交錯勸酒，遍及每一個人，其儀節與賓向長兄弟勸酒、長兄弟向眾賓之長勸酒相同。眾賓之長舉起旅酬前置而未飲之爵向尸勸飲，其儀節與兄弟中最年長者為加爵同。兄弟中最年長者向賓勸酒的禮儀，與賓向兄弟勸酒的禮儀相同，要遍及每一個人。最後一位接受勸酒者飲完酒要把觶放入篚中。賓中最年幼者和兄弟中最年幼者洗觶，然後到各自尊中舀滿酒，至中庭面向北站立，以西方為上位；再舉觶對著各自的年長者，放下觶，向各自長者行拜禮，長者都答拜回禮。兩位年幼的舉觶者以酒祭，把觶中酒喝完，向各自長者行拜禮，長者都答拜回禮。兩位舉觶者洗酒觶，各自於其尊中舀滿酒，再回到原來位置，長者皆行拜禮。兩位舉觶者都把觶放在祭品右側。年長者都持觶站起，舉觶者都返回中庭之位答拜。長者都把酒觶放回原處，都向各自的年幼者拱手為禮，年幼者都各自回到原位。隨後眾賓與眾兄弟以觶相互勸飲，不計次序和爵數。

佐食者清洗散，舀酒獻給尸；尸以酒回敬，佐食者舀酒獻祝，其禮儀與長兄弟、眾賓之長加爵的禮儀相同。佐食者下堂，將散放入篚中。

主人出室，站在門外，面向西面。祝面向東稟告主人供養之禮已完成。尸站起身來，祝在其前引導，主人下堂。祝送尸後返回來，與主人入室，各復其位。祝命佐食者撤去為尸所設的肵俎，並將此俎送出廟門外；又命撤去各種佐酒食品，改設於西序下。

筵對席❶，佐食分簋鉶❷。宗人遣舉奠❸及長兄弟盥，立于西階下，東面北上。祝命嘗食❹，餕者舉奠許諾❺，升，入，東面，長兄弟對之，皆坐。佐食授舉各一膚❻。主人西面再拜，祝曰：「餕有以也❼。」兩餕奠舉于俎，許諾，皆答拜。若是者三。皆取舉，祭食❽，祭舉❾，乃食，祭鉶，食舉。卒食，主人降，洗爵，宰贊一爵。主人升酌，酳上餕❿，上餕拜受爵，主人荅拜。酳下餕亦如之。主人拜，祝曰：「酳有與也⓫。」如初儀。兩餕執爵拜，祭酒，卒爵，拜。主人荅拜。兩餕皆降，實爵于篚。上餕洗爵，升酌，酢主人，主人拜受爵。上餕即位坐，荅拜。主人坐祭，卒爵，拜。上餕荅拜，受爵，降，實于篚。主人出，立于戶外，西面。

祝命徹阼俎⓬、豆、籩，設于東序下。祝執其俎以出，東面于戶西。宗婦徹祝豆、籩入于房，徹主婦薦⓭、俎。佐食徹尸薦、俎、敦，設于西北隅，几在南，厞用筵⓮，納一尊。佐食闔牖戶，降。祝告利成，降，出。主人降，即位。宗人告事畢。

賓出，主人送于門外，再拜。佐食徹阼俎。堂下俎畢出。

【章旨】本章主要記述嗣子與長兄弟對食神餘祭品的禮儀，以及尸出後改設饌於室之西北隅以為陽厭，和禮畢賓出的儀節。

【注釋】❶筵對席　在尸席對面設筵席。尸席在東，筵席在西，對食時嗣子坐尸席，兄弟長坐筵席。❷分簋

鉶　分敦黍之半於敦蓋，供東西兩席食用，分兩鉶東西席各一。簋，盛黍稷之器。據說有虞氏時稱敦，周制稱簋，其指一也。❸舉奠　指嗣子。❹命嘗食　告知嗣子與長兄弟對食神餘祭品。❺養者舉奠許諾　長兄弟與嗣子應諾。養者，參與食神餘祭品者，此指長兄弟。養，通「餕」。食祭之餘饌也。❻一膚　一塊豬肉，不帶骨者。❼養有以也　此句意為先祖享此祭以有德，今你們坐食其餘亦當思其德而仿效之。原文過簡，意不甚明。❽祭食　以飯為祭。❾祭舉　以肉為祭。❿上養　嗣子，對食時坐在上位，故稱上養。⓫酳有與也　飲此酒當知承先祖之德以教化眾兄弟族親。與，取諸侯以禮相與之義。此則以德教相與也。⓬阼俎　為主人設於東階上方之俎。⓭薦　即指豆、籩。⓮厞用筵　在室西北隅用筵席圍成幽隱處。參見〈士虞禮〉「厞用席」注。

【語譯】在尸席對面設筵席，佐食者分敦黍之半於敦蓋，供東西兩席食用，分兩鉶給東西席各一。宗人請嗣子和長兄弟洗手，洗完手站在西階下，面朝東，以北方為上位。祝告知嗣子和長兄弟開始對食神餘祭品，二人應諾，上堂，入室，嗣子面向東，長兄弟與他對面，都坐在各自席位上。佐食者授給二人無骨豬肉各一塊。主人面向西行再拜禮，祝說：「先祖享此祭以有德，今你們坐食其餘亦當思其德而仿效之。」兩位對食者從俎上舉起肉塊，應諾，都答拜還禮。就這樣反覆三遍。他們都取肉塊舉起，又以飯祭，以肉祭，然後就吃飯，又以鉶中肉羹祭，吃肉。食畢，主人下堂，清洗酒爵，宰幫助清洗另一酒爵。主人上堂舀滿酒，獻給嗣子，嗣子行拜禮受爵，主人答拜。向長兄弟獻酒的儀節也如此。主人又行拜禮以示告戒，祝說：「你們飲此酒當知承先祖之德以教化眾兄弟族親。」其儀節如前。兩位對食者持爵答主人拜禮，以酒為祭，喝完爵中酒，行拜禮。主人答拜。兩位對食者都下堂，把空酒爵放於篚中。嗣子洗酒爵，上堂舀滿酒，回敬主人，主人行拜禮受爵。嗣子即位就坐，還禮答拜。主人坐下以酒祭，把爵中酒喝完，行拜禮。嗣子答拜，接過空爵，下堂，放到篚中。主人出室，站在門外，面向西。

祝命佐食者撤去東階上方主人之俎、豆和籩，設在東序下。祝持己俎出室，面向東站在室門之西。宗婦把祝之豆、籩撤入房中，又撤去主婦的薦和俎。佐食者撤去尸的薦、俎、敦，改設於室的西北隅，几在南側，用筵席圍成幽隱處，並放入一尊酒。佐食者關好門窗，下堂。祝稟告主人供養之禮已經完成，隨後下堂。主人下堂，就東階下面向西位。宗人宣告禮事完畢。

賓出門，主人送至大門外，行再拜禮。佐食者撤去東序下主人之俎收起來。堂下眾俎也都由兄弟和眾賓撤出廟門外，並饋送他們帶回。

〔記〕

特牲饋食，其服皆朝服，玄冠、緇帶、緇鞸。唯尸、祝、佐食玄端，玄裳、黃裳、雜裳可也❶，皆爵韠❷。

設洗，南北以堂深，東西當東榮❸。水在洗東。篚在洗西，南順，實二爵、二觚、四觶、一角、一散。壺、棜禁❹，饌于東序，南順，覆兩壺焉❺，蓋在南。明日卒奠❻，冪用綌❼；即位而徹之，加勺。籩巾以綌也，纁裏；棗烝，栗擇。鉶芼用苦，若薇❽，皆有滑❾，夏葵，冬荁❿。

棘心匕刻⑪。牲爨在廟門外東南，魚腊爨在其南，皆西面。饎爨在西壁⑫。肵俎心舌皆去本末⑬，午割之⑭，實于牲鼎，載心立、舌縮俎⑮。賓與長兄弟之薦自東房，其餘在東堂。

沃尸盥者一人，奉槃者東面，執匜者西面，淳沃⑯；執巾者在匜北。宗人東面取巾，振之三⑰，南面授尸；卒，執巾者受。尸入，主人及賓皆避位，出亦如之。

嗣舉奠⑱，佐食設豆鹽。佐食當事⑲，則戶外南面；無事，則中庭北面。凡祝呼，佐食許諾。宗人，獻與旅齒於眾賓⑳。佐食，於旅齒於兄弟。

尊兩壺于房中西墉下，南上。內賓㉑立于其北，東面西上。宗婦北堂東面，北上。主婦及內賓、宗婦亦旅，西面。宗婦贊薦者，執以坐于戶外，授主婦。

尸卒食，而祭饎爨、雍爨㉒。

賓從尸㉓，俎出廟門，乃反位。

尸俎：右肩、臂、臑、肫、胳，正脊二骨，橫脊，長脅二骨，短脅；膚三，離肺一，刌肺㉔三，魚十有五。腊如牲骨。祝俎：髀，脡脊㉕二骨，脅二骨，膚一，離肺一。阼俎：臂，正脊二骨，橫脊，長脅二骨，短脅，膚一，離肺一。主婦俎：觳折㉖，其餘如阼俎。佐食俎：觳折，脊，脅，膚一，離肺一。賓，骼，長兄弟及宗人，折㉗，其餘如佐食俎。眾賓及眾兄弟、內賓、宗婦，若有公有司㉘、私臣，皆殽脀㉙，膚一，離肺一。

公有司門西，北面東上，獻次眾賓。私臣門東，北面西上，獻次兄弟。升受，降飲。

【章旨】本章為〔記〕，多是對正文語焉不詳的禮儀細節作詳略不一的說明。主要內容包括祭時衣冠，禮器陳設，事尸禮儀，諸俎牲體種類數量，以及祭灶，賓送尸，佐食者、宗人等站位和行禮次序等事。

【注　釋】❶玄裳黃裳雜裳可也　尸、祝、佐食者服玄裳、黃裳、雜裳要依身分高低而定，上士服玄裳，中士服黃裳，下士服雜裳。雜裳，前玄後黃顏色相雜之裳。❷爵韠　用黑色皮革製成的蔽膝。❸東榮　東屋檐上翹部分。❹棜禁　承放酒尊之具。❺覆兩壺焉　把兩只酒壺倒扣在棜禁上面，口下腹上，以空淨清洗時存留在裏面的餘水，並避免灰塵落入。❻明日卒奠　東序設饌第二天，即祭日，把酒壺翻過來盛滿酒，擺放在室門外的東側。明日，指祭日。卒奠，把酒壺盛滿酒擺在應處之位。❼冪用綌　用粗葛布蓋在上面。綌，粗葛布。❽薇　薇菜。❾滑　調味用菜。❿夏葵冬荁　夏天用葵菜，冬天用荁菜調味。據《禮記．內則》：「堇、荁、枌、榆……以滑之。」鄭玄注曰：「謂用調和飲食也。荁，堇類也。冬用堇，夏用荁。」與此不同，且不見有以葵菜為調味用者。葵或為堇之誤。⓫棘心匕刻　用棘木心作成匕，刻上龍首圖案。匕，曲柄淺斗食器，狀如今之湯匙，主要有飯匕、牲匕、疏匕、挑匕四種，因用途不同，其長短大小各異。⓬西壁　堂的西牆下。⓭本末　心舌的尖部和根部。⓮午割之　將心舌由外向內縱橫劃割成十字形，中間有少許連接，不完全切斷。午，一縱一橫相交。⓯載心立舌縮俎　把心立放舌縱放在俎上。⓰淳沃　緩慢不斷地小量澆水於手上。淳，水細瀉。沃，自上往下澆水。⓱振之三　抖動三下，以去掉灰塵。⓲嗣舉奠　嗣子舉肵而食。⓳佐食當事　佐食者眼下無事，後事尚未至時為當事。⓴齒於眾賓　按年歲長幼與眾賓一道排序。㉑內賓　主祭者的姑姊妹。㉒雍爨　烹煮牲、魚、腊肉的灶。雍，通「饔」。割烹煎和之稱。㉓賓從尸　助祭之賓送尸出廟門。因主人無送尸之禮，故使賓從以示送意。㉔刌肺　切斷的肺。㉕脡脊　脊骨的中段。據《禮經釋例》：「脊骨三，前骨謂之正脊，中骨謂之脡脊，後骨謂之橫脊。」㉖觳折　折分之牲後右足。觳，牲後足。後足有二，祭皆用右，左足卑而不用，故知此為後右足。㉗折　即觳折。不言所分之體，只言折，略之，反映禮之降。㉘公有司　士的同僚朋友，與士同在公室為臣者。㉙殽脀　帶肉之骨一塊升入俎上。殽，骨有肉稱殽。脀，通「烝」。升也。由鼎升俎，以為俎實。

【語　譯】〔記〕行特牲饋食之禮，參加的賓客和助祭兄弟都穿朝服，戴玄冠，腰繫緇布大帶，下身圍飾緇布蔽膝。只有尸、祝、佐食者身著黑色祭服，下身則玄裳、黃裳、玄黃相雜裳皆可，但須與士的身分相應，都圍飾黑色皮革製的蔽膝。

在堂下設洗，其位置距堂南北長度與堂深相等，東西位置對著堂東側上翹的飛檐。盥洗用水在洗的東面。篚在洗的西面，南北向擺放，裏面裝飲酒器有兩只爵，兩只觚，四只觶，一只角，一只散。酒壺和承放酒尊之具，陳放在堂的東間牆下，南北向擺放，把兩只酒壺倒扣在棜禁之上，酒壺蓋放在南側。第二天祭祀之日，翻轉酒壺盛滿酒擺放在室門外之東，用粗葛布蓋上；在尸入室就位後即行撤去，在壺上加放酒勺。遮蓋籩的苫巾用粗葛布製作，襯裏是淺紅色的；籩內盛放的棗和栗都是蒸熟和挑選好的。鉶中菜羹用菜為苦菜，或者是薇菜，都放有調味之菜，夏天放葵菜，冬天放荁菜。用棘木心作成匕，刻有龍頭圖形。烹煮牲的灶設在廟門外東南，魚、腊灶在牲灶南側，三灶都朝向西。煮黍稷灶在堂的西牆下。肵俎上的心舌都要去掉尖部和底部，由外向內縱橫劃割成十字形，中間有少許連接，不完全切斷，割好後放入牲鼎烹煮，熟後放到俎上，心要立著放，舌要縱向放。賓和長兄弟之薦在東房，其餘眾賓眾兄弟之薦在東夾室前。

侍奉尸洗手三事各一人，捧槃接棄水者面向東，執匜者面向西，緩緩不斷把細水流澆在手上，執巾者站在執匜者北面。宗人面向東取巾，抖動三下，面向南授給尸；尸用巾拭手完畢，執巾者接過拭巾。尸入門時，主人和賓都要從自己席位上退避，出門時也如此。

嗣子舉肵而食，佐食者為設一豆以盛鹽。佐食者眼下無事而後事尚未至時，就在門外面向南站立等候；如果無事，就在中庭面北站立。凡是祝有呼喚，佐食者須應諾。宗人在獻酒與旅酬時，要按年歲長幼與眾賓一起排序。佐食者在旅酬時要按年歲與眾兄弟一起排序。

擺放兩只酒尊於房中西牆下，以南方為上位。主祭者的姑姊妹站在酒尊之北，面朝東，以西方為上位。宗婦在北堂，面朝東立，以北方為上位。主婦及內賓、宗婦也相互行旅酬之禮，面向西。宗婦的助祭者，持豆、籩坐在門外，授給主婦。

尸食完畢，宗婦助祭者祭祀煮黍稷之灶和烹煮牲、魚、腊之灶。

賓送尸出廟門，待尸俎持出廟門後，賓又返回原位。

為尸所設俎載有：牲的右肩、前右肢上段、下段、後右腿上段、下段，脊骨前段兩塊，脊骨後段一塊，長脅骨二塊，短脅骨一塊；帶皮頸肉三塊，縱橫劃割而未斷的肺一塊，切斷的肺三塊，魚十五條。腊兔骨肉與牲骨同。為祝所設俎載有：服骨一塊，脊骨中段二塊，前脅骨二塊，帶皮頸肉一塊，縱橫劃割而未斷的肺一塊。為主人所設俎載有：左前臂一，脊骨前段二塊，後段一塊，長脅骨二塊，短脅骨一塊，帶皮頸肉一塊，縱橫劃割而未斷的肺一塊。為主婦所設俎載有：折分之牲後右足，其餘與主人俎同。為佐食者所設俎載有：折分之牲後右足，脊骨一塊，前脅骨一塊，帶皮頸肉一塊，縱橫劃割而未斷的肺一塊。賓俎載有後脛骨一塊，長兄弟及宗人俎載有折分之牲後右足，其餘與佐食者俎同。眾賓及眾兄弟、內賓、宗婦，其中如有來助祭的同僚朋友、私臣，其俎上皆放帶肉骨一塊，帶皮頸肉一塊，縱橫劃割而未斷的肺一塊。

眾賓、眾兄弟的同僚祭時站在門西，面向北，以東方為上位，獻酒時排在眾賓之後。私臣，祭時站在門東，面向北，以西方為上位，獻酒時排在眾兄弟之後。獻酒時公有司與私臣之長先後上堂受爵，下堂後飲酒。

【說　明】一、關於祭禮：祭禮在古禮中占有重要地位，其內容極為廣泛，包括對天地、日月星辰、水旱、四方、山林川谷之神的祭祀，對祖宗的祭祀，和對周圍多種神祇的祭祀等等，此當是從上古先民萬物有靈、圖騰崇拜、祖先崇拜等遺俗中沿襲下來。對天地、名山大川之祭，為天子諸侯享有的特權，祭祀祖先則是從天子至庶民共同享有的，亦為祭禮的核心內容。

祭禮體現儒家以孝為本的人文精神。《禮記・祭統》言：「祭者，所以追養繼孝也。」「是故孝子之事親也，有三道焉。生則養，沒則喪，喪畢則祭。養則觀其順也，喪則觀其哀也，祭則觀其敬而時也。」就是說，祭禮是對已故父母、祖宗奉養、盡孝道的繼續，所謂「事死如事生」。為此，祭祀要作到誠敬而適時。《禮記・祭義》言：「祭不欲數，數則煩，煩則不敬。祭不欲疏，疏則怠，怠則忘。是故君子合諸天道，春禘秋嘗。」就是在春天和秋天舉行兩次祭祀，不超過也不減少，適時舉行，不煩不疏。誠敬更是祭禮所特別看重的。祭祀固然要有相應的儀式和祭品，但更重要的是與祭者要具備誠敬之心，因為祭祀是發自內心對祖先的真誠懷念之情。「君子反古復始，不忘其所由生也，是以致其敬，發其情，竭力從事以報其親，不敢不盡也。」（《禮記・祭義》）盡心為祭之本，盡物為祭之末。為此，與祭者必須親自參加，祭前要行齋戒，要親自製備祭品等等，唯有如此才能從祭祀中受福。

祭禮有哪些重大意義，〈祭統〉歸納有十方面：「夫祭有十倫焉：見事鬼神之道焉，見君臣之義焉，見父子之倫焉，見貴賤之等焉，見親疏之殺焉，見爵賞之施焉，見夫婦之別焉，見政事之均焉，見長幼之序焉，見上下之際焉。此之謂十倫。」倫即義也，十倫即十義。由此可見祭禮對治國治民，對推行等級尊卑、倫常教化都有重要意義。本書三篇言祭禮之文，主要是講禮儀形式、過程，未涉及其內在意義，為此要結合《禮記》的〈祭統〉、〈祭法〉、〈祭義〉來讀，當會有更深入的理解。

二、說䬸：䬸，古文作「餕」，指食餘的祭品。《禮記・祭義》：「祭有餕，餕者祭之餘也。」祭祀時，向代表祖宗的尸進獻祭品，尸食之後餘下的祭品稱餕，餕由與祭者按身分高下依次分享，代表神對人、上對下的恩惠。餕食禮為祭禮的最後一個項目，古人亦很看重，所謂「善終如始」也。〈祭統〉言：「是故尸謖（起立），君與卿四人餕。君起，大夫六人餕，臣餕君之餘也。大夫起，士八人餕，賤餕貴之餘也。士起，各執其具以出，陳於堂下，百官進徹之，下餕上之餘也。」餕食之禮，既表現等級森嚴的一面，也體現神對人、上對下的關懷施恩惠的一面，「所以別貴賤之等，興施惠之象也。」（同上）上面這兩段話是就天子、諸侯、大夫、士餕食的總說，本書的餕食則是專就士與大夫言，彼此略有別。士之餕由主人嗣子和兄弟長二人組成，先在尸席對面另設一席，將尸食之餘分設尸席與對席上。對食時嗣子坐尸席，稱上䬸，兄弟長坐對席，為下䬸。餕食過程中有祭、有祝詞，祝詞內容是讓他們思念祖宗恩德，教化兄弟族親之類。大夫之餕由二佐食和二賓長四人組成，餕食時，上佐食居尸位，其他禮儀與士餕同，只是祝詞在食畢由上佐食對主人發布，內容為主人受祭之福，永享長壽，家業光大之類。本書所言餕食人數與〈祭統〉略有別，但其功能作用則是一致的。

少牢饋食禮第十六

【題解】少牢饋食禮為諸侯之卿大夫祭祀其祖禰於廟的禮儀。古代天子、諸侯祭宗廟之牲用牛一羊一豕一的大牢，大夫用羊一豕一的少牢，士用一豕為特牲。牢，畜欄。古禮在將祭祀之前，必先擇牲，所擇之牲繫於牢中畜養，由專人照管，供祭日應用。二牲以上乃可稱牢，士用特牲不稱牢。本篇與下篇〈有司徹〉應為一篇，因篇幅過長，分而為二。本篇與〈特牲饋食禮〉為同類，基本程式相近，只是規格更高些，內容也繁雜些，體現此禮實施中的等級差異。

全篇可分五章，一、二章為正禮前的準備，三章為尸入行正禮，四章為主人、主婦三獻之禮，五章為賓獻與餕食之禮。

少牢饋食之禮。日用丁己❶，筮旬有一日❷。筮於廟門之外。主人朝服，西面于門東。史❸朝服，左執筮，右抽上韇❹，兼與筮執之，東面受命于主人。主人曰：「孝孫某，來日丁亥❺，用薦歲事于皇祖伯某❻，以某妃配某氏[7]。尚饗！」史曰：「諾！」西面于門西，抽下韇，左執筮，右兼執韇以擊筮，遂述命[8]曰：「假爾大筮有常[9]。孝孫某，來日丁亥，用薦歲事于皇祖伯某，以某妃配某氏。尚饗！」乃釋韇，立筮[10]。卦者在左坐，卦以木[11]。卒筮，乃書卦于木，示主人，乃退占[12]。吉，則史韇筮，史兼執筮與卦以告于主人：「占曰從[13]。」乃官戒[14]，宗人命滌[15]，宰命為酒，乃退。若不吉，則及遠日，又筮日如初。

宿[16]。前宿一日，宿戒尸[17]。明日，朝筮尸，如筮日之禮，命曰：「孝孫某，來日丁亥，用薦歲事于皇祖伯某，以某妃配某氏，以某之某[18]為尸。尚饗！」筮、卦、占如初。吉，則乃遂宿尸。祝擯[19]，主人再拜稽首。祝告曰：「孝孫某，來日丁亥，用薦歲事于皇祖伯某，以某妃配某氏，敢宿！」尸拜，許諾；主人又再拜稽首。主人退，尸送，揖，不拜。若不吉，則遂改筮尸[20]。

既宿尸，反為期[21]于廟門之外。主人門東，南面。宗人朝服，北面。

曰：「請祭期。」主人曰：「比於子㉒。」宗人曰：「旦明㉓行事。」

主人曰：「諾。」乃退。

明日，主人朝服，即位于廟門之外，東方南面。宰、宗人西面，北上。牲北首，東上。司馬刲羊㉔，司士擊豕㉕。宗人告備，乃退。雍人摡鼎㉖、匕、俎于雍爨，雍爨在門東南，北上。廩人摡甑、甗、匕與敦于廩爨㉗，廩爨在雍爨之北。司宮㉘摡豆、籩、勺、爵、觚、觶、几、洗、篚于東堂下，勺、爵、觚、觶實于篚；卒摡，饌豆、籩與篚于房中，放于西方㉙；設洗于阼階東南，當東榮。

【章旨】本章記述祭禮前的準備事宜，包括筮祭日、筮尸宿尸宿諸官、確定祭祀開始時間、檢視殺牲和清洗祭器四項主要內容。

【注釋】❶日用丁己　祭日用丁日或己日。日，祭日。丁己，十天干中的二干。古人言日皆用干，言時則用支。《禮記·曲禮上》：「外事以剛日，內事以柔日。」宗廟祭祀之類屬內事，應用柔日。柔日指十干的乙丁己辛癸五偶日，何以從中首選丁己二日，或是取其發聲寓有丁寧謹敬之意。❷筮旬有一日　卜筮祭日要提前十一天舉行。旬，十日。有，又。如果想在下月上旬的丁日或己日祭，就要在本月下旬的丁日或己日筮，就是說丁日祭則丁日筮，己日祭則己日筮，筮日到祭日為十一天。❸史　大夫的家臣，掌管卜筮之事。❹上韇　盛蓍草皮筒的上部分。❺來日丁亥　即將到來的丁亥這一天。這裏只舉丁亥為例，並不是確定丁亥日。凡下月上旬的丁或己與十二支的六陰支，即丑卯巳未酉亥組合之日皆可。❻皇祖伯某　皇祖，已故祖父的尊稱。伯某，指祖父之字，稱字亦表尊敬。❼以某妃配某氏　以祖父妻某人與祖父共享此祭品。某妃，祖父的正妻。配，合食，即與祖父共同享祭。❽述命　複述主人之辭以告筮。❾常　蓍有預知吉凶的常德。《易・繫辭》言：「蓍之德圓而神」，「神以知來」，即通過一定程序對五十根蓍草進行分合，而得到卦和爻，再結合卦辭和爻辭，推斷所測事之吉凶。這些都包容在大筮常德之中。❿立筮　站著進行卜筮操作。筮之長短不同，天子九尺，諸侯七尺，大夫五尺，士三尺。因士筮短，坐著操作比較方便，故坐筮；大夫以上筮皆長，故取立筮。⓫卦以木　用木棍把筮得之爻畫在地上。⓬退占　退至面向東的席位，由參與卜筮者依序對所得卦進行占斷。⓭從　求吉得吉順從主人心意。⓮官戒　告戒參加祭祀諸官要恭行祭事，備好應用祭品器物，並進行齋戒。⓯滌　清洗祭器，掃除宗廟。⓰宿　再次告知助祭人員及眾賓，使知祭日並按時前來。宿，申戒，即再次告知之意。⓱宿戒尸　再次告知尸，請其按時前來候選。此尸指事先擇定之尸和兩位候補者，告知他們一道前來，接受占筮，如事先擇定之尸不吉，則由另二人中選出。⓲某之某　上某為尸父之字，下某為尸之名。⓳祝擯　祝為尸之擯者。祝為接神之官，尸為神之象徵，故使祝為其擯者。⓴遂改筮尸　接著改筮另外人為尸，不另擇日。㉑為期　確定祭祀開始的時間。㉒比於子　選擇時間早晚由先生決定吧。比，選次。子，指宗人。㉓旦明　明日早晨。㉔司馬刲羊　司馬殺羊。司馬，大夫的家臣。刲，刺殺。㉕司士擊豕　司士殺豬。司士，《周禮》有司士之官，祭祀時率其屬殺牲、進俎豆。此司士與之相類。擊，擊殺。㉖雍人概鼎　雍人清洗鼎。雍人，掌管宰殺和烹煮諸事之吏。雍，通「饔」。概，通「漑」。洗滌。㉗廩人概甑甗匕與敦于廩爨　廩人在炊煮黍稷灶上清洗甑、甗、匕和敦。廩人，掌管米倉的小吏，亦兼作炊飯諸事。甑，瓦製蒸煮器。甗，古炊器名。青銅製或陶製，分兩層，上可蒸，下可煮。廩爨，炊黍稷之灶。㉘司宮　大夫家臣，兼管祭器、布席諸職事。㉙西方　指房中靠近西邊處。

【語　譯】少牢饋食的禮儀。祭日用丁日或己日，卜筮祭日要提前十一天舉行。卜筮地點在廟門外。主人身穿朝服，面朝西站在廟門東側。主持筮事之史亦身穿朝服，左手持蓍草，右手抽開盛蓍草筒的上半部，交左手與蓍草一併持之，面向東接受主人之命。主人說：「孝孫某某，要在即將到來的丁亥日，進歲時祭祀於祖父伯某，以祖父妻某與祖父共享此祭。請來受享吧！」史回答說：「是！」面朝西站在廟門西側，抽去盛蓍草筒的下半部，左手持蓍草，右手兼持筮筒上下兩部，並用以擊打蓍草，接著複述主人之辭於筮說：「借助您有預知吉凶常德的大筮來卜問。孝孫某某，要在即將來臨的丁亥日，進歲時之祭於祖父伯某，以祖父妻某與祖父共同享祭。請來受享吧！」於是就放下筮筒，站著進行卜筮操作。記錄卦爻者在其左面就坐，用木棍把所得爻依次畫在地上。卜筮完畢，就把所得卦書寫在木版上給主人看，然後退到東向的席位，由參與卜筮者依序對所得卦進行占斷。如果占斷結果為吉，史就將蓍草納入筒中，由史持筮筒與所得卦向主人稟告說：「占筮結果順從主人心意，得吉。」接著就告戒參加祭祀諸官備辦好祭品祭物並進行齋戒，宗人命執事者清洗祭器，掃除宗廟，宰命人準備祭祀用酒，然後都退下。如果占筮結果不吉，就到下旬以後的丁己日去筮求，再次筮日的儀式與初次同。

再次告知助祭人員與眾賓，請他們按時到來。祭祀前兩天，再次告知尸，請其按時參加筮尸之儀。第二天早晨，用卜筮確定尸的人選，其儀式如筮日的禮儀。其命辭說：「孝孫某某，要在即將到來的丁亥日，進歲時之祭於祖父伯某，以祖父妻某與祖父共享此祭。以某之某為尸。請來受享吧！」卜筮、畫卦、旅占之儀皆與筮日同。如果占筮結果為吉，就接著再次告知新選定之尸準時參加祭禮。由祝擔當尸的擯者，主人對尸行再拜禮，以首觸地。祝對尸稟告說：「孝孫某某，要在即將來臨的丁亥日，進歲時之祭於祖父伯某，以祖父妻某與祖父共享此祭，冒昧告請您為尸！」尸行禮答拜，許諾；主人又行再拜禮，以首觸地。主人退下，尸相送，拱手為揖，不行拜禮。如果結果不吉，就接著改筮另外的人為尸，不另外擇日。

再次告請尸後，眾人返回廟門外確定祭禮開始的時間。主人站在門東，面向南。宗人身穿朝服，面向北對主人說：「請問祭禮開始的時間。」主人說：「選擇開始時間由先生決定。」宗人說：「那就明天早晨開始舉行吧。」主人說：「好吧。」便退下。

明日早晨，主人身穿朝服，在廟門外的東方就位，面向南。宰、宗人面向西，以北方為上位。祭祀之牲頭向北，以東方為上位。司馬殺羊，司士殺豬。宗人稟告準備完畢，便退下。雍人在亨煮羊豕魚腊灶上清洗鼎、匕、俎，亨煮羊豕魚腊灶在廟門外的東南，以北方為上位。廩人在煮黍稷灶上清洗甑、甗、匕和敦，炊煮黍稷之灶在亨煮羊豕魚腊灶之北。司宮在東堂下方清洗豆、籩、勺、爵、觚、觶、几、洗篚，並把洗完的勺、爵、觚、觶放入篚中；清洗完畢，把豆、籩和篚擺放在房中，依於西邊；把洗設置在東階東南，對著東側上翹的屋檐。

羹定，雍人陳鼎五，三鼎在羊鑊之西❶，二鼎在豕鑊之西。司馬升羊右胖，髀不升❷，肩、臂、臑、膊❸、骼，正脊一、脡脊一、橫脊一、短脅一、正脅一、代脅一❹，皆二骨以並；腸三、胃三、舉肺一、祭肺三，實于一鼎。司士升豕右胖，髀不升，肩、臂、臑、膊、骼，正脊一、脡脊一、橫脊一、短脅一、正脅一、代脅一，皆二骨以並；舉肺一、祭肺三，實于一鼎。雍人倫膚九❺，實于一鼎。司士又升魚、腊，魚十有五而鼎，腊一純而鼎❻，腊用麋❼。卒脀❽，皆設扃鼏❾，乃舉，陳鼎于廟門之外東方，北面，北上。司宮尊兩甒于房戶之間，同棜，皆有冪，甒有玄酒。司宮設罍水于洗東，有枓❿，設篚于洗西，南肆。改饌豆籩于房中，南面，如饋之設⓫，實豆、籩之實。小祝⓬設槃、匜與簞、巾于西階東。

主人朝服，即位于阼階東，西面。司宮筵于奧⓭，祝設几于筵上，右之⓮。主人出迎鼎，除鼏。士盥，舉鼎，主人先入。司宮取二勺于篚，洗之，兼執以升；乃啟二尊之蓋冪⓯，奠于棜上，加二勺于二尊，覆之，南柄。鼎序入⓰，雍正⓱執一匕以從，雍府⓲執四匕以從，司士合執二俎以從。司士贊者二人，皆合執二俎以相，從入。陳鼎于東方，當序，南于洗西，皆西面，北上，膚為下⑲。匕皆加于鼎，東枋。俎皆設于鼎西，西肆。肵俎在羊俎之北，亦西肆。宗人遣賓就主人，皆盥于洗，長朼⑳。佐食上利升牢心舌㉑，載于肵俎。心皆安下切上㉒，午割勿沒㉓，其載于肵俎，末在上。舌皆切本末㉔，亦午割勿沒，其載于肵，橫之。皆如初為之于爨也。佐食遷肵俎于阼階西，西縮㉕，乃反。佐食二人。上利升羊，載右胖，髀不升，肩、臂、臑、膊、胳；正脊一、脡脊一、橫脊一、短脅一、正脅一、代脅一，皆二骨以並；腸三、胃三，長皆及俎拒㉖；舉肺一，長終肺，祭肺三，皆切。肩、臂、臑、膊、胳在兩端，脊、脅、肺、肩在上。下利升豕，其載如羊，無腸胃；體其載于俎，皆進下㉗。司士三人，升魚、腊、膚。魚用鮒㉘，十有五而俎，縮載㉙，右首，進腴㉚。腊一純而俎，亦進下，肩在上。膚九而俎，亦橫載，革順㉛。

卒脀，祝盥于洗，升自西階。主人盥，升自阼階。祝先入，南面。主人從，戶內西面。主婦被錫㉜，衣移袂㉝，薦自東房，韭菹、醓醢㉞，坐奠于筵前。主婦贊者㉟一人，亦被錫，衣移袂，執葵菹、蠃醢以授主婦。主婦不興遂受，陪設于東，韭菹在南，葵菹在北。主婦興，入于房。佐食上利執羊俎，下利執豕俎，司士三人執魚、腊、膚俎，序升自西階，相從入。設俎，羊在豆東，豕亞其北，魚在羊東，腊在豕東，特膚當俎北端。主婦自東房執一金敦㊱黍，有蓋，坐設于羊俎之南。婦贊者執敦稷以授主婦。主婦興受，坐設于魚俎南；又興，受贊者敦黍，坐設于稷南；又興，受贊者敦稷，坐設于黍南。敦皆南首。主婦興，入于房。祝酌，奠，遂命佐食啟會。佐食啟會，蓋二以重，設于敦南。主人西面，祝在左，主人再拜稽首。祝祝曰：「孝孫某，敢用柔毛、剛鬣、嘉薦、普淖㊲，用薦歲事于皇祖伯某，以某妃配某氏。尚饗！」主人又再拜稽首。

【章旨】本章仍為正禮前的準備，包括肉熟實鼎陳鼎和陳設祭器、將祭前主人就位設几加勺載俎諸事、尸入室前設饌於奧三件事，至此準備事宜已完，接下來便是尸入而行正禮了。

【注　釋】❶三鼎在羊鑊之西　三只鼎擺在煮羊大鍋之西。三鼎，指盛羊魚腊鼎。鑊，烹煮食物之器，形似鼎而無足，可以放在灶上使用。❷髀不升　尾骨去掉，不升入鼎中。因髀臨近肛門，嫌其不潔也。❸肫　後肢骨上段。❹代脅一　前面的脅骨一塊。❺雍人倫膚九　雍人選擇兩脅處帶皮肉九塊。倫，通「掄」。選擇之意。膚，兩脅處帶皮肉。❻腊一純而鼎　合兩半體腊製麋鹿放入一鼎中。純，全，牲體左右兩半合起之稱。❼麋　麋鹿。鹿的一種，稍大。大夫以麋為腊，士以兔為腊，體現等級差別。❽卒脀　把牲體納入鼎中完畢。脀，通「烝」。升也，指把牲體裝入鼎中或納於俎上。❾扃鼏　貫穿鼎上兩耳的舉鼎橫木和鼎蓋。鼏，《通解》本作「冪」，後世多從之。❿枓　舀水勺。⓫如饋之設　如在室中進獻豆、籩時那樣擺放。⓬小祝　祝的助手。大夫之祝不止一人。⓭奧　室內的西南隅。在此布席設几用以供神。⓮右之　几靠近右側，因神尚右。席面向東，右即南側。⓯啟二尊之蓋冪　打開兩酒甒上的蓋和苫巾。⓰鼎序入　五鼎按順序進入廟門。羊鼎在先，依次為豕鼎、膚鼎、魚鼎、腊鼎。⓱雍正　雍人之長。⓲雍府　雍正的助手、屬官。⓳膚為下　膚鼎擺放在最南側。膚，膚鼎，指盛九塊帶皮脅肉之鼎。⓴長朼　長賓先用匕將牲肉從鼎中取出，次賓接著匕取。主人親臨觀看，但不動手，與士之特牲親匕不同。㉑佐食上利升牢心舌　上佐食把羊和豬的心舌升載於肵俎。利即佐食，上利即上佐食。牢，羊與豕。㉒安下切上　心之下端切平使安立，上端尖部也切去一段。㉓午割勿沒　由上下左右十字形向中間劃割，而使中間相連不完全切斷，以免分散。㉔本末　上下，當指舌根部和尖部。㉕西縮　向西陳放。㉖長皆及俎拒　長度都達到與俎足橫向間距離一樣。拒，通「距」。爪也，此指俎足。㉗進下　進獻時使下端朝向前面。㉘鮒　魚名。或指鯽魚。㉙縮載　縱向擺放在俎上。㉚進腴　進獻時魚腹朝前擺放。㉛革順　肉皮按序擺放，使其有序不錯雜。革，皮也。㉜被錫　指假髮。㉝衣移袂　穿綃衣，只是袖口加寬袖加長。士妻袖長二尺二寸，袖口寬一尺二寸，增加二分之一，為袖長三尺三寸，袖口寬一尺八寸。此為大夫妻的祭服。移，或作「侈」。㉞醓醢　帶汁的肉醬。㉟主婦贊者　輔助主婦行禮者，由宗婦擔當。㊱金敦　以金為飾之敦。大夫以上敦皆有雕飾，並加不同飾物，如天子用玉，諸侯用象骨，大夫用青銅為飾。金，當指青銅。㊲柔毛剛鬣嘉薦普淖　柔毛，羊也。剛鬣，豕也。因羊肥則毛柔，豕肥則鬣剛。剛，堅硬。鬣，豕頸毛，俗稱豬鬃。嘉薦，菹醢。普淖，黍稷。

【語　譯】肉煮熟了，雍人陳設五只鼎，三只鼎擺在煮羊肉鍋之西，另二只鼎擺在煮豬肉鍋之西。司馬把羊的右半體由鍋中取出載入鼎中，尾骨去掉，不升入鼎中；肩、前腿上段、下段、後腿的上段、中段，脊骨的前段一塊、中段一塊、後段一塊、後脅骨一塊、中脅骨一塊、前脅骨一塊，都是二骨相併放入；腸三段、胃三塊、交叉劃割而不切斷的肺一塊、切斷的肺三塊，都放入一鼎中。司士把豬的右半體從鍋中取出載入鼎中，尾骨去掉不升，肩、前腿上段、下段、後腿上段、中段，脊骨前段一塊、中段一塊、後段一塊、後脅骨一塊、中脅骨一塊、前脅骨一塊，都是二骨相併放入，交叉劃割而不完全切斷的肺一塊、切斷的肺三塊，都放入一鼎中。雍人挑選兩脅處帶皮肉九塊，放入一鼎中。司士又把魚和腊肉從鍋中取出載入鼎中，魚十五尾放入一鼎，合兩半體腊製牲肉放入一鼎，腊牲用麋鹿。牲體納入鼎完畢，每只鼎都設有舉鼎橫杠和鼎蓋，然後抬起鼎，陳放在廟門外東方，面向北，以北方為上位依次擺放。司宮把兩酒甒擺放在房與室門之間，同放在一棜上，都有苫巾覆蓋，兩甒中有一盛玄酒。司宮把盛水之罍擺放在洗的東側，罍上有舀水勺，擺放篚於洗之西，南北順向放置而朝向北。又改設豆、籩於房中，朝向南，如在室中進獻豆、籩時那樣擺放，然後把豆、籩裝滿應裝之物。小祝在西階東側設置槃、匜和竹簞、拭巾。

主人身穿朝服，在東階東側就位，面向西。司宮在室中西南隅鋪設筵席，祝在筵席上設置供神之几，几的位置稍靠南側。主人到廟門外出迎鼎，並除去鼎蓋。士洗手抬鼎，主人先入門引導。司宮從篚中取二勺，清洗後一併持之上堂；接著打開二酒尊的蓋和苫巾，放在承尊的棜上，又分放兩勺於兩尊上，倒扣著放，勺柄朝向南。五只鼎按序抬入廟門，雍人之長持一匕跟隨著，雍人之長的助手持四匕跟隨著，司士並持二俎跟隨著。司士的二位助祭者都合持二俎，相助司士跟隨進入。鼎陳放在堂下東側，對著東間牆處，在洗之西南，都面向西，以北方為上位，膚鼎放在最南面。把匕放在鼎上，其柄朝向東。俎都分放在各自鼎之西側，東西向擺放。肵俎在羊俎之北，也是東西向擺放。宗人請賓到主人跟前來，賓都在洗處以水沖洗手，然後長賓先用匕將牲肉從鼎中取出，其餘眾賓按年齡順序依次匕取。上佐食把羊和豬的心舌升載於肵俎。心之下端都切平使安立，上端也切去一小段，然後由上下左右交叉向中間劃割，而使中間相連不切斷，載在俎上，心尖一端在上面。舌都要把根部和尖部切去一些，也交叉切割而不使斷開，載在俎上要橫著放。都如初時上灶烹煮時那樣。佐食者遷肵俎於東階西，向西陳放，然後返回東階東。佐食者共有二人。上佐食把羊從鼎中取出，載右半體於俎上，尾骨去掉不升，肩、前腿上段、下段、後腿上段、中段；脊骨前段一塊、中段一塊、後段一塊、後肋骨一塊、中肋骨一塊、前肋骨一塊，都是二骨相併放入；腸三段、胃三塊，長度都達到與俎足橫向間距相同；交叉切割而中間連而未斷的肺一塊，長度與整肺相當，切好的祭肺三塊。肩、前腿上段、下段、後腿上段、中段放在俎之兩端，脊骨、脅骨、肺、肩放在俎上。下佐食把豕從鼎中取出，其載於俎上之程序與羊同，沒有腸、胃入俎；載在俎上的牲體，進獻時都是下端朝向前。司士三人，分別由魚鼎、腊鼎、膚鼎取魚、腊、膚載於魚、腊、膚俎。魚用鯽魚，十五尾為一俎，縱向陳放，魚頭向右，魚腹向前。合兩半體腊製麋鹿為一俎，進獻時也是下端向前，肩在上。帶皮的豕脅肉九塊為一俎，也是橫向擺放，肉皮按序比次而放。

載俎完畢，祝在洗處洗完手，由西階上堂。主人洗完手，由東階上堂。祝先入室，靠近北牆面向南立。主人隨之而入，在門內面向西站立。主婦頭戴假髮，穿綃衣，袖長和袖口寬都比士妻增加二分之一，由東房進獻韭菹和帶汁的肉醬於室中，坐下將進獻的祭品放在筵席前。主婦的一位助祭者，也頭戴假髮，穿與主婦同樣長袖寬口綃衣，持葵菹和螺醬授給主婦。主婦不站起來，直接接過來，陪設在前祭物東側，韭菹放在南面，葵菹放在北面。主婦站起來，進入房中。上佐食持羊俎，下佐食持豕俎，司士三人持魚、腊、膚俎，按序由西階上堂，相隨入室。擺設五俎，羊俎在盛螺醬豆之東，次為豕俎在豆之北，魚俎在羊俎東，腊俎在豕俎東，膚俎單獨擺放在對著四俎的北端。主婦由東房出來，持一金敦黍，敦有蓋，主婦坐下將敦擺放在羊俎之南。主婦的助祭者持一敦稷入，將其授給主婦。主婦站起來接受，坐下將其擺放在魚俎之南；又站起來，接受助祭者一敦黍，坐下將其擺在稷敦之南；又站起來，接受助祭者一敦稷，坐下將其擺在黍敦南。敦之首都朝向南。主婦站起來，進入房中。祝為神舀上酒，放在席前，接著命佐食者打開敦蓋，把兩只敦蓋重合一起，擺放在敦南。主人面向西站立，祝在他的左側，主人行再拜禮，以首觸地。祝對神祝告說：「孝孫某某，大膽選用羊、豕、菹醢、黍稷，以為歲時之祭，致祭於祖父伯某，以祖父妻某配享。請來受享吧！」主人又行再拜禮，以首觸地。

祝出，迎尸于廟門之外。主人降，立于阼階東，西面。祝先入門右。尸入門左，宗人奉槃，東面于庭南。一宗人奉匜水，西面于槃東。一宗人奉簞巾，南面于槃北。乃沃尸，盥于槃上，卒盥，坐奠簞，取巾興，振之三，以授尸；坐取簞，興，以受尸巾。祝延尸。尸升自西階，入，祝從。主人升自阼階，祝先入，主人從。尸升筵，祝、主人西面立于戶內，祝在左。祝、主人皆拜妥尸❶，尸不言；尸荅拜，遂坐。祝反南面。

尸取韭菹，辯擩于三豆，祭于豆間。上佐食取黍稷于四敦。下佐食取牢一切肺于俎❷，以授上佐食。上佐食兼與黍❸以授尸。尸受，同祭于豆祭❹。上佐食舉尸牢肺❺、正脊以授尸。上佐食爾❻上敦黍于筵上，右之。主人羞❼肵俎，升自阼階，置于膚北。上佐食羞兩鉶❽，取一羊鉶于房中，坐設于韭菹之南。下佐食又取一豕鉶于房中以從，上佐食受，坐設于羊鉶之南。皆芼❾，皆有柶。尸扱❿以柶，祭羊鉶，遂以祭豕鉶，嘗羊鉶。食舉⓫。三飯。上佐食舉尸牢幹⓬，尸受，振祭，嚌之。佐食受，加于肵。上佐食羞胾兩瓦豆⓭，有醢，亦用瓦豆，設于薦豆之北。尸又食，食胾。上佐食舉尸一魚，尸受，振祭，嚌之。佐食受，加于肵，橫之。又食，上佐食舉尸腊肩，尸受，振祭，嚌之。上佐食受，加于肵。又食，上佐食舉尸牢骼，如初。又食，尸告飽。祝西面于主人之南，獨侑不拜⓮。侑曰：「皇尸未實，侑！」尸又食，上佐食舉尸牢肩，尸受，振祭，嚌之。佐食受，加于肵。尸不飯，告飽。祝西面于主人之南。主人不言，拜侑。尸又三飯。上佐食受尸牢肺、正脊，加于肵。

【章　旨】本章記述迎尸入拜妥尸以及尸十一飯的禮儀，是為正禮之始。

【注　釋】❶拜妥尸　拜尸使安坐。❷取牢一切肺于俎　從羊俎和豕俎上各取一塊祭肺。牢，指羊豕。切肺，即祭肺，共有三塊，今取用其一。❸兼與黍　「黍」下當有「稷」字。❹同祭于豆祭　取韭菹與黍稷、祭肺合祭於豆間處。豆祭，在擺放豆處，亦即豆之間進行祭祀。❺牢肺　即離肺。指由上下左右交叉向內劃割而中間相連不斷的肺。❻爾　通「邇」。近也，此作移近。❼羞　進獻。❽兩鉶　一鉶盛羊肉羹，一鉶盛豬肉羹。❾皆芼　兩種羹都放有菜。羊肉羹放苦菜，豬肉羹放薇菜，都放調味之菜。❿扱　舀取。⓫舉　指上佐食舉進於尸的祭肺和脊骨前段。⓬幹　中脅骨。⓭羞胾兩瓦豆　進獻大塊肉兩瓦豆。胾，大塊肉。瓦豆，瓦製之豆。豆有木製、瓦製，木豆用盛菹醢，瓦豆用盛大羹。瓦豆較木豆形似而稍淺，瓦豆對木豆言稱登。⓮獨侑不拜　只勸再食，不行拜禮。侑，勸。

【語　譯】祝出去，到廟門外迎接尸。主人下堂，站立在東階東，面向西。祝先入門，從廟門右側進入。尸從廟門左側入門，宗人捧著槃，在庭南面向東站立。另一宗人捧著盛水的匜，在捧槃宗人東側面向西站立。另一宗人捧著放有拭巾的簞，面向南站在捧槃宗人北側。於是奉匜者為尸注水，尸在槃的上方接水洗手，洗手完畢，捧簞宗人坐下放簞於地，取拭巾站起來，抖動三下，將巾遞給尸；又坐下取簞，站起來，用簞接受尸用過的巾。祝在身後請尸上堂，尸由西階上堂入室，祝跟隨在後。主人由東階升堂，祝先入室，主人隨後入室。尸就位，祝和主人面向西站在門內東側，祝在主人左邊。祝和主人都向尸行拜禮，使尸安坐，尸不言；尸答拜，然後坐下。祝返回室中原位，面朝向南。

尸取韭菹，在三個盛醬的豆中逐一蘸過，然後在豆間進行祭祀。上佐食從四敦中取黍稷。下佐食從羊俎和豕俎中各取一塊祭肺，並把它交給上佐食。上佐食把黍稷和祭肺一併獻給尸。尸接過來後，又取韭菹與黍稷、祭肺合祭於豆間處。上佐食舉起為尸所設羊和豕的離肺和前脊骨獻給尸。上佐食把上首盛黍米飯的敦移近筵席上，靠近右側，便於尸取食。主人進獻肵俎，由東階上堂，將其放在膚俎之北。上佐食進獻兩只盛羊肉羹和豬肉羹的鉶，先取出一盛羊肉羹鉶於房中，坐下將其擺設在韭菹之南。下佐食又從房中取出一盛豬肉羹鉶跟隨在後面，並把此鉶交給上佐食，上佐食接過來，坐下將其擺設在羊鉶之南。兩鉶肉羹中都放有菜，鉶上都備有勺。尸用勺舀取羊肉羹，祭羊鉶，接著舀豬肉羹祭豕鉶，品嘗羊鉶之肉羹。接著吃上佐食舉獻的離肺和脊骨前段。尸取食黍飯三次。上佐食舉起為尸所設羊、豕中肋骨獻尸，尸接過來，先行振祭，然後品嘗。佐食者接過尸食之餘，放到肵俎上。上佐食又進獻羊、豕大塊肉兩瓦豆，並有羊肉醬和豬肉醬，亦用兩瓦豆盛放，擺放在韭菹諸豆北側。尸又取食飯一次，並食大塊肉。上佐食舉起為尸所設魚一尾獻尸，尸接過後行振祭，品嘗。佐食接過尸食之餘，放到肵俎上，橫向擺放。尸又取食飯一次，上佐食舉起為尸所設腊麋鹿之肩獻尸，尸接過來行振祭後，品嘗。上佐食接過尸食之餘放到所俎上。尸又取食飯一次，上佐食舉起為尸所設羊、豕後腿上段獻尸，尸受祭品嘗如前。尸又取食飯一次，告主人已吃飽。祝面向西站在主人之南，只勸尸再食不行拜禮。勸食之辭說：「至高無上的尸尚未吃飽，請再吃一些吧！」尸又取食飯一次，上佐食舉起為尸所設羊、豕之肩獻尸，尸接過來行振祭，而後品嘗。佐食者接過尸食之餘，放到所俎上。尸不再取食飯，告主人已吃飽。祝面向西站在主人之南。主人不言語，對尸行拜禮勸請再食。尸又取食飯三次。上佐食接過前此尸食餘之離肺、脊骨前段，放在所俎上面。

主人降，洗爵，升，北面酌酒，乃酳尸❶。尸拜受，主人拜送。尸祭酒，啐酒。賓長羞牢肝，用俎，縮執俎❷，肝亦縮，進末❸，鹽在右。尸左執爵，右兼取肝，擩于俎鹽，振祭，嚌之，加于葅豆，卒爵。主人拜。受尸爵❹。尸荅拜。

祝酌受❺尸，尸醋主人。主人拜受爵，尸荅拜。主人西面奠爵，又拜。上佐食取四敦黍稷，下佐食取牢一切肺，以授上佐食。上佐食以綏祭❻。主人左執爵，右受佐食❼，坐祭之；又祭酒，不興，遂啐酒。祝與二佐食皆出盥于洗，入。二佐食各取黍于一敦。上佐食兼受[8]，摶之，以授尸，尸執以命祝[9]。卒命祝，祝受以東，北面于戶西，以嘏[10]于主人，曰：「皇尸命工祝[11]，承致多福無疆于女孝孫。來[12]女孝孫，使女受祿于天，宜稼于田[13]，眉壽[14]萬年，勿替引之[15]。」主人坐奠爵，興，再拜稽首，興受黍，坐振祭，嚌之；詩懷之[16]，實于左袂，挂于季指，執爵以興；坐卒爵，執爵以興，坐奠爵，拜。尸荅拜。執爵以興，出。宰夫以籩受嗇黍[17]。主人嘗之，納諸內[18]。

主人獻祝，設席南面。祝拜于席上[19]，坐受。主人西面荅拜。薦兩豆菹、醢[20]。佐食設俎：牢髀[21]，橫脊一，短脅一，腸一，胃一，膚三，魚一橫之，腊兩髀屬于尻[22]。祝取菹擩于醢，祭于豆閒。祝祭俎，祭酒，啐酒。肝牢從。祝取肝擩于鹽，振祭，嚌之；不興，加于俎，卒爵，興。

主人酌獻上佐食。上佐食戶內牖東北面拜，坐受爵。主人西面荅拜。佐食祭酒，卒爵，拜，坐授爵，興。俎設于兩階之間，其俎：折[23]、一膚[24]。主人又獻下佐食，亦如之，其脀[25]亦設于階閒，西上，亦折，一膚。

有司贊者[26]取爵于篚以升，授主婦贊者于房戶。婦贊者受，以授主婦。主婦洗于房中，出酌，入戶，西面拜獻尸。尸拜受。主婦主人之北西面拜送爵。尸祭酒，卒爵。主婦拜。祝受尸爵，尸荅拜。

易爵[27]，洗，酌，授尸。主婦拜受爵，尸荅拜。上佐食綏祭。主婦西面于主人之北受祭，祭之；其綏祭如主人之禮，不嘏[28]；卒爵，拜，尸荅拜。

主婦以爵出，贊者受，易爵于篚，以授主婦于房中。主婦洗，酌，獻祝。祝拜，坐受爵。主婦荅拜于主人之北。卒爵，不興，坐授主婦。

主婦受，酌，獻上佐食于戶內。佐食北面拜，坐受爵，主婦西面荅拜。祭酒，卒爵，坐授主婦。主婦獻下佐食，亦如之。主婦受爵以入于房。

【章　旨】本章記述主人初獻、主婦亞獻之禮。包括主人向尸獻酒，尸回敬主人並命祝獻祝福之辭，主人向祝獻酒，主人向兩佐食獻酒，是為初獻之禮。主婦向尸獻酒，尸回敬主婦，主婦向祝獻酒，向兩佐食獻酒，是為亞獻之禮。

【注　釋】❶酳尸　向尸獻酒。酳有羨義、餚義，卒食之後又獻酒飲之，以增益歡樂之情。❷縮執俎　縱向持俎。縮，縱，縱向。❸進末　進獻時俎與肵的下端在前。❹受尸爵　祝接過尸的空爵。此「受」前或脫一「祝」字，胡培翬《正義》、張爾岐《句讀》等書皆有「祝」字，或是之。❺受　應作「授」。❻綏祭　古祭禮名。主人在將食前，取少許黍稷和羊、豕肉祭於豆間，稱綏祭。是尊尸食之餘而祭之。綏，又作「挼」。❼右受佐食　右手接過上佐食獻上的黍稷和一祭肺。❽兼受　把下佐食所取黍飯一併取來。即上佐食取上敦黍飯，下佐食取下敦黍飯，上佐食並取下佐食黍飯，與己取黍飯一塊摶成團。❾命祝　命祝以致福之辭，並使其複述一遍。❿嘏　致福。古代祭祀，祝代表尸向主人致福稱嘏。⓫工祝　祝自稱之辭，猶言祝官。工，官。⓬來　古「來」與「釐」通，賜予之意。⓭宜稼于田　合宜的耕種好土地。稼，耕種。⓮眉壽　祝頌之辭，長壽之意。舊說年歲高者眉長，故以眉長為長壽之徵，稱為眉壽。⓯勿替引之　恆長如此無廢止時。替，廢。引，長。⓰詩懷之　把接過來的黍飯糰藏入懷中。詩，承接。⓱宰夫以籩受嗇黍　宰夫用籩接過主人在衣袖中黍飯。宰夫，掌管飲食諸事之吏。嗇，收穫穀物。豐年乃有收成，此言嗇黍，寓有讚頌豐年多黍之意。⓲納諸內　把食餘之飯放入籩中。⓳拜于席上　因室內地方狹小，故於席上行拜禮。⓴菹醢　指葵菹和螺醬。㉑牢髀　羊豕的髀骨，即後腿骨。㉒屬于尻　與脊骨末端相連。尻，脊骨末端。祝俎規格低於尸俎，故下體、近竅者皆升。㉓折　羊豕正體餘骨折斷分用，不使整骨。㉔一膚　一塊兩脅間帶皮的肉。㉕脀　陳於俎上的牲肉。㉖有司贊者　有司的輔助者。㉗易爵　更換酒爵。男女不用同爵，由祝負責更換。㉘不嘏　不再致祝福之辭，因夫婦一體，受福夫婦同之，故不另致。

【語　譯】主人下堂清洗酒爵，再上堂，面向北舀滿酒，而後獻給尸。尸行拜禮受爵，主人拜送爵。尸以酒祭，嘗酒。賓長獻上羊肝和豬肝，用俎盛放，俎要縱向持著，肝也縱向擺放；進獻時肝的下端在前，鹽放在肝俎右側。尸左手持爵，右手兼取羊肝和豬肝，在俎上蘸鹽，行振祭之禮，嘗肝，然後把食餘之肝放到菹豆上，把爵中酒喝完。主人行拜禮。祝接過尸的空爵。尸答拜回禮。

祝舀酒授給尸，尸接酒用以回敬主人。主人行拜禮受爵，尸還禮答拜。主人面向西放下酒爵，再次對尸行拜禮。上佐食從四個敦中各取黍飯或稷飯少許，下佐食從尸俎上取羊和豕的祭肺各一塊，交給上佐食。上佐食用黍稷飯和祭肺請主人行綏祭。主人左手持爵，右手接過上佐食呈上的祭物，坐下進行祭祀；又以酒祭，祭完不站起來，就接著嘗酒。祝和二佐食都出室，至洗處洗完手，再入室。二佐食各從上下敦中取黍飯。上佐食把下佐食所取黍飯一併拿過來，摶成一團，再交給尸，尸手持黍飯糰命祝以致福之辭，並使其複述一遍。命祝完畢，祝受命辭與黍飯糰往東走，至室門西側面向北站立，代表尸向主人轉達致福之辭說：「至尊至上的尸命令本祝官，傳致多福無疆於你孝孫。賜福你孝孫，使你永享上天福祿，合宜的耕種好土地，長壽萬年，永遠如此無廢止之時。」主人坐下，放下酒爵，站起來，行再拜禮，以首觸地，再起立接過黍飯糰，坐下行振祭，嘗黍飯；再把接過來的黍飯糰納入懷中，又放入左袖筒內，用小手指勾住袖口，持爵站起來；再坐下把爵酒喝完，持爵站起，再坐下放下空爵，對尸行拜禮。尸答拜還禮。主人持爵站起，出門。宰夫用籩接過主人袖中黍飯。主人再次嘗飯，然後把食餘之飯放入籩內。

主人向祝獻酒，在室中南面鋪設筵席。祝在席上向主人行拜禮，坐下接受酒爵。主人面向西答拜。有司進獻兩豆，一盛葵菹，一盛螺醬。佐食為祝設俎，俎上有：羊、豕髂骨，脊骨後段一塊，後脅骨一塊，腸一段，胃一塊，膚間帶皮肉三塊，魚一尾橫著擺放，兩塊腊麋鹿胯骨與脊骨末端連著。祝取葵菹蘸上鹽，祭於豆間。祝以俎上之膚祭，又以酒祭，然後嘗酒。隨後獻上羊肝和豕肝。祝取肝蘸上鹽，行振祭之禮，嘗肝；不站起來，把餘肝放到俎上，將爵中酒喝完，站起身。

主人舀酒獻給上佐食。上佐食站在門內窗口東側，面向北行拜禮，坐下接受酒爵。主人面向西答拜。上佐食以酒祭，將爵中酒喝完，行拜禮，坐下交還空爵，然後站起。上佐食俎設在東西兩階之間，其俎上有：折斷開的羊豕正體餘骨、一塊膂間帶皮肉。主人又向下佐食獻酒，禮節亦如上佐食，其放有牲肉之俎也設在東西兩階間，以西方為上位，俎上也是折斷開的羊豕正體餘骨和一塊膂間帶皮肉。

有司的輔助者從篚中取爵上堂，授給主婦輔助者於房門處。主婦輔助者接過來，交給主婦。主婦在房中把爵清洗好，出房舀滿酒，再入門，面向西行拜禮，以酒獻尸。尸行拜禮受酒爵。主婦在主人之北，面向西行拜禮送爵。尸以酒祭，把爵酒喝完。主婦行拜禮。祝接過尸的空爵，尸回禮答拜主婦。

祝更換酒爵，清洗後舀滿酒，授給尸用以回敬主婦。主婦行拜禮受爵，尸回禮答拜。上佐食請主婦綏祭。主婦在主人之北，面向西，接過祭品祭之；其綏祭之禮儀與主人同，只是不再致祝福之詞；主婦把爵酒喝完，行拜禮，尸回禮答拜。

主婦持爵出室，輔助者接過酒爵，至篚中更換酒爵，到房中交給主婦。主婦洗爵，舀酒，獻給祝。祝行拜禮，坐下受爵。主婦在主人之北答拜。祝把爵酒喝完，不站起，坐著將爵交還主婦。

主婦接過爵，酌酒，在室門內獻給上佐食。上佐食面向北行拜禮，坐下受酒爵，主婦面向西答拜。上佐食以酒祭，把爵酒喝完，坐著把空爵交還主婦。主婦向下佐食獻酒，禮節也是這樣。主婦持空爵回到房中。

賓長洗爵獻于尸，尸拜受爵，賓戶西北面拜送爵。尸祭酒，卒爵。賓拜。祝受尸爵，尸荅拜。

祝酌授尸。賓拜受爵。尸拜送爵。賓坐奠爵，遂拜，執爵以興；坐祭，遂飲，卒爵，執爵以興；坐奠爵，拜。尸荅拜。

賓酌獻祝。祝拜，坐受爵。賓北面荅拜。祝祭酒，啐酒，奠爵于其筵前。

主人出，立于阼階上，西面。祝出，立于西階上，東面。祝告曰：「利成❶。」祝入。尸謖❷。主人降，立于阼階東，西面。祝先❸，尸從，遂出于廟門。

祝反，復位于室中。主人亦入于室，復位。祝命佐食徹肵俎，降設于堂下阼階南。司宮設對席❹，乃四人餕❺。上佐食盥升，下佐食對之，賓長二人備❻。司士進一敦黍于上佐食，又進一敦黍于下佐食，皆右之于席上。資黍于羊俎兩端❼，兩下是餕❽。司士乃辯舉，餕者皆祭黍、祭舉。主人西面三拜餕者❾。餕者奠舉于俎，皆荅拜，皆反❿，取舉。司士進一鉶于上餕⓫，又進一鉶于次餕，又進二豆湆于兩下⓬。乃皆食⓭，食舉。卒食，主人洗一爵，升，酌，以授上餕。贊者洗三爵，酌，主人受于戶內，以授次餕，若是以辯。皆不拜受爵。主人西面三拜餕者。餕者奠爵，皆荅拜，皆祭酒，卒爵，奠爵，皆拜。主人荅壹拜。餕者三人興，出，上餕止⓮。主人受上餕爵，酌以醋于戶內，西面坐奠爵，拜，上餕荅拜。坐祭酒，啐酒。上餕親嘏曰：「主人受祭之福，胡壽保建家室⓯。」主人興，坐奠爵，拜，執爵以興；坐卒爵，拜。上餕荅拜。上餕興，出。主人送，乃退。

【章　旨】本章記述賓終獻之禮，以及祭畢尸出，撤肵俎行餕食之禮。

【注　釋】❶利成　供養之禮已完畢。利，猶養也。成，完畢。❷謖　站起來。❸祝先　祝先尸而行。❹對席　在尸席對面另設一席。❺四人餕　行四人餕食禮。餕禮，士二人，大夫四人，參加者亦不同，此正體現餕禮「別貴賤之等而興施惠之象」（《禮記・祭統》）的精神。大夫餕禮參加者為兩佐食和兩賓長。❻備　齊備。指參加餕食四人均已到齊。❼資黍于羊俎兩端　分別減取兩佐食敦中黍飯，分置於羊俎兩端，供兩賓長於此餕食。資，減取。❽兩下是餕　供居下位兩賓長餕食。二賓長在二佐食之左，左為下位，故稱兩賓長為兩下。餕以二佐食為主，故居上位，以二賓長為從，故居下位。❾三拜餕者　對餕食者三行拜禮，表示對每人遍行拜禮，即所謂「旅拜」。❿皆反　都返回原來席位。答拜主人時要離開席位，朝向主人，答拜後返回原位，故言「反」。⓫上餕　居上位之餕食者，指上佐食。⓬進二豆湇于兩下　進獻二豆肉汁給兩賓長。湇，肉汁。⓭食　指食黍飯。⓮上餕止　上佐食留下來，但不酳酒回敬主人，由主人自酢，因其當時正處尸位，位尊不酌也。⓯胡壽保建家室　長壽永享，並執守光大家業。胡壽，即長壽意。胡，有遠、大諸義。

【語　譯】賓長清洗酒爵，舀滿酒獻給尸，尸行拜禮受爵，賓長在室門西側面向北拜送爵。尸以酒祭，把爵酒喝完。賓長對尸行拜禮。祝接過尸的空爵，尸對賓長行禮回拜。

祝舀酒於爵授給尸，用以回敬賓長。賓長對尸行拜禮受爵。尸行拜禮送爵。賓長坐下放下爵，接著行拜禮，然後持爵站立；再坐下以酒祭，接著飲酒，把爵酒喝完，持爵站立；又坐下放下爵，行拜禮。尸回禮答拜。

賓長舀酒獻給祝。祝行拜禮，坐下受爵。賓長面向北答拜。祝以酒祭，嘗酒，然後把爵放在自己的席前。

主人走出室，站在東階上方，面向西。祝亦出室，站在西階上方，面向東。祝告主人說：「供養之禮已畢。」祝又入室。尸站起來。主人下堂，站在東階之東，面向西。祝在前引路，尸跟隨在後，接著走出廟門。

祝送走尸又返回室內，回到室中面向南的原位。主人也入室，回到面向西的原位。祝命上佐食撤去肵俎，持之下堂，設在堂下東階之南。司宮在尸席對面另設一席，於是四人就開始行餕食之禮。上佐食洗手上堂就尸位入坐，下佐食坐在他的對面，賓長二人也都到齊。司士進獻一敦黍飯給上佐食，又進獻一敦黍飯給下佐食，都擺放在各人席上右側。又分別減取兩佐食敦中黍飯，分置於羊俎兩端，以便於兩賓長於此餕食。司士遍授四人脅間帶皮肉一塊，餕食者都用黍飯和脅間帶皮肉祭祀。主人面向西對餕食三行拜禮，以示普拜過。餕食者把肉塊放到俎上，都離開席位對主人回拜，然後又都回到原位，從俎上取肉塊。司士進獻一鉶給上佐食，又進一鉶給下佐食，又進兩豆肉汁給兩賓長。於是都開始食黍飯，又食脅間帶皮肉塊。餕食完畢，主人洗一只酒爵，上堂舀滿酒，把它獻給上佐食。贊禮者洗三只爵，舀滿酒，主人在室門內接過三爵，把它獻給下佐食，就這樣遍獻每位餕食者。接受酒爵時都不須對主人行拜禮。主人面向西對餕食者三行拜禮，餕食者放下酒爵，都答拜，都以酒祭，把爵酒喝完，放下爵，都行拜禮。主人總答一拜禮。餕食者中三人站起來，走出室，只有上佐食留下來，但不舀酒回敬主人。主人接過上佐食的空酒爵，在門內舀酒自酢，面向西坐下，放下酒爵，向上佐食行拜禮，上佐食回禮答拜。主人再坐下以酒祭，嘗酒。上佐食親自對主人致祝福之辭說：「主人將承受此祭之福，永享長壽，持守光大家業。」主人站起來，又坐下放下酒爵，對佐食行拜禮，持爵站起；再坐下把爵酒喝完，行拜禮。上佐食答拜回禮。上佐食站起來，走出廟門。主人送至門外，而後退回。

有司徹第十七

【題解】本篇為〈少牢饋食禮〉的下篇，記述上大夫在堂上行儐尸之禮和下大夫不行儐尸之禮。所謂儐尸，是指上大夫在室中事尸，行三獻之禮畢，又於正祭當日，在堂上率賓客、宗族、家臣共同樂尸，以解除尸象神之勞的禮儀。儐，又作「賓」，禮敬之意也。正祭以神事尸，此則以賓客之禮事尸也。本篇取開頭三字為篇題，取名方式與〈既夕禮〉同。

本篇分為兩大部分，第一部分為上大夫儐尸禮儀，為本篇的主體，約分七章：一儐尸前的準備，二主人初獻之禮，三主婦、上賓亞獻三獻之禮，四主人酬尸，五主人獻賓等，六尸舉爵成三獻之禮，七旅酬無算爵。第二部分為下大夫不儐尸的禮儀。

有司徹❶。埽堂❷。司宮攝酒❸，乃燅尸俎❹。卒燅，乃升羊、豕、魚三鼎，無腊與膚。乃設扃鼏，陳鼎于門外，如初。

乃議侑于賓❺，以異姓❻。宗人戒侑❼。侑出，俟于廟門之外。

司宮筵于戶西❽，南面；又筵于西序，東面。尸與侑北面于廟門之外，西上。主人出迎尸，宗人擯❾。主人拜，尸荅拜。主人又拜侑，侑荅拜。主人揖，先入門，右。尸入門，左；侑從，亦左。揖，乃讓。主人先升自阼階，尸、侑升自西階，西楹西，北面東上。主人東楹東，北面拜至❿；尸荅拜。主人又拜侑，侑荅拜。

乃舉，司馬舉羊鼎，司士舉豕鼎、舉魚鼎，以入。陳鼎如初⓫。雍正執一匕以從，雍府執二匕以從，司士合執二俎以從，司士贊者亦合執二俎以從。匕皆加于鼎，東枋。二俎設于羊鼎西，西縮。二俎皆設于二鼎西，亦西縮。雍人合執二俎，陳于羊俎西，並，皆西縮；覆二疏匕⓬于其上，皆縮俎，西枋。

【章　旨】本章為儐尸前的準備，包括撤室內之饋、掃堂、溫尸俎，選擇侑者，迎尸及侑者，陳鼎設俎，共四小節。

【注　釋】❶有司徹　有司撤去饋尸食品器物和祝與佐食之俎。有司，助祭諸執事官，主要指司馬、司士、宰夫等。餼尸的食品器物包括葅醢四豆、五俎、四敦、兩鉶、四瓦豆、酌奠之觶類，皆正祭時陳於室中的祭物。❷埽堂　廣泛掃除堂上堂下，以備儐尸禮之用。埽，汜掃，廣泛清掃之意。❸攝酒　往尊中添加酒並攪動使新之。攝，整也，攪動整頓，此又有添益之義。❹燅尸俎　放尸俎之牲肉於灶上重新加熱。燅，通「燖」。重新加溫使熱。❺議侑于賓　從賓客之賢者中選出侑者。議，猶擇也。侑，侑者，指輔助尸的人。儐尸時尸的身分不再是神的象徵，而相當於主人的貴賓，故須立侑者以勸之輔之，尸之有侑如賓之有介。❻以異姓　侑者用與主人異姓者。因尸與主人同姓，如侑亦同姓，則類似族人私燕，取異姓所以敬尸也。❼戒侑　至被選為侑者位前，告請其為侑者。❽筵于戶西　在堂正靠北之位為尸布設筵席。戶西，指室北門窗之間處，相當堂正中北側。❾擯　擯者，為導引、傳命之官。❿拜至　歡迎尸來而行拜禮。⓫陳鼎如初　陳鼎位置次序與正祭時同。即陳於東階下面向南，以北方為上位，由北往南依序陳羊鼎、豕鼎、魚鼎。⓬疏匕　柄上刻有文飾之匕。

【語　譯】有司撤去室中餼尸食品器物和祝與佐食之俎，廣泛掃除堂上堂下。司宮往尊中添酒並攪動使新，又將尸俎上牲肉放到灶上溫熱。加熱之後，再把羊、豕、魚分別放入三鼎中，不設腊鼎和膚鼎。三鼎都設有抬鼎杠和鼎蓋，陳放在廟門外東方，面向北，以北為上，與初祭之禮同。

於是就從賓客之中選擇賢者作侑者，侑者要從與主人異姓賓客中挑選。宗人至被選定為侑者之位前告知請其為侑。而後侑者出去，在廟門外次舍中等候與尸共入。

司宮在堂正中北側之位為尸鋪設筵席，席朝向南；又在堂上西間牆下為侑者鋪設筵席，席朝向東。尸和侑者在廟門外面向北站立，以西方為上位。主人出門迎接尸，宗人作擯者。主人對尸行拜禮，尸答拜。主人又向侑者行拜禮，侑者答拜。主人拱手為揖，先從右側入門。尸從左側入門，侑者隨尸後，也從左側入門。主人與尸三揖至階前，又三讓。主人先由東階上堂，尸與侑者由西階上堂，站在西楹柱之西，面向北，以東方為上位。主人站在東楹柱之東，面向北，為歡迎尸之到來行拜禮，尸答拜。主人向侑者行拜禮，侑者答拜。

於是就開始抬鼎進廟門，司馬二人抬羊鼎，司士四人抬豕鼎、魚鼎進入。陳鼎位置次序與正祭時同。雍人之長持一匕跟隨其後，雍人之長的助手持二匕隨在後面，司士把二俎合在一起持著，跟在後，司士的助手也把二俎合起來持著，跟在後面。匕都放到鼎上，柄朝向東。二俎設在羊鼎西側，向西陳放。另二俎分設在豕鼎和魚鼎之西，也向西陳放。雍人把二俎合起來持著，陳放在羊俎之西，二俎並列，都向西陳放；把二只柄上刻有文飾的匕倒扣著放在俎上，都順放於俎，匕之柄朝向西。

主人降，受宰几。尸、侑降，主人辭，尸對。宰授几，主人受，二手橫執几，揖尸。主人升，尸、侑升，復位。主人西面，左手執几，縮之；以右袂推拂几❶，三；二手橫執几，進授尸于筵前。尸進，二手受于手間❷，主人退。尸還几❸，縮之；右手執外廉❹，北面奠于筵上，左之，南縮，不坐。主人東楹東，北面拜。尸復位，尸與侑皆北面荅拜。主人降洗，尸、侑降，尸辭洗。主人對，卒洗，揖。主人升，尸、侑升。尸西楹西北面拜洗。主人東楹東北面奠爵，荅拜，降盥。尸、侑降，主人辭，尸對。卒盥，主人揖，升，尸、侑升。主人坐取爵，酌獻尸。尸北面拜，受爵，主人東楹東，北面拜送爵。

主婦自東房薦韭菹、醢，坐奠于筵前；菹在西方。婦贊者執昌菹❺、醢以授主婦。主婦不興，受，陪設于南，昌在東方。興，取籩于房；麷、蕡❻坐設于豆西，當外列❼，麷在東方。婦贊者執白、黑❽以授主婦。主婦不興，受，設于初籩❾之南，白在西方；興，退。

乃升❿。司馬杝羊，亦司馬載。載右體，肩、臂、肫、骼、臑，正脊一、脡脊一、橫脊一、短脅一、正脅一、代脅一，腸一、胃一、祭肺一，載于一俎。羊肉湆⓫：臑折⓬、正脊一、正脅一、腸一、胃一、嚌肺⓭一，載于南俎。司士杝豕，亦司士載。亦右體，肩、臂、肫、骼、臑，正脊一、脡脊一、橫脊一、短脅一、正脅一、代脅一，膚五、嚌肺一，載于一俎。侑俎：羊左肩、左肫、正脊一、脅一、腸一、胃一、切肺一，載于一俎。侑俎：豕左肩折、正脊一、脅一、膚三、切肺一，載于一俎。阼俎⑭：羊肺一、祭肺一，載于一俎。羊肉湆：臂一、脊一、脅一、腸一、胃一、嚌肺一，載于一俎。豕脀⑮：臂一、脊一、脅一、膚三、嚌肺一，載于一俎。主婦俎：羊左臑、脊一、脅一、腸一、胃一、膚一、嚌羊肺一，載于一俎。司士朼魚，亦司士載。尸俎五魚，橫載之；侑、主人皆一魚，亦橫載之；皆加膴祭于其上⑯。

卒升。賓長設羊俎于豆南，賓降。尸升筵自西方，坐，左執爵，右取韭菹，㨎于三豆，祭于豆間。尸取麷、蕡，宰夫贊者取白、黑以授尸。尸受，兼祭于豆祭。

雍人授次賓疏匕與俎。受于鼎西⑰，左手執俎左廉⑱，縮之，卻右手⑲執匕枋，縮于俎上，以東面受于羊鼎之西。司馬在羊鼎之東，二手執桃匕枋以挹湆⑳，注于疏匕㉑，若是者三。尸興，左執爵，右取肺，坐祭之；祭酒，興，左執爵。次賓縮執匕俎以升，若是以授尸。尸卻手受匕枋，坐祭，嚌之；興，覆手以授賓，賓亦覆手以受，縮匕于俎上，以降。尸席末坐啐酒，興，坐奠爵，拜，告旨，執爵以興。主人北面于東楹東荅拜。

司馬羞羊肉湆，縮執俎。尸坐奠爵，興，取肺，坐絕祭㉒，嚌之；興，反加于俎。司馬縮奠俎于羊湆俎南㉓，乃載于羊俎；卒載俎，縮執俎以降。

尸坐執爵以興。次賓羞羊燔㉔，縮執俎，縮一燔于俎上，鹽在右。尸左執爵，受燔，擩于鹽，坐振祭，嚌之；興，加于羊俎。賓縮執俎以降。尸降筵，北面于西楹西，坐卒爵；執爵以興，坐奠爵，拜；執爵以興。主人北面于東楹東荅拜。主人受爵。尸升筵，立于筵末。

主人酌，獻侑。侑西楹西，北面拜受爵。主人在其右，北面荅拜。

主婦薦韭菹、醢，坐奠于筵前，醢在南方。婦贊者執二籩麷、蕡以授主婦，主婦不興受之，奠麷于醢南，蕡在麷東。主婦入于房。

侑升筵自北方，司馬横執羊俎以升，設于豆東。侑坐，左執爵，右取葅，擩于醢，祭于豆閒；又取麷、蕡同祭于豆祭，興，左執爵，右取肺，坐祭之，祭酒，興，左執爵。

次賓羞羊燔，如尸禮。侑降筵自北方，北面于西楹西，坐卒爵，執爵以興，坐奠爵，拜。主人荅拜。

尸受侑爵，降洗。侑降立于西階西，東面。主人降自阼階，辭洗。尸坐奠爵于篚，興對。卒洗，主人升，尸升自西階。主人拜洗。尸北面于西楹西，坐奠爵，荅拜，降盥。主人降，尸辭，主人對。卒盥，主人升，尸升，坐取爵，酌。司宮設席于東序，西面。主人東楹東北面拜受爵，尸西楹西北面荅拜。

主婦薦韭葅、醢，坐奠于筵前，葅在北方。婦贊者執二籩麷、蕡，主婦不興受，設麷于葅西北，蕡在麷西。主人升筵自北方，主婦入于房。

長賓設羊俎于豆西。主人坐，左執爵，祭豆籩，如侑之祭；興，左執爵，右取肺，坐祭之，祭酒，興。

次賓羞匕湆，如尸禮。席末坐啐酒，執爵以興。司馬羞羊肉湆，縮執俎。主人坐，奠爵于左，興，受肺，坐絕祭，嚌之；興，反加于湆俎。司馬縮奠湆俎于羊俎西，乃載之；卒載，縮執虛俎以降。主人坐取爵以興。次賓羞燔，主人受，如尸禮。

主人降筵自北方，北面于阼階上坐卒爵，執爵以興；坐奠爵，拜，執爵以興。尸西楹西荅拜。主人坐奠爵于東序南。侑升，尸、侑皆北面于西楹西。主人北面于東楹東，再拜，崇酒[25]。尸、侑皆荅再拜。主人及尸、侑皆升就筵。

【章旨】本章為主人初獻的禮儀，包括獻尸、獻侑、受酢三大節。主人獻尸有授几、獻爵、主婦薦籩豆、司馬載羊俎、賓長設羊俎、次賓進匕湆、司馬進肉湆、次賓進燔八項內容，共為八小節。獻侑則有獻爵、薦豆籩、設羊俎、設羊燔四項，共四小節。受酢則為主人接受以酒回敬的禮儀，有薦豆籩、設羊俎、進匕湆、肉湆、崇酒諸項。主人初獻與主婦亞獻為儐尸禮的主要項目。

【注　釋】❶推拂几　拂拭小几以去塵。❷二手受于手間　尸用雙手從主人兩手間接受几。主人用雙手持几兩端，尸則用兩手從几中段接過來。❸尸還几　尸旋轉几，使由橫向變縱向。❹外廉　几外邊有棱角處。❺昌菹　用昌蒲根作的醃菜。昌，昌本，即昌蒲根，修治後切成四寸段，用作醃菜。❻麷蕡　麷，用文火煮熟之麥。蕡，枲麻子，此亦指用文火煮熟者。❼當外列　在昌菹、醓二豆外側，而與其並列。外側即西側。❽白黑　用文火煮熟的稻和黍。❾初籩　先設之盛麷、蕡二籩。因其先於盛白、黑二籩而設，故稱初籩。❿升　把鼎中牲體取出放到俎上。⓫羊肉湆　從羊俎上分出一部分帶汁的牲體放到另一俎上，以成加俎，表示隆重尊貴。湆，肉汁，此指肉浸在汁中。俎不能盛肉汁，當是盛在槃類容器中放於俎上。⓬臑折　將羊的右前腿折分下來一段。⓭嚌肺　離肺，交叉劃割而中間連而不斷之肺。⓮阼俎　為主人所設俎。⓯豕脀　豕俎。⓰加膴祭于其上　把切成大塊的魚腹肉放到俎上，以為祭祀之用。膴，切成大塊的肉，此指把魚腹最肥美處切成大塊。⓱鼎西　羊鼎之西。⓲左廉　俎的左邊。⓳卻右手　右手掌翻轉向上。卻，仰，指手心向上。⓴二手執桃匕枋以挹湆　用雙手持握桃匕柄舀取羊鼎中的肉汁。雙手持匕，表示敬其事，不使一手空閒。桃匕，一種長柄勺，比疏匕要小，用作舀湯汁。挹，舀；舀取。㉑注于疏匕　倒入疏匕中。即用桃匕從鼎中舀取肉汁倒入疏匕中。㉒絕祭　古代九祭的第七種，指切下肺尖用以祭祀。㉓奠俎于羊湆俎南　據張爾岐《句讀》，此句語序顛倒，與前後不能貫通，應作「奠湆俎于羊俎南」，是也。㉔羊燔　烤羊肉。㉕崇酒　看重己酒，拜謝尸、侑不嫌酒薄而飲之。為自謙之語。崇，重也。

【語　譯】主人下堂，接受宰送上的几。尸和侑者也陪同下堂，主人辭謝，尸謙詞對答。宰授几，主人接過，用雙手橫著持几，對尸一揖。主人上堂，尸和侑者也上堂，回到各自原位。主人面向西，左手持几，縱向擺放，用右袖頭拂拭小几，反覆拂拭三次，又用雙手橫著持几，進至筵席前獻給尸。尸進前，用雙手從主人兩手之間接過几，主人退回原位。尸旋轉几，使其由橫向變縱向，用右手持几外邊有棱角處，面向北放到席上偏左位置，向南陳放，放几時不須坐下。主人站在東楹柱東側，面向北行拜禮。尸回到原位，尸與侑者都面向北回禮答拜。

主人下堂清洗酒爵，尸和侑者陪同下堂，尸辭謝主人為己洗爵。主人謙詞答對，洗完爵，向尸拱手為禮。主人上堂，尸和侑者也上堂。尸在西楹柱西側面向北拜謝主人為己洗爵。主人在東楹柱之東，面向北放下酒爵答拜，然後下堂洗手。尸和侑者也陪同下堂，主人辭謝，尸謙詞答對。洗手完畢，主人對尸拱手為禮，上堂，尸和侑者也上堂。主人坐下取爵，舀滿酒獻給尸。尸面向北行拜禮，受爵，主人在東楹柱之東，面向北拜送爵。

主婦由東房進獻韭菹和肉醬，坐下將二豆放在尸席前，韭菹放在西側。主婦助手持昌菹和肉醬二豆授給主婦。主婦不站起，接過來附設在韭菹、肉醬之南，昌菹在東側。主婦站起身，去房中取籩，兩籩分盛煮熟的麥和枲麻子，主婦坐下把兩籩擺放在盛昌菹和肉醬二豆之西，在二豆外側而與其並列，盛煮麥之籩在東側。主婦助手持煮熟的稻和黍二籩授給主婦。主婦不站起來，接過擺放在先設之籩南側，盛煮稻籩在西；然後主婦站起身，退回房中。

接著就把鼎中牲體取出放到俎上。司馬用朼把牲體從羊鼎中取出，再由另一司馬將其放到俎上。放到俎上為羊的右半體，有肩、前腿上段、後腿上段、中段、前腿下段，脊骨前段一塊、中段一塊、後段一塊、後肋骨一塊、中肋骨一塊、前肋骨一塊，腸一段、胃一塊、祭肺一塊，都放到同一個俎上。加設之羊肉湆俎有：折分的羊右前腿一段、脊骨中段一塊、中肋骨一塊、腸一段、胃一塊、離肺一塊，都放到南邊俎上。司士用朼把牲體從豕鼎中取出，又由另一司士將其放到俎上。也是放右半體，有肩、前腿上段、後腿上段、中段、前腿下段，脊骨前段一塊、中段一塊、後段一塊、後肋骨一塊、中肋骨一塊、前肋骨一塊，脅間帶皮肉五塊、離肺一塊，放到同一個俎上。為侑者所設羊俎上有：羊左肩、左後腿上段、前脊骨一塊、肋骨一塊、腸一段、胃一塊、切肺一塊，放到同一個俎上。侑者的豕俎有：從豕左肩上折分下來的一塊、前脊骨一塊、肋骨一塊、脅間帶皮肉三塊、切肺一塊，都放到同一個俎上。為主人所設俎有：羊肺一塊、祭肺一塊，放到同一個俎上。羊肉湆俎有：左前腿上段一塊、脊骨一塊、肋骨一塊、腸一段、胃一塊、離肺一塊，都放到同一個俎上。豕俎上有：前腿上段一塊、脊骨一塊、肋骨一塊、脅間帶皮肉三塊、離肺一塊，都載於同一俎上。為主婦所設俎有：羊左前腿下段、脊骨一塊、肋骨一塊、腸一段、胃一塊、脅間帶皮肉一塊、羊之離肺一塊，都載於同一俎上。司士用朼將魚從鼎中取出，另一司士把牠放到俎上。尸俎載魚五尾，橫著擺放；侑者和主人之俎都載魚一尾，也橫著擺放；俎上都加放大塊魚腹肉，以為祭祀之用。

尸之羊俎載放完畢。賓長把羊俎擺放到豆之南，然後賓長下堂。尸從西方走上筵席，坐下，左手持爵，右手取韭菹，在三豆中一一蘸過，然後在豆間進行祭祀。尸從籩中取煮熟的麥和枲麻子，宰夫助手取煮熟的稻和黍授給尸。尸接過來，一併在豆間為祭。

雍人把疏匕和俎授給次賓。次賓在羊鼎西接受，左手持俎的左邊，使俎成縱向，右手手掌向上持握匕柄，再縱向放到俎上，然後轉向東面，在羊鼎西接受司馬的羊肉湆。司馬在羊鼎之東，雙手持桃匕柄從鼎中舀取羊肉汁，再倒入疏匕中，如此三次。尸站起身，左手持爵，右手取羊祭肺，坐下以之為祭；又以酒祭，然後站起身，左手持爵。次賓縱向持匕和俎上堂，就這樣授給尸。

尸仰手接過匕柄，坐下以肉汁祭，品嘗肉汁；再站起身，覆手持匕授給次賓，次賓也覆手接受，把匕縱向放到俎上，持之下堂。尸坐在席末嘗酒，再站起身，又坐下放下酒爵向主人行拜禮，稱讚酒味甘美，又持爵站起。主人在東楹柱東面向北回禮答拜。

司馬獻上羊肉湆俎，縱向持俎以獻。尸坐下放下酒爵，又站起身，取肺，坐下切下肺尖為祭，嘗肺；又站起身，把餘下之肺放回俎上。司馬縱向擺放羊肉湆俎於羊俎之南，於是把羊肉湆俎所盛六物全部放到羊俎上；放置完畢，司馬縱向持空俎下堂。

尸坐下持爵站起身。次賓獻上烤羊肉，縱向持俎，一塊烤羊肉也縱向放在俎上，鹽放在右側。尸左手持爵，右手接過烤羊肉，在鹽上蘸一下，坐下行振祭，然後品嘗；再站起來，把餘下的烤羊肉放到羊俎上。次賓縱向持俎下堂。尸走下席位，在西楹柱西邊面向北，坐下把爵中酒喝完；持爵站起身，又坐下放下爵，向主人行拜禮，然後持爵站起。主人在東楹柱東邊面向北答拜。主人接過空酒爵。尸走上席位，站在席位末端。

主人舀酒獻給侑者。侑者站在西楹柱西，面向北行拜禮受爵。主人在侑者的右側，面向北回禮答拜。

主婦進獻韭菹和肉醬，坐下放到筵席前，肉醬擺在韭菹南面。主婦助手持盛有煮熟麥和枲麻子的二籩授給主婦，主婦不站起身接過來，放麥籩於肉醬南，放枲麻子籩於麥籩之東。放完後主婦進入房中。

侑者從北面走上席位，司馬橫持羊俎上堂，擺放在豆東。侑者坐下，左手持爵，右手取韭菹在肉醬上蘸一下，在豆間用以為祭；又從籩中取熟麥和熟枲麻子一同在豆間祭祀，然後站起身，左手持爵，右手取肺，坐下以肺祭，又以酒祭，祭後站起身，左手持爵。

次賓獻上烤羊肉，如前此向尸進獻的禮儀。侑者從北面走下席位，在西楹柱西邊面向北，坐下把爵酒喝完，持爵站起身，又坐下放下爵，對主人行拜禮。主人答拜。

尸接過侑者空爵，下堂清洗。侑者下堂站在西階之西，面朝向東。主人由東階下堂，辭謝尸為己洗爵。尸坐下，把爵放入篚中，站起身謙詞應答。尸洗爵完畢，主人上堂，尸由西階上堂。主人拜謝尸為己洗爵。尸在西楹柱西邊面向北，坐下放下酒爵，而後回禮答拜，下堂洗手。主人陪同下堂，尸辭謝，主人謙詞應對。洗手完畢，主人上堂，尸上堂，坐下取爵，舀滿酒。司宮為主人在東間牆下布席，面向西。主人在東楹柱東邊面向北行拜禮受爵，尸在西楹柱西邊面向北答拜回禮。

主婦向主人進獻韭菹和肉醬，坐下擺放在筵席前，韭菹放在肉醬之北。主婦助手持盛熟麥和熟枲麻子二籩，主婦不站起身接過來，擺放麥籩於韭菹西北，枲麻子籩在麥籩西。主人從北面走上席位，主婦進入房中。

長賓把主人之俎擺放在豆之西。主人坐下，左手持爵，右手取豆籩的祭物為祭，其儀節與侑者之祭同；祭完站起身，左手持爵，右手取肺，坐下以肺祭，又以酒祭，而後站起身。

次賓向主人進獻盛在疏匕中的羊肉汁，與獻尸之禮儀同。主人在席末坐下嘗酒，嘗畢持爵站起身。

司馬向主人進獻羊肉湇俎，縱向持俎。主人坐下，把酒爵放在左側，再站起身，接過羊肉湇俎上的離肺，坐下截取肺尖為祭，並嘗肺；然後站起身，把餘肺放回到羊肉湇俎上。司馬縱向擺放羊肉湆俎於羊俎之西，於是就把羊肉湆俎上六種祭品全部放到羊俎上；載放完畢，司馬縱向持空俎下降。主人坐下取爵站起。次賓獻上烤羊肉，主人接過來，其禮儀與獻尸之禮同。

主人由北面走下席位，在東階上方面向北坐下，把爵中酒喝完，持爵站起身；又坐下放下酒爵，對尸行拜禮，而後持爵站立。尸在西楹柱西邊回禮答拜。主人坐下，放酒爵於東間牆南端。侑者上堂，尸和侑者都面向北站在西楹柱之西。主人面向北站在東楹柱之東，為崇重己酒，行再拜禮。尸和侑者也都行再拜禮答拜。主人和尸、侑者都走上席位就坐。

司宮取爵于篚，以授婦贊者于房東，以授主婦。主婦洗于房中，出實爵，尊南西面拜獻尸。尸拜于筵上受。主婦西面于主人之席北拜送爵；入于房，取一羊鉶，坐奠于韭菹西。主婦贊者執豕鉶以從，主婦不興受，設于羊鉶之西；興，入于房，取糗與腶脩❶，執以出，坐設之。糗在蕡西，脩在白西；興，立于主人席北，西面。尸坐，左執爵，祭糗、脩，同祭于豆祭；以羊鉶之柶挹羊鉶，遂以挹豕鉶，祭于豆祭，祭酒。次賓羞豕匕湆，如羊匕湆之禮。尸坐啐酒，左執爵，嘗上鉶，執爵以興；坐奠爵，拜，主婦荅拜。執爵以興。司士羞豕脀。尸坐奠爵，興受，如羊肉湆之禮；坐取爵，興。次賓羞豕燔。尸左執爵，受燔，如羊燔之禮；坐卒爵，拜。

主婦荅拜，受爵，酌，獻侑。侑拜受爵，主婦主人之北西面荅拜。主婦羞糗、脩，坐奠糗于麷南，脩在蕡南。侑坐，左執爵，取糗、脩，兼祭于豆祭。司士縮執豕脀以升。侑興，取肺，坐祭之。司士縮奠豕脀于羊俎之東，載于羊俎，卒，乃縮執俎以降。侑興。次賓羞豕燔，侑受如尸禮，坐卒爵，拜。

主婦荅拜，受爵，酌以致于主人。主人筵上拜受爵，主婦北面于阼階上荅拜。主婦設二鉶與糗、脩，如尸禮。主人其祭糗、脩，祭鉶，祭酒，受豕匕湆，拜❷啐酒，皆如尸禮，嘗鉶不拜。其受豕脀，受豕燔，亦如尸禮，坐卒爵，拜。主婦北面荅拜，受爵。

尸降筵，受主婦爵以降。主人降，侑降。主婦入于房。主人立于洗東北，西面。侑東面于西階西南。尸易爵于篚，盥洗爵。主人揖尸、侑。

主人升。尸升自西階，侑從。主人北面立于東楹東，侑西楹西北面立。尸酢。主婦出于房，西面拜受爵。尸北面于侑東荅拜。主婦入于房。司宮設席于房中，南面。主婦立于西席。婦贊者薦韭菹、醢，坐奠于筵前，菹在西方。婦人贊者❸執麷、蕡以授婦贊者，婦贊者不興受，設麷于菹西，蕡在麷南。主婦升筵。司馬設羊俎于豆南。主婦坐，左執爵，右取菹㨎于醢，祭于豆間；又取麷、蕡，兼祭于豆祭。主婦奠爵，興，取肺，坐絕祭，嚌之；興，加于俎，坐挩手，祭酒，啐酒。次賓羞羊燔。主婦興，受燔，如主人之禮。主婦執爵以出于房，西面于主人席北立卒爵，執爵拜❹。尸西楹西北面荅拜。主婦入，立于房。尸、主人及侑皆就筵。

上賓❺洗爵以升，酌，獻尸。尸拜受爵。賓西楹西北面拜送爵。尸奠爵于薦左❻。賓降。

【章旨】本章為主婦亞獻和賓長三獻之禮，包括主婦向尸獻酒，主婦向侑者獻酒，主婦致爵於主人，尸以酒回敬主婦，以及賓長三獻尸的禮儀。與上章一併構成三獻之禮，為儐尸禮的主要內容。

【注　釋】❶糗與腶脩　炒熟的米麥和搗碎後加薑桂製成的乾肉脯。糗，炒熟的米麥，或搗製成粉，或不搗製，用以充作乾糧。❷拜　此字為衍文，可刪。❸婦人贊者　宗婦中的年少者充作主婦助手。❹執爵拜　女子卒爵後行拜禮，不放酒爵。此與男子不同，男子卒爵後皆放下爵拜。❺上賓　賓中地位最尊者，亦稱長賓、賓長。較其地位稍低者稱次賓，亦稱賓長，但不可稱上賓或長賓。❻薦左　盛肉醬豆之東。

【語　譯】司宮從篚中取酒爵，在房門外東側交給主婦的助手，主婦助手又把它交給主婦。主婦在房中清洗酒爵，再出門舀滿酒，在酒尊之南面向西行拜禮，以酒獻尸。尸在席上行拜禮受爵。主婦面朝向西，於主人席之北拜送爵；又入房中，取一盛羊肉羹之鉶，坐下擺放在韭菹之西。主婦助手持盛豬肉羹鉶跟隨在後，主婦不站起身便接過豬肉羹鉶，擺放在羊肉羹鉶之西；再站起身，進入房中，取炒熟的米麥和搗碎加薑桂製成的肉脯，持之走出，坐下擺放在尸席前。炒熟的米麥放在熟臬穈子之西，加薑桂的乾肉脯放在熟稻米之西；再站起身，站立在主人席位以北，面朝向西。尸坐下，左手持爵，以炒熟米麥和加薑桂的乾肉脯為祭，一同祭於豆間；又用放在羊鉶上的勺舀取羊鉶中的羊肉羹，接著用這把勺舀取豕鉶中的豬肉羹，一併祭於豆間，又以酒祭。次賓獻上用匕盛著的豕肉汁，與進獻用匕盛著的羊肉汁儀節相同。尸坐下嘗酒，左手持爵，右手取放在上首的羊肉汁品嘗，再持爵站起身，又坐下放下酒爵，對主婦行拜禮，主婦回拜答禮。尸持爵站起身。司士獻上豕俎。尸坐下放下酒爵，站起來接受，與接受羊肉湆俎禮儀一樣；再坐下取爵，站起來。次賓獻上烤豬肉。尸左手持爵，右手接過烤豬肉，與接受烤羊肉之禮儀同；然後坐下把爵酒喝完，對主婦行拜禮。

主婦回禮答拜，接過空爵，舀滿酒，進獻給侑者。侑者行拜禮受爵，主婦在主人之北，面向西答拜。主婦獻上炒熟的米麥和加薑桂的乾肉脯，坐下將炒熟的米麥放在熟麥籩之南，加薑桂的乾肉脯放在熟枲麻子籩之南。侑者坐下，左手持爵，取炒熟的米麥和加薑桂的乾肉脯，一併祭於豆間。司士縱向持豕俎上堂。侑者站起身取胏，坐下以之為祭。司士縱向擺放豕俎在羊俎之東，將豕俎所盛之物全部放到羊俎上。放置完畢，就縱向持空俎下堂。侑者站起身。次賓獻上烤豬肉，侑者接受與獻尸之禮儀同，然後坐下把爵酒喝完，對主婦行拜禮。

主婦回禮答拜，接過空爵，舀滿酒致送給主人。主人在席位上行拜禮受爵，主婦面向北在東階上方答拜。主婦擺設盛羊肉羹和豬肉羹二鉶和盛炒米麥、加薑桂的乾肉脯二籩，其禮儀與獻尸同。主人以炒米麥和加薑桂乾肉脯祭，又以鉶中之羹祭，再以酒祭，接受盛於匕中的豕肉汁，嘗酒，都與獻尸之禮同，只是嘗鉶中羹後不行拜禮。主人接受豕俎，接受烤豬肉，也和獻尸之禮同，先坐下把爵酒喝完，對主婦行拜禮。主婦面向北答拜，接過空爵。

尸走下席位，接過主婦之爵下堂。主人陪同下堂，侑者也下堂。主婦進入房中。主人站在洗的東北，面向西。侑者站在西階西南，面向東。尸於篚中另換一爵，洗手後洗爵。主人對尸和侑者拱手為禮。主人上堂。尸由西階上堂，侑者跟隨其後。主人面向北站在東楹柱之東，侑者面向北站在西楹柱西。尸舀酒至爵中。主婦從房中出來，面向西對尸行拜禮，受爵。尸面向北，在侑者之東答拜。主婦進入房中。司宮在房中布席，朝向南。主婦站在西席面向南。主婦助手獻上韭菹和肉醬，坐下擺設在筵席前，韭菹在肉醬西側。宗婦中年少者持熟麥和熟枲麻子籩授給主婦助手，主婦助手不站起身接過來，把熟麥籩擺放在韭菹之西，熟枲麻子籩擺在熟麥籩之南。主婦走上席位。司馬把羊俎設在豆之南。主婦就坐，左手持爵，右手取韭菹蘸上肉醬，祭於豆間；又取熟麥和熟枲麻子，一併祭於豆間。主婦放下爵，站起身取肺，坐下截下肺尖以祭，嘗肺；再站起來，把餘肺放到俎上，坐下以巾拭手，以酒祭，嘗酒。次賓獻上烤羊肉。主婦站起身，接受烤羊肉，與次賓獻主人之禮儀同。主婦持爵出房，在主人席之北面向西站立，把爵中酒喝完，持爵對尸行拜禮。尸在西楹柱之西，面向北答拜。主婦入房站立。尸、主人和侑者都到席上就位。

上賓清洗酒爵持之上堂，舀滿酒，進獻給尸。尸行拜禮受爵。上賓在西楹柱之西面向北拜送爵。尸放酒爵於盛肉醬豆東側。上賓下堂。

主人降，洗觶。尸、侑降。主人奠爵❶于篚，辭。尸對。卒洗，揖。尸升，侑不升。主人實觶酬尸，東楹東北面坐奠爵，拜。尸西楹西北面荅拜。坐祭，遂飲，卒爵，拜。尸荅拜。降洗，尸降辭。主人奠爵于篚，對，卒洗。主人升，尸升。主人實觶，尸拜受爵。主人反位荅拜。尸北面坐奠爵于薦左。

尸、侑、主人皆升筵。乃羞，宰夫羞房中之羞❷于尸、侑、主人、主婦，皆右之；司士羞庶羞❸于尸、侑、主人、主婦，皆左之。

【章旨】本章記述主人酬尸，宰夫、司士向尸、侑者、主人、主婦進獻肉類和穀物食品。

【注釋】❶爵　既是飲酒器的一種，也作飲酒器的通稱，此作通稱，具體指觶。❷房中之羞　用籩豆盛裝的穀類食品，由婦人製作，又稱內羞。❸庶羞　由羊、豕製作的美味食品。

【語譯】主人下堂，清洗酒觶。尸和侑者也陪同下堂。主人把酒觶放到篚中，表示辭謝。尸謙詞對答。洗觶完畢，主人對尸拱手為禮上堂，尸亦上堂，侑者不上堂。主人將觶舀滿酒，向尸勸飲，在東楹柱之東，面向北坐下，放下酒觶行拜禮。尸在西楹柱之西，面向北答拜。主人坐下以酒祭，接著飲酒，把觶中酒喝完，對尸行拜禮。尸回禮答拜。主人下堂洗觶，尸下堂辭謝。主人放觶於篚中謙詞對答，並將觶清洗完畢。主人上堂，尸也上堂。主人將觶舀滿酒，尸行拜禮受觶。主人回到原位回禮答拜。尸面向北坐下，放觶於盛肉醬豆的左側。

尸、侑者、主人都到席上就位。於是開始進獻食品，宰夫給尸、侑者、主人、主婦獻上各種穀物食品，都擺放在尸席前右側；司士給尸、侑者、主人、主婦獻上各種用羊與豕製作的肉類食品，都擺放在尸席前左側。

主人降，南面拜眾賓于門東，三拜。眾賓門東北面，皆答壹拜。主人洗爵，長賓辭。主人奠爵于篚，興對，卒洗，升酌，獻賓于西階上。

長賓升，拜受爵；主人在其右，北面荅拜。宰夫自東房薦脯、醢，醢在西。司士設俎于豆北，羊骼一、腸一、胃一、切肺一、膚一。賓坐，左執爵，右取脯擩于醢，祭之；執爵興，取肺，坐祭之；祭酒，遂飲，卒爵，執爵以興；坐奠爵，拜，執爵以興。主人荅拜，受爵。賓坐取祭以降❶，西面坐委于西階西南。宰夫執薦以從，設于祭東。司士執俎以從，設于薦東。

眾賓長升❷，拜受爵，主人荅拜。坐祭，立飲，卒爵，不拜既爵。宰夫贊主人酌，若是以辯❸。辯受爵，其薦脯、醢與脀，設于其位。其位繼上賓而南，皆東面。其脀體❹，儀❺也。

乃升長賓。主人酌，酢于長賓；西階上北面，賓在左。主人坐奠爵，拜，執爵以興；賓荅拜。坐祭，遂飲，卒爵，執爵以興；坐奠爵，拜；賓荅拜。賓降。

宰夫洗觶以升。主人受酌，降酬長賓于西階南，北面，賓在左。主人坐奠爵，拜，賓荅拜。坐祭，遂飲，卒爵，拜，賓荅拜。主人洗，賓辭。主人坐奠爵于篚，對，卒洗，升酌，降復位。賓拜受爵，主人拜送爵。賓西面坐，奠爵于薦左。

主人洗，升酌，獻兄弟于阼階上。兄弟之長升，拜受爵。主人在其右荅拜。坐祭，立飲，不拜既爵。皆若是以辯。辯受爵，其位在洗東，西面北上。升受爵，其薦脀設于其位。其先生之脀❻，折脅一、膚一。其眾❼，儀也。

主人洗，獻內賓❽于房中。南面拜受爵，主人南面于其右荅拜。坐祭，立飲，不拜既爵。若是以辯，亦有薦脀。

主人降洗，升，獻私人❾于阼階上。拜于下，升受，主人荅其長拜。乃降，坐祭，立飲，不拜既爵。若是以辯。宰夫贊主人酌。主人於其群私人不荅拜。其位繼兄弟之南，亦北上，亦有薦脀。主人就筵。

【章　旨】本章記述主人向外賓內賓等獻酒及酬賓諸事，包括主人獻長賓，主人獻眾賓，主人自酢於長賓，主人酬長賓，主人獻兄弟，主人獻內賓，主人獻私人，共七節，皆所謂均神惠之事。

【注　釋】❶取祭以降　取已祭的乾肉和胏下堂回到西階西南之位。祭，指賓所取祭的乾肉和胏。❷眾賓長升　眾賓按年齡長幼順序依次上堂。❸辯　通「遍」。❹脀體　放到俎上的牲體。言體，指不折分開的帶肉體骨，其禮較用折體之兄弟為隆。❺儀　度，選擇之意。尊貴的體骨前面已用盡，此為眾賓設俎，則從餘骨中選取可用者而陳載之。❻先生之脀　放到兄弟中最年長者俎上的牲體。先生，兄弟中之最年長者。❼眾　眾兄弟。指最年長者之外的眾兄弟。❽內賓　女賓，指姑姊妹及宗婦。❾私人　家臣。

【語　譯】主人下堂，在門之東，面向南對眾賓行拜禮，三次。眾賓在門東，面向北，都回答一拜。主人清洗酒爵，長賓辭謝。主人放爵於篚中，站起身謙詞對答，接著把爵洗完，上堂舀滿酒，在西階上方獻給長賓。長賓上堂，行拜禮受爵；主人站在他的右側，面向北答拜。宰夫由東房獻上乾肉和肉醬，肉醬擺在乾肉之西。司士為長賓設俎於豆之北，俎上有羊左後腿骨一塊、腸一段、胃一塊、切胏一塊、脅間帶皮肉一塊。長賓坐下，左手執爵，右手取乾肉在肉醬上蘸一下，用以祭祀；又執爵站起，取胏，坐下以胏祭；又以酒祭，祭完把爵酒喝完，持爵站起身；再坐下放下酒爵，對主人行拜禮，持爵站起身。主人答拜，接過空爵。長賓坐下取已祭過的乾肉和胏下堂，面向西坐下，將乾肉和胏放在西階西南。宰夫持籩、豆跟在後面，將籩、豆擺在祭物之東。司士持俎跟在後面，將其擺在籩、豆之東。

眾賓按年齡長幼順序依次上堂，對主人行拜禮接受酒爵，主人答拜。眾賓坐下以酒祭，站起來飲酒，把爵酒喝完，不為喝完酒行拜禮。宰夫輔助主人舀酒獻眾賓，就這樣遍及每一個人。眾賓普遍接受獻酒後，就為他們獻上乾肉、肉醬和載有牲體的俎，擺放在他們的席位前。他們的席位接續上賓之席往南排列，都朝向東。他們俎上的牲體，也是從餘下牲體中選擇出來的。

接著就請長賓上堂。主人舀酒，自酢以達長賓意；主人在西階上方，面向北站立，長賓在其左側。主人坐下放下酒爵，向長賓行拜禮，持爵站起身；長賓還禮答拜。主人坐下以酒祭，接著飲酒，把爵酒飲完，持爵站起；而後又坐下放下爵，對長賓行拜禮；長賓還禮答拜。長賓下堂。

宰夫洗酒觶，持之上堂。主人受觶舀滿酒，下堂至西階南，面向北對長賓勸飲，長賓站在主人左側。主人坐下放下酒觶，對長賓行拜禮，長賓答拜。主人坐下以酒祭，接著飲酒，把觶中酒喝完，對長賓行拜禮，長賓還禮答拜。主人為長賓洗觶，長賓辭謝。主人坐下放觶於篚中，謙詞對答，接著把觶清洗完畢，上堂舀滿酒，再下堂回到原位。長賓對主人行拜禮受觶，主人拜送觶。長賓面向西坐下，將觶放在籩、豆之左。

主人洗酒爵，上堂舀滿酒，在東階上方獻給兄弟。兄弟中之最年長者上堂，向主人行拜禮受爵。主人在他的右側還禮答拜。兄弟中之最年長者坐下以酒祭，站起來飲酒，飲完酒不行拜禮。其餘眾兄弟都是如此，遍及每一個人。眾兄弟一一受爵，他們的位置在洗之東，面向西，以北方為上位。眾兄弟依次上堂受爵，獻給他們的盛有乾肉、肉醬的籩、豆和載有牲體的俎擺設在其席位前。放到兄弟中最年長者俎上的牲體有：折分開的肋骨一塊、脅間帶皮肉一塊。其餘眾兄弟俎上的牲體，也是由餘骨中選取出來的。

主人洗爵酌酒，於房中獻給內賓。內賓面向南對主人行拜禮受爵，主人面向南在其右側答拜。內賓坐下以酒祭，站起來飲酒，飲完酒不行拜禮。就這樣遍及每一位內賓，內賓席前也都設有籩、豆和俎。

主人下堂洗爵，上堂酌酒，在東階上方獻給家臣。家臣在堂下行拜禮，上堂受爵，主人向家臣之長答拜還禮。家臣受爵下堂，坐下以酒祭，站起來飲酒，飲完酒不行拜禮。就這樣遍及每一位家臣。宰夫輔助主人酌酒。主人對其眾家臣不再答拜還禮。眾家臣的席位接續眾兄弟往南排列，也以北方為上位，他們的席前也設有籩、豆和俎。禮畢主人就席。

尸作三獻之爵❶。司士羞湆魚❷，縮執俎以升。尸取膴祭❸祭之，祭酒，卒爵。司士縮奠俎于羊俎南，橫載于羊俎，卒，乃縮執俎以降。尸奠爵拜。三獻北面荅拜，受爵，酌獻侑。侑拜受，三獻北面荅拜。司馬羞湆魚一，如尸禮。卒爵拜，三獻荅拜，受爵，酌致主人。主人拜受爵，三獻東楹東北面荅拜。司士羞一湆魚，如尸禮。卒爵拜，三獻荅拜，受爵。尸降筵，受三獻爵，酌以酢之。三獻西楹西北面拜受爵，尸在其右以授之。尸升筵，南面荅拜。坐祭，遂飲，卒爵拜，尸荅拜。執爵以降，實于篚。

二人④洗觶，升實爵，西楹西北面東上，坐奠爵，拜，執爵以興；尸、侑荅拜。坐祭，遂飲，卒爵，執爵以興，坐奠爵，拜；尸、侑荅拜。皆降洗，升酌，反位。尸、侑皆拜受爵，舉觶者皆拜送。侑奠觶于右。尸遂執觶以興，北面于阼階上酬主人，主人在右。坐奠爵，拜，主人荅拜。不祭⑤，立飲，卒爵，不拜既爵；酬⑥，就于阼階上酬主人。主人拜受爵，尸拜送。尸就筵，主人以酬侑于西楹西，侑在左。坐奠爵，拜，執爵興，侑荅拜。不祭，立飲，卒爵，不拜既爵；酌，復位。侑拜受，主人拜送。主人復筵，乃升長賓。侑酬之，如主人之禮。至于眾賓，遂及兄弟，亦如之，皆飲于上。遂及私人，拜受者升受⑦，下飲，卒爵，升酌，以之其位，相酬辯。卒飲者實爵于篚。乃羞庶羞于賓、兄弟、內賓及私人。

兄弟之後生者舉觶于其長，洗，升酌，降，北面立于阼階南，長在左。坐奠爵，拜，執爵以興，長荅拜。坐祭，遂飲，卒爵，執爵以興；坐奠爵，拜，執爵以興，長荅拜。洗，升酌，降。長拜受于其位，舉爵者東面荅拜。爵止。

賓長❽獻于尸，如初❾；無湆，爵不止❿。

賓一人⓫舉爵于尸，如初⓬，亦遂之於下⓭。

賓及兄弟交錯其酬，皆遂及私人，爵無筭。

尸出，侑從。主人送于廟門之外，拜，尸不顧⓮；拜侑與長賓亦如之。眾賓從⓯。司士歸尸、侑之俎。主人退，有司徹。

【章旨】本章記述上賓三獻之禮和旅酬至無算爵事。共分二段，前段包括尸舉上賓前獻之爵祭飲，上賓獻侑者，上賓獻主人，尸回敬上賓。後段包括二人舉觶以行旅酬，兄弟中之年幼者向年長者勸酒，眾賓之長向尸獻加爵，次賓舉爵於尸再行旅酬，眾賓與眾兄弟交互勸酒不計爵數，以完成儐尸之禮。

【注釋】❶尸作三獻之爵　尸舉起上賓所獻之爵。三獻，即指上賓。因由上賓完成三獻之禮，以事命名，稱其為三獻。此爵為前面主人、主婦獻尸後，上賓三獻尸，尸奠於籩、豆之左而未舉之爵，待助祭者遍得獻方舉也。❷湆魚　帶湯汁的魚。❸膴祭　放在俎上待祭的大塊肥美的魚腹肉。❹二人　兩名助祭者。二人舉觶以為旅酬之始。❺不祭　不以酒祭即飲酒，因禮儀有所簡略也。❻酬　據文義「酬」應作「酌」，張爾岐《句讀》、胡培翬《正義》皆作「酌」，可從。❼拜受者升受　家臣之長先拜於堂下，然後上堂受兄弟爵。❽賓長　眾賓之長，其身分地位低於上賓。❾如初　其儀節與上賓獻尸大同，但稍簡略。❿爵不止　尸受爵即舉，不奠爵。前上賓獻尸，尸奠爵不舉，待遍獻之後乃舉，是止爵也。與此小有別。⓫賓一人　眾賓中年歲次於賓長的一個人。⓬如初　其儀節與旅酬之始二位助祭者所行相同。⓭遂之於下　遂及於眾賓、兄弟、家臣。之，及；至。此為第二輪旅酬開始，也同第一輪二人舉觶旅酬開始一樣，先由尸酬主人，主人酬侑者，侑者酬長賓，遂及於眾賓、兄弟、家臣。⓮不顧　不再回頭看望。⓯眾賓從　眾賓隨長賓出門，主人不拜送，位下禮簡也。

【語　譯】尸舉起上賓所獻之爵。司士獻上帶汁的魚，縱向持魚俎上堂以獻。尸取俎上大塊魚腹肉祭祀，又以酒祭，然後把爵酒喝完。司士把魚俎縱向擺放在羊俎之南，再把魚橫向放到羊俎上，放置完畢，就縱向持空俎下堂。尸放下酒爵向上賓行拜禮。上賓面向北答拜，接過空爵，舀滿酒獻給侑者。侑者行拜禮受爵，上賓面向北答拜。司馬為侑者獻上帶汁魚一條，其儀節與司士獻尸同。侑者把爵酒喝完行拜禮，上賓還禮答拜，接過空爵，舀滿酒送給主人。主人行拜禮受爵，上賓在東楹柱東，面向北答拜還禮。司士獻上一條帶汁魚，其儀節與獻尸同。主人把爵酒喝完行拜禮，上賓還禮答拜，接過空爵。尸走下席位，接過上賓手中之爵，舀滿酒回敬上賓。上賓在西楹柱西，面向北行拜禮受爵，尸站在他的右側把爵授給他。尸走上席位，面向南回拜上賓。上賓坐下以酒祭，接著飲酒，把爵酒喝完行拜禮，尸回拜。上賓持空爵下堂，將爵放入篚中。

二助祭者為尸和侑者各洗一觶，上堂舀滿酒，至西楹柱西，面向北站立，以東方為上位，再坐下放下酒觶，向尸和侑者行拜禮，持爵站起身；尸和侑者答拜還禮。二助祭者坐下以酒祭，接著飲酒，把觶酒喝完，持觶站起身，又坐下放下酒觶，對尸和侑者行拜禮；尸和侑者還禮答拜。二助祭者都下堂洗觶，上堂舀滿酒，返回西楹柱西北面原位。尸和侑者都行拜禮受觶，兩位舉觶者都行拜禮送觶。侑者放觶於席前右側，不與尸觶並舉。尸遂持觶站起身，面向北於東階上方對主人勸酒，主人在尸的右側。尸坐下放下酒觶，對主人行拜禮，主人答拜回禮。尸不以酒祭，站起來飲酒，把觶中酒喝完，不為喝完酒行拜禮；又於觶中舀上酒，就在東階上方向主人勸酒。主人行拜禮受觶，尸行拜禮送觶。尸入席就坐，主人在西楹柱西對侑者勸酒，侑者在主人左側。主人坐下放下酒觶，向侑者行拜禮，又持爵站起，侑者回禮答拜。主人不以酒祭，站起身飲酒，把觶酒喝完，不為喝完酒行拜禮；又把觶中舀滿酒，然後返回西楹柱西原位。侑者向主人行拜禮受觶，主人拜送。主人回到堂上東間牆下面向西的席位，接著就請長賓上堂。侑者向長賓勸酒，其禮儀與向主人勸酒相同。接著向眾賓勸酒，遂及於眾兄弟，禮儀也是如此，都是在堂上飲酒。接著及於家臣，家臣之長先拜於堂下，然後上堂受兄弟觶，下堂飲酒，把觶酒喝完，上堂舀滿酒，站到勸酒者的位置上，與家臣相互勸飲，遍及每一個人。最後一位飲酒者喝完酒把觶放入篚中。於是為賓客、兄弟、內賓和家臣獻上多種佐酒食品。

兄弟中之最年幼者對其年長者舉起酒觶，再下堂洗觶，上堂舀滿酒，下堂，面向北站在東階之南，年長者在年幼者左側。年幼者坐下放下酒觶，對年長者行拜禮，再持觶站起身，年長者答拜還禮。年幼者坐下以酒祭，接著飲酒，把觶酒喝完，持觶站起；再坐下放下酒觶，向年長者行拜禮，又持觶站起，年長者回禮答拜。年幼者下堂洗觶，上堂舀滿酒，而後下堂。年長者在其席位上行拜禮受觶，年幼者面向東答拜還禮。年長者放下酒爵。

眾賓之長向尸獻酒，其儀節與上賓獻尸大致相同；不獻帶汁之魚，尸受爵即舉不奠爵。

眾賓中年歲次於賓長之人對尸舉爵，其儀節與旅酬之始二助祭所行相同，接著也依次勸酒遍及眾賓、兄弟和家臣。

賓客及兄弟相互勸酒，都及於家臣，勸飲不計爵數，盡興而止。

尸出廟門，侑者隨其後。主人送至廟門外，對尸行拜禮，至尸走遠不再看望時才回去；主人拜送侑者和長賓也是如此。眾賓隨長賓離去，主人不拜送。司士把尸和侑者之俎送到各自家中。主人退歸寢宮，有司們撤去堂上堂下的籩豆和俎等。

若不賓尸❶，則祝侑亦如之❷。尸食❸，乃盛俎：臑、臂、肫、脡脊、橫脊、短脅、代脅，皆牢❹；魚七❺；腊辯❻，無髀。卒盛，乃舉牢肩❼。尸受，振祭，嚌之。佐食受，加于肵。

佐食取一俎于堂下以入，奠于羊俎東❽。乃摭于魚腊、俎❾，俎釋三个❿。其餘皆取之，實于一俎以出。祝、主人⓫之魚、腊取于是。尸不飯，告飽。主人拜侑，不言。尸又三飯⓬。佐食受牢舉⓭，如儐。

主人洗，酌，酳尸，賓羞肝⑭，皆如儐禮。卒爵，主人拜，祝受尸爵，尸荅拜。祝酌授尸，尸以醋主人，亦如儐。其綏祭，其嘏，亦如儐。其獻祝與二佐食，其位，其薦脀，皆如儐。

主婦其洗獻于尸，亦如儐。主婦反取籩于房中，執棗、糗，坐設之，棗在稷南，糗在棗南。婦贊者執栗、脯，主婦不興受，設之，栗在糗東，脯在棗東。主婦興，反位。尸左執爵，取棗、糗。祝取栗、脯以授尸。尸兼祭于豆祭，祭酒，啐酒。次賓羞牢燔⑮，用俎，鹽在右。尸兼取燔擩于鹽，振祭，嚌之。祝受，加于肵。卒爵。主婦拜。祝受尸爵，尸荅拜。祝易爵洗，酌，授尸，尸以醋主婦，主婦主人之北拜受爵，尸荅拜。主婦反位，又拜。上佐食綏祭，如儐。卒爵拜，尸荅拜。主婦獻祝，其酌如儐。拜，坐受爵。主婦主人之北荅拜。宰夫薦棗、糗，坐設棗于菹西，糗在棗南。祝左執爵，取棗、糗，祭于豆祭，祭酒，啐酒。次賓羞燔，如尸禮。卒爵。主婦受爵，酌獻二佐食，亦如儐。主婦受爵，以入于房。

賓長洗爵，獻于尸。尸拜受，賓戶西北面荅拜。爵止⑯。主婦洗于房中，酌，致于主人。主人拜受，主婦戶西北面拜送爵。司宮設席。主婦薦韭菹、醢，坐設于席前，菹在北方。婦贊者執棗、糗以從，主婦不興受，設棗于菹北，糗在棗西。佐食設俎，臂、脊、脅、肺皆牢，膚三、魚一、腊臂。主人左執爵，右取菹㨎于醢，祭于豆閒；遂祭籩，奠爵，興，取牢肺，坐絕祭，嚌之；興，加于俎，坐挩手，祭酒，執爵以興，坐卒爵，拜。主婦荅拜，受爵，酌以醋，戶內北面拜，主人荅拜。卒爵，拜，主人荅拜。主婦以爵入于房。尸作止爵，祭酒，卒爵。賓拜。祝受爵，尸荅拜。祝酌，授尸。賓拜受爵，尸拜送。坐祭，遂飲，卒爵拜，尸荅拜。獻祝及二佐食。洗，致爵于主人。主人席上拜受爵，賓北面荅拜。坐祭，遂飲，卒爵，拜。賓荅拜，受爵，酌，致爵于主婦。主婦北堂⑰；司宮設席，東面。主婦席北東面拜受爵，賓西面荅拜。婦贊者薦韭菹、醢，菹在南方。婦人贊者執棗、糗，授婦贊者；婦贊者不興受，設棗于菹南，糗在棗東。佐食設俎于豆東，羊臑，豕折，羊脊、脅，祭肺一⑱，膚一，魚一，腊臑。主婦升筵，坐，左執爵，右取菹，擩于醢，祭之；祭籩，奠爵，興，取肺，坐絕祭，嚌之；興，加于俎，坐挩手；祭酒執爵興，筵北東面立卒爵，拜。賓荅拜。賓受爵，易爵于篚，洗，酌，醋于主人，戶西北面拜，主人荅拜。卒爵，拜，主人荅拜。賓以爵降，奠于篚。乃羞。宰夫羞房中之羞⑲，司士羞庶羞于尸、祝、主人、主婦，內羞在右，庶羞在左。

主人降，拜眾賓；洗，獻眾賓。其薦脀，其位，其酬醋，皆如儐禮。主人洗，獻兄弟與內賓與私人，皆如儐禮。其位，其薦脀，皆如儐禮。卒，乃羞于賓、兄弟、內賓及私人，辯。

賓長獻于尸，尸醋。獻祝，致醋⑳。賓以爵降，實于篚。賓兄弟交錯其酬，無筭爵。

利洗爵，獻于尸。尸酢。獻祝，祝受，祭酒，啐酒，奠之。

主人出，立于阼階上，西面。祝出，立于西階上，東面。祝告于主人曰：「利成。」祝入，主人降，立于阼階東，西面。尸謖，祝前，尸從，遂出于廟門。祝反，復位于室中。祝命佐食徹尸俎。佐食乃出尸俎于廟門外，有司受，歸之。徹阼薦俎。

乃餕，如儐。

卒餕，有司官徹饋㉑，饌于室中西北隅，南面，如饋之設，右几，厞用席㉒。納一尊于室中。司宮埽祭㉓。主人出，立于阼階上，西面。祝執其俎以出，立于西階上，東面。司宮闔牖戶。祝告利成，乃執俎以出于廟門外，有司受，歸之。眾賓出。主人拜送于廟門外㉔，乃反。婦人乃徹㉕，徹室中之饌。

【章旨】以上為本篇的第二部分，記述下大夫不儐尸諸事，比上大夫儐尸之禮則有所簡約，比士之特牲饋食之禮則稍加隆盛。主要內容有尸八飯後事，尸十一飯時事，不儐尸主人初獻之禮，主婦亞獻之禮，賓長三獻之禮，主人遍獻之禮，以及禮畢餕食、為陽厭諸項。

【注釋】❶不賓尸　下大夫無儐尸之禮。因地位低於上大夫，禮亦隨之簡約。❷祝侑亦如之　尸七飯告飽，祝致辭勸其再食之前的禮儀，下大夫與上大夫皆同，以下乃有異。❸尸食　尸八次取食，亦即八飯時。尸七飯告飽，祝勸又取食，是為八飯。❹牢　少牢，羊、豕皆有。❺魚七　魚七尾。魚七為魚俎所載之半，魚俎本載十五尾，尸四飯時已舉祭一尾，餘十四尾，而取其半為七尾。因此取牲骨為六，亦為正祭所用之半，故皆取半。❻腊辯　腊獸的右半體。辯，胖，半體肉也。❼牢肩　羊、豕的右肩。❽奠于羊俎東　擺放在羊俎之東。按少牢設俎，魚俎在羊俎東，此俎放在魚俎東，不言魚俎而言羊俎，因羊俎尊，故繼羊言之。❾摭于魚腊俎　從魚俎和腊俎上拾取。摭，拾取。❿俎釋三个　每俎遺下三個不取。即從魚俎取四，腊俎取五，二俎皆餘三不取，取於俎中以為陽厭之用。⓫主人　「人」下當有「主婦」二字，參下文可知。⓬尸又三飯　尸又取飯三次而食。前已八飯，加此三飯，共十一飯，已卒下大夫之數。⓭牢舉　羊、豕之肺和前脊骨。⓮肵　牢肵，即羊豕之肵。⓯牢燔　烤羊肉和烤豬肉。⓰爵止　尸放下酒爵不立即舉起。因三獻禮成，尸欲使神之恩惠均於室中諸人，故放下酒爵等候。⓱北堂　中房以北。房在堂北東側，北堂在房之北。⓲祭肺一　「祭」字唐石經本無，考下文「取肺坐絕祭」，絕祭用離肺不用祭肺，此「祭」字當為衍文，應刪。⓳房中之羞　又稱內羞，指由主婦領導製作的供祭祀的穀類食品。⓴致醋　賓長致爵回敬主人、主婦，又代表主人向自己敬酒。醋，通「酢」。以酒回敬。㉑有司官徹饋　司馬、司士撤俎，宰夫撤豆和敦。有司官，指司馬、司士、宰夫諸助祭之官。饋，饋食之物，有載於俎上的羊、豕等牲體，有盛於豆和敦中的食品。㉒厞用席　用席子遮蔽起來。厞，隱蔽。㉓埽祭　掃除豆間所餘祭物，掩埋在西階之東。㉔主人拜送于廟門外　主人拜送眾賓於廟門外。上大夫位崇，拜送賓只拜其長，不拜眾賓，下大夫位低禮簡，於眾賓一併拜之，不作賓長與眾賓的分別。㉕婦人乃徹　主婦助手撤去房中祭品。此時眾賓有司皆退去，故由主婦助手撤。房中待撤祭品有祝之豆、籩和主婦薦俎和房中其他薦俎。

【語　譯】如果是下大夫無儐尸之禮，則在尸七飯後祝致辭勸食前的禮儀，下大夫都與上大夫相同。而在尸取食八飯時，就把牲體前腿下段、上段、後腿上段、脊骨中段、後段、後脅骨、前脅骨盛於肵俎上，上述牲體羊、豕皆有；魚七尾；腊獸的右半體，去掉髀骨。盛放完畢，上佐食舉獻羊、豕右肩。尸接過來以行振祭，並加品嘗。上佐食接過食餘的牢肩，放到肵俎上。

佐食者從堂下取一空俎入室，放在羊俎之東。接著就從魚俎和腊俎上拾取魚、腊，每俎留下三個不取，其餘皆拾取，放在同一空俎上持之出室。祝、主人、主婦俎上的魚、腊獸都取於此俎。尸不再取飯而食，告主人已經吃飽。主人行拜禮勸尸再食，但不用說話。尸又三次取飯而食。佐食者受羊、豕之肺和脊骨，加於俎上獻尸，與上大夫儐尸之禮同。

主人清洗酒爵，舀滿酒獻給尸，賓長獻上羊肝和豬肝，都與上大夫儐尸之禮同。尸將爵酒喝完，主人行拜禮，祝接過尸的空爵，尸還禮答拜。祝將爵舀滿酒授給尸，尸用以回敬主人，也如上大夫儐尸之禮。其綏祭的禮儀，其祝福的嘏詞，也如儐尸之禮。主人向祝和二佐食者獻酒，其位置和獻上的俎實，都如儐尸之禮。

主婦洗爵舀酒獻給尸，也如儐尸之禮。主婦返回房中取籩，持盛棗和盛炒米二籩入室，坐下擺放，棗籩放在稷之南，炒米籩又在棗籩之南。主婦助手持栗和乾肉進來，主婦不站起身，接過來擺放，栗在炒米之東，乾肉在棗之東。主婦站起身，返回原位。尸左手持爵，右手取棗和炒米。祝取栗和乾肉獻給尸。尸把上述物品一併祭於豆間，又以酒祭，並嘗酒。次賓獻上烤羊肉和烤豬肉，載於俎上，鹽放在烤肉的右側。尸兼取羊豬兩種烤肉，在鹽上蘸一下，以行振祭，並加品嘗。祝接過食餘的烤肉，放到肵俎上。尸把爵酒喝完。主婦對尸行拜禮。祝接過尸的空爵，尸對主婦還禮答拜。祝更換酒爵清洗，舀滿酒授給尸，尸用以回敬主婦，主婦在主人之北行拜禮受爵，尸回禮答拜。主婦返回原位，又對尸行拜禮。上佐食行綏祭，與儐尸之禮同。主婦將爵酒喝完向尸行拜禮，尸回禮答拜。主婦為祝獻酒，其舀酒諸儀節與儐尸之禮同。祝向主婦行拜禮，坐著接受酒爵。主婦在主人之北答拜還禮。宰夫獻上棗和炒米，坐下把棗擺在菹西，炒米擺在棗南。祝左手持爵，右手取棗和炒米，祭於豆間，又以酒祭，而後嘗酒。次賓進獻烤肉，與獻尸時禮儀同。祝把爵酒喝完。主婦接過空爵，再舀滿酒獻給二位佐食者，也如儐尸之禮。最後主婦接過空爵，持之入房。

賓長洗酒爵，舀酒獻給尸。尸行拜禮受爵，賓長在室門之西，面向北還禮答拜。尸放下酒爵不立即舉起。主婦在房中洗酒爵，舀滿酒，致送給主人。主人行拜禮受爵，主婦在室門之西，面向北拜送爵。司宮為主人設席。主婦獻上韭菹和肉醬，坐下將其設於主人席前，韭菹設在肉醬之北。主婦助手持棗和炒米跟隨主婦後面，主婦不站起身接過棗和炒米，放棗於韭菹之北，放炒米於棗西。佐食者設俎，俎上載有牲體左前腿上段、脊骨、脅骨、肺，都是羊、豕各一，脅間帶皮肉三塊，魚一尾，腊獸前腿上段。主人左手持爵，右手取韭菹蘸上肉醬，祭於豆間；接著以籩中之物祭，然後放下爵，站起身，取羊肺和豬肺，坐下截下肺尖以祭，再嘗肺；又站起身，把餘肺放到俎上，坐下以巾拭手，以酒祭，持爵站立，再坐下把爵酒喝完，向主婦行拜禮。主婦還禮答拜，接過主人的空爵，舀酒自酢，而後在室門內面向北對主人行拜禮，主人回禮答拜。主婦把爵酒喝完，對主人行拜禮，主人答拜。主婦持酒爵入房。尸舉起前此賓長所獻置於席前之爵，以酒祭，然後喝完爵中酒，賓長對尸行拜禮。祝接過尸的空爵，尸向賓長回禮答拜。祝把爵舀滿酒授給尸，尸用以回敬賓長。賓長行拜禮受爵，尸拜送爵。賓長坐下以酒祭，接著飲酒，把爵酒喝完，對尸行拜禮，尸回禮答拜。而後賓長向祝和二佐食者獻酒。賓長洗爵，舀滿酒致送給主人。主人在席位上向賓長行拜禮受爵，賓長面向北還禮答拜。主人坐下以酒祭，接著飲酒，喝完爵中酒行拜禮。賓長答拜，接過主人的空爵，舀滿酒致送給主婦。主婦在北堂。司宮為主婦設席，席面向東。主婦站在其席之北側面向東對賓長行拜禮受爵，賓長面向西回禮答拜。主婦助手獻上韭菹和肉醬，韭菹擺在肉醬之南。宗婦中的年少者持棗和炒米，將其交給主婦助手；主婦助手不站起身就接過來，擺設棗於韭菹之南，擺設炒米於棗之東。佐食者為主婦設俎於豆之東，俎上載有羊前腿下段，折分之豬體骨，羊的脊骨、脅骨，肺一塊，脅間帶皮肉一塊，魚一尾，腊獸前腿下段。主婦升上席位，坐下，左手持爵，右手取韭菹蘸上肉醬，以之為祭；又以籩中之物祭，然後放下酒爵，站起身取肺，坐下截下肺尖為祭，嘗肺；再站起身，把餘下之肺放到俎上，坐下以巾拭手；以酒祭，持爵站起身，在筵席北側面向東站立把爵酒喝完，向賓長行拜禮。賓長還禮答拜。賓長接過主婦空爵，在篚中另換一爵，清洗後舀滿酒，代表主人向自己敬酒，並在室門西，面向北對主人行拜禮，主人答拜。賓長把爵酒喝完，對主人行拜禮，主人答拜。賓長持空爵下堂，將其放入篚中。接著獻上各類食品。宰夫獻上各種穀類食品，司士獻上多種美味食品，分別獻給尸、祝、主人、主婦，穀類食品擺在右側，各種美味食品擺在左側。

主人下堂，向眾賓行拜禮；而後洗爵舀酒獻給眾賓。為眾賓所設乾肉、肉醬和盛放牲體之俎，眾賓的席位，以及主人酬長賓與自酢的儀節，都如儐尸之禮。主人又洗酒爵，舀酒獻給兄弟、內賓和家臣，都如儐尸之禮。他們的席位，為他們所設乾肉、肉醬和牲俎，都如儐尸之禮。獻酒完畢，就向眾賓、兄弟、內賓及家臣獻上多種美味食品，要遍及每一個人。

眾賓之長向尸獻酒，尸又用它回敬眾賓之長。眾賓之長又向祝獻酒，又致爵於主人、主婦，並代表主人向自己敬酒。而後眾賓之長持空爵下堂，將其放到篚中。

眾賓和眾兄弟交錯舉爵勸飲，隨其所欲，盡興而止，不計爵數。

上佐食洗酒爵，舀滿酒獻給尸。尸用以回敬上佐食。上佐食向祝獻酒，祝受爵，以酒祭，嘗酒，而後放下爵。

主人出室，站在東階上方，面向西。祝出室，站在西階上方，面向東。祝稟告主人說：「奉養之禮已然完成。」祝進入室中，主人下堂，站在東階之東，面向西。尸站起身，祝在前引導，尸隨在其後，相繼走出廟門。祝再次返回室中原位。祝命令佐食者撤去尸俎。佐食者就把尸俎持出廟門外，有司接過來，送往尸的家中。接著又撤去主人的籩豆和俎。

於是開始行餕食之禮，也與儐尸時相同。

餕食之禮完畢，司馬、司士撤俎，宰夫撤豆和敦，並將其改陳於室的西北隅，朝向南，與饋食時擺放的位置相同，几放在右側，並用席遮蔽起來。放一尊酒於室中。司宮清掃豆間遺棄祭物，埋在西階之東。主人出室門，站在東階上方，面向西。祝持己俎走出室門，站在西階上方，面向東。司宮關好室之門窗。祝宣告奉養之禮完成，就持俎走到廟門外，有司接過俎，送到祝之家中。眾賓走出廟門。主人至廟門外行拜禮相送，而後返回。主婦助手撤去房中祭品，又撤去陳設在室中西北隅的祭品。

古籍今注新譯叢書

書種最齊全
注譯最精當

哲學類

新譯四書讀本　謝冰瑩等編譯
新譯學庸讀本　王澤應注譯
新譯孝經讀本　賴炎元等注譯
新譯論語新編解義　胡楚生編著
新譯易經讀本　郭建勳注譯
新譯周易六十四卦
經傳通釋：上經　黃慶萱注譯
新譯周易六十四卦
經傳通釋：下經　黃慶萱注譯
新譯乾坤經傳通釋　黃慶萱注譯
新譯易經繫辭傳解義　吳怡著
新譯禮記讀本　姜義華注譯
新譯儀禮讀本　顧寶田等注譯
新譯孔子家語　羊春秋注譯
新譯老子讀本　余培林注譯
新譯帛書老子　趙鋒注譯
新譯老子解義　吳怡著
新譯莊子讀本　黃錦鋐注譯
新譯莊子讀本　張松輝注譯
新譯莊子本義　水渭松注譯
新譯莊子內篇解義　吳怡著
新譯列子讀本　莊萬壽注譯
新譯管子讀本　湯孝純注譯
新譯墨子讀本　李生龍注譯
新譯公孫龍子　丁成泉注譯
新譯晏子春秋　陶梅生注譯
新譯鄧析子　徐忠良注譯
新譯荀子讀本　王忠林注譯
新譯尹文子　徐忠良注譯
新譯尸子讀本　水渭松注譯
新譯鶡冠子　趙鵬團注譯
新譯鬼谷子　王德華等注譯
新譯韓非子　傅武光等注譯
新譯呂氏春秋　朱永嘉等注譯
新譯韓詩外傳　孫立堯注譯
新譯淮南子　熊禮匯注譯
新譯春秋繁露　朱永嘉等注譯
新譯新書讀本　饒東原注譯
新譯新語讀本　王毅注譯
新譯潛夫論　彭丙成注譯

新譯論衡讀本　蔡鎮楚注譯
新譯申鑒讀本　林家驪等注譯
新譯人物志　吳家駒注譯
新譯張載文選　張金泉注譯
新譯近思錄　張京華注譯
新譯傳習錄　李生龍注譯
新譯呻吟語摘　鄧子勉注譯
新譯明夷待訪錄　李廣柏注譯

【文學類】

新譯詩經讀本　滕志賢注譯
新譯楚辭讀本　林家驪注譯
新譯楚辭讀本　傅錫壬注譯
新譯文心雕龍　羅立乾注譯
新譯六朝文絜　蔣遠橋注譯
新譯世說新語　劉正浩等注譯
新譯昭明文選　周啟成等注譯
新譯古文觀止　謝冰瑩等注譯
新譯古文辭類纂　黃　鈞等注譯
新譯樂府詩選　溫洪隆注譯
新譯古詩源　馮保善注譯
新譯千家詩　邱燮友等注譯
新譯詩品讀本　成　林等注譯

新譯花間集　朱恒夫注譯
新譯南唐詞　劉慶雲注譯
新譯絕妙好詞　聶安福注譯
新譯唐詩三百首　邱燮友注譯
新譯宋詩三百首　陶文鵬注譯
新譯宋詞三百首　汪　中注譯
新譯宋詞三百首　劉慶雲注譯
新譯元曲三百首　賴橋本等注譯
新譯明詩三百首　趙伯陶注譯
新譯清詩三百首　王英志注譯
新譯清詞三百首　陳水雲等注譯
新譯唐人絕句選　卞孝萱等注譯
新譯唐才子傳　戴揚本注譯
新譯拾遺記　石　磊注譯
新譯搜神記　黃　鈞注譯
新譯唐傳奇選　束　忱等注譯
新譯宋傳奇小說選　束　忱注譯
新譯明傳奇小說選　陳美林等注譯
新譯容齋隨筆選　朱永嘉等注譯
新譯明散文選　周明初注譯
新譯明清小品文選　鄭　婷注譯
新譯人間詞話　馬自毅注譯
新譯白香詞譜　劉慶雲注譯

新譯幽夢影　馮保善注譯
新譯菜根譚　吳家駒注譯
新譯小窗幽記　馬美信注譯
新譯圍爐夜話　馬美信注譯
新譯郁離子　吳家駒注譯
新譯歷代寓言選　黃瑞雲注譯
新譯賈長沙集　林家驪注譯
新譯揚子雲集　葉幼明注譯
新譯曹子建集　曹海東注譯
新譯建安七子詩文集　韓格平注譯
新譯阮籍詩文集　林家驪注譯
新譯嵇中散集　崔富章注譯
新譯陸機詩文集　王德華注譯
新譯陶淵明集　溫洪隆注譯
新譯江淹集　羅立乾等注譯
新譯庾信詩文選　歸　青注譯
新譯初唐四傑詩集　李福標注譯
新譯駱賓王文集　黃清泉注譯
新譯王維詩文集　陳鐵民注譯
新譯孟浩然詩集　楊　軍注譯
新譯李白詩全集　郁賢皓注譯
新譯李白文集　郁賢皓注譯
新譯杜甫詩選　張忠綱等注譯

新譯杜詩菁華　林繼中注譯
新譯高適岑參詩選　孫欽善等注譯
新譯昌黎先生文集　周啟成等注譯
新譯劉禹錫詩文選　閻　琦注譯
新譯柳宗元文選　卞孝萱等注譯
新譯白居易詩文選　陶　敏等注譯
新譯元稹詩文選　郭自虎注譯
新譯李賀詩集　彭國忠注譯
新譯杜牧詩文集　張松輝注譯
新譯李商隱詩選　朱恒夫等注譯
新譯范文正公選集　王興華等注譯
新譯蘇洵文選　羅立剛注譯
新譯蘇軾文選　滕志賢注譯
新譯蘇軾詞選　鄧子勉注譯
新譯蘇轍文選　朱　剛注譯
新譯曾鞏文選　高克勤注譯
新譯王安石文選　沈松勤注譯
新譯唐宋八大家文選　鄧子勉注譯
新譯柳永詞集　侯孝瓊注譯
新譯李清照集　姜漢椿等注譯
新譯陸游詩文集　韓立平注譯
新譯辛棄疾詞選　聶安福注譯
新譯歸有光文選　鄔國平注譯

新譯唐順之詩文選　馬美信注譯
新譯徐渭詩文選　周　群等注譯
新譯薑齋文集　平慧善注譯
新譯顧亭林文集　劉九洲注譯
新譯方苞文選　鄔國平等注譯
新譯鄭板橋集　朱崇才注譯
新譯袁枚詩文選　王英志注譯
新譯李慈銘詩文選　潘靜如注譯
新譯聊齋誌異選　任篤行等注譯
新譯閱微草堂筆記　嚴文儒注譯
新譯浮生六記　馬美信注譯
新譯弘一大師詩詞全編　徐正綸編著

歷史類

新譯史記　韓兆琦注譯
新譯漢書　吳榮曾等注譯
新譯後漢書　魏連科等注譯
新譯三國志　吳樹平等注譯
新譯資治通鑑　張大可等注譯
新譯史記—名篇精選　韓兆琦注譯
新譯尚書讀本　吳　璵注譯
新譯尚書讀本　郭建勳注譯
新譯周禮讀本　賀友齡注譯

新譯逸周書　牛鴻恩注譯
新譯左傳讀本　郁賢皓等注譯
新譯公羊傳　雪　克注譯
新譯穀梁傳　顧寶田注譯
新譯春秋穀梁傳　周　何注譯
新譯戰國策　溫洪隆注譯
新譯國語讀本　易中天注譯
新譯說苑讀本　左松超注譯
新譯說苑讀本　羅少卿注譯
新譯新序讀本　葉幼明注譯
新譯吳越春秋　黃仁生注譯
新譯西京雜記　曹海東注譯
新譯列女傳　黃清泉注譯
新譯越絕書　劉建國注譯
新譯燕丹子　曹海東注譯
新譯東萊博議　李振興等注譯
新譯唐六典　朱永嘉等注譯
新譯唐摭言　姜漢椿注譯

宗教類

新譯金剛經　徐興無注譯
新譯高僧傳　朱恒夫等注譯
新譯碧巖集　吳　平注譯

新譯百喻經　顧寶田注譯
新譯楞嚴經　賴永海等注譯
新譯梵網經　王建光注譯
新譯圓覺經　商海鋒注譯
新譯法句經　劉學軍注譯
新譯六祖壇經　李中華注譯
新譯禪林寶訓　李中華注譯
新譯維摩詰經　陳引馳等注譯
新譯經律異相　顏洽茂注譯
新譯阿彌陀經　蘇樹華注譯
新譯無量壽經　邱高興注譯
新譯無量壽經　蘇樹華注譯
新譯妙法蓮華經　張松輝注譯
新譯景德傳燈錄　顧宏義注譯
新譯大乘起信論　韓廷傑注譯
新譯釋禪波羅蜜　蘇樹華注譯
新譯八識規矩頌　倪梁康注譯
新譯永嘉大師證道歌　蔣九愚注譯
新譯華嚴經入法界品　楊維中注譯
新譯地藏菩薩本願經　李承貴注譯
新譯悟真篇　劉國樑等注譯
新譯无能子　張松輝注譯
新譯坐忘論　張松輝注譯
新譯列仙傳　張金嶺注譯
新譯抱朴子　李中華注譯
新譯神仙傳　周啟成注譯
新譯性命圭旨　傅鳳英注譯
新譯老子想爾注　顧寶田等注譯
新譯周易參同契　劉國樑注譯
新譯道門觀心經　王　卡注譯
新譯養性延命錄　曾召南注譯
新譯樂育堂語錄　戈國龍注譯
新譯冲虛至德真經　張松輝注譯
新譯長春真人西遊記　顧寶田等注譯
新譯黃庭經・陰符經　劉連朋等注譯

軍事類

新譯司馬法　王雲路注譯
新譯尉繚子　張金泉注譯
新譯三略讀本　傅　傑注譯
新譯六韜讀本　鄔錫非注譯
新譯吳子讀本　王雲路注譯
新譯孫子讀本　吳仁傑注譯
新譯李衛公問對　鄔錫非注譯

教育類

新譯爾雅讀本　陳建初等注譯
新譯顏氏家訓　李振興等注譯
新譯聰訓齋語　馮保善注譯
新譯曾文正公家書　湯孝純注譯
新譯三字經　黃沛榮注譯
新譯百家姓　馬自毅等注譯
新譯幼學瓊林　馬自毅注譯
新譯增廣賢文・千字文　馬自毅注譯
新譯格言聯璧　馬自毅注譯

政事類

新譯商君書　貝遠辰注譯
新譯鹽鐵論　盧烈紅注譯
新譯貞觀政要　許道勳注譯

地志類

新譯山海經　楊錫彭注譯
新譯水經注　陳橋驛等注譯
新譯佛國記　楊維中注譯
新譯大唐西域記　陳　飛等注譯
新譯洛陽伽藍記　劉九洲注譯
新譯徐霞客遊記　黃　珅注譯
新譯東京夢華錄　嚴文儒注譯

◎新譯孝經讀本

賴炎元、黃俊郎／注譯

《孝經》是儒家闡發孝道的主要典籍，由於文簡義淺、人人易懂，因此流傳廣遠，對中國社會的影響至深且鉅。本書除了針對本文作詳盡的注釋及語譯外，在書後更蒐集了《尚書》、《詩經》、《左傳》、《國語》、《禮記》等古籍中有關孝道的篇章，讓讀者可以對儒家孝道思想產生的淵源及其發展的概況，以及上古孝道精神能有更深入的認識。

國家圖書館出版品預行編目資料

新譯儀禮讀本／顧寶田,鄭淑媛注譯;黃俊郎校閱.－
－二版二刷.－－臺北市：三民，2020
面； 公分.－－(古籍今注新譯叢書)

ISBN 978-957-14-6164-9 （平裝）
1. 儀禮 2. 注釋

531.12 105009573

古籍今注新譯叢書

新譯儀禮讀本

注譯者｜顧寶田　鄭淑媛
校閱者｜黃俊郎

發行人｜劉振強
出版者｜三民書局股份有限公司
地　址｜臺北市復興北路 386 號 (復北門市)
　　　　臺北市重慶南路一段 61 號 (重南門市)
電　話｜(02)25006600
網　址｜三民網路書店 https://www.sanmin.com.tw

出版日期｜初版一刷 2002 年 11 月
　　　　　二版一刷 2016 年 6 月
　　　　　二版二刷 2020 年 6 月
書籍編號｜S031640
ISBN｜978-957-14-6164-9

三民書局